wagamama no.074

東京攻略
完全制霸
2025~2026

作者：林于心．墨刻編輯部
主編呂宛霖
美術設計羅婕云．許靜萍（特約）．呂昀禾（特約）．董嘉惠（特約）．駱如蘭（特約）
封面設計羅婕云
地圖繪製墨刻編輯部．nina（特約）

出版公司
墨刻出版股份有限公司
地址：115台北市南港區昆陽街16號7樓
電話：886-2-2500-7008／傳真：886-2-2500-7796／
E-mail：mook_service@hmg.com.tw

發行公司
英屬蓋曼群島商家庭傳媒股份有限公司城邦分公司
城邦讀書花園：www.cite.com.tw
劃撥：19863813／戶名：書虫股份有限公司
香港發行城邦（香港）出版集團有限公司
地址：香港九龍土瓜灣土瓜灣道86號順聯工業大廈6樓A室
電話：852-2508-6231／傳真：852-2578-9337／
E-mail：hkcite@biznetvigator.com
城邦（馬新）出版集團 Cite (M) Sdn Bhd
地址：41, Jalan Radin Anum, Bandar Baru Sri Petaling,
57000 Kuala Lumpur, Malaysia.
電話：(603)90563833／傳真：(603)90576622／
E-mail：service@cite.my

製版．印刷
藝樺設計有限公司．漾格科技股份有限公司
ISBN978-626-398-048-8．978-626-398-040-2 (EPUB)
城邦書號KS2074 初版2024年9月 三刷2025年2月
定價499元
MOOK官網www.mook.com.tw
Facebook粉絲團www.facebook.com/travelmook
MOOK墨刻出版 www.facebook.com/travelmook
版權所有．翻印必究

執行長何飛鵬
PCH集團生活旅遊事業總經理暨墨刻出版社長李淑霞

總編輯汪雨菁
副總編輯呂宛霖
採訪編輯趙思語．李冠瑩
叢書編輯唐德容．林昱霖．蔡嘉榛
資深美術設計主任羅婕云
資深美術設計李英娟
影音企劃執行邱茗晨

資深業務經理詹顏嘉
業務經理劉玫玟
業務專員程麒
行銷企畫經理呂妙君
行銷企畫主任許立心
行政專員呂瑜珊

印務部經理王竟為

國家圖書館出版品預行編目資料

東京攻略完全制霸2025-2026 /林于心．墨刻編輯部 作; -- 初版. -- 臺北市：墨刻出版股份有限公司出版：英屬蓋曼群島商家庭傳媒股份有限公司城邦分公司發行, 2024.9
480面 ;14.8×21公分. -- (Wagamama; 74)
ISBN 978-626-398-048-8 (平裝)

1.旅遊 2.日本東京都

731.72609   113009075

U0094841

退稅流程

❶ 選購商品

❷ 同一日同間商店購買a)消耗品＋b)一般品，滿日幣5,000(未稅)以上

❸ 結帳時表示欲享免稅，並出示護照。短期停留的觀光客才享有退稅資格。有的百貨、商店有專門退稅櫃台，可結帳後再到退稅櫃台辦理。

❹ 填寫基本資料／在購買者誓約書上簽名

❺ 取回商品與護照。

❻ 一般品可以拆箱使用，而消耗品則不可拆封(由專用袋／箱裝著)，並應於出境時隨身攜帶以利海關檢查。

※更多詳細退稅説明可查詢JAPAN TAX FREE SHOP退稅手續：
https://www.mlit.go.jp/common/001396426.pdf

日本橋・人形町

N

JR総武快速線
中央通り

東方文華酒店 H A9 COREDO室町2
三井TOWER COREDO室町1
日本銀行 A5 COREDO室町3
三井本館 三越 鶴屋吉信
貨幣博物館 A3 金子半之助
三越新館 A2
Metro半蔵門線
泰明軒

志乃多
壽司總本店
A4
A3 草加屋
A6 双葉
sucre-rie 柳屋
喫茶去快生軒
小網神社 重盛
⑧ ⑦ ⑤
⑥
水天宮

日本橋1之1之1 日本橋
うさぎや
中央通店 B11
B9 B12
B8 C1 COREDO日本橋
C2
お多幸本店
BANK
高島屋S.C.新館 B2
高島屋 東館
日本橋長門 B1
高島屋 S.C.本館

東京駅
日本橋口

Metro東西線

大塚・巣鴨

N

西巣鴨小 巣鴨庚申塚

巣鴨郵局
Maruji 紅內褲館
常盤食堂
地蔵尊高岩寺
喜福堂
金太郎飴 福代牛乳店
巣鴨地蔵通商店店
伊勢屋
A4
A5
A1
A2 巣鴨駅

本郷中高

文京學院大學
女子高中

Marukiku
矢島園 Fruits
Sugi
OMO5 東京大塚
AGALICO 餃子樓
ぼんご 大塚本店
唐吉訶德 大塚店
空蟬橋 北
Atre Vie大塚 南
千成最中 本舗
Sunmall
商店街
炸豬排 三節
Tsuzumi
富久晴 Namachan Brewing

千成最中
巣鴨店
French Pound
House 六義園
拉麵
鴨&葱

十文字中學・高

JR山手線

銀座・有樂町

JR京葉線

京橋駅

⑦
⑥
⑤
④
③ ①
②

N

TOKYO SQUARE GARDEN
東京新歌之鶴銀座

1

HIDEMI SUGINO

警察博物館

LA

HIGASHIYA GINZA

⑨
⑩奥野大樓
LSA Ginza2
& Co.
⑪
HOTEL MONTEREY

HOTEL MONTEREY LA SOEUR GINZA

2

Metro有樂町線

HOTEL GINZA DAEI

3

n Soph.

歌舞伎座

⑤

Metro日比谷線

C

兩國

隅田川

都營大江戶線

N

横網町公園
東京都復興紀念館

兩國Terrace
浪花家本店

舊安田庭園

兩國國技館
兩國江戶
NOREN
江戶東京博物館
両国駅

JR總武本線

← 川崎　日本文具資料館

2

兩國國技堂
高はし

京葉道路

兩國花火資料館

D

藏前

隅田川

都營淺草線

N

Pelican CAFE

3

ボン花火

McLean -old burger stand-

CAMERA
SUNNY CLOUDY RAINY

精華公園
Maito Design Works
Dandelion Chocolate
YUWAERU本店

KURAMAE CANNELE CAFÉ
藏前水之館

藏前橋通り
藏前橋

hibi 10MINUTES AROMA STORE

4

隅田川

都營大江戶線

兩國駅

D

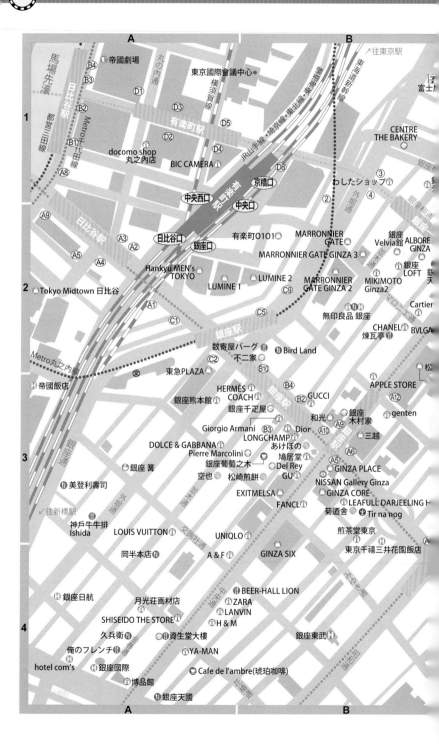

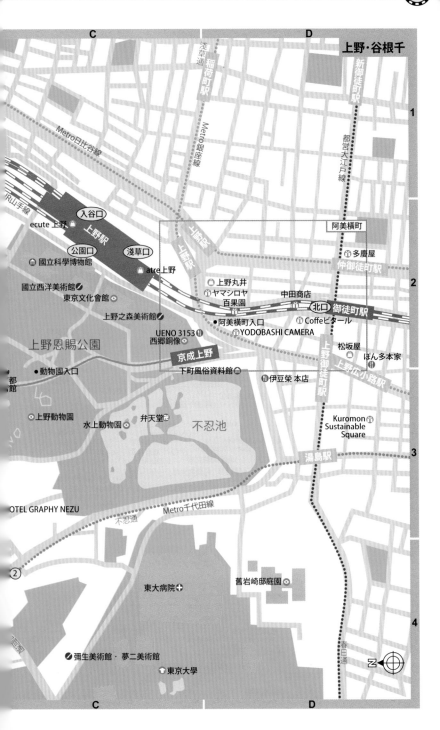

上野・谷根千

新御徒町駅

淺草通
福井町駅
Metro日比谷線
Metro銀座線
都營大江戶線

JR山手線
上崎店
阿美横町

入谷口
ecute 上野
上野駅
多慶屋
仲御徒町駅

公園口
淺草口
atre上野

國立科學博物館
上野丸井
ヤマシロヤ
中田商店
北口 御徒町駅

國立西洋美術館
東京文化會館
百果園
Coffeビタール

上野之森美術館
阿美横町入口
YODOBASHI CAMERA

UENO 3153
西鄉銅像
松坂屋
上野廣小路駅

上野恩賜公園
京成上野
下町風俗資料館
伊豆榮 本店
ほん多本家

動物園入口
都
館

上野動物園
水上動物園
弁天堂
不忍池
Kuromon
Sustainable
Square

湯島駅

OTEL GRAPHY NEZU
不忍通
Metro千代田線

②

東大病院
舊岩崎邸庭園

弥生美術館・夢二美術館
東京大學

N

C
D

阿美橫丁

不忍口　atre 上野
御徒町
淺草口
⑨
西鄉銅像　ヤマシロヤ
⑦
正面口　⑧
京城上野驛
迴る元祖壽司
⑤a
百果園　松ずみ　⑤b　⑤
上野2號店　珍珍軒　上野丸井
志村商店
きぬや
③
もつ焼　やきとり文樂
大統領
下町風俗
資料館
Hinoya
Plusmart
伊豆榮本店
舶來堂
丸谷
Hinoya Plusmart
センチュリー
中田商店
Coffeeビタール
③ Ⓐ5　みなとや
Powwow　德大寺
N
上野御徒町駅　Ⓐ7
上野廣小路駅　Ⓐ4
②　都營大江戸線　Ⓐ8
松坂屋　①　④　③
御徒町駅　仲御徒町駅
Ⓐ6　多慶屋
ぼん多本家

昭和
東北・上越新幹線
JR常
CANDEO HOTELS
上野公園
南口
北口　鶯谷駅
JR山手線
東京國立博物館
寬永寺　法隆寺寶物館
淨名院
東京藝大
桃林堂
嵯峨の家　藝大圖書館
カヤバ珈琲
SCAI THE BATHHOUSE

常磐線
羽二重団子
日暮里駅　谷中靈園
南口
日暮里駅
東口
長谷川一夫之墓
三崎坂
PÂTISSIER CHOCOLATIER
INAMURA SHOZO
薬膳カレーじねんじょ
Neco Action　築地塀
松野屋　觀音寺
夕焼けだんだん　氷蜜堂
後藤の飴　HAGISO
やなかしっぽや
肉のサトー　和栗や
谷中堂　亂歩
トーホー　谷中咖啡店
いせ辰
菊見仙貝　ギャラリー猫町　CLASSICO
Bonjour mojo2
RYU　爬蟲類兩生類研究所
不忍通　千駄木駅　8分室
② Bousingot　C.A.G
①
Canova　Metro千代田線　根津神社
根津釜竹

A　B

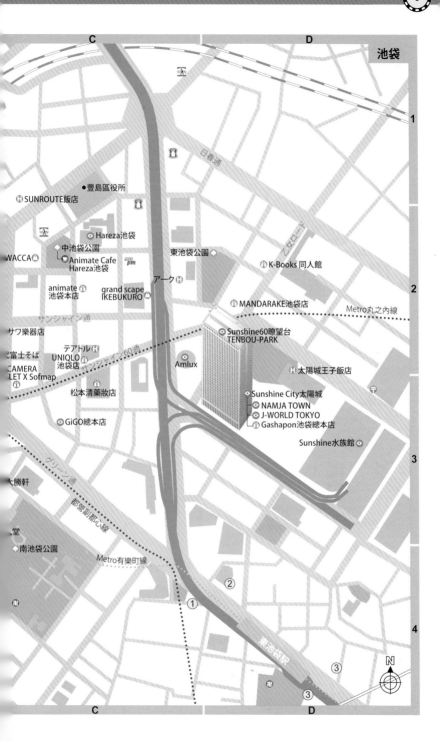

池袋

C

D

1

駅

日春通

ゼタロード

●豊島區役所

🏨SUNROUTE飯店

駅

●Hareza池袋

●中池袋公園

東池袋公園

WACCA⊙

⊙Animate Cafe
Hareza池袋

K-Books 同人館

animate
池袋本店

grand scape
IKEBUKURO

アーク🏨

サンシャイン通

MANDARAKE池袋店

Metro丸之內線

2

サワ樂器店

Sunshine60瞭望台
TENBOU-PARK

富士そば

テアトル🏨
UNIQLO
池袋店

サンシャイン60通

太陽城王子飯店🏨

CAMERA
LET X Sofmap

Amlux

⊙Sunshine City太陽城

松本清藥妝店

NAMJA TOWN

J-WORLD TOKYO

⊙GiGO總本店

Gashapon池袋總本店

Sunshine水族館⊙

3

大勝軒

グリーン道

都營副都心線

堂

南池袋公園

Metro有樂町線

②

①

東池袋駅

4

③

③

N

C

D

往→麺屋Hulu-lu

東横INN池袋北口Ⅰ

東横INN池袋北口Ⅱ

am
pm

常盤通

Momobukuro

文化通

寿司 魚がし日本一

おでん屋たけし
サンシティ

すしまみれ

第一イン

BIC CAM
池袋

クレリオン

C1

C5

C6

みずき通

C2

C3

Echika

C9

三原堂

北口

松本清薬妝店

P' PARCO

1a

C7

池袋駅

C10

11

10

12

RINGO
IKEBUKURO

23

BOOK AND BED TOKYO

9

18

池袋東武駅

TRUFFLE mini

BIC CAMERA

西口

19

PARCO

26

28

Kitchen ABC
西池袋店

2a

2b

松本清薬妝店

27

H&M

池袋東武百貨

池袋駅

東口

42

松本
薬妝

池袋西口公園

PSFA perfect suit factory

3

Esola

MIGNON

服部珈琲舎

41

東京藝術劇場

38

唐吉訶徳

UN

西池袋公園

Right on

西武百貨

池袋大都會飯店

西武百貨別館

BEAMS Street

COFFEE VALL

西武池袋駅

光麺

無敵家

淳久堂書店

自由學園 明日館

JR
京埼線

西武池袋線

往→Pâtisserie & Chocolate Bar
DEL'IMMO 目白店

新宿

都營副都心線

明治通

C　　　　　D

西↑大久保公園
西武←北新宿　Hヴィンテージ
新宿線9小喃飯店
一番通
二番通
三番通

クイーンズタウン H
H シェーナ
東急歌舞伎町
TOWER
麺屋武蔵
H Hotel Gracery
新宿東寶大樓

H新宿王子飯店
都苑大通

Hサンライト

J新宿Nest
R歌舞伎町 道しるべ
山手線　四季の通
園役所通
ARCASA
花園神社

M
かめや　AFURI Alpen ⑦ ⑪ ⑬
辛紅 TOKYO
⑥ okadaya ⑫ ⑯
新宿本店
三國一 Mariage
ちばらや frères
靖國通
B13 B10
ALTA
世界の山ちゃん
O101MEN
ISETAN MEN'S

新宿駅 東口
新宿通　B9
B7 Disney FLAGSHIP
新宿高野本店 TOKYO
Peach john新宿三丁目店
新宿中村屋大樓 alook眼鏡市場
LUMINE EST 伊勢丹
Kawano 新宿
西口 HARBS Zara 末廣亭 C6 C7
Adolfo Dominguez ライオン B2 ACTUS
中央東口 Bic Camera A5 B3 C8
新宿東口店 A3 C4 桂花拉麺 ロンスター
京王 TOPSHOP / 0101本館 新宿末廣店 新宿
TOPMAN CAFE C1 ニューれ屋
MY Flags AALIYA 0101 ANNEX
LORD BEAMS 追分
新宿割烹 中嶋 だんご 世界堂
新宿駅 IKEA Metro丸之内線
東南口 新宿
LUMINE1,2
都營新宿線 ARMWOOD COTTEGE→
南口 L-Breath
NEWoMan
LUMINE 新宿長途巴士轉運站 天龍寺
新南口
J.S.BURGERS CAFÉ
吉野家
新宿
Southern 新宿髙島屋
Terrace 文新宿高
新宿御苑
手創館
JR東日本 五ノ神製作所
本社大樓
田急サザンタワー
SUNROUTE飯店
小田急世紀飯店
JR病院
紀伊國屋

N

C　　　　　D

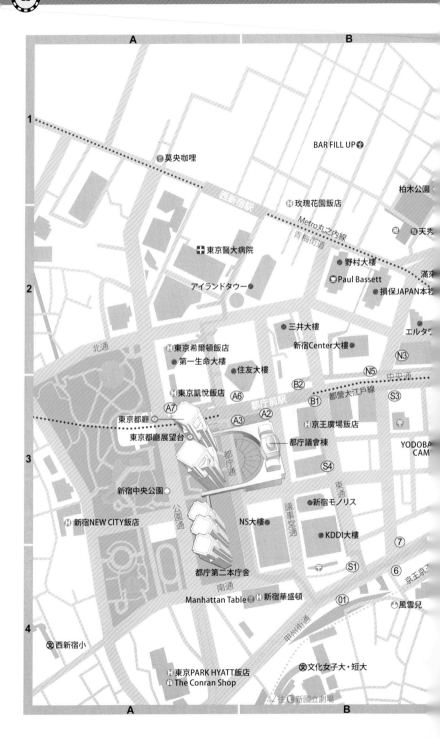

莫央咖哩

BAR FILL UP

柏木公園

玫瑰花園飯店

Metro丸之內線
青梅街道

天秀

東京醫大病院

野村大樓

Paul Bassett

アイランドタワー

損保JAPAN本社

三井大樓

エルタ

北通

東京希爾頓飯店

新宿Center大樓

第一生命大樓

住友大樓

(N3)

(N5) 中央通

東京凱悅飯店

(A6)

(B2)

都庁前駅

(S3)

東京都廳

(A7)

(B1) 都營大江戶線

(A3) (A2)

京王廣場飯店

YODOBA
CAM

東京都廳展望台

都庁議會棟

都庁通

(S4)

東通

新宿中央公園

新宿モノリス

新宿NEW CITY飯店

公園通

議事堂通

NS大樓

KDDI大樓

(7)

(S1)

(6) 京王京

都庁第二本庁舍

南通

(01)

Manhattan Table 新宿華盛頓

風雲兒

西新宿小

甲州街道通

東京PARK HYATT飯店
The Conran Shop

文化女子大・短大

往 新國立劇場

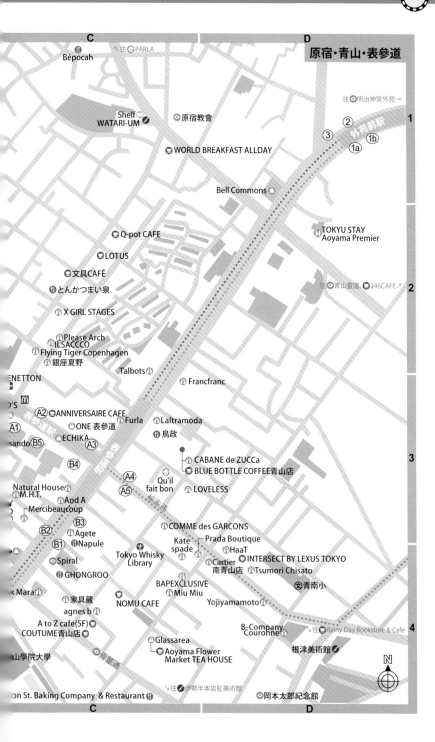

Bépocah

往 ◎PÄRLA

Shelf
WATARI-UM
◎原宿教會

往 ◎明治神宮外苑→

② 外苑前駅 1
③ ①b
①a

◎ WORLD BREAKFAST ALLDAY

Bell Commons

TOKYU STAY
Aoyama Premier

◎ Q-pot CAFE

◎ LOTUS

◎ 文具CAFÉ

往 ◎青山霊園、◎246CAFE↗ 2

◎ とんかつまい泉

X GIRL STAGES

Please Arch
ILSACCCO
Flying Tiger Copenhagen
銀座夏野
Talbots

ENETTON

Francfranc

's
M

(A2) ANNIVERSAIRE CAFE
Furla Laltramoda
(A1)
ONE 表参道 鳥政
sando (B5) ECHIKA (A3)

(B4)

(A4)
Qu'il
fait bon
(A5)

CABANE de ZUCCa
BLUE BOTTLE COFFEE青山店

LOVELESS

3

Natural House
M.H.T.
And A
Mercibeaucoup
(B2)
(B3)
Agete
(B1) Napule

Spiral

GHONGROO

Mara

家具藏
agnes b
A to Z cafe(5F)
COUTUME青山店

山學院大學

COMME des GARCONS
Kate Prada Boutique
spade HaaT
Cartier INTERSECT BY LEXUS TOKYO
南青山店 Tsumori Chisato
BAPEXCLUSIVE
Miu Miu
Yojiyamamoto

Tokyo Whisky
Library

青南小

NOMU CAFE

B-Company
Couronne
往 ◎Rainy Day Bookstore & Cafe 4

Glassarea
Aoyama Flower
Market TEA HOUSE

根津美術館

N

on St. Baking Company & Restaurant

往 ◎伊勢半本店紅美術館

◎ 岡本太郎紀念館

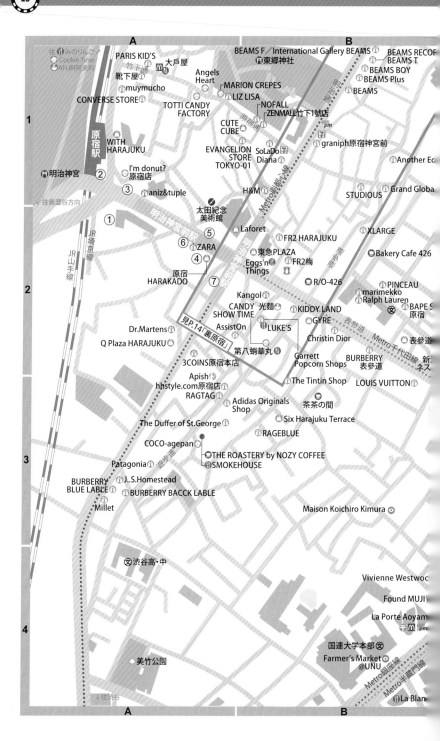

往みのりんご
Cookie Time
AFURI(阿夫利)
PARIS KID'S
大戸屋
竹下通り
靴下屋
muymucho
CONVERSE STORE
WITH HARAJUKU
原宿駅
明治神宮 ②
I'm donut? 原宿店
③ aniz&tuple
①
ZARA
⑥
④
⑤
太田紀念美術館
Laforet
原宿 HARAKADO
⑦
Kangol
CANDY SHOW TIME
Dr.Martens
AssistOn
Q Plaza HARAJUKU
見P.14「裏原宿」
第八蛸華丸
3COINS原宿本店
Apish
hhstyle.com原宿店
RAGTAG
Adidas Originals Shop
The Duffer of St.George
COCO-agepan
Patagonia
J..S.Homestead
BURBERRY BLUE LABLE
BURBERRY BACCK LABLE
Millet

BEAMS F／International Gallery BEAMS
東郷神社
BEAMS RECOF
BEAMS T
BEAMS BOY
BEAMS Plus
BEAMS
Angels Heart
MARION CREPES
LIZ LISA
NOFALL
ZENMALL竹下1號店
TOTTI CANDY FACTORY
CUTE CUBE
graniph原宿神宮前
EVANGELION STORE TOKYO-01
SoLaDo
Diana
Another Ec
H&M
STUDIOUS
Grand Globa
FR2 HARAJUKU
XLARGE
東急PLAZA
FR2梅
Bakery Cafe 426
Eggs'n Things
R/O-426
PINCEAU
marimekko
Ralph Lauren
光麺
KIDDY LAND
BAPE S 原宿
LUKE'S
GYRE
Christin Dior
表参道
Garrett Popcorn Shops
BURBERRY 表参道
新 ネス
The Tintin Shop
LOUIS VUITTON
茶茶の間
Six Harajuku Terrace
RAGEBLUE
THE ROASTERY by NOZY COFFEE
SMOKEHOUSE
Maison Koichiro Kimura

渋谷高・中

Vivienne Westwoc
Found MUJi
La Porte Aoyam

国連大学本部
Farmer's Market @UNU
La Blan

美竹公園

往渋谷

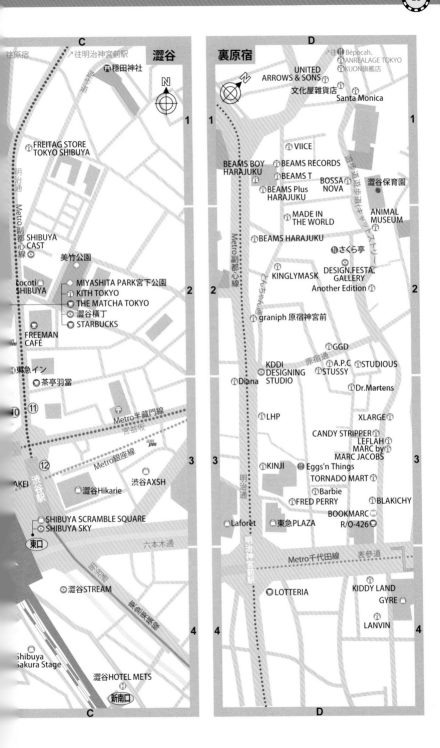

渋谷

裏原宿

往原宿　↗往明治神宮前駅

↗往 Bépocah、
ANREALAGE TOKYO
KUON旗艦店

稲荷神社

UNITED
ARROWS & SONS

文化屋雑貨店

Santa Monica

VIICE

FREITAG STORE
TOKYO SHIBUYA

BEAMS BOY
HARAJUKU

BEAMS RECORDS

BEAMS T

BOSSA
NOVA

渋谷保育園

BEAMS Plus
HARAJUKU

SHIBUYA
CAST

MADE IN
THE WORLD

ANIMAL
MUSEUM

BEAMS HARAJUKU

さくら亭

美竹公園

cocoti
SHIBUYA

MIYASHITA PARK宮下公園

KINGLYMASK

DESIGN.FESTA.
GALLERY

KITH TOKYO

THE MATCHA TOKYO

Another Edition

渋谷横丁

STARBUCKS

graniph 原宿神宮前

FREEMAN
CAFÉ

GGD

東急イン

KDDI
DESIGNING
STUDIO

A.P.C

STUDIOUS

茶亭羽當

Diana

STUSSY

Dr.Martens

Metro半蔵門線

LHP

XLARGE

宮益坂

CANDY STRIPPER

LEFLAH

Metro銀座線

MARC by
MARC JACOBS

KINJI

Eggs'n Things

渋谷駅

渋谷AXSH

TORNADO MART

渋谷Hikarie

Barbie

AKEI

FRED PERRY

BLAKICHY

SHIBUYA SCRAMBLE SQUARE

Laforet

東急PLAZA

BOOKMARC
R/O-426

SHIBUYA SKY

東口

六本木通

Metro千代田線

表参道

渋谷STREAM

LOTTERIA

KIDDY LAND

GYRE

Shibuya
Sakura Stage

LANVIN

渋谷HOTEL METS

新南口

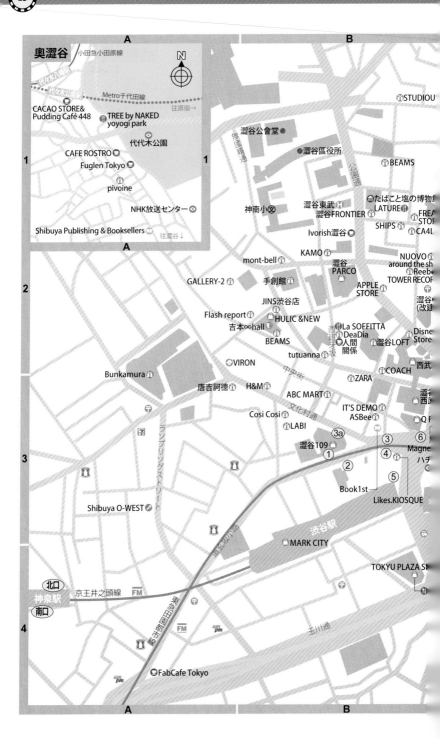

奥渋谷

小田急小田原線
代々木八幡駅
代々木公園駅
Metro千代田線　往原宿→

CACAO STORE&
Pudding Café 448
TREE by NAKED
yoyogi park

代々木公園

CAFE ROSTRO
Fuglen Tokyo
pivoine

NHK放送センター◎

Shibuya Publishing & Booksellers　往渋谷↓

STUDIOUS

渋谷公會堂●

●渋谷區役所

BEAMS

たばこと塩の博物館
LATURE
FREA
STO

渋谷東武
渋谷FRONTIER
SHIPS
CA4L

神南小⊗

Ivorish渋谷◎

KAMO

渋谷
PARCO

NUOVO
around the sh
TOWER RECOR

mont-bell

渋谷
(改建

GALLERY-2
手創館

APPLE
STORE

JINS渋谷店

Flash report
吉本∞hall
BEAMS

HULIC &NEW

La SOFFITTA
DeaDia
人間
關係

渋谷LOFT

Disne
Store

tutuanna

Bunkamura

VIRON

唐吉訶德　H&M

ZARA

COACH

西武

中央街

ABC MART

Cosi Cosi
LABI

文化村通

IT'S DEMO
ASBee

Q F

渋
西

3a

渋谷109

③

⑥

①
②

④
⑤

Magne
ハチ

Book1st

Likes.KIOSQUE

Shibuya O-WEST

渋谷駅

MARK CITY

北口
神泉駅
南口

京王井之頭線　FM

TOKYU PLAZA S

am
pm

FM

am
pm

玉川通

am
pm

FabCafe Tokyo

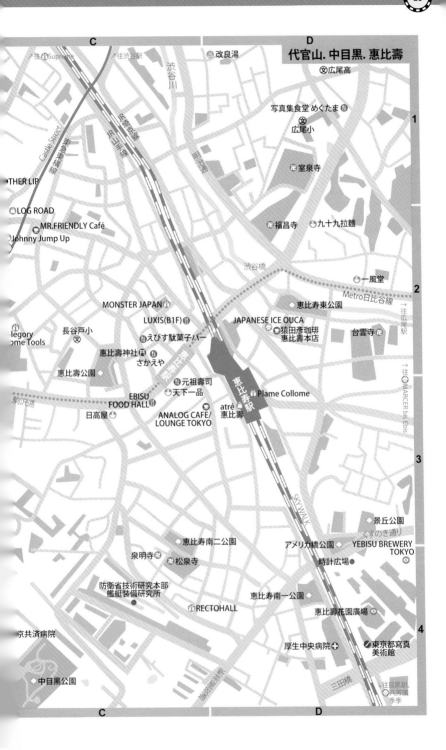

代官山. 中目黒. 惠比壽

C

往①Supreme / 往渋谷駅

⑩改良湯

⊗広尾高

渋谷川

写真集食堂 めぐたま ⑪

東急東横線

Castle Street

JR山手線
名柄東横線

⊗
広尾小

1

明治通

㊁室泉寺

THER LIP

◎LOG ROAD

㊁福昌寺 ◎九十九拉麺

◎MR.FRIENDLY Café

Johnny Jump Up

渋谷橋

◎一風堂

2

Metro日比谷線

MONSTER JAPAN ⑪

惠比寿東公園

往広尾駅→

LUXIS(B1F) ⑪

JAPANESE ICE OUCA

legory
me Tools

長谷戸小
⊗

◎えびす駄菓子バー

猿田彦珈琲
惠比壽本店

台雲寺 ㊁

惠比壽神社㊁ ⑪
さかえや

往◎MARCER DbE Ebis →

惠比壽公園 ◆

惠比寿駅

◎元祖壽司

◎天下一品

駒沢通

◆ Plame Collome

EBISU
FOOD HALL ⑪

atré
惠比寿

3

日高屋 ◎

ANALOG CAFE/
LOUNGE TOKYO

SKYWALK

◆景丘公園

くすのき通り

惠比寿南二公園

アメリカ橋公園

YEBISU BREWERY
TOKYO

泉明寺㊁ ㊁松泉寺

時計広場 ●

防衛省技術研究本部
艦艇装備研究所

惠比寿南一公園 ◆

㊁RECTOHALL

惠比壽花園廣場 ◆

4

京共済病院

厚生中央病院 ✚

◆東京都寫真
美術館

◎中目黒公園

往目黒駅、
八ヶ岳、
季季

三田橋

C **D**

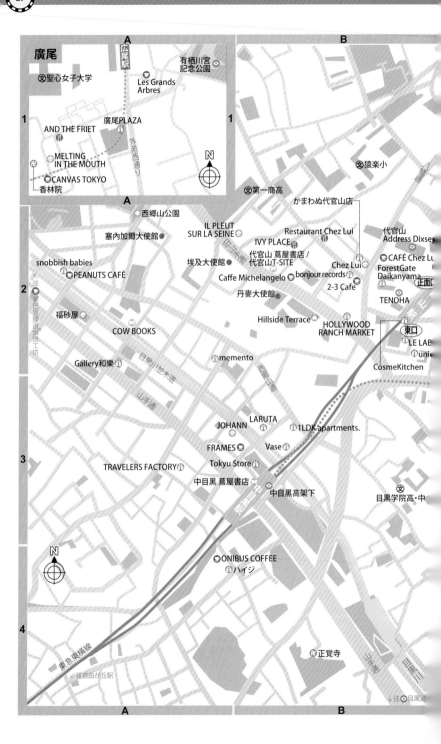

廳尾

聖心女子大学

広尾駅

有栖川宮記念公園

Les Grands Arbres

廣尾PLAZA

AND THE FRIET

MELTING IN THE MOUTH

CANVAS TOKYO

香林院

外苑西通り

N

猿楽小

第一商高

西郷山公園

塞內加爾大使館

IL PLEUT SUR LA SEINE

かまわぬ代官山店

Restaurant Chez Lui

代官山 Address Dixsel

snobbish babies

PEANUTS CAFÉ

埃及大使館

IVY PLACE

代官山 蔦屋書店 / 代官山T-SITE

Chez Lui

CAFÉ Chez Lu

ForestGate Daikanyama

Caffe Michelangelo

bonjour records

正面

福砂屋

丹麥大使館

2-3 Cafe

TENOHA

COW BOOKS

Hillside Terrace

HOLLYWOOD RANCH MARKET

東口

memento

LE LAB

uni

Gallery和樂

CosmeKitchen

目黒川遊歩道

山手通

JOHANN

LARUTA

1LDK apartments.

FRAMES

Vase

TRAVELERS FACTORY

Tokyu Store

中目黒 蔦屋書店

中目黒高架下

目黒学院高・中

N

ONIBUS COFFEE

ハイジ

東急東横線

正覚寺

山手通

←往自由が丘駅

↓往●目黒駅

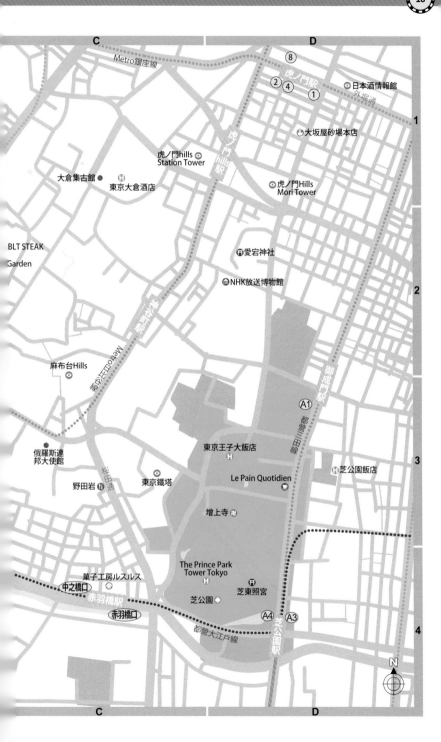

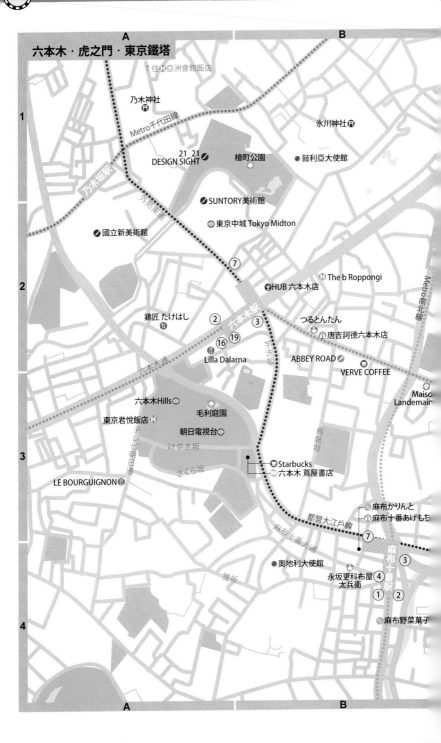

六本木・虎之門・東京鐵塔

↑往Ｈ亞洲會館飯店

乃木神社 🏮

氷川神社 🏮

Metro千代田線

乃木坂駅

21_21 DESIGN SIGHT 🎨

檜町公園

● 敍利亞大使館

永　田　町　通

SUNTORY美術館 🎨

◎ 東京中城 Tokyo Midton

🎨 國立新美術館

⑦

🍺 HUB 六本木店

🏨 The b Roppongi

Metro南北線

鶏匠 たけはし 🍴

② 六本木駅

③

つるとんたん
🍴 唐吉訶德六本木店

⑯ ⑲

芋洗坂

ABBEY ROAD 🎨

Lilla Dalarna 🍴

VERVE COFFEE

Maison Landemair

六本木Hills ◎

毛利庭園

東京君悅飯店 Ｈ

朝日電視台 ◎

テレビ朝日通

けやき坂

● Starbucks
六本木 蔦屋書店

さくら坂

LE BOURGUIGNON 🍴

都營大江戸線

麻布かりんと
麻布十番あげもち

⑦

麻布十番大通

③

麻布十番駅

● 奥地利大使館

永坂更科布屋
太兵衛

④

狸坂

① ②

麻布野菜菓子

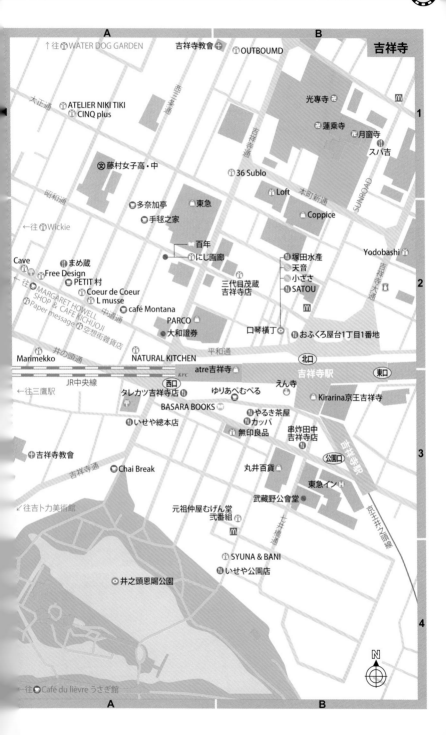

吉祥寺

A　　　　　　　B

↑往🏠WATER DOG GARDEN　　吉祥寺教會✝　🏠OUTBOUMD

大正通　　🏠ATELIER NIKI TIKI
　　　　🏠CINQ plus

光専寺卍

卍蓮乗寺　月窓寺卍
　　　　　スパ吉

1

🏫藤村女子高・中　　　🏠36 Sublo

昭和通

←往🏠Wickie

🍴多奈加亭　　🏠東急
　　◎手毬之家

🏠Loft　本町新通

△Coppice

Yodobashi🏠

Cave
🏠🍴
🍴まめ蔵
　🏠Free Design
　　🏠PETIT村
　　🏠Coeur de Coeur
←往🏠　🏠L musse
MARGARET HOWELL
SHOP & CAFE KICHIJOJI
🏠Paper message🏠空想街雑貨店

📍百年
🏠にじ画廊

三代目茂蔵
吉祥寺店

◎café Montana
PARCO△
●大和證券

🍴塚田水産
🍴天音
🍴小ざさ
🍴SATOU

🍴
口琴横丁◎　🍴おふくろ屋台1丁目1番地

🏠
Marimekko

井の頭通

🏠
NATURAL KITCHEN

平和通

北口

東口

JR中央線

KFC

atre吉祥寺△

吉祥寺駅

←往三鷹駅

西口
タレカツ吉祥寺店🍴
〒
BASARA BOOKS
🍴いせや總本店

ゆりあぺむぺる
🍴
🍴やるき茶屋
🍴カッパ
🍴無印良品

えん寺
🍴

🏠Kirarina京王吉祥寺

串炸田中
吉祥寺店
🍴

✝吉祥寺教會

🏠Chai Break

吉祥寺通

🚶往吉卜力美術館

元祖仲屋むげん堂
弐番組
🍴
🍴

丸井百貨△

武蔵野公會堂●

公園口

吉祥寺駅

東急イン🏨

京王井之頭線

🏠SYUNA & BANI
🍴いせや公園店

◎井之頭恩賜公園

N

3

4

🚶往◎Café du lièvre うさぎ館

A　　　　　　　B

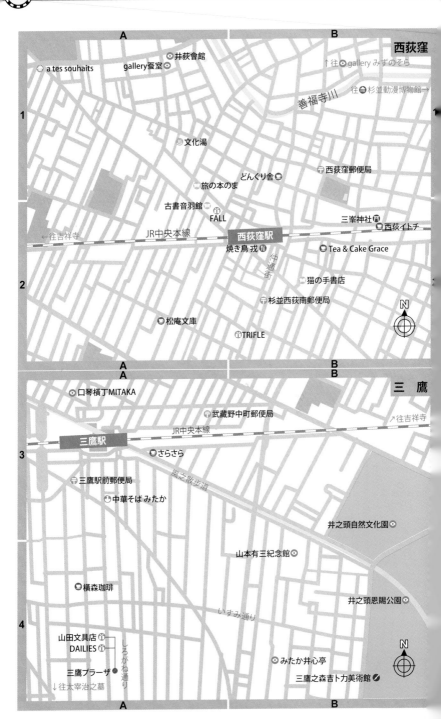

西荻窪

○ a tes souhaits
◎ 井荻會館
gallery蚕室 ◎
↑往 ◎ gallery みずのそら
往 ⛩ 杉並動漫博物館→

善福寺川

1

♨ 文化湯

どんぐり舎 ◯
〒 西荻窪郵便局
旅の本のま
古書音羽館 ◯
⛩ FALL
三峯神社 ⛩ ◯ 西荻イトチ
←往吉祥寺
JR中央本線
西荻窪駅
焼き鳥 戎 🍴
◯ Tea & Cake Grace

中通街
◯ 猫の手書店

2
〒 杉並西荻南郵便局
◯ 松庵文庫
🍴 TRIFLE

N

三鷹

◎ 口琴横丁MITAKA

〒 武蔵野中町郵便局
JR中央本線
↗往吉祥寺
三鷹駅

3
◯ さらさら

〒 三鷹駅前郵便局
風之散歩道
🍜 中華そば みたか

井之頭自然文化園 ◎

山本有三紀念館 ◎

◯ 横森珈琲
井之頭恩賜公園 ◎

いすみ通り

4
山田文具店 🏠
DAILIES 🏠
しろがね通り
◎ みたか井心亭
三鷹プラーザ ●
三鷹之森吉卜力美術館 🎨
↓往太宰治之墓

N

高圓寺北口

A

早稲田通
あづま商店街

floresta ○ ●庚申塔

ALL C's CAFE ○

純情商店街

往⑪福の額

北口
高円寺駅
南口

JR中央本線

高円寺南商店街

パル商店街

N

赤坂

B

新大谷飯店 Ⓗ

Metro丸之内線

永田町駅

往 参籠院

Metro半蔵門線

⑩

豊川稲荷
東京別院

○ SHIROTAE

Metro銀座線

赤坂不動尊

⑪

BAR Tate-Vin(2F) ✕

虎屋
赤坂本店

OMO3
東京赤阪

山王日枝神社 Ⓗ

淨土寺

一点張 赤坂店

⊗山脇學園

⑩松葉屋

みすじ通

赤坂Biz Tower

赤坂ACT THEATER Ⓔ

①
②

赤坂BLITZ

③b ④

赤坂Sacas ◎

⑤a

⑤b

TBS放送中心 ◎

⑦ ⑥

Ⓗ the b akasaka

赤坂通

Metro千代田線

N

高圓寺南口

A

N

あづま通

申通

北口
高円寺駅
南口

JR中央本線

往新宿→

great white
wonder ⑪

氷川神社(氣象神社) Ⓗ

古着商大虎

R座讀書館
(2F)

高円寺南商店街

えとアール商店街

○穂わ心café

西洋菓子周五郎

ルック商店街

②

新高円寺駅

①

Metro丸之内線

往新宿→

中野

B

N

なかの芸能小劇場 Ⓔ

中野ブロードウェイ

東急

中野通

⑪おかしまちおか

MANDARAKE中野店

JACKROAD AND BETTY

味七 ○

エクセルシオール

東陽House Ⓗ

Boun Appetito Papa ⑪

○青葉拉麺

○ コアラのマーチ焼

SUN MALL

⑪タイガープラザ

ライフ中野
駅前店

fujiya camera ⑪

築地銀だこ ⑪

小麦の郷 ○

れふ亭

往 Momo Gärten →

北口

JR中央線

中野駅

Metro東西線

南口

JR總武線

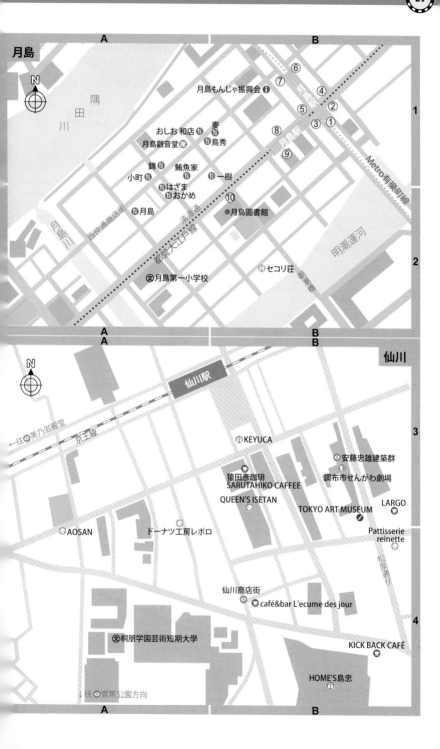

月島

隅田川

N

- 月島もんじゃ振興会 ❶
- ⑥
- ⑦
- ④
- ⑤ ②
- ③ ①
- おしお 和店 🍴
- 麥 🍴
- 月島観音堂 卍
- 🍴 鳥秀
- ⑧
- ⑨
- 錦 🍴
- 鮪魚家 🍴
- 🍴 一樹
- 小町 🍴
- 🍴 はざま
- 🍴 おかめ
- ⑩
- 🍴 月島
- 月島図書館
- 月島川
- 晴海通り
- 清澄通り
- 都営大江戸線
- 佃仲通り商店街
- Metro 有楽町線
- 月島駅
- 明潮運河
- セコリ荘 🏠
- 🏫 月島第一小学校

仙川

N

仙川駅

京王線

←往 美乃滋鵬堂

- 🍴 KEYUCA
- ◎ 安藤忠雄建築群
- 猿田彦珈琲 SARUTAHIKO CAFFEE
- 調布市せんがわ劇場
- QUEEN'S ISETAN
- TOKYO ART MUSEUM
- LARGO
- ◎ AOSAN
- ドーナツ工房レポロ
- Pattisserie reinette
- 松原通り
- 仙川商店街
- ◎ café&bar L'ecume des jour
- 🏫 桐朋学園芸術短期大學
- KICK BACK CAFÉ
- ↓往 蘆篤公園方向
- HOME'S島忠

汐留. 新橋

- 玄品 銀座 新橋 河豚 ·鰻魚 螃蟹料理 ⑧
- ⑤ ③ ①
- 日比谷口 ⑥ 銀座口
- 新橋駅
- ④ ③
- A3
- ① ②
- 烏森口 鳥森口 ④ A2 汐留口 A1
- 舊新橋停車場 (鐵道歷史展示室)
- ⑪ 竹葉亭 ⑪
- 清月堂本店
- ⑪ Panasonic Shiodome Museum of Art
- 汐留City Center
- 1C 1D
- ③ ②
- ④ ⑤ ⑥
- 2C
- 櫻田公園 ◎
- 日本電視台大樓
- Royal Park 汐留Tower
- ⑪ Caretta汐留
- ⑪ 濱離宮朝日hall
- A2 A1
- Park Hotel Tokyo
- JR横須賀線
- ⑦ ⑧ ⑨
- ⑪ CONRAD TOKYO
- JR山手線
- 東海道新幹線
- ⑩
- 汐留住友大樓
- 築地市場 ◎
- ⑪ ベーク
- 汐留イタリア街 (義大利街)
- 濱離宮恩賜庭園 ◎
- 築地川
- N

台場

- ↑◎彩虹大橋、 ◎RAINBOW PROMENADE
- 台場浜海公園 ◎
- ◎ 台場海濱
- 海面廣場 ⑧ ◎自由女神像
- 往芝浦碼頭站↑
- ⑪ 日航東京飯店
- 球體展望室 ◎
- ◎ AQUA CITY
- ◎ DECKS Tokyo Beach
- 台場駅
- お台場海浜公園駅
- ◎ 潮風公園
- ⑪ Grand Pacific Le Daiba
- 富士電視台 ◎
- 灣岸道路
- Teleport Bridge
- West Park Bridge
- 首都高速灣岸線
- 東京テレポート駅
- りんかい線 (臨海線)
- 往◎東京都水的科學館一
- ◎ DiverCity Tokyo Plaza
- 夢之大橋
- Symbol Promenade Park
- 出会い橋
- ◎ IMMERSIVE FORT TOKYO
- 青海駅 ゆりかもめ(百合海鷗號)
- 船の科學博物館駅
- 船的科學館 ⑪
- 往◎東京國際展示場(TOKYO Big Sight)、◎LaLaport 豐洲一
- 宗谷 ◎
- ●東京國際交流館
- 西部通道
- ◎水上巴士乘船場
- 往◎豐洲市場 ◎千客萬來
- ⑪ 國際大學村
- ◎東京國際碼頭
- ⑪ 青海碼頭
- 東京港
- 日本科學未來館 ⑪
- 產業技術總研 ● 臨海副都心中心
- ● 滝の広場
- ◎青海中央碼頭公園
- テレコムセンター駅
- Telecom Center
- N

二子玉川

↑往○岡本公園

1

☆超市MARUETSU

墨田川

🍴喜邑

谷川綠道○
高島屋西館🛍
高島屋東館
多摩川二子橋公園
玉川高島屋S·C

柳小路
高島屋南館
KOHORO🛍 ○Cafe Lisette
二子玉川rise S·C🛍
東急大井町線

二子玉川駅

2

厚木街道
多摩川
駒沢通り

naturam🍴

東急Excel Hotel🏨
→往○二子玉川公園

後樂園·本鄉

Ⓐ6
Ⓐ5
Ⓐ4
春日駅
Ⓐ2

本妙寺坂
赤門◎
東京大學

3

後樂園駅·春日駅

炭団坂

都營大江戶線

本郷三丁目駅
④
③
②
①
⑤

⑥
⑤
◎文京Civic Center展望台

後楽園駅

小石川後樂園

Spa LaQua😊
◎東京巨蛋

東洋學園大學

東京巨蛋城

東京巨蛋樂園
Attractions
Ⓐ6
Ⓐ5

後樂賓館🏨
往飯田橋駅
Metro南北線

東京巨蛋飯店🏨
水道橋駅

4

JR中央本線
水道橋駅

Metro丸之內線
本郷通

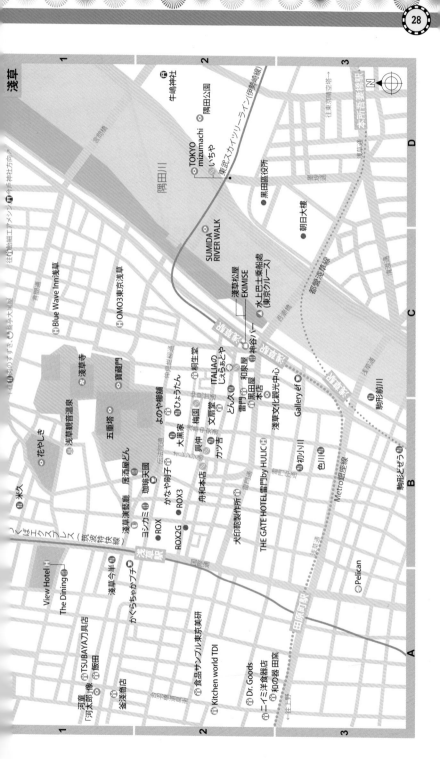

浅草

N

住宅街エリアへ（今戸神社方向） ▲住●内のうまさ●春●大矢屋 （住宅街エリアへ）（筑波快特方向）

1

牛嶋神社 ⛩
隅田公園

TOKYO
mizumachi
いちや
東武スカイツリーライン（伊勢崎線）

黒田区役所

朝日大樓

隅田川

SUMIDA
RIVER WALK

浅草松屋
EKIMISE
水上バス乗船處
（東京クルーズ）

神谷バー
都営浅草線

浅草寺 ⛩
二天門
浅草観音温泉 ♨
花やしき
五重塔
浅草文化観光センター
Gallery éf

Blue Wave Inn浅草
OMO3東京浅草

浅草観音温泉
浅草演藝廳
View Hotel
The Dining
浅草今半
かぐらちゃかぐら

河童
河太郎像 TSUBAYA刀具店 飯田
釜浅商店

食品サンプル東京美研
Kitchen world TDI
Dr. Goods
ニイミ洋食器店
和の器田窯

Pelican

田原町駅
Metro銀座線
駒形どぜう
色川
初川
駒形前川

米久
よのや櫛舗
ひょうたん
桐生堂
ITALIAのじぇらぁとや
和泉屋
梅園
女雷堂
どんぐり
雷門
黒田屋
本店
かなや剛子
大黒家
興伸
カツ吉
舟和本店
大印物製作所
THE GATE HOTEL 雷門by HULIC
珈琲天國
居酒屋どん
傳法院通
新仲見世通
仲見世通
オレンジ通り
雷門通

ヨシカミ
ROX
ROX2G
ROX3

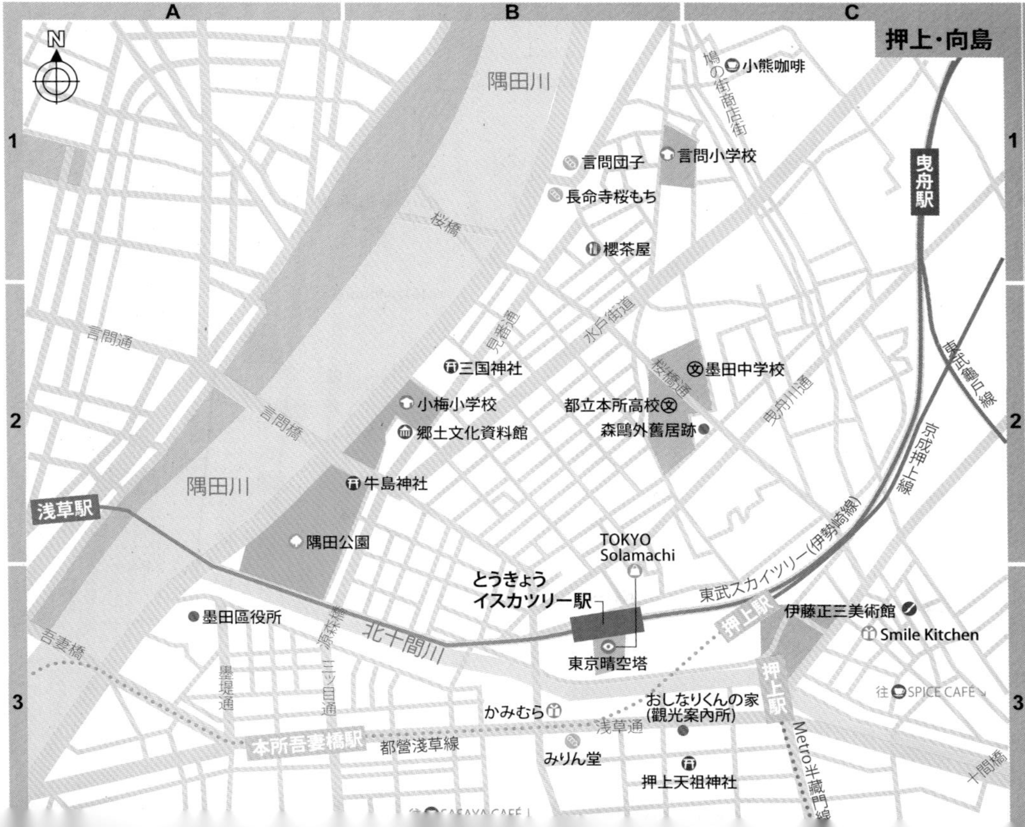

仲見世通

D1

- 宝蔵門
- 木村家本店(人形焼)
- 助六
- 浅草九重(揚げまんじゅう)
- 平尾商店(紀念品)
- 浅草ちょうちんもなか(最中)
- 浅草市幼稚園
- 伝法院通

D2

- 浅草中山商店(紀念品)
- トイス・テラオ
- 亀屋(仙貝、人形焼)
- 松ケ枝屋
- 壱番屋(仙貝)
- 松喜家(土産)
- 富士屋(和服)
- 西島商店(日式傘)
- 松崎屋(帽子)

C2エリア
- 三幌堂(人形焼)
- 三美堂(工芸品)
- 梅園
- 銀花堂(舞踏用品)
- 仁平青林堂(鯛)
- 荒井文扇堂(扇子)

D3

- 張張屋(蕎麦類)
- 尾張屋(蒲焼、仙貝)
- 和泉屋
- Hプラザ
- 雷文堂本店(人形焼)
- むさしや人形店(人形)
- 舟和(羊羹)
- 文華堂(扇子)
- あづま(菓子)
- いなば
- 雷門
- 黒田屋本店
- 三定(天婦羅特製版)
- テル雷門
- H
- 本家梅林堂(和菓子)
- みりん堂
- 雷門通

C列（地図エリア）

C1
- 押上・向島
- 曳舟駅
- 東武亀戸線
- 京成押上線
- 伊藤正三美術館
- Smile Kitchen
- SPICE CAFE

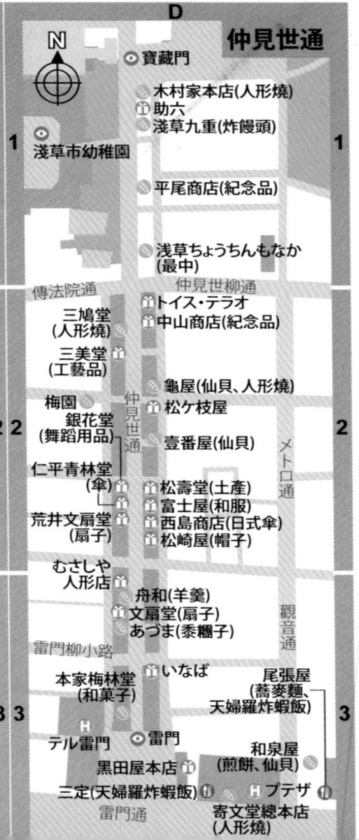

B1
- 隅田川
- 小熊咖啡
- 鳩の街商店街
- 言問小学校
- 言問団子
- 長命寺桜もち
- 桜茶屋
- 墨田中学校
- 墨田区役所

B2
- 三囲神社
- 小梅小学校
- 郷土文化資料館
- 牛島神社
- 都立本所高校
- 森鷗外旧居跡
- 東武スカイツリーライン
- 押上
- Metro半蔵門線

A
- 隅田川
- 隅田公園
- 墨田区役所
- 本所吾妻橋駅
- 都営浅草線

下部
- とうきょうスカイツリー駅
- TOKYO Solamachi
- 東京晴空塔
- おしなりくんの家(観光案内所)
- 押上天祖神社
- かみなりや
- 浅草駅

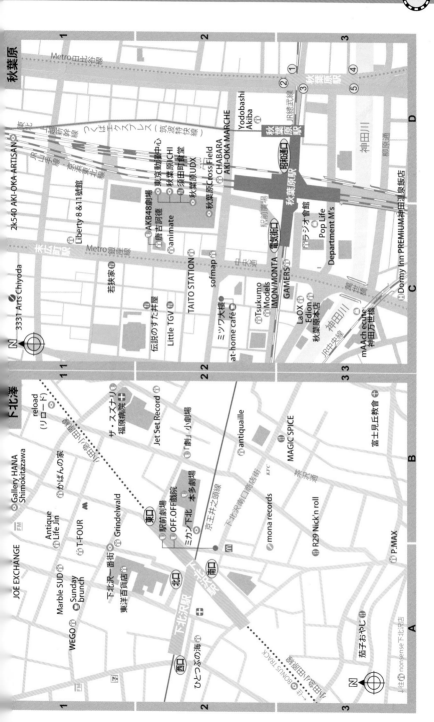

秋葉原

下北澤

秋葉原

- Metro日比谷線
- 2k540 AKI-OKA ARTISAN
- Liberty 8 & 11號館
- 東北・山形・秋田・上越・北陸新幹線
- JR山手線
- 東京メトロ日比谷線
- つくばエクスプレス（筑波快特）
- 秋葉原駅
- JR總武線
- Yodobashi Akiba
- 秋葉原駅
- AKB48劇場
- 唐吉訶德
- animate
- 東京動漫中心
- 秋葉原CHI
- 須田町食堂
- 秋葉原UDX
- CHABARA AKI-OKA MARCHE
- 秋葉原Cross Field
- 昭和通口
- 駅前廣場
- ラジオ會館
- Pop Life
- Department M's
- 電氣街口
- 神田川
- 柳原通
- 若狹家
- 傳説のすた丼屋
- Little TGV
- TAITO STATION
- sofmap
- ミツワ大樓
- at-home café
- Tsukumo
- IMON/MONTA
- Models
- GAMERS
- LaOX
- Edion
- 秋葉原本店
- mAAch ecute 神田萬世橋
- JR中央線
- Dotmy Inn PREMIUM神田溫泉飯店
- 3331 Arts Chiyoda
- 末廣町駅
- Metro銀座線
- 中央通
- 神田川

下北澤

- JOE EXCHANGE
- Gallery HANA Shimokitazawa
- Antique Life Jin
- かばんの家
- WEGO
- Marble SUD
- Sunday brunch
- T-FOUR
- Grindelwald
- reload（リロード）
- ザ・スズナリ
- 福原病院
- Jet Set Record
- 劇小劇場
- 下北澤一番街
- 東洋百貨店
- 駅前劇場
- OFF.OFF劇場
- ミカン下北 本多劇場
- antiquaille
- MAGIC SPICE
- 富士見丘教會
- KFC
- 茶沢通
- mona records
- R29 Nick'n roll
- P.MAX
- nonsense下北澤店
- 茄子おやじ
- 京王井之頭線
- 下北澤駅
- 小田急小田原線
- 下北澤駅前商店街
- ひとくぶの海
- 西口
- 北口
- 南口
- 東口

日本藥妝必買攻略

日本藥妝店不僅在當地居民生活中扮演著重要角色，也是訪日觀光客的重要行程之一。藥妝店內商品種類繁多，涵蓋醫藥品、日用品、食品等，幾乎滿足所有生活需求。經過安全認證的高品質商品以親民價格提供，物超所值；尤其訪日觀光客享有免稅優惠，這些好貨一定要到日本買才最划算！

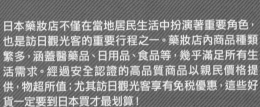

- 不論出差、旅行！最「體貼」你的旅遊良伴
- 日本美妝健康小物攻略
- 出國旅遊～吃吃喝喝，推薦的居家良方！
- 旅行、居家，緩解身體不適的常備保健品專家
- 身體僵硬痠痛等各種惱人症狀就找久光製藥的家庭常備藥！

Ito Yokado

旅日必去伊藤洋華堂！ 7大理由！

伊藤洋華堂創立於 1920 年，隸屬日本最大零售通路集團 Seven & i 集團，是日本最具代表性的老字號綜合商場，深受日本主婦歡迎。門市遍佈全日本，商品應有盡有，讓您買得安心、買得像個在地人。

Japan. Tax-free Shop

理由 1　一站式購足所有生活所需
從食品、服飾、化妝品、藥妝、日用品、文具甚至是寵物用品等，一站滿足所有購買慾望。更有各種季節限定節慶商品，如女兒節、浴衣等。讓您忍不住想一來再來！

理由 2　連日本主婦也深深支持愛用
品質優良，價格合理，連日本主婦也深深熱愛不斷重複前來。採取最嚴格的標準控管生鮮品，如每日檢測糖度並公開數值的水果測甜機制。更時常串連全國各地新鮮品，搶先開賣當季商品。

理由 3　網羅全國伴手禮最貼心
網羅全國各地區域性伴手禮，如拉麵、餅乾等。不定期舉辦「北海道市集」等活動，超人氣特色商品在此就可購足。

北海道　青森　福岡
※ 如遇缺貨請見諒

理由 4　僅此才有 Seven & i 集團與伊藤洋華堂限定品

理由 5　寬敞的購物空間！全家人一起暢享購物！

理由 6　買逛吃喝都能一次滿足

理由 7　逛商場還能免稅
※ 部分市市不能辦理免稅手續

伊藤洋華堂創立於 1920 年日本最大等級綜合商場「推薦門市!!」

東京　鄰近羽田機場！直通臨海線大井町站　站前
伊藤洋華堂大井町店
🏠 東京都品川區大井 1-3-6　🕙 10:00-22:00
品川 → JR京濱東北線：電車約3分鐘 → 大井町
從 JR 京濱東北線、臨海線、東急大井町線的「大井町」站西口步行 1 分鐘

東京　從羽田機場搭乘電車約25分鐘　親子
伊藤洋華堂大森店
🏠 東京都大田區大森北 2-13-1
🕙 10:00-22:00 / 3F 10:00-21:00
品川 → 京急線：電車約10分鐘 → 大森海岸
(1) 從京急本線的「大森海岸站」步行 5 分鐘
(2) 從 JR 京濱東北線的「大森站」東口步行 10 分鐘

東京　全家都可以在知名的漫畫聖地開心逛一整天！　親子
伊藤洋華堂 Ario 龜有店
🏠 東京都葛飾區龜有 3-49-3　🕙 10:00-21:00
上野 → JR常磐線：電車約16分鐘 → 龜有
從 JR 常磐線的「龜有站」南口步行 6 分鐘

大阪　靠近日本最高的摩天大樓 阿倍野 HARUKAS　站前　親子
伊藤洋華堂阿倍野店
🏠 大阪府大阪市阿倍野區阿倍野筋 1-6-1　🕙 10:00-22:00 / 1·2F 10:00-21:00
大阪 → JR大阪環狀線：電車約15分鐘 → 天王寺
(1) 從 JR 關西本線、JR 阪和線的「天王寺站」，或
(2) 從大阪市營地鐵谷町線、阪堺電車上町線的「天王寺站前站」，或
(3) 從近鐵南大阪線的「大阪阿部野橋站」，步行 3 分鐘

東京　前往銀座、日本橋相當便捷！可乘坐直達巴士前往豐州市場　交通便捷
伊藤洋華堂木場店
🏠 東京都江東區木場 1-5-30　🕙 10:00-22:00 / 2·3F 10:00-21:00
銀座 → 東京地鐵銀座線：電車約4分鐘 → 日本橋
→ 東京地鐵東西線：電車約5分鐘 → 木場
從銀座乘坐電車約需 12 分鐘！
從東京地鐵東西線的「木場站」4b 號出口步行 5 分鐘

東京　靠近 TOKYO SKYTREE® (東京晴空塔)　站前
伊藤洋華堂曳舟店
🏠 東京都墨田區京島 1-2-1　🕙 10:00-21:00
淺草 → 東武晴空塔線：電車約5分鐘 → 曳舟
(1) 從東武晴空塔線、東武龜戶線的「曳舟站」東口
(2) 從京成押上線的「京成曳舟站」西口，步行 1 分鐘

由此搜尋其他門市和最新資訊！

Ito Yokado　　Facebook　　Instagram

多元付款方式

VISA　JCB　AMERICAN EXPRESS　Diners Club　DISCOVER　UnionPay 銀聯　Alipay　微信支付 WeChat Pay

攻略東京

完全制覇

2025 2026

MOOK

wagamama no.074

東京攻略
完全制霸
2025~2026

contents

本書所提供的各項可能變動性資訊，如交通、時間、價格(含票價)、地址、電話、網址，係以2024年8月前所收集的為準，正確內容請以當地即時標示的資訊為主。如果你在旅行中發現資訊已更動，或是有任何內文或地圖需要修正的地方，歡迎隨時指正和批評。
你可以透過下列方式告訴我們：
寫信：115台北市南港區昆陽街16號7樓
MOOK編輯部收
傳真：02-25007796
E-mail：mook_service@hmg.com.tw
FB粉絲團：「MOOK墨刻出版」
www.facebook.com/travelmook

東京交通攻略一把罩
暢遊都心沒煩惱！

特別企畫

AKACHAN HONPO推薦商品

明治Step

適用年齡
約1–3歲

明治Step系列產品能夠幫助1-3歲幼兒補充容易缺乏的營養素。

明治Miraful

適用年齡
約1–6歲

含有幼兒在成長中相當重要的四大營養素（鐵、鋅、鈣、維他命D）和DHA配方，簡便又好喝。

樂樂Q貝方塊奶粉

「不需要量取」、「衛生」、「可加入其他食品中」
僅使用需要的數量即可，無論是誰都能沖泡出好喝的牛奶。

明治Step

「安全」、「開關方便」、「量取容易」
最具代表性的罐裝容量多達800公克！

鐵質、DHA含量第一★1
日本成長奶粉銷售冠軍★2

★1 2024年4月明治調查結果
★2 Intage SRI+幼兒牛奶市場2023年4月至2024年3月累計銷售金額

粉末類型
草莓風口味

清爽甜味的粉末類型飲品，可以加入牛奶攪拌飲用。推薦給不想跟味道妥協，又想輕鬆攝取營養的您。

分店資訊

Arcakit錦糸町店	東京都墨田區錦糸2-2-1 Arcakit錦糸町5樓
Lazona川崎店	神奈川縣川崎市幸區堀川町72-1 Lazona川崎廣場3樓
Grand Tree武藏小杉店	神奈川縣川崎市中原區新丸子東3-1135-1 Grand Tree武藏小杉4樓
LaLaport豐洲店	東京都江東區豐洲2-4-9 Urban Dock LaLaport豐洲3樓
LaLaport橫濱店	神奈川縣橫濱市都筑區池邊町4035-1 LaLaport橫濱2樓
LaLaport TOKYO-BAY店	千葉縣船橋市濱町2-1-1 LaLaport TOKYO-BAY 西館2樓
Ario龜有店	東京都葛飾區龜有3-49-3 Ario龜有Ario Mall 3樓

日本各地另有其他分店

東京攻略完全制霸

2025~2026

contents

東京任我行

45個分區全制霸。

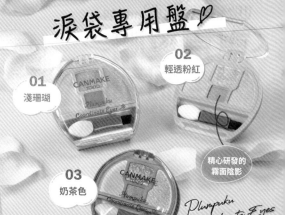

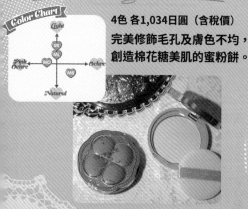
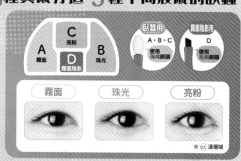

wagamama no.074

東京攻略
完全制霸
2025~2026

如何使用本書

本書所提供的各項可能變動性資訊，如交通、時間、價格(含票價)、地址、電話、網址，係以2024年8月前所收集的為準，正確內容請以當地即時標示的資訊為主。如果你在旅行中發現資訊已更動，或是有任何內文或地圖需要修正的地方，歡迎隨時指正和批評。你可以透過下列方式告訴我們：
寫信：115台北市南港區昆陽街16號7樓MOOK編輯部收
傳真：02-25007796
E-mail：mook_service@hmg.com.tw
FB粉絲團：「MOOK墨刻出版」
www.facebook.com/travelmook

頁碼

區域小地圖

分區名稱與英日文拼音

清楚分別美食、購物、景點、住宿等機能，一眼就能找到旅遊需求。

清楚標示出景點所在的地圖頁碼及座標值，可迅速找到想去的地方。

編輯認為值得推薦的景點或店家

右頁邊欄上標出索引名稱，翻閱更輕鬆。

全面普查的完整精確資訊

看一眼就知道的符號說明

清楚列出電車及其他交通資訊

不同樣式的BOX分別介紹每一景點或店家的豆知識

紅色粗字清楚列出此店家或景點的特色

地圖ICONS使用說明

- ◉ 景點
- 🏯 神社
- 🏛 博物館
- 🎨 美術館
- 🌳 公園
- 🛍 購物
- 🏬 百貨公司
- 📖 書店
- 🍜 麵食
- 🍱 日式美食
- 🍴 西式美食
- ☕ 咖啡茶館
- 🍡 和菓子
- 🍰 甜點、麵包
- 🍶 酒吧
- 🎭 劇院
- Ⓗ 飯店
- 卍 寺廟
- ♨ 溫泉
- 💈 美容
- 🚌 公車站
- ① 國道
- 🎤 現場演唱
- ✈ 機場

書中資訊ICONS使用說明

- 🅐 與本書地圖別冊對位，快速尋找景點或店家。
- 🔍 不小心東西忘在店裡面，可立刻去電詢問。
- 🏠 若店家均位於同一棟大樓，僅列出大樓名稱與所在樓層。
- L.O.（Last Order指的是最後點餐時間）
- 休 如果該店家無休假日就不出現。
- 🈂 日文料理菜名括號列中文翻譯，輕鬆手指點餐。
- 🚃 在大區域範圍內詳細標明如何前往景點或店家的交通方式。
- 📱 出發前可上網認識有興趣的店家或景點。
- ❗ 各種與店家或景點相關不可不知的訊息。
- ① 地圖上出現車站實際出口名稱。

LANVIN en Bleu 二子玉川RISE S.C.店

喜歡巴黎服飾品牌Lanvin的人,一定也會喜歡Lanvin在日本專屬設計的LANVIN en Bleu。這個融合了巴黎本部Lanvin的精髓,展現恆久優雅的品牌,透過與日本潮流風格設計的結合,同時呈現出巴黎的典雅與時尚、與女性化的潮流風貌,深受許多消費者的喜愛。

LANVIN en Bleu雖是日本設計,但一樣充分展現Lanvin的本格精神,商品中也提供了許多功能性單品,如防水外套、不易皺的褲子和速乾材質的洋裝等,打造出既女性化又實用的搭配方案。多樣性商品,從日常穿著到外出造型,無論在何種情境下都能享受時尚樂趣。

而這家位在與二子玉川駅直結、二子玉川RISE購物中心內的店鋪,就位在2樓,舒適的購物空間,優雅的裝潢設計,加上鮮豔的地毯,都讓商品顯得更加美麗突出,值得一提的是,店內使用的櫃台採用回收廢棄衣物製成的新材料,體現了品牌的環保理念,同時展示了LANVIN en Bleu的新世界觀。

喜歡LANVIN en Bleu的話,在日本目前共有11家店鋪,東京都內另外在伊勢丹新宿2樓和松屋銀座3樓也有展店。

⋀ 別冊P.27,B2 ↗東急田園都市線、大井町線「二子玉川駅」直結 ⌂東京都世田谷區玉川2-21-1 (二子玉川RISE購物中心 2F) ☎080 2394 2362 ⌄10:00~20:00 休1/1 ⟲二子玉川RISE:www.rise.sc/;LANVIN en Bleu:lanvin-en-bleu.com

由機場進入東京

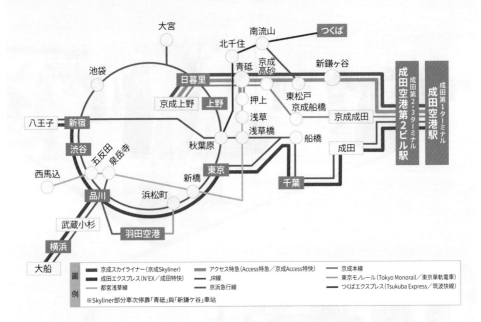

圖例
- ━━ 京成スカイライナー(京成Skyliner)
- ━━ 成田エクスプレス(N'EX／成田特快)
- ━━ 都營淺草線
- ━━ アクセス特急(Access特急／京成Access特快)
- ━━ JR線
- ━━ 京浜急行線
- ━━ 京成本線
- ━━ 東京モノレール(Tokyo Monorail／東京單軌電車)
- ━━ つくばエクスプレス(Tsukuba Express／筑波快線)

※Skyliner部分車次停靠「青砥」與「新鎌ヶ谷」車站

自 從羽田與松山機場在2010年底正式通航後,台灣旅客除了成田機場外,又多了一個進入東京的新選擇。目前台灣飛東京的航線為「台北松山－羽田機場」與「台北桃園－成田機場」二段,飛羽田的好處是離都心近,交通省時又省錢;而選擇飛成田的好處是航班多,選擇的時段也多。以下介紹從兩個機場進入東京市區的交通選項全攻略。

成田機場→東京市區

成田機場位於千葉縣,距離東京市區有一定距離。但因為長時間作為主要聯外機場使用,各種交通設施十分完備,路線也標得很清楚。進入市區主要的交通方式有JR、京成電鐵和利津巴士,平均交通時間大概在1小時到1個半小時。

➜JR東日本

◎網址:www.jreast.co.jp,www.jreast.co.jp/multi/zh-CHT/nex/(中文)

JR東日本提供兩條路線往返機場與市區,一條是成田特快列車N'EX(成田エクスプレス "N'EX"),另一條是時間較長,票價也較便宜的總武線普通快速列車。一般觀光客較常利用的是省時舒服、也方便大型行李的成田特快列車N'EX。

路線與單程價格指南

路線名	目的地	時間	價格 (乘車券＋普通車廂指定席特急券)
成田特快列車 N'EX	東京	約56分	¥3,070
	品川	約64分	
	澀谷	約75分	¥3,250
	新宿	約81分	

※6~12歲小學生半價

優惠套票:N'EX東京去回車票

成田特快列車N'EX推出針對外國觀光客的特別組合套票,內容為N'EX來回車票。普通車廂指定席東京來回為¥6,140,但N'EX往返機場~東京・首都圈JR車站來回車票只要¥5,000,即能在14天內搭乘去程與回程各一趟。

◎價格:N'EX往返機場~東京・首都圈JR車站來回車票大人¥5,000、6~11歲¥2,500

◎購買:抵達日本後可在成田機場第一和第二航廈的JR東日本旅遊服務中心(JR EAST Travel Service Center)出示護照購買,或是至有護照讀取功能的JR東日本指定席售票機購票,另亦可在JR東日本官網訂票再到有護照讀取功能的指定席售票機取票

◎網址：www.jreast.co.jp/multi/zh_CHT/pass/nex.html

◎備註：若目的地並非N'EX停靠站，只要不出站，即可另外轉乘JR普通車至指定區域中任一站下車。(範圍在大東京區域，詳見官網)

➡京成電鐵

◎網址：www.keisei.co.jp，www.keisei.co.jp/keisei/tetudou/skyliner/tc/index.php(中文)

京成電鐵分為成田SKY ACCESS線(成田スカイアクセス線)和京成本線兩條路線，成田SKY ACCESS線又有Skyliner和ACCESS特快(アクセス特急)2種車，距離較近，速度也快。京成本線則有Morningliner、Eveningliner和快速特急、通勤特急、特急、快速、普通車。

利用Skyliner的訪客，皆可在京成Skyliner車內和成田機場第1候機樓站、成田機場第2・第3候機樓站、成田站、佐倉站、八千代台站、船橋站、青砥站、日暮里站、上野站等免費使用KEISEI FREE Wi-Fi，無須設立帳密便可直接連線上網。

路線與單程價格指南

往	由機場					
	成田SKY ACCESS線		京成本線			
	Skyliner (車票+liner券)	ACCESS特快	特急	快速特急	快速	Morningliner/ Eveningliner (車票+liner券)
日暮里	約39分¥2,580	約53分¥1,280	約75分¥1,060	約80分¥1,060	約90分¥1,060	約74分¥1,510
上野	約46分¥2,580	約60分¥1,270	約80分¥1,060	約85分¥1,060	約95分¥1,060	約80分¥1,510
品川		約85分¥1,630 (京急線利用)				

※6~12歲小學生半價

優惠套票：Keisei Skyliner & Tokyo Subway Ticket

此套票可分為Skyliner單程、去回兩種，再各自搭配24/48/72小時地下鐵乘車券，價格不同，讓人可以依自己的行程搭配使用。可在Skyliner售票窗口售票處購買，部分台灣旅行社也有代售。

◎價格：Skyliner單程+地下鐵1日券大人¥2,900，Skyliner單程+地下鐵2日券大人¥3,300，Skyliner單程+地下鐵3日券大人¥3,600。Skyliner來回+地下鐵1日券大人¥4,900、Skyliner來回+地下鐵2日券大人¥5,300、Skyliner來回+地下鐵3日券大人¥5,600；6-12歲兒童半價

◎購買：抵達日本後可在成田機場第一和第二航廈的Skyliner售票處、Skyliner & Keisei Information Center、成田機場第一航廈旅遊中心，出示護照即可購買，也可先於官網購買、台灣旅行社或kkday、klook購票

◎網址：www.keisei.co.jp/keisei/tetudou/skyliner/e-ticket/zht/

◎注意：於台灣旅行社購買的票券，需先至Skyliner售票處換成搭車時用的車票

➡京成巴士(京成バス)

◎網址：www.keiseibus.co.jp

京成巴士提供自成田國際機場直達東京站、池袋站、葛西站等東京都市區內的高速巴士，除東京市區外，也提供直達千葉縣(幕張)、神奈川縣(橫濱)等高速巴士，可在成田機場內的京成巴士乘車券販售櫃台，或是官網先行購買車票。

路線與單程價格指南

路線名	目的地	時間	價格
京成巴士	エアポートバス東京・成田(東京成田空港線)	約90分	¥1,300
			23:00~凌晨4:59 ¥2,300
	小岩駅~成田空港	約90分	¥1,600
	池袋成田空港線(成田シャトル池袋線)	約100分	¥2,300
	海浜幕張駅(千葉海濱幕張車站)、幕張メッセ中央(幕張展覽館)	約50分	¥1,200
	横浜YCAT(橫濱市航空總站)~成田空港	約110分	¥3,700

※6~12歲小學生半價
※エアポートバス東京・成田(東京成田空港線)

為The Access成田(THEアクセス成田)及京成巴士共同合作來往成田機場及東京車站・銀座的路線巴士，目前因應疫情為全席自由座，詳情可至以下網站查詢。

◎網站：tyo-nrt.com

➜利木津巴士(リムジンバス)

◎網址：webservice.limousinebus.co.jp/web

利木津巴士連接成田空港第1航廈「成田空港駅」、第2及第3航廈「成田第2ビル駅」與新宿車站、東京車站、東京城市航空總站和橫濱巴士航空總站，並直達新宿、東京、池袋、銀座、汐留、澀谷、品川、赤坂等各地的主要車站和特約飯店。不過依照交通狀況，所需時間較不固定。

路線與單程價格指南

路線名	目的地	時間	價格
利木津巴士	新宿地區	約85~145分	¥3,600
	池袋地區	約75~140分	
	日比谷.銀座地區	約75~130分	
	六本木地區	約75~125分	
	惠比壽.品川地區	約60~155分	

※6~12歲小學生半價

優惠套票：Limousine & Subway Pass

東京Metro、都營地下鐵一日和利木津巴士單程或來回票的組合套票。

◎價格：單程+地下鐵1日券大人¥4,000、來回+地下鐵2日券大人¥7,200、來回+地下鐵3日券大人¥7,500；6~12歲兒童半價

◎購買：可在成田機場入境大廳(二、三日券的套票日本只在機場販售)、新宿駅西口、新宿高速巴士總站和T-CAT(東京城市航空總站) 3樓的利木津巴士櫃台購買，另台灣也有代售旅行社可事先購買，抵達日本後持票券至售票處劃位即可

◎網址：www.limousinebus.co.jp/guide/en/ticket/subwaypass/

羽田機場→東京市區

與台北松山對飛的羽田機場位於東京市內，距離JR山手線上的轉運車站僅20分。嶄新的羽田國際線航廈不但充滿設計感，交通上也只要20分鐘就能抵達山手線的車站，比起成田機場，離市區近上不少。主要的交通選項有東京單軌電車、京急電鐵和利木津巴士。

➜東京單軌電車(東京モノレール)

◎網址：www.tokyo-monorail.co.jp/tc(中文)

連接羽田機場與JR山手線上浜松町駅；分為機場快速線、區間快速線與普通車三種，價格都一樣，搭乘機場快速線由國際航廈到到浜松町駅最短時間為13分。

路線與單程價格指南

路線名	目的地	時間	價格
機場快速線	浜松町	約13分	¥520
區間快速線	浜松町	約15分	¥520
	天王洲アイル	約10分	¥390
普通車	浜松町	約18分	¥520

※6~12歲小學生半價

優惠套票：モノレール&山手線內割引きっぷ

週六日及例假日與特定假日發售，從羽田機場到JR山手線上的任一站下車，限單程一次，從機場內的自動售票機即可購買。

◎價格：大人¥540、6~12歲¥270

➜京急電鐵

◎網址：www.haneda-tokyo-access.com/tc(中文)

連接羽田機場與JR山手線上的品川駅，因為與都營地下鐵直通運行，因此也可以不換車一路前往新橋、日本橋、淺草。至品川最短時間為12分。

路線與單程價格指南

路線名	目的地	時間	價格
京急電鐵	品川	約12分	¥330
	日本橋	約30分	¥590
	淺草	約36分	¥650
	押上(東京晴空塔)	約39分	¥650
	橫濱	約26分	¥400

※6~12歲小學生半價

優惠套票：歡迎東京地下鐵票(WEILCOME! Tokyo Subway Ticket)

京急電鐵從羽田機場第一・第二航廈站~泉岳寺站的來回票，與交通儲值卡PASMO PASSPORT結合，以優惠的價格提供給造訪日本外國旅客。套票票券分為24、48、72小時，若剛好要購入PASMO PASSPORT的人值得一買！

◎價格：24小時大人￥1,400，48小時大人￥1,800，72小時大人￥2,100；6~12歲兒童半價
◎備註：需一併購買交通儲值卡PASMO PASSPORT￥2,000(押金￥500+可用金額￥1,500)
◎購買：至京急旅遊服務中心購買，購買時需出示護照

路線名	目的地	時間	單程價格
利木津巴士	東京晴空塔	約60分	￥1,000
	東京駅	約55分	￥1,000
	澀谷地區	約60分	￥1,100
	二子玉川	約55分	￥1,200
	吉祥寺駅	約80分	￥1,300

※6~12歲小學生半價

搭觀光巴士玩東京
➜SKY BUS
　想搭乘露天觀光巴士遊歷東京風景，在東京車站前可以搭乘這輛火紅色的雙層露天巴士，有4條路線供選擇，其中T1路線繞行東京最中央的皇居、銀座、丸之內一圈，耗時約50分鐘，全程均為車內觀光。另外，雖然可以現場購票，不過事先預約可避免到現場才知座位已售完。一路上會有人詳細解說巴士行經的各棟建築或歷史，外國人也不用擔心，會提供導覽解說機，選個好天氣，不妨試試看東京的滋味吧！(另有SKY HOP BUS路線供選擇。)
◎網址：www.skybus.jp

➜利木津巴士(リムジンバス)
◎網址：webservice.limousinebus.co.jp/web
　利木津巴士連接羽田機場與新宿車站、東京車站、東京城市航空總站，並直達新宿、池袋、銀座、品川、赤坂等各地的特約飯店。

路線名	目的地	時間	單程價格
利木津巴士	東京城市航空總站(シティエアターミナルT-CAT)	約45分	￥1,000
	東京駅	約55分	￥1,000
	豐洲駅	約35分	￥900
	新宿地區	約55分	￥1,400
	池袋地區	約70分	￥1,400
	東京迪士尼樂園度假區	約30分	￥1,300

※6~12歲小學生半價
優惠套票：Limousine & Subway Pass
　東京Metro、都營地下鐵一日和利木津巴士單程或來回票的組合套票。
◎價格：單程+地下鐵1日券大人￥2,100、來回+地下鐵2日券大人￥3,800、來回+地下鐵3日券大人￥4,100；6-12歲兒童半價
◎購買：可在羽田機場抵達大廳的巴士售票櫃台(二、三日券的套票日本只在機場販售)、新宿駅西口、新宿高速巴士總站和T-CAT(東京城市航空總站)1樓的利木津巴士櫃台購買

➜京急巴士
　除了利木津巴士還可利用京急巴士連結羽田機場進入東京都心，前往東京駅、澀谷駅、二子玉川、東京晴空塔、吉祥寺駅等方向，皆能使用京急巴士。

➜HATO BUS
　曾在日劇裡出現的HATO巴士，是東京歷史悠久、使用度最高的觀光巴士，提供完整豐富的都內及近郊行程選擇。近年來HATO巴士也推出中英文的導覽行程，包括最受歡迎的淺草、新景點晴空塔，以及箱根等都外行程。
◎網址：www.hatobus.com/v01，www.hatobus.com/v01/tw(中文)

東京交通完全攻略

東京主要交通，依靠的是錯綜複雜的鐵道和地下鐵系統。對遊客來說，常用到的東京的鐵道交通系統大致可以劃分為JR、東京Metro、都營地下鐵和其他私營系統，以下將就主要路線、特殊票券和方便的SUICA／PASMO深入剖析，讓你第一次遊東京就上手。

鐵道路線介紹
➜JR東日本
◎網址：www.jreast.co.jp
◎電話：0180-993-900

　JR(Japan Rail)原本是指的是日本國營鐵路，但政府不堪長期的虧損，於是將JR民營化，而依日本各個區域，分別成立JR東日本、JR東海、JR西日本、JR北海道、JR九洲、JR四國等幾個民營公司。東京是屬於東日本的營業範圍，我們在東京都內最常利用到的就是山手線與中央‧總武線了。
山手線
◎重要車站：東京、新橋、品川、目黑、惠比壽、澀谷、原宿、新宿、池袋、

上野、秋葉原

　有著醒目綠色車廂的山手線，是日本第一條環狀線，串連東京所有人氣地區，從下町風情到流行尖端，每個站都各自擁有獨特的街區調性，因此被認為是遊逛東京的旅客們最常使用的交通路線，也是認識東京的第一步。
中央‧總武線
◎重要車站：東京、飯田橋、新宿、中野、吉祥寺、三鷹

　有著橘色線條車廂外觀，中央‧總武是從東京前往新宿的捷徑。此路線在通過中野駅前為快車，只停靠4站，而過了中野駅後則改為每站都停的普通車，可通往吉祥寺、三鷹。

➜東京Metro
◎網址：www.tokyometro.jp
◎電話：03-3941-2004

　東京的地下鐵系統，大部分都是屬於東京Metro系列的路線。四通八達的東京Metro路線總共有9條是串聯都心交通最方便的地鐵線路，以下就最常利用的5條線路進行說明。

FEATHER®

日本自豪且值得信賴的品牌
羽毛牌安全剃刀的 4 款推薦商品

**我們從日本立足世界並引以為傲的剃刀製造商旗下熱賣商品中選出了 4 個品項。
非常推薦您買回去自用，或是作為伴手禮送給親朋好友。**

西元 1932 年創業。羽毛牌安全剃刀（FEATHER Safety Razor Co., Ltd.）誕生自知名刀具產地的岐阜縣關市，他們的產品不只被用於刮鬍刀與理容、美容業界，在醫療領域以及生產製造等專業領域中也被廣泛使用。而且不只日本國內的使用者，就連全世界各地的使用者也都給予本品牌非常高度的肯定與支持。

NO.1

豹撰 TOKUSEN

フェザー特撰ツメキリ

使用起來輕鬆不費力，指甲切口平滑且漂亮的日本製指甲剪。透過「Auto Offset Mechanism（已取得專利）」的幫助，輔助板能夠將槓桿的力量有效地傳導到尖端，讓使用者不需要花費力氣也能輕鬆剪切下堅硬的指甲。而且擁有非常優秀的耐用性。就算使用一萬次，鋒利程度也不會改變，產品壽命長而且經濟又耐用。還有附上讓指甲不會亂飛的廢甲收納盒。

NO.2

SamraiEdge
サムライエッジ

精密刀具製造商羽毛牌安全剃刀株式會社創業已有 92 年，而他們最有自信且推薦大家使用的就是這款男性用剃刀。日本製的 3 片刃 T 型設計，在與肌膚溫和接觸的同時，又能夠深度刮除鬍髭。而且補充用刀片也是在知名的刀具產地岐阜縣關市裡生產。這款商品採用了 3 點非常講究的設計。①「Mild Blade Mechanism」讓刀片對肌膚的壓力分散。②「Ceramic Coating」讓刀片對肌膚保持溫和的接觸。③刀片會沿著肌膚表面的凹凸獨立活動，讓刮鬍時感覺舒適無比。而且優秀的性價比也是本款產品擁有高人氣的秘訣之一。

NO.3

Hair cut Monster
ヘアカット モンスター

不需要使用剪刀在家裡也能夠輕鬆地自己剪好頭髮！在嘗試自己剪頭髮時，應該許多人都有過失敗的經驗。這款「瀏海修剪器」能夠讓您更加自然地修剪與調整瀏海，是一款非常優秀的產品。當您想要打薄髮量時，只要使用「打薄梳」沿著頭髮生長方向梳幾下就可以了。您也可以前往 Youtube 確認使用方法。

NO.4

VIO
ビアニィ ヴィオ
piany

雙功能設計，女性私密部位的煩惱只要這一款產品就能完全解決。調整陰唇周圍與肛門周邊的毛量時，可以使用較小的刮刀頭。就算是不好觀察確認的私密部位，也能夠自然地調整體毛狀況。而兩側陰腹（比基尼線）則只要先設定您想要剃刮的長度，然後沿著體毛生長方向梳幾下就可以了。採用刀片不會直接觸碰到肌膚的安全設計。也能夠減輕使用時生理上的不快感。

【販售店家】唐吉訶德、松本清、友都八喜(Yodobashi Camera)、必酷(Bic Camera)等店

丸之內線

◎重要車站：新宿、赤坂見附、銀座、東京、後樂園、池袋

丸之內線從池袋連向東京駅，再經由新宿沿申至荻窪，全線有13個站能與其他線相構，將東京都內許多重要大站都連結起來，尖峰時刻每1分50秒就有一班車，是日本班次最密集的一條線路。

銀座線

◎重要車站：澀谷、表參道、赤坂見附、新橋、銀座、日本橋、上野、淺草

行駛於澀谷與淺草之間的銀座線在1939年已經全線通車，是東京的第一條地下鐵。由於路得開早，開挖並不深，車站反而比JR、東急等電車站還要高一個樓層。銀座線貫穿東京的精華區，悠久歷史充滿懷舊風情。

日比谷線

◎重要車站：惠比壽、六本木、銀座、秋葉原、上野

日比谷線往來於北千住與目黑之間，所經的車站諸如上野、銀座、六本木等，都是精采無比的重點區域。

對要轉搭京成電鐵或是往來成田機場的旅客，算是一條很方便的路線。

副都心線

◎重要車站：澀谷、新宿三丁目、池袋

東京Metro當中最新的一條線，在2008年6月開通，主要目的是疏散澀谷到池袋間的人潮，因此經過不少大站如澀谷、明治神宮前、新宿三丁目、池袋等，過池袋後則和有樂町線一路共到和光市。

千代田線

◎重要車站：明治神宮前、表參道、赤坂、根津、千馱木

連接西南方的代代木上原和東北方的北綾瀨，綠色的千代田線，經過明治神宮(原宿附近)、赤坂、根津和千馱木駅一帶的谷根千地區，過了代代木上原後則小田急線直通運轉抵達下北澤，最遠可到唐木田、本厚木一帶。

➤ 都營地下鐵

◎網址：www.kotsu.metro.tokyo.jp
◎電話：03-3816-5700

都營地下鐵和東京Metro同屬地下鐵系統，包括大江戶線、淺草線、三田線和新宿線，其中觀光利用度較高的是大江戶線和淺草線。

大江戶線

◎重要車站：都廳前、六本木、汐留、築地市場、月島、飯田橋

由於都營大江戶線在全線38個站之中，就有21個站是與其它線相連，將原本分散的地鐵、私鐵路線整合起來，被視為東京繼JR山手線之後，第二條環狀交通動脈。

淺草線

◎重要車站：淺草、日本橋、東銀座、新橋

連接了東京西區的淺草一帶的淺草線，沿途不少站都可以和其他鐵路相互轉乘，十分方便。另外，淺草線在泉岳寺站和京急線直通運轉，可直通羽田機場；另一側的押上站則與京王押上直通運轉可以前往成田機場。

➤ 都營路面電車：都電荒川線

◎重要車站：稻早稻田、三之輪橋、王子前

同屬都營經營的都電荒川線，是東京都內目前現存的唯二條路面電車。以單一車廂行駛，平均時速只有13公里的都電，在瞬息萬變的東京，可說是懷舊情趣的代表風景，讓人可以更貼近東京在地的古早生活樣貌。

➡️私營電車

京王井之頭線

◎網址：www.keio.co.jp

◎電話：042-357-6161

◎重要車站：吉祥寺、京之頭公園、下北澤、澀谷

　行駛於澀谷與吉祥寺之間的井之頭線，名字的由來便是吉祥寺的著名景點井之頭公園。除了有吉祥寺的雜貨，下北澤更是深受日本學生喜歡的購物天堂，藉由這條線，不只有自然公園，購物也能被大大滿足。

東急東橫線

◎網址：www.tokyu.co.jp

◎電話：03-3477-0109

◎重要車站：澀谷、代官山、中目黑、自由之丘、橫濱

　來往東京與橫濱之間的東急東橫線，連結了兩個走在時尚尖端的區域「澀谷」與「港區21」，而沿途盡高級住宅區，要看東京潮流男女，搭這條線就對了。另外急行列車並沒有停代官山，搭車時需留意一下。

百合海鷗號(ゆりかもめ)

◎網址：www.yurikamome.co.jp

◎電話：03-3574-0821

◎重要車站：汐留、台場、青海、豐洲

　連接台場地區的交通幹線，沿著高架列車軌道，由汐留一帶的超高樓穿行到濱海港灣，沿途繞行台場區域的各大景點，大扇車窗外的各站風景，就已是觀光的一部分。

東武伊勢崎線(東武スカイツリーライン)

◎網址：www.tobu.co.jp

◎電話：03-5962-0102

◎重要車站：淺草、東京晴空塔、北千住、東武動物公園、館林、伊勢崎

　從東京都的淺草，經由栃木，再到群馬東部的伊勢市，東武伊勢崎線是東武鐵道最早開業的一條路線，一開始只有北千住到久喜間，其中經過多次擴建才有現今的規模。從東京都內搭此線至東武動物公園可轉搭東武日光線。

➡️西武池袋線

◎電話：04-2996-2888

◎網址：www.seiburailway.jp

◎重要車站：池袋、練馬、所澤、飯能

　從東京都內北西部延伸至埼玉縣南西部的西武池袋線，沿途大多都是住宅區域，較沒有觀光景點。但由池袋線可以轉乘西武各線，更可轉乘至川越等地。而從池袋也有「レッドアロー号」(Red Arrow)特急列車，只要80分鐘就能到秩父。

➡️小田急小田原線

◎電話：03-3481-0066

◎網址：www.odakyu.jp

◎重要車站：新宿、下北澤、新百合ヶ丘、相模大野、小田原

　小田急小田原線連接新宿至神奈川西部的小田急，而要到東京近郊最具人氣的景點「箱根」，也可至小田原駅轉搭箱根纜車，至達箱根各個著名景點。另外從相模大野駅可轉乘江之島線，與神奈川縣的南部做串聯。

車班種類

　除了地下鐵和東京Metro是每站皆停之外，不管是JR還是各大私鐵，幾乎都會依照電車運行速度(或停靠站多寡)來區分出電車的種類：

➡️各停／普通列車

　類似台灣說的慢車，每一站皆停靠之意。優點是不易坐過站，但缺點就是浪費時間。

➡️快速／急行／準急列車

　這些種類的列車都是屬於快車，並非每站都停。大多會停靠的都是轉運站。如果目的地是有名的大車站或終點站，可以放心搭乘；但如果是大站與大站間的小站，需要先看清楚月台上的車種表或是向車站職員詢問，以免搭錯車浪費時間。

➜JR特急列車

JR特急列車是比一般的快速列車更快能到達目的地的列車,相對停靠的站數就更少了。要搭乘JR特急列車除了進出車站的乘車券,還需要另外購買特急券或指定席券,所以看到特急列車不要一股勁就衝上車,以免在車上被車掌補票。

➜JR寢台列車

屬於有臥舖的列車。通常都是長距離移動時才會利用本列車。在車上不只可以利用夜晚趕路,也能節省一晚的旅館住宿費,更能體會夜宿列車的樂趣,是十分青春有活力的一種移動手段。

➜新幹線

時速200~300公里的超快速列車,適合做長距離移動時的交通工具。沿途可享受在速度感下欣賞各地景色,雖然票價高昂、但在時間有限的行程中以金錢換取時間,也不失是一種聰明玩法。

直通運轉

在研究東京的地鐵電車時,常會看到「直通運轉」這個詞,一查才知道,原來這指的是不同鐵路公司或不同車班的路線相互連接,擴大鐵道使用範圍的情況。舉例來說,半藏門線的終點站是澀谷,但仍以直通運轉的方式,原車到澀谷後直接變成東急列車,沿著東急田園都市線的路線繼續前進。

Suica & PASMO

➜簡介

東京都內的各交通系統從2000年開始就陸續合作,現在有JR發行的Suica(西瓜卡)和地下鐵與私鐵系統發行的PASMO兩張卡片可以選擇。2013年開始,這兩張儲值卡與日本其它鐵道交通儲值卡,如Kitaca、TOICA、manaca、ICOCA、PiTaPa、SUGOCA、nimoca等在乘車功能上可互相通用,一張卡幾乎就可以玩遍日本。

◎Suica:www.jreast.co.jp/multi/zh-CHT/pass/suica.html(中文)l

◎PASMO:www.pasmo.co.jp/visitors/tc

➜特色

為類似台北捷運悠遊卡的儲值卡,同時並能作為電子錢包使用。雖然票價並沒有優惠,但因為可以自由換乘各線,乘坐區間廣,還能幫使用者直接算好複雜票價,因此仍廣泛受觀光客和本地人利用。

➜坐多遠

SUICA和PASMO均可在首都圈自由搭乘地下鐵、JR、公車等各種交通工具,另外還可用於JR九州、JR西日本、JR北海道、福岡交通局等區域。詳細使用區間請參考:www.jreast.co.jp/suica/area

➜哪裡買

Suica在JR東日本各車站的自動售票機和綠色窗口都能購買。自動購票機並非每台有售,要找有標明「Suica發売」或「カード」(卡)的機器購買。

PASMO在各私鐵、地下鐵和公車站均可購買,自動售票機的話,一樣找有標明「PASMO發売」或「カード」(卡)者。

➜多少錢

Suica、PASMO都包括¥1,000、¥2,000、¥3,000、¥4,000、¥5,000、¥10,000幾種金額,一樣內含¥500的保證金。

➜如何加值

在各車站有寫PASMO/Suica チャージ(charge)的自動售票機都可以按指示插入紙鈔加值,最高可加值¥20,000。

➜如何退票

在JR東日本各站綠色窗口(Suica)和各地下鐵和私鐵辦公室(PASMO)可辦理退票。取回金額是餘額扣除¥220手續費後再加上¥500保證金。如果餘額低於¥210就直接拿回¥500。但由於卡片是10年都沒用才會失效,所以許多人都不退票,而是把卡片留著,等下次赴東京旅遊再繼續使用。

東京交通實戰攻略

東京都心的交通大多脫離不了山手線。要說山手線是在東京旅遊的入門基本線路一點也不為過。山手線的車次多,且每一站的距離都很近,很難有坐錯車的機會。而要從山手線連接其他它線路也十分方便,基本上,東京都心各個景點離山手線的車程都在10分鐘之內,要弄懂東京都心的交通就從下面這張圖表開始吧。

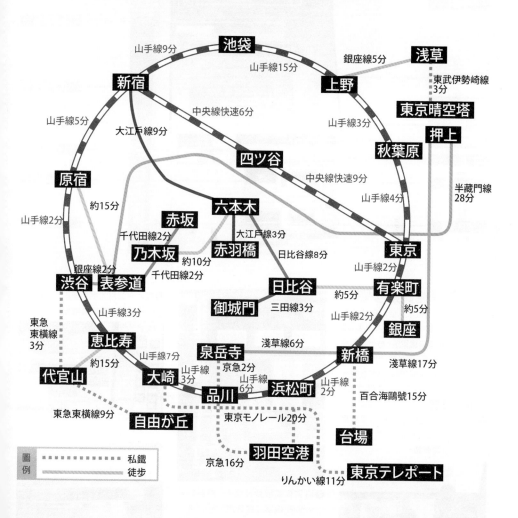

圖例
- ┈┈┈ 私鐵
- ═══ 徒步

池袋
山手線9分
山手線15分
銀座線5分
浅草
東武伊勢崎線3分
新宿
上野
山手線5分
中央線快速6分
山手線3分
東京晴空塔
大江戶線9分
押上
四ツ谷
原宿
中央線快速9分
秋葉原
山手線2分
約15分
六本木
山手線4分
半藏門線28分
赤坂
大江戶線3分
乃木坂
赤羽橋
日比谷線8分
千代田線2分
約10分
東京
銀座線2分
表参道
千代田線2分
日比谷
山手線2分
渋谷
山手線3分
御城門
三田線3分
有楽町
約5分
東急東橫線3分
約5分
山手線2分
銀座
恵比寿
泉岳寺
浅草線6分
新橋
代官山
約15分
山手線7分
京急2分
大崎
山手線3分
浅草線17分
東急東橫線9分
品川
山手線6分
浜松町
山手線2分
百合海鷗號15分
自由が丘
東京モノレール20分
台場
羽田空港
京急16分
東京テレポート
りんかい線11分

自動售票機圖解

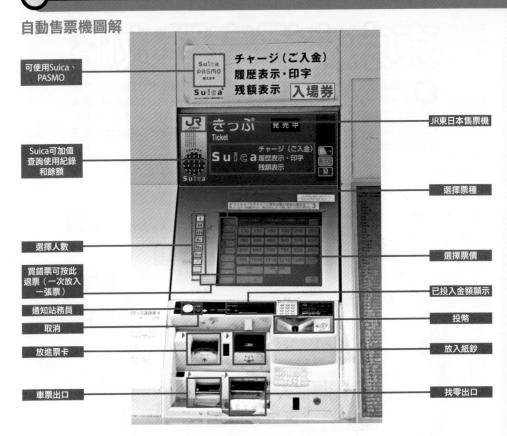

可使用Suica、PASMO

Suica可加值查詢使用紀錄和餘額

選擇人數

買錯票可按此退票（一次放入一張票）

通知站務員

取消

放進票卡

車票出口

チャージ（ご入金）
履歴表示・印字
残額表示
入場券

JR東日本售票機

選擇票種

選擇票價

已投入金額顯示

投幣

放入紙鈔

找零出口

自動售票機買票步驟

如果沒有使用SUICA或其他特殊票券，搭乘地下鐵、普通或快速電車，都可以利用自動售票機買票。雖然各系統售票機有些差異，但基本使用原則相同，以下以JR東日本的用自動售票機作為範例，介紹自動售票機的使用法。

使用步驟

❶ 販賣機上方通常都會有電車票價圖，找出你要的目的地標示，下方會有寫所需價錢。

❷ 將銅板或紙鈔投進去，機器會顯示票價(機器上會有標示¥1,000、¥2,000、¥5,000、¥10,000，就代表可以使用¥1,000以上的鈔票，但部分機器只接受1,000鈔票)。

❸ 按下你的目的地票價即可（機器有按鍵式及螢幕按鍵兩種）。

❹ 取出票券以及找零。

如何搭乘地鐵

❶購買車票

看好路線表上的價錢後,可以直接在自動售票機買票。如果覺得不會用,可以到綠色窗口用簡單的英文或紙筆購買。持SUICA或PASMO的人則不需再買票。

❷進站

將車票放進改札口,如果有特急券的話可能會有2張甚至3張票,一次放進改札口後,通過取票即可。持SUICA或PASMO的人則感應票卡即可。

❸尋找月台

知道搭乘路線後,尋標示可以找到正確的月台。

❹確認車次

月台上的電子看板會顯示車次相關資訊,記得看清楚免得搭錯車。

❺確認等車的位置

雖然各地標示不同,但月台上都會有指標告訴你各種列車停車的位置。普通列車可自由從各車廂上下車。如果是自由席/指定席的話記得找到該車廂。而車輛編列的不同也會影響乘車位置,要注意。

❻乘車

一般電車、如山手線等普通列車,可自由從任何車廂上下車。如果有指定席的話,要找到自己的座位,按照位置上的編號坐下。持普通車票無法乘坐對號車,要注意別上錯車了。

❼確定下車站

大多的列車上會有電子看板顯示,記得下車站名的漢字就沒問題。另外到站前車內也會有廣播,不過除了往來機場的列車之外,一般車都只有日文廣播,熟記下車站的發音也可以避免下錯車站。

東京景點快速轉車表

本表使用方法：1.在表的左列找出現在地 2.找出表上列的目的地 3.兩列交錯處即是連結兩地的交通資訊

出發地＼目的地	東京・丸之內	新宿	池袋
東京・丸之內		在東京駅搭JR中央線，約14分能達	在東京駅搭Metro丸の内線約17分能達
新宿	搭JR中央線，約14分能達東京駅		搭JR山手線(外回り)約9分能達
池袋	搭Metro丸の内線約17分能達東京駅	搭JR山手線(內回り)約8分能達	
上野	搭JR山手線(外回り)約8分能達東京駅	搭JR山手線(內回り)約24分能達	搭JR山手線(內回り)約15分能達
澀谷	搭JR山手線(內回り)約23分能達東京	搭JR山手線(外回り)約6分能達	搭JR山手線(外回り)約15分能達
銀座	搭Metro丸の内線約3分能達東京駅	搭Metro丸の内線約16分能達	搭Metro丸の内線約19分能達
淺草	搭Metro銀座線於神田駅轉乘JR山手線(外回り)約17分能達東京駅	搭都營淺草線於淺草橋駅轉搭JR總武線，約29分能達	搭Metro銀座線至上野駅，轉搭JR山手線(內回り)共約30分能達
六本木	搭Metro日比谷線至霞ヶ関駅轉乘Metro丸の内線約14分能達東京駅	搭乘都營大江戶線，約9分能達	搭Metro日比谷線至霞ヶ関駅轉乘Metro丸の内線約30分能達
築地市場	於築地市場駅搭都營大江戶線達汐留駅，徒步至新橋駅搭JR山手線(內回り)約16分能達東京駅	於築地市場駅搭乘都營大江戶線，約20分能達	於築地駅搭Metro日比谷線至銀座駅轉乘Metro丸の内線，共約26分能達
東京鐵塔	於赤羽橋駅搭都營大江戶線至大門駅，徒步到浜松町駅轉搭JR山手線(內回り)約14分能達東京駅	於赤羽橋駅搭乘都營大江戶線，約13分能達	於赤羽橋駅搭Metro大江戶線，在代々木駅轉搭JR山手線(外回り)共約30分能達
明治神宮	在原宿駅搭JR山手線(內回り)約25分能達東京駅	在原宿駅搭JR山手線(外回り)約3分能達	在原宿駅搭JR山手線(外回り)約12分能達
台場	搭百合海鷗號至新橋駅，轉搭JR山手線(內回り)約27分能達東京駅	搭百合海鷗號至汐留駅轉搭都營大江戶線，共約35分能達	搭百合海鷗號於新橋駅轉搭JR山手線(內回り)共約50分能達
井之頭公園	在吉祥寺駅搭JR中央線約30分可達東京駅	在吉祥寺駅搭JR中央線約20分可達	在吉祥寺駅搭JR中央線至新宿駅轉搭JR山手線(外回り)，共約29分可達
東京迪士尼	在舞浜駅搭JR京葉線約16分能達東京駅	於舞浜駅搭JR京葉線至東京駅搭轉JR中央線，約30分能達	從舞浜駅搭JR京葉線至東京駅再轉搭Metro丸の内線，共約30分能達

上野	澀谷	銀座	淺草
在東京駅搭JR山手線(內回り)約8分能達	在東京駅搭JR山手線(外回り)約23分能達	在東京駅搭Metro丸の內線約3分能達	在東京駅搭JR山手線(內回り)於神田駅轉乘Metro銀座線約17分能達
搭JR山手線(外回り)約24分能達	搭JR山手線(內回り)約6分能達	搭Metro丸の內線約16分能達	搭JR總武線於淺草橋駅轉搭都營淺草線,約29分能達
搭JR山手線(外回り)約15分能達	搭JR山手線(內回り)約15分能達	搭Metro丸の內線約19分能達	搭JR山手線(外回り)至上野駅,轉搭Metro銀座線共約30分能達
	搭Metro銀座線約27分能達	搭Metro銀座線約11分能達	搭Metro銀座線共約6分能達
搭Metro銀座線約27分能達		搭Metro銀座線約15分能達	搭Metro銀座線約32分能達
搭Metro銀座線約11分能達	搭Metro銀座線約15分能達		搭Metro銀座線約17分能達
搭Metro銀座線共約6分能達	搭Metro銀座線約32分能達	搭Metro銀座線約17分能達	
搭Metro日比谷線共約25分能達	搭都營大江戶線至青山一丁目駅轉搭Metro銀座線,共約10分能達	搭Metro日比谷線共約9分能達	搭都營大江戶線至大門駅,轉搭都營淺草線約25分能達
於築地駅搭Metro日比谷線約13分能達	於築地市場搭都營大江戶線至青山一丁目駅轉搭Metro銀座線,共約23分能達	於築地駅搭Metro日比谷線約4分能達	於築地駅搭Metro日比谷線至上野駅,轉搭Metro銀座線共約20分能達
於赤羽橋駅搭都營大江戶線至大門駅,徒步達浜松町駅轉搭JR山手線(內回り),約23分能達	於赤羽橋駅搭都營大江戶線至青山一丁目駅轉搭Metro銀座線,共約15分能達	於赤羽橋駅搭都營大江戶線至六本木駅轉搭Metro銀座線,共約19分能達	於赤羽橋駅搭都營大江戶線至大門駅,轉搭都營淺草線約20分能達
在原宿駅搭JR山手線(外回り)約30分能達	在明治神宮前駅搭Metro副都心線約2分能達	在原宿駅搭JR山手線(內回り)至渋谷駅轉搭Metro銀座線約20分能達	在明治神宮前駅搭Metro千代田線至表參道駅,轉搭Metro銀座線共約35分能達
搭百合海鷗號於新橋駅轉搭JR山手線(內回り)共約35分能達	搭百合海鷗號至新橋駅轉搭Metro銀座線,共約30分能達	搭百合海鷗號至新橋駅轉搭Metro銀座線,共約20分能達	搭百合海鷗號至新橋駅轉搭都營淺草線,共約30分能達
在井の頭公園駅搭京王井の頭線至渋谷再轉搭Metro銀座線,約1小時能達	在井の頭公園駅搭京王井の頭線,約24分能達	在井の頭公園駅搭京王井の頭線至渋谷駅轉搭Metro銀座線,約40分能達	從吉祥寺搭JR中央線至神田駅,再轉Metro銀座線,共約50分能達
在舞浜駅搭JR京葉線至東京駅,轉搭JR中央線約33分能達	在舞浜駅搭JR京葉線至東京駅,轉搭JR山手線(外回り)約50分能達	在舞浜駅搭JR京葉線至八丁堀駅轉搭Metro日比谷線,約25分能達	在舞浜駅搭JR京葉線至八丁堀駅,轉搭Metro日比谷線至上野駅再轉搭Metro銀座線,約50分能達

出發地 ＼ 目的地	六本木	築地市場	東京鐵塔
東京丸之內	在東京駅搭Metro丸の内線至霞ヶ関駅轉乘Metro日比谷線約14分能達	在東京駅搭JR山手線(外回り)達新橋駅,徒步至汐留駅搭都營大江戶線約16分能達築地市場駅	在東京駅搭JR山手線(外回り)達浜松町駅,徒步至大門駅搭都營大江戶線約14分能達赤羽橋駅
新宿	搭乘都營大江戶線,約9分能達	搭乘都營大江戶線,約20分能達築地市場駅	搭乘都營大江戶線,約13分能達赤羽橋駅
池袋	搭Metro丸の内線至霞ヶ関駅轉乘Metro日比谷線約30分能達	搭Metro丸の内線至銀座駅乘Metro日比谷線共約26分能達築地	搭JR山手線(內回り)至代々木駅轉搭Metro大江戶線,共約30分能達赤羽橋
上野	搭Metro日比谷線共約25分能達	搭Metro日比谷線共約13分能達築地駅	搭JR山手線(外回り)達浜松町駅,徒步至大門駅搭都營大江戶線約23分能達赤羽橋駅
澀谷	搭Metro銀座線至青山一丁目駅轉搭都營大江戶線,共約10分能達	搭Metro銀座線至青山一丁目駅轉搭都營大江戶線,共約23分能達築地市場	搭Metro銀座線至青山一丁目駅轉搭都營大江戶線,共約15分能達赤羽橋
銀座	搭Metro日比谷線共約9分能達	搭Metro日比谷線共約4分能達築地駅	搭Metro銀座線至六本木駅轉搭都營大江戶線,共約19分能達赤羽橋駅
淺草	搭都營淺草線至大門駅,轉搭都營大江戶線約25分能達	搭Metro銀座線至上野駅,轉搭Metro日比谷線共約20分能達築地駅	搭都營淺草線至大門駅,轉搭都營大江戶線約20分能達赤羽橋駅
六本木		搭Metro日比谷線,約13分能達築地駅	搭都營大江戶線約3分能達赤羽橋
築地市場	於築地駅搭Metro日比谷線,約13分能達		於築地市場駅搭都營大江戶線,約6分能達赤羽橋
東京鐵塔	於赤羽橋駅搭都營大江戶線約3分能達	於赤羽橋駅搭都營大江戶線,約6分能達築地市場駅	
明治神宮	在原宿駅搭JR山手線(內回り)至惠比寿駅轉搭Metro日比谷線,共約15分能達	於原宿駅搭JR山手線(外回り),至代々木駅轉搭都營大江戶線共約20分能達築地市場駅	於原宿駅搭JR山手線(外回り)至代々木駅轉搭都營大江戶線,共約20分能達赤羽橋駅
台場	搭乘百合海鷗號至汐留駅轉搭都營大江戶線,共約35分能達	搭百合海鷗號至汐留駅轉搭都營大江戶線,共約20分能達築地市場駅	搭百合海鷗號至汐留駅轉搭都營大江戶線,共約30分能達赤羽橋駅
井の頭公園	在吉祥寺駅搭JR總武線至代々木駅,轉乘都營大江戶線,共約30分能達	於吉祥寺駅搭JR中央線至新宿駅,轉搭都營大江戶線,共約40分能達築地市場駅	於吉祥寺駅搭JR總武線至代々木駅轉搭都營大江戶線,共約40分能達赤羽橋駅
東京迪士尼	在舞浜駅搭JR京葉線至八丁堀駅再轉搭Metro日比谷線,約30分能達	於舞浜駅搭JR京葉線至八丁堀駅,轉搭日比谷線,約15分能達築地駅	於舞浜駅搭JR京葉線至新木場駅,轉搭Metro有樂町線到月島駅,再轉搭都營大江戶線,約30分能達赤羽橋駅

明治神宮	台場	井之頭公園	東京迪士尼
在東京駅搭JR山手線(外回り)約25分能達原宿	在東京駅搭JR山手線(外回り)達新橋駅轉搭百合海鷗號共約27分能達	在東京駅搭JR中央線約30分可達吉祥寺	在東京駅搭JR京葉線約16分能達舞浜
搭JR山手線(內回り)約3分能達原宿	搭乘都營大江戸線至汐留駅轉搭百合海鷗號共約35分能達	搭JR中央線約20分可達吉祥寺	搭JR中央線至東京駅，轉搭JR京葉線約30分能達舞浜
搭JR山手線(內回り)約12分能達原宿	搭JR山手線(外回り)於新橋駅轉搭百合海鷗號共約50分能達	搭JR山手線(內回り)至新宿駅轉搭JR中央線，共約29分可達吉祥寺	搭Metro丸の内線至東京駅再轉搭JR京葉線，共約30分能達舞浜
搭JR山手線(內回り)約30分能達原宿	搭JR山手線(外回り)於新橋駅轉搭百合海鷗號共約35分能達	搭Metro銀座線至渋谷再轉搭京王井の頭線，約1小時能達井の頭公園	搭JR中央線至東京駅，轉搭JR京葉線，共約33分能達舞浜
搭Metro副都心線約2分能達明治神宮前	搭Metro銀座線至新橋駅轉搭百合海鷗號共約30分能達	搭京王井の頭線，約24分能達井の頭公園	搭JR山手線(內回り)至東京駅，轉搭JR京葉線，共約50分能達舞浜
搭Metro銀座線至渋谷駅轉搭JR山手線(外回り)約20分能達原宿	搭Metro銀座線至新橋駅轉搭百合海鷗號共約20分能達	搭Metro銀座線至渋谷駅轉搭京王井の頭線，約40分能達井の頭公園	搭Metro日比谷線至八丁堀駅轉搭JR京葉線約25分能達舞浜
搭Metro銀座線至表参道駅，轉搭Metro千代田線共約35分能達明治神宮前	搭都營淺草線至新橋駅，轉搭百合海鷗號共約30分能達	搭Metro銀座線至神田駅，轉搭JR中央線，共約50分可達吉祥寺	搭Metro銀座線至上野駅，轉搭Metro日比谷線至八丁堀駅再轉搭JR京葉線約50分能達舞浜
搭Metro日比谷線至恵比寿駅轉搭JR山手線(外回り)共約15分能達原宿	搭乘都營大江戸線至汐留駅轉搭百合海鷗號共約35分能達	搭乘都營大江戸線至代木駅，轉搭JR總武線共約30分能達至吉祥寺	搭Metro日比谷線至八丁堀駅再轉搭JR京葉線，約30分能達舞浜
於築地市場駅搭都營大江戸線，至代木駅轉搭JR山手線(內回り)共約20分能達原宿	於築地市場駅搭都營大江戸線，至汐留駅轉搭百合海鷗號共約20分能達	於築地市場駅搭都營大江戸線，至新宿駅轉搭JR中央線，共約40分能達吉祥寺	於築地駅搭乘日比谷線至八丁堀駅再轉搭JR京葉線，約15分能達舞浜
於赤羽橋駅搭都營大江戸線至代木駅轉搭JR山手線(內回り)共約20分能達原宿	於赤羽橋駅搭都營大江戸線，至汐留駅轉搭百合海鷗號共約30分能達	於赤羽橋駅搭都營大江戸線，至代々木駅轉搭JR總武線，共約40分能達吉祥寺	於赤羽橋駅搭都營大江戸線，在月島駅轉搭Metro有樂町至新木場駅，再轉搭JR京葉線，約30分能達舞浜
	於原宿駅搭JR山手線(內回り)至新橋駅，轉搭百合海鷗號共約40分能達	於原宿駅搭JR山手線(外回り)至新宿駅轉搭JR中央線，共約24分能達吉祥寺	在原宿駅搭JR山手線(內回り)到東京駅，轉搭JR京葉線，約50分能達舞浜
搭百合海鷗號至新橋駅轉搭JR山手線(外回り)，共約40分能達原宿		搭百合海鷗號至新橋駅轉搭Metro銀座線至渋谷，再轉搭京王井の頭線，約1小時能達井の頭公園	搭百合海鷗號至豊洲駅轉搭Metro有樂町線至新木場駅，再轉搭JR京葉線，共約30分能達舞浜
於吉祥寺駅搭JR中央線至新宿駅轉搭JR山手線(外回り)，共約24分能達原宿	在井の頭公園駅搭京王井の頭線至渋谷，搭Metro銀座線至新橋駅再轉搭百合海鷗號約1小時能達		在吉祥寺駅搭JR中央線至東京駅，轉搭JR京葉線，共約1小時能達舞浜
在舞浜駅搭JR京葉線到東京駅，轉搭JR山手線(外回り)，約50分能達原宿	舞浜駅搭JR京葉線至新木場駅，轉搭Metro有樂町線至豊洲駅再轉搭百合海鷗號，共約30分能達	在舞浜駅搭JR京葉線至東京駅，轉搭JR中央線，共約1小時能達吉祥寺	

山手線

JR山手線是屬於JR東日本的運行系統，主要運行區間雖然是東京都內中心部一圈，連接澀谷、原宿、新宿、池袋等東京最IN的旅遊景點，雖然一些新興的景點不見得會座落在山手線上，但想要是想去的地方，從山手線上一定都找得到轉車站，是遊覽東京都的最佳交通利器。其實依照日本國土交通省鐵道區出版的《鐵道要覽》一書，實際是從港區的品川駅為起點，經由新宿、池袋到田端的這一段才是山手線。而從田端到品川則是由東北本線與東海道本線共通組成。但我們還是依其實際運行一圈的區間將之稱為山手線。

➜東京

東京駅是東京與其他地方縣市聯繫的交通樞紐。通往各地的新幹線皆由此站出發，每天來往的旅客人數就超過180萬人次。車站主體的文藝復興式紅磚建築已有百年歷史，而一旁的丸之內則是新興的商業辦公區，以丸大樓、KITTE為首，這個辦公區漸漸轉變為精緻的購物商圈。

出口

◎丸之內：大手町方面、丸善ORZO

◎丸之內中央口：皇居、新丸大樓

◎丸之內南口：HATO BUS、KITTE、丸大樓、皇居、馬場先門、三菱一號美術館

◎八重洲北口：日本橋方面、黑塀橫丁

◎八重洲中央口：八重洲地下街、東京駅一番街

◎八重洲南口：京橋方面、八重洲地下街、JR高速巴士乘車處

➜上野

上野是山手線上重要的轉運大站，可由此搭乘新幹線至東北、新潟、長野等地。占地寬廣的上野公園裡有博物館、美術館與動物園，隨時可見人

們親近自然，欣賞展覽。走近熱鬧非凡的阿美橫丁商街，則被店家的吆喝聲團團包圍，人手一袋新鮮漁獲、乾果，交織出元氣十足的東京面貌。

出口

◎中央改札：昭和通、中央通、atre上野、阿美橫丁

◎公園改札：上野公園、上野動物園、國立博物館、東京藝術大學

◎入谷改札：昭和通

◎不忍改札：不忍池、西鄉銅像、阿美橫丁、京成上野駅

➜池袋

池袋是集購物、美食、交通、住宿於一身的超強生活機能城市：擁有54個地下街出口的池袋駅是JR、三條地下鐵、東武池上線、西武池袋線等多條交通動線的交會點，車站內更結合西

山手線二三事

Data

起訖站發車時間：外環首班車4:25池袋發車，末班車0:21到達池袋；內環首班車4:34池袋發車，末班車0:31到達池袋。約每3~6分鐘一班車。

起訖點：東京~東京

通車年份：1925年開始環狀運行

車站數：30站

總長度：34.5km

逆時針的「內回り」和順時針「外回り」

「內回り」：

由大崎→品川→東京→秋葉原→上野→日暮里→池袋→新宿→原宿→澀谷→大崎。

「外回り」：

由大崎→澀谷→原宿→新宿→池袋→日暮里→上野→秋葉原→東京→品川→大崎。

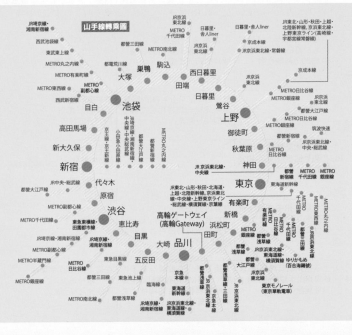

口的東武百貨、東口的西武百貨以及車站地下購物街Echika，東口通往主要購物商城太陽城的沿路更是熱鬧。

出口

◎**南改札**：西池袋方面、東京藝術劇場、明治通

◎**中央1改札**：西池袋方面、太陽城方面、Green大道方面

◎**中央2改札**：Information Center、西池袋方面、太陽城方面

◎**北改札**：東池袋方面、明治通方面

➜新宿

新宿駅是JR山手線上轉乘通往四方的重要樞紐，光是進出JR車站的人每天就超過350萬人次，位居JR東日本的第一大站，更遑論還有小田急、京王或都營地下鐵等四通八達的其他路線通過。交通便利的新宿成為百貨大店的兵家必爭之地，為集逛街購物、餐廳與娛樂於一身的超級景點。

出口

◎**西改札、中央西改札**：青梅街道、東京都廳、小田急百貨、京王百貨

◎**東改札、中央東改札**：歌舞伎町方面、新宿通、LUMINE EST、丸井0101百貨

◎**南改札**：明治通、甲州街道、新宿御苑、LUMINE 1,2

◎**東南改札**：甲州街道、新宿御苑、LUMINE 2

◎**新南改札**：新宿高速巴士總站(バスタ新宿)、甲州街道、Suica企鵝廣場、高島屋百貨TIME SQUARE、NEWOMan

◎**未來塔改札(ミライナタワー改札)**：NEWOMan

➜原宿

當電車行經原宿駅的時候，映入眼簾的不是五顏六色的霓虹招牌，而是蓊鬱濃綠的樹林，原宿駅得天獨厚的背倚大片林間綠茵，享有都市中難得的清新空氣與寧靜。過去遊原宿一般會從年輕人最愛的竹下通開始，不過倘若你是注重時尚的熟男熟女，可以直攻青山與表參道。

出口

◎**表參道口**：明治通、表參道、明治神宮、代代木公園、太田記念美術館

◎**竹下口**：竹下通

➜澀谷

澀谷是東京最年輕的潮流文化發信中心，熱鬧的十字路口有著大型螢幕強力放送最新最炫的音樂，種類豐富的各式商店和百貨，是逛街買物的好去處，要想填飽肚子，便宜迴轉壽司、拉麵店、燒肉店等超值美味也不少。澀谷也是小眾文化的重鎮，地下音樂、藝術電影還有Live Band，都可以在此找到。

出口

◎**八チ公改札**：八公前廣場、西武百貨、澀谷109、QFORNT、井之頭通、西班牙坂、澀谷中央街

◎**玉川改札**：京王井之頭線、澀谷MarkCity、往成田/羽田機場巴士搭車處

◎**中央改札**：埼京線、湘南新宿線、東急百貨東橫店

◎**南改札東口**：澀谷Hikarie、市區路線巴士站、計程車招呼站

➜品川

從位置上來看，品川幾乎已經是山手線上最南端的車站。這裡的鐵道開發甚早，在江戶時代就已是重要驛站的品川地區，可以說是東京與橫濱間的交通玄關，再加上直達羽田機場的京急線也在此，越發突顯品川在車站功能上的重要性。而結合車站與購物機能的大樓林立，轉車也不怕沒地方去。

出口

◎**高輪口(西口)**：京急線(可往羽田機場)轉乘口、計程車招呼站、品川王子飯店群、品川巴士總站

◎**港南口(東口)**：東京單軌電車車站「天王洲島站」、atre品川

東京地區共通票券

除了單次買票，東京地區複雜的交通，也衍伸出結合不同交通系統的各式票券，方便旅客們配合行程使用。以下，將介紹東京都內各種方便的儲值或優惠票券。

➤ 東京地鐵通票24/48/72小時 Tokyo Subway Ticket

◎註：適用於一日券優惠CHIKA TOKU

◎坐多遠：依票券不同，可在使用後的24/48/72小時內任意乘坐東京Metro及都營地下鐵全線。要注意地鐵路線會與JR、私鐵直通運轉，通運轉區間內的鐵道路線並不屬於地鐵，故不適用此票券。

◎哪裡買：持護照在成田機場第1航廈及第2航廈1F的京成巴士售票櫃台、羽田機場第3航廈2F觀光資訊中心、東京Metro旅客服務中心(上野站、銀座站、新宿站、表參道站、東京站)、旅遊服務中心、Bic Camera部分分店，詳細可至官網查詢：www.tokyometro.jp/tcn/ticket/value/travel/

◎票價：24小時券，大人¥800、6~12歲¥400；48小時券，大人¥1,200、6~12歲¥600；72小時券，大人¥1,500、6~12歲¥750。

➤ 東京Metro 24時間券
東京メトロ24時間券

◎註：適用於一日券優惠CHIKA TOKU

◎坐多遠：東京Metro 9線的全部區間，另外如果出示本券，在都內80個以上的地點會有特別優惠。

◎哪裡買：分前售券及當日券。前售券可至東京地下鐵定期票售票口(中野站、西船橋站、副都心線澀谷除外)購買，當日券可在東京Metro各站的自動售票機購買。

◎票價：大人¥600、6~12歲¥300。

➤ 東京Metro・都營地下鐵共通一日乘車券
東京メトロ・都營地下鉄共通一日乗車券

◎註：適用於一日券優惠CHIKA TOKU

◎坐多遠：東京Metro 9條加上都營地下鐵4條的全部區間。

◎哪裡買：東京Metro定期票售票口和都營地下鐵各站站務員室(押上站、目黑站、白金台站、白金高輪站及新宿線新宿站除外)可買前售券。自動售票機則僅發售當日券，買票後限當日使用，需注意。

◎票價：大人¥900、6~12歲¥450。

➤ 東京自由車票
東京フリーきっぷ

◎註：適用於一日券優惠CHIKA TOKU

◎坐多遠：東京23區內JR全線普通列車、東京Metro、都營地下鐵、都電和巴士以及日暮里‧舍人Liner等均可免費搭乘，是所有特殊乘車票中乘坐範圍最廣的。

◎哪裡買：都營地下鐵各站 (押上站、白金高輪站、白金台站、目黑站及新宿線新宿站除外)、日暮里‧舍人Liner各站自動售票機販售當日券，前售券則須至窗口購買。

◎票價：大人¥1,600、6~12歲¥800。

➤ 百合海鷗號一日乘車券
ゆりかもめ一日乗車券

◎坐多遠：可自由搭乘百合海鷗號全線。

◎哪裡買：百合海鷗號各站的自動售票機可直接購買當日券，前售券則須至新橋站、豐洲站購買。

◎票價：大人¥820、6~12歲¥410。

➤ 都營通票
都營まるごときっぷ(一日乗車券)

◎註：適用於一日券優惠CHIKA TOKU

◎坐多遠：可搭乘都營系列的所有交通工具；包括都營地下鐵、都營巴士、都電、日暮里‧舍人Liner等。和東京Metro一樣，出示票券可享部分優惠。

◎哪裡買：可在都營巴士和都電荒川線車內，都營地下鐵、日暮里-舍人Liner各站自動售票機及定期票售票窗口，購買當日券。前售券則至都營地下鐵定期票售票窗口及各站站務員室(押上站、目黑站、白金台站、白金高輪站及新宿線新宿站除外)、都營巴士和都電荒川線各站售票處、日暮里‧舍人Liner定期票販售處和站務員室。

◎票價：大人¥700、6~12歲¥350。

➤ 都營地下鐵一日PASS
都營地下鉄ワンデーパス

◎註：適用於一日券優惠CHIKA TOKU

◎坐多遠：都營地下鐵依照季節會推出期間限定的一日PASS，乘車時間限定週六日和例假日，乘車範圍為都營地下鐵的四條路線，如果配合行程得當，相當划算。

◎哪裡買：都營地下鐵各站(押上站、目黑站、白金台站、白金高輪站及新宿線新宿站除外)均有售。

◎票價：大人¥500、6~12歲¥100。

➤ 都區內PASS
都区内パス

◎坐多遠：當日可自由搭乘東京23區內各JR線的普通和快速列車自由席。

◎哪裡買：可於通票使用範圍內(東京23區內)的JR東日本主要車站內的指定席券售票機。

◎票價：大人¥760、6~12歲¥380。

➤ 都營路面電車一日券
都電一日乗車券

◎註：適用於一日券優惠CHIKA TOKU

◎坐多遠：當日可自由搭乘都電荒川線全線

◎哪裡買：荒川電車營業所和都電各站定期票售票窗口可購買前售券與當日券，當日券也可直接在車上買。此外，車上也可以直接用Suica或Pasmo扣款購買一日券，只是這樣不享有沿線部分景點優惠。

◎票價：大人¥400、6~12歲¥200。

東京都內地鐵交通圖

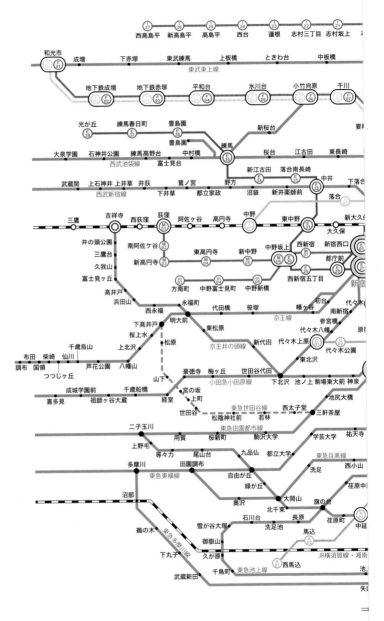

㉗西高島平 ㉖新高島平 ㉕高島平 ㉔西台 ㉓蓮根 ㉒志村三丁目 ㉑志村坂上

和光市 成増 下赤塚 東武練馬 上板橋 ときわ台 中板橋
東武東上線

地下鉄成増 地下鉄赤塚 平和台 氷川台 小竹向原 千川

光が丘 練馬春日町 豊島園 新桜台 要町

大泉学園 石神井公園 練馬高野台 中村橋 練馬 桜台 江古田 東長崎
豊島園
西武池袋線 富士見台 野方 新江古田 落合南長崎 中井

武蔵関 上石神井 上井草 井荻 鷺ノ宮 下落合
西武新宿線 下井草 都立家政 沼袋 新井薬師前 落合

三鷹 吉祥寺 西荻窪 荻窪 阿佐ヶ谷 高円寺 中野 東中野 新大久保

井の頭公園 南阿佐ケ谷 東高円寺 新中野 中野坂上 西新宿 新宿西口
三鷹台 大久保
久我山 新高円寺 都庁前
富士見ヶ丘 方南町 中野富士見町 中野新橋 西新宿五丁目 新宿
高井戸
浜田山 永福町 代田橋 笹塚 幡ヶ谷 初台 代々木
西永福 京王線 南新宿
下高井戸 明大前 東松原 新代田 参宮橋 原
桜上水 松原 京王井の頭線 代々木上原 代々木八幡
千歳烏山 上北沢 代々木公園
布田 柴崎 仙川 東北沢
調布 国領 芦花公園 八幡山 豪徳寺 梅ヶ丘 世田谷代田
つつじヶ丘 山下 小田急小田原線 下北沢 池ノ上 駒場東大前 神泉
成城学園前 千歳船橋 宮の坂 上町
喜多見 祖師ヶ谷大蔵 経堂 池尻大橋
世田谷 東急世田谷線 西太子堂 三軒茶屋
松陰神社前 若林
東急田園都市線
二子玉川 用賀 桜新町 駒沢大学 学芸大学 祐天寺
上野毛 九品仏 都立大学
等々力 尾山台 東急目黒線
多摩川 田園調布 自由が丘 洗足 西小山
東急東横線 緑が丘 荏原中
沼部 奥沢 大岡山 旗の台
北千束 荏原町 中延
石川台 長原
雪が谷大塚 洗足池 馬込 西馬込
鵜の木 御嶽山 JR横須賀線・湘南
東急多摩川線 久が原 東急池上線 池
下丸子 千鳥町
武蔵新田 矢口

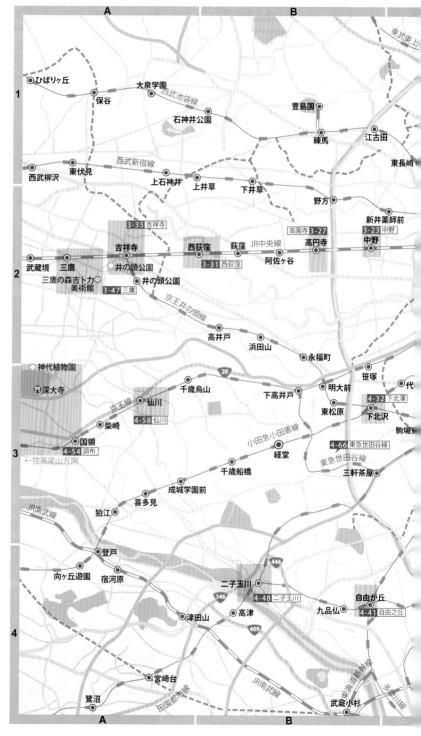

不論出差、旅行！
最「體貼」你的旅遊良伴

日本失心瘋
旅遊達人介紹

日本失心瘋旅遊達人
Vera

上網查了一下，這款便秘藥是【非刺激性】的。
很多人不知道，其實便秘藥有分兩種
【刺激性】和【非刺激性】。
刺激性的便秘藥可能容易肚子痛，或是久而久之
腸道習慣了還必須加重分量，所以過去大家對便
秘藥的印象不太好。
但近幾年，開始有非刺激性的便秘藥出現，所以
有這樣困擾的朋友可以參考看看。

氧化鎂E便秘藥

主要成分就是「氧化鎂（MgO）」。
而對便秘的作用，就是氧化鎂可聚集腸道
的水分，透過聚集的水分而讓便便軟化，
然後就能溫和地排便。
其實健榮製藥原本就是提供藥品給醫院的
製藥公司。
提供給醫院的藥品成分，在市面上以氧化
鎂E便秘藥販售。

這款錠劑**真的崩散得超快速**（並非溶解於水中）。
我第一次吃的時候有嚇到，才到喉嚨就感覺都化
掉了。
特別拍了照片來分享，中間過程不到30秒喔。
所以真的不用擔心會卡喉嚨或吞藥不舒服。

初回建議量　　單次最多量

氧化鎂對便祕有效的 E 堆理由

氧化鎂可集中腸道內的水分軟化糞便，
促進排便順暢。

❶ 氧化鎂從腸道集中水分
❷ 集中的水分有助於軟化糞便
❸ 促進排便

氧化鎂E便秘藥特色

❶ 非刺激性，不會腹痛、不產生藥物耐受性
❷ 懷孕期、哺乳期女性皆可使用
❸ 5歲以上兒童也可以使用
❹ 溶解快速，害怕吞藥的人也不用擔心

氧化鎂是
非刺激性

不直接刺激腸道，
增進腸道原本的功能。

參閱詳情

POINT 1
不容易腹痛

POINT 2
不容易產生藥物耐受性

日本美妝
健康小物攻略

經典商品搶先關注！

日本大大小小的藥妝店實在太好逛，
推陳出新的新商品更是令人眼花撩亂，
不過有幾樣口碑持續發燒的美妝及
健康小物可千萬別錯過，
鎖定後快速下手準沒錯！

＊商品價格皆為含稅價

推薦店鋪

藥妝店

松本清藥妝店　　Sundrug藥妝店
大國藥妝店　　驚安殿堂・唐吉訶德
鶴羽藥妝店　　Welcia藥局
杉藥局　　Cocokarafine藥妝店

トフメルA
TOFUMEL A

第2類医薬品

三宝製薬株式会社

¥ 1,650 / 40g

舉凡寶寶的尿布疹、孩童的切擦傷、媽媽的
手腳皮膚乾裂、爸爸刮鬍子時不小心的割
傷、老年人的褥瘡、燙傷等都能使用，而且
不會留下疤痕，自1932年上市以來就獲得
許多顧客的支持，是每個家庭裡一定要有
一罐的常備藥。
燙傷或流血時可在傷口塗上厚厚一層的軟
膏，對付皮膚乾裂可在塗抹後配合按摩來
促進吸收。

救心カプセルF

救心膠囊 F　第2類医薬品

救心製薬株式会社

¥ 1,650 / 10顆
¥ 4,510 / 30顆

「救心膠囊F」是由天然生藥製成，可有效舒
緩心臟泵血功能減弱造成的「心悸」、血液
循環不暢因而無法帶給全身充足氧氣所導
致的「呼吸困難」，以及眩暈、站起來時發
暈、注意力無法集中、「意識模糊」等症狀。
救心膠囊F為小型膠囊，不僅方便服用，也
可以迅速吸收藥效成分。製造工廠使用最
新設備，並擁有嚴格品質管理規範。

ロイヒ膏™ロキソプロフェン
ロイヒ膏™ロキソプロフェン 大判
ROIHI‐KO™ LOXOPROFEN　第2類医薬品
ROIHI‐KO™ LOXOPROFEN Large

ニチバン株式会社

¥ 1,078 / 7片
¥ 1,738 / 大尺寸7片

受到大家熱烈支持的「ROIHI-TSUBOKO™」
系列產品推出了「ROIHI‐KO™ LOXOPRO-
FEN」貼布！使用消炎止痛成分氯索洛芬鈉
的溫熱型舒適貼布。可緩解肩膀酸痛、腰痛
等，功效直達疼痛深處且持續24小時，1天1
貼即可。舒適無味，辦公或外出時皆可使
用。貼布不易皺摺，大尺寸亦可貼於腰部。
請認明印有「ROIHI-TSUBOKO™」的
「ROIHI博士」的紫色包裝外盒！

TM: trademark

正露丸シリーズ
正露丸系列

大幸藥品株式会社
正露丸：￥1,342 / 100顆
正露丸糖衣錠A：￥1,210 / 36錠
正露丸Quick C：￥1,100 / 16顆

「正露丸」是擁有120年歷史，備受青睞的居家常備藥，在日本緩解腹瀉的藥品中不僅是市占率第一，針對「軟便」、「拉肚子」、「因食物或飲水引起的腹瀉」等症狀也有很不錯的效果。

「正露丸」系列也有藥品氣味較淡的「正露丸糖衣錠A」，以及「只有在日本才買得到」、氣味淡、攜帶方便、溶解速度快的膠囊型正露丸「正露丸Quick C」。來日本旅遊時，歡迎選購！

龍角散ダイレクト®スティック ミント・ピーチ
龍角散®清喉直爽顆粒　第3類医薬品

株式会社龍角散
顆粒型：￥770 / 16包
口含錠型：￥660 / 20錠

在日本熱銷超過200年的咽喉藥「龍角散」經過改良，設計成可直接服用的條狀包裝。有薄荷與水蜜桃口味的顆粒製劑，在口中會如薄雪般迅速融化。同系列產品中也有口含錠型，為芒果加薄荷的香醇清涼口味。本產品可改善因咳痰、咳嗽、喉嚨發炎引起的聲音沙啞、喉嚨痛及喉嚨不適等症狀。無需配水服用，細微粉末的生藥成分，直接作用於咽喉黏膜，發揮效果。

イボコロリ
Ibokorori

橫山製藥株式会社
￥1,350

第2類医薬品

1919年在日本發售的居家常備藥Ibokorori是擁有百年歷史的長壽商品。無論是在一百年前，還是一百年後的現在，治療腳底的雞眼、硬繭，或是身上的病毒疣的常備藥其實少之又少。在日本，要找這類症狀的醫藥品，幾乎所有人都會先想到Ibokorori。Ibokorori在日本就是如此獨一無二地在醫藥界占有一席之地。

Oronine H Ointment
Oronine H Ointment

大塚製藥株式会社
￥660

第2類医薬品

Oronine H Ointment是日本治療皮膚相關症狀的常備藥，舉凡青春痘、傷口、龜裂、輕微燙傷、凍瘡都可使用。

50公克軟管直立式包裝，單手即可開關瓶蓋，方便又衛生，平時可放在家中以備不時之需，當然也便於攜帶，外出時也可攜帶使用。

在家準備一瓶Oronine H Ointment，平時方便使用，享受舒適的每一天。

出國旅遊～吃吃喝喝，推薦的居家良方！

顧多整腸錠α³＋
ザ・ガードコーワ整腸錠α³＋

有下列症狀嗎？

❶ 例如... 容易便秘

❷ 例如... 容易軟便

❸ 例如... 容易脹氣

別忽略來自腸道的「徵兆」！

您有「覺得跟平時好像不太一樣」，
但「應該沒什麼事吧？過一會兒就好了」，
常常這樣被忽視的症狀嗎？
其實那可能是來自腸道的重要「徵兆」。

使用3種生菌（納豆菌、乳酸菌、比菲德氏菌）
及其他藥效成分改善腸內環境，使大腸的
狀態恢復正常。

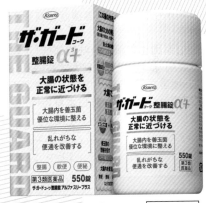

第3類医薬品

功能效果　整腸（通便）、軟便、便祕、
胃部與腹部的脹氣

https://hc.kowa.co.jp/the-guard-kowa/

特點1

使用3種生菌改善腸內環境，使大腸的狀態恢復正常

納豆菌、乳酸菌、比菲德氏菌3種不同性質的生菌能夠有效
幫助腸內好菌的增生、抑制壞菌生長，改善腸內環境，改善
不規律的排便。

特點2

強化虛弱的胃部功能，減輕大腸的負擔

成分中加入了可以活化消化器官的蠕動、減輕大腸負擔的健
胃生藥，以及修復胃黏膜、恢復胃部正常功能的MMSC※，還
有中和胃酸健胃、保護不耐酸的比菲德氏菌及乳酸菌的制酸
劑。這些成分都能強化虛弱的胃部功能，幫助生菌直達大腸。

※ Methylmethionine sulfonium chloride

特點3

改善脹氣

促進排出腹部氣體，改善胃部、腹部
脹氣等症狀。

克潰精錠α
キャベジンコーワα

錠劑型的腸胃藥,加入了能改善胃部
功能的生藥紫蘇。
可以讓蠕動變得弛緩的胃
再度恢復活力,恢復胃部正常功能。

第2類医薬品

功能效果 — 胃部不適、健胃、消化不良、胃痛

特點1

讓蠕動弛緩的胃恢復活力,
恢復胃部正常功能!

添加有效修復受損的胃黏膜、恢復胃部正常
功能的MMSC※,以及改善胃部功能的生藥
紫蘇。讓虛弱的胃恢復活力,正常蠕動。
※ Methylmethionine sulfonium chloride

特點2

外層與內核的雙層構造

將外層與內核分成雙層構造,各個有效成分更
能發揮功效。
藥錠進入胃部後,外層會先溶解,讓制酸劑中
和過多的胃酸、舒緩胃痛。
之後,藥錠內核緩緩溶解,讓各個有效成分活
化虛弱的胃。

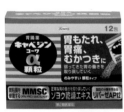

第2類医薬品

功能效果 — 胃部不適、健胃、消化不良、胃痛

克潰精α顆粒
キャベジンコーワα顆粒

粉末型的腸胃藥,加入了能改善胃部
功能的生藥紫蘇。
可以讓蠕動變得弛緩的胃再度
恢復活力,恢復胃部正常功能。

特點1

讓蠕動弛緩的胃恢復活力,
恢復胃部正常功能!

添加有效修復受損的胃黏膜、恢復胃部正常
功能的MMSC※,以及改善胃部功能的生藥
紫蘇。讓虛弱的胃恢復活力,正常蠕動。
※ Methylmethionine sulfonium chloride

特點2

攜帶方便的粉末型藥劑

粉末型藥劑依服藥量分裝成小包裝,
易於服用又便於攜帶。

旅行、居家，緩解身體不適的常備保健品專家

1 鼻水、鼻塞、打噴嚏

鼻通「噴液劑」(定量)在日本國內市售鼻噴劑中，使用人數位居前茅，是針對鼻塞、鼻水、打噴嚏快速有效的鼻噴劑。
可定量噴出藥劑、鼻水不會倒流回容器裡，使用方便又衛生。
Stonarhini S爽鼻適口服錠是針對鼻炎的口服藥，1天服用1次，1次服用1顆(起)即可長時間減輕鼻炎症狀。

鼻通「噴液劑」(定量)

30mL

第2類医薬品

不刺激鼻腔黏膜的噴霧設計，推薦第一次使用鼻噴劑的患者使用。

Stonarhini S爽鼻適口服錠

12錠/18錠/24錠

第2類医薬品

雙層構造的藥錠可分別在不同時間於胃與腸道溶解，藥效可長時間有效。

2 依疲勞類型選擇最適合的Yunker

Yunker系列產品是可確認療效的醫藥品營養補充飲料，推薦於身體疲憊時飲用，補充營養。
勇健好寶力是長賣半世紀以上的熱銷商品。
勇健好黃帝DCF不含咖啡因，勇健好Star是Yunker系列最高傑作。
(Yunker系列添加最多天然藥物商品)

勇健好寶力
ユンケル黄帝

30mL/30mL×3/30mL×10

第2類医薬品

勇健好黃帝DCF
ユンケル黄帝DCF

推薦睡前或是作為感冒時的營養補充品飲用。

30mL/30mL×3

第2類医薬品

勇健好Star
ユンケルスター

推薦作為身體疲憊時的營養補充品飲用。

50mL

第2類医薬品

推薦疲勞持續不退或需要再加把勁時飲用。

3 惱人的頭痛、生理痛、發燒

痛護寧膠囊α200中的有效成分布洛芬
以液狀封入膠囊之中，可快速溶解、
發揮功效是痛護寧的特色。

痛護寧膠囊α200

不含嗜睡成分，工作或開車也可服用。

12顆/24顆/36顆

指定第2類医薬品

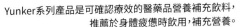

4 預防牙周病、緩和症狀

雅雪舒系列牙膏是預防和緩和牙周病症狀的全方位口腔保健產品。
雅雪舒可緩和牙齦腫脹、出血、口臭等症狀，是長期熱賣商品。
藥用雅雪舒美白牙膏(商品名稱：藥用雅雪舒b)添加天然草藥，可以美白牙齒。

藥用雅雪舒美白牙膏
(商品名稱：藥用雅雪舒b)

90g

医薬部外品

雅雪舒牙膏

推薦想預防蛀牙和牙周病，
也想美白牙齒的人使用。

無研磨劑，不造成變得脆
弱的牙齦的負擔。
潔牙後口氣好清爽！

60g/120g/160g

第3類医薬品

5 預防嘴唇乾燥等問題，打造水嫩美唇

低刺激性、高保溼效果的護唇膏可預防嘴唇乾燥等問題，
有「無香料」和「香草」兩種。
添加「玻尿酸鈉」、「乳木果油」、「蜜蠟」、「琉璃苣籽油」等保溼成分，打造水嫩秀唇！

Uriage保溼護唇膏 (無香料)

4g

化粧品

Uriage保溼護唇膏 (香草)

4g

化粧品

可在擦口紅之前塗一層
打底的護唇膏。

6 保護嬰兒的嬌嫩肌膚

保嬰膚軟膏有10種功效，對尿布疹、汗疹、溼疹、
皮膚炎、潰爛、接觸性皮膚炎、發癢、凍瘡、蚊蟲叮咬、
蕁麻疹都有效。
軟膏未添加類固醇，嬰幼童及成人都可使用。
曾在2016年只有育兒媽咪才可以投票的日本
Mother's Selection 大賞 2016 獲獎。

保嬰膚軟膏

旅行伴手禮的
人氣商品。

30g/50g

第3類医薬品

身體僵硬痠痛等各種惱人症狀就找
久光製藥的家庭常備藥！

1

サロンパス 撒隆巴斯® 120片 第3類医薬品

日本上市90週年的長賣熱銷商品

明天舒適天 今天痠痛貼，

- 成分含有10%水楊酸甲酯，是撒隆巴斯®史上最高濃度，有效深層滲透。
- 貼布溫和柔軟，具伸縮性服貼不緊繃。
- 貼布尺寸較大，可完整貼覆僵硬痠痛部位。
  ※與撒隆巴斯®Ae比較
- 採用低調的米色底布，穿著淺色系衣物時也不引人注目。
- 採用不易剝離的「圓角®」設計，即使衣物摩擦也不易脫落。

2

サロンパス ツボコリパッチ

硬幣大小的穴道用痠痛貼布
撒隆巴斯®Tsubokori®貼布 160片

第3類医薬品

← 原尺寸大小 →
直徑2.5公分

- 成分含有生藥，溫熱刺激改善患部血流，有效緩和僵硬痠痛症狀。
- 圓形迷你尺寸可貼於肩膀、後背、腰、小腿腹等任何部位，無需煩惱貼覆位置。
- 柔軟伸縮性素材，可放心貼於關節處也不易剝落。
- 帶有些許香氣，外出貼覆也不在意。

3

のびのび サロンシップ フィット Nobinobi®撒隆適布®Fit® 10片 第3類医薬品

一點都不占行李箱空間！
久光製藥自己的輕巧貼布藥

- 輕巧環保的口袋型包裝，可一片一片取出使用。
- 改圓角設計讓貼布不易勾住衣物，更不易脫落。
- 伸縮自如，完美貼合關節部位。
- 背面的膠膜為易撕設計，貼布為易貼設計。
- 含2%消炎鎮痛成分水楊酸乙二醇，有效對付肌肉痠痛疲勞等症狀。

在日本全國藥妝店、藥局都買得到♪

4 世界超過120個國家使用的鎮痛成分雙氯芬酸鈉

フェイタスZα Feitas® Zα Dicsas® 21片 [第2類医薬品]

- 有效成分(雙氯芬酸鈉)可有效對付劇烈疼痛。
- 含有3.5%左旋薄荷醇,提升效果。
- 散發淡淡香氣,不引人注目、不干擾睡眠。
- 可全方位伸縮,與肌膚完美貼合。

フェイタスZα 温感 Feitas® Zα Dicsas® 溫熱 14片

[第2類医薬品]

- 含2%有效成分雙氯芬酸鈉的經皮消炎鎮痛貼劑。
- 在緩和肩頸、腰部、關節、肌肉等強烈疼痛上有相當良好的效果。
- 發揮壬酸香蘭基醯胺的功效,舒適的溫熱效果。
- 帶有些許香氣,就寢或待在人群中時都無需擔心。
- 可全方向伸縮,完美貼合肌膚。

5 養成洗腳新生活習慣!用殺菌力洗淨腳臭髒汙!

Butenalock® 洗腳乳 80g **ブテナロック 足洗いソープ**

[医薬品部外品]

- 殺菌成分水楊酸可殺死足底細菌並消毒。
- 添加薄荷醇,清涼持久舒適。
- 綠色茶樹精油帶來溫和清涼的香氣。
- 綿密起泡,使用起來溫和舒適。
- 出廠數量已累計超過400萬瓶。

6 以溫熱效果有效對付僵硬痠痛

 溫熱用具 直貼®S尺寸 12片 [医療機器]

- 本產品為醫療器械,發熱至約40℃後持續約6小時,可輕鬆獲得「溫熱效果」。
- 發熱片採用雙發熱點設計,溫熱範圍更廣,觸感柔軟且可完全貼合身體曲線。
- 透過溫熱效果改善患部的血液循環,舒緩肌肉痠痛、神經痛及肌肉的緊張疲勞。

5月18日
撒隆巴斯®日

ᚺisamitsu®

今天痠痛貼，明天舒適天

Salonpas®

撒隆巴斯®

肩膀僵硬、腰痛、筋骨痠痛時使用　第3類医薬品

三度目的東京

☑ 給東京進階者的10大玩樂清單

東京是一座充滿魅力與多樣性的城市，但對於已經多次造訪的人來說，難道只能一再重覆參觀那些知名景點、品嚐排隊美食嗎？其實，東京還有許多未被廣泛探索的角落、玩法。藉由深入體驗，也可以感受東京深層的魅力所在，讓人再次愛上這座多面向的城市。

☑ #1 »

搭直升機
換個角度
看晴空塔

AIROS Skyview

英語OK ｜ 室外活動 ｜ 10～120分鐘

駕駛員旁的助手席，可以180度欣賞整面風景。（以當日安排機型為主）

🚁東京直升機場：從新木場駅搭計程車約5分；船橋直升飛機場：從船橋駅南口搭計程車約15分 📍東京直升機場：東京都江東區新木場4-7-25；船橋直升飛機場：千葉縣船橋市金杉1-44-2330 ✓預約制 💰東京遊覽10分鐘，3人共乘每人￥14,700起(2024年價格) 🌐skyview.airos.jp/zh_cn

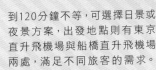

東京的高空風景以其壯麗的地標，如東京塔、晴空塔，以及閃耀著燈光的高層建築群而聞名。如果想從一個更獨特的視角來欣賞這些美景，建議嘗試「東京直升機遊覽」體驗，無論是尋找非日常的約會路線，還是想要從空中拍攝東京的攝影愛好者，都值得一試。

AIROS Skyview在全日本擁有超過15個直升機遊覽據點，亦有許多方案可以選擇，包括適合初嘗試的東京遊覽行程以及環繞富士山等受歡迎的航線。其中東京遊覽的航程從10分鐘到120分鐘不等，可選擇日景或夜景方案，出發地點則有東京直升飛機場與船橋直升飛機場兩處，滿足不同旅客的需求。

報到後由專人引導填寫資訊、登機；隨著直升機向上爬升，一場奇幻旅程即將展開。從船橋直升飛機場出發，首先映入眼簾的是位於千葉與東京交界處的江戶川，隨後飛越了江戶川區與墨田區的區界，眼前出現了東京晴空塔；當夜幕降臨，隅田川上的12座橋樑逐一點亮燈光，這些橋樑的燈光與晴空塔的光芒交相輝映，構成了一幅美麗的夜景畫面。飛行路線接

著來到繁華的灣岸區域。高聳的摩天大樓、點亮的東京門戶大橋以及豐洲市場等景點都一一映入眼簾。當直升機飛入市中心區域時，東京鐵塔周圍港區的夜景與高樓群構成了都心區域中最為壯觀的景色，遊覽接近尾聲，直升機再次飛越晴空塔，然後返回船橋直升飛機場。

直升機遊覽飛行是一種奢華而又難忘的體驗，讓人以全新視角探索這座大都市。當夕陽西下，東京的城市燈光開始閃爍，空中的夜景更是美不勝收，無論是視覺還是心靈都感到無比震撼與滿足。

美麗的東京晴空塔夜景閃閃發光,不同從地面仰望,廣闊景色更是震撼。

POINT!

1 比預約飛行的時間,再提前30分抵達飛行場。

2 填寫資料、確認身份與注意事項。

3 實際登上直升機體驗。

4 完成體驗,別忘了在直升機前拍攝紀念照哦!

TIPS!

如果計畫體驗直升機遊覽,建議選擇25分鐘以上的行程,這樣才有充份時間可以欣賞到灣岸區和市中心的壯麗景色。此外,預訂黃昏時間的航班,享受日落後20到30分鐘的魔幻時刻,將會是一次無與倫比的視覺盛宴。

●天氣惡劣將取消行程,可全額退款,當日需要再確認。
●因為反恐措施,從東京直升機場出發時,不可在場內拍照攝影。
●飛行時請勿使用行動電源幫電器產品充電。

☑ #2 »

在東京街頭玩跑跑卡丁車

Street Kart淺草

英語OK｜室外活動｜2小時

與來自世界各地的人一同組成車隊,一路吵吵鬧鬧,打破國籍的隔閡。

對於那些不喜歡徒步旅行的遊客來說,街頭卡丁車之旅是一個認識城市的絕佳選擇。

Street Kart淺草
🚃從地下鐵淺草駅步行約15分,筑波特快淺草駅步行約5分。 🏠東京都台東區西淺草3-25-31 ☎080-9988-9988 🕐每日時段10:00、12:00、14:00、17:00、19:00,預約制。 🚫不定休 💰每人¥14,000 🔗kart.st/en/asakusa.html

Street Kart Tokyo bay
🚃新木場駅步行約15分 🏠東京都江東區新木場2-10-8 ☎080-2277-2277 🕐每日時段10:00、13:00、16:00、19:00,預約制。 🚫不定休 💰每人¥17,500 🔗kart.st/en/tokyobay.html

還在淺草寺人擠人、千篇一律的排隊吃小吃嗎？就搭上卡丁車，穿越於古老的東京與現代霓虹燈下，進行一次時光旅行。在這趟冒險中不但可以體驗奔馳在東京街頭的快感，還能感受到東京晴空塔與沿途壯麗景色，就用全新的方式重新發現東京古老街道和現代建築的交融之美。

街頭卡丁車之旅不僅僅是一次駕車遊覽，更是一種沉浸式的城市體驗。體驗不僅讓人感受到道路的真實感覺，更能夠從全新角度欣賞這座城市的魅力。

在冒險開始前，充滿活力又友善工作人員會先針對提供的設備與

安全指示做仔細的詳解，確保每一個參與者都能夠安心且愉快地完成這次活動。當然，在出發前記得選擇一套充滿趣味且嶄新的服裝，這將為冒險增添更多樂趣。

穿上喜歡的超級英雄或卡通角色的服裝後，啟動引擎，跟隨著工作人員的指示，駕駛著卡丁車正式上路穿梭於繁華街道中。途經淺草寺雷門，這個區域的活力和歷史魅力無不讓人陶醉。隨後繼續前往634公尺高的東京晴空塔下，從橋上、公園處，用另一個視角欣賞這座城市的壯麗景色。Street Kart的獨特之處在於，它讓人不僅能夠以自己的節奏欣賞東京的繁華，還能在駕駛過程中享受風的撫慰與城市的脈動。白天還是夜晚不同風情，但不變的是工作人員超嗨的炒熱氣氛，讓車隊所到之處皆成為街頭的焦點，吸引無數行人的目光，彷彿成為了這座城市的大明星。

沿路工作人員還會幫忙拍下無數的照片，跟著來自世界各地的人們，一起駕駛卡丁車奔馳於東京的街頭巷尾，一同盡情歡樂，創造屬於自己的獨特回憶！

POINT!

1 透過線上預訂，輕鬆參與這次難忘的東京冒險。

2 選擇喜歡的服裝，打扮成你心中的超級英雄！

3 確實遵守交通規則，要聽從工作人員指示操作。

4 盡情拍照打卡，留下超讚的回憶吧！

TIPS!

除了淺草，Street Kart的蹤跡遍佈全東京，像是品川、秋葉原、澀谷、東京灣（新木場）等，都可以選擇參加！每個地方的風景與路線大不相同，絕對會帶來完全不同的體驗。

!

●集合時間為行程出發時間的30分鐘前，預必提早抵達。
●護照、駕照正本、日文駕照譯本三項缺一不可，記得要帶在身上。
●因為卡丁車實際上路就要遵守交通規則，出發前務必了解日本的道路規則，並遵循工作人員指示行動。
●行駛中不可以使用手機或相機拍照，紀念照由工作人員拍攝提供。

☑ **#3** »

感受沉浸式體驗樂園的魅力

IMMERSIVE FORT TOKYO

日語導覽 │ 室內活動 │ 5小時以上

🚃百合海鷗號青海駅直達、臨海線東京テレポート駅步行3分鐘。 🏠東京都江東區青海1-3-15 ⏰11:00～19:00（依季節浮動） 🚫不定休 💰1 day pass￥6,800，另購「夏洛克福爾摩斯」體驗券￥3,500，「江戶花魁奇譚」體驗券￥9,000。1 day pass+「夏洛克福爾摩斯」組合價￥9,800，1 day pass+「江戶花魁奇譚」組合券￥14,800。此為2024年價格，詳細以官網為主 🔗immersivefort.com/

進入「第五人格 Identity V」的世界中，與同伴在時間內逃出密室，看到獵人來了可得快逃！

2024年3月，東京的台場迎來了全球首創的沉浸式主題樂園「IMMERSIVE FORT TOKYO」。這座嶄新的室內主題樂園，並不只是觀賞電影、動畫或遊戲這麼簡單，而是讓觀眾成為故事中的一員，親身體驗那充滿戲劇性的瞬間。園內的多樣化設施，超過10種表演和遊樂設施以及4間特色餐廳，讓人可以盡情享受不一樣的東京。

「IMMERSIVE FORT TOKYO」位於原台場維納斯堡舊址，場景設計重現了電影與遊戲中的世界，並且加入了專業演員的表演，讓每位遊客都能沉浸在這些虛擬的故事情境中。這種完全沉浸感（IMMERSIVE）使得來訪者不僅僅是觀賞，而是能夠深度融入劇情，成為故事的一部分。無論是驚悚的情節，還是感人的場景，每位遊客都會因自己的選擇，體驗到不同的劇情發展和結局，這也正是這個新型娛樂形式的魅力所在。

園區為全室內設計，不受天氣影響，遊客無論何時來訪，都能夠盡情享受異世界的感官刺激。從入口開始便彷彿踏入了另一個時空，置身於童話物語中的夜晚街道，靜謐的氛圍、精緻的裝飾和逼真的聲光效果，再而讓人感受到故事情境的魅力。遊樂設施多為步行探索型，當中，可以與夏洛克福爾摩斯一起探索謎案的「THE SHERLOCK —— 貝克街連續殺人事件一」、體驗恐怖驚悚的「JACK THE RIPPER」、充滿江戶風情的「江戶花魁奇譚」等都是人氣必玩，除此之外，在餐廳「THE CABARET」中用餐時參與一場突如其來的華麗演出、走在主街道上突然被捲入一場「Spy Action」的綁架風暴……融合了虛擬與現實，提供了全新的娛樂形式，讓人們在現實中體驗到數位無法取代的真實感。無論是緊張刺激的劇情，還是夢幻般的場景，每位來訪者都能根據自己的喜好和選擇，享受獨一無二的冒險之旅。

滿18歲才可進入的「江戶花魁奇譚」，以江戶花街為背景，帶你進入日本的奇幻異世界。

POINT!

1 線上購買票券，預先選好想玩的設施。

2 館內是以前的維那斯堡，人氣噴泉至今仍保留著。

3 人氣最高的夏洛克福爾摩斯必衝！

4 跑累了來到餐廳、賣店轉換心情。

TIPS!

目前雖然演員都以日語表演，但不少遊樂設施可配合時用園區內的音聲導覽同步播放，以利了解刻情發展。

!

● 入園票券之外，部份熱門設施如「夏洛克福爾摩斯」、「江戶花魁奇譚」等都還需要另購體驗券，有與入園一日券的組合票比較優惠。

● 票券僅在線上銷售，無法在現場購買，部分收費的體驗項目可能會售罄，因此建議提前規劃購買。

● 有些遊樂設施有年齡限制，購票前需要再三確認。

● 許多表演都有強烈的聲光特效或是昏暗空間，對光源、聲音敏感的人請斟酌參加。

☑ #4 »

探索哈利波特的魔法世界

東京華納兄弟哈利波特影城

日語導覽 ｜ 室內活動 ｜ 2小時以上

📍豐島園駅步行約15分
🏠東京都練馬區春日町1-1-7 ☎050-6862-3676
🕐開館8:30～20:00（依季節浮動），導覽9:00～18:00 🚫不定休 💰入場¥6,500，入場＋電子導覽＋場刊¥9,900 🌐www.wbstudiotour.jp/en/

禁忌森林區域為遊客提供了與魔法動物的親密接觸，以及面對黑暗生物的驚險挑戰。

POINT!

1 上網預約時段，在時間前抵達。

2 進入導覽區，感受電影場景的魅力。

3 會動的樓梯及其周圍的肖像畫也在園區中被真實重現，還能在特定區域拍攝動態肖像畫，體驗成為魔法世界一員的感覺。

4 使用綠幕技術，遊客可以騎上飛天掃帚，拍攝結束後，獲得與電影畫面結合後的高畫質影片，作為珍貴的紀念品帶回家。

TIPS!

園區內的餐飲選擇相當豐富，從英式傳統早餐到《哈利波特》系列中著名的奶油啤酒，讓遊客在探索魔法世界的同時，也能享受美食的樂趣。想要體驗，記得多預留時間。

❗

●門票需事前線上預約，且不可退款、不可更改時期時段，購買前要先確定行程。
●購票時需指定入場時間，當天若超過時間抵達，可能會無法入場。
●雖然園內都為日文介紹，但可以租借電子語言導覽，更能深入了解每一個電影製作的用心。
●有最後進場時間，選下午入場的人可別顧著逛賣店而錯過導覽。

在9又3/4月台可以像電影中的哈利一樣，推著行李車穿越牆壁，並與霍格華茲特快列車拍照留念。

東京練馬區的「豐島園」自大正15年（1926）開園以來，歷經近一個世紀的歲月，然而，隨著時光流轉，這座充滿回憶的遊樂園於2020年8月31日正式結束營業。這片約27公頃的廣大土地，在未來將變身為「東京都立練馬城址公園」，其中一部分將用來打造全新的哈利波特主題樂園「東京華納兄弟哈利波特影城」。

哈利波特系列電影自2001年上映首部電影《哈利波特：神秘的魔法石》以來，已經走過了20多年的光輝歷程。這個魔法世界透過電影和小說深深吸引了全球無數的粉絲。而「東京華納兄弟哈利波特影城」正是為了讓這些粉絲更深入地了解這個奇幻世界而設立的。它是繼倫敦之後的全球第二座、也是亞洲首座的哈利波特主題樂園。

佔地約9萬平方公尺，相當於2個東京巨蛋的大小的東京華納兄弟哈利波特影城，讓遊客可以探索由電影製作團隊精心打造的各種場景，並親身體驗電影中的經典場面。從霍格華茲會動的樓梯到9又3/4月台，這些場景都被巧妙地還原在園區內，帶給遊客沉浸式的體驗。此外，園區內還展示了許多電影中實際使用的道具和服裝，如魔法動物和魔法道具，讓人感受到走進電影幕後的神秘感。

逛累了，還可以前往斜角巷的各式各樣的魔法商店購物，甚至可以在魔法部的巨大場景中，親身體驗電影中煙囪飛行粉的魔法。這裡不僅是一個讓粉絲們能夠親身體驗哈利波特世界的夢幻之地，更是一個將電影中的魔法與現實生活完美結合的創新娛樂設施。無論你是《哈利波特》系列的忠實粉絲，還是首次接觸這個魔法世界的麻瓜，都能在這裡找到無窮的驚喜和樂趣。

☑ #5 »

進入
天皇家
一探究竟

皇居一般見學

日語導覽｜室外活動｜2小時

二重橋不只橋體美，其極具歐洲建築設計風格，連橋上的路燈也很美。

🚇地下鐵千代田線二重橋前驛6出口、地下鐵三田線大手町駅D2出口徒步約10分，或是JR東京駅丸の内中央口徒步約15分 📍東京都千代田區千代田1-1（皇居參觀由桔梗門入場）☎03-5223-8071 🕐10:00、13:30兩時段，可上網預約或現場取得該時段的當日受付整理券 🚫週日一、例假日、7/21~8/31的下午場、12/28~1/4 💰免費 🌐sankan.kunaicho.go.jp

在 東京都的中心，有著一大片綠意被高樓群層層圍繞，這裡便是日本精神像徵「天皇」的住所。日本皇居原本為江戶城的中心，德川幕府滅亡後，於明治天皇時改成宮殿，到了二戰時期被美軍炸毀，最後才在上世紀60年代重建。這裡終日戒備森嚴，並不是能夠自由進出的地方，但近年來宮內廳開放皇居的一部份區域給事前上網申請、或是當天前往取號碼券的人參觀，讓民眾得以一探天皇的神秘住所。

皇居參觀的第一站，江戶城本丸唯一保存下來、高16公尺的「富士見櫓」。接著來到有著銅綠色屋頂的建築是處理皇室事務的宮內，許多重要儀式都在這裡舉行，像是內閣總理大臣的任命儀式、天皇與皇后的結婚禮等。在這裡還能看到以松樹為意象建造的「松之塔」，是座高塔16公尺的照明塔，寓意著日本國運繁盛昌榮。繼續往前走是長160公尺的長和殿，每年國曆新年與天皇誕生日時，皇室一族會在長和殿的2樓接見民眾，場面十分盛大，而在面對長和殿的右手邊有處南車寄，這裡是天皇迎接外賓

的地方。最後來到正門鐵橋，又被稱為二重橋。由於橋面離護城河約13公尺，江戶時期的人們為了克服高度，便在河面先建一座矮橋，再於矮橋上建立另一橋，於是有此一稱。現在雖然改為鐵橋，但許多老東京仍以二重橋稱之，各國賓客前來宮殿拜會天皇時，皆會由此通過。現在看到的宮殿位在江戶城的西之丸，從正面鐵道往回望，是當時保留下來的伏見櫓。整段導覽約75分鐘，全程2.2公里，一路地勢平緩走來並不累，算是輕鬆的小散步。

富士見櫓是整個江戶城遺跡中最為古老的三層櫓樓，能在戰火中保留下來實屬不易。

POINT!

1 線上申請，取得「皇居參觀許可通知」。

2 開始前半小時，到「桔梗門」報到。

3 報到後，聽取說明與注意事項。

4 開始行程，跟隨導覽員指示，不可脫隊。

TIPS!

想事前申請的人，可以上宮內厅的申請網站。

若是沒預約，可在當天8:30(參觀10:00場次)、12:00(參觀13:30場次)至桔梗門取得該時段的當日受付整理券，參觀開始前30分鐘回到桔梗門換取號碼牌後即可依序進場。

!

●線上申請名額每日200人，若搶不到，當日名額有300人，不妨到現場等候。

●線上申請為參觀日的前一個月開始，決定行程後便可預約。

●導覽途中沒有廁所，記得出發前先在等候大廳解決。

●皇居導覽全程只有日文解說，若是怕聽不懂的人，可以事先下載「Imperial Palaces Guide」這支APP，支援多種語言，藉由景點介紹可以輕鬆了解皇居內部參觀重點。

☑ **#6** ≫

參觀啤酒工廠暢快喝三杯

SUNTORY天然水啤酒工場
東京・武藏野

日語導覽 ｜ 室內活動 ｜ 1.5小時

三款啤酒風味不同，可以一邊品嚐一邊比較，只要不浪費，喝完了都可以再續杯！

🚃JR、京王線分倍河原駅前有免費接駁巴士可達，巴士時刻詳見官網。亦可由JR南武線府中本町駅徒步約15分

🏠東京都府中市矢崎町3-1 ⏰每天約8場次，10:00、10:50、11:40、13:20、14:10、15:00，以預約網站為主 ❌工廠休業日、年末年始 💰見學＋試飲￥1,000 💻www.suntory.co.jp/factory/musashino

SUNTORY頂級啤酒The PREMIUM MALT'S,綿密細緻的泡沫與多層次的麥香氣息,是許多人心中的啤酒第一品牌。要完成一罐美味的啤酒,最大的關鍵便在「水」,SUNTORY天然水啤酒工廠建在此處,便是因為當地的深層地下水。來到位在武藏野的啤酒工廠,便能一窺頂級啤酒的製作過程。

導覽開始後先欣賞一段影片,點出SUNTORY與水共生的觀點,接著踏入展示空間,從麥與啤酒花等原料,帶人了解其對啤酒的影響與重要性。整段見學導覽中雖然都只看到機械運作過程,但由於原料只使用天然產品,為了確保最高品質,SUNTORY還是十分仰賴人工的味覺判斷,從製程中到最後成品,嚴格把關。見學過程中,實際走過貯酒工程中的儲藏槽,原來啤酒一次儲藏的量這麼大!除了能夠了解品牌的堅持與用心,最重要的是,導覽結束後還能試喝三種不同種類的啤酒,喜歡啤酒的人絕對不能錯過這項導覽行程。

試飲時間大約有30分鐘,這時工作人員現場指導如何在家也能把罐裝啤酒倒出完美泡沫。先將啤酒舉高倒入杯中,製作1/3高度的泡沫,再把杯子傾斜,沿著杯沿輕輕倒入啤酒,在家也能享受黃金比例。除了The PREMIUM MALT'S,另外充滿輕盈果香的〈香る〉YELL,與被譽為釀造家的夢幻逸品、集合韻味、苦味、香味、甘味於一杯的MASTER'S DREAM,這三款啤酒嚐來風味皆不同,可以一邊品嚐一邊比較,感受啤酒無限的美味魅力。

難得一見的啤酒包裝過程,來見學體驗便能親眼目睹。

POINT!

1 線上預約,在導覽前抵達。

2 來到釀造工廠、儲酒空間,到最後的濾過、填裝、出貨,從原料到成品,全部的流程在40分鐘內導覽結束。

3 導覽員將大家引導至試飲空間後,便會送上下酒小點心,與三種類的The PREMIUM MALT'S啤酒。

4 離開前別忘了再至工廠設置的賣場選購伴手禮,除了各式啤酒外,還有工廠原創的啤酒杯與下酒零食。

TIPS!

SUNTORY貼心提供接駁巴士,配合見學時間,每天有8至9車次往返,不妨多加利用。
時刻表:www.suntory.co.jp/factory/musashino/access/

● 開車不喝酒,喝酒不開車。
● 導覽開始15分前抵達並至櫃台告知預約姓名即可。
● 於參觀日當月的前二個月開放網路預約,例如預計2018年1月造訪,於2017年11月1日9:30起即可預約
● 試飲時間約30分,喝完三杯若還想喝,可向工作人員提出。

☑ #7 》

跟東京上班族一起蒸三溫暖

SaunaLab神田

英語OK | 室內活動 | 1.5小時

以淺色木材裝潢的空間,充滿北歐清新明亮的感覺。

📍神保町駅步行約5分,竹橋駅步行約5分 🏠東京都千代田區神田錦町3-9 🕐11:00~21:30 🚫不定休 💰桑拿1h¥1,500,2h¥2,980 🌐saunalab.jp/kanda/

隨著全球掀起的桑拿熱潮,SaunaLab在東京神田開設了複合式桑拿設施,提供了多種獨特的北歐風格桑拿體驗。這家源自名古屋和福岡的熱門桑拿店首次進駐東京,已成為桑拿愛好者的必去之地。

SaunaLab打破了傳統桑拿僅為男性服務的刻板印象,打造了一個時尚且清潔的空間,特別適合女性使用。這裡的每一間桑拿都是由店主經過多年研究,從芬蘭引進的正宗桑拿設施,保證了高品質的體驗。

桑拿體驗的起點是位於B1的接待處,報到取得毛巾與桑拿服後,便可開始體驗。桑拿區分為女性專用的「IKE桑拿」和男性專用的「OKE桑拿」,提供傳統芬蘭桑拿體驗,並使用耐熱性極高的有田燒石作為桑拿石,讓水蒸氣散發出白樺樹的清新香氣,為身心帶來徹底的舒緩。對於不喜歡傳統冷水浴的人來說,「冰桑拿」是一個完美的選擇;不但再現了芬蘭最北端拉普蘭地區的極寒環境,也能夠在幾秒鐘內為體內的熱氣降溫,提供舒適的寒冷感,讓人精神一振。

此外,SaunaLab還提供多種便利設施,如位於B1的「森林圖書館」,供顧客閱讀和工作,並

在「桑拿市場」內販售多樣的桑拿用品和紀念品。在1樓的「廚房桑拿」內可以享用到來自芬蘭的特色美食及飲品。這裡不僅僅是一家桑拿館,更是一個融合生活、放鬆與工作的空間,為都會人提供一個全方位的身心療癒場所。

柔和的間接照明照亮了一個寧靜的池塘，鋪設了漆黑的榻榻米，並提供傳統坐禪用的坐墊，讓人能在溫暖的氛圍中徹底放鬆。

1 至B1櫃台報到，領取桑拿服，開始60分鐘的體驗。

2 先沖洗身體，再至桑拿房熱蒸。

3 根據喜好在熱石上淋水，提高室內濕度。

4 這裡沒有冷水池，取而代之的是-25度的冰桑拿。

在桑拿房內可以裸體使用，怕羞的人，也可以穿上桑拿袍、戴上桑拿帽，盡情在桑拿空間中享受熱蒸的舒適快感。

● 店內採預約優先制（線上結帳），男女分室，休息空間共用。
● 每週三會交換男女的使用空間，讓常客能夠體驗不同區域的設施。
● 蒸桑拿時記得要補充水份。
● 吃太飽、喝酒後，也不要進入桑拿室，比較安全。

☑ #8 »

在人工運河上划獨木舟

Outdoor Sports Club ZAC

| 英語OK | 室外活動 | 3小時 |

📍各行程下水地點不同，詳洽官網　🏠東京都江戶川區北葛西2-1-39　☎03-6808-9611　✔完全預約制　💲晴空塔划艇之旅￥6,000　🌐www.zacsports.com/

> 豐富多樣的划艇之旅，不但讓人能夠以不同的角度探索東京，也提供了一個在都市喧囂中尋找寧靜的完美機會。

> 喜愛夜景的人可以在夜間體驗獨特的划艇樂趣，並欣賞東京璀璨的夜景。

東京的運河不僅是都市交通的一部分，還提供了獨特的水上體驗「東京運河划艇之旅」。這項活動針對各類人群設計，讓參與者能夠在繁忙的都市中享受片刻的寧靜，並以小團體形式進行，確保每個人都能輕鬆愉快地體驗。

運河划艇之旅提供多樣化的選擇，根據季節的變化，可以欣賞櫻花盛開、紫陽花綻放、都市夜景或秋季紅葉等美景。其中，「晴空塔划艇之旅」是最受歡迎的項目。參與者將在東京運河上划槳，並在過程中欣賞到晴空塔的壯麗景色。與城市的喧囂不同，這裡的天空、微風與綠意讓人的身心能夠得到全面的放鬆。若對工程奇蹟感興趣，推薦參加「東京閘門體驗划艇之旅」。這段旅程將穿越被譽為「東京巴拿馬運河」的閘門，親身體驗兩條水位不同河流間的水上電梯。而對於有划艇經驗的參與者來說，「晴空塔長距離划艇之旅」以及「東京運河長距離划艇之旅」則是更具挑戰性的選擇。前者將帶領參與者深入東京運河，直達晴空塔下方，感受巨塔的壯麗景觀。後者則從舊中川出發，進入小名木川，在划槳中逐步見證從町到都心的風貌轉變。

teamLab如夢似幻的藝術投影在餐盤上，為美食帶來全新感受。

由提供頂級佐賀牛的Sagaya銀座和全球知名的藝術集團teamLab合作的「月花」是一處結合美食與藝術的魔幻空間。

餐廳名稱MoonFlower含有「賞翫」和「寵愛」的意義，餐廳內部常設的teamLab藝術作品「世界是解放的，並且連結」是一件能夠帶來視覺驚喜的互動藝術，在餐桌上，將見到四季變化的花木綻放，不只如此，餐具使用了具有400多年歷史的有田燒，這些精緻的白磁器皿上映上春夏秋冬的花木景象讓人心折。春天的「滿開櫻花」、夏天的「游魚與蓮花」、秋天的「紅葉楓葉」和冬天的「椿與梅花」等，這些季節性風景每月更換一次，呈現出四季的變化，讓用餐體驗更加豐富和生動。

而花月的菜單以「旬的上質食材」為主題，根據二十四節氣變化而調整，每道菜都融入了當季的新鮮食材，餐廳內還提供了和料理相搭配的葡萄酒、日本酒，讓人充分體驗美酒與美食的完美結合。來到花月，不僅僅是品嚐一頓餐點，更是一場跨越藝術與美食的感官之旅，在這個特別的空間中，體驗前所未有的餐飲享受。

單獨的用餐空間，最多坐8個人，且謝絕兒童，讓人可以盡情在藝術中品味美食。

📍銀座一丁目駅5出口即達，有樂町駅步行約5分，銀座駅步行約7分
🏠東京都中央區銀座2-5-19 PUZZLE銀座 6F
📞03-6263-0782
🕖19:00開始 ⓧ不定休 💲12道菜品￥30,000 🍴
moonflower-sagaya.com ❗用餐採預約制，2人以上才可預約

☑ **#9** »

赴一場 teamLab 佐賀牛晚宴

MoonFlower月花

日語導覽 ｜ 室內活動 ｜ 2小時

✅ **#10** »

操縱大型機器人EXA

MOVeLOT

英語OK ｜ 室內活動 ｜ 30分鐘

🚇 JR兩國駅步行約13分，地下鐵兩國駅A3出口步行約7分
🏠 東京都墨田區龜澤2-13-2
🕚 11:00～18:00，預約制 🈺 週日、不定休 💴 機器人操縱體驗¥5,000 🌐 movelot.co.jp/

在駕駛艙內，可以通過操縱桿自由操控機器人手臂。

機器人手臂裝有大容量彈匣，能夠連續發射28發子彈。最長射程約為10米，支持長距離射擊和子彈切換，讓人體驗多樣的射擊樂趣。

在全世界，有關機器人的動漫市場的規模極大，幾乎每個人都曾經夢想過乘坐機器人的經歷，然而，現實中幾乎沒有實現這個夢想的地方。

MOVeLOT立志實現操縱機器人的夢想，在經過八年的構思後，啟動了「成為機器人駕駛員的場所」計畫，提供全球首個搭乘型機器人操縱體驗。這台油壓式機器人「EXA」還在開發的初期階段，使用了精密的骨架基礎，擁有強大的驅動力和精確的操控感。坐上駕駛艙，不但可以操控巨大的機器人手臂，還能進行多種操作，像是抬高、前伸，甚至是發射子彈；駕駛「EXA」就像成為像動畫中的主角一樣，是很不可思議的體驗。

MOVeLOT希望透過「EXA」的開發，讓幾乎不存在的現實搭機器人市場活絡起來。也實現日本人對機器人的憧憬，並向未來科技邁出更大的一步。

山手線一圏
やまのてせん

東京駅・丸之內

とうきょうえき・まるのうち
Tokyo Station·Marunouchi

東京車站是與其他地方縣市聯繫的交通樞紐，通往各地的新幹線皆由此出發，每天來往的旅客人數就超過百萬人次，車站主體的文藝復興式磚紅建築已有近百年歷史。丸之內則是新興的商業辦公區，以2002年9月開幕的丸大樓為首，辦公區域陸續轉變為精緻的購物商圈。東京車站與周邊百貨大樓構成的購物、飲食、娛樂一次到位的車站城市「Tokyo Station City」已然成形，作為東京門戶的東京車站和丸之內地區以新穎面貌，展現在世界遊客眼前。

交通路線&出站資訊

電車
◎站內指南
JR東日本東京駅◇中央線(1F月台)
山手線、京濱東北線、東海道本線(1F月台)·成田特快線(成田エクスプレス)、總武線、橫須賀線(B5月台)京葉線(B6月台)
東海道新幹線東京駅(JR東海)◇東海道·山陽新幹線(1F月台)
JR東日本新幹線東京駅(JR東日本)◇東北·山形·秋田·上越·長野新幹線(1F月台)
東京Metro東京駅◇丸之內線(B2月台)
◎周邊路線指南
電車
東京Metro二重橋前駅◇千代田線
東京Metro大手町駅◇丸之內線、千代田線、東西線、半藏門線
都營地下鐵大手町駅◇三田線
東京Metro有樂町駅◇有樂町線
公車：

丸之內接駁巴士(丸の シャトル/Marunouchi Shuttle)◇巡迴丸之內地區各重要景點的免費巴士，分成一般路線(通常ルート)約15~25分1班車及僅平日上班通勤時間運行的大手町路線(大手町ルート)約12~18分1班車。
◎通常ルート10:00~ 19:00、週六日及例假日11:00~ 18:00，大手町ルート僅平日8:00~10:00
⊗1/1
◎新丸大樓(新丸ビル)、大手町TOWER、東京產經大樓(東京サンケイビル)、三井物產、日經大樓(日経ビル)、經團連會館·JA大樓(経団連会館·JAビル)、讀賣新聞(読売新聞)、三井住友銀行、郵船大樓(郵船ビル)、明治安田Village·靜嘉堂(明治安田ヴィレッジ·静嘉堂)、東京會館、第一生命、日比谷、新國際大樓(新国際ビル)、三菱大樓(三菱ビル)

⊕www.hinomaru-bus.co.jp/free-shuttle/marunouchi/(網站可查詢巴士即時動態)
日本橋接駁巴士(メトロリンク日本橋)◇東京駅八重洲口搭乘巡迴東京駅至日本橋各重要地點的免費巴士，約15~20分1班車。
◎11:00~19:00
⊗1/1
⊕www.hinomaru-bus.co.jp/free-shuttle/nihonbashi/(網站可查詢巴士即時動態)
◎可下載「無料巡回バス」APP查詢巴士即時動態
◎東京駅八重洲口、吳服橋、地下鐵日本橋駅、地下鐵三越前駅、三井紀念美術館(三井記念美術館)、JR新日本橋駅、日本橋室町一丁目、日本橋南詰、日本橋二丁目、日本橋三丁目、地下鐵寶町駅、京橋二丁目、京橋一丁目、八重洲地下街

哈多巴士(HATO BUS)➪東京駅丸之內南口搭乘東京都內定期遊覽巴士。
🌐www.hatobus.com/v01/tw/departure/11
高速巴士➪東京駅八重洲南口搭乘JR高速巴士前往日本各地。
🌐www.jrbuskanto.co.jp.t.wn.hp.transer.com/bus_stop/tokyo.html

乘車處	目的地
1號	往鹿島神宮‧Kashima Soccer Stadium(自由席)
2號	往日立‧高荻※、筑波
3號	往茨城機場、富里‧多古台巴士總站、波崎、長野、境町
4號	往水戶
5號	往仙台※、新潟、常陸太田‧常陸大宮、常陸大子、河口湖‧富士急樂園、御殿場OUTLET、新浦安‧TDR、高尾(深夜巴士)、知多半田
6號	往磐城、佐野新都市巴士總站、春日部(深夜巴士)、本厚木(深夜巴士)、中津川‧多治見‧可兒
7號	成田機場‧成田機場周邊飯店(自由席)、平塚‧大船(深夜巴士)
8號	勝田‧東海‧成田機場‧成田機場周邊飯店(自由席)、大網、清水‧折戶、飯能、伊香保‧草津(ゆめぐり號)※、國際展示場站‧TOKYO BIG SIGHT(東京國際展示場)‧東京港Ferry Terminal※
9號	靜岡‧浜松‧名古屋‧京都 大阪、吉川 松伏、四萬溫泉
※	會津若松、鉾田‧麻生、深谷花園‧伊勢崎館山、沼津‧富士站‧富士宮

※根據發車時間乘車處會有異動，抵達現場需再確認
夜行高速巴士➪東京駅八重洲南口搭乘JR夜行高速巴士前往日本各地。

地區	乘車處	目的地
東北	3號	盛岡‧青森(ドリーム號)、秋田鶴岡‧酒田‧邵山‧福島
	4號	仙台(ドリーム號) ※
	5號	田沢湖、羽後本莊
	6號	會津若松
	7號	山形、仙台(ニュースター號)
	8號	弘前‧青森(ノクターン‧ネオ號)
北陸	6號	福井
信越	3號	長野
	5號	新潟、上高地
東海	※	名古屋、岐阜、豐田、三河安城
	5號	靜岡‧浜松、刈谷‧太田川
	6號	中津川‧多治見‧可兒
關西	※	大阪‧日本環球影城(USJ)、三宮、京都‧奈良
	5號	和歌山
四國	9號	德島‧阿南
中國	9號	岡山‧廣島
	8號	防府‧萩
	9號	出雲

※根據發車時間乘車處會有異動，抵達現場需再確認

出站便利通
◎東京車站總面積加起來有三個東京巨蛋大，總共彙集了包含新幹線在內的15條鐵道路線，每天約有4,000班以上的普通、長途、特急、寢台等列車停靠，如果能在東京車站不浪費時間地順利轉乘，你就能夠稱得上是東京通了。
◎KITTE、丸大樓、新丸大樓和三菱一號美術館和車站有地下出口相通。
◎由東京車站出發，從日本橋口、八重洲口步行往日本橋約10分鐘，從丸之內南口步行往有樂町約15分鐘。

＊八重洲口
八重洲口是非常典型的車站百貨與地下街商場，地面出口分為南口、北口、中央口，車站外則是櫛比鱗次的商店招牌，前往日本橋、京橋地區比較快。
＊丸之內口
東京火車站正門面向丸之內一帶是日本金融業的大本營，車站周邊幾乎都是辦公大樓，地面出口分為南口、北口、中央口，東京Metro丸之內線出口直通丸大樓，若要前往皇居由中央口出站最便利。

山手線一圈 東京駅・丸之內 ◆東京地下鐵◆中央總武線◆東京廣域

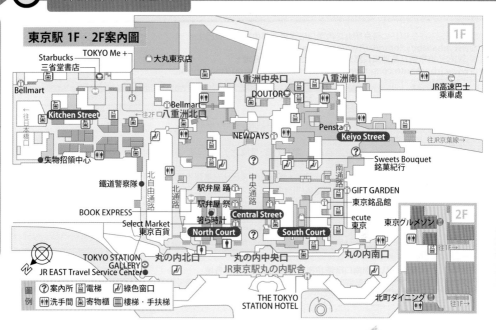

東京駅 1F・2F案內圖

東京駅 B1案內圖

東京車站好大啊，怎麼走不迷路？

東京車站好吃、又好買，但看到密密麻麻的區域標示就頭昏。只要掌握住「中央」這兩個字就對了，整個車站商場主要分佈在B1及1樓，兩層樓又分為「站內」跟「站外」，也就是説有些店必須刷票進站後才找得到，且站內、站外店家幾乎不重複。下車沿著「B1中央地下通路」兩側名店匯聚，接著從「B1八重洲中央口」刷票出來就是知名「東京一番街」的中心點，1樓當然也有個最熱鬧的中央通路，反正以「中央」為基準，保證順暢不迷路。

👁 東京駅 薦

📖別冊P.2,B2 🌐www.tokyostationcity.com

> 新潮咖啡店、爆買藥妝店、各地名產一應俱全，美味餐廳或百年老舖絕不在少數！

　　落成於1914年的東京車站，從1872年日本第一條鐵路線通過到今日，包含JR的京葉、總武、京濱東北線和地下鐵丸之內線等多條鐵路線交織，新幹線也均經由此發車，東京駅已是交通重站。車站分為西面的丸之內口和東面八重洲口兩大主要區塊。丸之內側車站建築建於大正年間，由建築師辰野金吾所設計，是棟擁有拱頂及典雅紅磚的文藝復興風格建築，八重洲口則有八重洲大樓和南塔北塔。

🍴 駅弁屋 祭 薦

📍P.1-4 Central Street 📞03-3213-4353 🏠東京駅改札內Central Street 1F ⏰5:30~22:00 💴牛すきと牛燒肉弁 (牛肉燒肉便當)¥1,300 🌐foods.jr-cross.co.jp/matsuri/

> 誰說只有坐火車時才能吃鐵路便當！路過東京車站時來外帶一個便當，嚐嚐日本各地的鐵道限定美食！

　　充滿祭典活力的「駅弁屋 祭」從早到晚都擠滿選購人潮，**只見北至北海道、南至九州的熱銷便當個個豐盛地令人垂涎，還有從實演廚房「駅弁廚房」新鮮出爐的的熱呼呼現做便當也以極快的速度「消失」於架上，**因每日販售的數量有限建議早點前去造訪。

> 超過170項的日本鐵路便當齊聚一堂，這壯觀的場面相信一定讓許多美食家驚呼不已。

山手線一圈

東京駅‧丸之內

▼東京地下鐵▼中央總武線▼東京廣域

揭開東京駅的秘密

東京駅於百年前由兩大設計師辰野金吾與葛西萬司共同設計，紅磚煉瓦的建物經過關東大震災、大空襲後，雖曾經毀壞於一時，但一路擔負著日本現代化的前行道標，如今盡可能地不更動一磚一瓦，致力重建原貌，將百年前的厚重歷史真實呈現世人面前。

賣天空權求復元

日本為保護古蹟景觀，設下歷史建物周圍建築限高的法令。2007年，由JR東日本主導的保存復元計劃開始，建設經費高達500億日円，由於面臨經費不足的問題，JR東日本為了籌足經費，便將東京駅周邊約120公頃區域的天空權賣給建設公司蓋高樓，復元工事才得以順利進行。

必看重點 1　東京車站外觀：丸之內駅舍

北圓頂　南圓頂　中央部　南翼

外牆

原為紅磚煉瓦砌成的東京駅，復原的三樓部份改由鋼筋水泥建造，為了不破壞外觀樣貌，則使用薄薄的「化粧磚」貼在外側。而2樓以下的部分，則是保留了原本的紅磚結構，再貼上化粧磚，重現百年前風華。

屋瓦

創建當時屋頂以純黑的天然粘板岩為材料，在戰爭時期全部燬壞，當時緊急以鐵皮復蓋，直至平成2年(1990)時才再以天然粘板岩舖設屋頂。最近一次修復則是再利用這些粘板岩，特別是南北圓頂與中央建築的屋頂部份採用東北大震災的海嘯被害地石卷市雄勝產的天然粘板，其它部份則由海外產的原料補足。

圓頂

在戰爭時燒燬的圓頂是修復工程的重點。東京駅在戰火中損壞，戰後日本政府因經費不足，所以只能將原本三層樓高的車站修復至2樓的樣貌。改裝工程時發現許多破損的浮雕，細細拼湊才確認樣貌，並復元至天花板上。

鳳凰

站在車輪上的鳳凰，兩旁還有束起的三支箭，代表著眾人齊心協力之意。

秀吉的兜

在圓頂拱門中心部的拱心石，以豐臣秀吉「一ノ谷馬蘭後立兜」前的花樣裝飾。

老鷹

在圓頂上盤著8隻老鷹，張開翅膀寬2.1公尺，鷹爪還抓著稻禾，鷹是鳥中之王的象徵，稻禾則是民生必需，隱藏富國強兵之意。

必看重點 2
東京車站內景：圓頂天花板浮彫裝飾

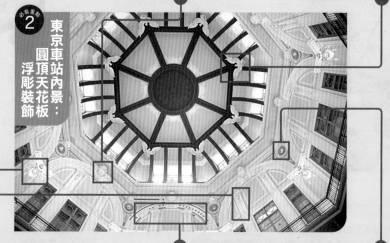

黑色石膏

在南口圓頂的裏側，可以在拱門上看到黑色的線條與點點，其實這是車站創建時殘留下的石膏，沾上強化劑後使用於此。在北口的圓頂可看不到。

干支

干支除了是生肖也代表了方位，在南北圓頂的八個角落，復刻八個生肖的浮雕，分別是牛(北北東)、虎(東北東)、龍(東南東)、蛇(南南東)、羊(南南西)、猴(西南西)、狗(西北西)、豬(北北西)。

鏡與劍

鏡與劍是日本神話中的神器，巧妙地以西洋風格結合日本傳統，為東京車站的裝飾增添意義。

薦 おすすめ

Character Street
キャラクターストリート

🅐P.1-4 🏠東京駅一番街B1F(八重洲口) ⏰10:00~20:30,依各店鋪而異
🌐www.tokyoeki-1bangai.co.jp/street/character

可愛玩偶大集合,限定商品買不停!

　Character Street短短的一段路上**聚集各家電視台和有名的角色專門店**,週刊少年JUMP專門店裡的海賊王、銀魂和火影忍者相關商品,TBS電視台的小黑豬,NHK的DOMO君,寶可夢、史努比、吉卜力系列、假面超人、樂高等。

各家專門店的限定商品琳瑯滿目,如果有特別喜歡的卡通人物或角色,記得一定要來這裡找找看!

JUMP SHOP

☎03-3215-0123 ⏰10:00~20:30 🌐www.shonenjump.com/j/jumpshop

　由發刊近半世紀的漫畫週刊少年JUMP所授權營運的「JUMP SHOP」,以週刊內連載過的人氣角色,發展出各式商品、海報、公仔、糖果餅乾等,有的逗趣可愛創意十足,有些則是動漫迷收集必選,像是**海賊王、烏龍派出所、灌籃高手、火影忍者**等。

一走進店裡,各式人物角色商品讓人忍不住都想收集!

拉拉熊專賣店
Rilakkuma Store

☎03-3213-5501 ⏰10:00~20:30 🌐www.san-x.co.jp/blog/store

拉拉熊的毛毛票夾兼小錢包,也好可愛。

　早在台灣擁有無敵人氣的拉拉熊,幾乎很多日常商品都能見到他的蹤跡,果然站內這家專賣店,販售空間特別大,也說明他的人氣持續紅不讓。從**日常生活用品**的食器、杯盤到衣服、包包、毛巾、鞋子、鬧鐘等,只要一踏進來,幾乎很難全身而退。

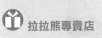

どんぐり共和国

☎03-5222-7871 ⏰10:00~20:30 🌐benelic.com/donguri/

夏季必備用品,有好多龍貓及小魔女陪你一起涼一夏。

　以宮崎駿、吉普力工作室製作的人氣電影裡的角色為主的這家店,斗大的可愛龍貓大偶讓人遠遠就一眼認出他的位置,以森林為主軸布置的店內,**各式商品羅列,每1~2個月不斷推出新商品**,甚至依照節氣主題的新品項陳列台,店內總是人潮滿滿。

這裡有各式東京車站限定商品,是寶可夢迷收集的新選項。

Pokemon Store

☎03-5224-6121 ⏰10:00~20:30 🌐www.pokemon.co.jp

　寶可夢因線上遊戲、動畫及電影風靡全球,位在東京駅內的Pokemon Store專賣店雖不算日本裡最大間,但精選品項一樣很好買,再加上這裡有**針對東京車站印象而開發的站長寶可夢,戴上站長帽子的大偶就在店口迎接顧客好可愛**。

🏯 東京菓子樂園

東京おかしランド

📍P.1-4 🕐依各店舖而異 🚉東京駅一番街Ｂ１Ｆ(八重洲中央口) 9:00~21:00 🌐www.tokyoeki-1bangai.co.jp/street/okashi

📍P.1-4

日本知名菓子品牌店舖齊聚,許多只有這裡才買得到的限定商品等你買回家炫耀!

　　2012年開幕的東京おかしランド(東京點心樂園),**裡頭齊聚日本三大點心品牌──江崎固力果、森永製菓以及Calbee**,齊全的品項中可見全國的地域限定商品及獨賣點心,另不定期舉行活動及開設期間限定店舖,吸引大小朋友在此駐足流連。

🏯🍴 Calbee+

📞03-6273-4341 🕐9:00~21:00,現作點心9:00~19:30(現炸洋芋9:30~19:00) 🌐www.calbee.co.jp/calbeestore

Calbee推出的杯裝薯條じゃがりこ(jagarico)、洋芋片、薯條先生Jagabee,酥脆順口讓人一口接一口,在**這裡可以一次搜集**,也能買齊各地區限定口味的じゃがりこ。洋芋片則提供ROYCE巧克力、鹽味醬油、雙重起司與冰淇淋等多種口味,每一種都教人難以抉擇。還有別錯過現炸薯條或洋芋片,薯條外酥內鬆軟,鹹中帶著微微馬鈴薯甜味。

ポテリコ サラダ
(Poteriko Salad/炸薯條 沙拉)¥340

🏯 森永糖果店

森永のおかしなおかし屋さん 東京駅店

📞03-6269-9448 🕐9:00~21:00 🌐www.morinaga.co.jp/okashiya

　　森永製菓首間直營店從店內的遊樂園設計就頗具玩心,空間中心的柱子像是吉祥物「キョロちゃん(Kyorochan)」的棲身之樹,枝葉間還有裝著裝飾小物的透明泡泡。除了HI-CHEW、巧克力球等定番商品,**只限直營店才能入手的甜點也極受青睞**,其中以包入一整顆DARS巧克力的熔岩巧克力最受歡迎。

🍴 GRANSTA

📍 P.1-4　🚉 東京駅B1 F（八重洲中央口內）
🕐 8:00~22:00，週日、例假日8:00~21:00，依各店鋪而異
🌐 gransta.jp

　GRANSTA的地點位於丸之內與八重洲中央口的改札間通道，**GRANSTA以「短暫精彩的東京車站記憶」為概念，集結50間與美食相關的外帶、熟食、便當和飲料等的嚴選店家**，包括以牛肉壽喜燒聞名的淺草今半、豬排店まい泉、巧克力店Pierre Marcolini等。

🍴 茅乃舍

茅乃舍だし

☎ 03-6551-2322　📍 GRANSTA內，鄰近地下中央改札口　🕐 購物9:00~21:00，餐廳11:00~21:00　🌐 www.kayanoya.com

> 廚房料理小幫手就差這一味！

　「茅乃舍」起源於福岡，超過120年歷史的調味料與食品專賣店「久原本家」，**其生產的高湯粉和調味料，完全不含化學添加物和人工防腐劑，全是萃取新鮮食材製成，因此深受主婦青睞**。對忙碌的現代人來說，縱使沒有時間熬煮湯頭，也能以簡單方便的素材，三兩下就能輕鬆變出一桌好菜，「茅乃舍」系列商品儼然就是一般家庭的料理救星。非常推薦平常有在下廚的人來選購！

> 對於初次認識這個品牌的新手，不妨可以先到商店旁買碗湯來試試口味喜不喜歡！

> 東京車站店有很多限定商品，非常適合作為伴手禮。

🍴 ヒトツブ カンロ

Hitotubu Kanro

☎ 03-5220-5288　📍 GRANSTA內，鄰近地下中央改札口
🕐 8:00~22:00(週日、例假日及連休最後一天至21:00)　🌐 kanro.jp/pages/hitotubu

> 色彩繽紛的甘樂糖，可愛包裝是作伴手禮的好選擇！

> 大人氣的緣起罐糖果，有交通安全、金運、願望等6種吉祥圖案。

　開業超過百年的「ヒトツブ カンロ」，將日本懷舊糖果甘樂糖變得時尚又可愛，從糖果口味到創意包裝、顏色等，讓人一看就好想買來吃吃看。但可別以為它只是重包裝而已喔，台灣也超熱賣的Pure軟糖也是這家公司的產品，各式糖果造型與風味，買來送朋友都超受歡迎。

> 鐵盒裝喉糖 ¥500起

はせがわ酒店

☎03-6420-3409 ⚐GRANSTA內 ⏰7:00~22:00(週日及連休最後一天至21:00) 🌐www.hasegawasaketen.com

　　瓶裝華麗、種類令人眼花撩亂的日本酒浩浩蕩蕩地占滿長型店面，絕對令喜愛日本酒者眼睛一亮。hasegawa以日本國產酒品為主，**除了各式日本酒、燒酎，也有部分葡萄酒，及各種適合不同場合的酒器販售。**店舖隔鄰設有的可以現場小酌的酒處「酒BAR」，總能看到不少客人在木製的長吧檯前輕鬆品酒。

Fairycake Fair

☎03-3211-0055 ⚐GRANSTA內 ⏰8:00~22:00(週日例假日至21:00) 🌐fairycake.jp

> 杯子蛋糕 ¥490起

　　由知名菓子研究家五十嵐路美參與研發的「Fairy Cake Fair」，販售的是融入東京風的英國傳統杯子蛋糕，使用當季盛產的**水果為素材，無論是製作成果醬、奶油內餡或是點綴在蛋糕上頭都十分搭配，隨時節變化還會不定時推出節慶造型點心，亦有內用區供顧客一邊品茗一邊享用甜點。**

> 這可不是書店喔，架上陳列的一本書，打開後其實都是內藏甜點呢。

喫茶店に恋して

⚐GRANSTA內 ⏰8:00~22:00 🌐www.kissakoi.tokyo

> 雜誌與甜點老舖的創意結合。

> おすすめ 薦

　　知名雜誌「Hanako」與生產東京名物東京芭娜娜的「銀座ぶどうの木」，一起合作的新創意甜點「喫茶店に恋して」，果然一開賣就造成話題。1990年代 Hanako初次向日本民眾介紹提拉米蘇甜點造成風潮，如今以這提拉米蘇風味做成的甜點夾心餅乾，一樣讓人回味不已。以書籍文庫的包裝樣式，特地找來人氣插畫家描繪兩款包裝外型，相當特別，下次來東京，別忘買個1~2本回家吧！

🍴🎁 GRANSTA YAEKITA

グランスタ八重北

▲P.1-4　◎東京駅1F(八重洲北口／丸之內北口)　▼
11:00~23:00，依各店鋪而異　🌐www.gransta.jp/mall/
gransta_yaekita

　位於車站內的GRANSTA YAEKITA劃分為三大區域：
為位在B1的「黑塀橫丁」、1樓的「八重北食堂」，以
及2樓的「北町酒場」，共有41間風格各異的餐廳，**料
理種類多元**，包括仙台牛舌、義大利創意料理、茶泡
飯專門店、豬排飯等都能找到。另外，在Kitchen
Street中設有￥100的有料廁所，如果在餐廳用餐，可
以索取代幣免費使用。

銀之鈴

GRANSTA必經的路上有個閃著銀藍色光芒的巨
大銀色鈴鐺，它就是東京車站的最有名的見面地
點「銀之鈴」。
　銀之鈴最早在
1969年被懸掛
在丸之內中央
口，現在位於
GRANSTA內的
則是第4代的
銀之鈴，是由
東京藝術大學
校長宮田亮平先生
所設計。

🍴 黑塀橫丁

◎GRANSTA YAEKITA B1 F
🕐約11:00~23:00

　位在地下1樓的黑塀橫
丁，以日式的木造窗櫺、店

門暖簾和紅、黑的配色，創造出一條和風味十足的美
食街。**這裡的餐廳也以正式的日式料理為多，包括壽
司、串炸、炭火雞肉、和牛等**，另外也有韓國料理和
日式居酒屋。

> 美食街裡有著和
> 洋食或是餐酒館
> 等多樣選擇。

🍴 東京Gourmet ZONE&北町酒場

東京グルメゾン&北町酒場

◎GRANSTA YAEKITA 2 F　🕐11:00~23:00、週六日及假
日至22:00

　車站1樓中央通路一直往裡走，看到Tokyo Gift
Palette後往2樓走上去就是這處有多樣選擇餐
廳的「Gourmet ZONE & 北町酒場」。**原本僅有
Gourmet ZONE的7家餐廳，又拓增北町酒場的6
家餐廳**，讓整個用餐選擇更多樣，而且這裡因為旅客
路過穿梭少，幾乎都是特地來用餐，因此與站內餐廳
區相較之下更加舒適安靜，如果不趕時間，倒是建議
可以選擇這裡好好享受美食。

果實園

果実園リーベル 東京駅店

☎03-5220-4567 ⊕GRANSTA YAEKITA 1 F 八重北食堂 ⊙ 11:00~22:00(L.O.21:00) Ⓢストロベリーパフェ(草莓聖代)¥2,420 ⓌRkajitsuen.jp/

新宿及目黑必去的甜點店「果實園」，進軍位在1樓「八重北食堂」。將**艷紅西瓜、碩大柑橘、柔軟多汁的無花果、嫩白水蜜桃等一字排開，冰櫃裡水果點心個個鮮豔欲滴**，它們有的一個疊著一個整齊堆放在塔座上，有的與鮮奶油包入海綿蛋糕中，或者則被大把大把地灑在現作鬆餅、聖代上頭，飽滿甜美的模樣讓人毫無招架之力。

麦と卵

☎03-6665-9933 ⊕GRANSTA YAEKITA 1 F 八重北食堂 ⊙11:00~23:00 Ⓦwww.gransta.jp/mall/gransta_yaekita/mugi-tamago/

來自北海道的生義大利麵專門店「麦と卵」，使用北海道小麥和北海道下川町知名雞蛋品牌「**下川六〇（ろくまる）酵素蛋**」製成雞蛋麵，為了保持生麵的鮮度和柔軟富有彈力的口感，堅持在店內現場製麵。特別推薦人氣NO.1的蒜香辣椒義大利麵，不但可以品嚐到「名牌蛋」本身與一般雞蛋的不同之處，經日高醬油提味的醬汁，讓料理整體層次和香氣更加分。

極みや

☎03-6273-4229 ⊕GRANSTA YAEKITA 1 F 八重北食堂 ⊙11:00~23:00 kiwamiya.com/

おすすめ
薦
東京車站超人氣排隊美食！

九州上陸東京的超人氣漢堡排鐵板燒店，設點在人潮活絡的東京車站，每天都大排長龍。會吸引顧客上門，最大的原因，是店家在食材上特別講究，而且用餐方式也很特別！選用來自九州各地（包含佐賀伊萬里牛、鹿兒島、宮崎等）高品質黑毛和牛肉，進行加工，東京車站店另外還供應「羽釜炊飯」，特別選用佐賀縣產米，每兩週就會將當天新鮮精米，直接配送。**每份漢堡排都是師傅「在你面前新鮮現做」，漢堡排熟度可依個人喜好，在鐵盤上燒烤調整。**加價升級套餐，附贈的白飯、沙拉、湯和霜淇淋還能無限續，定價超親民，推薦喜歡漢堡排的朋友必嚐！

山手線一圈　東京駅‧丸之內　◆東京地下鐵◆中央總武線◆東京廣域

東京中城八重洲

TOKYO MIDTOWN YAESU

🅰別冊P.2-B3　☎03-6225-2234　🏠中央區八重洲2-2-1
⏺B1F 10:00〜21:00；1F〜3F 11:00〜21:00／餐廳
11:00〜23:00　🌐www.yaesu.tokyo-midtown.com/

　與東京車站地下直接聯通的東京中城八重洲，於
2023年3月開幕，是**MIDTOWN繼六本木、日比谷之
後新開設的第三個設施**。地處東京交通心臟核心，開
館第一個月便創下入場180萬人次紀錄。地下2樓是巴
士轉運站，B1到三樓進駐了60家店舖，涵蓋各式各樣
風格的餐廳和極具個性的商店。40〜45樓則是義大利
高級珠寶名牌「寶格麗酒店」。

津輕 びいどろ

☎03-6225-2955　🏠TOKYO MIDTOWN YAESU セント
ラルタワー2F　⏺11:00 〜 21:00　🌐tsugaruvidro.jp/

　發源於日本東北青森地區的「津輕玻璃」，每件手
工藝品因充分展現日本四季鮮明色彩，加上其細膩精
湛的職人手工技術，而深獲各界喜愛。不論是作為食
器使用，裝潢擺飾的花瓶，自用送禮兩相宜。**目前在
東京僅此一家店面，八重洲店內還特別以「東京四
季」為主題，推出限定杯組**，非常值得作為東京旅遊
的紀念品。

日本、美食街道

にっぽん、グルメ街道

🅰P.1-4　🏠東京駅一番街B1F(八重洲中央口，出口右側即
達)　⏺7:00〜23:00，依各店舖而異　🌐www.tokyoeki-
1bangai.co.jp/street/gourmet

　「日本、美食街道」精選函館、仙台、橫濱、富山、
廣島、博多、鹿兒島等9家名店美食進駐，與拉麵街道
連成一氣，完備了東京站成為旅客的日本美食及伴手
禮必訪經典之處。不論是**廣島燒、博多知名的明太
子料理、鹿兒島黑豬肉、函館壽司、仙台牛舌等**，名
門美味絕對滿足。

> かつ亭定食是店內
> 人氣餐，一次可以吃
> 到具咬勁的里肌肉
> 跟細軟腰內肉。

> 黑かつ亭定
> 食¥2,390

鹿児島 黑かつ亭

☎03-6269-9123　🏠日本、美食街道內
⏺10:00〜23:00(L.O.22:30)，午餐至15:00　💲黑豚ミック
ス3種定食(黑豬肉3種MIX定食)¥1,990　🌐www.
kurokatutei.net/tokyo

　**鹿兒島的黑豬肉美味名震四方，這家在當地的名
店第一次跨足東京開店**。鹿兒島的黑豬肉以肉質軟
嫩、甜味高而被大眾所喜愛，店內精選高品質的黑豬
肉，更細心的肉仔細除筋，油跟麵包粉也仔細調整，
只為把炸黑豬肉排的美味完整呈現，店家特調的3種
沾醬，也一定要試試。

排隊名店「六厘舍」，提供口味濃郁的沾麵。必點：つけめん(沾麵)¥950

醬油拉麵名店ひるがお，湯頭豐富清爽。必點：鹽味玉子拉麵(塩玉らーめん)¥1,040

🍜 斑鳩

☎03-3286-3586　🏠東京拉麵一條街內　
10:00~22:30(L.O.22:00)　🌐www.ikaruga.tokyo/

　位在東京車站拉麵街超人氣拉麵店之一「斑鳩」，湯頭以豚骨和鰹魚熬煮而成，雖然湯頭濃厚偏重口味，但**因為能同時品嘗到豚骨的濃郁和帶有魚介類的鮮甜**，再搭配Q彈有勁的細麵，坐擁一群死忠粉絲和慕名來嚐鮮的饕客，所以店門口前總是大排長龍。

👁 東京拉麵一條街

おすすめ 薦

東京ラーメンストリート

🔼P.1-4　🏠東京駅一番街B1 F(八重洲口)　⏰平均營業時間11:00~22:30　🚇
www.tokyoeki-1bangai.co.jp/
street/ramen

集結多家人氣拉麵店，想要吃到美味拉麵，來這裡絕對不會踩到地雷！

　東京車站的拉麵街**集結東京8間人氣拉麵店，也很快地聚集前來嚐鮮的各地人潮**。出店店家如以順口馥郁的湯頭聞名的九段下「斑鳩」、口感清爽的鹽味拉麵「ひるがお」、提供濃厚魚介拉麵的名店「らーめん玉」等，開幕至今人氣最旺的則一直是僅此一間的沾麵名店「六厘舍」。

山手線一圈

東京駅·丸之內

◆東京地下鐵◆中央總武線◆東京廣域

八重洲地下街

Yaechika

📍P.1-4 🕐依各店舖而異 🚇中央
區八重洲2-1 B1、B2F ⊙
10:00~20:00，依各店舖而異 🚇
www.yaechika.com

八重洲地下街與東京車站連結，
從八重洲地下中央口改札口出站即可直達，擁有都
內最廣闊面積的地下商店街，主攻附近的上班族客
層，因此餐飲店、雜貨店與服裝店居多，其中還有藥
妝店及化妝品店。

以千度炭火燒烤
的牛舌表層微脆
裡頭多汁。

ねぎし ヤエチカ店

☎ 03-3281-2188 ⊙
10:30~22:00(L.O.21:30) 💲
午餐套餐￥1,100起 🚇www.
negishi.co.jp ⚠2024/5/7起
進行改裝工事，預計於2024年8月上旬重新開幕

在八重洲地下街走一圈，就以「ねぎし」擁有最多
人潮，**這處以自然、健康、美味飲食為取向的餐廳，
對其料理中的主役——牛舌、芋泥及麥飯皆極為講
究，**淋上大河芋芋泥(とろろ)的麥飯滑潤富有香氣，
低卡路里的飲食吸引眾多女性客層。

3COINS

☎ 03-3548-3503 ⊙
10:00~21:00 🈺不定休 💲
均一價￥315 🚇www.
3coins.jp

連鎖百円雜貨店3COINS提供全店￥315的驚喜
價格，無論是實用取向的造型簡單收納盒，還是充滿
童心的可愛裝飾品，抑或是帶點夢幻感的潔白造型掛
勾，好用好看加上平實的價格，每一樣商品都讓人心
癢癢，好想全部抱回家。

Tokyo Gift Palette

東京ギフトパレット

📍P.1-4 🚇東京駅一番街1F(八重洲北口) ⊙
9:00~20:30，週六日及例假日9:00~20:00 🚇www.
tokyoeki-1bangai.co.jp

屬於「東京駅一番街」其中一處區塊的「Tokyo Gift
Palette」，位置就在八重洲北口改札出口旁，**這裡聚
集近39家名產伴手的櫃位，包括最中專賣店「京都
祇園あのん」、江戶和菓子「銀座 菊廼舍」，或是奶
油餅乾、司康及蛋糕等等，**各店也會不定期推出東京
車站限定款。

大丸百貨 東京店 薦

別冊P.2,B2 ☎03-3212-8011 ♠千代田區丸の內1-9-1 ⏱B1~11F 10:00~20:00，12F餐廳 11:00~22:00,13F餐廳11:00~23:00 🚻1/1 💻www.daimaru.co.jp/tokyo

賣場空間寬闊舒服，品質與服務絕對一流！

大丸百貨東京店樓層B1及1樓是食品區，2~6樓是針對女性的服飾商品，7~8樓是男性樓層，9樓為生活用品與童裝，12~13樓為餐廳。**大丸百貨最受歡迎的向來是讓人眼花撩亂的和食、中華、洋食便當和各種甜點**，當紅的伴手和甜點品牌如銀的葡萄、東京芭娜娜、鎌倉五郎、豐島屋等應有盡有。

HENRI CHARPENTIER

☎03-6273-4510 ♠大丸百貨東京店B1F ⏱10:00~20:00 🚻1/1 💻www.henri-charpentier.com ❗若想要在店內慢慢享用的話，推薦可以到有併設喫茶的銀座店

HENRI CHARPENTIER的創立者蟻田先生，在餐廳修業期間首度嚐到法式火焰可麗餅(Crêpe Suzette)時大感驚為天人，就此以提供驚艷、幸福的甜點為職志，開設**這間以火焰可麗餅創作者命名的「HENRI CHARPENTIER」**。提供的各色創作甜點，推出季節性的甜食，色澤誘人且口味香醇，每款都精緻可口讓人難以抉擇。

高級宇治茶做成的冰淇淋，加入湯圓、抹茶蛋糕、香滑的栗子和蜜豆所做的聖代十分迷人。

抹茶和焙茶的絕佳組合「鞍馬」¥1,694

茶寮都路里

☎03-3214-3322 ♠大丸百貨東京店10F ⏱10:00~20:00(L.O.19:30) 🚻不定休 💻www.giontsujiri.co.jp

京都人氣第一的日式甜點店「茶寮都路里」在東京車站也吃得到！東京大丸限定的特選茶々パフェ，三球不同口味的冰淇淋上，特別加了抹茶、焙茶、玄米茶3種果凍及抹茶、玄米茶的蕨餅，**濃郁的茶香在口中化為清爽滑順的口感**，滋味教人難忘。

◉ GRANROOF

⊕別冊P.2,B3 ⊕依各店舖而異 ⊕千代田區丸之內1-9-1 ⊕約10:00~23:00，依各店舖而異 ⊕www.gransta.jp/mall/granroof

　　位於東京駅八重州口的「GRANROOF」，以八重州口前廣場為中心，由步道連結Gran Tokyo北塔到南塔，半開放的遊步道結合綠地。從B1到3樓集結日本人氣餐廳，像是築地「寿司清」、供應茨城美食的餐酒館「常陸野ブルーイング Tokyo Yaesu」，或是北海道產地直送食材的「北海道バル海」等。

◉ Tokiwabashi Tower

常盤橋タワー

⊕別冊P.2,B2 ⊕千代田區大手町2-6-4 ⊕office.mec.co.jp/tokiwabashi/tower-a/

　　「Tokiwabashi Tower」座落於東京車站日本橋口前，是東京車站新地標。地上共有38層地下則有5層，高度約212公尺，大樓前空間則設為大型公園廣場「TOKYO TORCH Park」，地下1樓至3樓為商業設施「TOKYO TORCH Terrace」其餘樓層則是作為辦公室使用，是該區目前最高大樓。對面還有一棟Torch Tower，目前尚在施工，預計2027年建成樓高390公尺，地上63層地下4層，結合展望台、高級飯店、辦公和商業設施的複合性大樓，屆時它將會超越大阪阿倍野HARUKAS成為全日本最高大樓和東京新象徵代表。

Bar Español YEBRA

☎03-6281-9025 ⛫Tokiwabashi Tower 1F
11:00~15:00、17:00~23:00 平日午間套餐¥1,650起
🌐bar-espanol-yebra.com

「Bar Español YEBRA」是西班牙安達盧西亞地區由YEBRA兄弟「子承父業」長年用心經營並隨時代持續進化，深受地方居民愛戴的餐廳。**首度在東京展店，提供賽維利亞當地料理**，並以客人如「像在自家用餐般輕鬆舒適的環境」為宗旨，店內明亮的採光設計和寬敞的開放式廚房，搭配吧檯座位、一般和露天座位區，不論是隻身一人或是呼朋引伴、攜家帶眷都很合適自在。

👁 TOKYO TORCH Terrace

依各店鋪而異 ⛫Tokiwabashi Tower B1~3F 店家營業時間各異
tokyotorch.mec.co.jp

薦 在都會叢林露天區用餐啖美食。

「TOKYO TORCH Terrace」為東京車站附近的新地標大樓「常盤橋Tower」地下1樓至3樓的商業設施，其中**地上3層餐廳皆設有戶外露天席，顧客可以一邊用餐一邊享受霸氣高樓風光**。進駐店家共有13間，來頭都不小，包括初次在日本開店的西班牙餐廳「Bar Español YEBRA」、第一次在東京拓點的大阪串炸餐廳「BEIGNET」等，推薦饕客來大啖美食！

👁 TOKYO TORCH Park

⛫Tokiwabashi Tower內

薦 集結日本各地特色的公園文藝廣場。

伴隨常盤橋大樓的建成，位在**常盤橋Tower與Torch Tower中間空地再利用，搖身一變成為東京車站周邊大型公園廣場**。為了將日本各地魅力傳遞給更多海內外來訪者，公園裡從栽種的植物、草皮到錦鯉鑑賞池，全是與各縣聯手打造而成，步道的藍色水波線條則有現代美術家吉野もも設計的3D藝術作品，是個處處用心、充滿設計感的公共空間。

KITTE 薦 おすすめ

◎別冊P.2,A3　◎依各店舖而異　◎千代田區丸の內2-7-2
◎購物11:00~20:00，餐廳、Café11:00~22:00
jptower-kitte.jp

老屋新生的特色商場，逛一整天都逛不完！

　　於2013年開幕的KITTE，改建自舊東京中央郵局，名稱取自「郵票」(切手)與「來」(来て)的日文發音，雪白外牆內是寬闊的中空三角形空間，日光從上頭傾瀉而下，開闊的空間充滿放鬆感，**從地下1樓到地上6樓的7個樓層間進駐近百間店舖，成為東京購物飲食必到景點。**

KITTE必CHECK！

位在4樓的舊局長室正面對著東京車站，可以在此近距離觀看。

地下樓的美食街「KITTE GRANCHÉ」集結日本各地美味，伴手禮、便當、甜點、咖啡廳齊聚在此。

地下1樓的案內所空間廣闊，可索取旅遊手冊或是向工作人員詢問旅途上的大小問題，另有附設咖啡廳。

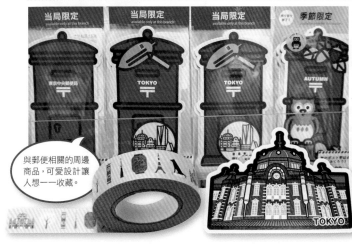

與郵便相關的周邊商品，可愛設計讓人想一一收藏。

東京中央郵便局

◎03-3217-5231　◎KITTE 1F
9:00~21:00(週六日及例假日至18:00)　◎www.post.japanpost.jp

　　小小的郵局從早到晚都擠滿人潮，為的正是不斷推陳出新的東京中央郵便局限定商品。店內架上的商品**從資料夾、信紙、明信片到吊飾、紙膠帶，全都印上了「限定」字樣抑或是古典的東京車站圖案**，看著眼前這麼多特色商品的誘惑，要想不失心瘋也難。

山手線一圈　東京駅‧丸之內
◀東京地下鐵▼中央總武線▼東京廣域

CLASKA Gallery & Shop "DO" 丸の内店

☎03-6256-0835 ⏣KITTE 4F ⏲11:00~20:00 💰緣起柄 正角小皿(緣起物圖樣正方形小碟子)¥1,540
do.claska.com

　　源自東京目黑區的雜貨舖,原本只是設計旅店CLASKA的附設商店,後來發展出自己的品牌。**店內販售的商品以生活雜貨為主**,傳統工藝品、服飾、精緻餐具、東京伴手禮等商品包羅萬象,風格也結合日式與西式,以全新視點製造出品味獨到的創作。

🍴 迴轉壽司 根室花丸
おすすめ **薦**

回転寿司 根室花まる KITTE丸の内店

☎03-6269-9026 ⏣KITTE 5F
11:00~22:00(L.O.21:30) ⏣www.
sushi-hanamaru.com

> 在東京也能品嚐來自北國的新鮮美味!

　　北海道的壽司名店「根室花まる」,在札幌分店常常需要排上1~2個小時才吃得到,足見其人氣之旺,隨著它進駐KITTE,東京終於也能一嚐這份北國鮮味。**根室花まる運用新鮮現捕的當季肥美魚種為食材,製作出一盤盤肉質絕佳的鮮美握壽司。**

> 鮭魚、生海膽、穴子,新鮮食材滿足所有消費群眾的味蕾。

> 要注意屋上庭園的空間是禁止飲食、抽菸。

> 屋上庭園能眺望東京車站屋頂。

👁 屋上庭園 KITTE GARDEN

⏣KITTE 6F ⏲11:00~23:00(週六日及例假日至22:00)
💰自由參觀

　　位在KITTE頂層6樓的屋上庭園,是眺望東京車站的絕佳地點之一,白天造訪時,庭園內鋪設的木道及點綴其中的綠意給人度假的悠閒感受,到了晚上夜幕低垂時,微風吹拂加上夜色與燈光營造出的神祕感,氣氛甚是浪漫。

🛍 丸大樓

丸ビル

📍別冊P.2,A2　🕐依各店舖而異　🏠千代田區丸の内2-4-1

🕐購物11:00~21:00(週日例假日、連休最終日至20:00)，餐廳11:00~23:00(週日例假日、連休最終日至22:00)　🚫1/1、設備檢修日　🌐www.marunouchi.com/building/marubiru/

　丸大樓為丸之內大樓的通稱，地下1樓是食品雜貨街，且與東京車站連結，交通的便利自然不用說；1樓到4樓是Shopping Mall，無論是日本原創的熱門品牌，或是來自歐美的設計師精品，所有流行時尚的夢想都可實現。**35、36樓是高級觀景餐廳，放眼望去東京都璀璨的豪華夜景盡收眼底。**

👔 BEAMS HOUSE丸の内

☎03-5220-8686　🏠丸大樓1F　🕐11:00~21:00(週日例假日至20:00)　🚫不定休　🌐www.beams.co.jp

　在丸大樓的這家旗艦店BEAMS HOUSE，為配合丸大樓的氣質，**走的是較具都會感的沉穩路線，女裝以質感高、線條洗鍊的服飾居多**，男裝也推出成熟品味中不失流行的西裝，此外也有各式皮飾配件可選擇，不乏讓人眼睛一亮的精品。

🍴 ANTICA OSTERIA DEL PONTE

☎03-5220-4686　🏠丸大樓36F　🕐11:30~14:00(L.O.)、17:30~20:00(L.O.)，週六日及例假日11:30~14:30(L.O.)、17:30~20:00(L.O.)　🚫1/1、設備檢修日　🌐www.anticaosteriadelponte.jp

　ANTICA OSTERIA DEL PONTE是義大利料理界第二家獲得米其林三顆星的高級餐廳，其獨創一格的義式料理每每讓人驚豔，**丸大樓店可是其在全世界第一家海外分店。位在36樓高的餐廳，擁有絕佳的視野**，晚上還可欣賞東京高樓的夜景和霓虹燈光，氣氛浪漫醉人。

🍴 モリタ屋 東京丸の内

MORITAYA

☎03-5220-0029 🏠丸大樓35F ⏰11:00~15:00(餐點L.O.14:00)、17:30~23:00(餐點L.O.21:30)、週六11:00~15:15(餐點L.O.14:15)、17:00~23:00(餐點L.O.21:30)、週日例假日11:00~15:15(餐點L.O.14:15)、17:00~22:00(餐點L.O.20:30) ❌1/1、設備檢修日 💲すき焼き(午間限定壽喜燒)¥6,600起、特選 ロース ステーキコース(午間限定特選牛排套餐)¥6,600起 🌐moritaya-kyoto.co.jp/

　　MORITA屋是明治2年創業於京都的牛肉料理店，擁有自己的專屬牧場，專門培育品質優良、肉質細膩的京都牛，無論是做成美味的壽喜燒、涮涮鍋，或是直接煎成牛排都十分適合。其中又以壽喜燒最為經典，特調的醬汁使牛肉的鮮甜更上層樓。

壽喜燒的香滑油脂讓人齒頰留香。

在鐵鍋上熱騰騰的厚切法式吐司，一上桌就被撲鼻香氣給融化。

おすすめ 薦

🍴 The Front Room

☎03-6833-3810 🏠丸大樓1F ⏰8:00~22:00 週日例假日9:00~21:00 🌐www.huge.co.jp/restaurant/cafe/thefrontroom

厚切法式吐司必嚐！

　　以東京、橫濱為發展中心，並持續向京都沖繩日本全國拓展的株式会社HUGE，目前共經營了29家餐廳，而丸之內的The Front Room是他們首家咖啡店餐飲品牌。標榜隨不同時間、季節風格，變化自如，能讓客人感到「這就是我想待的地方」為設計主軸。除了提供洋風料理，**招牌甜點厚切法式吐司**，更是受到大批日本女性歡迎。幾乎是平常法式吐司三倍以上厚度，但咬一口卻輕易在嘴裡化開，搭配特製鮮奶油，鹹中帶甜的好滋味，保證令你印象深刻。

🍴 BUTTER美瑛放牧酪農場

☎03-5860-3695 🏠丸大樓1F B1 ⏰賣店10:00~21:00、週日例假日10:00~20:00。Café 11:00~20:00(L.O. 19:00)、週日例假日11:00~19:00(L.O. 18:00) 🌐biei-farm.co.jp/butter/

　　北海道美瑛牧場最新鮮的乳製品，經殺菌冷卻後直送到東京，這可厲害了吧！在百貨公司內，居然可以近距離觀賞現場加工製作出來的超新鮮奶油。光看不夠，附設咖啡店還能品嚐當日新鮮現煎鬆餅。在SIZE比臉還大的鬆餅上塗抹現做奶油，雖是簡單組合，但美味度可是隨奶油鮮度升級。另外也別忘了咖啡拿鐵，因為牛奶的濃郁口感太讓人驚艷啦！

霸氣附贈一條100g的現做奶油，吃不完還能外帶，是超強賣點！

新丸大樓

新丸ビル

🏢別冊P.2,A2　🏪依各店舖而異　📍千代田區丸の内1-5-1
🛍購物11:00~21:00(週日例假日、連休最終日至20:00)，餐廳11:00~23:00(週日例假日、連休最終日至22:00)　📅1/1、設備檢修日　🌐www.marunouchi.com/building/shinmaru/

　位在東京車站丸之內口正前方的新丸大樓於2007年春天開幕，大廳空間以充滿歐洲風情的古典語彙，吸引許多仕紳貴婦，繼丸大樓之後在丸之內注入更多商業元素，**進駐約150家商店精緻優雅的個性品牌，提供丸之內的商務人士一段美好購物時光。**

ete bijoux

📞03-5221-6060　📍新丸大樓3F　🕚11:00~21:00
eteweb.com

　日式輕珠寶品牌ete，為了擴大品牌客群，設立了更高級的ete bijoux，吸引輕熟女的青睞。**不但提升素材品質與設計精巧度，更呈現了較高層次的輕奢珠寶體驗。**無論是追求品質、獨特設計，還是希望為珠寶添加個人風格的時尚女性，都很推薦來這裡逛逛。

POINT ET LIGNE新丸ビル店

📞03-5222-7005　📍新丸大樓B1F　🕙10:00~21:00，週六日及例假日10:30~21:00
🌐www.point-et-ligne.com

　POINT ET LIGNE的麵包是以東京印象作為發想的原點，運用日本產的優質小麥與其他材料，在口味上以法式為出發點，也運用紅豆等原料創作出帶有和風口味的麵包。**外帶最受歡迎的品項正是造型討喜、口感絕佳的兩款可頌，以麵包為主角的店內套餐也相當令人驚艷：共5種的當日麵包配上適合麵包的6種沾醬、湯品、新鮮沙拉與燻鮭魚等。**

> 可以從麵包原味開始，品嚐各種不同的搭配吃法，充滿樂趣。

從多角度端詳東京車站

最佳眺望點除了自行幸通眺望全景外，從丸大樓5樓露台與新丸大樓7樓露台分別可以品味細部的優雅與全觀的大氣。另外有兩處私房景點，分別是JR中央線一號月台上，這是離穹頂(外部)最近的距離。從改建自東京中央郵局的新複合式商場 KITTE 的6樓露台望去，則是可以由上至下眺望東京車站屋頂部分錯落有致且精美優雅的結構。

👁 皇居

🏠別冊P.2,A2 🚇千代田區千代田1-1 ⑤自由參觀 ❶詳細參觀申請方式見P.A-48

在東京都的中心，有著**一大片綠意被高樓群層層圍繞**，這裡便是日本精神像徵「天皇」的住所。日本皇居原本為江戶城的中心，德川幕府滅亡後，於明治天皇時改成宮殿，到了二戰時期被美軍炸毀，最後才在上世紀60年代重建。皇居平時不開放，唯有皇居外苑以及東御苑有開放民眾參觀。

山手線一圈 東京駅·丸之內

➡東京地下鐵➡中央總武線➡東京廣域

👁 皇居：東御苑

🏠東御苑參觀由大手門、平川門、北桔橋門入場 ⏰3/1~4/14、9月9:00~17:00(入園至16:30)、4/15~8/31至18:00(入園至17:30)，10月至16:30(入園至16:00)，11/1~2月至16:00(入園至15:30) 🈲週一(遇天皇誕生日外的其他例假日順延週二休)、五、天皇誕生日、12/28~1/3 🌐www.kunaicho.go.jp/event/higashigyoen/higashigyoen.html ❶入園前請向出入口領取入場券，並於離開後返還

如果你對皇居有「豪華」的期待，恐怕要失望了，其實**皇居是以前的江戶城，東苑院內也留有不少城跡**，像是曾建有天守閣的天守台，現在只剩平台；另外像是大守門、平川門、富士見櫓、江戶城本丸御殿前的檢察哨「百人番所」與隨處可見的石垣等，每一角落都充滿歷史風情。

👁 皇居：外苑

皇居外苑位在東京駅左側，是一處結合丸之內道路的公園綠地，人們可以自由在其間散步。**外苑占地十分廣大，主要的參觀景點為櫻田門、正門石橋、二重櫓、楠木正成像和田倉噴水公園**等。

展覽和收藏的方向也與建築歷史相呼應，以19世紀末至現代、近代都市與美術為主要課題。

CAFÉ 1894

蘋果派￥980

☎03-3212-7156 ♠三菱一號館美術館1F ◷11:00～22:00(L.O.21:00) ⚏不定休 ☞mimt.jp/cafe1894

❶2024/4/10起三菱一號館美術館因建物維護及設備更新工事，暫時閉館中，預計於秋季重新開館

CAFÉ 1894的室內建築完全複刻百年前原始銀行的樣貌，木造結構的挑高空間，拼接木天花板、紅木圓柱、木造地板，古銅金的色調搭配過去銀行的金色櫃台窗口，雪白的牆面陽光自長窗灑落，桌椅亦是低調的茶色，像是老式咖啡館，卻又保持了銀行的派頭與嚴謹。

三菱一號館美術館

おすすめ 薦

三菱一号館美術館

♠別冊P.2,A3 ☎03-5777-8600 ♠千代田區丸の内2-6-2 ◷10:00～18:00、週五及每月第2個週三(假日、補休日除外)、展期最終週五至21:00 ⚏週一(遇假日、補休日、展期最終週照常開館)、1/1，年末、換展期間，不定休 ⑤依各展覽而異 ☞mimt.jp ❶2024/4/10起因建物維護及設備更新工事，暫時閉館中，預計於秋季重新開館

美術、人文、生活，紅磚洋房的西式風情正是融和東方情緒，重新體會藝術人生的最佳距離。

2010年春天開幕的三菱一號館美術館，**建築本身是間充滿復古風情的美麗紅磚建築，是依據1894年時，由英國設計師所繪、豎立於原基地的三菱事務所設計圖，經過詳細考證後所重建而成。**建築的2、3樓做為美術館的展覽空間使用，1樓則有建築本身的歷史資料室、利用原本銀行接待大廳空間、開放感十足的咖啡館1894以及博物館商店。

〔 一探三菱一號館 〕

三菱一號館落成於1894年，由日本政府招聘來日的英國設計師Josiah Conder所設計，他同時也是辰野金吾的老師，所以三菱一號館與東京車站丸之內驛舍的風格十分相仿，皆脫胎自英國安妮女王時期的建築風格；紅磚與花崗岩構成的牆面充滿古典的均衡美感，當時是三菱合資會社(三菱東京UFJ銀行前身)的銀行部，而在1968年被拆除，2007年開始著手重建，在經過了四十多個年頭，雖然並非歷史建築，卻是依據1894年時豎立於原基地的三菱事務所設計圖，一磚一瓦都經過詳細考證後所重建而成，在丸之內形成一片新舊共存的特殊風情。

二重橋SQUARE

二重橋スクエア

⏺別冊P.2,A3 🍴依各店舖而異 🚶千代田區丸の内3-2-3
🛍購物11:00~20:00，餐廳至23:00(週日例假日至22:00)
🚫1/1、設備檢修日 🌐www.marunouchi.com/
building/nijubashi

　與丸之內Brick Square隔著街角對望的「二重橋SQUARE」，同樣位於三菱地產購物大樓林立的丸の内仲通り上。2018年11月新開幕的這區，以綠意盎然的丸の内仲通り上展開**地下1樓、地上2樓共多達25間店舖的優閒商店街區，其中16家是餐廳。另有5家更是日本初次設店的名店**，尤其1樓的街邊店家串聯戶外綠意的座位區，讓這一帶展現出特別優雅與華麗氛圍。

> 以人行為主的街道上，綠意夾道之外，充滿國外高雅街邊店的散步氛圍。

PIERRE HERMÉ

ピエール・エルメ 丸の内

☎03-3215-6622 🚶二重橋SQUARE1F
🕐11:30~19:00(L.O.18:30) 🌐www.
pierreherme.co.jp/ph/

薦 おすすめ

> 巴黎甜點大師的日式食材新創意。

　有著「糕點界畢卡索」的皮耶艾曼大師，從巴黎起點紅遍全世界，以美味馬卡龍、巧克力等甜點在日本展店已經20年，**丸の内店的店鋪形式則是由大師親自與日本生產者合作重新演繹食材的美味**。特別的是也提供午餐便當，以百年老鋪隅田屋的米搭配上小菜及品牌自家甜點，絕對特別。當然也有三明治、甜點及馬卡龍等招牌甜點可以選擇。

> 店內除了內用，還有許多自製食材罐頭與少許雜貨，顏色豐沛的罐頭類光看都美味十足。

丸之內BRICK SQUARE

丸の内ブリックスクエア

⏺別冊P.2,A3 ☎03-5218-5100 🚶千代田區丸の内2-6-1 🛍購物11:00~21:00(週日例假日、連休最終日至20:00)，餐廳11:00~23:00(週日例假日、連休最終日至22:00) 🚫1/1、設備檢修日 🌐www.marunouchi.com/building/bricksquare/

　「丸之內BRICK SQUARE」配合著隔鄰的三菱一號館美術館，不但在兩座建築物中間設有充滿歐式庭園氣氛的一號館廣場，讓大樓林立的丸之內地區多了一處可以呼吸的綠意空間，整體氣氛上也充滿高雅的休閒洋風。**總共五層樓的賣場空間，以餐廳和部分服飾、雜貨為主，品牌也是和洋各半，並引進不少初次在日本登陸的店家。**

丸之內仲通

丸の内仲通り

🅰別冊P.2,A3　🅢丸の内コールセンター 03-5218-5100
🅐丸の内1~3丁目、有樂町1丁目

　　丸之內仲通是從丸大樓一直延伸到有樂町車站的林蔭大道，一般也稱為購物大道。**寬敞的石疊路兩旁，知名精品店和國外高級名牌店一字排開，刺激著過路行人的購買慾。**就算買不下手，沿著環境優美的仲通來個Window Shopping也是不錯的選擇，尤其在聖誕節附近的點燈活動，更讓這條路顯得益發美麗。

> 冬季點燈活動繽紛熱鬧，大手筆鋪陳的豪華燈飾與布置讓人嘆為觀止。

☕ DEAN & DELUCA Café 丸の内

🅐別冊P.2,A1　🅢03-3284-7071　🅐千代田區丸の内1-4-5　🕐7:00~21:00，週六日及例假日10:00~19:00　🅢午餐¥1,400起　🌐www.deandeluca.co.jp

　　位於丸之內仲通上的「DEAN & DELUCA」，為紐約的高級食材商店的品牌，這裡不論各種醬料、器具、麵包、餅乾等和食物有關的小東西都相當可愛。**不同一般咖啡廳，餐點全是從廚房烹調出的美味料理。店內另有咖啡和麵包、餅乾等可供外帶。**

◉ 明治生命館

🅐別冊P.2,A3　🅢03-3283-9252　🅐千代田區丸の内2-1-1
🕐9:30~19:00(入館至18:30)　🗙12/31~1/3　🅢自由參觀
🌐www.meijiyasuda.co.jp/profile/meiji-seimeikan/
❶入口於2F西側電梯；靜嘉堂文庫美術館需另購門票

　　建於1934年的建築，由建築師岡田信一郎設計，被譽為當時古典主義建築的傑作，並在1997年被指定為重要文化財；建築本身則曾作為二戰後美軍司令部使用，目前則是安田生命的本社。明治生命館1樓大廳為店頭營業室，2樓為資料展示室、會議室、應接室等等。另三菱第2代社長岩﨑彌之助於1892年所創立的靜嘉堂文庫美術館於2022年10月從世田谷搬遷至明治生命館1樓，館內收藏包含國寶7件、重要文化財84件。

> 在欣賞建築之餘，透過資料展示更了解建築的設計和歷史故事。

🛍 丸之內 MY PLAZA
丸の内マイプラザ

🅐別冊P.2,A3　☎03-3283-9252　🅖千代田區丸之內2-1-1　🕐購物11:00~20:00，餐廳11:00~23:00

　　丸之內 MY PLAZA座落於丸之內仲通，這棟2004年開幕的購物大樓以創造優質生活為主旨，**集結日本國內外的知名品牌，從食、衣、住各種角度提供生活上的發想**。從各家的商品或是位於地下樓層的餐廳之中，不難感受到它的高格調，特別是商場內的品牌種類多元，連男性也可以逛個過癮。

🛍 丸之內OAZO
丸の内オアゾ

🅐別冊P.2,B2　☎03-5218-5100　🅖千代田區丸之內1-6-4　🕐B1F餐廳9:00~21:00，購物9:00~21:00，5~6F餐廳11:00~23:00　🅗1/1、設備檢修日　🌐www.marunouchi.com/building/oazo/

　　2004年9月在東京車站旁的丸之內區，誕生了一座複合型大樓「丸之內OAZO」，商店、餐廳樣樣不缺，還有**占地1,750坪的丸善書店，明亮摩登的店內裝潢和全日本最大的面積**，成為東京必去之一。

📖 丸善 丸の内本店

🅖丸之內OAZO 1~4F　☎03-5288-8881　🕐9:00~21:00　🅗1/1、設備檢修日　🌐honto.jp/store/detail_1572000_14HB310.html

おすすめ 薦

> 愛書人必來逛逛，分類清楚，種類眾多，最新、最齊的藏書都在這裡找得到！

　　丸善書店在日本擁有多家店舖，**而在OAZO的本店可是全日本最大的書店**！店舖共四層樓高，1~3樓為日文書，4樓則為西洋書以及販售文具、展覽等複合式空間。由於往來丸之內的上班族居多，因此1樓特別陳列了大量的商業與政治相關書籍，書籍外亦有展覽、咖啡館、文具等相關空間。

☕ M&C Café 丸の内店

☎03-3214-1013　🅖丸之內OAZO 4F　🕐9:00~21:00(L.O.20:30)　🅗1/1、設備檢修日　🌐clea.co.jp/shop/mc-cafe

> 早矢仕オムライス（特選蛋包燴飯）¥1,580正是丸善最自傲的味道。

　　丸善M&C Café位在丸善書店頂樓，它可是**牛肉燴飯(ハヤシライス)的元祖洋食店**，丸善初代社長早矢仕考察研發出牛肉燴飯，就以他的姓氏「早矢仕」命名。自昭和29年(1954年)創業，耗費一個禮拜精燉成的香濃牛肉醬汁，搭配著軟硬適中的米飯，是必吃美味！

山手線一圈　東京駅・丸之內

東京地下鐵◆中央總武線◆東京廣域

👁 東京國際會議中心

東京国際フォーラ

Tokyo International Forum

🏠別冊P.2,A3　☎03-5221-9000　📍千代田區丸の內3-5-1　🕐依各項演出會議而異　🌐www.t-I-forum.co.jp

　東京車站旁現呈尖銳橢圓狀的玻璃建築相當引人注目，這就是東京國際會議中心，**平時會舉辦各項活動，例如演奏、戲劇等，也會在中庭廣場不定期舉辦跳蚤市場、骨董市場等可以讓人盡情挖寶**。地下1樓還有個相田みつを美術館，以這位詩人兼書法家的作品為中心的展出。

東京國際會議中心2大看點

POINT 1　Neo屋台村(ネオ屋台村)

📍東京國際會議中心 戶外廣場　🕐11:30~14:00　🌐www.w-tokyodo.com/neostall

位在國際會議中心戶外廣場的「Neo屋台村」，指的便是午餐時段才聚集的餐車。由於丸之內一帶為辦公區域，供餐快速、價格便宜的餐車便大受上班族的歡迎。若是中午不知道吃什麼時，來到這裡，點份餐點，體會東京上班族的午休生活吧！

> 樣式多元又琳瑯滿目，重點是都是質感、品質兼具，光是逛逛看看都讓人眼睛一亮。

POINT 2　大江戶古董市集

☎03-6407-6011　📍東京國際會議中心 戶外廣場　🕐每月第一、三的週日9:00~16:00　❌8月(休市日期詳見官網)　🌐www.antique-market.jp

說到古董，喜好相當個人，這處東京最大露天古董市集，卻是連對骨董興趣不大的人都能逛到興趣盎然的好地方。緊鄰有樂町站的東京國際會議中心戶外廣場交通便利，從2003年市集開辦以來大受歡迎，各樣超過一甲子年紀以上的古董家具、瓷器、日本器物、飾品、鐘錶、玩具等，除了日本的好物外也有像是泰迪熊、明治年代家飾等歐風物品。

🍴 丸之內TANITA食堂 おすすめ薦

丸の内タニタ食堂

🏠別冊P.2,A3 國際大樓　☎03-6273-4630　🏠千代田區丸の内3-1-1丸の内国際ビルヂングB1F　⏱外帶(僅平日)11:00~售完為止, 共享辦公室(無提供餐飲)、自助檢測服務8:00~20:00　週六日、例假日　🌐www.tanita.co.jp/shokudo　❗2024/2/19起無開放店內用餐,僅販賣便當供外帶

> 做體重計做到出書?出書出到開餐廳!營養均衡的TANITA美食主義是現代人的最佳典範!

日本的體脂體重計大廠TANITA的員工餐廳以均衡飲食幫助員工減重,引起話題後發行食譜,甚至是直接開設了一間食堂,將自家員工餐廳的伙食對外開放,讓一般大眾也能品嘗。

> 這裡的定食每一份的熱量都在500大卡前後,且蔬菜增量、鹽份減量,吃來飽足卻又清爽無負擔。

👁 Apple 丸の内 おすすめ薦

🏠別冊P.2,A3　☎03-4213-0500　🏠千代田區丸の内2-5-2　⏱10:00~21:00　🌐www.apple.com/jp/retail/marunouchi

2019年9月開幕的Apple丸之內店,是第9家蘋果直營店,同時也是日本國內最大規模店面。位在東京車站前三菱大樓1、2樓,外觀採立面設計,看起來就好像豎立了一台又一台iPad。室內窗邊四周則種有日本竹,室內從天花板到家具皆以「木質材料」為主,將滿滿和風素材結合在空間裡。這裡有超過130人以上的店員,能對應15 國以上語言服務,讓消費者與店員能溝通零障礙,盡情享受Apple的高端服務。

> 建築外觀特色非常有看頭,果粉記得來朝聖!

> 外觀採立面設計,看起來就好像豎立了一台又一台iPad。

🍴 Beer Chimney 丸の内店 おすすめ薦

ピアチムニー 丸の内店

🏠別冊P.2,B1　☎03-3215-4467　🏠千代田區丸の内1-7-10　⏱11:00~24:00(L.O.23:30)　週六、日、例假日　🍴定食套餐¥900起　🌐www.chimney.co.jp/restaurant/detail/?id=81

> 高架橋下空間妙用,享受居酒屋的放鬆氣氛。

位於高架橋下的居酒屋Beer Chimney是大型居酒屋連鎖集團Chimney

Group下的分店,**提供的料理種類廣泛,包括各種串燒、生魚片、沙拉、炸雞和烤魚等**,都是居酒屋常見的下酒菜單,酒類則有日本酒、沙瓦、啤酒、威士忌等可以選擇。午餐時間也因應附近的上班族,而設計多種類型的定食套餐,相當受歡迎。

> 光是一碗麵就足以讓人飽足!

🍜 トナリ丸の内

TONARI

🏠別冊P.2,A3 TOKIA　☎03-3240-6066　🏠千代田區丸の内2-7-3東京ビルTOKIA B1F　⏱10:30~22:00(L.O.21:45)　🌐www.tanmen-tonari.com

到「TONARI」必點的即是各種麵食,其中**招牌擔擔麵上頭滿滿覆蓋10種以上的大量蔬菜,多達350公克的炒時蔬為口味濃郁的湯頭增添豐富口感與香氣**,覺得光吃麵不過癮的話也可以點份鍋貼或炸雞套餐,保證吃到無比滿足。

銀座・有樂町
ぎんざ・ゆうらくちょう
Ginza・Yurakucho

銀 座是傳統與創新的集結，歷史悠久的和服老店和現代感十足的國際級精品名牌旗艦店共存，還有GAP、H&M、GU和UNIQLO等平價品牌的進駐，也讓銀座逛街的選擇性更加開闊。白天，踩著高跟鞋優雅走在街頭的粉領族，成為銀座時尚高貴的表徵；到了晚上，穿上昂貴和服的女性，則為日本政經財界的仕紳紓緩沉重壓力。美食上，銀座也延續著新舊交替的特質：無論是隱藏於巷弄裡的老店、名牌旗艦店中的高級餐廳或老舖百貨公司裡的美味都不惶多讓。

銀座遊玩攻略

·逛百貨、伴手禮就到：中央通

步行者天國10~3月週六日及例假日12:00~17:00，4~9月週六日及例假日12:00~18:00

中央通是銀座的主要街道，從1~7丁目都有集結新舊百貨公司、傳統吳服店、點心店和國際精品旗艦店，光是走逛各家美麗櫥窗就能感受銀座風情。中央通還會在週末舉行步行者天國，一到時間就封街禁止車輛進入，滿滿人潮紛紛湧上銀座街頭。

·集結國際精品、酒吧：並木通

並木通是一條與中央通平行的街道，從日比谷線銀座駅B4、B5、B6出口就能抵達，比起中央通稍小的道路有著樹木夾道，早在60年代就是流行男女的逛街地，也是銀座最早有國際精品店進駐的街道，到了夜晚，從並木通到外堀通一帶則有不少酒吧和餐廳營業。

·銀座的代表景色：晴海通

晴海通和中央通、並木通一同被稱為銀座國際名牌街道，晴海通和中央通的交叉口上，兩家老舖百貨「和光」與「新光三越」對望的街景，更是銀座的代表景色。晴海通的街景比起中央通清爽了不少，除了一路店家精彩，往西更可直接通與有樂町的百貨群相連接。

交通路線&出站資訊

電車

東京Metro銀座駅◇丸之內線、日比谷線、銀座線

都營地下鐵東銀座駅◇淺草線

東京Metro日比谷駅◇日比谷線、千代田線

都營地下鐵日比谷駅◇三田線

東京Metro有楽町駅◇有樂町線

東京Metro銀座一丁目駅◇有樂町線

JR有楽町駅◇山手線、京濱東北線

出站便利通

◎從東京Metro銀座駅的A9、A10出口出站就是銀座的地標鐘塔樓——和光。A6、A7、A8、A11出口就是銀座三越百貨；A12、A13出口是松屋百貨。

◎從東京Metro銀座駅A1~A13的出口都距離銀座主要的購物商業區——中央通相當近，同樣聚集許多國際名牌店的晴海通則利用日比谷線，由B1~B10出口出站較為方便，晴海通上店家包括GUCCI、ARMANI、Dior、COACH、HERMÈS等。

◎東京Metro銀座一丁目駅的8、9號出口同樣是中央通，但距離地標和光較遠，9號出口則是梅露莎百貨(MELSA)。

◎都營地下鐵淺草線的東銀座駅3號出口是著名的歌舞伎座。

◎若要前往熱門的有樂町百貨區，從JR有楽町駅的中央口出站即可抵達，從日比谷口出站就是這一區最大的電器百貨Bic Camera，國際フォーラム口立即連接東京國際フォーラム(國際會議中心)。另外，Metro丸之內線和日比谷線的銀座站也距離有樂町很近。

◎銀座至有樂町徒步距離約10~15分鐘，而從有樂町至丸之內、東京車站則約徒步15分可達，由於大型車站的地下系統相當複雜，雖然有樂町到東京車站才一站，與其搭乘電車不如從地面漫步前往。

◎銀座距離JR新橋車站也是徒步可達的距離，沿著中央通往8丁目方向前進即可。

山手線一圈｜銀座‧有樂町 ◆東京地下鐵◆中央總武線◆東京廣域

銀座三越

⊙別冊P.5,B3 ⊙03-3562-1111 ⊙中央區銀座4-6-16
⊙10:00~20:00，11~12F餐廳11:00~10:00，8F美術館
10:00~19:00 ⊛不定休 ⊛www.mistore.jp/store/
ginza.html

銀座是個名牌精品大集合的區域，更是大型百貨公司的競技場，**銀座三越特別針對成熟女性顧客群提出了一種三越STYLE，和許多品牌合作推出三越限定或是三越先發行的款式**，例如深受日本女性歡迎的Marc by Marc Jacobs在三越有設配件專櫃。

⊙ ART AQUARIUM MUSEUM

アートアクアリウム美術館

⊙銀座三越 新館8F ⊙10:00~19:00(入場至18:00)，每場次30分 ⊛換展期間、不定休 ⊙國中學生以上￥2,300(當日券￥2,500)，可陪同2位國小生以下免費觀展。另可於新館9F票券販賣機購買當日券 ⊛artaquarium.jp/ ⊙由新館9樓的銀座Terrace(銀座テラス)入場，可事先至官網預約購票入場

2022年5月於銀座三越8樓新館進駐「アートアクアリウム美術館 GINZA(ART AQUARIUM MUSEUM)」，甫開幕便造成轟動。將原在日本橋的場館喬遷至新座三越，同樣帶來**絢爛的金魚秀**，並設計展示出隨著四季變化的各式美麗場景，在靜謐的空間中感受金魚的夢幻展演秀。

每天早上新鮮直送，並依據當季盛產食材設計菜單。

🍴 みのる食堂 銀座三越

⊙03-5524-3128 ⊙銀座三越 新館9F
⊙11:00~22:00(餐點L.O.21:00、飲品
L.O.21:30) ⊙ごちそう定食(含2主菜、味噌湯、小菜、沙拉、漬物、飲料)
￥2,590起 ⊛www.minoriminoru.jp/diner

おすすめ **薦** 由日本JA全農策劃健康飲食，食材來源值得信賴！

みのる食堂(Minoru)是由日本JA全農所策劃的小農食堂，全名為「全國農業協同組合連合會」的JA全農，是日本農業支援與共濟事業體，以JA全農為奧援，**みのる食堂講求當季與在地的概念，食材全部來自於東京近郊行友善耕作的農友**，食材新鮮自然。

🛍️マロニエゲート銀座2&3

MARRONNIER GATE GINZA 2&3

🏠別冊P.5,B2 📍中央區銀座3-2-1 ⏱️11:00~21:00

繼MARRONNIER GATE 1，2017年在旁邊及後方又增添2棟商場分別為「MARRONNIER GATE 2&3」，不像GATE 1以美食餐廳及HANDS為主體，這兩棟以天橋串連的百貨商場專以服務女性顧客為主打，GATE 2營運型態類似一般百貨公司商品項目，有化妝品、服飾、宜得利家飾等，最特別的是連裡面的UNIQLO都只賣女裝，GATE 3則以女性沙龍為主，1樓也有BANANA REPUBLIC。

有銀座，那有沒有金座呢？

話說銀座的地名源於江戶時代，這裡是當時幕府的銀幣鑄造所「銀座」的所在地，銀座的説法日漸普遍，明治2年日本政府乾脆將這個地方的地名稱為銀座。而當年的金幣鑄造所「金座」，則位於日本銀行本店的現址（日本橋一帶）。

只有旗艦店才有設置的現做攤位區，充滿日本祭典氣氛。

🍴 **藏壽司 全球旗艦店**

☎️03-6228-7620 📍マロニエゲート銀座2 7F ⏱️11:00 - 23:00 🌐www.kurasushi.co.jp/ginza/

藏壽司門市史上最長迴轉壽司軌道誕生！

日本大型連鎖迴轉壽司集團「藏壽司」於2024年4月進軍銀座，成為第一家在此地區設店的連鎖迴轉壽司店品牌。「全球旗艦店」的店舖構想，主要是瞄準海外觀光客，**室內裝潢從高掛的燈籠、浮世繪壁畫，到滿滿和風的木質設計和榻榻米座位，營造出讓人猶如置身於江戶時代的穿越時空感**。店內的迴轉壽司軌道長達123公尺，更是藏壽司營運店舖最大規模。在高級精華地段，除了定價仍舊抱持品牌一貫水準，還追加了天婦羅、烤糰子和現點現做壽司的攤位，營造出熱鬧又充滿活力的用餐氣氛。全球旗艦店銀座也是繼淺草、原宿之後的第六家同類型店舖。

進駐銀座的大創百貨以「國際旗艦店」身份提供眾多生活雜貨。

大創百貨 銀座旗艦店

DAISO マロニエゲート銀座店

☎070-8714-2960　🏠マロニエゲート2　6F
11:00~21:00　🌐www.daiso-sangyo.co.jp/shop/detail/9168

　　日本100圓店品牌大創首度進駐銀座，將旗下三大品牌：主打百圓商品的「DAISO」；深受女性顧客喜愛，走夢幻繽紛路線的300圓店「THREEPPY」和質感、價格都再上一層樓，風格簡約類似無印良品的「Standard Products」同時集結一起，以「國際旗艦店」身分，提供居家生活用品、雜貨、美妝等豐富多元商品，一網打盡各年齡層消費者，保證你走進來就不不可能空手而歸的啦！

THREEPPY

おすすめ 薦

☎070-8714-2957　🏠マロニエゲート2　6F
⬇11:00~21:00　🌐www.threeppy.jp

顏色繽紛造型可愛超勸敗！

　　2018年誕生的THREEPPY，以「300 圓(THREE)開始的快樂(HAPPY生活)」為宗旨，主打造型可愛顏色繽紛商品，吸引20~40代女性顧客們。**這次品牌進駐銀座後形象再進化，以「馬卡龍色系」作為商品主色，凡是你在架上所見的餐具、杯組、各式雜貨到店內裝潢，顏色都超粉嫩夢幻**，難怪踏進店裡的女性同胞們，都連連發出「卡哇伊」的讚嘆聲。

喜歡簡約風格的人一定要來Standard Products！

Standard Products

☎070-8714-2956　🏠マロニエゲート2　6F
11:0~21:00　🌐standardproducts.jp/

　　2021年新創立的品牌「Standard Products」一號店開在澀谷，**有別於100圓店大創和300圓店THREEPPY，它的定價在300圓以上，但所提供的產品更講究質感、產地和環保意識，因此成功獲得更廣大年齡層的消費者支持**。在眾多熱銷商品中，「今治毛巾」可是常常賣到缺貨，另外還有許多「日本國產」生活用品和雜貨也相當受歡迎，適合喜歡簡約風格的人來尋寶喔！

山手線一圈 銀座‧有樂町 ➡東京地下鐵➡中央總武線➡東京廣域

> 整體樓層分布B1~6樓為MUJI DINER、商場及展覽會場，7~10樓則是飯店。

> 6樓「ATELIER MUJI GINZA」不定期推出各類型展覽內容。

🍴 🎁 無印良品 銀座 おすすめ 薦

🗺別冊P.5,B2 🏠中央區銀座3-3-5 🕚11:00~21:00，B1F MUJI Diner 11:00~22:00(L.O.21:30)、入店至21:00，6F ATELIER MUJI 藝廊11:00~21:00、Coffee & Salon MUJI BOOKS 11:00~22:00(餐點L.O.21:00、飲品L.O.21:30) 🌐shop.muji.com/jp/ginza

> 包含MUJI飯店的世界最大旗艦店！

　　到處都有設點的MUJI還能發展出什麼不一樣的面貌？於2019年盛大開張的「無印良品 銀座」光從面積廣闊、達十層樓的全新MUJI大樓，就能嗅聞出不太一樣的味道，這裡還設有MUJI全球第一家飯店「MUJI HOTEL GINZA」。最特別的新鮮話題也很多，首先是1樓竟然出現生鮮蔬果區，都是來自小農直售的蔬果，一再轉身，各式便當好吸睛，從日式、泰式甚至台灣炒米粉都出現了。這裡也有麵包坊，每日現烤提供。2~5樓則雖是常見的MUJI商品線，商品齊全不在話下，簡直太好逛了！6樓則包含2處小型藝廊、雞尾酒輕食酒吧、飯店大廳，光是一層一層慢慢逛上來，至少得花個2個小時。

直擊「無印良品 銀座」必逛焦點！

① 百變食料包
各式食料包樣式多到可以擺到天頂了，讓人簡直每包都想入手買回家。

② Design工房
工房可以幫你把買好的衣物縫貼上自選的特別刺繡圖案外，文具也可以幫你印上特別模樣喔。

③ MUJI HOTEL銀座
MUJI首家飯店，客房當然完完全全就是MUJI風格啦，滿足想在MUJI風家居內住一晚的人。

「無印良品 銀座」樓層介紹

7~10F	MUJI HOTEL客房
6F	MUJI BOOKS、Coffee & Salon、WA、ATELIER MUJI、MUJI HOTEL大廳
5F	MUJI SUPPORT、居家展示空間、收納用品、寢室展示空間
4F	文具及辦公用品、Open MUJI、Found MUJI、兒童服飾、拖鞋、廚房用具、Design工房、清潔用品
3F	健康美容、鞋款及室內鞋、背包、MUJI to Go、紳士服飾
2F	婦人服飾、Re MUJI、MUJI Labo
1F	生鮮蔬果、食品、MUJI Coffee & Bakery
B1F	MUJI Diner

🍴 MUJI DINER

おすすめ 薦

📞03-3538-1312 🏠無印良品 銀座B1F
🕐11:00~22:00(L.O.21:30)，入店至
21:00

產地直送食材提供一日新鮮美味~

從MUJI餐廳的每日早餐就能開啟一日的營養美味，沒錯，這家MUJI DINER從早餐、午餐、午茶到晚餐全包，且有不同美味菜單選擇。**不同於一般的MUJI食堂，這裡更強化產地直送食材的鮮美滋味，廚房邊展示許多新鮮漁產，光看都食慾大開。**你可以點份宮崎牛排或小田原漁港直送海鮮，亦或是沖繩的本和香糖所做的布丁，品嚐產地直送的好滋味。

點份小田原漁港直送海鮮，新鮮美味吃得到！

產地直送的新鮮蔬果。

知名紙膠帶品牌mt的快閃店特展，透過更大空間展示，不但可以玩DIY，發現更多紙膠帶的魅力。

🎁 銀座LOFT

おすすめ 薦

銀座ロフト

📖別冊P.5,B2 📞03-3562-6210 🏠中央
區銀座2-4-6 1~6F 🕐11:00~
21:00（週日至20:00），3F免稅櫃台
11:00~20:30（週日至19:30）🌐www.
loft.co.jp/ginzaloft

首家咖啡也包含在內的LOFT旗艦店！

銀座有樂町MUJI與LOFT原本就在隔壁，現更遷移至同一條街道上，與MUJI一樣，「LOFT銀座旗艦店」也沒在客氣，位在超高新大樓的1~5樓，樓層面積一樣大到讓人逛到腳軟。LOFT旗艦店首先由內裝就有明顯不同，所有商品的擺設也更加有主題性、貨架陳列也更加光鮮明亮又清爽兼具設計性，另也**引進多家品牌與設計雜貨專櫃，像是MOMA Design Store、Dairy Gift Shop by オモムロニ、來自京都薰玉堂的線香等**，還有不定時的品牌快閃店，讓喜歡特殊設計品項的人找到更多喜愛的東西。

💡 **LOFT買完直接退稅！**
　　不要懷疑在一家以文具生活雜貨為主打的LOFT裡，是要怎樣買到¥5,000退稅額啊？可別小看這裡，豐富美妝、廚房用品，可愛又創意的文具，不知不覺就買到失心瘋，但得注意各家LOFT退稅櫃台都會提前關櫃，甚至也有提前1小時關櫃的，一般品及消耗品也分開計稅，有退稅需求的人除了注意時間外，也得好好敲敲計算機喔。

山手線一圈 銀座·有樂町

→東京地下鐵→中央總武線→東京廣域

薦
おすすめ

GINZA SIX

別冊P.5,B3 ☎03-6891-3390 ◎中央區銀座6-10-1 ✔購物10:30~20:30,餐廳11:00~23:00 ✉ginza6.tokyo

銀座最豪華百貨公司！

2017年開始營運GINZA SIX，號稱是全東京都心最豪華的百貨公司，在繁華銀座裡坐擁十五層樓、241家駐店品牌，其中121間為日本旗艦店，還邀請擁有「全球最美書店」稱號的蔦屋書店進駐。百貨公共空間由設計紐約現代美術館的名建築師谷口吉生操刀，法國設計師Gwenael Nicolas主導室內裝潢、森美術館館長監製，再加上Teamlab設計的LED瀑布牆及藝術家們的作品，這些大牌設計師罕見地齊聚一堂，讓這座話題百貨充滿設計質感。

集結眾多國內外設計師，讓這座話題百貨充滿設計質感。

📖 銀座 蔦屋書店

☎03-3575-7755　🏠GINZA SIX 6F　🕐10:00~22:30(書店至21:00)　🈺不定休　🌐store.tsite.jp/ginza

素有最美書店之稱的蔦屋書店重金入駐GINZA SIX，店面設計再度以簡潔工業為主軸，將建築牆面以落地玻璃方式納進自然光，晴日裡灑落的自然光是最溫柔的調色，照耀著被架起六尺高的書架，空間呈現出俐落而靜美的日式工業風格。**除打造出專屬蔦屋的設計風格外，蔦屋書店這次更結合星巴克，推出一系列限量商品。**

蔦屋書店結合星巴克，創造專屬GINZA SIX風格的記念商品。

🎁 FUEGUIA 1833

☎3-6263-8039　🏠GINZA SIX 3F　🕐10:30~20:30　🌐fueguia.jp

FUEGUIA 1833由調香師Julian Bedel於2010年在布宜諾斯艾利斯創立，並在全球香水領域中獨樹一幟。靈感來源於他的故鄉阿根廷及其童年成長的地方，展現自然之美，更傳遞出對環境的深切關懷。**原料來自未受污染的巴塔哥尼亞地區，透過垂直整合，FUEGUIA 1833掌控天然植物原料的研究、創作香氛、製造、手工包裝到自家精品店展示的每一個環節，確保了過程中的精細管理與創始人獨特願景的實現。**

店內用餐可以品嚐銀座店限定的甜點。

⚙ 中村藤吉本店 銀座店

☎03-6264-5168　🏠GINZA SIX 4F　🕐10:30-20:30(L.O.19:30)　🌐tokichi.jp/

京都宇治日本茶百年老舖「中村藤吉本店」進軍東京！銀座店作為關東地區首家店面，除了可以買到超人氣「生茶果凍」、抹茶巧克力以外，店內用餐還可以品嚐到各種以「茶」做成的各式料理和銀座店限定的甜點。不過名店魅力實在無法擋，想品嚐美味可得先耐心排隊啊！

頂樓花園：
GINZA SIX GARDEN

這裡是銀座區域最大的頂樓花園，位居13樓頂樓視野遼闊外，設有許多免費休憩區，還有玩水區讓小小孩都超開心。GINZA SIX空間由谷口吉生操刀，加上Teamlab設計的LED瀑布牆以及眾藝術家的作品，十分精彩。

> 日本各地的特色酒飲齊聚，價格上也不算太貴，是送禮自用兩相宜的推薦款。

🎁 Wine shop ENOTECA GINZA SIX

☎03-6263-9802　🏠GINZA SIX B2F　🕐10:30~20:30
🌐www.enoteca.co.jp

「Wine shop ENOTECA」是間酒類專賣店，店門前有面黑板就以李白的酒詩破題，直白地點出喝酒的愉悅，想必會讓許多愛酒人心有戚戚。**店內不僅販售屬於西洋酒的香檳與紅酒，另一頭也擺放著來自日本各地酒廠的清酒、燒酒等酒水。**

> 蜜柑冰淇淋、啤酒、果醬等加工食品，還可品嚐現榨果汁，喝到新鮮最佳滋味。

> 店內提供蜂蜜試吃，透過味蕾細細分辨香氣各異的蜂蜜。

🎁 10 FACTORY 銀座店

☎03-6263-9891　🏠GINZA SIX B2F　🕐10:30~20:30(飲品及酒類至19:00)　🌐10-mikan.com

「**10 FACTORY**」以蜜柑為主題，採用愛媛縣的新鮮蜜柑依不同品種，製成不同口味的各式加工農產品。愛媛縣為日本橘橘收穫量第一，素有「柑橘王國」之稱，近年隨著從農人口老齡化，為提供青年迴遊務農，10 FACTORY致力於提高蜜柑附加價值，主打「擁有蜜柑的豐富生活」推出一系列「蜜柑生活提案」。

🎁 L' ABEILLE GINZA SIX

☎03-3572-3883　🏠GINZA SIX B2F　🕐10:30~20:30
🌐labeille.jp/

L' ABEILLE是法語裡的「蜜蜂」之意，以此為名，「L' ABEILLE」致力追求蜂蜜品質，**在世界各地尋找以美好青空與陽光花田養出的美味蜂蜜，搜集共80多種氣味的蜂蜜。**店主更特地在花期時拜訪花田與養蜂場，從產地到品質皆嚴格控管，提供最美味與安全的蜂蜜。

GINZA PLACE

別冊P.5,B3　中央區銀座5-8-1　購物
11:00~19:00，餐廳11:00~23:00，依各店鋪而異
ginzaplace.jp

2016年開幕的「GINZA PLACE」位在銀座鬧區中心點、銀座地標和光堂的對角線，總共地下2層、地上11層的空間，由1~2F的NISSAN汽車、4~11F的SONY商品店、餐廳、複合展示小藝廊結合而成。美麗白色建築與代官山蔦屋書店出自同一設計公司，以透雕格狀外觀將日本傳統建築特色融合於此的複合式商場大樓。

> 位於6樓的「Sony Imaging Gallery」的免費空間中，提供不同型態的影像藝術展覽。

> B1~2空間進駐SAPPORO啤酒屋「THE BAR」、台灣的「春水堂」，以及餐酒館「ライオン(LION)」。

EXITMELSA

別冊P.5,B3　03-3573-5511　中央區銀座5-7-10
購物11:00~20:00，餐廳11:00~23:00　www.exitmelsa.jp

就位在GINZA SIX斜前方的「EXITMELSA」，雖然沒有其他最新商場大樓的名牌店進駐或是知名建築師加持，但帶點老銀座氛圍的商場讓人完全無壓力感，從老店文明堂到年輕的PLAZA，新與舊、年輕與古典融合，感受銀座風格縮影。

> 店內從天花板延伸下來的彩繪鑲嵌玻璃更是視覺焦點，營造優雅歐風氣氛。

> 文明堂的必嚐明星商品蜂蜜蛋糕，吃得再飽都值得加點當餐後甜點。

🎁☕ 銀座文明堂 銀座五丁目店
BUNMEIDO CAFE GINZA

銀座文明堂03-3574-0002，
BUNMEIDO CAFE GINZA 03-3574-7202　EXITMELSA 1F　銀座文明堂11:00~20:00，BUNMEIDO CAFE GINZA 11:00~21:00(L.O.20:00)　特撰五三カステラ(特選五三蜂蜜蛋糕附飲料)2入￥2,000　www.bunmeido.co.jp

> 招牌蜂蜜蛋糕已經是東京伴手禮的定番！送禮自用兩相宜的最佳代表。

包含商品賣店跟咖啡廳結合的店鋪，整體空間雖不算寬敞，但挑高天花板及一整面玻璃幃幕與騎樓人行道相鄰，感覺既悠閒也具空間延伸效果。這裡從早到晚人潮滿滿，除了享受文明堂百年美味甜點外，滿溢銀座老式洋風餐點，也讓很多人愛來這裡吃飯、聊天、看街景。

山手線一圈 銀座‧有樂町 ➡東京地下鐵➡中央總武線➡東京廣域

外觀以江戶工藝美學設計而成的大片玻璃帷幕，不管白天或夜晚都超吸睛！

薦 おすすめ

🎁 東急PLAZA銀座

東急プラザ銀座

🗺別冊P.5,A3 📞03-3571-0109 🚇中央區銀座5-2-1 🕐B1F、1～9F11:00～21:00，B2F、10～11F 11:00～23:00，RF11:00～凌晨1:00(週五至凌晨5點，週日、例假日至22:00) 📅1/1及1年1次不定休 🌐ginza.tokyu-plaza.com

充滿年輕與設計感的超大型商場！

鄰近地下鐵銀座站及JR有樂町站，位在 寄屋橋與晴海通路口這棟有如巨大航空母艦般的美麗玻璃帷幕商場「東急PLAZA」。自開幕後即成為銀座規模最大商場，也打破銀座只賣貴森森高價名牌的商場印象，**以具設計感、年輕流行、生活設計雜貨、潮流餐飲、空中花園、展覽廳、免稅店等各式複合設施，讓這裡成為既好逛又好買的新潮聖地。**

不定期邀請藝術家舉辦活動，超大螢幕牆營造震撼影音體驗。

👁️ ☕ METoA Ginza

📞展場03-5537-7411，Me's CAFE & KITCHEN 03-6264-5761 🚇東急PLAZA銀座1～3F 🕐展場11:00～19:00，Me's CAFE & KITCHEN 11:00～23:00(L.O.22:00)、週六日8:30～23:00(L.O.22:00) 🌐www.metoa.jp

位於商場底端一角，以1～3F的空間串連的「METoA Ginza」，是由三菱電機所規劃**透過科技來達成溝通的藝術、環境保護、先進影音科技展現與咖啡賣店的複合式空間。**「Me's CAFE & KITCHEN」則是展現未來生活型態與風格的美食空間提案。

🎁 TWG Tea Boutique Ginza

📞03-6264-5758 🚇東急PLAZA銀座3F 🕐11:00～21:00 🌐www.tokyugf-twg-tea.com

茶葉以公克計價，在櫃檯先嗅聞挑選喜愛的茶葉，再挑選以茶罐包裝(加購)或紙袋包裝(免費)。

新加坡的頂級茶葉品牌「TWG Tea」，宛如骨董店舖般的精品陳設，招牌黃色錫製茶桶擺滿整面入口牆，優雅陳設、包裝與其茶葉品質相呼應。**除了超過800多種單品茶葉，薰香綜合茶也相當推薦**，別緻特殊的茶罐包裝、因應場合的各式茶器、茶食餅乾都買得到。

🎁 LOTTE免稅店銀座

ロッテ免税店銀座

📞03-6264-6860 🚇東急PLAZA銀座8～9F 🕐11:00～21:00 🌐jp.lottedfs.com/business/branch-global/detail.do?detailsKey=145

位在8～9樓的LOTTE免稅店，將機場免稅店原汁原味搬到東急PLAZA銀座裡，歐美、日本、韓國的化妝品、食品、香水等超過150種品牌，只要備妥護照及機票(或證明文件)都可以當場以免稅價格購入。

👕 genten 銀座

🏠 別冊P.5,B3　🚇 地鐵「銀座駅」A11
出口步行5分；或地鐵「銀座一丁目駅」
8號出口步行7分　🏠 東京都中央區銀座
4-6-1(銀座三和大樓1F)　☎ 03-3561-
0115　🕚 11:00~19:00　📅 12/31~1/1
💲 永續性雕花
44050¥61,600(含稅)、AMANO 44001¥36,300(含稅)、
TOSCA 44010¥49,500(含稅)　🌐 genten-onlineshop.
jp

> 在這裡找到契合自我品味，並能長久使用的高品質皮革精品。

　　高質感優雅品味著稱的皮革設計品牌店
「**genten**」，**自1999年成立至今**，精選高品質皮革，
以簡約設計風格，並由技術精湛的工匠，以手工悉心打
造而成的各式包款與小配件，不但經久不褪色，透過
genten匠師的修復技術支援，更能讓消費者購入的愛
包，能更長久的使用，因而廣受許多消費者的喜愛。

　　「回歸原點，品味高質感時光。」一直是genten的
品牌精神與重要價值。因此**雅緻、經得起時間考驗
的各式經典設計**外，也同樣重視永續性與環保性，商
品採用友善環境的材質與製作方法，讓每個顧客買
到的皮革商品，使用起來都能更舒適順手。其中像是
genten的代表性商品「永續性雕花」系列，其設計
靈感，就是源自不浪費任何皮革副產物，以及愛惜
使用皮件的心思，在永續概念下，不但是一款超人
氣的質感設計，更是一款能讓人想長長久久使用
的美好商品。

　　呼應品牌精神，不僅呈現在商品的設計製作
上，在店裝上也一樣用心，genten銀座店自
2004年開幕後，持續受到廣大顧客的愛戴，在
2022年9月重新改裝後的店內，也繼續保
留下以往店內擺設用的大型美麗木桌，並
以白灰泥與石頭等素材，打造出**洋溢義大
利鄉村風情**，氣氛自然和諧，成為
一方自在舒適的購物空間。

> 結合手工與天然材質構成的店內，讓購物也充滿優閒自在感受。

> 美麗的拱門與從戶外灑落的柔和光線，讓銀座店氣質寧靜自在。

> 廣受顧客喜愛的「永續性雕花」系列，是genten的代表性設計款式。

松屋銀座
MATSUYA GINZA

別冊P.5,B2　03-3567-1211　中央區銀座3-6-1　10:00~20:00、週日及連休最終日至19:30，餐廳11:00~22:00(L.O.21:00)、週日及連休最終日至21:30(L.O.20:30)　1/1,不定休　www.matsuya.com

　　1925年開幕的松屋也是銀座百貨老牌，**和三越並列為銀座最受歡迎的兩間百貨**，儘管外觀經過整修，氣氛上仍維持開幕初期的上質格調，傳達出銀座的新舊交融的洗鍊與華麗。**地下街集結來自全日本的和菓子和點心，也很受好評。**

A&F 銀座

別冊P.5,A3　03-6252-1892　中央區銀座6-9-10　11:00~20:30(週五六至21:00)　年末年始　www.abercrombie.com

　　A&F的黑色大樓於2009年底在銀座開幕，**也是A&F在東京唯一一家旗艦店**，總共11層的店內走時尚夜店風，還不時會看到店員們隨音樂起舞。商品本身品項雖多，但定價並不便宜。

TOKYO SQUARE GARDEN
東京スクエアガーデン

別冊P.4,C1　依各店舖而異　中央區京橋3-1-1　7:00~22:00，依各店舖而異　不定休　tokyo-sg.com

　　於2013年開幕的TOKYO SQUARE GARDEN，從Metro銀座線京橋駅3號出口出站即達，**以都市再生為概念打造的大型商業設施裡裡外外隨處點綴著綠意植栽，仿如繁忙城市中的一處綠洲**。館內進駐30間商店及餐廳，包含都內規模最大的「mont-bell」、法式料理「Beeftro by La Coccinell」等。

「時計塔」是和光的精神指標，2024年是它竣工第92個年頭。

和光本館
WAKO

別冊P.5,B3　03-3562-2111　中央區銀座4-5-11　11:00~19:00　年末年始　www.wako.co.jp

　　位在中央通與晴海通交叉口的是老牌百貨「和光」的本館主建築。**和光是以販售日本國內外高級鐘錶延伸出的精品百貨，塔樓上古色古香的大鐘是銀座的地標之一。**

YA-MAN the store GINZA 薦 おすすめ

雅萌 銀座店

🏠別冊P.5,A4　🚃東京地下鐵「銀座駅」A3
出口，徒步約6分，從JR「新橋駅」3號出口
徒步走約5分　🏠東京都中央区銀座8-9-1　☎03-3289-
0655　🕚11:00～20:00　🌐www.ya-man.co.jp/ginza/

> 全球旗艦店、美容儀的殿堂。

來日本買美容商品，已經是很多人訪日的必備購物清
單，其中當然也包含美容電器商品。愛美人士，對於**日
本規模最大的美容儀器YA-MAN(雅萌)**一定不陌生，
來到日本東京，你一定要拜訪位在銀座的這家**全球旗
艦店**，寬敞的空間，在1樓設有**多達30多種的YA-MAN
美容儀器**，超齊全的選項，一定能滿足你的需求。

已經有45年以上歷史的YA-MAN，可說是日本美容
儀不論在消費者評鑑、銷售量都是頂級地位，尤其**沙
龍等級高效美容儀**，不論是愛美的男生、女生幾乎都
臣服於他的實際美膚效果。來到旗艦店，當然最棒的
是選擇絕對齊全，除了美容儀的核心品牌「YA-MAN
TOKYO JAPAN」之外，還有搭載高規格技術的沙龍推
薦品牌「YA-MAN PROFESSIONAL」，以及針對敏感肌
設計改良的「ONLY MINERALS」等美妝用品，都是推
薦之選。如果不知道怎麼選擇適合自己的，工作人員
也會為您仔細說明並提供試用，讓您能挑選出符合自
的和自身生活風格的產品。當然來**這裡不只是購物而
已，還能夠率先體驗最新的儀器及技術，千萬別錯
過**。「美肌光小站」這項裝置能夠模擬體驗雅萌的**光
技術「美肌光」，讓您全身沐浴在與美容儀相同的光
線之中**。二樓還附設「FACE LIFT GYM」，最受歡迎的
療程是「SIGNATURE for GINZA」，含稅價格7,150日圓
(採預約制)，讓您運用雅萌的機器訓練表情肌。

> 使用YA-MAN獨家研發的方法，進行臉部、頭皮及低胸位置的提拉治療。

> 親自來一趟YA-MAN旗艦店，能透過專業人員，找到最適合自己的美容保養方式。

> 全球旗艦店內，多達30多種不同美容儀選擇外，最新、最強機種全部俱全。

UNIQLO 銀座店

ユニクロ 銀座店

別冊P.5,B3 03-6252-5181 中央區銀座6-9-5 11:00~21:00 T恤￥1,500 www.uniqlo.com/jp/store_news/store.php?poi=10101397

打折季和特價商品還是比台灣便宜許多。

熱愛日本的人一定對於國民牌UNIQLO不陌生，**若想找最齊全的商品來銀座店準沒錯！占地十二層樓的世界最大級旗艦店具有設計感與現代感**，進入店內彷彿來到時尚伸展台前，玻璃櫥窗內模特兒展示最新流行款，兩側則有各色服飾一字排開，全店從男裝、女裝、到家居服一應俱全，11樓還有一整層的UT商品，男女生都可用最平實的價格買到喜歡的衣服。

[UNIQLO 銀座全新登場！]

2021年翻新後的UNIQLO銀座旗艦店，除了內裝外最不能錯過的兩大亮點，一是全球第一間UNIQLO咖啡店「UNIQLO COFFEE」誕生，二是店面結合花藝小舖，營造出更加清新可愛的面貌。

GU 銀座店

來到日本GU可以仔細找找，說不定有限定日本才有的服飾或鞋款哦！

別冊P.5,B3 03-6255-6141 中央區銀座5-7-7 11:00~21:00 map.gu-global.com/jp/ja/detail/10100195

日本國民服飾UNIQLO的副牌GU，**以超親民的價格搶攻銀座高級時裝激戰地段**，約250坪的超大店面共分為5個樓層，1~3樓為女性服裝、4樓販售男女運動服飾、5樓則是男性商品專區，**如果喜歡UNIQLO提供的快速時尚，一定也能在這裡找到屬於自己的平價流行穿搭。**

DOLCE & GABBANA 銀座

別冊P.5,A3 03-3569-0610 中央區銀座5-4-9 11:00~20:00 年末年始 www.dolcegabbana.com

義大利米蘭的名牌DOLCE & GABBANA選擇在銀座開設日本旗艦店。**地下一層、地面兩層的空間裡，有男女服裝飾品，以及旗下深受名人歡迎的腕錶系列。**義大利的浪漫與流行透過服飾一覽無遺。

🎁 TIFFANY & Co. 銀座本店

📖別冊P.5,B2　☎03-5250-2900　📍中央區銀座2-7-17
🕐11:00~20:00　⊗不定休　🌐www.tiffany.co.jp

位在中央通上的TIFFANY是日本總本店，規模相當於紐約總店，外觀設計彷彿一個包起來的禮物盒，燦爛且充滿幸福感。店內的美麗珠寶讓人目眩，商品的種類也十分齊全，經常可以看到甜蜜情侶一同挑選禮物，相互餽贈。

專屬於夜晚的魔幻之旅，你準備好了嗎？

☕🍸 Tir na nog 薦

📖別冊P.5,B3　☎03-6274-6416　📍中央區銀座5-9-5 チアーズ銀座 B1F
Café11:00~17:00，Bar 17:00~凌晨4:00
⊗12/30~1/4　🌐www.tirnanog-ginza.com

推開厚重斑剝的古老鐵門，伴隨閃爍燭微光一路往下，彷彿潛伏進神秘礦坑一般，令人緊張卻興奮不已！這家位在地下室的酒吧「Tir na nog」裝潢成妖精棲息地，店內空間可見數不清的妖精模型和魔法亮粉，天花板上則吊掛有超過3000把鑰匙，全是酒吧員工，耗費至少一個月親手打造而成，就連蝴蝶標本也全是真品，叫人目眩神迷。這裡不僅氣氛滿點，調酒也很夢幻！本店招牌「Heaven lonely flows」酒杯外裹滿棉花糖，外型就像是一朵雲，完全擄獲少女心；其他以新鮮水果作為基底的雞尾酒也很推薦！

🎁 MIKIMOTO Ginza2

📖別冊P.5,B2　☎03-3535-4611　📍中央區銀座2-4-12
11:00~19:00　⊗不定休　🌐www.mikimoto.com/jp_jp

MIKIMOTO就是大名鼎鼎的御木本珍珠，以獨門的珍珠養殖聞名，同時也是舉世知名的高級珍珠飾品店，**純白色的建築是由日本建築師伊東豐雄所打造**，銀座就有兩家店舖，並木通的分店強調年輕族群的設計質感，樓上也有浪漫餐廳。

白色鏤空的建築仿如海中採集珍珠時的氣泡，讓人印象深刻。

🎁 煎茶堂東京 銀座店 薦

日式煎茶的新世代再進化！

📖別冊P.5,B3　☎03-6264-6864　📍中央區銀座5-10-10　🕐11:00~19:00　⊗年末年始,盂蘭盆節　🌐www.senchado.jp

從江戶時代流傳至今的煎茶再進化！日本煎茶專賣店「煎茶堂東京」在銀座創業，**提出品牌概念「有茶的生活方式」**，嚴選單一產地的煎茶，以品味茶的「風土」為題，再讓品飲結合現代的生活方式，創造屬於新世代的日本茶文化。

002 KOUSHUN

茶的包裝標示了產地、風味、製茶法及沖泡方式，讓茶初心者一目瞭然。

雪白的實體店鋪擺入繽紛多彩的煎茶罐、茶道具，將空間變得像是設計色票一樣時尚有趣。

SHISEIDO THE STORE

專業沙龍設備，打造出無懈可擊的完美妝容。

📖別冊P.5,A4　☎03-3571-7735　🏠中央區銀座7-8-10　⏰11:00~20:00　休不定休、12/31~1/2　🌐thestore.shiseido.co.jp

擁有四層樓店面的SHISEIDO THE STORE總面積約為250坪，**旗下超過60個品牌齊聚於此，1、2樓的購物空間BEAUTY SQUARE**，依類別擺放的商品及試用品讓女性可輕鬆挑選適合的化妝品，**3樓則有美髮沙龍及專業化妝師打造最完美的妝容，4樓講座等複合式空間**。

資生堂パーラー 銀座本店商店
SHISEIDO PARLOUR SHOP

📖別冊P.5,A4資生堂大樓　🏠中央區銀座8-8-3 東京銀座資生堂ビル1F　☎03-3572-2147　⏰11:00~20:30(7、12月至21:00)　休年末年始　🍮プディング オ エラーブル(布丁)¥432　🌐parlour.shiseido.co.jp

位於銀座著名地標之一——深紅色資生堂大樓內的這家商店，為銀座保留了復古懷舊的西洋口味。**從起司蛋糕、巧克力、餅乾到讓人懷念的燒菓子，都是資生堂的獨家創意甜點**，且推出許多銀座店限定的外帶甜點，也有將洋食餐廳的招牌菜色作成調理包，在家中同樣可享用美味。

餐廳空間保存最初銀座的懷舊記憶。

オムライス(蛋包飯)¥3,000

資生堂パーラー 銀座本店餐廳
SHISEIDO PARLOUR RESTAURANT

📖別冊P.5,A4資生堂大樓　☎03-5537-6241　🏠中央區銀座8-8-3 資生堂大樓4~5F　⏰11:30~21:30(L.O.20:30)　休週一(遇假日照常營業)、年末年始　🍴ミートクロケットトマトソース(炸肉餅佐番茄醬汁)¥3,100　🌐parlour.shiseido.co.jp

在SHISEIDO PARLOUR吃到的口味，**承襲高雅成熟的韻味，即使只是吃蛋包飯也是要用上全套精緻高雅的銀器**，優雅的三層銀器當中裝著特別醃製的配菜，醃洋蔥香脆的口感相當美味，是銀座的懷舊滋味。

松崎煎餅 本店

🏠別冊P.5,B3 ☎03-6264-6703 🚇中央區銀座4-13-8 🕙10:00～19:00 🍘煎餅5枚入 ¥756 🌐matsuzaki-senbei.com

曾出現在川端康成小説裡的松崎煎餅，**以麵粉和蛋所製作的雞蛋煎餅(玉子せんべい)經過烘烤後非常酥脆，還有著微微的蜂蜜香。「三味胴」**則是可以在方塊煎餅上烙印上特定的花紋和文字，為充滿季節感與詩意的藝術極致餅乾。

銀座木村家

🏠別冊P.5,B3 ☎03-3561-0091 🚇中央區銀座4-5-7 🕙1F麵包坊10:00～20:00，2F喫茶10:00～20:00(L.O.19:00)，3F 11:00～15:30(L.O.)、16:30～19:00(L.O.)，4F ARBRE VILLAGE 11:00～15:00(L.O.14:00)；晚餐預約制(需2天前預約) 🈺12/31、1/1 🌐www.ginzakimuraya.jp

> あんぱん(紅豆麵包) ¥200

日式紅豆麵包的創始店木村家，在1869年運用日本傳統的酒種酵母搭配西方麵包做法，當時可是名副其實的風靡全日本。直到今天，木村家本店仍在銀座名牌簇擁的大街上屹立不搖，並將店面延伸至1～4樓空間，1樓為麵包坊，2～4樓各自喫茶店、洋食屋及法式餐廳「ARBRE VILLAGE」，可憑喜好隨選品嚐。

> 元祖紅豆麵包有原味、豌豆、白豆、櫻花漬等約5～6種不同口味。

銀座千疋屋 銀座本店 フルーツショップ

> おすすめ 薦

🏠別冊P.5,B3 ☎03-3572-0101 🚇中央區銀座5-5-1 1F 🕙11:00～19:00，週六日及例假日11:00～18:00 🈺年末年始 🌐www.ginza-sembikiya.jp

> 尚青的最美味！新鮮水果做的蛋糕、甜點好吃到讓人感動！

千疋屋是東京高級水果專賣店的代名詞，千疋屋銀座本店除了名貴的水果禮盒、純果醬和純果汁，**還有一款隱藏版點心「水果三明治」。**綿軟的三明治白吐司夾進現切時令水果以及鮮奶油，外盒包裝也典雅討喜，難怪成為東京人心目中最佳伴手禮之一。

> 三明治中夾入水果，酸甜清爽的絕妙搭配令人驚艷！

山手線一圈　銀座・有樂町　➤東京地下鐵➤中央總武線➤東京廣域

菊迺舍 銀座本店

📍別冊P.5,B3　☎03-3571-4095　🏠中央區銀座5-9-17　🕐9:30～18:00(週六日及例假日至17:30)　🚫週三　🌐www.ginza-kikunoya.co.jp

　自明治23年創業以來，菊迺舍便在銀座製作正統的江戶和菓子，直到今日。獨創的炸饅頭皮酥香餡濃郁，讓人一吃上癮。**店裡的經典商品是用雅致圓鐵盒所裝、綜合黑豆、米果、煎餅、乾菓子和金平糖等多種傳統小點而成的富貴寄**，不但造型和顏色繽紛討喜，口感和味道也各有擅長，是老東京最愛的茶會點心。

空也

📍別冊P.5,A3　☎03-3571-3304　🏠中央區銀座6-7-19　🕐10:00~17:00(週六至16:00)　🚫週日、例假日　💰最中10入¥1,100　❗須事先預約

知名老舖空也，最有人氣的是滿溢紅豆香的「最中」。

　空也的招牌點心是日本和菓子，其中最有人氣的**是裝滿紅豆餡的「最中」，用糯米做成的薄皮香脆十足**，中間夾有香鬆甜美、連豆衣一同燉煮的紅豆餡，口感淡雅，好吃到要事先預約才嚐得到呢。

あけぼの 銀座本店

📍別冊P.5,B3　☎03-3571-3640　🏠中央區銀座5-7-19　🕐10:00~21:00(週日、例假日至20:00)　🌐www.ginza-akebono.co.jp

　幾乎等於銀座和菓子代名詞之一的「あけぼの」，最受歡迎的商品是口感十足的銅鑼燒(もちどら)，選用北海道紅豆製作出綿密不膩的豆沙餡，麵粉皮就像麻糬般有種不可思議的彈性口感為最知名，目前因物料短缺而暫停販售，但店內的**白玉豆大福、最中和米菓類點心也相當出名，很適合當成銀座特產送人。**

清月堂 銀座本店

📍別冊P.5,B1　☎03-3541-5588　🏠中央區銀座7-16-15　🕐9:30~19:00，週六、例假日10:00~17:00　🚫週日　🌐www.seigetsudo-honten.co.jp

　創立於1907年的清月堂本店堅持使用品質最好的原料來製作和菓子，**使用北海道紅豆、東北地方的契約新鮮雞還有充滿香氣、入口即化的和三盆糖**，共同創作出的多樣的季節和菓子、定番和菓子おとし文等都有一定的支持度。

Pierre Marcolini 銀座本店

別冊P.5,B3　03-5537-0015　中央區銀座5-5-8　賣店11:00~20:00（週日、例假日至9:00），Café 11:00~19:00(L.O.18:30)　pierremarcolini.jp/

> 巧克力大師的東京直營店舖，螞蟻一族絕對不能錯過店內的巧克力盛代！

比利時巧克力大師Pierre Marcolini的同名巧克力專賣店，每到假日總能見到排隊的人潮。由巧克力的原料可可豆開始親自嚴選，讓巧克力擁有獨家的濃厚醇香，不論是外帶單顆巧克力或是進到樓上座席，嚐看看**店內限定的巧克力聖代**，都令人感到巧克力獨有的滿滿幸福滋味。

> 將巧克力精細地雕琢出可愛花樣，令人愛不釋手。

> CHOCOLATE PARFAIT(巧克力聖代) ¥1,980

Del Rey銀座店

別冊P.5,B3　03-3571-5200　中央區銀座5-6-8　11:00~19:00　12/31~1/2　www.delrey.co.jp

來自比利時安特衛普的巧克力品牌Del Rey，**因為故鄉安特衛普以鑽石交易聞名而設計出鑽石形狀的巧克力**，很快在巧克力愛好者間打響名號，日本共有兩間分店都位於銀座。

> 店裡巧克力種類眾多，當日趁鮮品嚐才能感受頂級的絕妙好味。

不二家 寄屋橋店

別冊P.5,B2　03-3561-0083　中央區銀座4-2-12　1F賣店11:00~19:00，2F餐廳11:00~21:00　4、11月的第三個週日、1/1　www.fujiya-peko.co.jp

以吐舌頭的小女孩為形象的不二家在1910年誕生，如今在全日本都有連鎖店，位在**數寄橋畔的不二家店舖自1951年即進駐銀座，店面1樓是販賣不二家商品與甜點的店家，2樓則是可以內用的和風洋食餐廳**，可愛又精美的商品很受到喜愛。

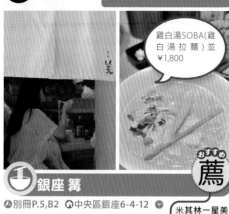

雞白湯SOBA(雞白湯拉麵)並 ¥1,800

銀座 籬 薦 おすすめ

⚐別冊P.5,B2 ⚑中央區銀座6-4-12 🕐11:00~21:00 📷www.instagram.com/kagari_honten/

米其林一星美味拉麵！雞白湯拉麵香濃中見細細品味。

位在地下街內的「銀座 籬」，是愛麵族不能錯過的美味店家。**拉麵湯底以雞骨長時間熬煮呈現乳白色，麵條放上雞肉叉燒、蘆筍、玉米筍和蘿蔔嬰，視覺與味覺一般雋永清爽。**沾麵走濃厚路線，加入大量魚乾、柴魚的乾麵口感濃重香鮮，加上店家提供的玄米有機醋，香氣分外引人入勝。

湯頭採用雞骨熬煮，味道分外爽口。

🍴 煉瓦亭 薦 おすすめ

⚐別冊P.5,B2 ☎03-3561-7258 ⚑中央區銀座3-5-16 🕐11:15~15:00(L.O.14:00)、17:30~21:00(L.O.20:00) 🈺週日 💲元祖ハヤシライス(元祖牛肉燴飯)¥3,200 📷www.instagram.com/ginzarengatei_official/?hl=ja

傳說中蛋包飯的發源店，和洋折衷的傳統洋食，每一口都好吃得讓人停不下來～

明治28年(1895年)開業的洋食屋「煉瓦亭」，是銀座餐廳中最有名的一家，**創業於1895年的煉瓦亭，是蛋包飯、牛肉燴飯等和風洋食的創始店，也是蛋包飯迷必來朝聖的店家。**不同於現在常見的蛋包飯，煉瓦亭元祖蛋包飯的蛋與米飯混合而成，奶油搭配出的香味出乎意料地清爽。

和風洋食即使吃到最後一口也不會令人厭倦。

明治誕生オムライス(明治誕生元祖蛋包飯)¥2,700

中午到岡半享用午餐，卻能夠用下午茶的價格品嘗到頂級和牛鐵板燒。

🍴 銀座 岡半本店

⚐別冊P.5,A4 ☎03-3571-1417 ⚑中央區銀座7-6-16 銀座金田中ビル7F、8F 🕐11:30~14:00、17:30~22:00 🈺週日、例假日 💲寿喜燒コース(壽喜燒套餐)¥16,000、サーロイン小角ステーキ(午間沙朗牛排套餐)120g¥3,000 📷www.kanetanaka.co.jp/restaurant/okahan

到岡半用餐，多少要有散盡家財的心理準備，7樓販售壽喜燒及涮涮鍋、8樓則是鐵板燒，其中**鐵板燒午餐選項有牛肉及海陸套餐選項。**點牛肉套餐時建議從薄片等級開始點起，和牛肋眼薄燒選用上等部位，放在高溫鐵板上，不過三秒馬上捲起炒成焦糖色的洋蔥，搭配奶油醬油享用。搭配套餐的還有燉煮野菜肉丸，濃郁湯汁澆在飯上，堪稱人間美味。

🍴 久兵衛 銀座本店

おすすめ
薦

📍別冊P.5,A4 ☎03-3571-6523 📍中央區銀座8-7-6 ⏰11:30~14:00、17:00~22:00 週日、一,盂蘭盆節、年末年始 💰にぎり(握壽司)¥8,250起 🌐www.kyubey.jp

高級壽司的代名詞，想要體驗銀座的日式奢華，這裡絕對是個好選擇！

提起江戶的美味壽司，位於銀座的「久兵衛」是美食饕客共同推薦的高級壽司店，知名藝術家兼美食家的北大路魯山人就是這裡的常客。「久兵衛」的套餐全以日本知名的陶瓷鄉命名，握壽司看起來似乎比一般壽司店的小，這是為了將醋飯和海鮮作完美搭配的緣故。

🍴 BEER-HALL LION 銀座七丁目店

ビヤホールライオン 銀座七丁目店

📍別冊P.5,A4 ☎03-3571-2590 📍中央區銀座7-9-20 銀座ライオンビル 2F ⏰11:30~21:00(週五六至22:00) 2月的大樓設備檢修日 💰生啤酒¥660起,銀座ライオン ビーフシチュー(銀座LION燉牛肉)¥2,280 🌐www.ginzalion.jp

晚餐種類多元，牛排、飯類、麵食一應俱全。

開幕至今已經超過100個年頭的啤酒餐廳，一進入到豪邁的挑高空間，映入眼簾的是花費3年時間才完成的大幅馬賽克壁畫，加上挑高的天井及歐風圓柱，令人彷彿來到了歐洲。這裡除了啤酒選擇豐富，下酒小菜更是不少。

昭和風格啤酒餐廳，是與三五好友聊天喝酒的好所在。

油亮的煎餃外皮煎得焦香裡頭飽滿多汁，單吃就很有味道，再沾點白醋美味更加分。

🍴 銀座天龍

📍別冊P.5,B2 ☎03-3561-3543 📍中央區銀座2-5-19 PUZZLE GINZA 4F ⏰11:00~21:30(L.O.21:00)、週六日及例假日11:30~21:30(L.O.21:00) 年末年始 💰ギョーザ(煎餃)8入¥1,230 🌐www.tenryu-ginza.jp

擁有一甲子以上歷史的中華料理老舖銀座天龍，其名物煎餃幾乎是桌桌必點，15公分的超大尺寸比市售煎餃大近兩倍，一盤擺上8個氣勢驚人，食材選用每日產地直送的新鮮白菜、長蔥加上頂級豬大腿肉，添加醬油調味後經40分鐘悉心碾製而成。

憑著職人的自信，店門口開彰明義以日文標示:「這裡只有咖啡！」

☕ 琥珀咖啡

おすすめ
薦

カフェ‧ド‧ランブル

📍別冊P.5,A4 ☎03-3571-1551 📍中央區銀座8-10-15 ⏰12:00~21:00(L.O.20:30)、週日、假日至19:00(L.O.18:30) 🌐www.cafedelambre.com

充滿傳奇的咖啡老店。

在各式新型咖啡館不斷出現的東京，琥珀咖啡以職人堅持與專注，為了一杯好咖啡，**自烘豆外連磨豆機通通都要自製、咖啡杯大小厚度、沖泡法也有獨特堅持**。打破咖啡豆新鮮最好的咖啡界普遍認知，竟然開始存豆打造一杯風格醇厚的陳年咖啡豆咖啡，讓職人們都不可置信。

可以在店內點杯薑汁飲品到2樓咖啡廳靜靜享用。

銀座のジンジャー 銀座本店

別冊P.5,B1　03-3538-5011　中央區銀座1-4-3
賣店11:00~~20:00，Café11:00~14:00(L.O.13:30)、
15:00~20:00(L.O.19:00)　不定休　ジンジャーエール
(Ginger Ale/薑汁汽水)¥550　www.cep-shop.co.jp

　　銀座のジンジャー以薑為名，販售的商品全都跟薑脫不了關係，**招牌商品濃縮薑汁近20種口味，從薑味十足的ドライ(dry)口味到香甜的柑橘口味都有**，依自己調整的濃度可成為薑汁飲料或薑湯，很適合在寒冬中泡上一杯暖暖身子。店內另有推出風味剉冰及達克瓦茲等甜點選擇。

CENTRE THE BAKERY

別冊P.5,B1　03-3562-1016
中央區銀座1-2-1　麵包坊
10:00~19:00(售完為止)，餐廳
9:00~19:00(L.O.18:00)　年末
年始，餐廳週三　角食パン(角
食吐司)¥1,080，Toast
set¥1,320起　www.
instagram.com/
centre_the_bakery/

麵糰加入牛奶讓麵包香氣飽足，也讓吐司邊更顯美味。

　　經營澀谷知名麵包店VIRON的西川隆博，於2013年開設CENTRE THE BAKERY。推出的**3款吐司以角食吐司最為熱銷，使用兩種麵粉混和出最佳口感，製作過程中以脫脂牛奶取代水，口感更加美味**。北歐風格的內用區氣氛優雅，三明治、起司吐司與套餐等輕食都各具人氣。

Ain Soph. GINZA

薦（おすすめ）

別冊P.4,C3　03-6228-4241
中央區銀座4-12-1　1F烘焙坊
11:30~20:00(週日~二至19:00)，
2~4F餐廳午餐11:30~14:30(L.O.)、
下午茶14:30~17:00(L.O.16:00)、晚餐週三~六
17:30~21:00(L.O.20:00)　不定休　www.ain-soph.
jp/ginza　週日~二無提供晚餐

Ain Soph網羅世界各地食材，讓蔬食變得可口又迷人，創造蔬食新境界！

新鮮的野菜沙拉、柔軟的甜點蛋糕，給人耳目一新的清爽感受。

天上のヴィーガンパンケーキ(天上的蔬食鬆餅)¥3,080

　　Ain Soph.走在自然食的前端，一律不使用肉、魚、奶、蛋、糖，但這並不影響餐點美味。店主與料理長走訪農家，**引進使用循環農法耕種的有機蔬菜，稻米為山形產有機鴨米，並採用藜麥等的健康食材，製作出鮮脆生菜沙拉、有奶油香的酪梨漢堡，以及份量十足的炸豬排定食等**，連葷食者也會食指大動。

銀座熊本館

🏠別冊P.5,A3 📞1F賣店03-3572-1147,2F ASOBI・Bar 03-3572-1261 🕐中央區銀座5-3-16 ⏰1F賣店11:00~19:00,2F ASOBI・Bar 12:00~19:00(L.O.18:30) 🈳每月第一個週一 🌐www.kumamotokan.or.jp

銀座聚集許多各縣前來開設的特產直銷店,銀座熊本館正是其中之一。擁有兩層樓的銀座熊本館,1樓是販售熊本物產的賣店,2樓則為ASOBI・Bar,**不僅可買到最夯的KUMAMON(くまモン)周邊商品與球磨燒酎、還可以一次嚐遍生馬肉(馬刺)、芥末蓮藕、いきなり団子等熊本當地特色美食。**

月光荘画材店

おすすめ
薦

🏠別冊P.5,A4 📞03-3572-5605 🕐中央區銀座8-7-2永寿ビル1F、B1F 11:00~18:00,週六日及例假日至10:00~17:00 🈳年末年始 🌐gekkoso.jp

世界唯一「原創」畫材店。

創業於1917年,座落在繁華銀座街頭一角的「月光莊畫材店」,1樓是店舖地下一樓是咖啡廳。可別小看它店面小小間不大起眼,**它可是日本第一家成功開發出純國產畫具,而且同時還是世界唯一一間店內販賣的所有商品都是自家原創的畫材店!**「以呼朋引伴的法國號」作為自家商標,所有產品上都能看見它的可愛蹤跡。從架上鉛筆、水彩筆到色彩繽紛又特別的顏料、款式眾多筆記本,都是經過精心研發出而來,而且店員會非常親切熱情地向上門顧客一一解說。在這裡凝聚著滿滿的愛,會讓身處其中的你也感受到大大溫暖喔!

這裡販售世界上只有一件的原創畫材。

銀座天國

🏠別冊P.5,A4 📞03-3571-1092 🕐中央區銀座8-11-3 ⏰11:30~22:00(午餐至15:00,L.O. 21:00) 🈳週日、年末年始 💰お昼天丼(午間炸蝦飯)¥1,500(僅平日供應至15:00) 🌐www.tenkuni.com

銀座天國是創業於明治18年的天婦羅老店,**店裡最有名的為美味的炸蝦飯,日文稱作「天丼」。**銀座天國的天丼裡有兩尾炸得酥嫩的大蝦,キス(喜魚)、炸花枝還附上味噌湯與醬菜,中午價格最超值,而超過午餐時間就點A丼還多了裹粉油炸的蓮藕、茄子等蔬菜。

最中改造成優雅的長棍型,便於入口。除了商品販售,另有一空間設計為茶房,能享用店家誠意準備的鹹甜食及特色茶點。

HIGASHIYA GINZA

🏠別冊P.4,C2 POLA GINZA 📞和菓子舖03-3538-3230,茶房03-3538-3240 🕐中央區銀座1-7-7 ポーラ銀座ビル2F ⏰和菓子舖11:00~19:00,茶房11:00~19:00(L.O.18:00) 🌐www.higashiya.com

設計大師緒方慎一郎創造當代和菓子文化,以每日的菓子為概念,擷取當代設計的美感,新創時尚和菓子。小尺寸的精緻感,符合當代健康意識的低糖,加入傳統和菓子所沒有的西式元素。**全年販售的生菓子、羊羹、最中,季節限定的生菓子、道明寺羹、菓卷果等,**桐箱或色彩鮮豔的包裝設計,是質感絕佳的贈禮。

銀座 伊東屋

itoya

📍別冊P.5,B2 ☎03-3561-8311 📍中央區銀座2-7-15 ⏰10:00~20:00(週日、例假日至19:00) 🌐www.ito-ya.co.jp

伊東屋於1965開設銀座本店,以多元的行銷結合精品文具站穩文具界的龍頭地位。共十二層樓裡最受顧客喜愛的就屬4樓客製筆記本區。4樓空間擺放著紙張、書皮封面,讓客人挑選喜歡的風格,製作屬於自己的筆記。

👁 歌舞伎座

おすすめ 薦

📍別冊P.4,C4 ☎03-3545-6800 📍中央區銀座4-12-15 🎫一幕見席購買不用預約,當天購買即可 💰依表演而異 🌐www.kabuki-za.co.jp

結合傳統與現代的歌舞伎座,即使不看,也很推薦來這裡逛逛,在賣場裡找到專屬的東京紀念品!

歌舞伎為日本傳統的舞台劇,以華麗服裝、誇張化妝術,直接而大膽傳達理想和夢想,這是專用表演場,外觀華麗的桃山樣式建築是於1951年再建而成,2013年再經限研吾修建成現今的樣貌,一年到頭都上演著一齣齣膾炙人口的傳統歌舞伎。

🎁 東京鳩居堂

おすすめ 薦

📍別冊P.5,B3 ☎03-3571-4429 📍中央區銀座5-7-4 ⏰11:00~19:00(12/31至17:00) 🚫1/1~1/3,設備檢修日 🌐www.kyukyodo.co.jp

銀座的代表性老文具舖,不管是什麼商品都帶點日本風格,自用或是伴手禮都超適合~

鳩居堂為一家日式文具老舖,起源於江戶時代,商品包含線香、文房四寶、書畫用品、信封信紙、各種和紙以及工藝品等,全帶有日式的典雅感。別以為這裡只有老派的東西,店裡的小物和選用不同紙材製作的明信片,都有些可愛而不落俗套的設計,想挑選帶有日本風味的小禮物送人,來這裡就對了!

外國遊客可選擇4樓「一幕見自由席」,感受一下氣氛。

建物本身古老，室內的手拉式鐵門電梯更是從竣工後一直使用至今。

👁 奧野大樓

おすすめ 薦

奧野ビル

銀座80年前高級設計公寓重生。

🏛別冊P.4,C2 🚇中央區銀座1-9-8 🕐約11:00~19:00，依各店鋪而異

　奧野大樓由表參道同潤會館設計師事務所的川元良一設計，1932年建成，1934年新築的部分完工，形成左右對稱的六層樓建築，是當時的高級設計公寓。爾後逃過太平洋戰爭美軍的轟炸，完整保留下來的建築矗立新大樓林立的街區，**深咖啡色的磚牆與城牆般的外觀現在看來仍是十足復古摩登，現在約有20多家藝廊進駐**，藉由文化藝術創作為老房子帶來新生命。

🏛 警察博物館

ポリスミュージアム

🏛別冊P.4,C1 ☎03-3581-4321 🚇中央區京橋3-5-1 🕐9:30~16:00(入館至15:30) 休週一(遇假日順延翌日休)、12/28~1/4 💰免費 🌐www.keishicho.metro.tokyo.lg.jp/about_mpd/welcome/welcome/museum_tour.html

　警察博物館主打特殊模擬器等高科技IT設備，是**結合科技的力量希望帶給人們全新體驗的博物館**。館內一共分為六個樓層，在2樓設有互動式體驗，如110模擬通話、或自行車安全騎乘模擬器，3樓主要為訓練「案件、事故的解決能力」，透過指紋或輪胎痕的採集來追查暗中躲藏的犯人，4樓及5樓的區域展示著「守護者的現在和未來」，警察歷來的制服裝備、及用影像方式介紹活躍在各種領域的警察工作。

「春風十號」開放小朋友乘坐體驗，實際摸摸操縱桿，彷彿化身英雄般讓人熱血沸騰。

👁 東京彩券之夢館

東京 宝くじドリーム館

🏛別冊P.4,C1 ☎03-3567-1192 🚇中央區京橋2-5-7 🕐10:00~19:30(週六至18:00)，平日遇假日17:00~19:30 休週日、例假日(遇平日照常營業)、12/29~1/3 💰自由參觀 🌐www.takarakuji-official.jp/know/dreamplace.html ❗現場開獎：每週五13:30，週一~五18:45

　相信每個人都有做過中頭獎的美夢，在1981年成立的**彩券之夢館，是全世界第一間專門展出彩券的展覽館**。這裡更是日本可以親眼看到第一手的開獎結果、現場感受緊張刺激的氣氛。此外，展場設有一億日元的重量體驗區，可以體驗一下中大獎的實際感受，甚至還有「中了大獎該怎麼辦」的影像教學！

山手線一圈　銀座‧有樂町

東京地下鐵➡中央總武線➡東京廣域

6樓的屋上庭園能欣賞一旁的日比谷公園串聯皇居與護城河景致。

以大量曲線設計營造高級風格的空間，逛起來暢意又舒適。

4~5樓的東寶電影院。

HIBIYA FOOD HALL

B1樓層有美食街「HIBIYA FOOD HALL」。

🅣 Tokyo Midtown日比谷　**薦** おすすめ

東京ミッドタウン日比谷

宛如綠洲中的購物中心！

🅐別冊P.5,A2 🅒03-5157-1251 🅞千代田區有樂町1-1-2 🅟購物11:00~20:00、餐廳11:00~23:00，4F電影院TOHOシネマズ日比谷9:00~凌晨0:30，6F空中花園PARK VIEW GARDEN8:30~ 23:00 🅦 www.hibiya.tokyo-midtown.com/jp

　日本Middle Town繼六本木之後，第二家就開在**鄰近有樂町的日比谷，緊連著日比谷公園與皇居遼闊一望無際的綠地邊，讓這裡顯得氣氛更加悠閒又充滿高級質感。**位在高達三十五層樓的美麗玻璃帷幕大樓內，共有B1樓至地上3樓的商場空間，4~5樓是東寶電影院，6~7樓則是餐廳與屋上庭園。引進不少日本首次進駐店家外，也入駐許多新型態店鋪，像是與書店合作的「HIBIYA CENTRAL MARKET」等，讓這處商場，將優雅、好逛、好買、話題都集合在此。

AND COFFEE ROASTERS

看似小時候家裡巷口的理髮院，但這不是造景，而是真真實實的一家美容沙龍喔。

理容

GIN BAR

お弁当

🎁 Hibiya Central Market　**薦** おすすめ

🅞Tokyo Midtown日比谷3F 🅟購物11:00~20:00、餐廳11:00~23:00，依各店鋪而異 🅦hibiya-central-market.jp

百年書店有隣堂×時尚創意教父南貴之的創意花火！

　高級時尚的的賣場中，在3樓出現**一處角落「Hibiya Central Market」，裡面充滿市場、路面街區風格、庶民街角等氛圍，包含潮物、潮食、選物店、咖啡、書店等共7家店鋪集結於此，**呈現出彷若已佇立一甲子般的穩定安靜又帶親切風格，整體展現風格再度突破我們的經驗值，絕對值得逛一逛。

TODAY'S SPECIAL Hibiya

☎03-5521-1054　⌂Tokyo Midtown日比谷3F ▼
11:00~20:00　🌐www.todaysspecial.jp

　　主打讓生活更加愉快又幸福，TODAY'S SPECIAL 店內提供讓生活更加有質感與愉悅的選物，**尤其以東京創作誕生的各式商品為最大宗，包含日式雜貨、食器、食料、布料、園藝、文具和服飾等**，琳瑯滿目讓人一見就想買入，滿足生活上所需的質感要求外，想找一些特殊小物來當禮物也很適合。

🍴 RESTAURANT TOYO

☎03-6273-3340　⌂Tokyo Midtown日比谷3F ▼
11:30~14:30(L.O.13:00)、18:00~23:00(L.O.20:00) ✕
週一(遇假日順延翌日休)，不定休　💲午餐Menu A ¥6,000　🌐toyojapan.jp

　　曾在巴黎開設餐廳的主廚中山豐光，將日本文化特有的感性及美學，以洗練的廚藝融入法式料理，展現在「Restaurant TOYO」。他的料理讓人**感受到四季流轉及生產者熱情的新鮮食材**，食材使用以少量多樣為原則，擺盤融入個人感性內化的日本美意識，創作出宛如日本懷石料理般道道究極精緻的美味藝術。

法式餐廳少見的吧檯，主廚展演的美味舞臺。

🎁 docomo shop 丸之內店

ドコモショップ 丸の内店

⌂別冊P.5,A1　☎0120-214-360　⌂千代田區有樂町1-12-1　🕙10:00~19:00　✕週二　🌐www.nttdocomo.co.jp

　　日本最大電信公司「NTT docomo」，在其集點卡廣告中創造了2隻令人印象深刻的耍寶鸚鵡兄弟Poinco，因大受歡迎，不但長年一系列廣告都是他們負責出場，還發展出周邊商品，讓喜愛他們的人終於可以把他們抱回家，台灣雖然沒有播出過廣告，但透過網路還是累積不少人氣，以往想購買得透過官網預購、再到店取貨，**有樂町的docomo旗艦店內利用入口一個角落設置「Docomo Hearty Plaza(ドコモ·ハーティプラザ丸の内)」專賣Poinco**，可愛的周邊商品讓人每個都想搬回家。

除了周邊商品，還設置一個可以跟Poinco兄弟拍照的場景，真的超可愛。

💡 越夜越熱鬧的有樂町街

　　距離有樂町駅徒步約1分鐘的有樂町街是東京上班族最喜愛的居酒屋區之一，除了離辦公大樓近，平價也是受歡迎的一大因素。夜晚造訪此地，會看到拘謹的東京上班族在黃湯下肚後熱情鼓噪及輕鬆聊天的活力，感覺就像台灣的熱炒店。

若來到東京想小酌一下，可以來有樂町感受道地的微醺夜晚。

　　其實，喝酒是日本生活文化的一部份，東京更是在餐飲情報網站「ぐるなび」的調查中拿下冠軍，平均一個人一年喝掉45.2公升的啤酒，換句話說平均每人喝掉90大杯。

秋葉原
あきはばら
Akihabara

秋葉原是東京最知名的電器通訊街，電子與資訊相關產品都可在這找到，主推電玩影音軟硬體及動畫周邊商品。相較於其他大型電器連鎖店較偏重最新機種的折扣，秋葉原的店家反而給退到二線的產品較大幅度的優惠。爾後因日劇興起的偶像文化，讓此區受到各界矚目；另外，結合藝術與地方的購物設施mAAch ecute、2k540 AKI-OKA ARTISAN等，重新改造秋葉原的氛圍，也讓秋葉原擺脫動漫宅巢穴的印象，成為更多元的流行發信地。

女僕周邊熱門商品更是超萌熱賣中。

想要多跟女僕互動，可以選擇跟女僕玩遊戲或是拍照，但這些服務都要另外付錢。

交通路線 & 出站資訊

電車
JR東日本秋葉原駅➔山手線、京濱東北線、中央・總武線
東京Metro秋葉原駅➔日比谷線
つくばエクスプレス秋葉原駅➔つくばエクスプレス(筑波特快線)
東京Metro末広町駅➔銀座線

出站便利通
◎若要前往最多電器、動漫商店最熱鬧的中央通，從JR電器街口出站徒步約3分即可。會先看到像是小攤子的秋葉原無料案內所，可以索取秋葉原的詳細地圖，地圖價格隨意。
◎前往秋葉原最大電器賣場Yodobashi Akiba從東京Metro秋葉原駅的A3出口即可抵達。
◎要前往科技中心Akihabara Cross Field從JR電器街口出站即可。
◎從中央通往末廣町駅方向一路上盡是讓人眼花撩亂的動漫電器大店。其實小巷弄中也隱藏許多組裝電腦配件、軟體等小店。
◎要到2k540 AKI-OKA ARTISAN，可從JR秋葉原駅電氣街口出站，沿著高架橋一直走就會看到。也可以從上野、上野御徒町駅往南走。
◎從JR秋葉原駅的電氣街口出站往南，走到萬世橋就能看到mAAch ecute。

@home café 秋葉原本店 薦

別冊P.30,C2 03-5207-9779 千代田區外神田1-11-4ミツワビル3~7F 11:00~22:00(L.O.21:00)，週六日及例假日10:00~22:00(L.O.21:00) 不定休 入場費1小時大人￥780、大學生￥670、高中生￥560、國中小學生及60歲以上450，ドリンクコース(含飲品及紀念拍攝)￥1,540 www.cafe-athome.com 店內不可隨意拍照

秋葉原老字號女僕咖啡廳，由於外國人不少，這裡的的氣氛也十分歡樂，語言不通也沒有問題。

@home café的擺設有點類似教室的風格，坐在吧檯的位置女僕可以面對面幫您服務，**可愛的女僕會親切地為您端上飲料、倒奶精，或者在蛋包飯上用蕃茄醬畫上可愛的貓咪圖案。**不少女僕擁有自己的粉絲，在企業化的經營之下，女僕們發行了CD以及DVD，還提供了男客人穿上男僕裝的衣服，與女僕一起拍大頭貼的服務。

鐵道居酒屋Little TGV

📖別冊P.30,C2 ☎03-3255-5223 🚉千代田區外神田3-10-5 イサミヤ第3ビル4F 🕐18:00~23:00，週六、例假日16:00~23:00，週日12:00~23:00 休週一

littletgv.com

熟知東京各鐵道公司的鐵道迷們，知道最近又新開了一條「新秋葉原電機鉄道」嗎？其實這是**秋葉原的Little TGV以此鐵道路線為號召**，結合女僕店的可愛氛圍，成為一間以鐵道為主題的女僕居酒屋。在秋葉原充滿各主題餐廳的激戰區，提供的是有趣的服務，穿著可愛制服的服務生化身為車掌小姐，引導鐵道迷們至電車座椅改成的座席，一進入店內就感受到濃濃的鐵道氣氛。

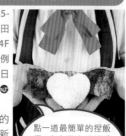

點一道最簡單的捏飯糰，由車掌小姐親手捏成愛心形狀，實在是萌到不行。

粉絲們在舞台下默契十足地隨著AKB成員的手勢手足舞蹈，只有親身體驗才能瞭解其魅力。

AKB48劇場

📖別冊P.30,C2 ☎03-5298-8648 🚉千代田區外神田4-3-3ドン‧キホーテ秋葉原8F 🕐平日18:30開演，週六、日及例假日開演2場13:00、17:30 💰入場券男性￥3,400，女性、小學生~高中生￥2,400（入場券販賣時間為開演前2小時~30分）🌐www.akb48.co.jp

AKB48是一個從秋葉原竄起的女僕偶像團體，超級輕齡美少女搭配楚楚可憐的扮相，甜膩的嗓音唱著青春無限美好的歌曲，偶像商品化的包裝，加上御宅族的死忠應援之下，少女們晉身成為火紅藝人，**除了發行CD、DVD以及相關周**

御宅族文化

御宅原指對特定事物有深入鑽研的人，現在一般指稱的御宅族，則和熱衷動漫及電腦遊戲的人畫上等號。這些幾近偏執的動漫專家，對於動漫畫世界的各種知識無所不知，也因為這群人，秋葉原從老舊的電器街翻身成為廣大的動漫文化遊樂園，也讓可愛又甜美的女僕咖啡，成為秋葉原最受歡迎的特色景點之一。

邊商品，更定期在AKB劇場登台表演。想要親眼見識當今死忠派宅男心目中的夢幻殿堂，非來到AKB48劇場沉浸在真人版動漫美少女的舞台前莫屬。

👁 秋葉原Cross Field

Akihabara Cross Field

🅰別冊P.30,D2 🏠千代田區外神田1-18-13 🕐依各設施而異

秋葉原Crossfield開幕於2005年，複合商業大樓裡包含31樓的「秋葉原ダイビル」、2006年3月開幕的「秋葉原UDX」，共同打造秋葉原的數位印象。22樓層高的**「秋葉原UDX」裡擁有咖啡館、餐廳、辦公室、展示中心等空間**，還有揭示尖端技術的「數位工場」。

👁 AKIBA ICHI

🚻依各店舖而異 🏠秋葉原UDX1~3F 🕐約11:00~23:00(週六日及例假日至22:00)，依各店舖而異 🌐udx.jp/

以位於秋葉原的東京神田青果市場為名稱，特別精挑細選許多美味餐廳進駐，佔據了秋葉原UDX1~3F，**串聯的街道充滿了東京下町風情，洋食、日本料理、中華菜一應俱全，許多餐廳都還擁有可眺望秋葉原的景觀座位。**

> 店內菜單會隨季節調整，吃得到當季的新鮮美味。

🍴 須田町食堂

☎03-5297-0622 🏠秋葉原UDX AKIBA ICHI 3F 🕐11:30~15:00(L.O.14:30)、17:00~21:30(L.O.20:30)，12/29~1/3 11:00~15:00(L.O.14:30)、17:00~21:00 🌐sudatyosyokudouudx.owst.jp/

要想品嘗有著東京風味的洋食，須田町食堂可是大有來頭。**創業於大正13年的須田町食堂從日本人的口味出發，無論是漢堡肉或炸蝦通通都是最傳統的東京洋食味道**，料理會隨著季節變換，碩大的炸牡蠣就是限定絕品。

mAAch ecute
神田万世橋

おすすめ 薦

📖別冊P.30,C3　☎03-3257-8910
🏠千代田區神田須田町1-25-4 ▼
JAPAN ART BRIDGE11:00~20:00，
商店11:00~20:00，餐飲
11:00~23:00(週日、例假日至
21:00)；1912階梯‧1935階梯‧2013
月台11:00~22:00(週日、例假日至20:30)；戶外餐車
11:00~22:30(週日、例假日至20:30) 💤不定休(詳見官
網) 🌐www.ecute.jp/maach

老空間新玩藝，選進的生活品牌皆在水準之上，進駐的餐廳美食個個是精選，想體驗新型態購物樂趣，千萬不要錯過這裡。

　位在舊萬世橋駅原址上的購物中心mAAch ecute
於2013年秋天開幕，室內空間十分有趣，每間店沒有
明顯界線而是由拱門隔開，選進的店舖皆在地方上小
有名氣。雖然轉變為商場，**這裡也還能見到萬世橋車
站遺跡，爬上建於1912年的階梯，來到2樓還能看
到中央線的列車從旁呼嘯而過。**

舊萬世橋駅以全新姿態重生，在紅磚高架橋底延續百年繁華。

結合鐵道與歐洲拱廊商場的概念建造mAAch ecute購物中心。

注目焦點！

1 跟著這樣玩
mAAch ecute！

1912階梯可是1912年萬世橋車站開業時保存至今的百年古蹟。

步上從1912年開站時保存至今的樓梯，通往2樓新修復的旧万世橋駅2013月台，至今仍可在此看見中央線列車呼嘯而過的身影。

mAAch ecute的室內空間由一個個拱廊組成。

2 mAAch ecute
小知識

‧1912年：萬世橋車站開站。
‧1925年：關東大震災後第二
代車站開幕。
‧1936年~1943年：併設鐵道博物館，而後因乘客
減少而閉站。
‧1948年~2006年：鐵道博物館更名為交通博物
館，後因設施老舊而閉館。
‧2013年：mAAch ecute神田萬世橋開幕。

ラジオ会館

📍別冊P.30,C3 🕐依店舖而異 🏠千代田區外神田1-15-16 🕐10:00~20:00，B1F至22:00(週日、例假日至21:00) 🈳依各店舖而異 🌐www.akihabara-radiokaikan.co.jp

正對著秋葉原電器街出口的ラジオ會館外觀雖然有點老舊，但對許多動漫、電腦和模型愛好者來說，這裡可說是尋寶殿堂，有點像是舊光華商場的八層樓空間**聚集了各家小店**，電腦、音響以及模型玩具、公仔、娃娃、同人誌、漫畫等商品，應有盡有，最知名的海洋堂也在這裡設立直營店舖。

> 6樓更經常舉辦漫相關活動，吸引不少人氣。

GAMERS

AKIHABARAゲーマーズ本店

📍別冊P.30,C3 📞03-5298-8720 🏠千代田區外神田1-14-7 🕐1F10:00~22:00(週六日及例假日至21:00)，2~7F11:00~21:00 🌐www.gamers.co.jp

GAMERS在全日本擁有15家店舖，位在秋葉原的是總店，共有七層樓面，**最新的遊戲軟體、最新漫畫、動畫DVD這裡都可以找到。**其它還包括女性漫畫專區、同人誌、公仔、食玩等商品。

Pop Life Department M's

大人のデパート エムズ 秋葉原店

📍別冊P.30,C3 📞03-3252-6166 🏠千代田區外神田1-15-13 🕐10:00~23:00 🌐www.ms-online.co.jp

以「成人的百貨公司」為主題，七層樓的商場裡擺滿了各種讓人臉紅心跳的商品，可以情侶、夫婦一起選購。**店裡有整層樓的扮裝專區，想變身美少女戰士或秋葉原最夯的俏女僕都可隨心所欲。**

> 這裡收集著各式型號、造型鐵道模型，鐵道迷決不能錯過！

Models IMON秋葉原店 / MONTA

📍別冊P.30,C2 📞IMON 03-5296-1900，MONTA 03-5296-5861 🏠千代田區外神田1-9-9 內田ビル3F 🕐10:00~20:30(週六日及例假日至19:00) 🌐www.imon.co.jp

這是熟人才知道的鐵道模型專門店。**同樣位在3樓的Models IMON販賣新品，對門的MONTA則是收購並販賣二手模型**，小小店面裡不時擠滿老中青三代的鐵道模型迷，對個種型號的車頭、鐵軌模型品頭論足。

Ⓜ Tsukumo パソコン本店/II

📖別冊P.30,C2　☎03-3253-5599　🏠千代田區外神田
1-9-7　🕙10:00~20:00　🈳1/1　🌐www.tsukumo.co.jp

　別看Tsukumo的店鋪雜亂無章，這裡對識貨的人來說，可是比金山銀山要迷人的寶庫。堆積如山的二**手電腦零件、螢幕、鍵盤，中古筆記型電腦**，還有針**對專業攝影器材、手機設立的賣場**，只要挖到寶就是你的。

Ⓜ TAITO STATION秋葉原店

📖別冊P.30,C2　☎03-5289-8445　🏠千代田區外神田4-2-2　🕙10:00~23:30
🌐www.taito.co.jp

　TAITO STATION是電玩中心，在全日本都有分店，**擁有各種類型的電動遊戲機**，抓娃娃、賽車等，秋葉原店最特別的就是B1有女性的COSPLAY專區，可以換上衣服拍大頭貼，還特別註明男性止步，總看到女高中生聚集。

Ⓜ sofmap

ソフマップAKIBAパソコン デジタル館

📖別冊P.30,C2　☎0077-78-9888　🏠千代田區外神田
3-13-12　🕙11:00~20:00　🌐www.sofmap.com

　Sofmap以銷售3C電腦、電器、動漫相關周邊等商品為主，同時也有二手買賣的服務，光在秋葉原就分佈多家賣場。中央通上的大店為Sofmap本店，店內以娛樂性周邊商品為主，尤其是最新電腦電玩軟體、遊戲軟體等為大宗。

扭蛋迷決不能錯過的扭蛋機，一大排扭起來超過癮！

Ⓜ animate 秋葉原店

📖別冊P.30,C2　☎03-5209-3330　🏠千代田區外神田4-3-1　🕙11:00~21:00，週六日及例假日10:00~20:00　🌐www.animate.co.jp

　喜歡動漫的同好對這家店一定不陌生，總店在池袋。**集合了漫畫、同人誌、PC GAME、漫畫雜誌以及周邊商品等**，商品豐富齊全，還會推出只有這裡才買得到的animate封面限定版漫畫！此外入口處還可以找到最新款式的扭蛋公仔。

CHABARA AKI-OKA MARCHE

📍別冊P.30,D2　🕙依各店舖而異　🏠千代田區神田練塀町8-2(秋葉原駅與御徒町駅間的高架橋下)　🕙11:00~20:00　🚫依各店舖而異

www.jrtk.jp/chabara

　CHABARA是日文中蔬果市場的別名「やっちゃ場」與秋葉あきばはら各自取頭取尾的合音而來，原址是高架橋下的神田青果市場。與2k540一樣改造自JR東日本都市開發，在地記憶結合全新空間，CHABARA企圖將秋葉原改造成食文化之街，除了**集結來自日本各地的食品外，這裡引進谷中的やなか珈琲店、鎌倉的精進料理店「不識庵」。**

日本百貨店也在這裡開設了食品專區，十分值得一逛。

Yodobashi Akiba

ヨドバシAkiba

📍別冊P.30,D2　📞03-5209-1010　🏠千代田區神田花岡町1-1　🕙1~6F Yodobashi Camera 9:30~22:00，8F餐廳11:00~23:00，9F高爾夫賣場11:00~22:00，B1F、7F賣場9:30~22:00　🌐www.yodobashi-akiba.com

　ヨドバシAkiba位在秋葉原車站出口，面積約27,000平方公尺，賣場共有九層樓，是日本規模最大的綜合性家電電器購物中心。**商品種類眾多，網羅秋葉原迷最愛的商品，儼然像個小型的秋葉原**，甚至設有藥妝用品專區、美食餐廳、高爾夫球場。

Liberty 8 & 11號館

📍別冊P.30,C1　📞03-5298-6167　🏠千代田區外神田4-7-1　🕙11:00~20:00　🌐www.liberty-kaitori.com

　位在中央通靠近地鐵末廣町站附近的「Liberty 8&11號館」，是一家公仔、模型專賣店，鄰近還有1、4、5號店。在11號店可以找到**超合金、美少女模型、機器戰隊或鐵道模型等商品**。另外，像是喜歡食玩、扭蛋，或是鋼彈模型在此也能逛得開心。

2k540 AKI-OKA ARTISAN

🔸別冊P.30,D1 🏠台東區上野5-9(秋葉原駅與御徒町駅間的高架橋下) ⏰11:00~19:00；依餐飲店而異；共同通路10:00~20:30 ❌週三，依餐飲店而異 🌐www.jrtk.jp/2k540

進駐高架橋下的手藝創作工作室，好玩小店集結在此讓人流連忘返。

全名2k540 AKI-OKA ARTISAN的2K540，2K540源自於鐵道用語，以東京車站為始到該地的距離做為代號，2k540即是距離東京車站2公里又540公尺之地的意思。AKI-OKA為JR山手線上的秋葉原駅(Akihabara)與御徒町駅(Okachimachi)，説明了它就位於這兩站間的高架橋下，ARTISAN則是法文的

這裡的名字結合著鐵道用語、車站名及職人的概念。

「職人」之意。JR東日本都市開發了為閒置空間找出路，便以延續職人之町的文化為概念，創造出高架橋下的藝文空間2k540。

2k540所在地御徒町在過去是職人匯聚之地，許多傳統工藝作坊至今依舊運轉。

創心萬華鏡

☎03-6803-2003 🏠2k540 G-3 ⏰11:00~19:00 ❌週三，週六(遇活動、WORKSHOP、藝術課程開課照常營業) 🌐soshinkaleidoscopes.co.jp

創心萬華鏡為大眾展現出萬玩筒千變萬幻的模樣，藉由各樣不同造型、材料、有著不同玩法的萬花筒，每個都包含著單靠幾何圖形衍生出的壯麗小宇宙觀。**日本傳統的文樣與萬花筒的幾何概念很像，都是經由不斷堆疊、排列、複製單一圖案所創造出的花紋。**

創心萬華鏡將萬花鏡結合傳統與創新，讓人大開眼界。

STUDIO UAMOU

☎03-6240-1799 🏠2k540 N-5 ⏰11:00~19:00 ❌週三 🌐www.uamou.com

主角「UAMOU」是創作者高木綾子在英國留學時所創作出來人物，另外可愛的幽靈Boo也很有人氣。2k540的STUDIO UAMOU擺滿UAMOU與Boo的相關產品，**從迷你吊飾到大型公仔讓人目不瑕給，而與STUDIO UAMOU相連的空間有一處餐廳「遊食家Boo」，專賣和風洋食料理。**

UAMOU據説是來自外星球的奇妙生物，能用像像觸角一般的耳朵與人溝通。

ミニウアモウ ストラップ(迷你UAMOU吊飾)¥1,000

結合設計師的巧思，每一樣都充滿設計性且饒富趣味。

透明

トウメイ

☎03-6240-1117 🏠2k540 Q-3 ⏰11:00~19:00 ❌週三 🌐www.toumei.asia

在進入「透明」之前，會先被店門口的幾台扭蛋機吸引，有趣的扭蛋裡裝的是各式可愛的壓克力動物立體拼圖，而店內有1,000種樹脂樣本，**商品都是以透明為主題的樹脂製品，大多為飾品、文具、擺飾**等。

山手線一圈 秋葉原

➡東京地下鐵➡中央總武線➡東京廣域

おすすめ薦

🎨 3331 Arts Chiyoda

🚩別冊P.30,C1 ☎03-6803-2441 🏠千代田區外神田6-11-14 🕙10:00~21:00(入館至20:30),3331 CUBE shop&gallery11:00~18:45 🚫年末年始,盂蘭盆節 💰自由參觀,展覽及特展另需購票 🔗www.3331.jp/archive/ ❗因建築物老舊2023/3/31起閉館中,進行整修工事預計於2027年3月完工

> 由學校改建的現代美術空間,是地方文化的發信中心,更讓藝術融入旅行之中。

3331 ArtsChiyoda是由練成中學廢校後改建成為藝術中心空間,校園內的許多空間也提供場地租借,在此不定期開設多元內容的展覽會。因注重場地與社區之間的交流,提供眾多藝術家入住宿舍創作並定期安排交流活動,讓3331更像是個藝術村,也讓走進這個空間的人都可以很自然而然地接近藝術。

> 藝術也不光限於展場內,地上與玻璃上隨處可見的小塗鴉都讓藝術融入生活之中。

> 頂樓的籃球場不定期會舉行活動,像是改建為都市農園、開設手作市集等。

> 內部仍保留學校的樣貌,例如磨石子洗手台、鏡子上的落款、體育館、樓梯走廊等,充滿練成中學校的軌跡。

上野
うえの
Ueno

> 每年3月底至4月初舉行的「上野櫻花祭」，是從江戶時代沿襲至今的活動，可見證日本人的花見大會。

上野是山手線上重要的轉運大站，可由此搭乘新幹線至東北、新潟、長野等地，同時也是遊客由成田機場進入東京時經過的第一個主要車站。有別於他站的都會氣氛，占地寬廣的上野公園裡有著草木如茵，博物館、美術館與動物園錯落其中，隨時可見人們親近自然，欣賞展覽，是東京都內首選人文薈萃之地。走進另一邊熱鬧非凡的阿美橫丁商店街，馬上迎來店家的熱情吆喝聲，人手一袋新鮮小吃、乾果，交織出元氣十足的東京面貌。逛累了，鐵道下的一家家平價老店小攤，可以品嚐最道地的東京庶民風味。

◉ 上野恩賜公園

薦 おすすめ

🅰別冊P.6,C2 ☎03-3828-5644 🅰台東區上野公園 ⏰5:00~23:00 💲自由參觀 🌐www.kensetsu.metro.tokyo.lg.jp/jimusho/toubuk/ueno/index_top.html

> 造訪東京必逛，可以與阿美橫丁、谷根千做串聯行程！

上野恩賜公園是東京都內最大的公園，境內有廣大的公園綠地、不忍池，還有幾處頗具歷史的神社小堂。**以染井吉野櫻為主的櫻樹多達1,200株，混合著其他品種不同的櫻花，上野的賞櫻期竟長達近兩個月**。從2月上旬的寒櫻開始，緊接著大寒櫻、寒緋櫻、枝垂櫻到染井吉野櫻，而夏日的荷花、秋季紅葉和冬天庭園內少見的冬牡丹等，都讓公園更添四季風情。

上野恩賜公園必看！
西鄉隆盛像

從京成上野駅進入上野公園，首先看到的是青銅雕塑的西鄉隆盛像，這座雕像手中牽著一條狗。西鄉隆盛是擊潰德川幕府的將軍，後世為了紀念他、在上野公園內樹立雕像。

交通路線 & 出站資訊

電車
JR東日本上野駅➡山手線(2、3號月台)、京濱東北線(1、4號月台)、東北本線、高崎線(5~9，13~15號月台)、上野東京線(7~9號月台)、常磐線(10~12號月台)
JR東日本新幹線上野駅➡東北・山形・秋田(20號月台)・上越・長野(19~20號月台)新幹線
東京Metro上野駅➡日比谷線、銀座線
京成電鐵京成上野駅➡京成本線、Sky Liner
JR東日本御徒町駅➡山手線、京濱東北線、東北本線、高崎線、常磐線
東京Metro上野広小路駅➡銀座線
東京Metro仲御徒町駅➡日比谷線
都營地下鐵上野御徒町駅➡大江戶線
つくばエクスプレス新徙町駅➡つくば

エクスプレス(筑波特快線)

巴士
台東區循環巴士(めぐりん)
搭乘一次¥100，可以使用PASMO或Suica交通儲值卡。
從上野車站前可搭乘「東西めぐりん線」至淺草或是千駄木駅，也能搭「南めぐりん線」至淺草國際通，詳細路線圖請洽網站：www.city.taito.lg.jp/kenchiku/kotsu/megurin/index.html

出站便利通
◎前往上野公園、公園內的各大美術館和上野動物園，可從JR上野駅的公園口出站。
◎由上野公園可以步行到谷根千一帶，約15~20分。
◎JR上野駅的不忍口出站正對最熱鬧的阿美橫丁(アメ橫)。若要轉乘京

成電鐵前往成田機場可直接前往京成上野駅的正面口。從京成上野駅搭乘SKYLINER到成田國際機場，車資¥2,580，約41分鐘可達。
◎JR上野駅的広小路口出站正對年輕人喜愛的百貨O1CITY上野，O1CITY上野地下層就可轉乘東京Metro銀座線。
◎京成上野駅的正面口出站就是上野公園，可看到有名的西鄉隆盛像。
◎京成上野駅的正面口出站過馬路的之後直走穿越任一條小路就可抵達熱鬧的阿美橫丁(アメ橫)。
◎東京Metro銀座線5a、5b直通O1CITY上野，8號出口直結JR車站購物中心的上野atre，7號出口出站距離阿美橫丁(アメ橫)最近。

最受注目的嬌客是1972年起飼育的貓熊，已成為上野最可愛的象徵。

◎ 上野動物園

Ⓐ別冊P.6,C3 ☎03-3828-5171 Ⓐ台東區上野公園9-83（請從東園的正門及西園的弁天門入園）🕘9:30~17:00（入園至16:00）🗓週一（遇假日、補假日、都民日順延翌日休）、12/29~1/1 💲大人¥600，國中生¥200，65歲以上¥300，小學生以下免費；3/20開園紀念日、5/4綠之日、10/1都民日免費 🌐www.tokyo-zoo.net/zoo/ueno

　　1882年開園的上野動物園，**是日本歷史最悠久的動物園，是日本參觀人數最多的動物園，也是上野最知名的景點之一**。園裡有大象、北極熊、大猩猩等約500種動物，其中包括馬達加斯加指猿、馬島獴、小鼷鹿等都是日本唯一有飼養的動物園。

◎ 東京文化會館

Ⓐ別冊P.6,C2 ☎03-3828-2111 Ⓐ台東區上野公園5-45🕘依演出而異 💲依演出而異 🌐www.t-bunka.jp

　　在東京提起古典音樂，多數人都會聯想到東京文化會館。建築為了紀念東京開都500年於1961年正式落成啟用，是東京最早以古典音樂演奏為目的設計的音樂廳，直到今日，還是以絕佳的音響效果聞名。**文化會館的演出以交響樂、歌劇、室內樂和芭蕾等古典音樂項目為主，也偶有落語或流行歌手演出。**

[　美術館賽事　]

　　除了各種國內外的企畫展和小型展覽外，這裡每年還會舉行「上野之森美術館大賞」和「VOCA賞」等的甄選，比賽本身極具公信力，是年輕一輩藝術家踏上舞台的重要跳板；從歷年得獎者的作品展，也能窺見近代日本藝術的脈動。

✒ 上野之森美術館

Ⓐ別冊P.6,C2 ☎03-3833-4191 Ⓐ台東區上野公園1-2🕘10:00~17:00（入館至16:30），依展覽而異 🗓不定休💲依展覽而異 🌐www.ueno-mori.org

　　1972年春天開館的上野之森美術館是日本成立時間最長的「財團法人日本美術協會」所擁有的私立美術館，**館內展區分為兩大部分，1樓為專為小型企劃展所設置的藝廊，2樓有開闊的展示空間。**

國立西洋美術館

🏛別冊P.6,C2 ☎03-5777-8600 ⚲台東區上野公園7-7 🕐9:30~17:30(入館至17:00)，週五、六至20:00(入館至19:30) 🚫週一(遇假日、補休日順延至翌日平日休)，12/28~1/1，不定休 💰常設展大人￥500、大學生￥250；Kawasaki Free Sunday(原則每月第二個週日)、5/18國際博物館日、11/3文化日常設展免費 🌐www.nmwa.go.jp

　國立西洋美術館最初是為了收藏日本大企業家川崎造船的社長松方幸次郎的300餘件收藏品，由1959年開館至今，館藏已成長為4,500餘件，**是日本唯一以西洋美術為收藏主題的國立美術館**，美術館的收藏以中世末期到20世紀的美術作品為主，其中又以法國藝術家作品最多。

> 美術館外立有許多雕像，這可是著名法國雕刻大師羅丹的作品。

國立科學博物館

🏛別冊P.6,C2 ☎050-5541-8600 ⚲台東區上野公園7-20 🕐9:00~17:00(入館至16:30)，黃金週至19:00(入館至18:30)；夜間觀星4~9月19:30，10~3月18:30，約1.5小時 🚫週一(遇假日順延翌日休)，12/28~1/1，特展期間休日有異動；夜間觀星1/2、1/3為週五 💰常設展大人、大學生￥630、高中生以下免費；夜間觀星大人、大學生￥320 🌐www.kahaku.go.jp ❗夜間觀星入館需事先上官網預約

　國立科學博物館是日本唯一的綜合性科學博物館，歷史悠久；巨大的鯨魚雕塑就橫跨在大門前的廣場上，相當醒目。館內主要分為「日本館」和「地球館」兩部分，從化石、地質、標本等等眾多的自然科學收藏，詳細描述了日本的自然史和地球環境的長期變化，最受小朋友喜歡的當然是恐龍化石和各種隕石的收藏區。

東京都美術館

🏛別冊P.6,C3 ☎03-3823-6921 ⚲台東區上野公園8-36 🕐9:30~17:30(入館至17:00)，特別展期間的週五至20:00(入館至19:30) 🚫每月第一、三個週一(遇假日、補休日順延翌日休)，特別展、企劃展期間週一(遇假日、補休日順延翌日休)，年末年始，整修日(詳見官網) 💰自由入館，展覽另需購票 🌐www.tobikan.jp

　大正15年(1926年)建設完成的東京都美術館，當初是為了展出明治以後的日本畫與西洋畫作，及作為日展等大型官方公募展的展出場而成立，目前的美術館建築於1975年改建。東京都現代美術館和國立新美術館的成立，各自分擔東京都美術館在現代收藏和公募展出上的功能，也因此**東京都美術館經由型態上的調整，提供人們新的藝文空間**。

> 懷舊的零食店或銅壺屋，可以看到使用過的工具用品。

下町風俗資料館

🏛別冊P.6,D2 ☎03-3823-7451 ⚲台東區上野公園2-1 🕐9:30~16:30(入館至16:00) 🚫週一(遇假日順延翌日平日休)，12/29~1/1 💰大人￥300，小學~高中生￥100 🌐www.taitogeibun.net/shitamachi/ ❗2023年4月起進行整修工事，預計2025年3月重新開館

　如果想看江戶時代的老街氣氛，推薦可走趟下町風俗資料館，**1樓刻意營造出當時商家的店舖感覺，2樓則展示生活日用品和玩具**，讓人彷彿穿越時空回到過去，感受到滿滿的下町古早風情。

灰白水泥外牆，頂上日式黑瓦，充滿東洋風格的西式建築被稱為「帝冠樣式」，由銀座和光、原美術館的設計師渡辺仁所設計。

©Tokyo National Museum

🏛 東京國立博物館

おすすめ 薦

🅰別冊P.7,B2 ☎03-5777-8600 🏠台東區上野公園13-9 🕐9:30~17:00(入館至16:30)，週五六至19:00(入館至18:30) 🅰週一(遇假日順延翌日休)，年末年始(2024/12/23~2015/1/1)，設備檢修日(詳見官網)，不定休 💲常設展大人￥1,000、大學生￥500 🌐www.tnm.jp

全日本國寶聚集一方，到東博感受日本藝術與文化的脈絡吧！

擁有本館、東洋館、表慶館、平成館與法隆寺寶物館等5個分館的東京國立博物館**是上野公園內占地最大，同時也是日本歷史最悠久的博物館**。初夏時期造訪，四周樹木青綠包圍，蟬鳴聲隆隆，水池那頭的古老建築隱隱訴說著日本的建築近代史的，正是1938年開館的本館。館內收藏品以藝術和考古文物為主要對象，更多的是日本美術，可以了解日本的藝術甚至是文化脈絡。另外，表慶館專門於日本考古，平成館運用作為特別展示館。

東京國立博物館本館入口有著挑高設計，著名的大階段由全大理石建造，有許多廣告、日劇都曾在此取景。

本館北側的日式庭園只在春秋才開放，林木之間隱藏著茶室與五重塔，日式風情滿溢。

💡 **日本第一個博物館**

1872年時，在湯島聖堂舉博的博覽會中，日本文部省博物局在此開設博覽會場，當時入場人數多達15萬人，是日本博物館展覽的起源。後來轉入內山下町，直至1882年時才移至上野公園中。

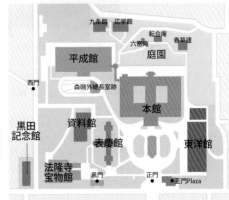

東京國立博物館必看！

本館
以日本文化精髓為基調建成的洋式大屋，出自設計師渡 仁之手。館內收藏品以藝術和考古文物為主要對象，更多的是日本美術，可以展示了解日本的藝術甚至是文化脈絡。

表慶館
位在本館左側的表慶館是明治末期的洋風代表建築，巨大穹頂營造出歐式宮殿風格，門前的一對石獅子右邊張口，左邊閉口的樣子也融合日本的傳統的「阿吽」，小細節中不難窺見明治時期和洋融合的樣貌。

黑田記念館
黑田記念館位在東京國立博物館的境外，只隔一條馬路，是紀念被譽為日本近代美術之父「黑田清輝」的美術館。館內展示其多幅作品，每年在特別室中，限時展出黑田清輝的代表作品，十分有看頭。

舞妓／明治時代（1893年）／重要文化財
©Tokyo National Museum

法隆寺寶物館
1964年開館的法隆寺寶物館，於1997年重新改建開館，由谷口吉生所規劃設計，透過水平／直線與透明／不透明的交錯運用，傳達出當館收藏內斂、寧靜且充滿靈性的本質，內部展示空間的黑暗，也突顯藝術品的本身的歷史氣氛。

法隆寺獻納寶物
館內收藏明治初期，古都奈良的法隆寺獻給日本皇室的文物。

菩薩半跏像／飛鳥時代／重要文化財
©Tokyo National Museum

©Tokyo National Museum

平成館
因皇太子德仁親王大婚時而開放的平成館，1樓是考古資料展示，另外也有企畫展示室、大講堂等設施。2至4樓作為特別展示館，只在特別的時候開放。

©Tokyo National Museum

東洋館
網羅亞洲美術作品，內容包含中國、韓國、印度、東南亞，甚至西亞的佛像雕刻、繪畫、瓷器、金屬工具等，種類豐富，展示品每年會固定更換，不同季節前來都會有全新感受。

本館必看LIST

太刀　銘備前国長船住景光／鎌倉時代／國寶

武具
收藏日本平安時代至江戶時代的武刀、鎧甲等，其中不少名家鑄造的太刀與華麗的刀鞘。

埴輪挂甲武人／古墳時代／群馬縣太田市飯塚町出土／國寶

銅鐸／彌生時代／伝香川縣出土／國寶

伝源賴朝坐像／鎌倉時代／重要文化財

愛染明王坐像／鎌倉時代／重要文化財

考古
東博所收藏的考古文物包含土器、石器、木器、玻璃、祭祀用金屬等，並不只有日本出土文物，其中也有來自中國、韓國的文物。

鳥獸人物戲畫卷斷／平安時代／重要文化財

孔雀明王像／平安時代／國寶

繪畫
繪畫部份包羅萬象，日本的佛畫、大和畫、屏風、掛軸、浮世繪版畫、近代繪畫等種類眾多，也可見中國唐宋元明清各時期的繪畫書法，清朝畫家鄭燮的作品也被收藏其中。

雕刻
亞洲諸國皆以佛教立國，東博收藏日本各時代的佛教雕刻，當然也不少韓國、甚至還有中亞的貴霜帝國(大月氏)等的文物，十分珍貴。

這幾天可以免費入館！
在國際博物館日(5/18)、週年紀念無料開館日(7/20~7/24)、敬老日(9月第三個週一)、文化之日(11/3)等幾天，博物館的常設展(綜合文化展)開放民眾費入場。若是平常的開館日，未滿18歲，與70歲以上的老人，也能出示証明文件免費參觀常設展。

atre上野

アトレ上野

🛍別冊P.6,C2 ☎03-5826-5811 ⚫台東區上野7-1-1 ▼購物10:00~21:00、餐廳11:00~22:30 🌐www.atre.co.jp/store/ueno

　　atre是JR系統的車站購物中心，**服裝以女性為對象，從青少年到熟齡婦女都可以找到自己適合的風格，另外也會不定期推出各種獨特的期間限定商品。**與車站相連的百貨當然少不了美味餐廳，世界連鎖的Hard Rock美式餐廳就開在這裡，吸引不少年輕人特地到上野品嚐。

上野的購物街裡也找得到上野動物園的人氣貓熊周邊商品！

東京芭奈奈特別推出可愛的貓熊版芭奈奈。

上野丸井

上野マルイ

🛍別冊P.7,A1 ☎03-3833-0101 ⚫台東區上野6-15-1 ▼11:00~20:00 ❌不定休 🌐www.0101.co.jp/058/

　　丸井百貨就位於東京METRO的上野站出口，與車站直接相連的地理位置相當方便。百貨走的是丸井一貫的年輕風格，特別受歡迎的品牌有MUJI、GAP、LOFT、PLAZA、FANCL等，也有針對外國旅客的退稅服務。

ecute 上野

エキュート上野

🛍別冊P.6,C2 ☎03-5826-5600 ⚫台東區上野7-1-1(上野駅3F改札口內) ▼約8:00~22:00(L.O.21:00)，依各店舖而異 🌐www.ecute.jp/ueno ❗ecute位在車站3樓改札口內，要進入必需有車票或是另外購買入場券(以2小時為單位，一單位¥150)，建議利用在上野轉車或以上野為起迄站時再逛

　　ecute是JR東日本旗下的車站購物設施，在車站改札口內人來人往的通道兩旁設立許多讓人忍不住停下腳步一探究竟的店家，不只**集結各式雜貨、書店，也有方便下班回家旅客的各式餐廳、熟食區。**

伊豆榮 本店

🛍別冊P.6,D3 ☎03-3831-0954 ⚫台東區上野2-12-22 ▼11:00~21:00(L.O.20:15) 💲御會席套餐¥8,800起，うな重(鰻魚飯定食)¥3,630起 🌐www.izuei.co.jp

　　伊豆榮是一家鰻魚料理的老舖，創業於江戶時代中期，至今約有260年的歷史。這裡的蒲燒鰻魚是採用和歌山的備長炭溫火燒烤，搭配小菜、湯品、生魚片等，另外還有提供鰻魚的傳統江戶料理柳川鍋，同樣十分夠味。

山手線一圈　上野　↓東京地下鐵↓中央總武線↓東京廣域

🍴 UENO 3153

📍別冊P.6,C2　🕐依各店舖而異　🏠台東區上野公園1-57　🕐約11:00~23:00，依各店舖而異　🚫依各店舖而異　🌐ueno3153.co.jp

2013年開幕的UENO 3153由上野西鄉會館改裝而成，奇怪的命名其實是以由諧音(西鄉さん與3153的日文發音類似)而來。**地上三層、地底兩層樓的設施，集結「銀座ライオン」、「叙々苑」等有口皆碑的老字號。**屋頂設有展望庭園，可以欣賞上野一帶風景，夜晚還能從這裡看到點燈的西鄉隆盛像，追憶一代偉人的丰華。

カツレツ(炸豬排餐)¥3,850

🍴 ぽん多本家

📍別冊P.7,A2　☎03-3831-2351　🏠台東區上野3-23-3　🕐11:00~14:00(L.O.13:45)、16:30~20:20(L.O.19:45)，週日、例假日11:00~14:00(L.O.13:45)、16:00~20:20(L.O.19:45)　🚫週一

於明治38年創業的ぽん多本家是第一家將豬肉用天婦羅低溫方式油炸的元祖，現在的老闆是第四代島田良彥。建議豬排上桌後，先不要沾醬，品嘗看看豬肉鮮嫩無比的原味之後再佐醬食用，纖細優雅的口感，讓人對於炸豬排刮目相看。

🎁 多慶屋 　薦 おすすめ

📍別冊P.7,A2　☎03-3835-7777　🏠台東區台東4-33-2　🕐TAKEYA1 9:00~21:00，B2~B1F Summitstore(サミットストア)超市至凌晨1:00，TAKEYA3 10:00~19:00　🚫1/1　🌐www.takeya.co.jp

看起來不起眼的老舊大樓，裡頭可藏著大特價好貨！

以紫色為企業識別色系的多慶屋位於昭和通與春日通交叉口，雖距離上野站有一段距離，但一樓的生鮮食品賣場卻總是擠滿來自各地的主婦主夫們，**因為多慶屋可是全東京最便宜的地方，**從食品、家電、服裝、藥妝到家具，所有一切與生活相關商品應有盡有，家電用品還比大型連鎖量販店還便宜一些唷。

👁 舊岩崎邸庭園

旧岩崎邸庭園

歐式宅邸混合英國文藝復興與些許伊斯蘭元素，氣派堂皇。

📍別冊P.6,D4　☎03-3823-8340　🏠台東區池之端1-3-45　🕐9:00~17:00(入園至16:30)　🚫12/29~1/1　💰大人¥400，65歲以上¥200，國中生及小學生以下免費；5/4綠之日、10/1都民日免費　🌐www.tokyo-park.or.jp/park/kyu-iwasaki-tei/index.html

三菱集團創始人的豪邸舊岩崎邸庭園在全盛時期共有二十多棟建築，廣闊的庭院承繼自江戶時代的大名，**是最早洋式草坪與日式庭院結合的典範。**入口坡道盡頭、木造兩層建築帶地下室的主建築物洋館，是由英國建築家約辛·康德(Josiah Conder)在1896年設計而建的歐式宅邸，與洋館相結合的和館以書院風格為基調的純日式建造，另外同由康德設計的撞球室則帶著瑞士小屋風格，在當時極其少見。

阿美橫丁
アメ橫

由上野車站南側的高架鐵軌橋下一路延伸到御徒町的阿美橫丁，據說名字源自「America」的縮寫，早期以販賣美軍二手商品出名，也有另一說是早期糖果店(飴屋，AMEYA)集結在此。走進熱鬧非凡的阿美橫丁商店街，馬上被店家的吆喝聲團團圍住，人手一袋新鮮小吃、乾果交織出元氣十足的東京面貌。

www.ameyoko.net/

鐵道下的平價老店小攤，可以品嚐最道地的東京庶民風味。

來日本必逛的藥妝店家也超級多！

🎁 志村商店

📍別冊P.7,A1　☎03-3831-2454　🏠台東區上野6-11-3　🕐10:00~17:30　🌐ameyoko.la.coocan.jp

到了阿美橫丁，還沒走近就可以聽到志村商店熱鬧的吆喝聲，也成了媒體爭相報導的上野聲音風景。志村商店主要販賣進口的巧克力和零食，隨著招呼聲，老板還會不斷在已滿的袋子裡塞入各種糖果，讓所有人感到滿意。

每袋¥1,000元均一價

招牌是創業以來的老菜單——馬腸內臟燉煮。

各式串燒¥180起

🍴 もつ焼 大統領

📍別冊P.7,A1　☎03-3832-5622　🏠台東區上野6-10-14　🕐10:00~23:30

從昭和25年(1950年)開業以來，大統領的店內氣氛和料理口味似乎從未改變過，也是高架橋下極有人氣的小攤之一。店裡的菜單是典型的居酒屋菜單，各種串燒、泡菜、小料理配上日本酒、威士忌或啤酒。

🍴 やきとり文楽

📍別冊P.7,A1　☎03-3832-0319　🏠台東區上野6-12-1　🕐14:00~23:00，週六日及例假日12:00~22:00　🈺年末年始，夏季不定休　💴もも(烤雞串)2支¥360，生啤酒¥480

やきとり文樂賣的是最大眾化的烤雞肉串，便宜的價格加上無敵的燒烤香氣，總吸引許多上班族一下班就來報到，路邊攤的屋台形式，更是讓所有人都很容易融入飲酒歡樂的氣氛中，和鄰座的顧客很快就打成一片。

珍珍軒

珍々軒

（地）別冊P.7,A1　（電）03-3832-3988　（地）台東區上野6-12-2
（時）10:00~23:00(週日至20:00)　（休）週一(遇假日順延翌日休)　（価）ラーメン(拉麵)￥700起

昭和37年就開店的珍珍軒位於阿美橫丁旁的高架橋下，L字型的吧檯座位甚至突出在道路上，讓人充分體驗東京的路邊攤感受，從以前到現在提供味道不變的單純拉麵，**東京招牌的醬油湯頭中，放入叉燒、筍乾和蔥花，常能見到上班族們在夜色中埋頭品嚐。**

Hinoya Plus Mart

（地）別冊P.7,A2　（電）03-3833-2577　（地）台東區上野6-10-22
（時）10:00~20:30　（網）www.rakuten.ne.jp/gold/hinoya/index.html

創業超過60年的Hinoya在上野就有三家店，雖然店舖看來小小又雜亂，卻是一個挖寶的好地方，**超級個性化的日本潮牌EVISU、復古的LEVIS，或是夏威夷衫、T恤都很是適合搭配的單品**，另外店裡也有幾支傳統日式結合洋風的日製街頭品牌。

中田商店 アメ横店

（地）別冊P.7,A2　（電）03-3831-5154　（地）台東區上野6-4-10
（時）11:00~19:30，週六日及例假日10:00~19:30　（休）1/1
（網）www.nakatashoten.com

喜愛軍用品的人一走進阿美橫丁就會注意到這家中田商店，堆滿軍用品的店裡令人聯想起早年阿美橫丁的可能樣貌。**這裡無論是飛行夾克、軍大衣、皮衣、軍靴或真正美軍或日軍所流出的軍用品通通都可以找得到。**

> 夾克商品價格頗為合理，貨色相當齊全。

舶來堂

（地）別冊P.7,A2　（電）03-3833-2233　（地）台東區上野6-9-5　（時）11:30~18:30　（休）不定休　（網）www.instagram.com/hakuraido2233/

小小店舖的舶來堂是從昭和20年的二次級大戰之後就開業至今的元老級店家！從一開始賣些小物的雜貨店，從1965年開始成為各種皮件的專賣店，**店裡款式豐富多樣的皮衣、皮靴，均進口自英國或美國的品牌**，還各自擁有機車騎士、搖滾和軍用等不同的傳襲風格。

百果園 上野2號店

📖別冊P.7,A1　☎03-3831-0518　🏠台東區上野6-11-4
🕙10:00~19:00

　　阿美橫丁的百果園算是必看的招牌名店，店如其名，**賣的是種類豐富的新鮮水果**，除了看起來垂涎欲滴各種高級水果，最有名的是一串串的水果棒，鳳梨、草莓、甚至是高級的日本品種哈密瓜通通都用竹籤串起，後期因為疫情先暫停販售水果棒。

 みなとや 本店

📖別冊P.7,A2　☎03-3831-4350　🏠台東區上野4-1-9
🕙11:00~19:00(週六日及例假日至19:45)　💰海鮮丼￥500
起　📷www.instagram.com/minatoyasyokuhin/

　　位於阿美橫丁上的一角的みなとや除了販賣各種乾果食品，最有名的就要算是用透明帆布搭出的海鮮丼屋，**在透明布上貼了滿滿的海鮮丼實物照片和超級便宜的價格**，讓行人都停下腳步，擺上滿滿夠份量的**新鮮鮪魚的海鮮丼居然只要￥500起**，不吃都覺得對不起自己。

 Powwow 本店

📖別冊P.7,A2　☎03-3839-8020　🏠台東區上野6-4-16
🕙12:00~19:00　🚫週三，每月第三個週六　📷www.powwow-japan.com

　　2002年在阿美橫丁開幕的Powwow是印地安飾品專賣店，店名指的是「以物易物場所」，**可以找到許多美國印地安原住民如納瓦荷族、霍皮族和祖尼族所製作的飾品**，使用銀、土耳其玉石等原石製作而成的**手鐲、戒指等**，有著獨特豪邁的藝術氣質，另外也有西部的牛仔帽等同樣來自美國西南部的商品販售。

> 店裡有部分商品為店家原創設計，另外也接受顧客訂作。

 Coffeeビタール

📖別冊P.7,A2　☎03-3831-4012　🏠台東區上野4-6-13
🕙11:00~18:30　🚫週三

　　阿美橫丁上可以看到許多從世界各國進口的食品雜貨專賣店，Coffeeビタール就是其中之一，**商品以咖啡為主，因為也有自家烘培的咖啡豆，經過就會聞到陣陣咖啡香**。咖啡商品從即溶咖啡到咖啡粉來自全球的不同角落，另外也有販賣進口茶品和果醬、點心等。

日暮里·谷根千

にっぽり·やねせん

Nippori·Yanesen

位在山手線上的日暮里是轉車大站，從這裡能直接連結谷根千，一處有貓、有小巷子、有濃濃生活情緒的地方。「谷根千」是指谷中·根津·千駄木地區，這裡保留江戶後期的古樸風情，飄蕩著悠閒和緩的慢板步調。這裡少了一般對東京印象的燈紅酒綠、喧鬧人潮，只有安靜的街巷、古老的木造建築，以及夕陽餘暉中閃爍著光芒的長長坂道，舊式風景連東京人也為此地深深著迷。

〖 漫步文學坂道 〗

日文稱斜坡道為坂，谷根千正以舊式風情的坂道聞名。石坂道兩旁，夏目漱石、森鷗外都曾居於此，並留下傳世佳作。而江戶川亂步所寫的著名懸疑小說「D坂殺人事件」中的D坂，就是以千駄木車站附近的團子坂為原型。

◉ 谷中銀座

おすすめ
薦

🅰別冊P.7,A4 🅣台東區谷中~西日暮里一帶 ⏰約10:00~19:00，依各店舖而異 🔗www.yanakaginza.com

最具當地風情的老街，兩旁賣店各自叫賣聲感受到下町的熱情活力！

　谷中銀座是一條富有活力的古老商店街，感覺起來像台灣鄉下的廟口小街。小巧又精緻的店家毗鄰而立，除了**蔬果店、麵包店、生活雜貨、便宜衣服、木屐鞋襪等民生用品之外**，還有許多**很有意思的特色小店**，平凡中帶有老街獨有的氛圍。

交通路線&出站資訊

電車

JR東日本日暮里駅◇山手線、京濱東北線、上野東京線、常磐線

京成電鐵日暮里駅◇京成本線、Sky Liner

都營地下鐵日暮里駅◇日暮里·舍人ライナー

東京Metro千駄木駅◇千代田線

東京Metro根津駅◇千代田線

出站便利通

◎谷根千區域的主要道路是不忍通、言問通和三崎坂，圍成的不規則五角形，蜿蜒的小路和坂道在五角形裡交叉、放射，成為許多小區塊。沿大路繞行全區約需2小時，精華之處則在於放任自己在錯綜的巷道中迷路。趕時間的旅客，建議選擇前往地點的最近車站下車後直接前往。

◎谷中靈園從JR日暮里駅的南口出站，沿著紅葉坂(もみじ坂)或芋坂(いも坂)爬坡道而上就可看到。

◎前往谷中銀座商店街則從西口出站，沿著七面坂往坡道下方就可看到，途中會經過欣賞夕陽聞名的夕燒けだんだん(落日階梯)。

◎想到可賞杜鵑花的根津神社建議從東京Metro根津駅1號出口出站，沿著不忍通徒步約130公尺就可以看到寫有根津神社入口的紅綠燈交叉口，左轉走入就可看到。

🎁 Neco Action

📍別冊P.7,A3　☎03-5834-8733　🚶荒川區西日暮里
3-10-5　🕐11:00~18:00　🈺週一(遇假日照常營業) 🚇
www.necoaction.com

　　谷根千遍布小巷的地形適合貓鑽來鑽去，很多愛
貓者都會來此尋找貓的身影，貓雜貨的出現也很理
所當然。Neco Action位在JR日暮里站和谷中銀座間
的坂道上，門前的掛布以明亮的色彩畫滿可愛貓咪，
**進入店內則是鋪天蓋地、各色各樣的現代風格貓雜
貨，還有貓用餅乾和臥鋪等可愛商品。**

> 松野屋陳列著有質
> 感的藤編籃子、食
> 具器皿、木製椅子
> 和自家品牌背袋。

> 店內商品有著現代
> 人喜歡的可愛小細
> 節，適合喜歡生活
> 雜貨的朋友。

🧁 やなかしっぽや

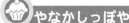

📍別冊P.7,A4　☎03-3822-
9517　🚶台東區谷中3-11-12
🕐11:00~18:00，週六日及例
假日10:00~19:00　🈺不定休

　　以貓咪尾巴作為甜點造
型發想，成為專屬下町的
人氣甜點焼ドーナツ，使
用國內三重產的小麥粉、
北海道及奄美諸島產的砂
糖，製成單純質樸的好味

道；店內常備口味約13~14種，**其中以名為「とら」的
焼ドーナツ最受歡迎**，黑巧克力與白巧克力碎片融合
苦甜滋味，讓人一嘗就上癮。

⊙⊙ 後藤の飴

📍別冊P.7,A4　☎03-3821-0880
🚶荒川區西日暮里3-15-1　🕐
10:30~19:00　🈺週三

　　後藤の飴創業於大正11年
(1922年)，**店裡販賣的軟飴(古
早味的糖果)和點心都是自家手工製的**，水果、汽水、
紅茶等各種口味加起來有一百種之多，皆採用不會危
害身體健康的天然素材，完全不使用化學添加物及色
素，是帶有兒時回憶的甜蜜滋味。

🎁 谷中松野屋

📍別冊P.7,A3　☎03-3823-7441　🚶
荒川區西日暮里3-14-14　🕐
11:00~19:00　🈺週二(遇假日照常營
業) 🚇matsunoya.jp

> **おすすめ**
> **薦**
> 松野屋以優雅風
> 格保存老東西，喜
> 歡生活美學的人
> 絕不能錯過！

　　早在「生活雜貨」這個名詞出現前，松野屋就以
「荒物問屋」的名稱，販賣各種手工製作的生活用
品，已有六十多年的歷史。2010年松野屋在谷中銀座
的主要道路上開了小店，**秉持對於手工製作、天然素
材、經久耐用和價格合理的理念**，很受地方人士和旅
客們的喜愛。

氷蜜堂

ひみつ堂

📍別冊P.7,A4　☎03-3824-4132　🚇台東區谷中3-11-18　🕐週三、四10:00~19:00，週五10:00~17:00，週六、日8:00~18:00　❌週一、二　💲ひみつのいちごみるく(招牌草莓牛奶冰)￥1,500　🌐himitsudo.com　❗夏季冰店人潮眾多，故假日會發放號碼牌，依照牌上時間回到店內即可入內享用，而平日則仍要排隊才能入店

谷根千的剉冰排隊名店！

一到夏季必定有的刨冰風潮，提供各式刨冰的小舖也紛紛成立，其中最受到注目的谷中みつ堂門前總是有長長人龍，想吃上一碗，光是排隊等候的時間就要1~5小時！店內**Menu分為夏季與冬季兩種，夏**天只提供刨冰，但冬天除了刨冰外也提供自家製焗烤料理，能讓身體暖呼呼。

氷蜜堂的糖漿由季節水果熬製而成，新鮮又清爽。

栗薰雙淇淋嚐得到牛奶與栗子香完美結合。

和栗や 谷中本店

📍別冊P.7,A4　☎03-5834-2243　🚇台東區谷中3-9-14　🕐11:00~17:30(L.O.16:30)　💲和栗ソフト(栗子霜淇淋)￥650起　❌週一　🌐waguriya.com

和栗專門店「和栗や」，嚴選自茨城縣的栗子，使用日本各地產收的砂糖、鹽、麵粉等原料，店內甜點所用的水果、茶葉等也皆為國產；**店內約十種不同口味、造型的蒙布朗最為吸睛，每年依季節性推出不同甜品**，像是從6月至9月初有夏季蒙布朗桃子口味，帶著栗香的甜品很是討喜。

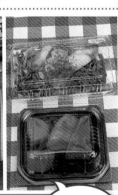

トーホー

📍別冊P.7,A4　☎03-5814-8868　🚇台東區谷中3-8-11　🕐10:00~19:30　❌週日

媽媽風味的各式家庭手路菜這裡都買得到！

位在谷中銀座商店街尾巴的「トーホー」，紅通通的裝潢超元氣，**炒麵、軟甜南瓜煮、餃子等各式餐點和小菜，且價格平民分量也夠，讓你吃得飽又吃得巧**！每天限量的分量加大便當，白飯、配料超足，再加上大塊的漢堡排或海鮮，非常超值。

🍽 肉のサトー

🏠別冊P.7,A4　📞03-3821-1764　📍台東區谷中3-13-2
🕐10:30~19:30(炸物12:00~17:00)　🚫週一　💲谷中メン
チ¥230

　由肉のサトー開設的熟食攤「谷中メンチ」，是日本
人散步谷中銀座商店街必吃的路邊美食。像是自己家
附近菜市場常光顧的攤位，簡單乾淨，原本是肉攤店
家，後來發展出一系列炸物，**其中以使用A5和牛製
成的「谷中メンチ」，是店內人氣逸品，當地人必吃、
觀光客更不能錯過的美食！**

噴香的炸物讓過
路人都停下腳步，
買一塊來品嚐。

位在谷中銀座
附近的谷中店
則是一號店。

老屋新生的藝術
空間，增添谷根千
地區的多變性。

☕ 谷中咖啡店

やなか珈琲店 谷中店

🏠別冊P.7,A4　📞0120-874-877
台東區谷中3-8-6　🕐10:00~20:00　🚫
無　🌐www.yanaka-coffeeten.com

薦 おすすめ

谷根千的代表咖
啡，想要品嚐在
地精神，就要來
やなか珈琲店。

　谷中咖啡店其實是一個咖啡品牌，小店門面大約只
有2公尺，店內設有3、4個簡便座位，**可以在這裡享受
現場磨咖啡豆的香氣**，以及當地的婆婆媽媽們騎著
腳踏車順道進來喝杯咖啡，和店員們閒話家常的在
地生活感。谷根千地區有3家店舖，除了谷中店外，在
千馱木、根津也能喝到這美味咖啡。

☕ ⓗ HAGISO

🏠別冊P.7,A4　📞03-5832-9808　📍台東區谷中3-10-25
🕐1F HAGI CAFÉ 8:00~10:30(L.O.10:00)、
12:00~17:00(L.O.16:00)，週六日及例假日
12:00~20:00(L.O.19:00)　🚫不定休　🌐hagiso.jp

　HAGISO由木造老公寓「萩莊」轉型，改造成現在看
見的黑色外觀；**1樓有咖啡、展覽室**，不只有靜態的展
覽，偶爾也能看見舞蹈發表、電影首映等活動。**2樓則
是進住了旅館hanare、美容室等**，在充滿人文風情
的谷根千地區裡作為探求世界的日本中心。

山手線一圈 日暮里·谷根千 ▶東京地下鐵▶中央總武線▶東京廣域

◉ 谷中靈園

ⓐ別冊P.7,A3 **☎**03-3821-4456 **⌂**台東區谷中7 **⌚**自由參觀 **🌐**www.tokyo-park.or.jp/reien/park/index073.html

　　如同巴黎的拉雪茲神父墓園，長眠於谷中靈園的不乏大人物，末代將軍德川慶喜、將日本畫推向國際的橫山大觀、有「日本實業之父」稱號的涉澤榮一等都在這7000座墓所之中，**墓前設有生平事蹟的解說碑，尋訪起來很有日本近代史散步的意味。**

谷中靈園平常就是居民出入的綠帶，春天時更是熱門賞櫻地點。

◉ 觀音寺 築地塀

ⓐ別冊P.7,A3 **☎**觀音寺03-3821-4053 **⌂**台東區谷中5-8-28 **⚫**自由參觀 **🌐**yanaka-kannonji.jp/wall/

　　觀音寺築地塀位於距谷中靈園林蔭大道的不遠處，是面由瓦片和泥土堆砌而成的土牆，**距今已有200年歷史，也是谷中一帶江戶風情的代表地之一。**雖然名為觀音寺築地塀，但觀音寺空留舊址，唯有這面50公尺的長牆被保存下來，仔細觀看，能看到百年來人們在牆面上細心修補的痕跡。

隨餐附贈的茶品有可以消除疲勞的山藥黑芝麻茶，及預防感冒的紅花生薑茶。

🍴 薬膳カレーじねんじょ 谷中店 🈯薦

ⓐ別冊P.7,A3 **☎**03-3824-3162 **⌂**台東區谷中5-9-25 **⚫**11:30~16:00、17:30~21:00，週四11:30~16:00 **🈲**週一(遇假日順延翌日休)、週四晚上

清爽口味的日式咖哩一解夏季熱氣，超活潑老闆讓用餐氣氛更歡樂！

　　路地裏的懷舊咖哩「じねんじょ」，店家秉持東洋醫學中的藥食同源概念，**以不加化學添加物和奶油，只使用8種野菜蔬果、11種香料並加入6種和漢生藥煮出人氣藥膳咖哩**；店內販售雞肉、野菜、海鮮、牛肉、特製等五種口味咖哩，各有不同的滋補作用，加價還可享用到含有黑米、赤米等的五穀米飯。

白黑ペア招き貓(白黑招財貓)¥1,870

🎁 開運 谷中堂

ⓐ別冊P.7,A4 **☎**03-3822-2297 **⌂**台東區谷中5-4-3 **⚫**10:30~17:30 **🈲**週一(遇假日順延翌日休) **🌐**www.yanakado.com

　　店內的招財貓，大多是由店主和朋友在店舖後方的工房親手燒製繪成，不但種類眾多，每只小貓的神情都不盡相同，比起一般的招財貓更多了活潑的生氣。除了招財貓之外也有狗狗和其他十二生肖動物的相關小物，如果事前在網頁上提供自家貓咪的照片，店家也可以為你特別製作專屬招財貓。

古老又帶點神秘的店內氛圍佐上咖啡香氣，更有迷人之處。

☕ 亂步

📍別冊P.7,A4 📞03-3828-9494 🏠台東區谷中2-9-14 🕙10:00~20:00 休週一(遇假日順延翌日休)

將咖啡店取名「乱步」(亂步)，不難想像老闆正是死忠的小説迷。**因為喜愛日本推理小説家江戶川亂步的迷離氣氛、愛書也愛貓，選在三崎坂開了這間咖啡店**，略上年紀的原木桌椅、各種奇妙的舶來擺飾、滿滿的舊書搭配氣氛沉穩的爵士樂，讓人彷彿回到昭和時代，令人著迷。

🎁 伊勢辰

菊寿堂いせ辰 谷中本店

📍別冊P.7,A4 📞03-3823-1453 🏠台東區谷中2-18-9 🕙10:00~18:00 休無 🌐www.isetatsu.com

創業於1864年的老舗伊勢辰，**專賣折紙專用的和紙──千代紙和相關工藝品，店裡超過1000種紋樣、色澤艷麗的千代紙**，都是延續傳統以手工製作，用木版雕刻套色後染印上去的。紙張紋飾典雅美麗，帶著日本特有的季節風情，無論是單純的紙張，或是摺製成的和風小物，都讓人愛不釋手。

店內以千代紙製成的商品，依季節會有所不同。

成落仙貝堆疊在玻璃罐中的情景很有懷舊氣氛。

〰 菊見仙貝總本店

おすすめ 薦

菊見せんべい総本店

📍別冊P.7,A4 📞03-3821-1215 🏠文京區千駄木3-37-16 🕙10:00~19:00 休週一 🍘醬油せんべい(醬油仙貝)1袋14枚¥980 🌐www.kikumisenbei.tokyo/

從大大的玻璃缸中挑選喜歡的仙貝，邊走邊吃最是對味！

在谷根千老街區，仙貝店是常見的店家種類之一。明治8年(1875年)創業的菊見仙貝，富有古風的木造建築幸運未受關東大地震和戰爭波及，至今依然保存完好。**菊見仙貝特徵是呈四方形，香脆不黏牙，不論是懷舊的醬油口味，還是抹茶、唐辛子、砂糖等都別具滋味。**

山手線一圈　日暮里‧谷根千　➡東京地下鐵➡中央總武線➡東京廣域

Bousingot

📍別冊P.7,B4　📞03-3823-5501　🏠文京區千駄木2-33-2
🕐約傍晚~22:00　❌週二(週假日順延翌日休)　🌐www.bousingot.com

　　Bousingot是法文人偶的意思，**在不忍通上的舊書店兼咖啡，店內大約2,000冊的舊書類型從哲學、歷史到巴黎生活文化史，飲料單上也以日法文並行。**這裡的咖啡極有水準，價格也非常可親，除了舊書愛好者，也能見到推著嬰兒車前來的客人，氣氛溫馨。

Canova

📍別冊P.7,A4　📞03-5814-2260　🏠文京區千駄木2-30-1
🕐11:30~15:00(L.O.13:30)、17:30~23:00(L.O.21:30)
❌不定休

　　外觀不起眼的Canova是在地人才會來到餐廳，**多彩的蔬菜料理不僅健康更是美味，利用義式烹調手法保持食材原味，**不以花俏的調味取勝，因為店內空間較小，位置也不多，所以用餐時間總是座無虛席。

午間套餐有沙拉、湯品、前菜、主餐、飲料，每道精緻又美味。

おすすめ
薦

爬蟲類両生類研究所8分室
爬虫類両生類研究所8分室

週末限定咖啡館！

📍別冊P.7,B4　🚇無　🏠文京區千駄木2-49-8　🕐週六、日12:00~19:00　❌週一~五　🌐on.fb.me/1zZ5rB2

　　善長改造古房舍的建築師中西道也在谷根千設立了這間小咖啡應，**空間本身就像是件藝術品般，刷藍的牆面與三三兩兩的桌椅，呈現出灑落卻又帶點神祕的氣息，**小店開的時間有些隨意，基本上只開週末，除了咖啡之外，也提供限量餐點，讓人可以在店內享用。

山手線一圈 日暮里・谷根千
➡東京地下鐵➡中央總武線➡東京廣域

C.A.G.

🏠別冊P.7,B4 ☎03-6276-8400 🏠文京區千駄木2-39-5 🕐13:00~19:00(週六日及例假日至18:00) 🚫週一~三 🌐www.gris-hat.com

C.A.G.是法文「手作灰帽」(chapeaux artisanaux de gris)的簡稱。小店以規律的木板將室內隔間成房子形狀，中間作成展示櫃，**店裡部分販賣店主挑選的設計雜貨，另一部分則是訂做的手作帽子工房**，即使停留在東京的時間沒有長到可以等待一頂帽子的完成，也可以到這裡看看品質良好的生活雜貨。

> C.A.G.的空間以白色及木紋為設計元素。

Bonjour mojo2

🏠別冊P.7,B4 ☎03-5834-8278 🏠文京區根津2-33-2 🕐11:00~售完為止 🚫週一、二，每月第一個週日 🌐www.instagram.com/bonjour_mojo2/

隱藏在小巷弄中的小麵包屋Bonjour mojo2不仔細找可還真容易錯過，有著高超手藝的老闆娘，**用麵包做出一隻隻可愛的烏龜、猴子、大象等動物，光是動物造型的麵包就有18種**，讓人捨不得一口咬下。另外吐司、法國棍子麵包等也都十分受到歡迎，一開店就來買的選擇會比較多。

> 喜歡帶點口感的人別錯過麵包餅乾，又香又脆一口接一口。

> 老闆娘手工製作造型麵包，可愛、美味都兼顧！

Classico

🏠別冊P.7,B4 ☎03-3823-7622 🏠台東區谷中2-5-22山岡ビル102 🕐12:00~19:00 🚫週二(遇假日照常營業) 🌐www.classico-life.com

Classico以「古董、服裝、工藝、生活」為主題企畫，店內共分為兩個空間，**入口處的第一個空間以服裝為主，再往內側則是古董和生活雜貨，樸素玻璃杯、特色陶碗、鐵鍋等商品中**，不乏柳宗理等名家作品，雖然店面不大，卻隱藏著高質感的尋寶驚喜。

> 這裡幽靜的庭園景色曾獲東京都市景觀獎。

根津 釜竹

🏠別冊P.7,B4 ☎03-5815-4675 🏠文京區根津2-14-18 🕐11:30~14:30(L.O.14:00)、17:30~21:30(L.O.20:30) 🚫週日、一 🌐www.kamachiku.com

> 釜揚げうどん(熱烏龍麵)¥990

這間在根津站附近巷弄裡的手作烏龍麵店，和安養院共享著一片靜謐的綠意庭園，店內一部分是利用大正時代倉庫改建，**烏龍麵都是現點後才桿麵，雖然需要等候，新鮮麵條的嚼勁絕對值得等待。**

👁 SCAI The Bathhouse

🏠別冊P.7,B3　☎03-3821-1144　🚶台東區谷中6-1-23柏湯跡　🕐12:00~18:00　🚫週日、一、例假日、換展期間　🔗 www.scaithebathhouse.com

　　雪白的SCAI The Bathhouse前身是名為柏湯的澡堂,1993年開始,則以藝廊型態開始營運。外觀的瓦片屋頂和煙囪有著優雅的外貌,走進其中,挑高的空間給出意外寬敞感。**除了欣賞新進藝術家作品,更可以在這裡感受到東京蓬勃的藝術脈動。**

☕ カヤバ珈琲

🏠別冊P.7,B3　☎03-3823-3545　🚶台東區谷中6-1-29　🕐8:00~18:00(餐點L.O.17:00,甜點、飲品L.O.17:30)　🚫週一(遇假日順延翌日休)　🔗www.instagram.com/kayabacoffee/

　　位在谷中與上野堺隈之上的カヤバ珈琲,從外觀看來是棟古樸的日式兩層樓建築,彷彿將時光凝結的黃色看版,復古的手寫招牌字、屋瓦前緣的凸圓巴紋、瓦下垂木切面塗白等等小細節,讓人感到濃濃的生活感。**建議可以點份刻版的雞蛋三明治,溫熱的烤吐司夾著厚實鬆軟的炒蛋,一口咬下香嫩滑口,經典老味道當屬這一味。**

隨意倚靠著窗欄,在光與影間細細品味大正昭和風情。

たまごサンド (雞蛋三明治) ¥1,300

嵯峨の家的仙貝是被很多人推薦於谷中散步時的絕佳零食。

〰 嵯峨の家

🏠別冊P.7,B3　☎03-3821-6317　🚶台東區谷中6-1-27　🕐9:00~18:30　🔗www.facebook.com/profile.php?id=100054426282168

　　在谷根千老街區,仙貝店是常見的店家種類之一。創業於大正3年(1914年)的嵯峨の家,以**傳統做法選用來自紀州的備長炭烘烤,使得仙貝有炭火焙出來的焦香。**

小鯛燒 ¥290

〰 桃林堂 上野店

🏠別冊P.7,B3　☎03-3828-9826　🚶台東區上野 木1-5-7　🕐9:30~17:00　🚫週一、1/1~3　🔗www.tourindou100.jp

　　位於谷根千邊緣的桃林堂是在町家建築裡的和菓子店,空間內器物、家具甚至門窗、壁面都可看到長久使用而累積的潤澤,令人心緒不由得沉穩下來。**店內的人氣商品是鯛魚外型的小鯛燒**,微香的外皮配上丹波大納言紅豆餡,滋味淡雅,不甜不膩。

羽二重団子深受夏目漱石、司馬遼太郎等文豪喜愛，還曾在不少小說中登場呢。

羽二重団子 日暮里駅前

⊙別冊P.7,A3　☎03-5850-3451　⊙荒川區東日暮里6-60-6　◷10:30~18:00　⊛週一、年末年始　⑤餡団子(紅豆餡糰子)¥324、燒団子(醬油糰子)¥324　ⓤwww.habutae.jp

創業於文正2年(1819年)的老舖羽二重団子，當年第一代主人庄五郎在芋坂上開了藤の木茶屋，因為糰子口感細緻，贏得了羽二重糰子的美名，最後索性連店名也捨棄不用，就以羽二重糰子為名。**招牌的羽二重糰子有醬油和紅豆裏餡的鹹甜兩味，配上抹茶或煎茶，就是個充滿日式風情的美味午後。**

PÂTISSIER CHOCOLATIER INAMURA SHOZO

⊙別冊P.7,B2　☎03-3827-8584　⊙台東區谷中7-19-5　◷10:00~18:00　⊛週一(遇假日順延翌日休)，每月第三個週二　ⓤwww.inamura.jp

世界知名的甜點主廚稻村省三離開西洋銀座飯店後，選在櫻花並木的安靜街道開設甜點店PÂTISSIER CHOCOLATIER INAMURA SHOZO，店內甜點全為外帶，**每日約有30種現作點心可以挑選**，包括各式蛋糕、生巧克力、馬卡龍，另也在鄰近開設巧克力專門店，專賣原創的巧克力和蛋糕類點心，並可在店內享用。

根津神社最令人期待的是四月至五月的杜鵑季，萬紫千紅的花朵讓人目不暇給。

特製莓ロール(特製草莓莓瑞士卷)美觀又可口。

每天現作的蛋糕、麵包，是大排長龍的原因。

根津神社

⊙別冊P.7,B4　☎03-3822-0753　⊙文京區根津1-28-9　◷11~1月6:00~17:00，2月6:00~17:30，3月6:00~18:00，4月、5~9月5:30~18:00，6~8月5:00~18:00，10月5:30~17:30；つつじ苑4月9:30~17:30　⑤自由參拜，杜鵑花祭期間つつじ苑入園大人¥500、小學生以下免費　ⓤwww.nedujinja.or.jp

根津神社為戰國時代桃山風格的建築，一旁連綿**十幾公尺長的朱紅鳥居「乙女稻荷」也是代表性的景點之一。**本殿和拜殿等建築群則為1706年所建，是現存江戶時代神社當中規模最完整。神社最熱鬧的時候可算是四月中旬到五月初，有3,000多株的杜鵑花盛開，沿著道路綻放的火紅杜鵑很有看頭。

巢鴨
すがも
sugamo

在東京各地相繼大更新，推陳出新競相大改造的同時，一直以來巢鴨仍安安靜靜的以自己的步調在時間流中緩步前進，巢鴨還有個可愛的稱號，叫「老奶奶的原宿」。因為是中山道從日本橋出發後的第一個停留休憩點，從江戶時代開始形成商街，在這條老街上竟然可以三五步就有一家超過百年的老舖，密集程度相當驚人，周邊更有不少江戶時代名園、寺廟等。以舊中山道形成的巢鴨地藏通商店街可說是遊逛指標，短短800公尺的街道上各式甜點老舖、日雜用品、地藏寺等，價格便宜更是最吸引人的特點。

交通路線&出站資訊

電車
JR東日本巢鴨駅➡JR山手線
都營地下鐵巢鴨駅➡都營三田線
都電庚申塚駅➡都電荒川線

出站便利通
◎巢鴨最熱鬧的商店街位在JR巢鴨駅與近年相當熱門的都電荒川線庚申塚駅之間，約800公尺長的商店街逛完不想走回頭路，剛好都有車站可以串聯。
◎若從JR巢鴨駅下車出站，往右邊是老店雲集的商店街，往左則是一些新型態店舖散落，像是法式洋果子餐廳等。
◎想往雷神堂、高岩寺、ときわ食堂等，從JR、都營巢鴨駅下車最方便，出口離商店街入口約2分鐘。
◎想往猿田彥大神、巢鴨郵局、マルジ等，從都電荒川線庚申塚駅下車較接近，車站出口即是商店街另一端入口。

可愛すがもん郵筒也要CHECK！

⏹別冊P.3,A3　🚉豐島區巢鴨4-26-26-1(巢鴨郵局前，商店街尾端)

巢鴨商店街為了年輕化，也發展出一隻可愛又萌的吉祥物すがもん，除了在商店街到處都能看到他的看板外，有時他也會現身在活動舉辦中跟民眾互動。如果沒辦法跟他遇上，商店街上也設置幾處可以跟他一起拍照的點，其中一處最便利好找的就是巢鴨郵局啦！

可愛的すがもん就跟戶外郵筒結合在一起，除了可以開心一起拍照外，喜歡寄張旅遊明信片的人，也可以剛好到郵局裡買喔。

◉ 巢鴨地藏通商店街 　薦 おすすめ

⏹別冊P.3,A3-B3　🚉豐島區巢鴨3丁目、4丁目　🕐依各店舖而異　💰依各店舖而異　🌐www.sugamo.or.jp

百年老舖雲集的商店街。

巢鴨地藏通商店街是巢鴨這區最熱鬧的地方，說是熱鬧其實還是挺悠閒又充滿懷舊感，遊逛的人大都以在地居民為多，尤其是年長者更是主要客群，因為短短800公尺的商店街就有著歷史悠久的真性寺、高岩寺及猿田彥大神等，從江戶時代發展的商街，

百年甜點老舖林立，其中塩大福可說是名物之一，多家老舖都有賣。

也讓許多超過百年老舖十根指頭都不夠數，由於年長者客群眾多，也讓不少商家的價格都特別親民，近年來也入駐了一些年輕的店舖，老舊相間，年輕人逛起來充滿趣味也很好買伴手禮，帶爸爸媽媽來，他們肯定覺得這才是跟他們磁場最合的地方啊！

雖是觀光客較少的街道，商店街卻相當活躍又充滿悠閒庶民生活感。

卍 地蔵尊高岩寺

薦 おすすめ

去除病痛的傳奇地藏寺！

🔸別冊P.3,A3 📞03-3917-8221 🏠豐島區巢鴨3-35-2 🕐境內自由參拜，本堂(地蔵殿)6:00~17:00，緣日(每月4、14、24日)至20:00 💰自由參拜 🌐togenuki.jp/

　以奉祀地藏為主的高岩寺，就位在商店街裡的中段位置，香火鼎盛、是這一帶的信仰中心，尤其這裡傳說是江戶年代因治療病痛靈驗而設的寺廟，因交通開發而在明治年代移至此。**治療病痛與延命傳說，更讓這裡成為老人家的精神寄託**，靈驗程度讓這裡常常排滿參拜者。

寺院邊設有一尊水洗觀音，據說只要將水澆撒在觀音身上並用布去擦拭觀音身體(與自己病痛的相同地方)，就能除去身上病痛。

來到巢鴨必嚐百年美味紅豆麵包！

🧁 喜福堂

あんパン喜福堂

🔺別冊P.3,A3 📞03-3917-4938 🏠豐島區巢鴨3-17-16 🕐10:00~18:00 ❌週二(遇假日及緣日每月4、14、24日照常營業) 💰こしあんぱん(紅豆麵包)¥278、クリームパン(奶油麵包)¥265 🌐www.kifukudo.com

　位在高岩寺斜對面的喜福堂，是一家至今已經歷史超過百年的麵包店，一家小小麵包店能歷經百年歷久不衰，肯定有其吸引人的厲害之處。進到店內，樸實的麵包一個個擺在麵包台上，品項說多不多、說少不少，每個麵包都沒有驚人長相，但卻有種吸引人的簡樸魅力。招牌的手掌大、圓滾滾的紅豆麵包、奶油麵包就擺在入口處，**以十勝最好的紅豆，融入冰糖與上白糖的自製紅豆泥秘練配方，與軟呼呼的麵包合在一起，一入口竟有種吃高級和菓子的錯覺**，難怪長賣百年、人氣綿長。

☕ 福代牛乳店

🔺別冊P.3,B3 🚫無 🏠豐島區巢鴨3-34-2 KC Plaza 2F 🕐12:00~23:00 ❌週二、不定休 💰手沖咖啡¥650，各種蛋糕¥720起 🌐www.instagram.com/fukushiro_milk_shop

　與名字毫不相關，福代牛乳店**白天是咖啡館和皮革選物店，到了晚上則變身為酒吧**。這裡提供一個舒適的空間，不但有自家烘焙咖啡、香氣濃郁的紅茶以及精心製作的蛋糕，晚上更可以品味精緻的雞尾酒，好好感受老街裡的放鬆和愉快的時光。

店主曾在知名甜點店工作，對於手作蛋糕十分有信心。

山手線一圈

巢鴨

←東京地下鐵←中央總武線←東京廣域

🎁 Maruji 紅內褲館

おすすめ 薦

マルジ赤パンツ館

📍別冊P.3,A3 📞03-3918-4558 📍豐島區巢鴨4-22-7 🕙10:00~17:45 ⊗1/1、2、8月盤點日 💲ハンカチ(手帕)¥680、內褲¥700起 🌐www.sugamo-maruji.jp

穿上紅褲褲好運跟著來!

1952年就開業的マルジ以緣吉而開賣的紅內褲專賣店,甚至成了巢鴨特色伴手禮!

紅色內褲不僅華人瘋迷好運之說,連日本竟然也有呢!經過店門口,眼球想不被吸引就沒辦法啊,一片紅通通宛如紅色洪水般從店內湧出來,紅到簡直難以辨識裡面到底在「紅」什麼?**進入一看,整片牆壁的各式紅內褲,從男生、女生、小孩,尺寸及樣式各式各樣**,轉頭另一側還有各式紅色襪子、手帕、毛巾甚至連紅色衛生衣都給你備齊了!想求好運氣?下次記得來巢鴨買條紅內褲吧!

巢鴨的吉祥物可愛鴨子圖案也被放在商品上,不想要紅色,也有以鴨嘴黃顏色當底色的商品。

🍴 常盤食堂

おすすめ 薦

ときわ食堂 本店

📍別冊P.3,A3 📞03-3917-7617 📍豐島區巢鴨3-14-20 🕙10:00~22:00(L.O. 21:30) ⊗無 💲工 ビフライ(炸蝦)¥990、刺身盛り合わせ(綜合生魚片)¥1,140 🌐kosinzuka.com

超平價美味家庭食堂!

平成元年開店的常盤食堂開業30多年,但在老店林立的巢鴨商店街只能算是年輕小夥子。**以產地新鮮食材搭配上樸質的家庭料理內容,就像媽媽怕小孩吃不飽的心情,餐點都是便宜又大碗,果然大受歡迎**,光在這短短800公尺商店街周邊就開了5家分店。店內提供定食套餐外,也有許多單點及小菜,每樣菜色都能單點或加上¥290就附有飯、湯、小菜,不管人多人少,肚子很餓或不太餓,通通都有對應的貼心選擇。

炸竹筴魚套餐大方給了3條肥美炸魚,單點¥780,配成套餐¥1,150。

金太郎飴像是老街一定要有的老派糖果屋,讓人覺得氣氛溫馨。

⦿ 金太郎飴

📍別冊P.3,B3 📞03-3918-2763 📍豐島區巢鴨3-18-16 🕙9:00~18:00

各式可愛造型糖果,買來送人既有心也具話題。

從根岸的百年老鋪金太郎飴分簾而開設的這家金太郎飴,從1947年在巢鴨開店至今超過一甲子歲月,**以純樸實實在在的原料與手工製糖,店內可找到各式各樣糖果,光樣式就超過50種**,造型可愛外又便宜,即使平時沒有吃糖果習慣的人,也會失心瘋的想買點糖果回家呢。

只使用最簡單的素材，製作出最甘美的鴨拉麵￥850。

薦
おすすめ

拉麵 鴨&葱

らーめん 鴨&葱

📖別冊P.3,B4 ☎03-6912-2198 🏠豐島區巢鴨1-11-4 🕐11:00~22:45 ❌無 💰鴨拉麵￥850，鴨餛飩麵￥1000 🌐www.kamotonegi.com

在上野要大排長龍的名店，來到這裡只要小排，卻能享受一樣美味。

　　只有12個吧台席，只用「鴨、葱、水」製成的一碗麵，卻因為甘甜味美，成為饕客口耳相傳的名店。每天早上從京都、青森和埼玉等地精選國產合鴨，**使用整隻鴨子細火慢煮，提煉出濃郁的鴨湯，完全不使用化學調味料，呈現出鴨肉本身的鮮美和濃郁的風味，讓蔥的香氣進一步提升湯的深度與層次。**這種簡單卻有著豐富口感的味道，讓人享受最純粹的美味。每月還有不同的蔥可以選擇，讓每次品嚐都有新的驚喜。

French Pound House

フレンチ パウンドハウス

📖別冊P.3,B4 ☎03-3944-2108 🏠豐島區巢鴨1-4-4 🕐10:30~19:00，喫茶10:30~18:30 💰草莓蛋糕￥907，烤布蕾￥670 🌐frenchpoundhouse.shopinfo.jp/ ⚠週末例假日只提供外帶服務

FRENCH POUND HOUSE於1986年開業，是「日本第一草莓蛋糕」的代名詞。店內提供「布蘭」(Blanc)和「魯茲」(Rouge)兩

種草莓蛋糕。**「布蘭」採用薄切的海綿蛋糕與豐富的鮮奶油三層疊加，內部也填滿了草莓。**咬上一口，溫和的甜味和綿密的口感會在口中化開，帶有適度的酸味，令人一口接一口。**「魯茲」則是加入了少量的草莓利口酒和櫻桃白蘭地，使得奶油呈現淡淡的粉紅色。**許多顧客會同時品嚐這兩種草莓蛋糕，以體驗其微妙的差異。

六義園

📖別冊P.3,B4 ☎03-3941-2222 🏠文京區本駒込6-16-3 🕐9:00~17:00 ❌12/29~1/1 💰入園￥300

　　六義園與小石川後樂園並列為江戶的兩大庭園。元祿8年(1695)，五代將軍德川綱吉將駒込地區作為下屋敷賜予柳澤吉保，吉保親自設計並指揮，經過7年時間，建成了這座「回遊式築山泉水庭園」。**六義園名稱來源於中國古代漢詩集《毛詩》的「詩的六義」：風、賦、比、興、雅、頌。**庭園內有中之島，周圍被樹林環繞的大泉水映射出紀州(現和歌山縣)和歌之浦的景勝和和歌中描述的名勝景觀，形成八十八境。明治時代，六義園成為三菱創始人岩崎彌太郎的所有。昭和13年，岩崎家族將其捐贈給東京市，昭和28年被指定為國家的特別名勝。

大塚
おおつか
Otsuka

大塚距熱鬧的池袋站、近年深受年輕人歡迎的巢鴨都只有一站的距離，也可以規劃串聯行程，用走的就能到。而大塚車站本身與百貨商場atre連結，超市、各大品牌齊備，北口一帶有唐吉訶德、南口一帶則有老商店街，結合現代與復古懷舊風情，讓人在都會繁華中體會特有的緩慢步調。

山手線一圈　大塚

東京地下鐵→中央總武線→東京廣域

使用4種不同品種草莓製成的聖代，每一口都是不同層次的香甜滋味。

Fruits Sugi
フルーツ すぎ

大量使用高級水果，滿滿一杯讓人大滿足！

薦 おすすめ

🏠別冊P.3,A4 ☎03-3940-1805 🚃豐島區北大塚2-11-4 🕐12:00～19:00，週六例假日11:00～19:30 🈺週日。週三不定休 💰4種の贅沢莓パフェ￥2600，柑橘のパフェ￥1980 💻www.tablecheck.com/shops/fruits-sugi/reserve
❶全店預約制，請上網站預約

憑藉在日本蔬果出貨量第一的大田市場的豐富經驗，Fruits Sugi為顧客精選來自全日本的高級水果，也因為限量預約制的水果聖代而聲名大噪。**店內僅有兩張桌子，顧客得先預約才能享用。草莓季時一定不能錯過來自全日本各地農園直送的完熟草莓聖代**，春季還有各式各樣的柑橘，每一種都有獨特的香氣、甜味、酸味和口感，做成聖代香甜不膩。夏天的哈蜜瓜、葡萄等也都好吸引人。

交通路線&出站資訊

電車
JR東日本大塚駅◇山手線・相南新宿LINE
都電大塚前站◇荒川線
Metro新大塚駅◇丸之內線

出站便利通
◎大塚車站交通簡單，出站後向左轉即是北口，向右轉是南口，不容易搞混。
◎JR大塚車站與路面電車都電荒川線在這裡交會，兩站並不共構，但比鄰而立，出站就會看到指標。
◎前往唐吉訶德可由北口出站。
◎由北口出來，一路向東走，約15分就能連到巢鴨最受歡迎的地藏商店街。
◎由南口出來可以看到SunMall商店街，這裡聚集許多飲食店，想找吃的往這裡來準沒錯。一路再向西南走，到Sunshine City太陽城也只要15分。
◎都電荒川線延路景點請見P.4-63

御飯糰 ぽんご 大塚本店
薦 おすすめ

📖別冊P.3,A4 ☎03-3910-5617 🚉豐島區北大塚2-27-5 🕚11:30～23:00 休週日 💴2個飯糰套餐（配豆腐味噌湯）¥800，單點飯糰約¥350～650 🌐www.onigiribongo.info

東京最高人氣飯糰，鬆軟可口料多到滿出來！

ぽんご店鋪設有像壽司店一樣的吧台座位，顧客可以在現場觀看飯糰的製作過程，飯糰雖未經大力握制，但依然堅實美味。ぽんご**使用來自新潟的頂級越光米，搭配精心挑選的配料，再加上極致講究的海苔和鹽，創造出風味絕佳的飯糰。**提供多達56種不同口味的飯糰，並可根據個人喜好搭配各種配料，製作最合自己口味的獨特飯糰。

飯糰米粒經師傅現捏，看似鬆散，搭配大量餡料一口咬下軟軟香香，調味洽到好處。

Tsuzumi
天ぷら つづみ

📖別冊P.3,A4 ☎03-3982-8815 🚉豐島區南大塚3-52-3 🕚11:00～14:00，17:00～21:00 休週日 💴天婦羅套餐（天婦羅5個＋小菜2道＋酒精飲料）¥2000，午餐天丼¥800

天婦羅炸好即上，一個一個可以嚐到最新鮮的美味。

位於繁忙的商店街旁道，由一對年長夫婦經營的小店，充滿懷舊氣息。店內環境溫馨，僅有9個吧台座位和2個四人座位區，背景音樂輕輕流淌著90年代的流行曲，營造出一種寧靜悠閒的氛圍。**午間套餐包括天婦羅定食、炸蝦丼、刺身定食和關東煮定食等，全都千元有找。**單點天婦羅食材多達數十種，也可以供天婦羅套餐，搭配啤酒或燒酒最對味。

Marukiku矢島園

📖別冊P.3,A4 🚉豐島區北大塚3-22-8 ☎03-3917-4795 🕚11:00～18:00 休週三、日 💴綠茶de伯爵8包裝2入¥1728 🌐marukiku-yajimaen.stores.jp

穿過熱鬧的餐飲街，位在街角的矢島園自**昭和30年創業以來提供各種日本茶與對健康有益的食品，在街坊中打出好口碑。**特別推薦「世界農業遺產」認證茶與獨家的「綠茶de伯爵茶」，品嚐清新特殊的口感。夏天也有賣綠茶刨冰、霜淇淋，十分受到歡迎。

Namachan Brewing
薦 おすすめ

📖別冊P.3,A4 ☎03-3942-0180 🚉豐島區南大塚1-60-19 🕚週二～五16:00～23:00，週六13:00～23:00，週日例假日13:00～22:00 休週一 💴おためし燻製コース（煙燻料理套餐）¥3000，精釀啤酒¥700起 🌐smokebeerfactory.com

各式各樣奇妙味，特別推薦給愛喝精釀啤酒的人。

啤酒上桌時，還會一同附上可愛的插畫看版。

Smoke Beer Factory是豐島區首個啤酒釀造設施，結合煙燻料理與精釀啤酒，甚至在極致的煙燻啤酒上有很深的鑽研。大塚的Namachan Brewing是其直營店鋪，擁有三個300升的小型釀造罐，每一批次都是獨一無二的體驗。**店內提供超過12種生啤酒，讓人可以享受「新鮮釀造啤酒」和「剛出爐的煙燻料理」完美搭配。**

山手線一圈 大塚

東京地下鐵‧中央總武線‧東京廣域

富久晴

別冊P.3,A4　☎03-3941-6794　🚃豐島區南大塚2-44-6　🕐16:00～21:30　休週日　💴各式串烤￥140起，啤酒大￥600

日本一般的串烤大多為雞肉稱為燒鳥，但**在大塚一帶則從古就流行吃「燒豚」，也就是串烤豬肉**。富久晴是這裡的招牌老店，一推開門便迎面撲來一陣炭烤香氣，**使用備長炭一串一串精心翻烤，坐在繞著料理台的吧台**，身旁熟客邊吃邊跟老闆聊天，充滿在地居酒屋風情。

千成最中 本舖

千成もなか 本舖

別冊P.3,A4　☎03-3982-6000　🚃豐島區南大塚3-54-4　🕐10:00～18:00　💴千成五色最中 5入￥600　🌐www.monaka.co.jp　❗巢鴨亦有分店

> 薦 おすすめ
> 大塚最具代表性銘菓，送人伴手禮必挑這家！

千成最中是一家堅持傳統手工製作的最中專門店，**自昭和12年（1937）創立以來，一直遵循不使用任何合成防腐劑的原則，由店主親自挑選優質食材，力求呈現素材的本味**。除了招牌最中之外，店頭由銅板烤製的銅鑼燒外皮，單賣時被稱為「和風鬆餅」，擁有鬆軟Q彈的口感。夾上顆粒分明的紅豆餡與奶油，就是美味奢華的紅頭奶油銅鑼燒。店員也非常親切，讓人感受滿滿的在地人情味。

> 5種顏色的最中，內餡各異

芝麻
梅餡
白豆餡
小倉紅豆
紅豆泥

AGALICO 餃子樓

アガリコ餃子楼 大塚店

別冊P.3,A4　☎03-5980-7267　🚃豐島區北大塚2-28-4　🕐17:00～翌3:00，週一17:00～24:00　💴手作餃子￥390，油淋雞￥610，調酒￥500

AGALICO北千住的本店引起話題，現在更進駐大塚的暖簾街，直接就營業至清晨，提供餃子和點心等多樣化的美食，吸引年輕夜貓族群在這裡聚會，氣氛十分熱鬧。**這裡專注於餃子及各種中華點心，菜單豐富多樣，共有超過40種美食選擇，飲品價格也非常親民**。店面雖小，是充滿活力和歡樂的中華餐酒館。

約6坪的小空間以「櫓」為發想，設下提升住宿舒適度的小小巧思，處處是風雅。

美味的早餐色彩繽紛，份量剛剛好，帶來一整天的清盈活力。

OMO Cafe & Bar咖啡廳結合地方魅力，藉由各式食物提供了一個與近所交流的好空間。

跟著OMO Ranger一同穿過暖簾，進到在地人才會去的老舖品嚐美食，聽聽老故事。

H OMO5 東京大塚 by 星野集團 薦

おすすめ

📖別冊P.3,A4 ☎050-3134-8095
📍豐島區北大塚2-26-1 ⏰Check
In15:00，Check Out～11:00 🛏一室
¥22,000起 🌐hoshinoresorts.com/zh_tw/hotels/omo5tokyootsuka/

由OMO Renger帶領，認識全新的大塚！

座落在山手線大塚車站旁的**OMO5 東京大塚，取的不只是便捷的交通，還有懷舊都電駛過的緩慢時光與車站南口老商店街的濃濃人情味**，這彷若停滯不前的生活況味最是讓人著迷，也正是OMO系列想要帶給旅人的「城市型」旅宿體驗。

請來設計師佐佐木達郎，以「日本城櫓」為發想，大量運用檜木材質，有點奇妙的格局卻處處融入日感覺，挑高的空間如同隔樓般的睡室、藏在樓梯底下的收納空間、貼著大塊磁磚的和洋式風呂，多了些寬

裕感。OMO系列除了硬體，更著重在旅人與地方的連結。一進到大廳，大大的鄰近地圖正吸引旅人的好奇心，而為了提倡大塚都市觀光，設立了**周邊嚮導OMO Ranger**，由工作人員擔任，以「**GO-KINJO（日文的鄰居）**」為主題，依時段設計多種導覽行程，帶領旅人由不同角度感受大塚魅力，最推薦旅人在傍晚參加小酌行程，穿過暖簾與在地人並肩喝一杯，活絡的夜晚氣氛正高昂。

而大廳附設的OMO SPACE，包含咖啡廳、自由空間，作為旅人交流的空間，開放給一般民眾使用。早餐可選購燉飯，雖然簡單也精緻美味。而這裡也精選了東京都內與OMO理想相合的品牌商品，結合都市旅行的特有形態，為旅程中帶來不同的體驗。如果想要帶些伴手禮，與仙貝兄弟(Senbei Brothers)聯名的仙貝充滿大人口味，配啤酒最是合味。

池袋
いけぶくろ
Ikebukuro

轉 運大站的池袋擁有54個地下街出口，更是JR、三條地下鐵、東武東上線、西武池袋線等多條交通動線的交會點，利用轉運的人口相當多，因此許多人逛池袋的第一個印象就是「大」和「多」。車站內更結合西口的東武百貨、東口的西武百貨以及地下購物街Echika，除了車站旁聚集了多家大型百貨公司，周邊服飾、百貨和電影院櫛比鱗次，也有Bic Camera、UNIQLO、松本清藥妝店等，而東口、西口等繁華區域的餐飲店更是多不勝數，是東京知名的美食激戰區，拉麵店甚至達到步行一分鐘就有一家的密集程度。

薦 おすすめ

TRUFFLE mini

⊙別冊P.9,B2　☎03-5957-3161　◎JR池袋駅1F 東口改札外　◷8:30～20:00

木村拓哉跟二宮和也都激推！

🌐 truffle-bakery.com

　日本知名藝人木村拓哉和二宮和也曾買來作為工作人員慰勞品的「白松露鹽奶油捲」，是TRUFFLE家最夯的話題商品。**麵包選用加拿大進口的麵粉，內餡是自家製的松露奶油，外層撒上白松露和刷上松露油，現烤出爐飄著撲鼻香氣，一口咬下滿嘴都是松露味。**一直被視為超高檔的食材「松露」，卻以親民價格和一般大眾都能簡單入手的麵包呈現，作為日本第一家使用松露的麵包店，成功為消費者創造了生活中小小的奢侈與幸福感。本店位在門前仲町，現在持續在各地區拓點，池袋、有樂町、東京車站都能找到它喔！

交通路線&出站資訊

電車

JR東日本池袋駅◇山手線、埼京線、成田特快線(成田エクスプレス)、湘南新宿ライン(湘南新宿線)(1F月台)
西武鐵道池袋駅◇池袋線(1F月台)
東武鐵道池袋駅◇東上本線(1F月台)
東京Metro池袋駅◇丸之內線(B2F月台)、有樂町線(B2F月台)、副都心線(B3F月台)
❶湘南新宿ライン(湘南新宿線)可直通宇都宮線、高崎線並可搭乘直通東海道線特急「踊り子」前往熱海、伊豆、下田；東武東上本線可搭乘直通「SPACIA(スペーシア)日光‧きぬがわ」前往日光、鬼怒川溫泉。

出站便利通

◎池袋車站交通複雜，只要記住東武鐵道經營的東武百貨在**西口**、西武鐵道經營的西武百貨在**東口**就可以立刻弄清方向。
◎前往丸井百貨(O1O1)可由東京Metro西通路的**C4**、**C7**出站即可抵達。

◎前往東京藝術劇場或劇場前方的池袋西口公園可由**2b**出站。
◎PARCO百貨位於**東口**的西武百貨旁，別館P'PARCO也在附近。
◎由**東口**出站可經由Sunshine City通、Sunshine City 60前往最熱鬧的Sunshine City太陽城。平價服飾店UNIQLO、藥妝店、BIG CAMERA相機專門店等都聚集在這綠蔭大道上，是人口密度最高的一區。
◎池袋專屬的動漫特區「乙女ロード」同樣由**東口**出站，就位在Sunshine City太陽城正後方，東池袋公園旁。

東武百貨 池袋店

⊕別冊P.9,B2 ⊖池袋駅西口直通 ⊕豐島區西池袋1-1-25 ☎0570-086-102 ⊖B2F-3F10:00~20:00、4F-8F 10:00~19:00、11F-15F11:00~22:00 ⊗不定休 ⊕www.tobu-dept.jp.t.eh.hp.transer.com/ikebukuro/

擁有日本最大食品樓層陣容，買伴手禮、享美食最佳去處。

與池袋站西口直結的東武百貨，便利的交通之外，更令人驚豔的是，這裡**擁有超過40家餐廳進駐的美食街「SPICE」，是東京都內規模最大的美食街，以及全國最大的百貨地下食品樓層**等。集合了服飾、美妝、美食等類型廣泛的店舖，琳瑯滿目的商品陣容，令人眼花撩亂卻又格外吸引人，好吃、好買、伴手禮通通能一次購足外，還有**提供免稅服務**。

在此取得5%OFF優惠券

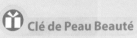
美食街SPICE

12F 味乃宮川

15F 人形町今半

12F 66DINING 六本木六丁目食堂

12F 銀座 福助 鮨處

圖片僅供參考

三麗鷗

⊕東武百貨1F1番地 ⊖10:00~20:00 ⊗同東武百貨

就位在百貨一樓的「三麗鷗」占地可說是東京都內**百貨公司中最大的**，因此無論是商品豐富度、齊全度都很高，像是布丁狗、酷洛米等三麗鷗的角色商品，通通都在這裡等你到來。

©2024 SANRIO E 24072904

高機能性的戶外穿搭，作為日常穿著也很舒服。

mont-bell

⊕東武百貨5F9‧10番地 ⊖10:00~19:00 ⊗同東武百貨

買mont-bell也能免稅，只有這裡有。

日本代表的戶外品牌mont-bell，是很多喜愛戶外活動者的心頭好，充滿流行感與舒適機能兼具，而且顏色豐富、款式又多，包含適合登山、旅行與日常使用的服飾與裝備，是喜好戶外活動的朋友必逛店點。各個季節戶外活動所需的必備品一應俱全外，**東京都內也只有池袋東武提供免稅優惠**，想買mont-bell，一定要來這裡。

Clé de Peau Beauté

⊕東武百貨2F2番地 ⊖10:00~20:00 ⊗同東武百貨

常常被美妝節目、雜誌推薦的「Clé de Peau Beauté」，是**日本代表的高級化妝品品牌**，如果你的購物清單裡也有它，那當然要優先來這裡報到，琳瑯滿目的肌膚保養、底妝、重點彩妝等熱門商品外，還有美容顧問會細心提供建議，輕鬆幫你找到適合的命定化妝品。

山
手
線
一
圈

池
袋

東京地下鐵➡中央總武線➡東京廣域

◉ Sunshine City太陽城

おすすめ 薦

📖別冊P.8,D3 ☎03-3989-3331 🏠豐島區東池袋3-1-1

> 池袋規模最大的複合式購物中心,待一整天都好玩!

alpa購物10:00~20:00、餐廳11:00~22:00,ALTA購物
11:00~20:00,餐廳10:00~22:00,陽光60瞭望台 TENBOU-
PARK11:00~20:00(入場至閉館前1小時);依各設施而異 ㊡
依各設施而異 💲依各設施而異 🌐sunshinecity.jp/zh-tw/

　沿著池袋東口のサンシャインシティ60通就可抵達Sunshine City
太陽城。Sunshine City太陽城囊括了辦公大樓、百貨公司、飯店、
美食街之外,還有陽光水族館、陽光60瞭望台 TENBOU-PARK、
NAMJATOWN、扭蛋百貨池袋總本店(ガシャポンのデパート池袋総本
店)、柯尼卡美能達天象儀館「滿天」(コニカミノル
タ プラネタリウム"滿天")、古代東方博物館(古代

> 從1978年營運至今,一直是池袋人潮集中的熱點。

オリエント
博物館)、
Sunshine
劇場等多元
設施,讓遊
客不怕刮風
下雨,可以
盡情購物玩
樂一整天。

◉ 陽光水族館

☎03-3989-3466 🏠Sunshine
City太陽城World Import
Mart大樓屋頂 🕐依日期而異;
秋冬10:00~18:00,春夏
9:30~21:00(入場至閉館前1小
時) 💲依平日假日而異;高中生
以上¥2,600~2,800、國中小學
生¥1,300~1,400、4歲以上
¥800~900 🌐sunshinecity.
jp/zh-tw/aquarium/

　位在屋頂上的水族館集
合來自世界各地約550種生
物的展示,最主要的大型水
槽中容納近240噸青藍海
水,大型的魟魚和熱帶魚群
共生在白沙與珊瑚組成的
世界中。設有大片窗戶、空
間明亮的禮品店,擺滿了兒
童和大人都想要的商品。

> 在藍天下海獅會在特殊造型、有兩公尺半高的透明環狀水道中曬著太陽。

> 小朋友透過玻璃親近觀察海獅的各種姿勢。

> 逛完水族館可以到禮品部買件可愛的紀念品!

陽光60瞭望台 TENBOU-PARK

無論季節或日夜，舒適的空間，讓大人和小朋友都能享受美景和放鬆時光。

Sunshine City 陽光60大樓 60F　☎03-3989-3457　⏰依日期而異，原則上11:00~21:00(最後入場時間為閉館前一小時)　💰大人(高中生以上)¥700~1,200，國小中生¥500~800，學齡前兒童免費(價格依平假日、淡旺季變動)　🌐sunshinecity.jp/zh-tw/observatory/

宛如空中公園般的瞭望台，四季都能觀賞不同景致。

　　池袋最大的綜合設施Sunshine City內，除了購物、美食、各式娛樂外，在最頂樓60樓，也有一處「陽光60瞭望台 TEN-BOU-PARK」。以「365日，都是絕佳公園日。」為主題，將室內瞭望台，設計成一處宛如公園般的空間，以人工草坪造景，提供一個可以在藍天綠地中放鬆的處所，可以鋪上借來的野餐墊躺下，或坐在像鞦韆一樣的長椅上，享受眼前舒適的城市遠眺景色，而在「展望之丘」區域，根據不同季節可以欣賞到櫻花、向日葵和聖誕裝飾造景，打造出滿滿季節感。

宛如公園裡的鞦韆造景，可以拍美照打卡外，更能悠閒遠眺美景。

　　悠閒享受瞭望台內部空間外，從位處海拔251公尺高的瞭望台欣賞到的景色，更是棒，**360度的大全景**，包括新宿的高層建築群、東京晴空塔、東京鐵塔全都入列，天氣好的話甚至可以看到東京灣和富士山，**1月和11月，也有機會能看到夕陽落在富士山頂的神秘瞬間的「鑽石富士」**。即使是雨天，「雨柱」、「天使的梯子」、「閃電」和「雨後的彩虹」等自然奇景現象，也有可能在這裡欣喜遇到喔。

水族館內介紹

天空企鵝

📍戶外Marine Garden　⏰開館至19:00
　　2017年重新整裝的天空企鵝，十分受歡迎。將水族箱位置往上提高，變成一個透明水牆般往上延伸成水族箱天頂，人們**站在水族箱下方，透過透明玻璃水箱**，外面的城市高樓、天上的藍天白雲通通變成背景，看著企鵝們悠游其中，宛如飛在天空般的不可思議視覺，一起來張合照也變成IG最夯打卡地點呢。

配上自然音樂旋律著著奇特水中生物，有種被療癒的神奇感受。

水族館雖開到晚上9點，但天空企鵝僅展示到7點，若想白天、夜晚雙景都欣賞到，一定要注意時間喔。

天空企鵝是必拍照打卡景點！

超人氣明星生物們

📍水族館內
　　克服大樓侷限、創意展現與細心配置，**1978年開館以來，就以珍稀的各式水族生物成為話題、並透過不斷改裝**，也讓這個水族館長壽又廣受歡迎至今。以「天空綠洲」為主題，在能感受空氣．陽光．水．綠色空間的空間，可以近距離看到人氣的水母或小爪水獺等生物。

 NAMJA TOWN

☎050-5835-2263　🏠Sunshine City太陽城World Import Mart大樓 2F　🕐10:00~21:00(入園至20:00)　💰ナンジャエントリー(單買入園券，玩樂設施皆需另外付費)13歲以上￥1,000，4~12歲￥600，3歲以下免費，ナンジャパスポート(一日通行護照，可任意玩樂園內設施) 13歲以上￥4,000，4~12歲￥3,200，3歲以下免費；館內飲食皆需另外付費　🌐www.namco.co.jp/tp/namja

1996年開設的「NAMJA TOWN」是東京的大型美食主題樂園，2013年整新開幕的樂園內可分為：**以遊樂設施為主的「Dokkingham Plaza」、以昭和年**

代懷舊意象設計的「福袋七丁目商店街」、充滿恐怖氣氛的鬼屋主題「妖怪番外地」、Hugood!街區及NAMJATOWN(ナンジャタウン)區域，園內設計風格皆不同，整層樓結合各項主題與適合大小朋友一同玩樂的10幾處遊樂設施，是可邊吃邊逛邊玩的歡樂主題樂園，讓人待在這裡一整天也玩不膩！

NAMJA TOWN這樣玩

・Dokkingham Plaza／ドッキンガム広場

💰幸せの青い鳥(幸福的青鳥)￥800，ナンジャ探偵団(NAMJA偵探團)正規團員版￥1,000／篇章，實習團員版￥600　❶各項遊戲只提供日文服務，建議會日文的人玩較能融入

Dokkingham Plaza以歐州為意象設計的街道充滿洋風，而途中會看到一棵巨木，也成為這區的代表了。在這裡可以玩到許多遊戲，例如化身為NAMJA偵探團的一員，巡迴街道解決發生在廣場裡的謎題；進入摩法學園的教室一同學習使用魔法將壞蛋變成好人等！除了體驗遊戲外，這裡也有遊戲中心的夾娃娃機，裡面擺滿限定商品等著技術高超的娃娃機達人來將他們帶回家！

・妖怪番外地／もののけ番外地

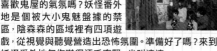

❶各項遊戲只提供日文服務，建議會日文的人玩較能融入

喜歡鬼屋的氣氛嗎？妖怪番外地是個被大小鬼魅盤據的禁區，陰森森的區域裡有四項遊戲，從視覺與聽覺營造出恐怖氛圍。準備好了嗎？來到妖怪番外地包你嚇得汗毛直豎，尖叫連連。

・福袋七丁目商店街

💰爆裂！蚊取り大作戦￥800，銭湯クイズどんぶらQ￥600，未来遊戲ガンガンナー￥800，ナジャヴの爆釣りスピリッツ￥600　❶各項遊戲只提供日文服務，建議會日文的人玩較能融入

以昭和時代街景設計的福袋七丁目商店街，從天花板上的小燈籠、角落的招財貓等，舉目皆是濃濃的懷舊風情。當然玩樂設施精彩萬分，有承習改制之前的殺蚊子遊戲「爆裂！蚊取り大作戦」以殺蟲劑剷除掉蚊子大軍保衛商店街。另外，在園內想要品嚐美食就要來這裡，有來自全國各地的餃子競技場(ナンジャ餃子スタジアム)與精挑細選的可愛洋菓子區福袋甜點橫丁(福袋デザート橫丁)，讓許多貪吃鬼在這裡流連不已。

💬視線所及範圍只有一台又一台扭蛋機。

👕 Gashapon 池袋總本店

🏅おすすめ薦

💬逛池袋經過不能錯過的「新觀光聖地」！

ガシャポンのデパート池袋総本店

☎0570-076564　🏠Sunshine City太陽城World Import Mart大樓3F　🕐10:00~21:00　🌐bandainamco-am.co.jp/others/capsule-toy-store/store/ikebukuro/special/

Gashapon為日本知名連鎖扭蛋店，**2021年2月在池袋太陽城3樓打造自家旗艦店，設有多達3,000台扭蛋機，為世界最大扭蛋店！**寬敞空間全被扭蛋機滿滿占據，營造出的震撼力，保證讓你為之驚嘆！還有專區介紹扭蛋流行和發展進化史，推薦喜歡日本扭蛋跟回味童年的朋友來朝聖唷！

乙女ロード

📍別冊P.8,D2　🏠豐島區東池袋3丁目Sunshine City Sunshine 60西側道路　⏰依各店舖而異　💰依各店舖而異

池袋早從1980年代起也同樣集結了許多動漫相關商品的店舖，並逐漸發展成以女性為主要顧客的動漫特區，而被稱為乙女ロード(少女之路)。**多數的店家販賣商品多為女性喜歡，更有開設多家對比於女僕咖啡的喫茶店，如執事喫茶、男裝喫茶等。**

中池袋公園是個設有許多座位區的戶外公園，提供附近居民及一般人民眾休憩場所。

💡 **動漫天堂在池袋**

想來日本來趟動漫朝聖之旅，除了秋葉原，池袋絕對是重點必訪地之一。尤其東口靠近**Sunshing City**一帶，以號稱世界最大規模動漫商品店的**Animate**，還有GiGO大型店、各式女僕及執事咖啡館、同人誌店，一到假日熱鬧的不得了，尤其活動舉辦期間，動漫迷更是塞滿池袋街頭及公園。

Hareza池袋

ハレザ池袋

🎭**薦** おすすめ

📍別冊P.8,C2　📞080-8045-4681　🏠豐島區東池袋1-19-1　⏰11:00~20:00
hareza-ikebukuro.com/

改頭換面的東口變文青了！

Brillia HALL是設有1,300個座位的大型劇場，同時也是Hareza池袋的核心建築所在。

位於池袋東口的Hareza池袋，是由東京建物Brillia HALL(豐島區藝術文化劇場)、豐島區居民中心、中池袋公園、Hareza Tower構成的複合型藝文設施空間，在此觀賞電影和舞台劇、音樂劇同時也能享受購物、品嘗美食的樂趣和悠閒在公園休憩片刻。作**為池袋東口的新地標，整區規劃飄散濃濃藝術氣息，營造出有別於過往，截然不同的全新風貌。**

☕ Animate Café Hareza池袋

アニメイトカフェスタンドHareza池袋

📍別冊P.8,C2　📞03-6709-0562　🏠豐島區東池袋1-16-1中池袋公園　⏰11:00~20:00　🌐cafe.animate.co.jp/shop/hrz

座落在高樓間有著純白外觀的「Animate Café Hareza池袋」走街頭咖啡店經營模式，**不定期與人氣動漫和2.5次元合作，推出限定甜品、飲料和周邊商品，**雖然僅提供外帶服務，但因為位在中池袋公園內，所以戶外有許多座位區可以讓動漫迷一邊追星一邊感受池袋的多元文化氣息。

animate池袋本店

📍別冊P.8,C2　☎03-3988-1351　🏠豐島區東池袋1-20-7　🕐11:00~21:00，週六日及例假日10:00~20:00　🌐www.animate.co.jp

走過四十個年頭的Animate池袋本店，於2023年3年完成全店擴大和改裝工程。地下兩層、地上九層樓的店鋪，面積不僅是過去的兩倍大，動漫商品擴充得更齊全。**多達八層樓的賣場裡，滿滿的都是動漫畫相關產品，舉凡錄影帶、CD、光碟、書籍、雜誌、海報、人偶、卡片等，所有你想得到的、最新發售的通通都有**。空間規劃上還多出展示區，提供現在最具話題的作品宣傳，並新設208個座位席的表演舞台和咖啡店。讓動漫迷不單只在這裡購物消費，還能以更多元的方式，與心愛的作品互動。

MANDARAKE LaLaLa

まんだらけララ

📍別冊P.8,D2　☎03-5928-0771　🏠豐島區東池袋3-15-2ライオンズマンション池袋B1　🕐12:00~20:00　🌐www.mandarake.co.jp

在御宅大本營池袋、中野都有分店的MANDARAKE，池袋店是專門針對女性顧客群的同人誌專賣店，就算**女生自己一個人來也不用擔心，不僅販賣各種周邊商品，也有高價收購的服務**，常可看到許多人來賣了舊東西後立刻購買新貨，是最佳流通管道。

K-Books 池袋同人館

📍別冊P.8,D2　☎03-3985-5439　🏠豐島區東池袋3-12-12正和ビル2F　🕐12:00~20:00，週六日及例假日11:30~20:00　🌐www.k-books.co.jp

K-Books 的同人館是專門針對女性的樓層，**各種男孩系遊戲或CD、DVD、漫畫等周邊商品完整蒐羅，更有20萬冊以上的同人誌，詳細地依照作家分類**，無論數量質感都極佳，總吸引許多女性流連忘返，另外也提供二手買賣的服務。

GiGO總本店

📍別冊P.8,C3　☎080-7018-7351　🏠豐島區東池袋1-13-6　🕐10:00~23:30　🌐tempo.gendagigo.jp

疫情後繼承SEGA遊戲中心的新霸主

薦 おすすめ

2020年受新冠疫情影響，SEGA全面退出遊戲中心市場。而收購該事業的株式会社GENDA，繼承昔日SEGA品牌影響力，選出旗下最耳熟能詳的「GiGO」作為遊戲中心的新店名，池袋的總本店開幕日甚至刻意挑在「池袋GiGO」閉館日同天，向一路追隨的粉絲宣示致意。GiGO店名是"Get into the gaming Oasis"的縮寫，全館共四層樓。在這947坪大空間內，**一樓設有269台夾娃機，一字排開超震撼，地下一樓則與時下最夯e-sports結合，最新話題的音樂遊戲機，和大螢幕遊樂器材都能在此體驗**。是遊戲愛好者消磨時間的地方，也是雨天時的遊樂好去處。

WACCA IKEBUKURO

🅰別冊P.8,C2 ☎03-6907-2853 🏠豐島區東池袋 1-8-1
🕐10:00~24:00，依各店鋪而異 📱wacca.tokyo

WACCA百貨以「食與生活」為主題概念規劃打造，總計八層樓的館內，共進駐了近19間購物、手工藝與餐飲等店舖，其中2樓為舞蹈教室、3樓為手工藝專門店、4樓為音樂教室及英語教室、5樓則進駐6間餐廳，包含和食、洋食及咖啡館，任君選擇。

🎁 ユザワヤ

おすすめ
薦

☎03-5956-3666 🏠WACCA 3F
🕐10:00~21:00 📱www.yuzawaya.co.jp

齊聚各式布料種類，五顏六色讓你挑也挑不完！

整個3樓全樓層空間都是ユザワヤ這家以布料、DIY各式手藝品材料的專賣店。尤其多達2萬種的布料選擇，真的很驚人，加上各式珠子、毛線、線材、扣子等，幾乎想找的東西這裡都有，尤其池袋也是動漫一級戰區，想自製變裝的材料這裡通通都有、一次購足。

手拙也想玩玩DIY的人，也有很多配套材料包可以買。

🛍 grand scape IKEBUKURO

グランドスケープ池袋

🅰別冊P.8,C2 🏠豐島區東池袋1-30-3 🕐依各店鋪而異
🏠依各店鋪而異 📱grandscape-ikebukuro.jp/

池袋東口的商業設施「Q Plaza」，於2022年5月更名為「grand scape IKEBUKURO」，全棟B1~14樓，共十五層樓，包含餐廳、咖啡店、遊樂場和電影院。其中占據一半樓層的電影院grand cinema sunshine，除了擁有全日本最大螢幕和最新設備外，戲院各樓層裝潢設計，讓入場影迷宛如走進好萊塢電影世界般，光是身在此處，便是一種視覺享受。

戲院的裝潢設計，讓影迷像是走進好萊塢電影世界。

🎁 H&M池袋

🅰別冊P.9,B2 ☎0120-866-201 🏠豐島區東池袋 1-1-6 ヒューリック池袋駅前ビルB1~3F 🕐10:00~21:00 📱www2.hm.com/ja_jp/index.html

從JR山手線池袋站東口出站步行5分鐘，瑞典平價流行品牌H&M賣場面積達1,000平方公尺，店內最大特徵是，H&M首度嘗試將自家生產過程中製造的廢棄衣料纖維，回收利用製成「PANECO(R)」強度如同木質纖維板的材料，再加工製成各式傢俱擺飾，陳列在店內。有別於過往其他店舖，展現出另一種環保新時尚。

店內陳列家具傢俱擺設皆為H&M廢棄衣料纖維回收再利用製造而成。

山手線一圈

池袋

➡東京地下鐵➡中央總武線➡東京廣域

🎁 松本清 池袋東口店

マツモトキヨシ

📖別冊P.9,B2　☎03-3988-8130　🚇豐島區南池袋1-27-5　⏰9:00~23:00

🌐www.matsukiyo.co.jp

松本清藥妝店是全日本營業額最高的藥妝連鎖店，總店數超過480家，**其中池袋車站就有兩家四層樓的大型旗艦店，藥妝用品種類繁多、又經常有超值折扣**，藥品、化妝保養品、生活用品、零食糖果，還有物超所值的百元商品喔！

🎁 唐吉訶德 池袋東口駅前店

📖別冊P.9,B3　☎0570-044-911　🚇豐島區南池袋1-22-5　⏰24小時

www.donki.com

全日本到處都有的唐吉訶德，光在池袋地區就有32家分店，而其中池袋東口駅前由於位置明顯，一直都是人潮滿滿，買氣十足。投宿池袋時，**24小時營業的唐吉訶德絕對是半夜殺時間、補貨的好去處。**

🍜 一風堂 池袋店

📖別冊P.8,C3　☎0570-031-206　🚇豐島區南池袋2-26-10　⏰11:00~22:00

🌐www.ippudo.com

提供**正宗九州豚骨拉麵**的一風堂來**自九州福岡**，其湯頭又濃又醇，不但沒有豬骨的腥味，其配上獨門特調味噌辣醬的湯頭讓人一嚐便會吃上癮，如果喜歡濃厚口味的人一定會愛上一風堂。

☕ COFFEE VALLEY

薦 おすすめ

擁有「池袋東口新世代咖啡店」美譽，隱身池袋巷弄之間

📖別冊P.9,B3　☎03-6907-1173　🚇豐島區南池袋2-26-3　⏰8:00-20:00 週末例假日 9:00-20:00

coffeevalley.jp

在鬧中取靜的池袋小巷內，咖啡飄香10年的COFFEE VALLEY，

被譽為「池袋東口新世代咖啡店」的誕生。**嚴選市場流通僅5%最高品質的新鮮咖啡豆**，烘培而成一杯又一杯咖啡，不僅可以喝出店主的堅持和咖啡豆獨有的個性，店員還提供客製化服務！搭配咖啡的自製蛋糕西點，也是亮點。以淡色系木質基調的三層樓建築裝潢，非常適合悠閒品味咖啡時光。

🛍 池袋PARCO

📖別冊P.9,B2　☎03-5391-8000　🚇豐島區南池袋1-28-2　🚪本館、P'PARCO 11:00~21:00，餐廳 11:00~23:00　🈺不定休　🌐ikebukuro.parco.jp/

　池袋東口有兩家PARCO，**分別是與池袋車站東口相連的PARCO**，和靠近鐵道邊緣的別館P'PARCO，本館PARCO裡進駐許多國際知名品牌，P'PARCO的取向更為年輕，像是STUSSY等常在non-no等服裝雜誌上出現的青少年人氣品牌都可在此找到。

🎁 Tower records

☎03-3983-2010　🏠池袋PARCO P'PARCO 6F　▶11:00~21:00　🌐tower.jp

　雖然現在大多人都利用串流音樂聽歌，CD仍是有一群愛好之人。在P'PARCO 6樓賣場中的Tower records，無論是**最流行還是最經典的音樂專輯和單曲都可以找到**。除了當紅歌手的最新資訊，店內也時常舉辦各類的攝影會或見面會。

🍜 無敵家

📖別冊P.9,B4　☎03-3982-7656　🚇豐島區南池袋1-17-1　▶10:30~凌晨4:00　🈺12/31~1/3　🌐www.mutekiya.com

薦 おすすめ

> 正餐或是宵夜來上一碗拉麵，大大滿足味蕾與胃袋想吃的慾望！

げんこつ (拳骨拉麵) ¥1,000

　提到無敵家，就不能不提到其用大火熬煮出來的濃郁豚骨湯頭與實在的配料。再配上餐桌上的無臭大蒜，使無敵家的拉麵口味真的變得無敵，是別處吃不到的滋味，鮮濃湯頭加上彈牙麵條，難怪是東池袋排隊名店！

☕ 服部珈琲舍

📖別冊P.9,B3　☎03-3971-3630　🚇豐島區南池袋1-27-5　▶9:00~23:00　🈺週一

　創業自大正二年(1913年)的服部珈琲舍，就位在池袋駅東口的顯目處。**雖然是咖啡店，但其將咖哩設定為店內的「名物」，美味可見一斑。**雖然算是高消費的店家，但香濃的口感與微甜的滋味，每到用餐時段可是高朋滿座。

🛍 西武百貨 池袋本店

📖別冊P.9,B3 ☎03-3981-0111 🏠豐島區南池袋1-28-1
🕐10:00~21:00，週日、例假日10:00~20:00；8F餐廳
11:00~23:00，週六、日及例假日10:30~23:00 ❌不定休
🌐www.sogo-seibu.jp/ikebukuro ❗目前進行全館改
裝工事，預計於2025年夏天重新開幕

西武集團是日本知名的大企業，分布關東地區的西武百貨本店就選在池袋，走向較為年輕，**最受歡迎的莫過於居家生活雜貨品牌LOFT，占據9~12四層樓的面積，舉凡文具、廚房衛浴用品、健康雜貨通通一應俱全**，許多高中生或上班族都會在回家前逛逛。

👁 光の時計

🏠西武百貨B1F，與地鐵中央口直結

連結地下鐵及西武百貨中央本館B1入口處的光的時計，是西武百貨重新整裝後的新設施，**由光影設計師及音樂人聯手，優雅的柱狀音樂時計，成為池袋站繼貓頭鷹後，另一個新的約會集合點**。使用11000個LED燈，隨著時間變化，柱子的數字光影也每秒不斷變化，很有時代科技感，整點時還會有音樂及燈光變化演出。

🎁 AINZ & TULPE 池袋西武店

☎03-5949-2745 🏠西武百貨本館（南區）B1~2F 🕐
10:00~22:00 🌐ainz-tulpe.jp

雖然説AINZ & TULPE位在西武百貨裡，但其路面入口就位在無印良品旁，十分好找。**AINZ & TULPE專賣彩妝保養品與各式美容小用具，不只種類豐富，其每週都有商品的人氣排行榜，讓愛漂亮的消費者能夠一眼就看到最新最流行的美妝資訊**。

> LOFT是文具雜貨迷每次來日本必朝聖的掃貨地！

🎁 池袋LOFT

☎03-5960-6210 🏠西武百貨本館（南區）9~12F 🕐
10:00~21:00，週日、例假日10:00~20:00 🌐www.loft.co.jp

商品樓層主要集中在西武南館10~12樓的LOFT，**每樓層都很廣闊、品項齊全**，賣場有附設一處咖啡餐飲處，而且從10樓就能**直接連接The Garden戶外頂樓**，可以休息一下、吃吃東西，補完體力再回來繼續逛街買東西。

［ 東口有西武 西口有東武 ］

池袋車站可説是東京三大人潮流量最大的站之一，車站規模及人潮跟新宿相比，也不容小覷。因此觀光客來此，老是出站、入站傻傻分不清楚，而這裡最有趣的是東武鐵道及西武鐵道剛好分據站體兩側開設百貨公司，且「東口是西武百貨、西口是東武百貨」，先搞懂這個趣味反差，方向才不會越來越混亂喔。

> 圍繞著大水池的圓形座位區，入夜後氣氛優雅，適合跟朋友一起來聊天小聚，享受夜景。

🍴👁 **The Garden**

薦 おすすめ

食と綠の空中庭園

> 在一旁的餐廳點個輕食與飲料，享受悠閒氣氛。

🏠西武百貨本館9F戶外頂樓

位居高樓，兼具多功能又具開闊感的頂樓花園。

⏰10:00~21:00(週日、例假日至20:00)，依各店鋪而異　❋依天候而定

　以日本印象派畫家莫內的「睡蓮」為庭園設計亮點，橫跨西武百貨北館，本館9樓頂樓並串聯南館LOFT的10樓入口，超大型露天景觀花園兼餐廳，成為顧客最佳免費休憩、飲食的好去處。**全區分成觀賞魚中心、園藝中心、自由座位區、餐廳點餐區、莫內花園，依四季變化面貌的頂樓花園，白天、入夜都有迷人風情。**

> 豐富多樣的熟食區一到晚上就會開始特價，簡直是晚餐覓食的好去處。

薦 おすすめ

👜 **B1 F食品館**

🏠西武百貨本館(南區、中央區、北區)B1F　⏰10:00~22:00

日本全國美食一網打盡，吃好吃滿、買得更過癮！

　以食品及伴手禮為主的B1，可說隨時人潮滿滿，原因就在這裡真的超好買，貫穿3個館的地下樓空間中，分為美食伴手禮區以及熟食區。**美食伴手禮區精選東京、京都等全國經典知名店家就超過100個，東西琳瑯滿目簡直像是逛大觀園。**

👜 **Esola**

📍別冊P.9,B3　☎035827-5838　🏠豐島區西池袋1-12-1　🛍購物10:30~21:30，餐廳11:00~23:00　🌐www.esola-ikebukuro.com

　Esola是間位在池袋駅西口的複合式百貨公司，名稱由來指的是從Metro地下鐵駅(Eki)到天空(Sola)精選約40家優質店舖的遊逛空間。其從B1至9樓的各樓層皆有不同主題，依樓層可以快速找到想買的商品之外，6~9樓共4層的餐廳樓層提供和洋主題的豐富選擇，讓人品嚐到各式美味。

📖 **淳久堂書店 池袋本店**

📍別冊P.9,B4　☎03-5956-6111　🏠豐島區南池袋2-15-5　⏰10:00~22:00　🌐honto.jp/store/detail_1570019_14HB320.html

　淳久堂在池袋有棟地上9層、地下1層的書城，2000坪的面積是日本數一數二的超大型書店。**種類數量龐大的各類書籍，以大型立架方式陳列，就像是座圖書館一樣，是愛書人的夢中寶庫，**且扶手電梯旁還貼心的設有座椅，提供一處簡單的閱讀區。

👜 Echika 池袋

🅰別冊P.9,A2　🅖豐島區西池袋3-28-14(副都心線池袋站)　🕐約10:00~21:00，依各店舖而異　🌐www.echika-echikafit.com/ikebukuro

　2009年開幕的Echika，為地下鐵副都心線在池袋站的複合式購物中心。狹長的商場以巴黎街道為主題，歐風裝潢與造型地磚為地鐵站帶來嶄新氣氛；商場中有服飾店、Spa沙龍、餐廳，並有熱鬧的外帶食品區，是通勤族與觀光客最喜愛的購物區域之一。

Soup Stock Tokyo

🍴 Soup Stock Tokyo Echika 池袋

☎03-5952-5707　🅖Echika內Gourcieux Marche　🕐8:00~23:00(L.O.22:30)　🌐www.soup-stock-tokyo.com

おすすめ 薦

點碗熱濃湯不只暖胃，吃下滿滿的營養補充體力！

　簡潔大方的裝潢，原木桌椅與時尚燈飾，反映出這家餐廳的宗旨：讓現代人的生活更加輕鬆，多點有機。**配合季節，提供各種融合當季食材的湯品，秋天是蘑菇馬鈴薯湯，夏天是番茄蔬菜湯。**店內另有販賣調理包與生活雜貨。

👁 池袋西口公園

🅰別冊P.9,A2　🅖豐島區西池袋1-8-26　🕐自由參觀，設施5:00~凌晨1:00(公廁至24:00)　🌐www.city.toshima.lg.jp/340/shisetsu/koen/029.html

　因知名的日劇《池袋西口公園》直接以此公園為劇名，成為當時年輕人聚集地。**在2019年11月經過重新整理，已改為兼具戶外劇場功能的公共空間**，改修後

的公園給人一種明亮開闊的潔淨感，象徵和平的雕塑和旁邊的東京藝術劇場融合，夜晚還會有點燈的幻彩視覺印象，一再成為日劇或廣告的最佳外景地。

🎭 東京藝術劇場

🅰別冊P.9,A3　☎03-5391-2111　🅖豐島區西池袋1-8-1　🕐依公演戲碼而異　🈲不定休　💰依公演內容而異　🌐www.geigeki.jp

　位於知名的池袋西口公園旁的東京藝術劇場是重要的文化藝術發源地，前方有個大型雕塑，大廳為五層樓挑高空間，相當引人注目，內部擁有大小共4個表演廳，最大的能夠容納2,000人，中小型的則能夠提供舞台劇、音樂季的演出。

東京藝術劇場現代感十足的帷幕玻璃建築相當顯眼！

BIC CAMERA 池袋總店

ビックカメラ 池袋本店

🏠別冊P.9,B2　📞03-5396-1111　🚇豐島區東池袋1-41-5　🕙10:00~22:00
www.biccamera.co.jp/shopguide/index.html

薦 おすすめ

池袋店貨品齊全且觀光客較少，不會人擠人逛街品質超高～

OUTLET店除部分新品外，主要是展示品、開封品、二手品，對於不買新品也無所謂的人來說，是個挖寶好去處。

品質保證的單眼中古相機，數量多到讓人眼花撩亂，價格也讓人很驚喜。

　　BIC CAMERA是非常大型的電器連鎖店，光是池袋車站周邊就有5家店，包括各式商品齊備的本店、相機・電腦館、東口SELECT、東口OUTLET X Sofmap、西口店等，**本店舉凡電器、數位相機、手機通訊、鐘錶等所有跟電扯得上關係的新貨都有，八層樓的相機專賣店絕對能夠滿足攝影愛好者。**

RINGO IKEBUKURO

薦 おすすめ

🏠別冊P.9,B2
📞03-5911-7825
🚇JR池袋駅1F
🕙10:00~22:00
💲きたてカスタードアップルパイ(蘋果派)
¥450　🌐ringo-applepie.com

嚐一口卡士達蘋果派的酥脆濃郁，品味老舖的精心之作。

剛出爐的蘋果派，派皮無比酥脆，濃厚卡士達奶油和蘋果餡融會出雋永香氣。

優質素材、新鮮。在附設工房現場製作，北海道產低麩質麵粉和大量奶油揉製成派皮麵糰，裹入蘋果塊烘烤，再填入契作牧場牛奶所製卡士達奶油第二次烘烤。

　　池袋大排長龍的現烤卡士達蘋果派「RINGO」，是札幌洋菓子老舖創業三十年的完美之作。堅持美味三原則：手工、

MIGNON

ミニヨン

薦 おすすめ

有博多明太子、巧克力、日本地瓜、草莓等多種口味！

滿滿餡料包在可頌裡，每一口都是感動加驚喜！

🏠別冊P.9,B2
📞03-5960-2564
🚇JR池袋南改札出口旁
🕙7:00~22:30
🌐mignon-mini-croissant.com/

　　一早飄散在池袋車站地下道香噴噴的氣息，總是吸引人們佇足，只為親口印證美味的貨真價實。這家迷你可頌專賣店「MIGNON」，**在九州博多開業26年，深受饕客狂愛**，原因就在他們家的可頌，從創業至今，堅持手工現作，把外皮烤得又酥又脆，裏層又富有彈性，一口咬下，可以同時享受的雙重口感還不夠，重點是可頌裡包滿餡料，好吃到值得全品嚐一輪。

漫畫聖地「常盤莊」

在池袋西南方的南長崎，曾有間木造二層公寓常盤莊(トキワ)。年輕的手塚治虫、寺田博雄、藤子A不二雄、藤子F不二雄、石森章太郎等漫畫家都曾在這裡創作，引領日本漫畫走向全盛時期。雖然常盤莊已在1982年拆除，原址的紀念碑仍是漫畫迷朝聖地。

🍴 すしまみれ 池袋店

🗺別冊P.9,A2 ☎03-5953-0737 ⌂豐島區西池袋1-21-13 🕐24小時

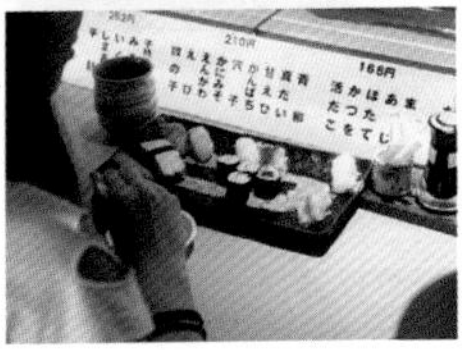

每天從築地進貨，選擇新鮮而物廉價美的鮮魚海產做成壽司，由於位在池袋西口的美食激戰區，壽司價錢自然是實惠又大碗，**在每月的10、20及30日有壽司一貫均一價￥130的活動**。

🍴 Kitchen ABC西池袋店

キッチンABC 西池袋店

🗺別冊P.9,A2 ⌂豐島區西池袋3-26-6 ☎03-3982-1703 🕐11:00~22:00 ㊡年末年始 💲オリエンタルライス（豬肉韭菜飯）￥850 🌐tf-abc.co.jp/

昭和44年創業Kitchen ABC在豐島區已經擁有四家分店。這裡的宗旨便是希望客人不僅能夠填飽肚子，更能感受到心靈的滿足，無論是味道、份量、價格還是獨特性，都是讓人滿意的關鍵。推薦**人氣No.1的「東方飯」，將豬肉、韭菜與秘製醬料大火快炒，再加入生蛋，風味獨特**。此外，特盛ＡＢＣ套餐可一次品嚐到漢堡排、薑燒豬肉和番茄醬雞排的豐富組合，搭配米飯和味噌湯，份量十足。

每天中午推出限量套餐，份量大味道好，是人氣選擇！

🍴 おでん屋たけし 池袋西口店

おすすめ 薦

關東煮有兩種湯頭，味道都超讚

🗺別冊P.9,B2 ☎03-5962-0589 ⌂豐島區西池袋1-23-6 桝本ビル1階 🕐週一～週五16:00～23:00、六日15:00～23:00 🌐alwayssaisei.co.jp/oden/

由知名章魚燒連鎖店「築地銀だこ」子公司所創立的關東煮品牌「おでん屋たけし」主打**透明清爽好回甘的飛魚湯和金黃乳白的濃郁香甜雞白湯兩種湯頭，讓關東煮食材本身的好味道更加分**。強力推薦大根、牛舌沾芥末、玉子燒和招牌帶骨雞腿，都是把食材本身的香甜跟湯頭的鮮美完美結合的招牌必點。店內除了關東煮以外，還有每天從市場新鮮直送的生魚片和來自日本各地的日本酒可點，是一間不分季節，廣受各年齡層消費者喜愛的熱門店。

招牌必點帶骨雞腿是美味保證。

🧁 Momobukuro

おすすめ 薦

夜パフェ専門店 モモブクロ

深夜才能品嘗到的夢幻甜點

🗺別冊P.9,B1 ☎03-6914-1839 ⌂豐島區西池袋1-40-5 名取ビル B1F 🕐週一～週四 17:00～0:00，週五 17:00～翌1:00，週六 15:00～翌1:00

「深夜聖代」是源自於札幌特有的飲食文化，用來作為晚餐的收尾，受到廣大消費者歡迎。Momobukuro是札幌深夜聖代名店「Parfaiteria beL」的姊妹店，從北海道南下東京插旗，**每一份聖代做工精細，宛如藝術品般精緻，並隨季節變幻無窮**。隱身在池袋巷弄內大樓地下一樓，只有晚上才營業，常常開店前就大排長龍，是一家值得花時間排隊也要來吃一次的推薦甜點。

池袋獨有的貓頭鷹，成為甜點最中的可愛設計。池ぶくろう最中(貓頭鷹造型最中)2入¥580。

◎◎◎ 三原堂

🏠別冊P.9,A2　☎03-3971-2070　🏠豐島區西池袋1-20-4
🕙10:00~18:00　🈺週一　🌐ikebukuro-miharado.co.jp

　　在瞬息萬變的池袋街頭，唯有和菓子老舖三原堂數十年來如一日，販賣最紮實道地的日式美味。**貓頭鷹造型的最中、口感細膩的銅鑼燒、可愛小羊羹等點心都是店內招牌**，就連推裡大師江戶川亂步也對它著迷不已。

池袋怎麼這麼多貓頭鷹塑像阿！

澀谷名物若是八公犬，那麼池袋就是貓頭鷹了。因為「池袋」的「袋」的日文發音「Bukuro」與貓頭鷹的日文發音「Fukuro」相似，也因此而成為池袋地區的吉祥物。來到池袋只要多注意，會發現貓頭鷹圖像真是無所不在，街道、公園、路燈到處都有它的蹤跡。，連派出所都變成貓頭鷹，下次來別忘了也拍照收集看看！

🍴🍺 寿司 魚がし日本一 池袋西口店

🏠別冊P.9,B2　☎03-5928-1197　🏠豐島區西池袋1-35-1
🕙11:00~22:00　🈺1/1~1/2　💲握壽司¥150起(一次至少點2個)　🌐uogashi-nihonichi.imachika.com

　　想要用便宜價錢品嘗美味壽司，不妨嘗試這家立食壽司店吧。**師傅的手藝可不會因為立食而馬虎，每貫壽司都是在顧客眼前新鮮現作**，漂亮地星放在新鮮竹葉上。價錢從一個握壽司¥150起，十分平易近人。

特製飯糰上盛放0.5公分厚的餐肉，加上紫蘇葉捏成飯糰，趁熱吃最美味。

🍜 麵屋Hulu-lu

フルル

🏠別冊P.9,A1　☎03-3983-6455　🏠豐島區池袋2-60-7　🕙11:30~15:00、18:00~21:00，週日、例假日11:30~15:30　🈺週二、每月第二、四個週一　💲醬油拉麵與餐肉飯糰套餐(醬油SOBAスパムセット)¥1,300　🌐www.hulu-lu.com

創新概念的拉麵店麵屋Hulu-lu將夏威夷風情融入拉麵中，清爽湯頭與創意食材。

　　Hulu-lu的招牌醬油**湯底以吉備黑雞、全雞、多種蔬菜熬煮而成，麵體使用夏威夷的水做成具有彈性的細麵**。拉麵排放筍乾與叉燒，加入肉末、蔥花，最頂端再放一把蘿蔔苗，光配色就讓人眼睛一亮。新鮮蔬菜降低雞汁湯頭的油膩感，而叉燒調整為薄鹽口味，爽口的總體風味猶如夏日海風，清新宜人。

山手線一圈　池袋

➡東京地下鐵➡中央總武線➡東京廣域

建築物刻意壓低呼應周遭一望無際的環境，和鄰近建築之間有著很和諧的存在關係。

ショコラパンケーキ(巧克力鬆餅)¥1,500

加付選擇入場+喫茶，可以到有大面窗戶的大廳換咖啡及小點心。

原創巧克力加味料「FURIKAKE」，可以加在拿鐵、熱巧克力飲或甜點中，創造不同的嚐味樂趣。

Pâtisserie & Chocolate Bar DEL'IMMO 目白店 　**薦**（おすすめ）

パティスリー＆ショコラバー デリーモ

🅐別冊P.9,A4　☎03-3988-1321　🅠豐島區目白2-39-1　🕐10:00～20:00(L.O.19:00)　🅚不定休　🌐www.de-limmo.jp

> 深刻複雜的巧克力嚐味體驗，品味屬於大人的成熟風範。

　曾於比利時研修的巧克力師江口和明開設的「DEL'IMMO」不見巧克力糖，以**「巧克力師的糕點創作」**為概念，將製作巧克力的技法應用在糕點製作上，呈現巧克力令人感到幸福的美味。人氣招牌有「巧克力鬆餅」、「巧克力聖代(Classique Chocolat)」和「DEL'IMMO」等。

👁 自由學園 明日館

自由学園 明日館

🅐別冊P.9,A4　☎03-3971-7535　🅠豐島區西池袋2-31-3　🕐通常見學10:00～16:00(入館至15:30)，夜間見學每月第三個週五18:00～21:00(入館至20:30)，週六日及例假日見學10:00～17:00(入館至16:30)　🅚週一(遇假日、補假日順延翌日休)，年末年始，不定休　💲見學￥500，見學+喫茶￥800，夜間見學+酒飲￥1,200；國中生以下免費　🌐www.jiyu.jp　❶週六日及例假日見學館內參觀範圍有所限制，但每月仍有一天可全館館見學，詳見官網查詢

　建於1921年的自由學園明日館，是**美國建築大師萊特(Frank Lloyd Wright)的作品之一**，經歷關東大地震和第二次世界大戰的空襲仍然屹立不搖。自由學園明日館內不只是靜態展示，時常出借場地舉辦活動，學生食堂裡還有當時家具的復刻板，走上小閣樓則是小型的萊特博物館，裡面展示萊特設計燈具，並且可以向家具公司訂購。

新宿
しんじゅく
Shinjyuku

新宿駅是JR山手線上轉乘的重要樞紐，光是進出JR車站的人每天就超過350萬人次，位居JR東日本的第一大站，更遑論小田急、京王或地下鐵等，車站南口還有高速巴士轉運站，讓新宿站成為最強大的超級車站！由於交通便利也讓新宿成為百貨大店的兵家必爭之地，三越、伊勢丹、高島屋、丸井等都集中在此，還有東京都廳展望台、歌舞伎町、新宿御苑加持下，更成為觀光客必訪之地！

賀！新宿東西口終於可以從地下直通穿越，暢行無阻啦！

每天約有350萬人利用，是世界最多人進出站的車站「新宿」，過去東口和西口因為地下並無連通道，民眾只能從地上「繞路」往返通行，相當耗時耗力。JR東日本歷經八年工程，終於在2020年7月完成全長約100公尺寬25公尺的「東西自由通路」，為新宿站帶來更高的便捷性。

交通路線&出站資訊

電車

JR東日本新宿駅➪山手線(13-15號月台)、埼京線(1-2號月台)、中央本線(特急5-6號月台，中央本線7-12號月台)、中央・總武線(中央快速7-12號月台，各停13、16號月台)、成田特快線(成田エクスプレス，3-6號月台)、湘南新宿ライン(湘南新宿線，3-4號月台) 以上JR路線均於1F、B1F月台搭乘。
另外要前往日光、鬼怒川溫泉須5-6號月台搭乘東武線直通特急。
小田急電鐵新宿駅➪小田原線(1F月台)
京王電鐵新宿駅➪京王線(B2F月台)
都營地下鐵新宿駅➪新宿線(B5F月台)、大江戶線(B7F月台)
東京Metro新宿駅➪丸之內線(B3F月台)
西武鐵道新宿駅➪新宿線
❶湘南新宿ライン(湘南新宿線)可直通宿都宮線；2006年起從新宿可搭乘東武線直通特急「(スペーシア)日光・きぬがわ」前往日光、鬼怒川溫泉；「(スーパー)あずさ」、「かいじ」可前往山梨縣的甲府、長野縣的松本
東京Metro新宿三丁目駅➪丸之內線、副都心線
都營地下鐵新宿西口駅➪大江戶線

巴士

CH01京王都廳循環巴士➪(A號乘車處)，大人¥210，可使用都營巴士一日乘車券。
HATO BUS➪新宿駅東口1~4乘車處、新宿駅西口30號乘車處搭乘東京都內定期遊覽巴士。
高速巴士➪新宿駅新南口新宿高速巴士總站搭乘，前往日本各地的高速巴士。詳細路線可至網站查詢：shinjuku-busterminal.co.jp/zh-tw

出站便利通

新宿交通之錯綜複雜，就連迷路時詢問路人，日本人也不一定清楚該怎麼走呢，建議相較於複雜的地下通道，找路時最好上至地面，能夠比較容易前往要去的地方。
◎JR新宿駅西口直結京王百貨、沿著中央通就可直接進入新宿高層建築群，盡頭則是新宿中央公園，若要前往東京都廳賞夜景，建議搭乘都營大江戶線在都廳前駅下車，從A4出口最快。
◎新宿駅西口京王百貨正對面就是電器街，有最大的Yodobashi Camera，而東口出來則可看到BIC CAMERA。
◎前往西口從JR新宿駅的西口、中

央西口；京王電鐵的京王百貨店口、廣場口；東京Metro的A10-18、B14-18出站。
◎JR新宿駅東口直結LUMINE EST百貨，前往BIC CAMERA、丸井百貨、伊勢丹百貨均由東口出站。
◎要前往歌舞伎町從東口出站徒步約需5~7分，建議搭乘西武新宿線從西武新宿駅出站或搭乘都營大江戶線在新宿西口駅下車，從新宿SUBNADE地下街5、7號出口出站。
◎前往東口從JR新宿駅的東口、中央東口；東京Metro的A8-9、B12-13出站。
◎要前往新宿御苑從新宿駅南口出站後沿著甲州街道徒步約10~12分。時間不多建議搭乘東京Metro丸之內線在新宿御苑前駅下車從1號出口即達。
◎前往南口從JR新宿駅的南口、新南口出站；都營地下鐵的A1出站。
◎前往MY LORD、LUMINE百貨從南口出站。
◎要前往擁有高島屋百貨、紀伊國屋書店、東急手創館的TIME SQUARE直接從新南口出站最快。
◎從新南口出站，即可前往最新百貨商場與高速巴士站合一的NEWoMan。

新宿東口

新宿區域可以由JR新宿駅為中心區分為兩部分，一是西口的新宿辦公高樓群，另外則是東口的歌舞妓町，要逛街的話東口與車站共構的百貨群較優。

🎯 東急歌舞伎町TOWER

東急歌舞伎町タワー

> 充滿年輕氣息的潮流集散地，想知道最新最流行的，來這裡就沒錯。

🏢別冊P.10,C1　🚃新宿區歌舞伎町1-29-1　🕐依各店鋪而異　🕕6:00～翌5:00　🚇
www.tokyu-kabukicho-tower.jp

以追求極致的熱愛為概念，東急歌舞伎町TOWER致力於創造出發現、培育並讓人的愛好能翱翔的空間。這裡可以體驗到新宿歌舞伎町獨特的歷史和文化；**1到5樓的店鋪和餐廳展示多樣的娛樂和美食選擇，20到38樓的HOTEL GROOVE客房**的設計則以能夠感受到新宿歌舞伎町的藝術和音樂文化為主。39到47樓的「**BELLUSTAR TOKYO, A Pan Pacific Hotel**」則是一個都市中的奢華避風港。這裡的客房結合了日本傳統文化和現代設計，並且擁有寬廣的視野，可以俯瞰整個東京市景。

🎯 新宿歌舞伎大廳

新宿カブキhall～歌舞伎橫丁

🕐依各店鋪而異　📍東急歌舞伎町TOWER 2F　🕕6:00～翌5:00，依各店鋪而異　🚇 kabukihall.com

這裡是歌舞伎町的次世代娛樂美食街，**以「祭典」為主題，融合美食、音樂和影像的全新體驗**。匯集了從北海道到九州、沖繩，甚至韓國的各地「靈魂美食」，共計十家店鋪。每晚都有各種表演和活動，致力於成為歌舞伎町的新交流中心。

🎁 namco

🕐11:00～翌1:00　📍東急歌舞伎町TOWER 3F　📞03-6302-1311　🚇bandainamco-am.co.jp/namco_tokyo/

namco TOKYO是一個特別的遊戲中心。可以在此品嚐各式各樣的酒類和小吃、隨著DJ的遊戲音樂舞動。這裡還有**擁有250多種商品的扭蛋專賣店以及最新獎品的抓娃娃機和經典街機遊戲區**。甚至一番賞官方商店提供無數的角色抽獎，保證每次都有驚喜，讓人滿載而歸。

> 來杯最夯的琴酒特調，下午時段也可以享受悠閒空間。

🍸🍴 JAM17 DINING & BAR

📞03-6233-8217　📍東急歌舞伎町TOWER 17F　🕐11:30～22:00　🚇www.hotelgroove.jp/jam17/

JAM17是一個融合了多樣性和不同價值觀的創新社交場域。**嚴選產地直送的三浦蔬菜，珍視四季變化，採用關東周邊生產的食材，透過石窯鎖住食材的鮮美，讓每一口都充滿驚喜**。JAM17的露天陽台配有巨大的螢幕和常設的酒吧櫃台，開放感十足。這裡可以舉辦各類活動，無論是獨立的露天活動，還是與相鄰的派對室和餐廳酒吧聯動，都能提供靈活的場地配置。

◉ 歌舞伎町

🅐別冊P.10,C1　🚉新宿區歌舞伎町一丁目、二丁目

　　新宿東口北側就是以聲色場所知名的歌舞伎町，歌舞伎町附近聚集許多餐廳跟居酒屋，可以看到許多上班族和年輕人在此聚會。雖然被稱為是東日本最大風化區，但由於近年來例行淨化專案，這裡可**是居酒屋、餐廳集散地，是晚上用餐的好去處。但還是建議到這裡要結伴同行，也別太晚了還不回飯店唷！**

歌舞伎町的地名由來

二戰後，新宿街區在戰火中全數焚毀，為了促進地方繁榮，原本計畫以歌舞伎的表演場地「菊座」為首，在此興建電影院、劇場、舞廳等，將這裡打造成專屬於東京市民的娛樂場所。後來，電影院地球座、米蘭座、演歌的殿堂新宿KOMA劇場等陸續完工，但「菊座」建築計畫反而不曾實現，僅有歌舞伎町的名字流傳下來。

歌舞伎町內有許多主打帥氣有型的男公關店，路過看看就好，沒有大把鈔票可別輕易走進店內。

飯店大廳也展示哥吉拉1954年起歷年上映海報，相當珍稀。

GODZILLA

| 1954 | 1955 | 1962 | 1964 |
| 1975 | 1984 | 1989 | 1991 |

每整點哥吉拉還會展開大怒吼以及光束閃電攻擊呢。

◉ 哥吉拉Terrance　おすすめ 薦

🅐別冊P.10,C1　📞03-6833-1111　🚉新宿區歌舞伎町1-19-1 Hotel Gracery Shinjuku（格拉斯麗新宿酒店）8F　🕐6:30~21:00（12:00~20:00每整點有哥吉拉吼叫&雷射光，約3~5分鐘）　🉐限飯店住客或8F GRACERY LOUNGE利用的顧客免費參觀　🌐gracery.com/shinjuku

街拍哥吉拉恐龍人氣據點！

　　新宿歌舞伎町熱鬧吃喝與電器店林立，讓人好逛好買又好吃之外，近來街頭竟然出現一隻高達近120公尺的大恐龍，而且還是大名鼎鼎的哥吉拉！**超大恐龍怪獸出現在城市大樓中，電影中才會出現的場景，竟然就活生生地在眼前，簡直太震撼了**，原來這尊哥吉拉就位在格拉斯麗新宿酒店樓上，2015年酒店與東寶電影公司合作的哥吉拉系列住房與8樓戶外屋頂造景，一完成就成為新宿大話題。

山手線一圈 新宿

東京地下鐵➡中央總武線➡東京廣域

地下一樓設有星際大戰和漫威系列專區，商品和模型琳瑯滿目，粉絲們可有福了！

商店入口處拍照區充滿季節感，很值得留影紀念。

Disney FLAGSHIP TOKYO

おすすめ 薦

ディズニーフラッグシップ東京

迪士尼粉絲必逛！

🅐別冊P.10,C2　☎03-3358-0632　🚇新宿區新宿3-17-5 T&TⅢビルB1~2F　🕙10:00~21:00　shopdisney.disney.co.jp/special/disneystore-news.html

　日本最大迪士尼旗艦店在新宿登場！總面積1,710平方公尺，從地下一樓到二樓共三層，挑高天花板設計讓店面更顯寬敞，加上LED超大螢幕投影，持續播放迪士尼、皮克斯和星際大戰等動畫片段，讓你在悠閒享受購物時光，同時跟著重溫各大經典作品。**架上陳列商品和擺設，會隨季節和時期經常變化，還有新宿店專屬限定跟國外迪士尼周邊商品。**因為數量有限，粉絲們看到喜歡的可千萬別猶豫，免得被搶光啊！

招牌水果千層蛋糕是由香蕉、奇異果、草莓等水果和鮮奶油，餅皮共六層交疊起來的必吃經典。

Alpen TOKYO

おすすめ 薦

🅐別冊P.10,C2　☎03-5312-7681　🚇新宿區新宿3-23-7　🕙11:00~22:00，週六日及例假日10:00~22:00　store.alpen-group.jp/alpentokyo/CSfTokyoTop.jsp

熱愛運動和戶外活動者的購物天堂。

　日本知名運動用品零售商Alpen在新宿東口步行一分鐘處，打造**自家品牌史上最大旗艦店，同時也是東京都內最大競技運動用品店**。賣場從地下二樓到八樓共十層樓，除了有大家耳熟能詳的NIKE、Adidas、THE NORTH FACE等運動品牌商品服飾外，因疫情竄紅的露營周邊用品，也非常豐富齊全，推薦給熱愛運動和戶外活動的人到此尋寶。

露營必備用品種類及選擇非常多元。

HARBS LUMINE EST 新宿店

おすすめ 薦

東京必吃千層水果蛋糕。

🅐別冊P.10,C3　☎03-5366-1538　🚇新宿區四谷3-38-1 ルミネエスト新宿B2F　🕙11:00~20:00(L.O.19:30，餐點L.O.19:00)，外帶至21:00　🍽フレッシュフルーツケーキ(水果千層蛋糕)¥1,100，內用低消為每人一杯飲料　www.harbs.co.jp/harbs

　本店設在名古屋，在關東、關西和美國都設有多家分店的HARBS，標榜蛋糕皆為當天手工現作未經冷凍，盡量不使用添加物，讓顧客除了能時時品嚐當季水果，更能感受蛋糕本身「最新鮮」的口感。**招牌水果千層蛋糕，每層都夾有不同水果，送進嘴裡每一口，都吃到果肉和卡士達醬、鮮奶油搭配地恰到好處，讓人幸福滿溢。**一塊蛋糕平均價位落在¥830~1,100上下，因為份量夠大，贏得眾人好評CP值超高，所以就算沒時間慢慢排隊等內用，也推薦大家外帶HARBS蛋糕回飯店吃喔！

Bic Camera 新宿東口店

ビックカメラ

📖別冊P.10,C2　☎03-3226-1111　📍新宿區新宿3-29-1
🕙10:00～22:00　🌐www.biccamera.co.jp/shopguide/index.html

　　前身為日本國民服飾品牌Uniqlo與電器大賣廠Bic Camera結合「Bigqlo」，於2022年6月翻修賣場，以整棟Big Camera賣場重新開幕。**包含地下4樓地面8樓的建築，翻修後整棟皆為Bic Camera賣場，7樓的服飾店「GU」仍保留店面。**

狹小的店面人客多得擠得熱乎乎，推薦想要到居酒屋盡情狂歡的人來這！

道しるべ

薦 おすすめ

📖別冊P.10,D1　☎090-1777-8101　📍新宿區歌舞伎町1-3-7　🕙18:00～凌晨1:00　🈚週三、週日及例假日　💲手羽先(雞翅)一串¥280，ささみわさび(雞胸山葵)一串¥200　🌐www.facebook.com/profile.php?id=100063551592910

　　道しるべ隱身在歌舞伎町裡的小巷弄中，但每到營業時間總是高朋滿座，**這裡的串燒不便宜，但新鮮上等的食材與老闆的燒烤功夫，讓許多人不敢吃的雞肝、雞心、雞屁股化為一串串美味佳餚，不但沒有臭味，反而吃來多汁讓人回味。**坐在吧檯看著老闆隨著搖滾樂舞動的烤肉姿勢，身旁客人們間的談笑聲，歡樂的氣氛為夜晚燃起熱情。

想要體驗新宿居酒屋的狂歡氣氛，來這裡準沒錯！

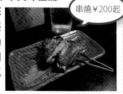

串燒¥200起

AFURI辛紅

薦 おすすめ

📖別冊P.10,C2　☎03-6384-2467　📍新宿區歌舞伎町1-2-2 SUBNADE　🕙11:00～22:00　🈚無　💲柚子辛紅拉麵¥1290，柚子白醬油拉麵¥1290　🌐afuri.com/karakurenai/

特別的柚子辣味，讓人清爽又開胃

　　以柚子拉麵走紅的AFURI，在東京打造了辣味拉麵新版圖。**辛紅拉麵以雞清湯為基底，配以美味的白醬油，並加入多種唐辛子粉、辣椒醬、香辣油和特製辣味噌，呈現出層次豐富的辛辣口感。**不但融合了唐辛子的辛味，還有山椒的氣味以及新鮮柚子的芳香和酸味，讓感官全面釋放。追求極限辛辣的可以選擇「28丁目ちはやぶる 大雷神」，在辛紅拉麵的基礎上加上極辣的魔鬼辣椒，辛辣程度達到新高。不吃辣的可以選擇完全去除辣味元素的「柚子白醬油拉麵」，在清爽的柚子香氣中品味澄澈的雞清湯。

三國一 東口店

味噌煮込みうどん(味噌烏龍麵)¥1,460

📖別冊P.10,C2　☎050-5869-0621　📍新宿區新宿3-24-8　🕙10:00～21:00(L.O.21:30)　🈚年末年始、不定休，夏季休業　🌐sangokuichi.com/　❗因故目前暫時閉店中，可改至新宿的西口店或i-Land Tower店用餐

　　在拉麵風的吹襲下，日本傳統烏龍麵與蕎麥麵相對地被冷落不少，不過三國一的味道真是讓人豎起大拇指說好。三國一的烏龍麵口味風味眾多，**重口味的味噌豬排、輕爽的沙拉、辣牛肉、天婦羅都能入菜**，久煮不爛、粗滑有勁的烏龍麵配上香濃夠味的日式湯頭，讓你從此愛上烏龍麵，最出名的當然就是和店家同名的名代三國豆皮烏龍麵。

水果吧中特選當季水果、水果點心與鹹食盡情吃到飽。

Mariage Frères 新宿店

🔖別冊P.10,C2　☎03-5367-1854　🚇新宿區新宿3-14-25　🕐1F賣店11:00~20:00，2F SALON DE THE 11:30~20:00　🌐www.mariagefreres.co.jp

　法國百年名茶Mariage Frères是許多五星飯店和餐廳的指定茶品牌，在日本深受貴婦們的喜愛。**新宿店有兩層樓，典雅的裝潢彷彿將時光倒回百年前，上百種茶款整齊陳列架上，並有只在日本推出的限定口味**，若有時間到2樓的茶店悠閒品茶也不錯。

おすすめ
薦

新宿中村屋

🔖別冊P.10,C2　🍴B2F Manna 03-5362-7501，B1F Bonna 03-5362-7507，8F Granna 03-3352-6167　🚇新宿區新宿3-26-13 新宿中村屋ビル　🕐B2F Manna11:00~22:00(L.O.21:30)，週日、例假日至21:00(L.O.20:30)；B1F Bonna10:30~19:30；8F Granna11:30~22:00(L.O.21:00)，週日、例假日至21:00(L.O.20:00)　🈺B2F Manna、8F Granna 1/1，設備檢修日；B1F Bonna1/1　💰B2F Manna：中村屋純印度式カリー(印度咖哩)￥1,980，コールマンカリー￥2,310　🌐www.nakamuraya.co.jp

招牌咖哩飯，讓味蕾感受日本的洋食風味。

　新宿中村屋為專賣印度風味咖哩的新宿老字號餐廳，原本占地六層樓的本店經過整修，成為地上8層、地下2層的複合大樓，**不僅擁有中村屋的咖哩餐**廳，以及販賣調理包、咖哩麵包、甜點的**Bonna**，8樓**Granna**則是以世界各國料理為提案，還能品嘗國內70種以上的葡萄酒的餐廳。

老字號咖哩餐廳可以盡情品嘗印度風的香濃咖哩。

新宿高野 本店

おすすめ
薦

🔖別冊P.10,C2　☎B2F 03-5368-5151，B1F 03-5368-5149、03-3356-7155，5F 03-5368-5147　🚇新宿區新宿3-26-11 B2F、B1F、5F　🕐B2F、B1F水果禮盒區10:00~20:00，B1F Fruits Salon週六日及例假日12:00~18:00，5F 11:00~20:00(L.O.19:30)　🈺1/1，每月各1次週一(2024年9/9、10/21，2025年1/20、2/7)　💰バナナチョコレートパフェ(香蕉巧克力聖代)￥1,540　🌐takano.jp

高級水果甜點吃到飽！

　高野是日本著名的高級水果店，發源自新宿，地下兩個樓層販賣與水果相關的商品，還有外賣水果沙拉、使用大量季節水果的創意蛋糕。如果想來點奢侈的味覺饗宴，**5樓有採吃到飽形式的下午茶水果吧(アフタヌーンティー&カットフルーツ)與單點式水果聖代餐廳(タカノフルーツパーラー)**，讓愛吃甜點的顧客盡情品嘗色彩繽紛的水果下午茶。

新宿ALTA

🔖別冊P.10,C2　☎03-3350-5500　🚇新宿區新宿3-24-3　🕐11:00~20:30　🈺不定休　🌐www.altastyle.com/shinjuku

　位在新宿東口最精華地段，**ALTA八層樓的賣場集合了多家日本海內外知名少女服飾品牌，其樓層並無分類，而是混合著餐廳、雜貨、服飾的形態經營，但唯一不變的是這些全都是針對少女喜好而進駐的品牌。**

ACTUS 新宿店

📖別冊P.10,D2 ☎0120-769-740 🏠新宿區新宿2-19-1 BYGS新宿ビル1-2F ⏰11:00~19:00 🚫週三(遇假日照常營業) 🌐www.actus-interior.com

　離新宿車站有段距離的ACTUS其實就在新宿三丁目車站旁，是設計居家商品的大型店舖，**可以找到ACTUS所精選來自世界各地的設計商品**，舉凡家具、家飾或設計家電用品，1樓還有風格CD試聽販賣，另外也結合咖啡廳可稍作歇息。

Peach John 新宿三丁目店

📖別冊P.10,D2 ☎0120-162-756 🏠新宿區新宿3-5-3 高山ランド会館1~2F ⏰11:00~21:00 🚫不定休 🌐www.peachjohn.co.jp

　內衣品牌Peach John以青春甜美的俏麗造型征服日本女生，**五彩水珠睡衣，浪漫內衣還有各種迷人的貼身衣物，充分滿足女生討好自己的心情**，從裡到外都充滿魅力。另外在新宿駅旁的LUMINE2的2樓也設有專櫃，沒時間到地面店舖逛的人也可以直接就近採買。

桂花拉麵 新宿末廣店

桂花ラーメン 新宿末広店
📖別冊P.10,D3 ☎03-3354-4591 🏠新宿區新宿3-7-2 ⏰9:30~23:15(L.O.)，週日9:30~21:45(L.O.) 🌐keika-raumen.co.jp ❶在新宿還有另三家分店，可上官網查詢

　熊本桂花拉麵是日本第一家將「角煮」(紅燒五花肉)放入拉麵的店，其獨特的鹽味白湯配上香濃的紅燒肉，吃起來各有特色卻又互不衝突，滋味絕妙。此外，湯裡做為配料的生高麗菜、滷蛋和翠筍片也是魅力焦點。

> 太肉麵¥1,150。碗裡的每一樣配料都能吃出拉麵職人的用心。

> 雞心烤得又香又嫩！

新宿ニューれば屋

📖別冊P.10,D3 ☎03-6709-8955 🏠新宿區新宿3-8-9 平生ビルディング B1F ⏰17:00~23:00(L.O.22:00)，週日、例假日16:30~22:30 🚫週一，黃金週，盂蘭盆節，年末年始 🌐lit.link/en/nyurebaya

> 種類豐富日本酒藏與烤雞肉串稀有部位的精彩組合。 薦

　位在新宿三丁目的燒鳥居酒屋「新宿ニューれば屋」是一間**能以平易近人的價錢，品嘗到不少稀有部位的烤雞肉串美食**，像是極為珍貴的「金黃卵蛋」(雞卵巢裡的卵黃)、脾臟、腰皮等，在師傅火侯控制得恰到好處下，展現出食材本身最鮮甜的一面。店內日本酒款式遍及全國非常豐富，愛酒人士可以一一點來好好品味。

伊勢丹 新宿店

ISETAN新宿店

📍別冊P.10,D2 ☎03-3352-1111 🌐
新宿區新宿3-14-1 🕙10:00~20:00，
7F美食街11:00~22:00 🌐isetan.
mistore.jp/store/shinjuku/index.
html

　在新宿起家的伊勢丹可說是日本的流行指標，總是在第一時間搶先引進海外人氣品牌。**館內的進駐品牌向來以時尚性強、高級為特色**，每次都造成話題。

chef's selection/ kitchen stage

📍新宿伊勢丹本館B1F 🕙chef's selection 10:00~20:00，kitchen stage10:30~20:00(L.O.19:00) 🌐kitchen stage www.instagram.com/shinjukuisetan_kitchenstage/

　想要品嘗名廚料理不用花大錢到三星餐廳，來新宿伊勢丹地下超市就能嘗到、買到，還能自己動手做！專賣高檔食材的**chef's selection**販賣各名廚的御用食材，中央的**kitchen stage**每兩週請來大廚設計食譜，吃完還能買同樣食材回家如法炮製。

i garden

📍新宿伊勢丹本館 RF 🕙10:00~19:00，11~2月10:00~18:00

　i garden 的屋頂庭園依照季節，栽種了不同的林木植栽，**將日本人獨有的季節感凝縮在屋頂空間中**，同時些微起伏和走道、座椅的設計，也做出空間的區隔，讓不同甚至單獨的客人，都能在不被打擾的情況下偷閒片刻。在頂樓一角，小小神社從頂樓空間和百貨開業之初存在至今，令人遙想百貨頂樓可能經過的往日面影。

坐在庭園中品嚐著日式餐盒，享受一人的獨處時光。

世界堂 新宿本店

📍別冊P.10,D3 ☎03-5379-1111 🌐
新宿區新宿3-1-1 世界堂ビル1~5F
🕙9:30~21:00 休年始 🌐www.
sekaido.co.jp

　世界堂是販賣美術用品的專門店，賣場共有六層樓，其中所陳列的美術用品數量之多，種類之齊全簡直令人瞠目結舌。**世界堂的售價比一般市價要再打個八、九折，是美術用品的寶庫。**

新宿西口

新宿西口有較多高樓餐廳，價位較高，這裡更是行政中心「東京都廳」的所在地，集逛街購物、餐廳、藝術等娛樂於一身的超級景點。

> 現在來到都廳，除了東京鐵塔之外，欣賞東京晴空塔的角度也是大受歡迎。

◎ 東京都廳展望台 🏆薦 おすすめ

東京都庁展望台

🅰別冊P.11,A3 ☎03-5320-7890 🏠新宿區西新宿2-8-1 ◷南展望室9:30~21:30、北展望室9:30~17:00 ⓦ南展望室每月第一、三個週二(遇假日順延翌日平日休)，北展望室每月第二、四個週一(遇假日順延翌日平日休)，12/29~1/31，1/2~1/3，設備檢修日，天氣不佳 ⓕ免費 🕸www.yokoso.metro.tokyo.jp

> 東京免費夜景就在這裡！登上都庁展望台一望讚嘆美景~

想要免費欣賞東京夜景，或是免費觀賞東京繁華的景象，就一定要來一趟202公尺高的東京都廳展望台。在超高樓層幾乎被辦公空間、飯店、收費展望台和景觀餐廳占據的東京，屬於政府單位的東京都廳，不但**開放位於45樓的南、北兩處展望室**，還規劃了專用電梯和引導人員，方便觀光客造訪。展望室中，除了能**免費欣賞東京夜景**，還附設咖啡輕食和紀念品商店，滿足了旅行者可能的需求。

> 從地面搭乘快速專用電梯，約55秒即可抵達頂樓，天氣晴朗時還可眺望富士山美景。

TOKYO Night & Light

◷19:30~/20:00~/20:30~/21:00~/21:30~

作為東京夜間新興的觀光資源，「TOKYO Night & Light」的投影映射展示由國際知名的創作團隊製作，使用40台高精度設備，在都廳巨大的牆面上以世界頂尖亮度呈現，並榮獲「最大建築物投影映射展示(常設)」的金氏世界紀錄認證。

🎁 YODOBASHI CAMERA 新宿西口本店

ヨドバシカメラ

🅰別冊P.11,B3 ☎03-3346-1010 🏠新宿區西新宿1-11-1 ◷9:30~22:00 🕸www.yodobashi.com

YODOBASHI以相機起家，隨著時代演進成為超大型的電器連鎖賣場，新宿西口本店的規模相當大，**擁有多棟專門館，舉凡多媒體館、相機總合館、AV總合館、通信館、鐘錶館、家電館等。**

🛍 京王百貨 新宿店

📖別冊P.10,C3　☎03-3342-2111　🏠新宿區西新宿1-1-4　🕐B1~2F 10:00~20:30，3F以上10:00~20:00，餐廳10:00~20:00(L.O.19:00)　🌐www.keionet.com/info/shinjuku

京王百貨就位在京王電鐵新宿駅之上，往來人潮十分眾多，是十分受歡迎的老牌百貨之一。其中**地階(MBF)與B1為食品區，1~4樓為女性賣場，5樓為男士賣場，6樓為家用雜貨，7樓嬰幼兒用品的相關賣場，8樓為餐廳街**，頂樓則還有個花園，提供全家大小逛街休憩的場所。

> 選間喜歡的店坐下來品嚐東京的庶民美味！

👁 思い出橫丁

📖別冊P.10,C2　🏠新宿區西新宿(位於JR新宿駅西口)　🕐依各店舖而異，大多營業至深夜　🌐www.shinjuku-omoide.com

每當夜幕低垂，美食小巷思い出橫丁裡點起亮光的紅燈籠伴著燒烤煙氣，附著正要展開的夜宴入鼻腔，味蕾記憶中的好味道也驅使著旅人的腳步，走到熟悉的角落內點上一份懷念的老味道。**小巷弄兩側全是居食店，有燒烤、黑輪、烏龍麵、拉麵等店舖。**

> 熱力四射的新宿夜晚，想要覓食也不怕沒地方去！

🍜 かめや 新宿店

☎03-3344-3820　🏠新宿區西新宿1-2-10　🕐24小時　🏮週日　💰天玉そば(炸天婦羅蕎麥麵+溫泉蛋)¥530　ℹ座位只有8個

位在思い出橫丁中段的かめや，**以超便宜的價錢提供美味的蕎麵、烏龍麵給大眾，來到這裡只要以少少的銅板就能吃得超飽，**特別是這裡提供冷熱兩類型的麵，天冷時來碗熱湯，夏天來晚冷湯，不管哪種都很美味。

> 麻油與沙拉油調成黃金比例，讓麵衣輕盈不膩口，散發清新麻油香。

🍴 天秀

📖別冊P.11,B2　☎03- 5386-3630　🏠新宿區西新宿7-12-21　🕐11:30~13:30(L.O.)、17:00~22:00(L.O.21:00)，週六、例假日17:00~22:00(L.O. 21:00)　🏮週日　💰天重¥1,650、天婦羅定食¥2,750

老字號天婦羅店「天秀」外觀有些陳舊，幾張桌子配上吧檯就是所有的空間。空氣中瀰漫的麻油的清香，選在吧檯的位置坐下，老闆就會站在眼前**將新鮮食材一個接著一個投入油鍋中，**舞動的雙筷在空中畫出規律弧線，現點現炸的美味可要趁熱吃。

> 所有食材都是當日從築地市場採購。

海老トマトつけ麵(鮮蝦番茄沾麵)¥1,000。

風雲兒 新宿本店

風雲児

ⓐ別冊P.11,B4 ☎03-6413-8480 ⓗ渋谷區代代木2-14-3 北斗第一ビル 1F ⏰11:00~15:00、17:00~21:00 ⓢつけめん(沾麵)¥950、らーめん(拉麵)¥900 ⓦwww.fu-unji.com

風雲兒的位置相當不起眼,但是大老遠就能看到長長的排隊人龍。來到風雲兒**必吃的就是沾麵**,其麵體採用Q彈有勁的粗麵,搭配湯頭乃是由廚師精心調配,由日本產雞肉與昆布、柴魚、魚乾等耗時8小時熬煮,經6小時過濾與1日熟成,蘊含山海精華,味道濃郁不膩,讓人忍不住一口接一口。

較粗的麵條讓湯汁更容易吸附,濃郁湯頭在口中爆發!

五ノ神製作所

ⓐ別冊P.10,C4 ☎03-5379-0203 ⓗ渋谷區千駄谷5-33-16 ⏰11:00~21:30(L.O.21:00) ⓦgonokamiseisakusho.com

五ノ神製作所主打料理為加入味噌的鮮蝦湯頭,以及使用酸甜番茄的鮮蝦番茄湯頭,搭配有彈性的特製沾麵。**湯底以雞骨、豬骨長時間熬煮,再加入烤蝦提鮮,瀰漫蝦子的鮮甜,難怪能獲得壓倒性的人氣**,假日用餐時間要有排隊的心理準備。

牛筋、滷豬肉、帶骨羊肉,甚至蔥咖哩等都是店裡的獨門口味。

找到一家隱密的地點,開始屬於自己的深夜食堂時間。

嚐嚐老爺爺炒的炒麵、老奶奶的馬鈴薯燉肉,大口灌下啤酒去就對啦!

莫央咖哩

もうやんカレー 西新宿ダイニング店

ⓐ別冊P.11,A1 ☎03-3371-5532 ⓗ新宿區西新宿8-19-2 TKビル1F ⏰11:30~15:00(L.O.14:30)、18:00~23:30(L.O.22:30) ⓗ週六、日 ⓢランチビュッフェ 無制限(午餐自助餐吃到飽)¥1,665、晚餐單點咖哩¥1,055起 ⓦwww.moyan.jp

翻開菜單,咖哩首先從白飯份量開始選擇,從3分滿到雙倍份量共有5種等級,辣度也是,0度到20度任君挑選。**咖哩種類同樣變化多端,酪梨咖哩放入一整顆新鮮酪梨,口感加倍濃滑,牛肉咖哩燉得入口即化,搭配起司醬,濃香中散發香料的刺激感,教人胃口大開**。採自助餐式的午餐,用¥1,665即能享用。

あばらや

ⓐ別冊P.10,C2 ☎03-3342-4880 ⓗ新宿區西新宿1-4-20 ⏰17:30~21:00 ⓗ週日

おすすめ 薦

來 西新宿巷子裡的小店,體驗日本的居酒屋文化!

與位在東口的歌舞伎町裡的居酒屋比起來,西口的居酒屋感覺較為隱密也較不喧鬧。あばらや店面較小,完全沒有連鎖居酒屋的氣派,但也更能夠感受到在地人的氣息。東京的物高物價偏高,而**這裡的菜餚相對便宜,且幾乎樣樣都是招牌,樸實簡單的家常料理美味程度沒話說,而來這裡的也大多是常客,觀光客較少**。

新宿南口

結合購物商場NEWoMan及新宿長途巴士轉運站的南口，重新整修後變成新宿駅的重要商場之一，話題美食及咖啡廳都在這裡！

位在3樓也有計程車等候區，交通完整共構讓搭車不受天候影響。

NEWoMan4樓巴士轉運站，規劃完善、動線清楚，也有很大的待車等候區。

🛍 NEWoMan 新宿

ニュウマン

🏢別冊P.10,C3　☎03-3352-1120　📍新宿區新宿4-1-6　🕐11:00~20:30(週日、例假日至20:00)，駅內餐飲8:00~21:00(週日、例假日至20:30)、甜點9:00~21:00(週日、例假日至20:30)，FOOD HALL、駅外7:00~23:00 📱www.newoman.jp

おすすめ 薦

百貨與高速巴士站結合的複合式商場，新宿話題美食新地標！

　新宿車站的長途巴士站區域2016年重新整裝後，變成一處**結合長途巴士站、計程車招呼站、電車、美食購物商場、戶外花園、托兒所、醫療診所及藝術活動廣場等，超大型的複合式商場名為NEWoMan**，主要分成電車站體正上方4樓以及隔鄰的MIRAINA TOWER的1~7樓。

  **FOOD HALL**

📍NEWoMan新宿2F南口商場FOOD HALL 🔽 7:00~23:00

　集結人氣餐飲的FOOD HALL，雖是共用空間的美食街，卻各自有獨立區域，裝潢宛如英式酒吧氣氛誘人，引進話題麵包店、國外美食餐點以及壽司店等，**無論用餐喝酒都有，最棒的是，體貼旅人需求，從一早的7點開到晚上11點**，讓疲憊旅人隨時補充體力。

  澤村 新宿

おすすめ 薦

SAWAMURA

ベーカリー&レストラン 沢村 新宿

☎03-5362-7735　📍NEWoMan新宿2F南口商場FOOD HALL　🔽烘焙店7:00~21:00，餐廳7:00~23:00(L.O.22:00)　📱www.b-sawamura.com

在新宿也能吃到輕井澤超人氣的烘焙餐廳！

　來自輕井澤人氣的烘焙餐廳「SAWAMURA澤村」，也在此駐點。店面分為麵包烘焙及餐廳2個部分，**運用20多種麵粉來調配運用在不同個性的麵包上，以及4種自家製天然酵母讓口感富有深度，是麵包美味的秘密。**

烘焙店面售有蛋糕、咖啡飲料等，可在吧檯桌椅上享用。

共有1樓遊步道、3、4、6、7樓空中花園，擁有不同空間視覺樂趣。

☕ Blue Bottle Coffee 新宿

☎03-5315-4803 ♙NEWoMan新宿 MIRAINA TOWER 1F ●8:00~21:30(週六日及例假日21:00) ⑤カフェラテ(拿鐵)¥657 ⓦbluebottlecoffee.jp

風靡全世界的Blue Bottle Coffee藍瓶咖啡就位在1樓，明亮店面維持一貫極簡風格，若不是牆壁上的藍瓶子標誌，大概會以為這裡是個蘋果手機之類的3C賣場吧。大家或站或坐，全部座位就圍繞著中央咖啡吧檯，人潮滿滿的店內，如果不介意用站的，這裡也有不少站位區可以小憩一下，另外店內點心也值得一試。

◉ 屋上庭園

♙NEWoMan新宿 1F遊步道、3、4、6、7樓 ●約11:00~22:00

NEWoMan內不忘提供戶外空間及空中花園，讓顧客不論等車空檔或購物都能有自由休憩空間。**3樓可以看到城市高樓大樓與火車的往返景象；4、6、7樓則是看新宿高樓群的幽靜秘密基地。**

🎁 AKOMEYA TOKYO NEWoMan新宿

☎03-5341-4608 ♙NEWoMan新宿 MIRAINA TOWER 1F ●11:00~20:30(週日、例假日至20:00) ⓦwww.akomeya.jp

AKOMEYA是家專門賣米及生活道具、調味料的雜貨店，很特別的是這家主打賣米的米店，若不仔細探究，會以為就是一家美美的生活雜貨屋。**以潮味變身的店內堅持日本人對米飯的究極美味，精挑全日本26種美味米產地**，依軟硬及Q彈度等精細分析特色後，讓消費者一次看懂，並藉此挑選自己喜愛的米。

挑選自己喜愛的米後，現場新鮮脫殼，且提供5個脫殼等級可以選。

Converse東京設計也推出女性甜美風格服飾。

🎁 Converse TOKYO NEWoMan新宿

☎03-6457-8908 ♙NEWoMan新宿 2F ●11:00~20:30(週日、例假日至20:00) ⓦconverse-tokyo.jp

百年品牌 Converse結合東京設計後，從運動休閒風走向潮流設計風格，Converse TOKYO展現出新的服飾風格，讓喜愛這個品牌的人能找到更多不一樣的選擇可能。從**搭配流行服飾用的鞋子出發到各式潮流包包、可愛風格包、男女服飾、帽子、襪子等**，流行感十足。

Butter Butler NEWoMan新宿店

☎03-6380-1082 ●NEWoMan新宿2F エキナカ(新南改札附近) ●9:00~21:00(週日、例假日至20:30) ⑤バターフィナンシェ(奶油費南雪金磚蛋糕)4個入￥1,080 ⑬ butterbutler.jp

　喜愛奶油的人不能錯過人氣品牌「Butter Butler」，**嚴選世界各地的奶油，創造以奶油為主角的甜點。**四款奶油甜點：費南雪金磚蛋糕(Financier)、夏威夷蛋糕、奶油糖烤蛋糕、奶油焦糖塔。其中人氣一品「費南雪」，使用瑞士產發酵奶油和法國鹽之花，表皮烤得焦脆，內裡浸潤了楓糖的香甜，風味絕佳。

和菓子 結 NEWoMan新宿店

薦 おすすめ

☎03-3353-5521 ●NEWoMan新宿2F エキナカ(新南改札附近) ●9:00~21:00(週日、例假日至20:30) ⑬www.wagashi-yui.tokyo

把富士山美景吃進肚子裡吧！

　由超過380年歷史的名古屋老舖両口屋發展出的新品牌「和菓子 結」，在2016年首次推出以紀念「山の日」的甜點，後來更細緻發展成這款富士山四季。**羊羹結合寒天，除了有富士山四季外，也依照季節推出較小份量的當季富士，**貴鬆鬆的四季買不下手的人，買個當季富士，也能過過高級癮。

TOKYO遠望￥4,752

「玻璃瓶甜點(Jar Sweets)」堆疊出甜美層次，為甜點愛好者呈上健康的天然甘味。

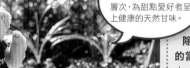

一體成形的長型羊羹切開後，富士四季不同色澤就會漸漸出現，相當特別。

Lady Bear NEWoMan新宿店

☎03-6380-4183 ●NEWoMan新宿2F エキナカ(新南改札附近) ●9:00~21:00(週日、例假日至20:30) ⑬www.ladybear.jp

　1931年創業的天然甜味劑製造商 Queen Bee Garden，新設自然派甜點專賣店「Lady Bear」。**低卡路里的自然派甜點，每日由甜點師手工製作，**使用三種無調整的天然甜味劑：蜂蜜、楓糖漿、龍舌蘭糖漿；素材則選用保健效果絕佳的大豆、山藥、蒟蒻、發酵的優格或起司，營養滿點。

新宿高島屋 おすすめ薦

TAKASHIMAYA

🛍 別冊P.10,C3
☎03-5361-1111 📍渋谷區千馱ヶ谷5-24-2
🕐10:30~19:30 休不定休 🌐www.takashimaya.co.jp/shinjuku

> 品牌眾多又與手創館、紀伊國屋相通,一次逛完所有想要的品牌!

高島屋百貨是雄踞新宿南口的百貨霸主,賣場號稱全日本最大,自開幕以來就成為去新宿購物的必逛之地。**除了賣場,12~14樓整整三層的美食街也是新宿最有人氣的用餐地點之一。而的2樓與5樓賣場皆有通道能通往手創館與紀伊國屋**,採買雜貨書籍也十分方便。

手創館

HANDS

☎03-5361-3111 📍新宿高島屋2~8F 🕐10:00~21:00 休不定休 🌐shinjuku.tokyu-hands.co.jp

台灣也有的手創館將DIY的精神發揮得淋漓盡致,**店內的商品十分豐富,從廚房道具、登山旅行用品、生活雜貨、園藝用具、趣味文具等應有盡有。**新宿的這家店與高島屋百貨及紀伊國屋書店相連,人潮川流不息。

紀伊國屋 サザンシアター

🏢6F 03-5361-3316,7F 03-5361-3321 📍新宿高島屋 南館6~7F 🕐6F Books Kinokuniya Tokyo洋書專門店11:00~19:00,7F紀伊國屋 サザンシアター TAKASHIMAYA 10:00~18:30 🌐www.kinokuniya.co.jp

新宿就有兩家紀伊國屋書店,除了東口的新宿本店,**位於高島屋百貨大樓旁的南館,6樓主打外文書籍專賣店,7樓則為劇場**,由於距離車站近,因此吸引許多上班族和觀光客前來。

🎁 LUMINE新宿

ルミネ新宿

📖別冊P.10,C3　☎03-3348-5211　🚇新宿區西新宿1-1-5　🕐11:00~21:00,餐廳11:00~23:00　🌐www.lumine.ne.jp/shinjuku

> おすすめ
> 薦
> 新宿購物大本營！兩大棟百貨商場逛也逛不完。

　　盤據新宿南口、與NEWoMan隔著馬路對望的站體上方建築，分別是LUMINE新宿，加上東口LUMINE、南口另一側的NEWoMan後，與車站直結又有長途巴士轉運站，可謂新宿南口的南霸天，這裡**以高流行感男女服飾、雜貨、潮流品牌、各式餐廳等，是很多年輕人都愛逛的百貨。**

> LUMINE新宿與NEWoMan隔街並立，人潮洶湧。

> Sarabeth's字樣的商品與招牌手工果醬，醞釀早晨悠閒氣氛。

> 班尼狄克蛋利用英式馬芬墊底，加上煙燻火腿、半熟蛋。

☕ Sarabeth's LUMINE新宿店

☎03-5357-7535　🚇LUMINE2 2F　🕐9:00~22:00(餐飲L.O.21:00，飲品L.O.21:30)　💰レモンリコッタ パンケーキ(檸檬里考塔起司鬆餅)￥1,980、クラシックエッグベネディクト(班尼狄克蛋)￥1,980　🌐sarabethsrestaurants.jp　❶品川、代官山均有分店

　　超人氣早餐店Sarabeth's是一間超過30年的老字號，1980年創始人Sarabeth Levine使用家族代代相傳兩百年的古老食譜，製作並販售手工果醬，一步一腳印構築她的早餐王國，**直到今日Sarabeth's在紐約擁有10間分店；店內的早餐王者班尼狄克蛋、經典里考塔鬆餅是人氣招牌。**

> 里考塔鬆餅淋上楓糖漿、奶油搭配莓果，酸甜平衡。

🎭 🎁 吉本劇場&商店

ルミネtheよしもと/よしもとエンタメショップ新宿店

☎03-5339-1112　🚇LUMINE2 7F　🕐商店11:00~21:30，週六日及例假日9:30~21:30；公演時間每天3場　💰票價依演出者而異　🌐lumine.yoshimoto.co.jp/

　　吉本興業雄踞日本電視各大節目的搞笑藝人，也撐起日本搞笑巨大產業，**想親身體驗日本搞笑藝人的演出，LUMINE 2就有劇場！**在短短一小時體驗看看你的搞笑接收細胞強不強，聽不懂日文的話，劇場外有各式搞笑商品、伴手禮，超好血拼！

> 也能在這裡買到超人氣搞笑女星渡邊直美的肖像餅乾、娃娃等。

除了經典藍莓醬口味外，當令季節限定果醬也很推薦喔！

☕ CAFE AALIYA

薦 おすすめ

新宿最美味的法式吐司！

🏠別冊P.10,D3　☎03-3354-1034　🚩新宿區新宿3-1-17ビル山本B1F　🕐9:00~20:30(週六日至21:00)　📅1/1　💰フレンチトースト:ブルーベリーソース(藍莓口味法式吐司)¥700、フレンチトーストMIX(綜合口味法式吐司)¥1,000

🌐www.instagram.com/cafe_aaliya/

　　位在新宿三丁目的這家咖啡老舖，**以法式吐司聞名千里，被日本美食平價網站「食べログ」選為2021年百大咖啡名店之一**。其在銅板上煎得外表酥脆的法式吐司，內餡軟嫩在嘴裡入口即化，**以砂糖和牛奶為基底，從比例調配到吐司厚度和煎法，四十年年如一的最佳配方，所呈現出的絕妙美味平衡，光是單吃就好吃到讓人融化了，再搭配店家特製果醬，更是別有一番風味**。雖然位在有點不起眼的狹窄地下室，一不小心可能就錯過的位置，但被譽為「新宿最美味的法式吐司」，總是吸引內行饕客們慕名而來，不分平日假日，高朋滿座。

👜 新宿Southern Terrace

新宿サザンテラス

🏠別冊P.10,C3　🏪依各店舖而異　🚩渋谷區代代木2-2-1　🕐依各店舖而異　📅依各店舖而異　🌐www.southernterrace.jp

　　新宿Southern Terrace是相當熱鬧卻悠閒的地區，以露台命名，鋪上自然木質的休閒步道，讓人輕鬆漫步，有**咖啡店(星巴克)、生活家飾店(Franc franc)**等，也可以到宮崎縣的物產點買點伴手禮回家。

🍴 PESCE D' ORO 新宿店

☎03-3375-0510　🚩新宿Southern Terrace內　🕐11:00~23:00　📅不定休　💰pizza¥1,410起　🌐www.giraud.co.jp/pesce-doro/index.html

　　這是新宿Southern Terrace上唯一比較正式的餐廳，每到午餐時刻超值的價格吸引許多新宿上班族前來，提供的義大利菜是能夠搭配葡萄酒的正宗菜式，深色木質空間內的氣氛讓人彷彿身處米蘭的餐廳。

一到了晚上就搖身變成最時尚的酒吧。

🎁 Franc franc 新宿Southern Terrace店

☎03-4216-4021　🚩新宿Southern Terrace內　🕐11:00~20:00　📅不定休　🌐www.francfranc.com

　　在日本相當受到歡迎的Francfranc商品種類繁多且價格合理，到日本時一定得逛逛。新宿Southern Terrace的店舖擁有兩層樓的面積，**所有的系列通通都可以買到，最受歡迎的就是小型的薰香產品，送人非常適合**。

山手線一圈 新宿

➡東京地下鐵➡中央總武線➡東京廣域

新宿MY LORD

新宿ミロード

🅐別冊P.10,C3　☎03-3349-5611　🅐新宿區西新宿1-1-3
🕐1F 10:00~21:00，2~6F購物11:00~21:00，7~8F餐廳
11:00~22:00　🅗不定休　🅤www.odakyu-sc.com/
shinjuku-mylord

　　MY LORD位在新宿駅南口周邊，交通便捷，**服飾店主打以少女為客層，所以不乏價格便宜，又兼顧流行的服裝與飾品。**7~8樓有各式餐廳，想吃洋食或日式料理應有盡有，逛累了也可在咖啡廳喝個下午茶歇歇腳。

新宿割烹 中嶋

🅐別冊P.10,D3　☎03-3356-4534
🅐新宿區新宿3-32-5 日原ビルB1F
🕐11:30~14:00(L.O.13:30)，
17:30~21:00(L.O.20:30)　🅗週日、
一、例假日　🅢鰯フライ定食(炸沙丁
魚午餐定食)¥990，昼会席(午間會席) 1人
¥5,500，最少兩人，需於前日預約　🅤www.
shinjyuku-nakajima.com

> 日本人最纖細的美學神經，千元有找的超值午間套餐被稱為「最好摘的米其林一星」

　　196年開始在新宿街角營業至今，中嶋即便獲得米其林一星餐廳封號，**仍在每天中午推出¥990的平價午餐，餐點清一色是沙丁魚定食，包括生魚片、柳川鍋、炸物等選擇。**店主中嶋貞治在媒體和飲食界赫赫有名，料理以引出食材最生動的美味為原則，只要食材新鮮優質，搭配的醬料與調理法正確，就是最完美的味覺饗宴。

> 料理之所以能為顧客帶來味覺以上的感動，是講究留白與平衡之美。

> 即使料理少有大魚大肉，也不減其新鮮與美味。

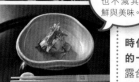

🍴 J.S.BURGERS CAFE 新宿店

🅐別冊P.10,C3　☎03-5367-0185　🅐新宿區新宿4-1-7 3F
🕐11:00~23:00(L.O.22:30)，週六10:00~23:00(L.
O.22:30)，週日10:00~22:00(L.O.21:30)　🅗不定休　🅤
www.js-burgers-cafe.jp/

　　由知名服裝品牌JOURNAL STANDARD所開設的漢堡速食店，**J.S.BURGERS CAFE提供許多口味的漢堡，但其中店員最推薦的是夾入兩片酪梨的漢堡，**香濃的酪梨配上清爽的酸黃瓜醬，一同放在厚厚的漢堡肉排上夾入鬆軟的麵包中，美味不在話下。

> 店員特別推薦口感清爽的酪梨漢堡。

> 高樓夾縫中的特色木屋餐酒館，午茶也很適合來享受咖啡與甜點。

> マルゲリータ(瑪格莉特披薩)¥1,450

🍴 ARMWOOD COTTAGE

🅐別冊P.10,D3　☎03-5935-8897　🅐新宿
區新宿1-10-5 不二越ロフト2F
11:30~18:00(L.O.17:00)，週五六及例假日
前11:30~23:00(L.O.22:00)，週日、例假日
11:30~20:00(L.O.19:00)　🅗週二、年末年始　🅤arm.
owst.jp

> 城市中的美味小屋秘密基地。

　　鄰近新宿御苑的ARMWOOD COTTAGE，位在新式大樓林立的街邊上，像是婉拒被都更般的房屋，兩層樓高的木造山屋突兀地夾在高樓間，顯得特例又獨行。以大正時代老屋改建成的這處木屋，**展現出美國西部開拓時代的氛圍，以美式融合義式餐飲，宛如是給大人的一處秘密基地。**上到2樓餐廳空間除了室內及室外露台，還有樓中樓的木造夾層秘密空間，不論單人、幾個朋友甚至大聚餐都很適合。

◉ 新宿御苑

ⓐ 別冊P.10,D4 ☎03-3350-0151 ⓖ新宿區內藤町11 ◷9:00~17:30，10/1~3/14至16:00，7/1~8/20至18:30 ⓦ週一(遇假日順延翌日平日休，3/25~4/24、11/1~11/15照常開園)、12/29~1/3 ⓢ大人￥500、高中生及65歲以上￥250、國中生以下免費 ⓤwww.env.go.jp/garden/shinjukugyoen/index.html

新宿御苑是明治時代的皇室庭園，受當時西風東漸的影響，融合了法國、英國與日本風格的新宿御苑，美麗而優雅。平日可以看到許多上班族在這裡享用午餐，而**春天櫻花盛開時，則成為東京都內有名的賞櫻勝地。**

大片草地、悠閒的池邊空地，不管什麼季節前來，新宿御苑提供人們一個逃出東京繁忙腳步的喘息空間。

新宿御苑四季美景

春季賞櫻
新宿御苑四春日裡園內65種、1,000株櫻花樹盛開時最教人驚嘆！

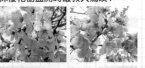

夏日風情
夏天的新宿御苑也別有一番風情，剛生出的嫩綠枝枒與正當鮮活的翠綠，隨風掀起一陣深深淺淺的綠浪，是盛夏獨有的情致。

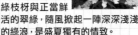

舊御涼亭
紅瓦、飛簷，日本庭園一角的舊御涼亭十分特別。這棟昭和2年(1927年)完工的亭台是為紀念昭和天皇結婚而建，不僅是日本少見的閩南式建築，也被指定為東京都歷史建築。

日本庭園

新宿御苑融合西洋與和式風格，其中日本庭園更是新海誠的動畫電影《言葉之庭》中的主要場景。

©新宿御苑

・舊洋館御休所
除了舊御涼亭，建於明治29年(1896年)作為皇室休憩所之用的舊洋館御休所更被列為重要文化財，另外還有舊新宿門衛所、舊大木戶門衛所等。

原宿·表參道

はらじゅく·おもてさんどう

Harajyuku·Omotesando

無論購物、玩樂或美食，原宿是永遠是東京的新話題，竹下通是東京觀光街道；還有具流行指標的裏原宿，誕生了無數以計的潮流品牌；優雅的遊步道則有吸引目光的精緻小店；不過5分鐘的距離，寬敞的歐風大街綠樹蔭蘢出現眼前，世界名牌均群聚在表參道，鑽入巷弄中則又是另一個天地，每處都讓人想一探究竟。再走遠一點，可到個性與優雅兼備的青山。三種迥異的風格，等待不同的族群來發掘，從視覺、聽覺都讓人捨不得錯過任何精彩畫面。

交通路線&出站資訊

電車
JR東日本原宿駅➡山手線
東京Metro明治神宮前駅➡千代田線、副都心線
東京Metro表參道駅➡千代田線、銀座線、半藏門線

出站便利通
◎雖然原宿是東京最熱門的區域，但是JR原宿駅非常小，只有山手線可利用，出口分為表參道口、竹下口及西口。

若想直接逛竹下通就從JR原宿駅竹下口出站，正前方就能通往竹下通。

◎從西口出站即是往明治神宮方向，十分方便。

◎如果要前往裏原宿地區，從表參道的Tokyu Plaza往青山方向徒步約120公尺左轉，就是Cat street (貓小路遊步道)，約500公尺的徒步距離店舖聚集，小巷中還有更多，有時候位在2F的小店也很有趣。如果是從竹下通過來，則必須先穿越馬路，和明治通平行的小路就算是裏原宿地區了。

◎Cat street可分成兩部分，另一端也往澀谷方向延伸，由表參道上的GYRE旁邊巷道進入，被暱稱為遊步道，環境悠閒沒有太多車輛，同樣有許多個性小店可逛，服飾、雜貨還有時髦咖啡館，是原宿年輕人最喜歡的街道。

◎JR原宿駅從表參道口出站，往右手邊方向立刻就是天橋，車站的正後方是明治神宮。

◎東京Metro明治神宮前駅的5號出口出站就是購物迷最愛的Laforet，而對面的4號、6號出口則是前往澀谷方向較方便。

◎東京Metro明治神宮前駅1號、2號出口出站過馬路就是JR原宿駅和明治神宮。

◎東京Metro表參道駅就在表參道與青山通的交叉口，要前往表參道的名牌聚集區和青山地區，利用此車站較為方便。

◎若想前往最熱門的表參道Hills當然是利用東京Metro表參道駅，從A2出口出站往前方徒步約200公尺即可抵達表參道Hills入口。

◎表參道上名牌最集中的區域就是青山通和明治通之間，除了表參道Hills、LV、Dior、TOD'S、LOEWE、GUCCI、BVLGARI等所有你知道的名牌通通都可看到。

舊JR原宿駅的復古木造車造已成為歷史畫面。

◎ 原宿駅

🔖別冊P.13,A1 🚉JR東日本原宿駅

建於大正時期的原宿駅駅舍，**於2020年正式翻新為全新外觀的原宿駅**，為了留存原有的歷史外觀，

在增加防火設施同時，以原有外觀重建設計更添現代科技感，與原宿駅的百年風華相互映襯，重建後的車站和一旁的明治神宮共同呈現原宿裡的一抹獨特風景。

CONVERSE STORE HARAJUKU

おすすめ **薦**

📖別冊P.13,A1　🚃JR山手線原宿駅步行2分鐘　🏠澀谷區神宮前1-14-4　☎03-5786-3635　🕚11:00~19:00

2024年7月全新旗艦店盛大開幕！

喜歡CONVERSE鞋子的人，又有超好逛、必報到的新店面隆重開幕了！這家位於**原宿駅前方只需走路2分鐘的店點，於2024年7月20日全新開幕，可說是CONVERSE日本首間旗艦店**，好逛好買程度，絕對是經過、路過絕對不能錯過。

經典鞋款和日本製的鞋款、藉由現代的技術與感性提升版本的**最新人氣鞋款等**，各式鞋款一應俱全，新門市的空間設計也很特別，透過大膽地在地面鋪設瀝青和讓人聯想起籃框的鞋款的螢幕等，結合Converse的起源「**籃球**」和「**街頭文化**」等元素，呈現店鋪「where we come from，where we are going?」的概念，獨一無二的空間設計，也帶來前所未有、新鮮感十足的體驗。

以 Converse 的根源「美國」和「紀念品」為關鍵字的限量商品也值得推薦。例如70年代紙箱設計的美國製手帕，以及與領導東京文化圈的品牌合作的T恤和手提包等，許多只有在旗艦店才能買到的商品，都很值得入手。

門市空間設計，由曾擔綱國內外各式店舖設計與建築指導的「TRIPSTER」操刀。

旗艦店以全新體驗型店鋪，提供顧客前所未有的新體驗。

據傳明治神宮鳥居是由台灣的檜木建成。

明治神宮祭拜皇室祖先，境內不時可以看到皇室家徽「菊紋」。

薦 おすすめ

明治神宮

別冊P.13,A1　03-3379-5511　渋谷區代代木神園町1-1　約5:00~17:20，依月份日出日落而異；寶物殿9:00~16:30(11~2月至16:00)；明治神宮博物館10:00~16:30(入館至16:00)　明治神宮博物館週四(遇假日照常開館)，換展期間　免費參拜；明治神宮博物館大人￥1,000、高中生以下￥900、小學生以下免費　www.meijijingu.or.jp

想要找到最代表日本的風景，明治神宮絕對不會讓人失望。

　　明治神宮是為了供奉明治天皇和昭憲太后所建，從原宿駅出來只需1分鐘，轉過神宮橋之後，就會有一座原木所製、日本最大的「鳥居」。**明治神宮占地約73萬平方公尺，內有本殿、寶物殿、神樂殿等莊嚴的建築**，御苑裡古木參天、清幽自然，是東京都內難得的僻靜之處。

明治神宮must know

神前式
江戶時代民間的婚禮為「人前式」，邀請親友前來自家，在壁龕掛起信仰的神像，宣示結為夫婦。到了明治時代，大正天皇(當時還是皇太子)在供奉神器的「賢所」前舉行婚禮後，東京大神宮便參考皇室婚禮制定神前式的禮儀。今日在明治神宮內可常見到身穿白無垢的新娘與新郎在神官、巫女的領導下走在本殿前，這便是儀式之一。參觀時千萬不要打擾了流程進行。

明治神宮外苑
　　以1918年落成的聖德紀念繪畫館為中心，在明治神宮外苑廣大的腹地內集結棒球場、網球場、高等學校等設施，顯得洋風味十足的建築與規劃，與內苑明治神宮的日式典雅風格大相逕庭，別有一番韻味，其中最知名的就是秋日的銀杏行道樹(イチョウ並木)。

參加祭典
日本的神社每年都會有一定的祭事流程，明治神宮有名的便是每年2月的紀元祭，東京都內的神社請出各神轎，從明治公園經由表參道前來明治神宮本殿前，聲勢浩大。詳細年間行事曆可參考網站：meijijingu.or.jp/event

明治神宮巡禮

夫婦楠
明治神宮本殿旁有兩株高大的楠木，這兩株夫婦楠上繫有「注連繩」，這代表有神明居於樹木之上，據說能保佑夫妻圓滿、全家平安，還可以結良緣，若是想求姻緣的話可別錯過。

清正井
如果對日本文化稍有了解，看到「清正」二字應該會聯想到熊本藩主加藤清正，清正井傳說就是他所掘。除此之外，據傳明治神宮建在富士山「氣流」的龍脈之上，而清正井就是吸收靈氣後湧出的泉水，讓清正井成為鼎鼎大名的能量景點。

鳥居
位在南北參道交會處，有一座原木所製、日本最大的「鳥居」，這座鳥居高12公尺、寬17公尺，柱子的直徑有1.2公尺，重量更達到13噸。據傳，這座鳥居可是由台灣丹大山上樹齡1500年的檜木建成，不僅十分珍貴，更是明治神宮的象徵。

寶物展示室
◐9:00~16:30(11~2月至16:00)
位在明治神宮西北側的寶物殿，內部存放著明治天皇的遺物，只是每年只在特定時間開放參觀。平時若想參觀，可改至明治神宮博物館的寶物展示室，一樣能看到精選的物品。

洋酒桶
參道上可以看到成排的酒桶，除了一般神社所見的日本酒桶，明治神宮內還有整排的洋酒桶，據說這是因為明治天皇十分喜愛洋酒，對洋酒也頗有研究，才在日本酒以外更獻上了洋酒。

明治神宮博物館(明治神宮ミュージアム)
◐10:00~16:30(入館至16:00)　⊗週四(遇假日照常開館)，換展期間　⑤大人¥1,000、高中生以下¥900、小學生以下免費
從原宿　前往本殿沿途將會經過由建築大師隈研吾設計「明治神宮博物館」，自2019年10月打造成這座落地玻璃建築物，裡頭收藏著明治神宮的歷史文物及展示館。

明治神宮御苑
◐3~10月9:00~16:30，11~2月9:00~16:00，6月中8:00~17:00(週六、日至18:00)　⑤¥500
從江戶時代便保存至今的庭園，在明治時代稱為代代木御苑，曲折小徑伴著低矮草木，走在其中特別風雅。每到6月中花菖蒲盛開時最是美麗，這時還會延長開園時間，讓更多人能欣賞這一片藍紫之美。

🛍 WITH HARAJUKU

ウィズ原宿

📖別冊P.13,A1 📍渋谷區神宮前1-14-30 🕐7:30~23:30，依各店鋪而異 🌐withharajuku.jp

大量使用杉木建材，讓建築本身與原宿街景，形成舒適的一體感。

位在JR原宿站正對面，於2020年6月開幕的WITH HARAJUKU，是伴隨原宿車站翻新，一同開幕的複合型商業設施，進駐店家像UNIQULO、IKEA等，均以年輕人為目標顧客群，展現不同以往的新穎氣息。WITH HARAJUKU建築本身，也非常值得關注！因為它是**由日本國際建築大師伊東豐雄所設計**。他以「路」作為整體空間規劃的核心理念，建築外觀大量使用多摩產的杉木，與周圍「並木街道」氣氛相結合，而**主體構造則和竹下通、原宿站、表參道等周邊景點緊密串連**，四通八達，讓造訪此地遊客，穿梭自如。長久以來，致力於打造親近自然建築的伊東豐雄，還在各層樓最棒的角度，設置觀景露台。建議大家如果逛街逛累了，不妨停下腳步，從各個角度，觀賞原宿多元風貌，感受建築大師的巧思與用心。

天氣好的時候，很適合坐在這喝咖啡曬太陽。

👁 WITH HARAJUKU PARK

ウィズハラジュクパーク

📍WITH HARAJUKU 2~3F 🕐7:30~23:30

位在WITH HARAJUKU的2樓和3樓，充滿綠意的屋外廣場，宛如置身於都會綠洲般，不分日夜，誰都能在這個開放空間，坐在木造階梯上歇歇腳和享受城市風景，因為這裡可是**原宿唯一一處，能從戶外向下俯瞰街景的景點**喔！

🍴 IKEA原宿

🏠WITH HARAJUKU 1~2F 🕐購物11:00~21:00，週六日及例假日10:00~21:00；CAFÉ L.O.至閉店前30分 🌐www.ikea.com/jp/ja/stores/harajuku

薦 おすすめ

在東京也能逛！宜家家居首間都心型店鋪。

過去只有到郊外，才能見到瑞典品牌IKEA宜家家居的身影，現在東京都內也能逛啦！於2020年6月誕生的「IKEA原宿」，是日本國內首家都心型店鋪，雖然原宿店兩層樓，總面積只有2,500平方公尺，但仍舊能充分感受北歐家飾簡約風格。1樓主要規劃為這三區，分別是鎖定「單身獨居客群」的傢俱起居用品販賣；與日本文化相結合，打造的世界第一間「瑞典便利商店」和外帶專區。2樓則設有瑞典咖啡店，除了我們熟知的瑞典小肉丸和原宿店才吃得到限定menu之外，更厲害的是僅有原宿店，才能品嘗到世界各國IKEA推出的各種瑞典傳統捲餅(TUNNBRÖD,ツンブロード)口味喔！

店內以白色為主基調，優雅又時尚。

瑞典傳統捲餅鮭魚口味是原宿店限定款！

🏬 UNIQLO原宿店　おすすめ薦

☎03-5843-1745
📍WITH HARAJUKU
全球首家提供高科技術購物體驗的優衣庫！
B1~1F　⏰11:00~21:00，週六日10:30~21:00

　　走進UINIQLO原宿店1樓，你會發現，從兩側牆面到架上，視線所及範圍全是「UT」！沒錯，瞄準這一帶年輕消費客群，UNIQLO在1樓打造了「UT POP OUT」專區，展示現在最流行、最新推出的聯名商品。

　　以紅、白、銀三色作為店內裝潢基調，搭配燈光、跑馬燈和大型螢幕牆，呈現出的科技先進感，只能用「潮」這詞來形容。**這裡除了是款式齊全的「UT」專賣店，也是能做出世界獨一無二專屬於你的UT外，還是全世界第一家與app「StyleHint」做結合，提供顧客穿搭意見的賣場**。StyleHint是由UNIQLO和GU共同開發的app，原宿店地下一樓的「StyleHint」專區，設有240台液晶螢幕牆，消費者可以從中觀賞app使用者上傳的穿搭照，挑出自己喜歡的風格，再觸碰螢幕，獲得產品相關資訊，是不是超高科技的啊！

「StyleHint」專區內，整面牆上設有240台觸控平板，非常壯觀。

🍩 I'm donut?原宿店
アイム ドーナツ

🔺別冊P.13,A1　📍渋谷區神宮前1-14-24　🔽10:00~19:00售完為止　📱www.instagram.com/i.m.donut

不同分店的色調和提供的限定口味甜甜圈也略有差異，表參道店就是走粉紅色調特別可愛。

　　東京近期最夯美食就是I'm donut?的生甜甜圈了！原本是福岡麵包店「AMAM DACOTAN」所販售其中一個商品，但實在太受歡迎了，便獨立推出專賣店I'm donut？2022年一號店開在中目黑大獲成功後，陸續在澀谷、原宿、表參道開設分店，**所有甜甜圈從桿麵、發酵到油炸都是在店內每天手工製作，大家都被它獨創的生甜甜圈口感給傾倒，口感蓬鬆卻有帶有Q彈嚼勁的麵皮，再搭配卡士達等多種醬料**。除了經典原味以外，還有季節限定商品，口味豐富，造型又十分可愛，難怪會讓人一而再再而三的在開店前就來排隊朝聖。

🏬 3COINS原宿本店

🔺別冊P.13,A2　📍渋谷區神宮前6-12-22　🔽11:00~20:00　💴330起

　　深受小資族和女性消費者喜愛的日本300圓商店「3COINS」在原宿開旗艦店啦！設計成倉庫的店面，映入眼簾的雖是灰色水泥地板、外露的鋼骨和鐵架，但在鮮花、室內觀賞用植物和3COINS自家繽紛富有設計感又豐富多樣的商品陳列下，完全就是購物天堂。**這裡有很多原宿店才買得到限定商品，像零食、托特包、還有與島根縣出雲市發祥的水果三明治名店「fufufu IZUMO」合作的專區**。從日用品、調味料、食品到化妝保養品、電子商品，一應俱全，包你逛了什麼都想買回家。

集結來自世界與日本的生活、餐飲品牌，最新、最潮流行就在這裡。

東急PLAZA 表參道原宿OMOKADO

おすすめ 薦

東急プラザ表參道「オモカド」

🔖別冊P.14,D3 📞03-3497-0418 🚃渋谷區神宮前4-30-3 🔽B1~5F 11:00~20:00，6Fおもはらの森（Omohara forest）、6~7F餐飲8:30~22:00 休不定休 📱omohara.tokyu-plaza.com

集結了世界與日本的各大品牌及餐飲設施，無可挑剔的全能賣場！

以「只有這裡才有(ここでしか)」「因為是這裡(ここだから)」為中心概念，引進**首次登陸日本的新鮮品牌**，也邀請受歡迎的品牌在此以不同的型態出店，總計超過25間流行服飾、配件與生活雜貨店舖，為流行發信地的原宿表參道，掀起另一波時尚話題。

🏪 TOMMY HILFIGER表參道店

📞03-6365-1985 🚃東急PLAZA 表參道原宿B1~2F 🔽10:00~20:00 📱japan.tommy.com

3大話題店舖之一的TOMMY HILFIGER，總面積達1,015平方公尺，為亞洲最初的大規模旗艦店，同時也是日本首間同時販售男女裝的分店。風格上，**在正統美國服飾中挹注創新元素，成為時下流行的美式學院風(American Preppy)，具有貴族般的高雅氣質**，是為雅痞表現品味與個性的最佳品牌。

🎁 Omohara Forest

おもはらの森

🚃東急PLAZA 表參道原宿6F 🔽8:30~22:00

以明治神宮的美麗森林和表參道的櫸木為發想，東急PLAZA 表參道原宿在屋頂**種植了一片擁抱天空的櫸木森林「おもはらの森」**，除此之外在3、5、7樓的露台和中央天井，讓自然光線和舒適綠意能夠流瀉而入，氣氛溫暖。

🏢 原宿HARAKADO

原宿ハラカド

📖 別冊P.13,A2　☎03-6427-9634　🏠 渋谷區
神宮前6-31-21　🕐7:00～23:00 營業時間因樓層而異　休
1月1日　🌐harakado.tokyu-plaza.com

原宿新地標誕生！

位在神宮前十字路口的西南角，**由東急不動產與知名建築設計師平田晃久聯手，打造地下一層，地上七層的商業設施原宿ハラカド（HARAKADO）於2024年4月17日正式開幕**。命名靈感來自建築物位在「轉角」（日文かど），在這交會處當人與人相遇相逢時，將擦出新文化火花。此構成為整棟設施的最大營運宗旨，也展現在各樓層空間設計，作為「年輕世代的文化發信標的」，有吃、有看還有玩，是東京時下最受注目的景點。

頂樓綠意盎然的展望台，在玻璃帷幕凹凸狀的外觀設計的光影反射下，宛如身處在漂浮於空中的森林，遠方還能看到東京鐵塔身影。

🧁 ヒトツブカンロ

薦

深受日本女性歡迎的糖果伴手禮。

📍 原宿HARAKADO 1F　🕐11:00～21:00
🌐kanro.jp/pages/hitotubu

ヒトツブカンロ因為**糖果造型色彩繽紛，包裝設計又討喜，深受20～30代女性消費族群親睞，被日本選為東京伴手禮第二名**。這次將新店舖設在HARAKADO也是超人氣，雖然以糖果和軟糖定價來看價位偏高，但仍是你經過不能忘了帶回家送人的推薦小禮物。

♨️ 小衫湯

薦

高圓寺老牌錢湯「小衫湯」進駐原宿。

📍 原宿HARAKADO B1　🕐7:00～22:15
🌐harakado.tokyu-plaza.com/shop/detail.html?_id=22416

創立於昭和8年，在高圓寺已有超過90年歷史的代表錢湯「小衫湯」，進駐原宿HARAKADO地下一樓。**整體空間設計比照高圓寺，浴場內的富士山壁畫也是經典呈現，浴槽共有溫泉、牛奶湯和冷泉三區**，讓使用者可以冷暖交替享受泡澡樂趣。

☕ HARAKADO CAFE

薦

創業百年京都老舖與咖啡名店代表跨界聯手。

ハラカドカフェ

📍 原宿HARAKADO 4F　🕐11:00～21:00

創業168年的京都料亭「下鴨茶寮」與代官山咖啡名店「私立珈琲小学校」業務合作，在HARAKADO四樓特設超廣大綠化休憩區旁開設咖啡店。在這裡不僅可以來一杯嚴選咖啡豆研磨煮成的高品質咖啡，還能品嚐到京都抹茶飲料和高級料亭裡提供的MENU。

薦 おすすめ

FR2 HARAJUKU

🅰別冊P.13,B2　🚇地下鐵「明治神宮前(原宿)」駅5號出口步行3分鐘　🏠澀谷區神宮前4-31-6　☎03-6804-1313　🕙11:00～21:00　🈳1/1　🌐fr2.tokyo/

> 頗獲年輕族群青睞的Smoking系列,常賣到缺貨。

> 清水泥牆打造的簡約空間與大面對外玻璃牆,氣氛輕鬆又明亮。

成立於2015年的這個服飾品牌,將現今社群網路上以「照片」溝通、更勝於「文字」溝通的現象,透過以兔子攝影師這個角色的設定,將「攝影師穿著的服裝與照片」作為創作主題,並把各式具有高辨識度的照片等元素融入設計中,例如將某個時代、某段時間世界上所發生的事件反映在設計中,打造出獨一無二的商品,也**創作出與社群脈動高連結的新話題穿著**。

> 鮮黃店招與簡潔的店內空間,毛茸茸的兔子,是店內標誌性品牌象徵。

不受限於服裝界的常規與慣常的風格,#FR2 HARAJUKU品牌完全打破各式疆界,走進店內可以感受到**自由的氣息無所不在,連辛辣的話題、網路現象都能被呈現在服裝設計上**,像是受到世界名畫與名人啟發、而發展出的「抽菸會早死,要自行負責」的**Smoking T-恤系列,可說是#FR2代表性設計**,以直球對決、傳遞出對反對吸菸的心境,更是大受歡迎、經常賣到缺貨。

外國人對總是溫和禮貌的日本人的印象,在這裡完全被打破,各式不設限的設計風格,絕對讓人大感新鮮,很適合來搜尋一個屬於你的話題風格服飾。

#FR2梅

別冊P.13,B2 地下鐵「明治神宮前(原宿)」駅5號出口步行3分鐘 澀谷區神宮前4-29-7(原宿V1大樓1F) 03-6455-5422 11:00~21:00 1/1 fr2.tokyo/

帶點趣味又害羞的外觀設計,也意外成為IG美照打卡熱點。

　　以T恤、大學T、帽子、鞋子、口罩等各式各樣的商品為主的#FR2,如果你曾經逛過#FR2 HARAJUKU,也對這家服飾品牌設計概念感到新鮮又有趣,雖然T恤類別男女皆適穿,但身為女孩的你,希望能**在這個品牌找到更多具女性的風格細節的設計**,那麼,僅距離#FR2 HARAJUKU徒步1分鐘的**#FR2梅,就很適合妳**。一樣是以清水泥牆打造的簡約店內空間,但卻在整個店鋪內塗滿亮眼的粉紅色,甚至店外還營造出宛如飲酒俱樂部的樣貌,讓人覺得很悶騷又新奇、更想一探究竟。

　　但其實踏到店內,清爽的空間,加上#FR2的兔子坐鎮,反讓粉紅色空間變得可愛起來,**各式女性服飾,好穿搭外,一樣兼具#FR2融入時下潮流話題的設計圖像**,尤其店鋪外觀頗具話題的設計,也吸引許多人來這裡拍下個性美照。

Garrett Popcorn Shops 原宿店

薦 おすすめ

別冊P.13,A1 03-6434-9735 渋谷區神宮前6-7-16 11:00~19:00 キャラメルクリスプ クォート缶(焦糖爆米花 罐裝)¥1,500 jp.garrettpopcorn.com

人氣排隊爆米花,紮實口感令人吃過難忘!

　　美國芝加哥的老牌爆米花店進軍日本,每天不分早晚總是排著長長人龍;**商品以招牌口味The Chicago Mix(綜合墨西哥)最具人氣**,另外還推出焦糖、杏仁糖果、起司、淡鹽等6種口味,使用契約農園種出的大顆玉米為原料,每顆爆米花都飽滿紮實,經過職人精心製作後風味更是迷人,一次擄獲甜食與鹹食一派的心。

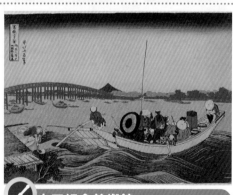

太田紀念美術館

別冊P.13,A1 03-5777-8600 渋谷區神宮前1-10-10 10:30~17:30(入館至17:00) 週一(遇假日順延翌日休),換展期間,年末年始 依展覽主題而異,國中生以下免費 www.ukiyoe-ota-muse.jp

　　知名的保險公司社長太田清藏在一次探訪芝加哥時被日本傳統的藝術創作浮世繪所吸引,花了半世紀**收集了超過一萬兩千件作品,在他死後所成立的太田紀念美術館便是展示這些浮世繪的場所**,館內還有一個小型的日本庭園,想帶點紀念品,浮世繪的相關商品非常具有日本味。

山手線一圈　原宿‧表參道

➡東京地下鐵➡中央總武線➡東京廣域

🛍 Laforet原宿　おすすめ 薦

想要了解最新的潮流，千萬不能錯過Laforet原宿！

🏠別冊P.14,D3　☎03-3475-0411　◎渋谷區神宮前1-11-6　⏰11:00~20:00　㊡不定休　🌐www.laforet.ne.jp

入駐上百家店舖，酷帥風、森林系風格、甜風美格都能充份滿足！

　位在明治通和表參道交差點上的Laforet，圓柱型的外觀早已成了原宿的地標，看起來不算大卻**進駐了超過140家店舖，品牌及商品多針對少淑女設計，可說是站在原宿流行的最前端。**

🍴 Guzman y Gomez Laforet原宿

☎03-3470-0770　🏠Laforet原宿 2F GOOD MEAL MARKET內　⏰11:00~20:00(L.O.19:30)　💲BURRITOS ライトサイズ(墨西哥捲餅 輕量)¥900　🌐gyg.jp

　來自澳洲的Guzman y Gomez，**主打美味的墨西哥風味點心，墨西哥捲餅、塔可餅、莎莎醬配上香脆玉米餅等，種類品項豐富，**口味道地且用料新鮮，不只是早餐、午餐的方便輕食，當作晚上的下酒小菜也十分適合。

🍴 みのりんご

咖哩香料味很重，帶刺激感的辣味留在舌尖，感覺相當過癮。

🏠別冊P.13,A1　☎03-6447-2414　🏠渋谷區神宮前1-22-7　⏰11:30~15:00(L.O.)、18:30~22:30(L.O.)，週六日及例假日11:30~22:30(L.O.)　㊡不定休　💲キーマカレー(絞肉咖哩)中¥1,000、みのりんごスペシャル(特製雙味咖哩)中¥1,400　🌐www.minoringo.jp

　みのりんご的咖哩不使用沙拉油或奶油，而是以絞肉加入多種香料和蔬果，長時間熬煮濃縮而成。其中光洋蔥就就炒了2小時，而花在咖哩上的時間更不用說，為了將食材煮到濃稠，讓味道合為一體，只有靠耐心和毅力，慢火煲出完美滋味。**必點絞肉咖哩使用豬牛混合絞肉，上面放顆半熟蛋，蛋汁和咖哩混合後，濃香滑順，非常下飯。**

Cookie Time 薦 おすすめ

📖別冊P.13,A1　☎03-6804-3779　🚉渋谷
區神宮前1-21-15　🕐12:00~19:00
www.cookietime.co.jp/

> 原宿街頭發現紅毛餅乾怪Cookie Muncher！

　　剛出爐的熱餅乾怎麼吃最美味？對西方人來說，吃餅乾就是要配牛奶啊！這是紐西蘭國民餅乾的專賣店「Cookie Time」，創立30年來以真材實料的美味征服人心。**來一瓶紅毛餅乾怪Cookie Muncher 最愛的餅乾牛奶瓶，一口餅乾一口牛奶，充滿歡樂童趣的美味衝擊，令人彷彿置身天堂。**

> 店裡招牌鬆餅軟綿綿的口感融化了每個甜食控的心。

Eggs'n Things 原宿店 薦 おすすめ

📖別冊P.14,D3　☎03-5775-5735　🚉渋谷區神宮前4-30-2　🕐8:00~22:30(L.O.21:30)　🈶不定休　🍴Strawberry Whip Cream w/Nuts(草莓奶油鬆餅)￥1,529　🌐www.eggsnthingsjapan.com

> 不只是白天，連晚上都能輕鬆品嘗來自夏威夷的人氣鬆餅！

　　1974年創立於夏威夷的人氣鬆餅舖Eggs' n Things，其宗旨是「整天都吃得到的早餐店」，店裡還供應早餐、歐姆蛋等鹹食，同樣充滿蛋香。**大片鬆餅配上滿滿的草莓，以及10公分高的鮮奶油，和親朋好友一起分食，過癮極了。**

> 湯頭利用雞架、昆布、蔬菜與魚鮮等，耗時9小時燉煮濃縮成深厚美味。

> 店員在吧檯內架起炭爐，把叉燒肉烤得焦香後放在拉麵上。

AFURI 原宿 薦 おすすめ

あふり

📖別冊P.13,A1　☎03-6438-1910　🚉渋谷區千駄ヶ谷3-63-1　🕐11:00~23:00　🍴柚子鹽拉麵(柚子塩ら~めん)￥1,390、柚子露つけ麺(沾麵柚子露)￥1,590　🌐www.afuri.com/

> 炭火現烤柚香拉麵！

　　本店位於惠比壽的AFURI，**有湯麵與沾麵兩種選擇，鹽味拉麵清爽不黏膩，同樣受歡迎的還有柚子口味**，加入新鮮柚子後，柑橘香與雞高湯交融成高雅氣息，是相當適合夏季的菜色。湯頭可以選擇淡麗與渾厚(まろ味)兩種，渾厚比起淡麗要再增加雞油的比例，香氣更為濃郁。因應疫情來臨，AFURI也推出網購拉麵，讓你在家也能嘗到現煮美味。

R/O-426

📖別冊P.13,A1　☎03-5412-0426　🚉渋谷區神宮前4-26-18　🕐10:00~21:00

　　從表參道上的Ralph Lauren旁走入就是知名的遊步道，入口可以看一台復古美國電影中常見的可愛銀色廂型咖啡車R/O-426，還擺放了露天座位，可以**品嘗以有機蔬菜與食材所烹調出的美式漢堡，吃來特別美味的關鍵就是加了點楓糖漿**，逛遊步道前一定要來試試。

Q Plaza HARAJUKU

🏠 別冊P.13,A2　🚩 渋谷區神宮前
6-28-6　⏰ 依各店舖而異
11:00~23:00,依各店舖而異
www.q-plaza.jp/harajuku

　於2015年開幕的Q Plaza HARAJUKU由代官山T-SITE的設計師Klein Dytham所監修,佇立在明治通上的高聳玻璃帷幕外觀甚是明亮醒目。**共計十一層樓的館內集結了14間餐飲、購物、美容等店舖,成為當地最新的流行發信地。**

adidas Originals Flagship Store Harajuku

🏠 別冊P.13,A3　📞 03-5464-5580　🚩 渋谷區神宮前5-17-4　⏰ 11:00~20:00
🏠 不定休　www.adidas.com/jp

　adidas在日本分為三種不同系列,包括嶄新形象的Performance、經典復古的Originals和與山本耀司合作的Y-3,三種系列的商品會在不同店舖販售。**遊步道上的adidas Originals就是三葉LOGO的經典款,**許多從小熟悉愛迪達鞋款都可以在這裡找到復刻版。

現場可以看到糖果職人把糖變成美麗的小糖果。

CANDY SHOW TIME Cat street

🏠 別冊P.13,B2　📞 03-6418-8222　🚩 渋谷區神宮前6-7-9
⏰ 12:00~19:00,週六日及例假日11:00~19:00　candy-showtime.com

　進入CANDY SHOW TIME就彷彿進入現代糖果屋一樣,牆上擺放了各式糖果,各種造形精緻可愛。而其中棒棒糖最受年輕女孩青睞,還見不少人直接買了就開來品嚐呢!**除了圖案的不同,這裡也有一些以造形取勝的糖果,像是超可愛的糖果戒指就是這裡的熱門商品。**

KIDDY LAND 原宿店

別冊P.13,B2 JR山手線-原宿駅徒步5分；地下鐵副都心線-明治神宮前(原宿)駅徒步3分 東京都澀谷區神宮前6-1-9 03-3409-3431 11:00~20:00 不定休 www.kiddyland.co.jp/harajuku/

各種人氣角色商品超狂大集結，宛如百貨規模還能免稅！

　　許多人心中都有幾個喜歡的人氣角色，趁著來日本旅遊時，最能夠收集到不少可愛的角色與款式。但東奔西跑採買也太累，Kiddy Land原宿店完全擊中許多人心中的需求，**只要一個地方、一次採買，完全滿足，而且，竟然還有免稅服務！**

　　位在表參道上最熱鬧的區段上，**賣店囊括地下1樓到地上4樓，宛如一間小型百貨公司，各種人氣角色通通都在這裡**，一定會找到你的最愛。且空間裡琳琅滿目塞滿滿的各式可愛角色，就算花上一整天時間，也很難細細一次逛遍。首先，趕快從1樓逛起吧，如果想要知道現在哪個超人氣角色正引領風潮？那從1樓開始逛起準沒錯！在世界都有著**超高人氣的「吉伊卡哇Chiikawa Land」專賣店**、「正能量企鵝」專賣店、「Sonny Angel」以及超可愛的貓咪角色「貓福珊迪」等，通通在此迎接你。

　　喜歡櫻桃小丸子、吉卜力以及蠟筆小新的人，直奔2樓就對了。3樓則是聚集了各種玩具的樓層，除常見的TOMICA多美小汽車與Plarail鐵道王國外，神奇寶貝與各種遊戲角色的相關商品也都在這裡！其他像是「星之卡比」、「拉拉熊」、「角落小夥伴」、「米飛兔」等也都沒缺席。當然**最閃耀的Hello Kitty等三麗鷗人氣角色**，則都集中在4樓。東看西逛，真的全部都太可愛了，即使不是粉迷也很容易荷包大失血。

擁有超高人氣的「吉伊卡哇」專賣店『Chiikawa Land（ちいかわらんど）』就在1樓。

4樓有著齊全的Hello Kitty等三麗鷗角色的各種周邊商品。

Kiddy Land原宿店是可愛角色愛好者們的朝聖地，千萬別錯過！

🛍 GYRE

🏠 別冊P.14,D4　☎ 03-3498-6990
🗺 渋谷區神宮前5-10-1　🛍 購物
11:00~20:00,餐廳11:00~24:00　🈺
不定休　🌐 gyre-omotesando.com

　2007年11月開幕的GYRE就位在遊步道的入口,之前這裡是CHANEL的表參道店,**外觀頗為獨特的建築是取自GYRE所代表的意義「漩渦」,內部空間同樣運用迴旋狀來引導遊逛動線**,整棟GYRE進駐了CHANEL等精品名牌,還有多家知名餐廳和一個藝廊提供各式展覽會。

🏛 MoMA DESIGN STORE 表参道

☎ 03-5468-5801　🗺 GYRE 3F　🕐 11:00~20:00　🌐 www.momastore.jp

　MoMA是紐約的現代藝術美術館的縮寫,**向來支持並收藏許多現代感十足的藝術作品,各種實用的生活品項也通通蒐羅其中**,而MoMA DESIGN STORE就是販賣這些被美術館認可的設計精品。

東京是紐約之外的唯一店舖,設計愛好者不能錯過。

🍴 LUKE'S 表参道 キャットストリート店　薦 おすすめ

🏠 別冊P.13,B2　☎ 03-5778-3747　🗺 渋谷區神宮前5-25-4
🕐 11:00~20:00　🈺 不定休　🍽 SEAFOOD ROLLS(海鮮堡)
¥ 1,700起　🌐 www.flavorworks.co.jp

大口BITE!美東來的超人氣龍蝦熱狗,肉質鮮美彈牙。

　來自紐約的龍蝦堡專賣店LUKE'S,**使用100%美國東岸緬因州所產的波士頓龍蝦,大方地鋪滿整個熱狗堡,滿滿的波士頓龍蝦再擠上一點檸檬汁,撒上胡椒粉調味**,嚐來新鮮Q嫩,價格還可以,來到原宿時買一個邊走邊吃,填填小餓的肚子剛剛好!

☕ THE ROASTERY by NOZY COFFEE

別冊P.13,A3 ☎03-6450-5755 ◎渋谷區神宮前5-17-13 ●10:00~20:00 ⑤カフェラテ(拿鐵)¥680 ⑯www.tysons.jp/roastery

　　彷彿劇場一般的空間，咖啡職人在圓形的吧檯中操弄著咖啡機與杯盤，磨豆、加熱、一氣呵成，隨著蒸氣「咻！」地冒出，**一股濃香瀰漫，恰到好處的油脂香氣著輕巧果酸，識貨人都心知肚明，這就是好咖啡的味道。**另外，也與烘培專門店NOZY合作，店也亦提供販賣來自世界各地一時之選的咖啡豆。

店裡提供單一品種的莊園咖啡，每一~二週便會更換咖啡豆。

搭配油醋、極辣(Voodoo Hot)、家常與胡椒4種烤肉沾醬，風味更濃。

手工釀造啤酒是別處喝不到的好滋味。

🍴 SMOKEHOUSE

薦 おすすめ

別冊P.13,A3 ☎03-6450-5855 ◎渋谷區神宮前5-17-13 2F ●11:00~22:00(L.O.21:00) ⑤BBQ combo platter of 4 meats(綜合烤肉：4種燒肉與2道配菜)¥5,680、BBQ chicken salad with black beans, corn, coriander, Colby jack cheese, ranch dressing (雞肉沙拉)¥1,680 ⑯www.tysons.jp/smokehouse

啤酒新鮮度一流，與店內獨家燻製的燻肉組成黃金拍檔！

　　SMOKEHOUSE的餐點以獨門燻漬技法，把新鮮肉類用香料醃漬入味後，以120到150度低溫，燻烤1個半至10小時以上，逼出肉類的油脂和香氣。**綜合拼盤結合豬肉絲、牛肉、豬肋排，以及一項今日特選，肉類經長時間燻烤已經變得柔軟無比，口感不油不膩。**

👕 The Duffer of St. George 渋谷店

別冊P.13,A3 ☎03-3486-7820 ◎渋谷區神宮前5-17-11 ●11:00~20:00 ⑯不定休 ⑯www.duffer.jp

　　1984年於倫敦成立的英國品牌The Duffer of St. George，一推出就成為人氣品牌，從運動風到西裝等一應俱全，適合各種場合搭配的服裝系列豐富，無論是休閒型男或上班族，都可以找到自己最合宜的裝扮。

COCO-agepan

🅐別冊P.13,A3 🏠渋谷區神宮前5-17-16 🕐12:30~18:00 ⓧ週一、週二、雨天 🌐www.coco-agepan.com

原宿貓街一座餐車風格的炸麵包專賣店「COCO-agepan」，吃得到各種原創口味的炸麵包。**講究健康取向，使用100%椰子油現點現炸，起鍋後灑上以天然甜菜糖和寡糖製作的糖粉，嚐嚐融合肉桂、黃豆粉、椰子的炸麵包，或原宿限定的豆乳奶油口味。**

> 炸麵包(揚げパン)是日本人的最愛，充滿童年回憶的庶民美味。

> 柔軟食感和強烈香氣，吸引許多過路行人的佇足排隊。

THE TINTIN SHOP TOKYO

🅐別冊P.13,B2 🏠03-5774-9905 🏠渋谷區神宮前5-12-12 🕐11:00~19:00 🌐www.tintin.co.jp

Tintin是荷蘭漫畫家Hergé所創作的筆下人物，風行世界近80年的Tintin以簡單的繪畫風格與幽默詼諧的內容受到許多人喜愛，**從漫畫人物衍生而出的相關商品也就應運而生，THE TINTIN SHOP就是商品專賣店，東京就只有一家店，可以買到繪本、文具、玩具等。**

Patagonia 東京・渋谷

🅐別冊P.13,A3 🏠03-5469-2101 🏠渋谷區神宮前6-16-8 🕐11:00~19:00 ⓧ每月第三個週三 🌐www.patagonia.jp

戶外生活品牌Patagonia在日本最大的店舖就位於遊步道上，三層樓高的建築以木頭與玻璃帷幕外觀組成立面印象，「簡單享受生活」是品牌的精神，**販賣的商品包括健行、衝浪、攀岩、釣魚、登山甚至是雪地極限登山等商品都能買到。**

SIX HARAJUKU TERRACE

🅐別冊P.13,B3 🏠依各店舖而異 🏠渋谷區神宮前5-16-13 🕐依各店舖而異

複合商場 SIX HARAJUKU TERRACE 將時尚成為一種生活態度，**從服飾拓展至食、樂、遊，8間不同領域的專門店刺激感官，在以潮流為名的霓虹燈照射下，生活變得炫彩奪目。**渴望更創新的概念，更貼近自我的流行主張，讓潮人物在瞬息萬變的時尚中站穩腳步，展現難以取代的流行存在主義。

> 想知道東京的流行最前端，就是要來這裡逛逛！

> 站在裏原宿的時尚制高點，流行定義不僅局限於服飾包鞋。

表參道Hills
表参道ヒルズ

🏠別冊P.13,B2 ☎03-3497-0310
🏠渋谷區神宮前4-12-10 ◆購物、Café 11:00~21:00，餐廳11:00~23:30(週五六、週一為例假日週日至23:00) 不定休 www.omotesandohills.com

薦 おすすめ

表參道上永遠最亮的星！建築迷、哈日迷、安藤迷，不管任何理由，沒有來到表參道Hills，就等於沒有來過原宿表參道！

表參道Hills是表參道最受注目的購物中心，呈現螺旋狀緩坡設計的內部空間裡，有首次登陸日本的時尚名店及新形態的獨創品牌。自從落成以來，表參道上的人潮在平日就像落成前的周末假日般擁擠，無論是來逛街購物、品味流行時尚，或是純粹來欣賞大師設計，人們走在這似曾相識、陌生卻又熟悉的街道上，過去、現在與未來的呼吸點，透過安藤忠雄的創意構思，又走在同一軌道上。

表參道Hills的標誌「參」字，取自於明治神宮的鳥居形象。

美觀的地面化下水道，透過流水，點出坡道的延伸感。就連戶外的公共廁所，都是安藤忠雄的作品。

現代化的外觀一角還保留有一棟與同潤會公寓有著相同外觀的建築，外牆使用的素材是老建築材料的再生。

☕ 表参道 茶茶の間

📄別冊P.13,B3 ☎03-5468-8846 🏠渋谷區神宮前5-13-14 ◆賣店13:00~17:00，喫茶13:00~16:00(L.O.)，外帶至16:30 週一~三，不定休 抹茶￥700 www.chachanoma.com

薦 おすすめ

日式茶點心的店家相當多，但像茶茶の間這種把焦點放在品茶上的店家卻不多。

提供超過30種綠茶可以選擇，初學者可以從品飲套餐開始入門。

一般市售的日本茶，大多以混合品種烘焙而成，但茶茶の間店主則深入日本各地產區，精選並生產單一莊園、單一品種茶葉。**店內的綠茶十分濃郁，和一般喝的口味有著天壤之別，茶葉品質立見高下。提供超過30種綠茶可以選擇**，初學者可以從品飲套餐(飲み比べセット)入門，由店主人精選三種茶並親自沖泡，讓人感受滿盈口腔的茶香。

☕ BAKERY CAFE 426 表參道

📖別冊P.13,B2 ☎03-3403-5166 ⊘渋谷區神宮前4-26-18 原宿ピアザビル1F & M2F ⏰1F麵包坊10:00~19:00,M2F Café10:00~18:00(L.O.17:30) 🌐www.instagram.com/bakery_cafe_426/?hl=ja

　坐在BAKERY CAFE 426,可以遠眺到表參道最迷人的欅樹並木,**1樓是麵包店,最有名的就是正宗美式貝果**,另外還有各式麵包和法式鹹派,如果要在店內品嚐,必須要一併點飲料才行,建議可以到明亮的2樓用餐,享受一個悠閒陽光午後。

🎁 BAPE STORE 原宿

📖別冊P.13,B2 ☎03-5474-0204 ⊘渋谷區神宮前4-21-5 ⏰11:00~20:00 🌐www.bape.com

　A Bathing APE是日本潮流達人NIGO所創立的潮流服飾品牌,一個大大的猿人頭和隱約藏著猿人的迷彩圖案就是最招牌的商標。**這間BAPE直營店還因販賣限量商品創下最長的排隊人潮紀錄,潮流迷一定要來朝聖一番。**

🎁 marimekko 表參道

📖別冊P.13,B2 ☎03-5785-2571 ⊘渋谷區神宮前4-25-18 ⏰11:00~19:30 🌐www.marimekko.jp

　來自北歐芬蘭的marimekko是創立於1949年的織品設計商,**以獨創性十足的現代設計風格,近年來因為復古風潮吹進日本,人氣絕佳的罌粟花圖案躍上服飾、布包或文具用品,皆大受歡迎。**

🎁☕ Ralph Lauren表參道

📖別冊P.13,B2 ☎03-6438-5800,1F Ralph's coffee03-6438-5803 ⊘渋谷區神宮前4-25-15 1~2F ⏰11:00~20:00,1F Ralph's coffee10:00~19:00 🌐www.ralphlauren.co.jp/ja

　美國品牌Ralph Lauren於2006年隆重開幕的日本旗艦店,**希臘古典風格柱列的建築外觀搭配小型廣場,1、2樓開闊的空間展示全系列的商品,還有新引進的男士黑標、結婚首飾等**,讓喜愛精品的人有更多選擇。

🎁LANVIN表参道店

📍別冊P.14, D4　📞03-3486-5858　🏠澀谷區神宮前6-1-3　🕚11:00-20:00　🈺不定休　🌐www.mens.lanvin-collection.com

自2022年春夏季起，「LANVIN COLLECTIONMEN'S」即**由日本第一時尚造型師「祐真朋樹」擔任創意總監**，邁向嶄新的開端。「LANVIN」是法國最古老的高級時裝店。為向其傳統和歷史致敬，發展出日本限定的時裝品牌。商品以代表法式風格的單品為主，提供男士服飾優雅的風格設計，包括以核心主推西裝為基礎的夾克和背心的男式套裝、正式場合也能穿著的三件式西裝、暗門襟的風衣與領結罩衫等等。位於表參道上的旗艦店於2022年9月開幕。除了包含所有當季系列商品之外，2樓還**附設展示出下一季樣品的「商品展示室」**，可搶先一步訂購下一季商品，這項服務應該是旗艦店的一大特色，到東京旅遊時不妨來此逛逛。

バラと木いちごのクレープ(薔薇&木苺可麗餅)¥1,580

2樓有名設計師杉本博司以古代石室為雛形所設計的藝術空間。

🛍oak omotesando

📍別冊P.12,C2　🈺依各店鋪而異　🏠港區北青山3-6-1　🕚11:00~20:00，依各店鋪而異　🈺不定休　🌐www.oakomotesando.com

2013年開業的商業設施oak omotesando，由丹下都市建築與大林組操刀設計外觀、豐久將三負責照明設計、杉本博司擔當內部空間規劃，**裡頭店鋪為數不多卻都大有來頭**，有全日本規模最大的EMPORIO ARMANI，還有Alexander McQueen、茶酒金田中、咖啡廳K-UNO等。

🧁PÄRLA 本店

📍別冊P.12,C1　📞050-5892-7169　🏠渋谷區神宮前2-10-1　🕚12:00~17:00、18:30~20:00　🈺不定休　🌐par.la

薦 おすすめ

專屬大人的究極可麗餅！

銀座街邊的可麗餅專賣店「PÄRLA」，多樣的口味出自專業甜點師手筆，以「**適合佐酒的可麗餅**」發想，餅皮加入碎腰果和蘭姆酒的香氣，內餡以濃郁奶油搭配酒凍、松露、起司、魚子醬等少見的嚴選高級食材，打造出截然不同的究極版可麗餅。

餐盤上像珠寶般精緻的甜點看來賞心悅目，甜蜜滋味與美妙氣氛讓人心滿意足。

LOTUS

📖別冊P.12,C2 📞03-5772-6077 📍渋谷區神宮前4-6-8
🕐11:00~22:00 ❌週一 🌐www.instagram.com/lotus_omotesando/?hl=ja

由名設計師形見一郎和店老闆山本宇一共同經營的LOTUS，**以紐約的現代餐廳為藍本，打造出華麗中帶著溫馨感的遊食空間**，且營業時間非常晚，適合晚上睡不著的飲食男女們。

Q-pot CAFE

📖別冊P.12,C2 📞03-6447-1218 📍渋谷區神宮前3-4-8
🕐11:00~19:00(L.O.18:30) ❌年末年始,不定休 💲ネックレスプレート(necklace plate)￥1,400 🌐www.q-pot.jp/shop/cafe

外觀看來十分低調的Q-pot CAFE，店裡**彷彿進到糖果屋般**，上頭的吊燈是牛奶瓶造型、有的區域以粉彩色系與白色組成、有的桌子跟牆面則像是可口的餅乾。Q-pot CAFE提供各種秀色可餐的餐飲，最具特色的餐點就是「マカロンリングプレート」(macaron ring plate)與「ネックレスプレート」(necklace plate)，選擇喜歡的餐盤後再選擇喜歡的甜點。

文房具CAFÉ

文房具カフェ

📖別冊P.12,C2 📞03-3470-6420 📍渋谷區神宮前4-8-1
內田ビルB1F 🕐11:00~21:00(L.O.20:00) ❌週二 🌐www.bun-cafe.com

文房具カフェ特地選在寧靜小巷中的B1開設，店主人原為文具批發商，**後來在咖啡廳看到許多洽公或念書的人，便靈機一動想到這處能讓顧客邊享用餐點，邊把玩文具的店鋪**。另外，只要加入會員，用餐區桌下有會員金鑰匙才能開啟的小抽屜，裡頭有會員專用的文具及隱藏菜單，有興趣的話只要填寫桌上的單子就能加入囉！

文具舖與咖啡廳和諧共存，寬敞挑高的空間加上明亮的照明讓人放鬆。

Flying Tiger Copenhagen 表参道店

📖別冊P.12,C2 📞03-6804-5723 📍渋谷區神宮前4-3-2
🕐11:00~20:00 ❌不定休 💲36色色鉛筆￥1,320 🌐blog.jp.flyingtiger.com/

在東京雜貨迷的引頸期盼下，**於表参道開設源自丹麥哥本哈根的雜貨鋪「Flying Tiger Copenhagen」**；進入店內，色彩鮮艷的生活小物讓人心花怒放，加上每件約￥100~500不等的平實價格，讓每個人都卯起勁來大力採購，開心地滿載戰利品而歸。

可以選擇品嚐茶美豚或黑豚的特級口感。

豬排搭配四種專用特調醬汁，甜中帶酸讓油膩感盡消。

🍴 とんかつまい泉 青山本店

おすすめ 薦

📖別冊P.12,C2 ☎050-3188-5802 🚇渋谷區神宮前4-8-5 🕙11:00~22:00(L.O.21:00) 💰ヒレかつサンド(菲力豬排三明治) 3入¥560，黑豚ヒレかつ膳(黑豚菲力豬排餐)¥3,580 🌐mai-sen.com

外帶一份豬排三明治，體會老派東京的高檔美味。

　昭和時代建立的雅致洋房，原本是間大眾錢湯，豬排飯名店とんかつまい泉選擇在此做為本店，挑高空間與明亮彩光，讓豬排這款庶民小吃，變得講究起來。**店裡的豬排號稱柔軟到用筷子就能分開，豬排整片從豬肉片下，經過拍打去筋，沾裹特製麵包粉後高溫油炸，鎖住美味和肉汁。**

🏬 KINJI原宿店

📖別冊P.14,D3 ☎03-6406-0505 🚇渋谷區神宮前4-31-10 YMスクエア原宿B1 🕙11:00~20:00 🌐www.kinji.jp

　年輕人聚集的原宿，二手服飾店也非常多，面積最大的就要算是KINJI了。雖然位處地下室，卻以**最豐富的服飾與配件吸引年輕人來尋寶，乾淨且價格合理**，無論是美式休閒風或是街頭潮流系、日系混搭風格的人，通通都可以找到適合搭配的服裝。

🎁 UNITED ARROWS & SONS

📖別冊P.14,D1 ☎03-5413-5102 🚇渋谷區神宮前3-28-1 UNITED ARROWS原宿本店MEN'S館1F 🕙12:00~20:00 🚫不定休 🌐www.united-arrows.jp

　UNITED ARROWS是一間集合世界的設計師名牌，再加以組合搭配的精品店，商品系列包括高級歐美精選服飾到個性休閒。2003年重新開幕的UNITED ARROWS 原宿本店MEN'S館，屬於雅痞的風格，從西裝到休閒服一應俱全。

道地的秘魯料理，讓你在舌尖上發現新大陸！

🍴 Bépocah

📖別冊P.12,C1 ☎03-6804-1377 🚇渋谷區神宮前2-17-6 🕙18:00~23:00，週六17:00~22:00 🚫週日 🌐www.bepocah.com ❗Table Charge¥500

　祕魯餐廳Bépocah的兩位老闆一個愛上秘魯美食，一個則是土生土長的日裔秘魯人，他們**請來擁有10年經驗的秘魯籍主廚，將風靡歐美的高級祕魯料理帶到東京。**玄關口採挑高設計，秘魯運來的彩繪老地磚拼湊優雅的幾何圖形，牆上畫著祕魯地圖裝飾黝黑的紫玉米，在典雅的殖民風格中醞釀安地斯山的旋律。

山手線一圈　原宿・表參道

➡東京地下鐵➡中央總武線➡東京廣域

Diana 原宿店

📖別冊P.14,D3　☎03-3478-4001　📍渋谷區神宮前1-8-6　🕐11:00~20:00　⏰不定休

www.dianashoes.co.jp

Diana為日系皮鞋與皮包品牌，設計風格性感與優雅兼具，做工細緻並講究原創性。地面兩層、地下一層樓的原宿店除了女鞋與手提包之外，也有販賣男性的皮鞋與提包。

實驗性的現代藝術，是屬於年輕創作者的羅浮宮。

👁 DESIGN FESTA GALLERY

🔖薦　おすすめ

📖別冊P.14,D2　☎03-3479-1442　📍渋谷區神宮前3-20-18　🕐11:00~20:00　⏰每年DESIGN・FESTA舉行期間　💰免費參觀

www.designfestagallery.com

搞怪藝術家的展示藝廊，不只房間裡的展示空間，連房子本身就是個藝術品！

DESIGN FESTA GALLERY(D.F.G)的外觀初看還以為是廢棄的建築，其實它是一處現代藝術的展出空間，任何人都可以自由進出參觀。**分東、西兩棟建築，共71個展間，提供年輕的藝術創作者展示作品**，只要是出於「原創」就可以加入，除了室內、前院、後庭、屋頂等都可見到展覽。

🍴 さくら亭

📖別冊P.14,D2　☎03-3479-0039　📍渋谷區神宮前3-20-1　🕐11:00~23:00 (L.O.22:00)　💰さくら燒き(大阪燒)￥1,500　www.sakuratei.co.jp

位於Design Festa Gallery旁的さくら亭，入口擁有一條優雅的竹林走道，讓人誤以為是精緻的日本料理店，沒想到賣的居然是**平民化的大阪燒和文字燒**，只要日幣千圓就可以享受美味，難怪總是擠滿年輕人。

🎁 STUSSY 原宿店

📖別冊P.14,D2　☎03-3479-6432　📍渋谷區神宮前4-28-2 ハウストンビルB1~1F　🕐11:00~19:00

www.stussy.jp

STUSSY是來自美國的街頭潮流品牌，衣服具有美式風格，也會和運動品牌如NIKE、NEW BALANCE合作推出商品。

共有**兩層的店內空間寬廣明亮，以塗鴉字體創造出專屬的品牌LOGO**，除了運用在衣服或配件外，也和玩具公司合作推出品牌BE@RBRICK設計公仔。

KUON 旗艦店

別冊P.14,D1外　JR原宿駅步行10分　渋谷区神宮前
2-15-10　03-6804-2483　13:00~19:00、週末例假日
12:00~20:00　週三　kuon.tokyo/pages/stores

以西方時尚設計重新演繹日本傳統工藝。

　　日本早期**襤褸(BORO)**，透過**刺し子(Sashiko)**這樣的惜物概念下衍生的補釘傳統技法，**KUON將這項日本傳統技藝，融合西方時尚重新展現**，變身成紐約時裝伸展台上，獲得高度評價的設計品牌。

　　抱持著「新品終究會變，但美麗的東西卻是永恆的。」的想法，優雅的老布料、剩餘的布料都在永續的概念下，在KUON展現新生命。旗艦店落腳在稍稍遠離喧囂的原宿外圍，從安靜的小巷裡，穿過和風幽靜的石間小路，推開頗具歲月感、來自老舖重新再運用的木板門，店內陳列著用運用江戶時代碎布設計製作的外套、設計款的季節性商品，部分使用BORO製法、也非常適合作為日本旅遊紀念的T恤等，想找具特色又高質感設計單品，可以來這裡逛逛。

有著懷舊榻榻米空間的店內，充滿老派溫度卻又滿是時尚單品。

以西方時尚，重新詮釋屬於「襤褸」的美。

「MOOK完全制霸」讀者獨家優惠，只要出示Instagram @kuon_tokyo_official 的追蹤畫面給原宿店員工看，即享有5%折扣（部分商品除外，本店保留活動及折扣內容變更的權利）

LHP 原宿

別冊P.14,D3　03-5474-0808　渋谷區神宮前4-32-12
11:30~20:30
www.lhp-japan.com

　　以「新」、「變」、「銳」三個要素為採購理念，**精選北歐、美國、英國等地的設計師商品搭配販賣**，獨到的採買眼光深受趕流行不落人後的原宿族群支持。

店內商品獨樹一格的設計，突出而充滿創意。

XLARGE HARAJUKU

別冊P.14,D3　03-3475-5696　渋谷區神宮前4-25-29　11:00~20:00
不定休　www.xlarge.jp

　　來自美國的XLARGE是知名潮流品牌，創立於1991年，以男性休閒服飾為主，帶入美國盛行的HIP POP街頭文化的服裝設計，深受年輕人喜愛，XLARGE的人氣圖騰是一隻大猩猩，運用在T恤、外套、皮件上都有，**每一季還會推出創意變化，具有收藏價值**。

竹下通

從 JR原宿駅的竹下口出來，馬上就會接到竹下通。這裡的感覺就像是台北的西門町，從首飾、服裝、鞋子到小玩具和大頭貼，年輕人最喜歡的玩意兒全都聚集在此，而且價錢也較為便宜，只要是當下最流行的，無論是吃的、穿的、買的，正常的、搞怪的、創意的來這裡找準沒錯。

☎03-3403-2525原宿竹下通商店會
🏠渋谷區神宮前1 🌐www.takeshita-street.com

🧁 TOTTI CANDY FACTORY

🏠別冊P.13,A1 ☎03-3403-7007 🏠渋谷區神宮前1-16-5 RYUアパルトマン2F ⏰10:30~19:00，週六日8:30~20:00
💰原宿レインボー(原宿Rainbow)¥1,000 🌐www.totticandy.com/

> 超夢幻的大型棉花糖，粉嫩色系彩虹，怎麼拍都很美。

　　網美想在原宿街頭美美入鏡，試試**TOTTI CANDY FACTORY**特別製作出的彩虹棉花糖，這簡直就是網美專用啊！軟呼呼像雲朵捲出漂亮的彩虹色澤棉花糖，光拿在手上街拍就勝人一籌了，話題超夠的這家店，也是許多電視雜誌取材竹下通的愛店之一，而且現點現作，光看製作過程都值得。

繽紛多彩的可愛店內，連流行天后艾薇兒也曾來此拍攝過音樂MV呢。

CUTE CUBE HARAJUKU

📍別冊P.13,B1　☎03-6212-0639　🚇渋谷區神宮前1-7-1　🕐B1~2F 10:00~20:00，3F 11:00~21:00 🚇 cutecubeharajuku.com

　2013年開幕的CUTE CUBE，裡外盡是年輕氣息與繽紛色彩，**進駐10間店舖的館內有雜貨、餐廳、糖果、流行服飾，其中還有最受少女歡迎的流行休閒服飾スピンズ(spinns)、超可愛的sanrio vivitix**，身上的行頭、飲食、伴手禮在這裡一次搞定，可說是最強的少女流行指標。

🎁 Candy A-GO-GO 原宿本店

☎03-6804-6671　🚇CUTE CUBE 1F　🕐10:00~20:00 🚇www.candyagogo.com

　高中女生大本營的原宿竹下通，許多店家就專門走粉紅風與可愛或搞怪風，連糖果店Candy A-GO-GO也完全把竹下通風貌集結起來。**光粉紅店裝及店內顏色繽紛多樣的各式糖果就很吸睛了，連店員都走Cosplay風，完全超級原宿系Style**。店內糖果都是來自世界各國進口糖果，品項多達上百種，有時也與流行服飾品牌、糖果製造商合作，推出時下流行話題果。

MARION CREPES 原宿竹下通り店

📍別冊P.13,A1　☎03-3401-7297　🚇渋谷區神宮前1-6-15 🕐11:00~19:00 🚇www.marion.co.jp

　可麗餅是原宿的特色美食，竹下通上就有好幾家，雖然名稱有所不同，但其實都是感情友好的兄弟店呢。遠遠就傳來香甜氣味，十分吸引人的MARION CREPES是**日本最早的可麗餅店，人氣商品是香蕉鮮奶油巧克力，餅皮薄脆內餡香甜，忍不住一口接一口。**

🎁 靴下屋 原宿竹下通り店

📍別冊P.13,A1　☎03-5772-6175　🚇渋谷區神宮前1-17-5 🕐11:00~20:00，週六日及例假日10:00~20:00 🈺不定休 🚇www.tabio.com/jp/corporate/brand/kutsushitaya.html

　靴下屋是家襪子專賣店，位於竹下通，琳瑯滿目的襪子，**不管是長襪、短襪、絲襪，還是冬天才有的毛襪，應有盡有，運用不同材質和圖案、顏色變化，每季不斷推出新商品**，讓襪子也成為人氣配件之一。

山手線一圈　青山

➔東京地下鐵➔中央總武線➔東京廣域

青山
あおやま
Aoyama

　　過去因德川家康重臣青山家曾在這一帶建有廣闊的下屋敷(現代的別墅)，因而得名「青山」。現在青山成為綠意環繞的高級住宅區，寬敞的大道並列著世界名牌與高質感餐廳，精心設計的建築外觀讓每個轉角都充滿藝術氣息，適合花個下午優雅地漫步閒逛。在個性十足的青山，巷弄中小舖與美髮沙龍林立，流露出非凡的品味，再走遠一點，還有岡本太郎紀念館、WATARI-UM等處可鑑賞藝術，若在11月下旬~12月中旬造訪，更有一片金黃燦爛的明治神宮外苑銀杏行道樹(イチョウ並木)可欣賞。

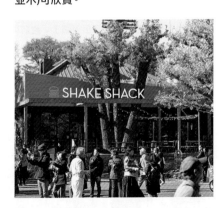

交通路線&出站資訊

電車
東京Metro表參道駅◇千代田線、銀座線、半藏門線
東京Metro外苑前駅◇銀座線

出站便利通
◎東京Metro表參道駅位在表參道與青山通的交叉口，要前往青山地區，利用此車站較為方便，車站內還有可以滿足逛街、美食購物慾望的Echika。
◎要往南青山區域逛街從表參道駅A4或A5出口出站，馬上就有許多國際精品名牌店，如Prada、Cartier等。
◎表參道駅B1出口出站就是設計感十足的複合大樓Spiral，往澀谷方向徒步100公尺左轉是知名的骨董通(交叉口的建築物為MaxMara相當好認)，徒步約200公尺則是有名的貴族學校青山學院大學。
◎表參道駅B2出口也是青山通，這一段路的表參道上店家還算普通，但是一右轉鑽入小巷弄之內的北青山區域，就有很多個性十足的服飾店、餐廳等。

🎁 Echika 表參道

📖別冊P.12,C3　🕐依各店舖而異　🏠港區北青山3-6-12
🕙10:00~21:00，依各店舖而異　💻www.echika-echikafit.com/omotesando

　　與東京Metro表參道駅相連的Echika是由電車公司所經營的複合式地下商場。美食街以法國市場為意象所設計，進駐的都是香榭風格獨具的店舖，包括可頌專賣的麵包店或是法國甜點，甚至還有能夠喝杯葡萄酒的小酒吧，另外服務女性的服飾店、首飾店或是指甲沙龍通通都有。

👁 青山學院大學

📖別冊P.12,C4　☎03-3409-8111　🏠澀谷區澀谷4-4-25
🕐自由參觀　💻www.aoyama.ac.jp

　　在昂貴青山擁有最大面積綠地的就只有青山學院大學，這所學校為天主教學校，在日本算是貴族級的大學，不過對於一般觀光客來說，除了能在都市中找到一片悠閒的綠意，提供平民價格定食的大學食堂也是魅力之一。

🛍 青山Ao

🅐 別冊P.12,C3　🏠 港區北青山3-11-7　🛒 購物
11:00~20:00，餐廳11:00~23:00，lounge、酒吧11:00~
凌晨2:00，紀伊國屋9:30~21:00　🌐www.ao-aoyama.
com

　玻璃帷幕建構起時尚的金字塔，青山Ao自落成以
來從建築外觀到進駐店家都成為話題焦點。高低聯
結的兩棟雙子星建築中，有超過30家海內外名牌進
駐。其中以提供平價法式及義式料理的「俺のフレン
チ イタリアン」最受矚目。

🍴 俺のフレンチ・イタリアン 青山

我的法式‧義式料理

📞03-6450-5911　🏠青山Ao 1F　🕐11:30~15:00、
17:00~22:00，週六、例假日前一天11:30~23:00(L.
O.22:00)，週日、例假日11:30~22:00(餐點L.O.21:00、飲
品L.O.21:30)；LIVE演奏(20)18:20、20:20，週六日及例假
日12:30、15:00、18:20、20:20　🚫不定休　🌐www.
oreno.co.jp/restaurants/french

　超人氣的「俺の」系列餐飲店，目前共有俺のフ
レンチ(法式料理)、俺のイタリアン(義式料理)、俺
の割烹等11種品牌。這系列最具話題性的就是其料
理的平實價格，雖然人聲鼎沸的店
內與印象中的優雅法式餐廳大不
相同，但對食材及料理的堅持絕
不馬虎。

> 店內最深處還可
> 看到主廚們上
> 演技術熟練的烹
> 飪秀。

🛍 GLASSAREA

🅐 別冊P.12,C4　📞03-3770-8109　🏠 港區南青山5-4-41
🕐依各店鋪而異　🚫依各店鋪而異　🌐www.glassarea.
com

　小店聚集的南青山地區有一處與眾不同的地方
GLASSAREA，大廣場上散落著露天咖啡座椅，就像
是歐洲小城上的風景，周圍店家都有著淨透的玻璃
帷幕，讓陽光灑入室內，這就是GLASSAREA的名稱
由來。這裡有服裝、家飾、配件精品等店，可以隨
意遊逛，也有日式料理和咖啡廳，提供人們享受片
刻寧靜。

🎁🍴 ふくい南青山291

📞03-5778-0291　🏠
GLASSAREA內　🕐1F
Cultive291 9:00~21:00(料
理L.O.20:15、飲品20:30)，
2F Connect291
9:00~21:00　🚫年末年始　🌐
fukui291.jp/minamiaoyama/

　由北陸地方的福井縣在東京成立的交流中心，除了
可以拿到福井縣各種觀光情報，最重要的是展示販
售各種福井縣的特產，知名的若狹塗、美味的食材
或是日本酒，甚至還有福井縣最自豪的手工眼鏡，在
這裡通通都可以找到。

👁 骨董通

🅰別冊P.12,C4　🏠港區南青山(南青山五丁目十字路口左轉)

　　與青山通垂直的**骨董通**，顧名思義是一條坐落著許多古董店與藝廊的街道，透過店面櫥窗可看到古老的書畫、器皿與藝術品，近年還更多了講求品味的精品名牌店，巷弄中的小店更是吸引人，是條適合熟年男女的散步道。

> 店裡裝飾的花卉依季節更換，充滿驚喜感。

> 甜點與當季鮮花相結合，看了讓人賞心悅目。

☕ Aoyama Flower Market TEA HOUSE 南青山本店

🅰別冊P.12,C4　☎03-3400-0887　🏠港區南青山5-4-41　🕐10:00~21:00(餐點L.O.20:00、飲品L.O.20:30)　🌐www.afm-teahouse.com

おすすめ 薦

> 在群花環抱中享受都會溫室優雅下午茶。

　　由知名連鎖花店品牌Aoyama Flower Market所經營的咖啡店TEA HOUSE，**室內設計，放眼全是綠色植物和當季鮮花，讓人宛如置身於溫室花園中，不論是整體空間，還是甜點、飲料，都充滿「花」的元素**。在如此療癒的自然環境下，悠閒品嚐下午茶，格外優雅放鬆。除了南青山本店外，赤坂和吉祥寺也各有分店，每間風格各有其特色，值得造訪。

🎁 FURLA 青山本店

🅰別冊P.12,C3　☎03-5772-6827　🏠港區北青山3-5-20　🕐11:00~20:00　🌐www.furla.co.jp

　　來自義大利的精品皮件品牌FURLA，**旗下皮件色彩明亮風格洗練，加上實用的細節設計，成為上班族女性的愛用款**。青山旗艦店每月兩次從義大利引進最新款式，4樓並設置FURLA Yoga，調和都會女性的身心靈。

🎁 agete 南青山本店

🅰別冊P.12,C3　☎03-3400-2202　🏠港區南青山5-6-26　🕐11:00~20:00　🌐www.agete.com

　　纖細、精緻又兼具女性的甜美玩心，是首飾品牌agete的最大特色。**利用優美的十字架造型，取材古典工藝的珠寶鑲嵌與鏤空雕飾，讓日常生活中配戴的首飾顯得別出心裁**。青山店中也有販賣男性飾品、名錶。

🍴 LOVELESS 青山

🚩別冊P.12,C3　🚇地下鐵表參道駅A4出口，步行3分鐘　🏠東京都港區南青山3-16-1　☎03-3401-2301　🕐11:00~20:00　🚫不定休　🌐store.sanyo-shokai.co.jp/pages/loveless

おすすめ 薦

明星都喜愛的高質感服飾品牌LOVELESS。

LOVELESS旗艦店，位於高級時尚名品店林立的青山區。

山手線一圈‧青山

➡東京地下鐵➡中央總武線➡東京廣域

「LOVELESS」旗艦店位於走在時尚前端的青山，**店內不僅有LOVELESS這個廣受明星喜愛的服飾品牌**，更精選收集來自世界不同的時尚品牌，像是「doublet」、「Maison MIHARA YASUHIRO」、「NEEDLES」「GANNI」、「UJOH」等休閒服裝及時尚小物，讓兩層樓的空間內，無論男女服飾，都能讓顧客找到適合自己風格的穿搭。

　　找來知名建築設計師打造的室內空間，以半透明的白牆細緻間隔，營造出如同智慧手機界面的空間佈局，讓顧客宛如像滑動手機螢幕一樣享受購物樂趣外，**空間中一處宛如漂浮在空中的黃色樓梯**，更讓這家旗艦店的特色鮮明、**成為青山最具代表的景致**，因此常有很多人會在這裡拍攝。從空間到服飾，滿滿時尚符號原素，也吸引日本電視劇前來此拍攝取景，而許多國際知名的藝術家和演員也是LOVELESS品牌的愛用者，你會發現電視劇中演員也常出現LOVELESS的服飾穿搭。

　　另外店中也經常有狀態良好的「CHANEL」、「HERMES」、「LOUIS VUITTON」等高級品牌的二手商品進行替換，或是稀有的包款和珠寶進貨，也很值得挖寶。除了服飾陳設的空間外，**旗艦店也特別規劃出一個書店咖啡廳HADEN BOOKS:** 店主精選的各種新舊書籍、手沖咖啡、健康飲料等，讓逛商品的同時，也可以度過品咖啡的悠閒時光。

通往二樓、看似浮在空中的鐵製鮮黃色樓梯，已經成為青山的象徵。

藝術書籍和文學書籍，搭配上店主精挑的咖啡，成為店中兼具知性的角落。

高品質且時尚的男裝和女裝一應俱全，這裡還有獨家限定的品牌商品。

☕🎁 NOMU CAFE 青山 薦

將百花色彩融入日常的美好空間。

📖別冊P.12,C4 ◎Nicolai Bergmann Flowers & Design Flagship Store03-5464-0743、NOMU CAFE 03-5464-0824 ◎港區南青山5-7-2 Nicolai Bergmann Flowers & Design Flagship Store內 🕙10:00~19:00(CAFE L.O.18:30) ◎Nicolai Bergmann Flowers & Design Flagship Store不定休，NOMU CAFE基數月的第一個週一 💰Smoothies ¥1,100 🌐www.nicolaibergmann.com

將花藝結合室內空間打造質感生活。

Nicolai Bergmann自丹麥花藝學校畢業後，赴日旅行而深受文化之美震撼，決定留在日本發展花藝創作，於南青山的旗艦店附設咖啡屋「NOMU」，空間以品牌主題色「黑」打造極簡風格，**餐點則呼應花屋調性使用有機食材設計健康料理**，新鮮水果製成的果昔、水果沙拉和水果塔。

🍴 Napule 南青山本店 薦

📖別冊P.12,C4 📞03-3797-3790 🏠港區南青山5-6-24 🕙11:30~15:00(L.O.14:00)、週六日及例假日至15:30(L.O.14:30)，17:30~22:30(L.O.21:30) 💰平日限定ランチコース(平日限定午間套餐)¥3,800、披薩¥1,950起 🌐napule-pizza.com/ ❗晚餐時段、週六日及例假日午餐時段低銷為一杯飲料

曾獲得世界披薩冠軍！

青山地區的Napule是東京人口耳相傳的好味道，最出名的就是正宗的義大利拿坡里披薩。以石爐窯烤出的薄脆餅皮中間卻充滿著口感十足的咬勁，有趣的是，從手製麵皮到燒窯過程都沒有百分之百的標準規定，而是由職人們依照每次麵糰、溫度、木材等各種狀況的不同，以敏銳純熟的感性加以判定。

窯烤披薩香氣充滿餐廳內，連東京街景也彷彿映出義大利的影子。

以威士忌生奶油佐巧克力熔岩蛋糕，是大人限定的甜點體驗。

🍸 Tokyo Whisky Library 薦

📖別冊P.12,C4 📞03-6434-1163 🏠港區南青山5-5-24 南青山サンタキアラ教会2F 🕙12:00~15:00(L.O.14:00)、17:30~23:00(L.O.22:00) ◎年末年始 💰雞尾酒¥1,815起、威士忌¥1,815起 🌐tokyo-whisky-library.com

微苦巧克力與辛辣威士忌交會出大人才懂的優雅氣味。

位在東京表參道的威士忌酒吧「Tokyo Whisky Library」，為了將**威士忌文化推廣至年輕族群，特別與東京最流行的 Bean to Bar 巧克力品牌「Minimal」合作**，創作獨特的巧克力品酒體驗。空間設計以「圖書館」為主題，分設各種區域，適合獨自小酌、在吧檯和調酒師攀談、和三五好友小聚、舉辦歡樂活動。

鳥政

🅐 別冊P.12,C3　☎03-3405-4515　🅐南青山3-13-2　🕙11:30~14:00、17:00~23:00(L.O.22:00)　❻週日　⑤燒き鳥丼(烤雞丼)¥1,500

這間隱藏版的名店已經在**青山開業30個年頭，師傅全神貫注站立在炭爐前，掌握每塊雞肉的燒烤程度，**雞胸肉、雞肝、腿肉在他的巧手下呈現出最油潤完美的滋味。由於每串雞肉都是現場燒烤，入店後得耐著性子等待約15分鐘，不過等待絕對是值得的。

鳥政招牌美食一是招牌烤雞丼，第二名是意想不到的醬油拉麵！

Spiral

🅐 別冊P.12,C4　☎03-3498-1171　🅐港區南青山5-6-23　🕙依各店鋪而異　🆄www.spiral.co.jp

以「生活結合藝術」為中心思想，**七層樓高的綜合文化大樓Spiral選擇在青山落腳，意圖結合藝術與時尚，喚起新的流行概念。**大樓1、3樓有展示廳外，其他樓層也有咖啡、餐廳及展示並販賣各種創意家具、Spiral Market。

A to Z cafe

🅐 別冊P.12,C4　☎03-5464-0281　🅐港區南青山5-8-3 equboビル5F　🕙11:30~15:00(L.O.14:00)，週六日及例假日11:00~15:00(L.O.14:00)；15:00~22:00(L.O.21:00)，週五六至23:00(L.O.22:00)，週日及例假日至21:00(L.O.20:00)　⑤甜點¥760起，餐點¥650~1,500　🆄www.dd-holdings.jp/shops/atoz/minamiaoyama#/

由日本人氣藝術家奈良美智及graf共同創作的咖啡廳，正中間用木板隨意搭建起來的小房間，內部放滿奈良美智的作品，戲謔的童趣成為空間最主要的情調。**透明的peace標誌內塞滿奈良美智所設計的人物玩偶，複合型態的空間利用，成為奈良美智+graf的情報發信地。**

Qu'il fait bon 青山

薦

🅐 別冊P.12,C3　☎03-5414-7741　🅐港區南青山3-18-5　🕙11:00~19:00(L.O.18:30)　❻不定休　⑤季節のフルーツタルト(季節水果塔)¥980　🆄www.quil-fait-bon.com

青山代表甜點水果塔。

走入Qu'il fait bon，首先進入眼簾的，是一個特大的展示櫃，櫃中放著超過20種色彩繽紛的蛋糕和水果塔，看著琳瑯滿目的甜點，讓人不知如何挑選。**店裡最受歡迎的，是鮮豔誘人的水果塔，**酥脆的塔皮加上甜度適中的濃香奶油，教人意猶未盡。

不管是經典款、季節限定款，每種都好吃到讓人欲罷不能。

☕ BLUE BOTTLE COFFEE青山店 【おすすめ 薦】

📖別冊P.12,C3　☎03-3770-8109　🏢港區南青山3-13-14增田ビル2F　🕐8:00~19:00
🌐store.bluebottlecoffee.jp/pages/aoyama

咖啡醇香喚醒來自靈魂的感動。

濃密綠蔭下的BLUE BOTTLE COFFEE青山店，**咖啡豆嚴格遵守48小時內沖泡，為了提供最完美的口感**，每一杯咖啡都透過專業手腕，花費3至5分鐘以濾杯、虹吸等方式製作，一杯入魂的手沖咖啡，由醇香傳遞至顧客內心，喚醒的不只是惺忪睡意，還有來自靈魂的感動。

卡布奇諾牛奶與咖啡融為一體，口感絲綢、甘純芳香。

櫃檯前手沖濾杯一字排開，滴滴咖啡精華流瀉入杯。

👁 原宿教會 【おすすめ 薦】

📖別冊P.12,C1　☎03-3401-1887　🏢渋谷區神宮前3-42-1　🕐禮拜時間週日10:30~12:00　🌐www.harajuku-church.com

都市裡最美麗的教堂風景。

純白色外觀有著波浪般造型的原宿教會，**因其光影在建築物內的美麗變化而被稱為「東京的光之教堂」**，設計師北川原溫將光線透過不同的出口與角度穿透在禮拜堂內，是著名的建築設計經典。

彩繪動物吊燈與後現代拼貼藝術的小牛在天花板上輕晃著。

🍴 WORLD BREAKFAST ALLDAY外苑前店 【おすすめ 薦】

📖別冊P.12,C1　☎03-3401-0815　🏢渋谷區神宮前3-1-23　🕐7:00~20:00(L.O.19:00)　🚫不定休　🌐world-breakfast-allday.com

在餐桌上環遊世界吃美食！

一日之計在於晨，跟著早餐環遊世界。

🎁 CABANE de ZUCCa 青山

📖別冊P.12,C3　☎03-3470-7488　🏢港區南青山3-13-14　🕐11:00~20:00　🌐www.zucca.cc

CABANE de ZUCCa由享譽世界的服裝設計師小野塚秋良一手打造，**採用大量的灰色與黑色系，低調簡約的服裝以不對稱剪裁或圖騰配飾讓人眼睛一亮**。其腕錶系列以強烈設計感大獲好評。

來到WORLD BREAKFAST ALLDAY，這是間讓你吃早餐同時環遊世界的早餐店，**主要依季節氣候與節日活動來變換國家主題**，從約旦、墨西哥、芬蘭、保加利亞到克羅埃西亞等，世界地圖上熟悉或不熟悉的地方，都有可能出現在WORLD BREAKFAST ALLDAY的早餐名單中。

青山靈園

📖別冊P.12,D2　📞03-3401-3652　🏠港區南青山2-32-2　🕐8:30~17:30　🈺12/29~1/3　🌐www.tokyo-park.or.jp/reien/park/index072.html

　　青山靈園是東京都內擁有百年歷史的墓園，葬有許多明治時代的名人與文學家。由政府專人管理的墓園，不但一點也不陰森可怕，**每逢四月賞櫻季節，往往還成為櫻花名所，滿樹美麗的櫻花將墓園妝點得粉嫩熱鬧。**

> 四排銀杏樹的枝椏上一片金黃燦爛，美得令人屏息。

WATARI-UM

ワタリウム美術館

📖別冊P.12,C1　📞03-3402-3001　🏠渋谷區神宮前3-7-6　🕐11:00~19:00　🈺週一、年末年始　💲依展覽而異　🌐www.watarium.co.jp

　　WATARI-UM在東京藝文圈是頗有名氣的美術館，**展出的作品以當代藝術、攝影、建築、設計等和現代感強烈的藝術創作為主**，美術館延請到瑞士建築師Mario Botta設計，又有雕刻建築的美稱。

> WATARI-UM自1990年開館以來，被稱為是青山藝術發源地。

Shelf

📖別冊P.12,C1　📞03-3405-7889　🏠渋谷區神宮前3-7-4　🕐12:00~20:00(週六日及例假日至18:00)　🌐www.shelf.ne.jp

　　藏在小巷子轉角的這家書店，**是家以攝影集與美術設計書籍為主要商品的專門書店，小小的店舖裡擺滿搜羅自日本全國及海外的原文書**，其中不乏難以入手的珍品書及絕版書。

明治神宮外苑

📖別冊P.12,D1　📞03-3401-0312　🏠港區北青山1~2丁目(イチョウ並木)、新宿區霞ヶ丘町　🕐自由參觀　🌐www.meijijingugaien.jp

> 在春夏之際會舉辦啤酒花園與花火大會。

　　以1918年落成的聖德紀念繪畫館為中心，在明治神宮外苑廣大的腹地內集結棒球場、網球場、高等學校等設施，與內苑明治神宮的日式典雅風格大相逕庭。**最知名的就是秋日的銀杏行道樹(イチョウ並木)**，盛開期間更有熱鬧的銀杏祭，讓前去賞銀杏者可享用到熱騰騰的日本小吃。

山手線一圈　青山
東京地下鐵●中央總武線●東京廣域

👁 Farmer's Market @ UNU

📖別冊P.13,B4　☎03-5459-4934　🏠渋谷區神宮前5-53-70 青山·国際連合大学前広場　🕐週六、日10:00~16:00　🚫週一~五　💲免費入場　🌐www.farmersmarkets.jp

小農市集Farmer's Market @ UNU於**每週末在青山的國連大學前廣場進行，每次約70家攤位共襄盛舉**，販售的物品多以農產品或副產品為主，不販售肉類等不易存放的生鮮品，也不刻意標榜有機作物，而是一群關心友善土地、健康飲食等議題並且對食文化有獨立價值觀的人揭竿起義。

販售的物品多以農產品或副產品為主。

作品從漆器餐具、家居用品跨足時尚、室內與建築設計，被視為日本數一數二的前衛設計師。

🍴 La Blanche

📖別冊P.13,B4　☎03-3499-0824　🏠渋谷區渋谷2-3-1 青山ボニーハイム2F　🕐12:00~14:00（L.O.13:30）、18:00~21:00（L.O.20:00）　🚫週二、三　❗需付10%的服務費

1986年創業的La Blanche，是東京法國料理老舖中的名店，靠著口耳相傳建立起名聲。本店受歡迎的沙丁魚馬鈴薯燒烤佐松露(イワシとじゃが芋の重ね焼)，是以生培根將竹筴魚與馬鈴薯包起來，並在最上層放入松露，搭配上沙丁魚濃湯，享受趣味口感。

✒ Maison Koichiro Kimura

📖別冊P.13,B3　☎03-6427-4877　🏠渋谷區神宮前5-3-12　🕐11:00~20:00　🌐www.koichiro-kimura.com

藝術家木村浩一自己親手設計操刀，重新改造一棟1950年代的兩層樓建築，將**外牆全部漆上白色，並以金色金字塔組成的方塊點綴中央，作為其作品的展示空間與對外交流窗口**，充分彰顯了他獨樹一格的色彩。仙台出生的木村浩一郎傳承了四百年歷史的家族漆器事業，將傳統工藝技術與高科技結合，加入前衛設計。

🎁 FoundMUJI 青山

📖別冊P.13,B4　☎03-3407-4666　🏠渋谷區神宮前5-50-6 中島ビル1~2F　🕐12:00~20:00，週六日及例假日11:00~20:00　🌐www.muji.net

喜歡無印良品的人絕對不能錯過青山店，別看只有狹窄的兩層樓店面，**這裡可是無印良品的第一家店舖**；雖然徒步範圍內還有兩家更寬敞、產品更多的分店，青山店卻還是許多人來朝聖的第一選擇。

La Porte Aoyama

🛍別冊P.13,B4 🕐依各店舖而異 📍渋谷區神宮前5-51-8
🔽依各店舖而異 🌐laporte-aoyama.com

　位於骨董通正對面的La Porte Aoyama是一棟2005年開幕的複合大樓，特地邀請許多世界最知名的居家精品和美食品牌進駐，餐飲方面也有洋食居酒屋、中華料理、韓式美食、咖啡廳、甜點等選擇，最受注目的莫過於1樓的PIERRE HERMÉ，來自法國的正宗巴黎甜點讓人心動。

馬卡龍口味多達20餘種，餅皮外層酥脆有口感、內餡濕潤。

PIERRE HERMÉ PARIS 青山

📞03-5485-7766 🏠La Porte Aoyama 1~2F 🔽1F PÂTISSERIE、2F SALON DE THÉ Heaven12:00~19:00(L.O.18:30) 🌐www.pierreherme.co.jp

世界第一美味馬卡龍絕對值得細細品味！

　風靡全球的甜點舖PIERRE HERMÉ PARIS，由法國甜點職人Pierre Hermé所創，被譽為「甜點界畢卡索」的他，**充滿新穎發想的甜點創作深得老饕青睞**，

以馬卡龍為首的各式點心如寶石般閃耀著晶瑩可口的色澤，嚐來更是濃郁甜美，而這享譽國際的甜點巨擘正是發源於此。

岡本太郎紀念館

🛍別冊P.12,D4 📞03-3406-0801 🏠港區南青山6-1-19 🕐10:00~18:00(入館至17:30) ❌週二(遇假日照常開館)，12/28~1/4，設備檢修日 💰大人￥650、小學生￥300 🌐www.taro-okamoto.or.jp

瘋狂藝術家的小小博物館！

　岡本太郎為日本極知名的現代藝術家，其豐沛的創作風格影響現代藝術甚鉅。岡本太郎紀念館本來是藝術家生前居住和工作的地方，現在改成紀念館，**館外的廣場上就擺著數個造型特異、活潑趣味的雕塑，值得好好觀賞。**

🍴Clinton St. Baking Company & Restaurant

🏠別冊P.12,C4　☎03- 6450-5944　🏠港區南青山5-17-1
🕘9:00~18:00(L.O.17:00)　🈺不定休　💲エッグベネディクト(班尼迪克蛋)￥1,700、パンケーキwithメープルバター(鬆餅配熱楓糖奶油,可配藍莓·香蕉·巧克力三擇一)￥1,600　🌐clintonstreetbaking.co.jp

大廚尼爾與美食作家迪迪這對夫妻檔,在紐約創設餐廳Clinton St. Baking Company,**以高品質的雞蛋、麵粉、牛奶等精選食材,創造出讓潔西卡艾芭等紐約名流也瘋狂的早餐,被紐約雜誌票選為「最棒的鬆餅」**。標榜讓早晨時光延續,餐廳全日供應Brunch,真材實料又充滿熱情的美味,讓你隨時都能擁有好心情。

藍莓鬆餅麵糊中加入新鮮藍莓、淋上藍莓果醬,搭配溫熱的楓糖奶油醬,簡直是天堂才有的味道。

日本傳統的「紅」

紅,指的是從金黃色的「紅花」所萃取出來的,被稱為「小町紅」。薄薄一層塗在有著精緻圖案的日式陶瓷小碟子上,有著迷離豔媚如彩虹的光澤,用水稀釋之後,則暈染出桃紅、赤紅、緋紅、粉紅等不同層次與色澤的紅色。水溶植物性色素的紅是透明彩,依照不同人的唇色發色,轉化成變幻多端的迷離緋紅。

藉由博物館讓人們了解日本的紅色色彩美學。

✒伊勢半本店 紅美術館

紅ミュージアム

🏠別冊P.12,C4　☎03-5467-3735
🏠港區南青山6-6-20　🕘10:00~17:00(入館至16:30)　🈺週日、一、年末年始、7/7　🌐www.isehanhonten.co.jp

紅是古時仕女們的口紅,目前唯一保存著傳統製作「紅」技術的伊勢半本店,**在南青山地區開設「伊勢半本店紅美術館」**,從館內收藏能一睹紅的美麗風采。館內分為常設展與企劃展,展示「紅」的相關資料,並附設品嚐「紅花茶」及供人親自體驗以「紅」塗上嘴唇化妝的藝術沙龍。

澀谷
しぶや
Shibuya

澀谷是東京年輕人的潮流文化發信中心，熱鬧的十字路口有著大型螢幕強力放送最新最炫的音樂，種類豐富的各式商店和百貨，除了著名的109百貨是流行不敗聖地外，位於公園通的神南地區、澀谷中央街和西班牙坂，也是逛街買物的好去處；想要填飽肚子，便宜迴轉壽司、拉麵店、燒肉店等超值美味也不少。澀谷也是小眾文化的重鎮，地下音樂、藝術電影還有Live Band，都可以在此找到。

山手線一圈 澀谷

東京地下鐵→中央總武線→東京廣域

全新銀座線澀谷站

銀座線澀谷站全新月台於2020年1月正式啟用！以白色為主體，讓整體空間感顯得更加寬敞明亮，值得注目的地方是M字型屋頂設計，帶有一種近代未來感。

澀谷新建築風景

澀谷駅周邊在這幾年持續進行大刀闊斧的都更計畫，並以澀谷駅中心地區設計會議議長、本身也是建築師的內藤廣為首，邀集眾多建築師，一起打造出這裡全新的建築風景。例如，日建所設計的複合大樓HIKARIE，以及由安藤忠雄設計、如同宇宙船般結合自然與未來感的東急東橫線新澀谷駅，展現出澀谷的全新都市樣貌。

交通路線&出站資訊

電車
JR東日本渋谷駅➪山手線
JR東日本渋谷駅(新南口)➪埼京線、湘南新宿ライ(3F月台)
東京急行電鐵渋谷駅➪東急東橫線(2F月台)、田園都市線(B3月台)
東京Metro渋谷駅➪銀座線(3F月台)、半藏門線(B3月台)、副都心線(B5月台)
京王電鐵渋谷駅➪京王井之頭線(2F月台)

出站便利通
澀谷的逛街玩樂區域大多集中在車站北方，也就是JR的八チ公口、宮益坂口方向出站最快。

◎從八チ公口出站，正是澀谷最繁華的區域，要前往熱鬧的 谷センター街(澀谷中央街)、文化村或是西班牙坂，同樣從這裡出站。

◎八チ公口出站後左前方圓筒狀的建築上標示有大大的109，就是知名的109百貨，旁邊就許多餐廳聚集的道玄坂。若想要前進109百貨可從東京Metro 谷駅的3a出口出站。

八チ公口出站後，沿著右前方寬敞道路，經過兩棟西武百貨之後就是公園通，沿著公園通一路有年輕人喜愛的PARCO百貨系列，徒步約400公尺就可以抵達型男潮流聚集的神南地區(イエローストリート，Yellow Street)。

◎八チ公口出站後，沿著右前方寬敞道路，在兩棟西武百貨之間就是井の頭通，這條路上有ZARA、COACH等知名品牌的大型店，還有居家生活品牌LOFT的大店，如果要去西班牙坂也是由井の頭通進入。

◎井の頭通口徒步約200公尺，右側運動鞋專賣的ABC MART巷子進入

就是知名的スペイン坂(西班牙坂)，一路可通到PARCO 1的後方，兩旁有很多平價服飾及流行小物專賣店、餐館等，高低起伏的坂道風景更為遊逛增添了許多樂趣。

◎澀谷和原宿、青山、表參道的距離頗近，從東京Metro 谷駅的12號出口出站，沿著宮益坂往上徒步約700公尺就可以到東京Metro表參道駅。若想從澀谷前往原宿，從JR 谷駅的宮益坂口或東京Metro 谷駅的9號出口出站，朝麥當勞方向的寬敞大路就是明治通，徒步約400公尺右轉就是潮流街Cat street(貓小路)，如果從麥當勞沿著明治通徒步約15分就是熱鬧的表參道交叉口。

◎新南口出站後過馬路左轉，約150公尺可以到澀谷STREAM新大樓設施。

> SHIBUYA SCRAMBLE SQUARE直結車站，交通超便利！

🛍 SHIBUYA SCRAMBLE SQUARE 薦（おすすめ）

渋谷スクランブルスクエア

> 澀谷人氣最高地標！東京必朝聖高空美景就在這裡！

🏠別冊P.14,C3 ☎03-4221-4280 🏠澀谷區澀谷2-24-12 ◎購物 10:00~21:00，餐廳11:00~23:00 🚇

www.shibuya-scramble-square.com

　2019年開幕的「SHIBUYA SCRAMBLE SQUARE」地上共47樓與車站直結，是澀谷目前最高樓，同時也是結合展望台、辦公室、產業交流、購物等大型複合型商業設施，致力於扮演「向世界傳播澀谷誕生的新文化」一角，集結的212家店舖中，有45家是第一次在澀谷展店，並主打「世界最旬」，也就是在這裡看到的，都會是從澀谷集結來最新最鮮的人事物。商場內的風格，可以讓你感受其年輕活力，從一樓紀念品區、品牌服飾、美食街到頂樓展望台，都值得你一層一層仔細往上逛。

👁 SHIBUYA SKY 薦（おすすめ）

渋谷スカイ

> 澀谷最高展望台！

🏠SHIBUYA SCRAMBLE SQUARE 45F ◎10:00~22:30(入場至21:20)；THE ROOF SHIBUYA SKY 2024/4/28~12/25指定入場時間(每時段20分)15:30(8月不開放)、16:30、17:30、18:30、19:30、20:30，各時段沙發席使用時間(每時段50分)，16:00、17:00、18:00、19:00、20:00、21:00 🎌1/1，不定休，THE ROOF SHIBUYA SKY天候不佳 💲網路購票大人￥2,200、國高中生￥1,700；當日14F窗口購票大人￥2,500、國高中生￥2,000、小學生￥1,200、3~5歲小孩￥700、未滿3歲免費；THE ROOF SHIBUYA SKY THE ROOF SEAT & 2DRINKS SET (含入場券+沙發席預約+2種飲品+1份小零食)20歲以上大人￥5,500、THE ROOF SEAT & CHAMPAGNE SET(含入場券+沙發席預約+1瓶迷你香檳+1份小零食)20歲以上大人￥6,500 🌐www.shibuya-scramble-square.com/sky ❗不可攜帶隨身包包、行李、嬰兒車、耳機(含藍芽耳機)、帽子、三腳架、自拍棒、飲食，相機及望遠鏡全程需用背帶掛在脖子上，46F提供投幣式置物櫃(H320×W375×D430)寄放物品￥100，取回後會返還；小學生、3~5歲小孩僅開放窗口售票；THE ROOF SHIBUYA SKY僅開放20歲以上大人入場，預約沙發席需2人以上，每時段可使用50分

　位在澀谷新地標「SHIBUYA SCRAMBLE SQUARE」頂樓的全新體驗型展望台「SHIBUYA SKY」，目前是日本最大露天展望台，加上不少人氣偶像團和知名電視節目在此拍攝取景，吸引不少粉絲朝聖，成為網紅們

> 多虧全面透明玻璃隔間設計，不管站在哪個角落，都能與超美城市風光合影。

超強打卡景點。

　其空間全面採透明玻璃隔間，營造出前所未見的開放感，讓入場遊客可以從澀谷上空229公尺處，360度飽覽繁華澀谷街容，東京鐵塔、富士山等名景，晚上還有「CROSSING LIGHT」雷射燈光秀，隨季節變化，定時演出。到此一遊絕不能錯過的就是在「SKY EDGE」這個面向澀谷交叉入口的角落拍照留念啦！白天晚上各有看頭，如果時間充裕的話，建議大家不妨可以在日落前進場，一次收好收滿日夜兩款美景。

治一郎 ecute EDITION渋谷店

☎03-3409-2160　⌂SHIBUYA SCRAMBLE SQUARE 1F ecute EDITION　⊘10:00~21:00　Ⓢ治一郎のバウムクーヘンカット(切塊年輪蛋糕)4入¥330　ⓦjiichiro.com

日本超人氣伴手禮年輪蛋糕。

源於德國的年輪蛋糕，被譽為「蛋糕之王」，其層層反覆烘烤，捲出的紋理，**宛如年輪的獨特外型，如同日常幸福不斷堆疊成「圓」，積累成「緣」，因此在日本常作為贈禮之用**。長久以來，年輪蛋糕給人口感乾燥、扎實，不易單吃的印象，但經過職人們上百次反覆試驗，終於打破常規，找到既能保有年輪蛋糕層次分明口感，卻又綿密又好入口的製作方法。為了表達對甜點職人的敬意，以其中一名師傅名字「治一郎」，為品牌命名。如蛋糕般綿密鬆軟又潤口，加上24層細心烘烤堆疊出年輪蛋糕獨有的層層質感，包準你吃過後，會徹底愛上。

除了整顆年輪蛋糕外，還有袋裝設計方便分食。

從簡單又充滿質感的包裝，金黃色年輪外型，到打開包裝飄散出來的淡淡香氣，在嘴裡化開甜度適中的口感，能從五感中收到治一郎對商品的用心。

🛍 Shibuya Sakura Stage　薦

⌖別冊P.14,C4　☎03-6416-0907　⌂渋谷區櫻丘町1-1　⊘各設施不一　ⓦwww.shibuya-sakura-stage.com

澀谷最新地標登場

澀谷車站西南側櫻丘地區的「Shibuya Sakura Stage」是東急不動產重砸2000億日幣著手進行，澀谷百年難得一見的大規模再開發建設案。集結商用、住宅與購物的復合型設施，主要分為「SHIBUYA SIDE」和「SAKURA SIDE」兩大區，其中SHIBUYA SIDE會與澀谷車站直通，交通十分便捷。全區以櫻花的「粉紅色」作為主題色，並在周邊道路種下整排櫻花樹，預期在不久的將來，會成為澀谷必踩的觀光賞櫻景點。

🛍 渋谷AXSH

⌖別冊P.14,C3　⌂渋谷區渋谷2-17-1　⊘各設施不一　ⓦwww.shibuya-axsh.jp/

渋谷AXSH名稱融合了青山（AOYAMA）和渋谷（SHIBUYA），象徵這兩個區域的交匯點。地點位於渋谷駅東口區域，連接渋谷與青山方向（稱為青澁）一帶。這個區域一直以來被幹線道路所分隔，與周邊區域的連接不夠順暢，且作為辦公區域，人流和活力相對不足。為了解決這些問題，渋谷AXSH以「TSUNAGI-BA」為概念，旨在連接渋谷二丁目的餐飲區與青山的文教區，並成為渋谷代表性的地標。

◎ 忠犬八公像

おすすめ 薦

ハチ公

別冊P.15,B3 ❷JR澀谷駅ハチ公口前

來到澀谷街頭，一定要來到地標景點八公像前打卡留念！

　　忠犬八公是澀谷更是東京最著名的狗銅像，據説原本小八是由一位東大教授所飼養的秋田犬，牠每天傍晚都會去車站迎接主人回家，甚至教授過世後仍然風雨無阻天天到車站前等主人，直到病亡。**為了紀念小八的忠誠，人們特地在站前立下這座雕像，現在也成為日本人在澀谷平常約會見面的地標。**

【 澀谷最夯IG打卡點 】

除了「SHIBUYA SKY」能看遠眺美景，以下兩處能一覽澀谷都市景色。

#1：八公犬前十字路口
八公前方的大五岔路口，綠燈一亮，同時上千人蜂擁通過，早就被好萊塢電影相中登上螢幕多次，想來張超有FU的街拍照片，趕快鎖定這裡喔。

#2：Magnet by Shibuya 109頂樓觀景台
展望台可以居高俯視正下方的澀谷知名十字路口外，還設置有一處sky camera，可以用高視角將你跟十字路口一起入鏡，個人照、團體照通通沒問題。

6樓進駐海賊王專賣店「ONE PIECE MUGIWARA STORE」。

👜 Magnet by Shibuya 109

別冊P.15,B3 03-3477-5111 澀谷區神南1-23-10
10:00~21:00，CROSSING VIEW & ROOFTOP LOUNGE MAG8 10:00~22:00 1/1
magnetbyshibuya109.jp

　　流行風潮瞬息變化的澀谷，代表澀谷流行的109，其中Men's這棟109也改成以**動漫、音樂流行、服飾、美食等的新形態商場Magnet by Shibuya 109**，新整裝的7層高大樓在頂樓戶外區則規劃戶外活動舉辦區、展望台，目前進駐韓國烤肉店SHIBUYA CLASS。

👜 SHIBUYA TSUTAYA

🏢別冊P.15,B3 Q FRONT ☎03-6837-3000 ⏰渋谷區宇田川町21-6 ❂年中無休 營業時間因樓層店家而異

shibuyatsutaya.tsite.jp/

地處澀谷車站前十字路口的絕佳地理位置,同時也是世界知名觀光地標的SHIBUYA TSUTAYA於2024年4月25日全新改裝開幕。**相隔24年的全館大規模翻新,主要為了讓來自世界各國、各年齡層觀光客們,更能盡興「體驗日本流行文化」。**地下2樓到1樓主要作為限定活動和動畫、音樂娛樂宣傳場地使用,2到4樓則反應「個人時代」潮流,提供數位遊牧民族工作環境,設置500個座位的咖啡和休憩共享區。5到7樓則是結合人氣動漫作品,除了書店、聯名咖啡店、

周邊商品販售,還有夢可寶卡牌專屬對戰空間。伴隨形象煥然一新,LOGO也同步刷新。

☕ STARBUCKS COFFEE

おすすめ 薦

☎03-6416-3857 ⏰SHIBUYA TSUTAYA2F ⏱8:00〜22:30

shibuyatsutaya.tsite.jp/starbucks/

位在SHIBUYA TSUTAYA二樓的星巴克,內用100個座位是以全長共71公尺的「星巴克綠絲帶」的設計主軸,在室內一氣呵成地串連,流線型空間,讓整體視新潮又時尚。來到這裡,除了可以俯瞰澀谷十字路口人來人往的繁忙街景,還有專屬於此的限定商品,也絕對不能錯過!

> 可以近距離俯瞰世界觀光地標澀谷十字路口街景

> 穿著綠色達摩裝的Bearista 玩偶吊飾,只有這裡才買得到喔!

> 澀谷象徵八公水晶球咖啡杯,也是作為伴手禮的選擇之一。

👁 POKÉMON CARD LOUNGE

おすすめ 薦

☎03-6837-3000 ⏰SHIBUYA TSUTAYA5F ⏱10:00〜22:30

https://shibuyatsutaya.tsite.jp/pokemoncardlounge/

> 官方打造首間寶可夢卡牌遊戲對戰交誼廳

深受全球粉絲喜愛的的寶可夢,推出的卡牌遊戲也很夯!為了讓卡友們可以有個更舒適的交流環境,官方首度打造了專門的對戰交誼廳,地點就選在SHIBUYA TSUTAYA5樓。**入場一小時1500円(税別),除了可以和同好切磋,還有50種飲料和30種零嘴無限享用,你可以帶著自己的牌組,也能當場租借。**現場還有店舖限定周邊商品可以選購,推薦玩家們不妨到此體驗看看!

◉ MIYASHITA PARK

宮下公園

📍別冊P.14,C2 ☎03-6712-5291 🏠渋谷區渋谷1-26-5 ⏰公園8:00~23:00，運動設施9:00~22:00(受理至21:00) 🚫12/29~1/3 🌐www.miyashita-park.tokyo

2020年春天經重新整頓後的宮下公園，是澀谷區第一個活用「立體都市公園制度」，與商場、停車場、飯店和複合運動場一體化的公園設施。全長約330公尺，四層樓高建築，內有90家個性品牌和精品名店和餐廳進駐，像是LV全球首家男士專賣店和美國KITH的旗艦店等。公園位在頂樓，設有約1,000平方公處的草皮，滑板場，攀岩場等多功能運動場地，整體環境綠意盎然，很適合作為逛街逛到鐵腿時的歇腳處。

🏷️薦

☕ THE MATCHA TOKYO
SHIBUYA MIYASHITA PARK

☎03-6805-0687 🏠渋谷區神宮前6-20-10 MIYASHITA PARK South2F ⏰11:00~21:00 🌐www.the-matcha.tokyo

品味高質感100%有機抹茶。

> 檯面擺放抹茶器具，店員為你現點現作。

「THE MATCHA TOKYO」這家有機抹茶專賣店，選用無農藥、無添加化學肥料，在無污染的優質環境栽培的100%純天然茶葉，以平易近人

> 現烤比利時鬆餅和抹茶醬也很搭。

定價，現點現作，將新鮮健康又高品質的抹茶，交到每位客人手上，贏得眾多抹茶愛好者支持。除了抹茶、抹茶拿鐵外，還有近年人氣高漲的抹茶豆乳拿鐵、杏仁抹茶拿鐵，選擇非常豐富；他們家的抹茶點心也很推喔！目前在表參道、澀谷MIYASHITA PARK和NEWoMan新宿都設有實體店面，如果喜歡他們家商品，也能另購！對喜愛日本抹茶的觀光客來說，搞不好有機會成為你們心中「東京新伴手禮」的新代表！

KITH TOKYO

KITH 東京ストア

📍渋谷區神宮前6-20-10 MIYASHITA PARK North 1F/2F ⏰11:00~21:00

　　美國知名潮牌KITH在亞洲打造的第一間旗艦店，就落腳在「時尚潮流發祥地」澀谷宮下公園。KITH TOKYO共有兩層樓，店面設計，維持一貫純白簡約風，一樓入口是奪目吸睛的拱形屋頂設計，還有霸氣球鞋牆。在這裡除了買得到KITH與各家知名運動品牌的聯名商品外，**KITH還首度推出和「Nike Air Force 1」的限定款球鞋**。當然除了鞋款是萬眾注目的焦點，男女裝和兒童服飾也很有看頭。加上2樓又有KITH經營的甜點店「KITH TREATS」，潮男潮女來澀谷逛街，怎能錯過這個打卡新景點呢！

拱形屋頂鑲滿球鞋模型非常壯觀

這麼壯觀的鞋牆，球鞋收藏家一定要朝聖。

店面以綠色為基底的地板與戶外綠色草皮，連成一體感，每到假日總會吸引大批年輕人聚集在這喝咖啡曬太陽。

☕ STARBUCKS MIYASHITA PARK店

☎03-6712-5207 📍渋谷區神宮前6-20-10 MIYASHITA PARK North RF ⏰8:00~22:00 🚫不定休 🌐store.starbucks.co.jp/detail-1790/

　　位在宮下公園頂樓的這家星巴克，是屋頂唯一一間進駐的商店，同時也是**星巴克在都內第五間公園形態的咖啡店。店舖和商品設計都是由裏原宿之父，同時也是Fragment設計總監藤原浩操刀**。他以海外加油站為主軸，亮白色的獨立貨櫃與充滿綠意的公園頂樓和諧相容，店面四周全是大片落地窗，採光明亮又通風，更險年輕活潑氣息。這裡還有與藤原浩聯名的限定商品，值得粉絲來朝聖打卡。

從中午就開始營業的澀谷橫丁，每到週末便會聚集不少中午就來開喝的人潮，相當熱鬧。

👁 澀谷橫丁

🍴依各店舖而異 📍渋谷區神宮前6-20-10 RAYARD MIYASHITA PARK South 1F ⏰11:00~凌晨5:00(週日至23:00) 🚫設備檢修日 🌐shibuya-yokocho.com/

　　近年「橫丁文化」在日本風行，位在宮下公園旁的「澀谷橫丁」，共有20家店舖。**進駐餐廳從沖繩、九州到北海道，集日本全國各地美食於這條全長110公尺橫丁裡。每家店舖裝潢，各有其區域特色，但整體風格充滿濃濃復古氣氛**。如果想感受日本上班族居酒文化和時下年輕人正夯的昭和懷舊風，別忘了把它排進你的行程裡。

> 蛻變後的澀谷擺脫以往辣妹文化的舊有形象,經由澀谷Hikarie的開幕,時尚流行再度聚焦。

🛍 澀谷Hikarie

おすすめ 薦

渋谷ヒカリエ

🔹別冊P.14,C3 ☎03-5468-5892 ⏰
渋谷區渋谷2-21-1 ●B3~5F
ShinQs11:00~21:00(週日、例假日至
20:00),6~8F、11F餐廳
11:00~23:00,8F Creative Space 8 11:00~20:00 休
1/1 ➌www.hikarie.jp

> 各樓層引進的甜點、餐廳間間強打,連要吃什麼都得煩惱好一陣子!

　　2012年4月開幕的澀谷Hikarie是辦公大樓與購物中心結合的複合式設施,總樓層有34樓,其劇院「東急THEATRE Orb」為世界最大音樂劇劇場,8/藝廊則延續東急文化館的使命,展出多面向作品。而在所有建設中,最受注目的當屬ShinQs了。地下三層,地面五層,總共八層樓的ShinQs購物商場,結合了**美食、美容、時尚**,並以**擁有自主能力的20~40歲女性為主要客群**。

> 精湛技藝與創意發想將嚴選食材的美味發揮到極致。

🧁 LE PAIN de Joël Robuchon 渋谷 Hikarie ShinQs店

☎03-6434-1837 ⏰渋谷ヒカリエShinQs B2F 東横のれん街 フードセレクション ⏰11:00~21:00(週日、例假日至20:00) 💲クロワッサン(牛角麵包)¥281,ロブションのクリームパン(奶油麵包)¥351 ➌www.robuchon.jp/lepain

　　米其林三星主廚侯布雄(Joël Robuchon)開設的世界首間麵包店位在熙來攘往的地下2樓美食區裡頭,少了高不可攀的距離感,反倒是架上秀色可餐、散發著香氣的法式麵包不斷引誘著人們入內一逛。**多樣的選擇中以牛角麵包、咖哩麵包及奶油麵包最為熱賣**。

桂新堂 渋谷Hikarie ShinQs 東橫のれん街店

おすすめ 薦

☎03-6434-1831 ⊙渋谷ヒカリエShinQs B2F 東橫のれん街 スイーツ(和菓子) 🕚11:00~21:00(週日、例假日至20:00) Ⓢ渋谷えびせんべい(澀谷限定蝦仙貝)5片￥713 ⒥www.keishindo.co.jp

澀谷限定, 八公伴手禮!

超過150年歷史的桂新堂,可說是蝦仙貝的翹楚,百年來保有傳統究極的美味之外,仙貝面貌也進化以可愛和風圖案、吸引年輕族群,像是以澀谷八公犬圖案、僅ShinQs店限量販售的蝦仙貝,2種口味、4種圖案,可愛到捨不得吃掉,另還推出新款的熊貓東京限定版。

打開蝦仙貝包裝,滿滿的濃厚鮮蝦味就撲鼻而來。

店內販售地產酒類、果汁與調味料,還有以日本各地當令素材製作的美味定食。

🍴 d47食堂

☎03-6427-2303 ⊙渋谷ヒカリエ8F 🕚11:30~20:00(餐點L.O.19:00、飲品L.O.19:30),週五、六、例假日前一天11:30~21:00(L.O.20:00) ⊗週三 Ⓢ各式定食￥2,100起 ⒥www.hikarie8.com/d47shokudo/menu/2024/06/667-74.shtml ❗晚餐17:00以後低銷杯飲品

d47食堂以日本47都道府縣的「食」為主題,將各地的新鮮食材及當地產物通通搬上桌,讓顧客每次造訪都有新的驚喜。在此用餐時推薦窗邊的位置,大面落地窗日間光線明亮、夜晚氛圍浪漫,一面望著腳下熙來攘往的行人與繁華街景,倒有種偷得浮生半日閒的愜意。

👁 Creative Space 8/

☎03-6418-4718 ⊙渋谷ヒカリエ8F 🕚11:00~20:00 Ⓢ免費參觀 ⒥www.hikarie8.com

Creative Space 8/承襲了東急文化館的使命,裡頭匯聚8種不同型態的文化空間:**開放性的交流空間/01/COURT、藝文展區/02/CUBE1,2,3、47都道府縣主題展場04/d47 MUSEUM**,其他還有餐廳**d47食堂**、47都道府縣物產的賣場等。

日本的藝術、創意、生活及食文化精髓就濃縮在此。

🎭 TOKYU THEATRE Orb

東急シアターオーブ

☎售票中心03-3477-9999 ⊙谷ヒカリエ11F 🕚依演出節目而異,售票中心11:00~18:00 Ⓢ依演出節目而異 ⒥theatre-orb.com

TOKYU THEATRE Orb,三層的座位一次可容納1,972位觀眾,是日本最大型的劇場。為因應各種形式的演出,所以其舞台相當具機動性,加上座位以觀者角度所設計,視覺與聲音傳遞無死角,從每個座位都能充分享受精彩的演出。**上演的節目從音樂劇、交響劇、寶塚歌劇團到演唱會十分多元化,還可看到百老匯音樂劇及知名演員主演的戲劇**。

🍴 築地玉壽司　おすすめ薦

📍別冊P.15,B4 東急PLAZA渋谷　☎03-5422-3570　🏠渋谷區道玄坂1-2-3 6F　🕐11:00~22:00(L.O.21:30,吃到飽進場至19:30‧L.O.21:00)　💲無限時吃到飽女性￥5,478、男性￥6,028、小學生￥3,828、3歲~學齡前兒童￥2,728、2歲以下免費　🌐www.tamasushi.co.jp/tabehoudai

高級壽司吃到飽不限時間

對於想卯足全力狂嗑日本新鮮壽司的人來說,「築地玉壽司」是相當不錯的選擇。**標榜高級壽司吃到飽,重點是還不限時間,細細品味每天一大清早從市場直送到店裡來的30種以上新鮮食材,而且每一貫都是客人點完後,職人現捏現做。**鮪魚、干貝、赤貝等單價高的壽司都包含在內,菜單品項都是真材實料。

最近日本吹起的三角飯糰熱,連模型都超大賣,是一補貨上架就被搶光的超人氣商品。

🍴 🎁 AKOMEYA TOKYO

📍別冊P.15,B4 東急PLAZA渋谷　☎03-5422-3591　🏠渋谷區道玄坂1-2-3 2F　🕐11:00~21:00　🌐www.akomeya.jp/shop/default.aspx

日本全國出產優質好米,各有其特色,為了將「米食」文化發揚光大,**AKOMEYA TOKYO致力於匯集日本地區優質好米,以「和食」為中心,網羅與米飯搭配起來更加下飯的調味料、湯底、烹調起來更美味的調理器具**,在東京展店13間再加上網路商城商購物,品牌經營超過十年,獲得顧客高度評價,非常適合平常有在開伙的朋友來尋寶。澀谷店還有附設食堂,可以實際品嚐屬於AKOMEYA的堅持與用心。

☕ FabCafe Tokyo　おすすめ薦

📍別冊P.15,A4　☎03-6416-9190　🏠渋谷區道玄坂1-22-7　🕐10:00~20:00　💲雷射切割馬卡龍體驗3顆￥1,530(扣除畫設計圖的時間約30分鐘)　🌐fabcafe.com/tokyo

3D列印應用在設計的甜點,奇妙奇妙真奇妙!

Fab其實是Fabrication(製造)的縮寫。而FabCafe是將FabLab(數位製造實驗室)精神延伸到咖啡廳。**為了讓一般人更貼近3D列印這個看似遙遠的數位科技,店內提供完善的數位設備,同時也舉辦各種Workshop和活動。**

從基本3D繪圖到製作自己的模型,無論是誰都能享受創作的樂趣。

木頭章服務
1個￥1,020

Reebok SHIBUYA

おすすめ 薦

📖 別冊P.15,B2　🚶 從澀谷駅步行5分鐘
🏠 東京都渋谷区神南1-20-17　☎ 03-
5784-0960　🕐 11:00~20:00　🈺 不定休
💰 INSTAPUMP FURY¥19,800(含稅)起、
CLUB C¥11,000(含稅)起　🌐 reebok.jp/

最新最夯、聯
名商品通通
在這裡，還能
免稅。

喜愛運動品牌的人，很多人都會喜歡收集最新、最夯的款式，其中又以來日本找，最容易找到很棒的心儀夢幻款式。

位在流行最前端的渋谷，想找最新款流行，先往這裡鑽就對了！作為**Reebok品牌渋谷旗艦店**，2層樓的寬大空間內，以男女及兒童的Reebok lifestyle系列經典單品，以及健身專用鞋款與服裝為主打。在1樓的鞋區擁有**全日本門市款式最多的各式鞋款**外，也有豐富的日本限定商品，以及眾多與熱門**品牌合作推出的聯名設計商品**，絕對是喜歡Reebok品牌者，

不能錯過的樓層。逛完1樓後，2樓也絕對不要放過，在**2樓有常態性販售折扣商品的專區**，不論鞋子、服飾都有，琳瑯滿目的超值商品、讓人越逛越過癮，大呼超值！當然更棒的是，全店鋪還提供**免稅服務**，再加上如果你是本書讀者，還能再享10%折扣優惠，完全是買到就賺到，如果有前往谷時一定要來這裡逛一逛。

山手線一圈 澀谷 ▼東京地下鐵▼中央總武線▼東京廣域

Reebok品牌的日本旗艦店，是日本最大的2樓層街邊店。

1樓的鞋區擁有全日本門市款式最多的各式鞋款。

各式健身鞋款與服裝應有盡有！同時也有很多代表訓練場景的NANO系列球鞋，是值得驕傲的人氣鞋款。

Reebok的代名詞「INSTAPUMP FURY」系列。

**免稅服務外，
本書讀者再享購物10%優惠！**
日幣已經夠便宜了不打緊，買到喜歡的夢幻鞋款、運動服飾，竟然還能免稅，而且更加碼給你10%折扣。只要購物結帳前，出示本書頁面就能享10%折扣喔。（＊部分商品除外，請詢問店員確認）

澁谷109

薦 おすすめ

🛍 別冊P.15,B3 ☎03-3477-5111 ⏰渋谷
區道玄坂2-29-1 ◆購物10:00~21:00，
7F café Ma Maison、Cheeseとはちみ
つ11:00~21:00 ◆1/1 ⬆www.
shibuya109.jp

> 來到109便能一網打盡現在少女們最新的流行情報！

澁谷109從B2到8樓的十層樓空間裡，全是專屬女生的各式大小商品，從**衣服、鞋子、包包、內衣、化妝品首飾**，到假髮、假睫毛都光鮮亮麗的不得了，店裡逛街的女孩子和店員，氣勢也和其他地方完全不一樣。想知道現在日本女生流行什麼穿什麼、化什麼妝，109就立刻跟著轉換流行風向。

> 引領潮流話題的109開業超過40年，至今仍是澁谷潮流指標。

> 每層樓樓梯間有各種風格擺設，超適合打卡！

🎁 GALET'S

☎03-3477-5094 ⏰渋谷109 3F ⬇
10:00~21:00 ⬆www.l-sac.com/
brand/galets/

GALET'S是一家包包專賣店，網羅日本國內和進口品牌，走的是平價路線，**當季流行款也以色彩鮮明、華麗可愛系為主打風格**，此外，店內運動系的休閒包款也深獲好評，不定時有新貨到，隨時保持流行新鮮感。

> 直美招牌髮型頭也變成T恤上的可愛圖案了。

> 無論是很瘦的小個子或是胖胖棉花糖女孩，都能找到所愛。

🎁 PUNYUS

薦 おすすめ

☎03-3477-5045 ⏰渋谷109 6F ⬇
10:00~21:00 ⬆store.punyus.jp

> 渡邊直美合作監製服飾！

台日混血人氣女星渡邊直美，雖然全身圓滾滾，卻意外也成為時尚新指標，她的特殊妝容及穿搭，總是會成為話題。**邀請直美監製的年輕女性服飾PUNYUS，走的不是直美一貫的誇張搞怪風，而是日常就能穿出去的正常少女穿搭**，除了可以找到一些直美人物圖案的服飾及配件，衣服上很多圖案仔細一看，真的會令人莞爾一笑，果然很有直美風格。

JINS 渋谷店

薦 おすすめ

🏠別冊P.15,B2 🚶從渋谷駅徒步5分 📍
渋谷区宇田川町31-1 ☎03-3464-8070
🕐11:00~21:00 🌐store-jp.jins.com/
b/jins/info/20365/

> 超過1,000種鏡架選擇，想搭配服飾來這裡就找對了。

> 宛如各式木構漂浮的一樓，讓選購鏡架也充滿優雅空間設計的享受。

眼鏡不僅是實用解決看遠、看近或是遮陽需求，越來越多人也把眼鏡當成服飾配件的一部分，擁有多付眼鏡不但很常見，更因應潮流需求，也得更新眼鏡的款式才行。

位在匯聚年輕潮流話題所在地渋谷的「**JINS 渋谷店**」，是一家廣達2層樓的超大型旗艦店鋪，展現結合文化的店鋪主軸，**店內布滿了立體飄浮的巨大木櫃裝置**，會隨著觀看的角度和視角變換樣貌，讓在一樓選購眼鏡也充滿空間趣味；二樓則呼應對結合文化的目的，將空間作為舉辦藝術展覽或新商品發售相關活動的場域，JINS透過眼鏡，不僅要給予顧客清晰的視野，也在乎提供不同文化面的視野采風。

> 多達千種豐富鏡架款式可以選擇，配一副眼鏡包含鏡片費用，也只需6,600日圓起。

> Airframe 5.7g是最輕型的眼鏡框，也是店內的人氣新款。

> 商場大樓正面的稻荷橋廣場，連接有燈光變化的優美大片階梯，日夜皆美。

澀谷STREAM

薦 おすすめ

渋谷ストリーム

🏠別冊P.14,C4 🚶依各店鋪而異 📍渋谷區渋谷3-21-3 🕐依各店鋪而異 🎍1/1,不定休 🌐shibuyastream.jp

> 澀谷必逛商場！

澀谷站出口一直以來因站口南邊有一條快速道路行經，使得整個鬧區幾乎都以站口北邊發展，澀谷成了東京發展更新最劇烈的區域，數棟新式複合商場大樓即將一一落成。其中2018年9月完工的澀谷STREAM，優美嶄新又提供大型活動廣場的這裡，讓擁擠不堪的澀谷印象一新。**35樓超高樓層有辦公室、飯店、表演場、商場等複合設施，商場集中在1~3樓，900坪的空間以商店及餐飲為主軸**，最特別的是大樓戶外廣場旁將原本被覆蓋的澀谷溪重見天日，更讓這棟商場成了有河畔的悠閒風景，也是商場取名STREAM的由來。

澀谷MARK CITY

🅰別冊P.15,B3　☎03-3780-6503　🅰澀谷區道玄坂1-12-1
🅰依各店舖而異　www.s-markcity.co.jp

MARK CITY與京王井之頭澀谷站相連，兩棟結合購物與居住、旅館的高樓佇立在道玄坂上，氣勢相當驚人。MARK CITY標榜「成人的澀谷」，不同以新奇取勝的澀谷形象，走高檔路線，企圖在熟女市場中搶下一席之地。另外，**地下1樓的東 のれん街進駐許多點心名店，像是菊廼、榮太樓等都很值得一逛。**

美登利壽司

梅丘寿司の美登利 澀谷店
☎03-5458-0002　🅰MARK CITY East 4F
11:00~15:00(L.O.14:30)、17:00~21:00(L.O.20:30)，週六日及例假日11:00~~21:00(L.O.20:30)　🅰1/1
www.sushinomidori.co.jp

MARK CITY East內有一家隨時都有著排隊人潮的壽司店，就是來自梅丘的美登利壽司，**醒目的吧檯上，活跳跳的食材展示吸引人的魅力，一字排開的壽司職人不斷地捏著最新鮮的握壽司，讓所有人能夠品嚐不計成本的美味**，螃蟹湯中居然還有令人吃驚的一整隻毛蟹呢！

Disney Store澀谷公園通り店

🅰別冊P.15,B2　☎03-3461-3932　🅰澀谷區宇田川町20-15　🅰11:00~20:00，週六日及例假日10:00~20:00
store.disney.co.jp

公園通上很容易就可以找到迪士尼卡通專賣店，因為名為「歡樂門」的圓滾滾城堡模樣入口像是通往童話故事的捷徑般吸引人。**1992年開幕的澀谷店是Disney Store東京都內的第一家店，也是迪士尼相關商品的首選**，店內商品種類最為齊全。

🏬 澀谷LOFT

渋谷ロフト

🔖別冊P.15,B2 ☎03-3462-3807 ⊙渋谷區宇田川町21-1 西武渋谷店ロフト館B1~6F ⏰11:00~21:00(6F免稅櫃台至20:00) 🌐www.loft.co.jp

　　LOFT是日本國內知名的文具和生活雜貨大型賣場，**從B1到6樓共有七層購物空間，文具、禮品、廚房、浴室、家具家飾、收納、休閒用品等，種類樣式繁多**，還有許多新奇小物，1樓禮品區會因應季節推出流行商品，讓店內充滿歡樂氣氛。

鮭魚握壽司上的鮭魚長度超霸氣是招牌必點！

🍴 迴轉壽司活美登利 西武渋谷店

おすすめ 薦

🔖別冊P.15,B3西武渋谷店A館 ☎03-5728-4282 ⊙渋谷區宇田川町21-1 西武渋谷店A館8F ⏰11:00~22:00(L.O. 21:00) 🌐katumidori.co.jp/

新鮮美味價錢又合宜的迴轉壽司店

　　和廣為人知的「美登利壽司」一樣，店名都有「美登利」，但其實是不同家公司經營。**「活美登利」主打的是以迴轉壽司的方式平價供應給廣大消費大眾各種新鮮高級美味食材**，目前在首都圈有5家店面。如果想追求更高品質的壽司，品嘗當月當季最好吃最鮮甜的生魚，同時適度控制預算的話，活美登利絕對是你的最佳選擇。

🏬 ABC MART 渋谷店

🔖別冊P.15,B3 ☎03-5784-4361 ⊙渋谷區宇田川町27-6 ⏰11:00~21:00 🌐www.abc-mart.net/shop

　　在東京到處都可以看到的ABC MART是年輕人必逛的運動用品店，各大體育品牌都可以找到。雖然ABC MART在日本鞋店中以平價著稱，不過由於日本物價比台灣高，建議比較一下價格，或直接挑特價款下手。另外，很多**台灣有的品牌，在日本也會有更多的款式選擇或當地、當季限定款**，可以找到和台灣沒有的鞋款。

🎁 KAMO渋谷店

🔖別冊P.15,B2 ☎03-5784-4800 ⊙渋谷區宇田川町3-10 1~5F ⏰11:00~20:00 🈺年末年始、不定休 🌐www.sskamo.co.jp

　　自從2002年世界盃足球賽在日本舉行，不分男女老少，全日本的人都愛上了足球，**KAMO就是大型的足球用品專賣店**，1至5樓的賣場商品從日本職業足壇到歐洲職業足球聯盟，乃至世界各國代表隊的服裝、鞋子、配件通通都可以買到，運動迷可別錯過。

山手線一圈

澀谷

東京地下鐵➡中央總武線➡東京廣域

☕ Ivorish 渋谷

法式吐司
¥1,430起

📖別冊P.15,B2 📞03-6455-3040 🚉渋谷區宇田川町3-3 B1F ⏰11:00~21:00(L.O. 20:00) 🈳每月第一、三個週二 🌐ivorish.com

發源自福岡的法式吐司專賣店 Ivorish，**以人氣混血甜點「酥炸法式吐司(フリットー)」為知名**，並在2021年進駐台中。澀谷店將法式吐司變出更多花樣，除了搭配定番的時節新鮮水果，更結合海鮮、肉類等食材，端出蒜香奶油蝦或季節限定的厚切培根牛排等鹹食，品嚐到更多元的法式吐司風味。

🍴 LATURE

薦
おすすめ

📖別冊P.15,B2 📞03-6450-5297 🚉渋谷區渋谷2-2-2 青山ルカビルB1F、2F ⏰11:30~15:30(L.O13:30)、17:30~23:00(L.O.20:30) 🈳不定休 💲午餐套餐¥6,400起、晚餐套餐¥12,800起 🌐www.lature.jp

正統法式烹調國產食材，獲得米其林指南的高度好評。

秉持尊重食材的態度，LATURE忠實呈現食材的原味與形狀，**店內讓顧客最津津樂道的食材，包括千葉產的花悠仔豚、自然放養的大山雞等**，前菜「大山雞肉凍」，採用胸肉與腿肉，以火腿圍起後凝結成肉凍，不加多餘調味，讓膠質與肉的香氣和彈性充分結合。

利用醬汁、配菜畫龍點睛，發揮食物原本滋味的最大值。

☕ cafe 人間関係

📖別冊P.15,B2 📞03-3496-5001 🚉渋谷區宇田川町16-12 ⏰9:00~23:15(L.O. 22:45) 🈳1/1 💲Pasta Set(義大利麵午餐套餐)¥860 🌐www.kumagaicorp.jp/brand/ningenkankei

1979年就開幕的人間關係，能夠在求新求變的澀谷屹立不搖一定有其魅力，從充滿氣氛的店門也許就能窺見端倪。**早餐開始提供英式司康，配上一杯招牌咖啡就是上班族的活力來源，午餐可以品嚐簡單輕食，晚餐也可以喝點啤酒**，讓人彷彿身處義大利的小餐館。

麵皮薄脆，有著香濃起士味的Pizza是店裡的招牌。

🍴 La SOFFITTA

📖別冊P.15,B2 📞03-3496-5003 🚉渋谷區宇田川町16-12 2F ⏰11:00~23:00(餐點L.O.22:00、飲品L.O.22:30) 💲pizza¥1,200起 🌐lasoffitta.jp/

西班牙坂上的La SOFFITTA是知名連鎖餐廳集團旗下的正宗義大利麵食餐廳，**Pizza是以木柴在窯爐中現烤的美味，自然又健康，是許多上班族女性的最愛**；義大利麵則是選用最新鮮的麵條空運，讓人欲罷不能。

山手線一圈　澀谷
➡東京地下鐵➡中央總武線➡東京廣域

茶亭羽當

➤別冊P.14,C3 ☎03-3400-9088 ➤渋谷區渋谷1-15-19 二葉ビル2F ➤11:00~23:00(L.O.22:00) ➤咖啡¥900起 ➤www.instagram.com/hatou_coffee_shibuya/

看到端上來的咖啡，可以推理一下，看看自己在別人眼中表露出怎樣的感覺。

茶亭羽當一定是在附近居住或上班的東京人的隱密綠洲，店門看起來不大，一眼望不盡的L型空間給人別有洞天的感受，若是第一次到這裡來，**不妨試試羽當自製的炭火咖啡(炭火煎羽當オリジナル)，可以喝到咖啡苦而不澀的回甘滋味。**據説頗為壯觀的吧檯有300個咖啡杯，店長田口先生透露，會看客人給人的感覺挑選咖啡杯。

VIRON 渋谷店 薦 おすすめ

➤別冊P.15,B2 ☎03-5458-1770 ➤渋谷區宇田川町33-8 塚田ビ1~2F 1F麵包坊8:00~21:00，2F Brasserie viron早餐9:00~11:00(L.O.)、午餐11:30~14:30、Café 14:30~16:30(L.O.)、晚餐18:00~21:00(L.O.) ➤bagutte RETRODOR(長棍麵包)¥500，ヴィロンの朝食(VIRON早餐套餐)¥2,200 ➤www.instagram.com/viron_shibuya/ ➤1F麵包店只能外帶，想用餐可至2F的Brasserie VIRON

如果你是個麵包控，那麼VIRON絕對是你不想錯過的超人氣麵包舖。

VIRON所有麵包及糕點皆使用法國進口的頂級麵粉Rétrodor，而且所有麵包口味都是在師傅們無數次討論研究後才會推出，為的就是要提供最道地的法式麵包。這裡除了**必嚐的招牌法式長棍麵包，2樓提供的早餐討論度更是熱烈。**

麵包籃內裝了3款麵包，並附上8種抹醬供顧客自由取用。

FREEMAN CAFE

➤別冊P.14,C2 ☎03-5766-9111 ➤渋谷區渋谷1-16-14 METRO PLAZA 2F ➤9:00~23:00(L.O.22:30) ➤不定休 ➤マルゲリータ(瑪格麗特)¥1,450 ➤shop.create-restaurants.co.jp/0885/

位於地鐵站的METRO PLAZA 2樓，FREEMAN CAFE擁有可以眺望明治通的美麗窗外風景，**店裡則是由木頭桌椅、沙發和暖黃燈光組成的舒適空間，也提供網路和插座供客人使用。**到了夜晚，窗邊個人座席上有安靜讀書或望向窗外的人們，室內的小桌則是年輕人熱烈討論或聊天的愉快話聲，氣氛良好。

吉本∞hall
ヨシモト∞ホール

著名的搞笑藝人公司吉本興業設立的爆笑劇場。

🏠別冊P.15,B2 ☎03-5728-8880 🚉渋谷區宇田川町31-2 🕐依演出時間而異 💻mugendai.yoshimoto.co.jp 🏷公演中禁止攝影

旗下有倫敦靴子、Downtown等知名搞笑藝人的經紀公司吉本興業，在年輕人聚集的澀谷建立這座小劇場。**就算日文聽不懂，透過玻璃窗看個熱鬧**，或許可以看到認識的搞笑藝人喔。

HULIC & NEW
ヒューリック アンニュー

🏠別冊P.15,B2 🕐依各店鋪而異 🚉渋谷區宇田川町31-1 🕐依各店鋪而異 🏷依各店鋪而異 💻www.annew.jp

HULIC &NEW說是複合式商場但其實也是個很單純的商場，除了1、2樓是流行眼鏡店，5~10樓都是**各式餐廳，且以主打女性為主的明亮空間**，也成了來澀谷餐飲美食的新根據地。

玻璃帷幕的大樓就像獨立玻璃箱子，呈不規則模式往上堆疊。

H&M 渋谷店

🏠別冊P.15,B3 ☎0120-866-201 🚉渋谷區宇田川町33-6 🕐10:00~22:00(週五、六至22:30) 💻www2.hm.com/ja_jp/index.html

2008年底進軍日本的瑞典平價流行品牌H&M，在東京都內的分店都選在最熱門的逛街地點，如澀谷、新宿、銀座、原宿等，位於澀谷的這間店則是面積最大的一間。**四層樓的寬闊店面中，可以找到男裝、女裝和青少年的相關服飾商品，雖然價格平實卻一樣不失流行與質感**，也是澀谷平價品牌中的人氣店之一。

cocoti SHIBUYA

🏠別冊P.14,C2 ☎03-5774-0124 🚉渋谷區渋谷1-23-16 🕐約11:30~21:00，依各店鋪而異 🏷不定休 💻www.cocoti.net

cocoti雖然店家不多，但整體流露出華麗閃亮的風格，令人聯想起美國好萊塢。1樓的Cucina Diesel Farm是由Diesel所企劃的時尚義大利料理餐廳店，**店家如DIESEL、TOMORROWLAND和精選餐廳都維持高質感路線，3樓的餐廳347Cafe曾是電影《電車男》中愛瑪仕告白的地方**，頂樓12樓則是高級法國料理THE LEGIAN TOKYO。

👁SHIBUYA CAST.

渋谷キャスト

🅐別冊P.14,C2 🕐依各店鋪而異 🚇渋谷區渋谷1-23-21
💰依各店鋪而異 🈺依各店鋪而異 🔗shibuyacast.jp

　　結合住宅、辦公大樓、商場、餐廳、多功能大廣場的SHIBUYA CAST.，2017年4月開幕，雖然這裡僅有超市、服飾、餐廳等5家，但地下樓及廣場卻能舉辦很多藝文及市集活動，成為人潮聚集地，加上**一旁也有超大購物中心cocoti，徒步8分鐘能到表參道中心點，想稍遠離澀谷恐怖人潮，這裡就很適合。**

🎁FREITAG STORE TOKYO SHIBUYA

🅐別冊P.14,C1 📞03-6450-5932 🚇渋谷區神宮前6-19-18 🕐11:00~20:00 🔗www.freitag.ch

　　FREITAG STORE在廢棄卡車帆布中找尋新價值，由**打版師依不同的花色和狀況選擇適當位置手工裁切、分配適合的版型，接著由裁縫師將不同面料組成背包，之所以稱為環保包**，除了以廢棄卡車帆布製成之外，還使用腳踏車內胎收邊，背帶則來自汽車安全帶，更感人的是，連清洗帆布的水都是使用回收的雨水。

FREITAG 創造的世界裡，我們看到了環保與潮流並行不悖的可能。

🎁FREAK'S STORE 渋谷店

🅐別冊P.15,B2 📞03-6415-7728 🚇渋谷區神南1-13-1 🕐12:00~20:00，週六日及例假日12:00~20:30 🔗www.freaksstore.com

　　FREAK'S STORE兩層樓的寬廣店面蒐羅了男裝、女裝和二手服飾，**1樓主要是當季的男性流行服飾，以美式休閒風格為主，2樓則分為價位較便宜的二手個性服飾和甜美可愛少女服飾兩區**，另外也有鞋子、包包、帽子等配件，價位屬於中上。

🎁ZARA 渋谷宇田川町店

🅐別冊P.15,B3 📞0120-257-100 🚇渋谷區宇田川町25-10 🕐10:30~22:00 🈺不定休 🔗www.zara.com/jp

　　來自西班牙的服裝品牌，因平價又具質感，在台灣也頗受歡迎，在進駐台灣之前，可是被列為東京必逛的流行品牌之一。澀谷是日本的第一家店，共有兩層樓，**男裝和女裝都有，主要以基本款和流行服飾為主，店內也不時會推出促銷商品。**

奧澀谷

東 京人才知道的秘密基地「奧澀谷」，即位在東京最大的公園代代木公園及明治神宮周邊，這裡離澀谷駅有段距離，聚集各種個性咖啡廳及各國料理餐廳，不妨在巷弄裡享受奧澀谷浪漫迷走行。

📖別冊P.15,A1

> 鄰近代代木公園充滿優閒感的咖啡店，連店內都是大量木作舒適空間。

> 連麵包、貝果都是選自名店，難怪美味沒話說。

☕ CAFE ROSTRO

📍P.15,A1 ☎03-5452-1450 🏠渋谷區富ヶ谷1-14-20 🕐8:00~20:00(STAND ROSTRO週二至17:30) 🈳喫茶ROSTRO週二 💴モーニングセット(Morning Set)附飲品¥1,300 🌐rostro.jp

> 沒有咖啡單的職人咖啡館。

一看到沒有咖啡單的咖啡館，應該很多人都會有點小緊張，首先到底該怎麼點！才能切中心中的那杯最理想的風味。**店內常備多達數十種單品自家烘焙咖啡豆，店員在與來客聊天後為你選出，沖泡一杯最適合你現在想要的風味，除考驗咖啡師功力外，也是店內職人自信的展現。**當然日文一句都不通也別擔心，簡單英文溝通看看，嘗試跟咖啡師來個櫃台一決勝負吧。另一個選擇則是早早來享用早餐，有圖片菜單可以選擇，豐富的早餐視覺與美味兼具外還附上咖啡。

☕ 🎁 CACAO STORE& Pudding Café 448

📍P.15,A1 ☎03-3460-1726 🏠渋谷區富ヶ谷1-3-9 🕐11:00~21:00(L.O.20:00)，週日、平日前的例假日至20:00(L.O.19:00) 💴昭和プリン(昭和布丁)¥475 🈂🌐 www.theobroma.co.jp

在高級巧克力店家分布不少的奧澀谷，CACAO STORE&Pudding Café 448絕對是排名前五名內的必去名單。**由日本知名巧克力師傅土屋公二所開設的店，在1999年Bean to Bar型態巧克力店還不風行的年代便開始精選世界高品質可可豆，自烘自製巧克力。**店面看似窄小其實裡面還有一區內用座位區，可以優閒享受各式可可展現的的美味，甚至生可可豆打成的汁或烤製的可可豆都能嘗出原食材的美妙。想買巧克力帶回家，當然也有各式選擇，如果不知該怎麼選，店員都會很親切提供協助。

> 紅寶石巧克力是可可豆的新品種，呈現自然的粉紅色澤，讓一片白黑的巧克力世界變得不一樣。

薦
おすすめ

🎁 Pivoine

📍P.15,A1 ☎03-3465-1193 🏠渋谷區富ヶ谷1-19-3 🕐11:00~19:00 🈳不定休 💴木製小湯匙¥600 🌐 pivoine.shop

充滿雜貨風格服飾與生活器物，隨興布置的店內外，被各式植物花草環繞著，光路過都很容易被吸引。這是家結合花藝與雜貨的小舖，就位在咖啡館Fuglen的隔壁街，安靜的巷弄內，**店內服飾以充滿空氣感的舒適棉質自然染衣服為主，也有很多藤編提袋與木製餐具。**

> 窄小的店內，鮮花、乾燥花與服飾雜貨交錯，隨便一角都像雜誌內畫面。

Fuglen Tokyo

おすすめ 薦

📍P.15,A1　📞03-3481-0884　🏠渋谷區富ヶ谷1-16-11　🕐7:00～凌晨1:00(週一、二至22:00)　💲今日咖啡￥410，拿鐵￥580　🌐www.fuglen.com/

紐約時報力推咖啡館，對咖啡有一定要求的人絕對不失望。

被紐約時報譽為文讚譽、搭飛機去喝都值得的咖啡館**Fuglen**，本店位在挪威，全球第一家分店就坐落在東京，目前東京已有5家分店，這家位在代代木公園邊的店，擁有悠閒的空間，也因位在住宅區，即使坐在戶外也相當舒適。

> 早上可以來吃早餐配咖啡外，晚上戶外區會放上桌椅，可以喝小酒。

©NAKED Inc.

> 店內備受讚譽的咖啡，以淺烘展現出高水準的豐沛花果香細緻層次，圓潤融合的甜酸。

> 藝術食饗(Artgastronomy)是數位時代崛起的料理藝術，應用新媒體科技，將品嘗美食拓展成精彩無比的沉浸式五感體驗。

©NAKED Inc.
©NAKED Inc.

🍴 ☕ TREE by NAKED yoyogi park

📍P.15,A1　📞050-1743-2539　🏠渋谷區富ヶ谷1-10-2　🕐11:00~19:00(L.O.18:00)，晚餐套餐(預約制)週一～六18:45~22:00(須於2天前預約)　🚫年末年始，DINNER COURSE週日　💲DINNER COURSE：Japanese Style fusion 8皿＋Drink Pairing(晚餐套餐)每人￥39,600　🌐tree.naked.works/yoyogi　❗請於官網預約晚間套餐體驗

「TREE by NAKED yoyogi park」位於代代木，預約制晚間套餐以故事《Scenes of Life(生命的風景)》為主題，應用光雕投影、虛擬實境等新媒體科技，結合來自澀谷的布魯克林式咖啡餐廳HOFF主廚永友裕人設計的料理，創造一場生命之旅，超越不同藝術領域及空間的邊界，帶給人們震撼人心的難忘體驗。

惠比壽
えびす
Ebisu

明治時代的惠比壽是啤酒的出貨車站，今天，寬廣的啤酒工廠則蛻變成最優雅的購物廣場惠比壽花園廣場，從三星餐廳到大眾口味的拉麵店、風格獨特的博物館和啤酒紀念館等，美味與文化氣質兼具，成為近年來東京最具人氣的約會地點。即使是平日，從傍晚開始就見許多情侶們紛紛湧入惠比壽駅，無論是逛街、購物或品嚐美食都可一次滿足。

惠比壽地名由來

早期為了因應大量的啤酒運輸，1901年在啤酒工廠內設置了惠比壽啤酒專用的貨物車站，1906年更於渋谷駅的南側開設了惠比寿駅，開始做一般旅客的運輸，爾後更成為整片地域的名稱；一瓶啤酒成為惠比壽地區的名稱由來，成為惠比壽這個啤酒品牌的歷史佳話。

惠比壽拉麵大滿足

日本拉麵起源於橫濱中華街上的中國店家，是日本國民最熱愛的庶民美食之一。惠比壽正是東京最熱門的拉麵激戰區，距離車站最近的一丁目聚集最多店家，連鎖拉麵店、拉麵職人名店、創新風格拉麵，都選擇在這裡爭取一席之地。難以抉擇的話，就從しょうゆ(醬油)、とんこつ(豚骨)和みそ(味噌)三種基本口味中，選擇自己喜愛的口味專門店，不然就是看排隊的人氣度決定囉！

交通路線&出站資訊

電車
JR東日本惠比壽駅⇨山手線、埼京線、湘南新宿ライン
東京Metro惠比寿駅⇨日比谷線

出站便利通
◎一出車站的atré惠比壽就可以開始逛街購物，有書店、無印良品和精緻超市。
◎要前往最大複合式設施的惠比壽花園廣場須從JR車站東口沿著電動步道SKY WALK(スカイウォーク)，抵達盡頭就是。
◎從JR車站西口或從東京Metro2號、4號出口出站，沿著大條馬路駒澤通則可以一路散步到代官山區域，約需15~20分鐘，如果天氣不錯，隨身行李不多時建議可悠閒漫步前往，沿途有少許店舖可逛。

おすすめ
薦

◉ 惠比壽花園廣場

YEBISU GARDEN PLACE

別冊P.16,D4　03-5423-7111　渋谷區惠比寿4-20　依各店舖而異　依各店舖而異　gardenplace.jp

占地廣闊的賣場，晚上走走逛逛超有氣氛。

惠比壽花園廣場打著「惠比壽STYLE」為概念，是一個齊聚購物、餐廳、博物館的流行地，當然更有許多浪漫的約會餐廳，人氣日劇《花より男子》(流星花園)就曾以這裡為場景，而夜晚打上燈光的它，更散發著優雅質感，所謂的「惠比壽STYLE」正是這種成熟洗鍊的流行味道！

◎ YEBISU BREWERY TOKYO

おすすめ 薦

啤酒狂必朝聖地！

📖別冊P.16,D4 ☎03-5423-7255 🚃渋谷區惠比寿4-20-1 YEBISU GARDEN PLACE ⏱自由見學（約20分）12:00~20:00(入館至19:30)，週六日及例假日11:00~19:00(入館至18:30)；YEBISU the JOURNEY(導覽含試飲約45分) 13:00、15:30、18:30，週六日及例假日12:00、13:00、14:00、15:00、16:00、17:00、18:00，受理至導覽前10分；賣店12:00~20:00，週六日及例假日11:00~19:00 ⓧ週二(遇假日順延翌日休)，年末年始，不定休 💰自由見學免費；YEBISU the JOURNEY(含試飲啤酒或無酒精飲料及小零食)大人￥1,800，國中生~20歲以上￥900，小學生以下免費 🌐www.sapporobeer.jp/brewery/y_museum ❗YEBISU the JOURNEY可事先於官網預約或當日導覽前30分；賣店不提供現金支付

　　惠比壽啤酒創立於1887年，**是日本相當知名的啤酒品牌之一，更是惠比壽地區的名稱由來**，來此參觀可以看到最新科技的展示手法，讓人充分認識日本啤酒的歷史與文化，也可以試喝各種著名的人氣啤酒。

館內展示啤酒相關的發展史，及酒標、商品的賣物展出。

有惠比壽啤酒老酒標的周邊商品最值得一帶！

4樓的圖書室及1樓的咖啡館無需入場費。

館內商店販賣專業書籍、相機等攝影產品，還有二手書、珍貴寫真集等的特殊商品。

🍵 東京都寫真美術館

Tokyo Photographic Art Museum

📖別冊P.16,D4 ☎03-3280-0099 📍目黑區三田1-13-3 YEBISU GARDEN PLACE ⏱10:00~18:00(入館至17:30)，週四、五10:00~20:00(入館至19:30)，1FCAFÉ10:00~21:00(週四、五至20:00)，4F圖書館10:00~18:00 ⓧ週一(遇假日順延翌日休)，年末年始 💰依展覽而異 🌐topmuseum.jp

　　東京都寫真美術館從B1~4樓共有五層樓面，每個樓面依據展覽而有不同的門票，要先在1樓大廳的服務台購票後才能進入參觀。而各個展示室展示各種前衛而個人風格強烈的攝影及影像作品，**除日本藝術家外，還有許多來自世界各地的精選之作。**

atré惠比壽

アトレ恵比寿

⊙別冊P.16,D3　☎03-5475-8500　⊙渋谷區恵比寿南1-5-5　◑本館購物10:00~21:00，6F餐廳11:00~22:30；西館8:00~23:00　⊕www.atre.co.jp/ebisu

　隸屬於JR的車站購物中心，聚集各種類的購物商店，舉凡服裝、化妝品、雜貨通通可一次購足，還有許多和洋日中等各國料理的美味餐廳，更有販賣日本和進口食材的超市「成城石井」，是許多上班族每天都要報到地方。

RECTOHALL

⊙別冊P.16,C4　☎03-3716-1202　⊙渋谷區恵比寿南2-15-6　◑12:00~19:00　⊗週一(週假日順延翌日休)　⊕rectohall.com

　惠比壽附近的氣氛輕鬆慢活，特色獨立小店眾多，與惠比壽駅有點距離的「RECTOHALL」，**店家詮釋簡約是美，時間淬煉出物品的美之概念**，將當代藝術與復古融合，白色主調將店內小物烘托地像件件藝術品。

> 店內選物都呈現出典雅細緻的質感。

> 木條屏風的半開放空間很有自成天地的感覺。

ANALOG CAFE/LOUNGE TOKYO

⊙別冊P.16,D3　☎03-3760-0955　⊙渋谷區恵比寿南1-8-3 東 恵比寿ビル4F　◑12:00~23:30(料理L.O.22:00、飲品L.O.22:30)　⊗年末年始　⊕analogcafe-loungetokyo.owst.jp

　從中午營業到深夜的**ANALOG CAFE/LOUNGE TOKYO**，白天是一間鬧區裡的安靜咖啡館，晚上則多了酒吧情調。這裡的空間很有復古的懷舊氛圍，使用的座椅也不是均一採購來的樣式與花色，幾張布面沙發或座椅圍著桌面，看起來就像是某家人的客廳。

> 冰淇淋溫雅潤澤，讓人四季都能品嚐日式冰品的美好。

Japanese ice OUCA

ジャパニーズアイス櫻花 東京恵比寿本店

⊙別冊P.16,D2　☎03-5449-0037　⊙渋谷區恵比寿1-6-7　◑11:00~23:00(L.O.)　⊗三味盛りアイス 小盛(任選三種口味冰淇淋 small)￥500　⊕www.ice-ouca.com

　日本人自古以來喜愛櫻花，店主特別以櫻花為名(櫻花的另一讀音為Ouca)，就是想表達櫻花隨著四季更迭而盛開凋零，瞬間的美卻永留人們心中的奧義。這裡的**冰淇淋口味眾多，皆以日式口味為主**，像是最熟悉的抹茶、芝麻、紅豆，還有南瓜、花生等口味。

惠比壽駄菓子Bar

おすすめ 薦

えびす駄菓子バー

別冊P.16,C2 ☎03-5458-5150 ⌂渋谷區惠比寿西1-13-7 週二～四17:00~23:30(餐點L.O.22:30、飲品L.O.23:00)，週六日及例假日15:00~23:30(餐點L.O.22:30、飲品L.O.23:00) 週一、12/31~1/3 入場¥500(零嘴吃到飽)，あげパン(炸麵包)¥250 g485002.gorp.jp ❶入場每人低銷為一杯飲料，未滿18歲以下(含高中生)不可單獨入店。新宿、澀谷等處亦有分店

昭和年代的懷舊空間，零食、點心任你吃！

推開駄菓子バー的復古木門，室內完全木造的空間擺滿零嘴，馬上喚醒童心，這裡**採入場零嘴吃到飽的方式**，有超過100種以上的日式懷舊零嘴，想吃什麼就拿什麼。除此之外，店內也有套餐可以選擇，連提供的料理都十足復古懷舊。

室內音樂也以昭和時代金曲為主，讓人彷彿穿越時光隧道。

在駄菓子バー吃飽與吃好玩的通通都可以滿足。

挑高天井與一片迷幻藍色水族箱的包圍，用餐空間的極致創意想像完全濃縮在這地下空間當中。

LUXIS

別冊P.16,C2 ☎03-5428-2288 ⌂渋谷區惠比寿西1-7-3 ZAIN惠比寿B1F 16:00~凌晨4:00 海老とアボカド スモークサーモンの生春巻き(蝦子、酪梨及煙燻鮭魚春捲)¥880 luxis-ebisu.owst.jp

潛入惠比壽地下的魔幻用餐空間，中世紀深色神秘的氛圍，搭配大理石、深紅色絨布沙發還有蠟燭吊燈的華麗詭譎。面對著熱帶魚悠遊自在的姿態，夜晚更增添了感性夢幻的情調。**餐廳所供應的和洋混搭風格料理，搭配上精心調配的雞尾酒，就是一餐難忘的華麗饗宴。**

惠比壽神社

惠比寿神社

別冊P.16,C2 ⌂渋谷區惠比寿西1-11 自由參拜 自由參拜 x.com/tokyoebisujinja

舊名是天津神社的惠比壽神社，是於終戰後遷至現址，從兵庫縣西宮市的惠比壽本社請來惠比壽神，重新命名為現在的名稱。現在的**惠比壽神社主要是祀求家 安全、無病息災、五穀豐收、商業繁盛等**，是當地人的主要信仰中心。

山手線一圈 惠比壽

▼東京地下鐵▼中央總武線▼東京廣域

生キャラメルシフォンケーキ(Caramel Chiffon Cake)¥750

焦糖戚風蛋糕澆上生奶油,口感濕潤、質地輕柔細緻。

MARCER bis Ebis マーサービス 恵比寿 **薦** おすすめ

📍別冊P.16,D2 📞03-3441-5551 🚉渋谷區惠比壽1-26-17 🕐12:00~18:00

mercer-bis.com ⚠僅提供外帶

清爽不膩的空氣感戚風。

位於惠比壽的戚風蛋糕專賣店「MERCER bis Ebisu」,**以自家配方的米粉和蛋白霜,創作出帶有輕盈空氣感的美味戚風**,在近來健康意識崛起的東京成為大人氣的話題甜點。

八芳園 季季

kiki

📍別冊P.16,D4 📞0570-064-128 🚉港區白金台1-1-1八芳園メインロビー 🕐11:00~16:00,週六日及例假日至19:00 🌐www.kiki-chocolate.jp

東京的奢華婚宴地點「八芳園」,為了將待客的心意贈予來客,原創屬於日本的和式巧克力品牌「季季(kik)」。**自全國產地嚴選八種代表性的日本風味,創作巧克力糖和巧克力熔岩蛋糕(ガトーショコラ)**。其中熔岩蛋糕選用大吟釀用酒米「山田錦」所製米粉再加上白巧克力,有著別具一格的和式巧克力風味。

產地嚴選製成的8種巧克力糖:紫蘇、櫻、酒粕、柚子、抹茶、竹炭、醋橘、胡麻。

🍴 写真集食堂 めぐたま **薦** おすすめ

PHOTOBOOK DINER MEGUTAMA

📍別冊P.16,D1 📞03-6805-1838 🚉渋谷區東3-2-7 🕐12:00~22:00(L.O.21:00) 🚫週一、例假日 🌐megutama.com

家庭料理結合相片展覽,回歸到人與人的交流。

由當代知名攝影評論家飯澤耕太郎與兩位好友,料理家おかどめぐみこ、藝術家土岐小百合(ときたま)於2014年初共同創立了写真集食堂 めぐたま,**食堂命名結合了三人的特色,希望打造一處人人都能享受攝影集與美味家常料理的所在**。既然名為食堂,美味料理同樣重要。

彷如一座餵養心靈的美好食堂,成為文青們的最新據點。

以傳統日式家庭料理三菜一湯為核心,提供營養均衡的暖心料理。

汐留・新橋
しおどめ・しんばし
Shiodome・Shinbashi

汐留是日本鐵道的最初起點，在廢除鐵道之後於1995年重新開發，成為最耀眼的臨海城市，占地31公頃的地區號稱是都心最後的大型開發計劃，日本電視台大樓、松下電器、電通等日本大型企業紛紛進駐，搭上最受上班族歡迎的新橋美食圈，超高層大樓林立的印象加上由中間穿梭橫貫的百合海鷗線，帶給人一種強烈的未來感，以嶄新的姿態站穩腳步，可盡情享用美味、逛街購物，還可以欣賞東京灣的絕美夜景。

館內除展示鐵道相關文物外還有餐廳，是日本鐵道迷的交流空間。

交通路線&出站資訊

電車
JR東日本新橋駅◇山手線、東海道線、京濱東北線、橫須賀線
東京Metro新橋駅◇銀座線
都營地下鐵新橋駅◇淺草線
ゆりかもめ新橋駅◇ゆりかもめ線(百合海鷗號)
ゆりかもめ汐留駅◇ゆりかもめ線(百合海鷗號)
都營地下鐵汐留駅◇大江戶線

出站便利通
◎汐留駅主要的購物用餐區域，就位於車站旁的大樓，5、6號出口距離人氣商城Caretta汐留最近，另外美味餐廳聚集的汐留城市中心大樓(Shiodome City Center)則從出口1、A最方便，而2號出口則可以到製作許多人氣日劇的日本電視台大樓。若目的地為濱離宮庭園，從9、10號出口徒步約7~10分即可抵達。
◎從東京Metro新橋駅的1、3號出口可徒步前往銀座，JR新橋駅底下有許多充滿懷舊風味的小小日式居酒屋，想體驗日本上班族喝酒文化不妨一試。
◎要注意的是，因為ゆりかもめ線(百合海鷗號)的全線車站皆屬於半空中的高架線路，因此無論是搭乘都營地下鐵、東京Metro或JR要轉乘百合海鷗號時皆必須出至地面層才可找到百合海鷗號的車站。

舊新橋停車場 鐵道歷史展示室

薦 おすすめ

鐵道迷必遊！在日本火車發祥地感受鐵道日和。

⚐別冊P.25,A1 ☎03-3572-1872 ⚑港區東新橋1-5-3 ⏰10:00~17:00(入館至16:45) 🈺週一(遇假日順延翌日休)、12/29~1/3，換展期間，設備檢修日 💰免費參觀 🌐www.ejrcf.or.jp/shinbashi

新橋為日本火車的發祥地，鐵道歷史展示室所在地「舊新橋停車場」是昔日新橋車站的舊址，為1872年時日本最早開通營業(新橋~橫濱之間)的車站，如今變身為鐵道歷史展示館，讓現代人也可體驗當時的車站風景。

山手線一圈 汐留‧新橋

▼東京地下鐵▼中央總武線▼東京廣域

Panasonic Shiodome Museum of Art

パナソニック汐留美術館

📖別冊P.25,B1 ☎03-5777-8600 ◎港區東新橋1-5-1パナソニック東京汐留ビル4F ⏰10:00~18:00(入館至17:30)，夜間開館日至20:00(入館至19:30) ⏸週三(遇假日照常開館)，換展期間，年末年始，夏季休業期間 💰依展覽而異 🌐panasonic.co.jp/ew/museum

位在Panasonic本社4樓的汐留美術館，原本是以20世紀法國野獸派代表畫家盧奧(Georges Rouault，1871-1958)的多項畫作為主要推廣主題。

在都市中建立一個新發想的文化空間，一直是這裡的信念，所以不只是美術，近期這裡**更是著重於「人本」**，不定期也會展示出許多與生活文化、建築居住等相關的藝品與創作。

Caretta汐留

カレッタ汐留

📖別冊P.25,B1 ☎03-6218-2100 ◎港區東新橋1-8-2 ⏰購物10:00~20:00，餐廳11:00~23:00

> 薦（おすすめ）
> 東京冬季裡最美的一道夜間美景，絢爛的燈光像是幻想中的海世界！

Caretta汐留**包括46~47樓的高層景觀餐廳，購物商場、電通四季劇場「海」，以及東京廣告博物館。**如果吃不起高層美景餐廳，地下1~2樓還有近50家精選商店與餐廳進駐，其中不乏老字號的名店。

> Caretta汐留是汐留SIO-SITE中最受矚目的複合式大樓。

> 電通四季劇場「海」是東京的舞台劇表演劇團「劇團四季」專用劇場，時常有世界名作與話題創作發表演出。

東京廣告博物館

The Ad Museum Tokyo

☎03-6218-2500 ◎Caretta汐留B1~B2 F (進館入口處在B1F) ⏰12:00~18:00 ⏸週日、週一，2024/9/1~9/19、2024/12/28~12/31 💰免費參觀 🌐www.admt.jp

東京廣告博物館是日本第一個廣告資料館，完整介紹從江戶時代到現在的廣告發展史，約1,200平方公尺的空間包含有廣告圖書館、展示中心和視聽教室，超過1萬3千冊的廣告專用用書，橫跨百年的廣告資料和作品全都電腦化，可以自由檢索及閱讀。

Caretta汐留冬季點燈(Caretta Illumination)

昔日曾是海洋的汐留地區，彷彿還遺留有淡淡潮香，每年耶誕節期間在Caretta汐留前廣場上舉辦的caretta illumination就將當年湧上汐留的美麗潮汐，透過LED燈光來呈現。海浪中心還有一座祈願鐘塔，讓遊客敲下鐘聲許願。

⏰11月中旬~12月下旬，約17:00~22:30點燈(每小時會有2~3次演出，每次約6分鐘)

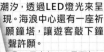

日テレ屋 汐留店

☎03-6215-9686　⏰日本電視台大樓B2F　⊙
10:00~18:30　🌐www.nitteleya.jp　❗目前進行改中

　　日テレ屋是日本電視台的紀念品專賣店，除了日本電視台天氣預報單元出身橢圓身形、名字叫做「そらジロー」(sorajiro)的吉祥物外，還有該台當紅日劇以及綜藝節目的相關紀念品、玩偶和書籍等多樣的周邊商品。

👁 日本電視台大樓

日テレタワー

📖別冊P.25,A1　☎0570-040-040　⏰港區東新橋1-6-1　🚇
www.ntv.co.jp/shiodome

　　日本人氣電視頻道「日本電視台」也在汐留搶下一席，**作為日本電視的最新發信地，除了最先進的攝影棚及電視製作小組的辦公室外**，在樓下的露天廣場上還有數家露天咖啡廳、日本電視紀念品店、餐廳，和超人氣的汐留拉麵店等。

> 日本電視台大時鐘是由知名日本動畫家宮崎駿所設計。

👁 日テレ大時計

おすすめ　薦

⏰日本電視台大樓2F廣場　⊙
10:00(僅週六日)、12:00、13:00、
15:00、18:00、20:00　🌐www.ntv.
co.jp/shiodome/shop/tokei.html

> 宮崎駿朝聖景點之一，巨大的時鐘充滿幻想，啟發人們對時間的另一種想像。

　　趕在2006年耶誕節前夕完工的**日本電視台大時鐘，是汐留最有人氣的新地標**，這座耗時5年構思，花了1年4個月打造的日本最大時鐘，中央為主要的時鐘面，左右各有活動機關，每當報時一到，總共會有32個人偶機關活躍地動作，過程僅約3分鐘，可得細細欣賞。

汐留City Center

汐留シティセンター

◎別冊P.25,A1 ◎03-5568-3215 ◎港區東新橋1-5-2 ◎依各設施而異 ◎依各設施而異 ◎www.shiodomecitycenter.com

有許多上班族和OL往來的汐留City Center(汐留城市中心大樓)樓高四十三層,集合許多日本知名的大型企業總公司,是汐留SIO-SITE裡非常醒目的摩天大樓,B2~2樓集結十數家人氣美食與商店,41~42樓也設有多間景觀餐廳,可來此享受美食與城市美景。

杜の都 太助 汐留店

◎050 5385 3789 ◎汐留City Center B1F ◎11:00~15:00、17:00~21:00、週六、例假日11:30~17:00 ◎週日,年末年始 ◎www.tokyo-tasuke.jp

牛たん焼定食(鹽烤牛舌定食) 3枚6切¥2,500

味太助是仙台牛舌料理的元祖店,切得厚厚的牛舌現烤現賣,配上香噴噴的麥飯與酸白菜,以及一碗飄著蔥香的牛雜湯,猛烈的炭火將牛舌多餘的油脂都逼出來,只剩下柔軟的口感與醬料香,**火候配合地剛剛好,讓人齒頰留香。**

玄品 銀座 新橋 河豚・鰻魚・螃蟹料理

おすすめ 薦

玄品 銀座 新橋 ふぐ・うなぎ・かに料理

◎別冊P.25,A1 ◎03-6268-8229 ◎港區新橋2-15-12 2~5F ◎16:00~22:00(餐點L.O.21:00、飲料L.O.21:30)、週六日及例假日12:00~22:00(餐點L.O.21:00、飲料L.O.21:30) ◎ふぐ唐揚げ(炸河豚)¥1,800、てっちり(河豚鍋)¥2,600 ◎www.tettiri.com

誰說吃河豚一定貴鬆鬆!來到這裡可以用最實惠的價格品嚐到最新鮮上等的河豚料理。

自古以來河豚就以絕妙美味以及致命毒素,深深吸引著日本老饕。吃河豚曾經被視為禁忌,而它高昂的價格和專門的處理技術,更使河豚與高級料理劃上等號。打破業界行情,**玄品ふぐ改良技術成功提升產量,創新推出平價河豚餐,如今一般民眾也能以合理價格,享受這難以抵擋的鮮美魔力。**

充滿膠原蛋白的絕妙河豚鍋,新鮮味美令人難以抗拒!

名物ぶつ刺し(名物河豚生魚片)¥1,800

浜離宮恩賜庭園

◎別冊P.25,B1 ◎浜離宮恩賜庭園サービスセンター03-3541-0200 ◎中央區浜離宮庭園1-1 ◎9:00~17:00(入園至16:30) ◎12/29~1/1 ◎大人¥300、65歲以上¥150、國中生及小學生以下免費 ◎www.tokyo-park.or.jp/park/hama-rikyu/

濱離宮恩賜庭園圍繞在大樓群裡,像是一座現代叢林裡的綠洲。

江戶庭園濱離宮的「潮入池」引入東京灣海水,所以中間建有水閘以調整池中海水的高度,而稱為「潮入之庭」。**園內花木扶疏,春天一到白色的櫻花沿著池畔陸續綻放,將濱離宮妝點成一片絢麗的花海,是東京都內鬧中取靜的賞櫻去處。**

春天一到也是賞櫻的好地點,哪裡都超好拍!

東京地下鐵
とうきょうメトロ

淺草
あさくさ
Asakusa

淺草可說是最具江戶風情的代表性觀光地，也是許多外國人士來到東京的必定造訪之處。除了江戶時代的德川幕府特別指定為御用祈願所的淺草寺，沿途處處是古樸的建築，穿過雷門迤邐在眼前的就是淺草寺的繁華街「仲見世通」，充滿著庶民風情讓外國觀光客好奇不已。還有淺草寺前滿天滿地慵懶漫步的鴿子群也算是東京都內的奇景，鴿子們飛來飛去、絮絮叨叨的啁啾聲倒也為淺草寺憑添了不少迷人風情。街巷裡藏有不少百年歷史的美味老舖，還有歷史悠久的遊園地「花やしき」、上演江戶傳統演藝的「淺草演藝ホール」等，交織成淺草獨有的下町風情。

在步道橋上遠眺晴空塔和隅田川也很迷人。

SUMIDA RIVER WALK橋上設置了兩處「戀人聖地」，是經認定的求婚浪漫景點喔！有晴空塔見證相愛兩人的未來很讚吧！

👁 SUMIDA RIVER WALK

薦 おすすめ

すみだリバーウォーク

📖別冊P.28,C2 📍台東區花川戶1-1 隅田川橋梁 🕘7:00~22:00

從淺草走到晴空塔的最快捷徑！

往返淺草和晴空塔東京兩大知名景點，不搭電車靠雙腳也能輕鬆漫遊，因為隅田公園旁，**橫跨隅田川兩岸的步道「SUMIDA RIVER WALK」於2020年6月全新落成**。這座步道橋就位在東武鐵道旁，不但能近距離感受電車行駛，還能一路欣賞河岸風光，春天更是賞櫻的絕佳景點，全長160公尺5分鐘左右的步行時間，下町風情滿載。在享受美景同時，也別忘了多留意步道周邊！因為晴空塔的吉祥物「晴空妹妹SORAKARA」，可能就在你腳邊喔。

交通路線&出站資訊

電車
東京Metro淺草駅➔銀座線
都營地下鐵淺草駅➔淺草線
東武鐵道淺草駅➔東武伊勢崎線
つくばエクスプレス淺草駅➔つくばエクスプレス(筑波特快線)

水上バス
在吾妻橋畔可搭乘水上巴士經由貫穿東京的隅田川前往濱離宮、日之出棧橋和台場、豐洲等地，可體驗從水道來欣賞東京風光
💰12歲以上¥1,000~2,600、6~12歲¥500~1,300，依路線有所不同

人力車
淺草寺是東京少數可以搭乘人力車的地區，雖然有多家人力車營業，大多集中在雷門前等候客人，有分成一區段、30分、60分、1小時、2小時甚至一整天的租車行程。
💰一區段¥3,000~4,000起/人，依各店舖而異
くるま屋➔🌐www.shoubuya.com
えびす屋➔🌐www.ebisuya.com
岡崎屋惣次郎➔🌐www.okazakiya.com
松風➔🌐www.jinrikisha-matukaze.com

淺草時代屋➔🌐www.jidaiya.biz/shafu-bosyu.html

出站便利通
◎東京Metro淺草駅1號出口徒步約50公尺就可抵達最知名的淺草寺入口「雷門」。
◎東京Metro淺草駅5號出口則是東京水道觀光行程隅田川水上巴士的乘船處。
◎東京Metro淺草駅7號出口可以轉乘東武鐵道前往日光、鬼怒川地區。
◎雷門前有許多人力車等候觀光客，可搭乘人力車遊覽淺草老街。

水上巴士

水上バス

🏢別冊P.28,C2 ☎0120-977-311 🚃淺草一丁目吾妻橋畔 ⏰航班依船班而異 💰Himiko(ヒミコ)／Hotaluna(ホタルナ)淺草~台場12歲以上¥2,000、6~12歲¥1,000、每位大人可陪同1位1~6歲小孩免費搭乘，2位1~6歲以上小孩則需以6~12歲費用計費 🌐www.suijobus.co.jp

> 搭上水上巴士換個方式玩東京！

　由東京都觀光汽船株式會社經營的水上巴士，可分為數條路線，並有10艘造型各異的船隻運行。其中以動畫巨匠松本零士的鉅作「銀河鐵道999」為造型靈感的Himiko(ヒミコ)／Hotaluna(ホタルナ)，流線型銀色的外殼到了晚上還會閃爍變幻著濃紫、螢藍等超高輝度LED，宛若一艘飛進現代的未來之船，讓熱愛超現實世界的大人小孩皆為之瘋狂。

搭乘「屋形船」，來一趟時空之旅

　在東京隅田川上極具特色的屋形船業者與遊戲開發公司攜手合作，推出使用AR技術的隅田川乘船體驗，搭乘的遊客不僅可以將東京都現代的美盡收眼底，利用先進的AR技術，透過手機同步感受江戶時期的隅田川和東京灣。旅客只要在乘船前，在手機或平板電腦等智慧型裝置中，下載業者指定的APP軟體(お江戶の川遊びへおいでなんし～Edorip AR～)，就可以跟著屋形船的航行路線，來一趟穿越江戶時代的遊河之旅。

©2021 NOFATE Inc.
©2021 NOFATE Inc.

淺草文化觀光中心 GOOD SPOT

展望テラス
搭電梯來到8樓的免費展望台，設有長椅可以休息。從這裡往東望去可以看見東京晴空塔巨大的身影，往北則可看見仲見世通熱鬧的街景，是休憩賞景的好去處。

淺草展望カフェ カフェリオン
在展望台一旁的咖啡廳Cafe Rion提供簡單的餐食，讓人可以在舒適的環境中好好休息。

淺草文化觀光中心

浅草文化観光センター

🏢別冊P.28,C2 ☎03-3842-5566 🚃台東區雷門2-18-9 ⏰9:00~20:00，8F Cafe Rion(カフェリオン)10:00~20:00(L.O.19:30) 💰展望台免費入場 🌐www.city.taito.lg.jp/bunka_kanko/kankoinfo/info/oyakudachi/kankocenter/a-tic-gaiyo.html

　在淺草雷門對面建起的和風摩登大樓，是由名設計隈研吾大師操刀，以淺草觀光發信地以為任的一處新名所，在B1有洗手間供遊客使用，1樓設有多國語言的觀光資訊中心，也能換錢與購票；2樓則提供免費的觀光情報書籍，也可以無線上網，十分方便旅人查詢資料。

從寶藏門這側拍到晴空塔與淺草寺最美的同框畫面。

在淺草寺的代表景色「雷門」燈籠下拍照是一定要的！

卍 淺草寺

おすすめ
薦

📖別冊P.28,C2　☎03-3842-0181　📍台東區淺草2-3-1　🕐境內自由參拜；本堂6:00~17:00，10~3月6:30~17:00　💰自由參拜　🌐www.senso-ji.jp

初訪東京必遊景點！

　　淺草寺是淺草的信仰中心，相傳起源在一千多年前，有位漁夫在隅田川中撈起了一尊黃金觀世音菩薩像，當地居民認為是菩薩顯靈，於是就建了座小小的廟堂虔心的供奉。後來**淺草觀音寺漸漸成為了武將和文人的信仰中心**，也發展成江戶時期最熱鬧的繁華區，直到現在依然香火鼎盛。

——— 淺草寺體驗LIST！ ———

❶參加祭典
有別於日常的淺草寺觀光，特地選在祭典時來訪，更能深入了解東京文化。
2月3日：節分‧福聚の舞
4月第二個週日、11月3日：白鷺の舞
5月17~18日前後(每年不一)：三社祭
7月9~10日：四万六千日‧ほおずき市
12月17~19日：歲の市(羽子板市)

為期三天的三社祭有超過100架神轎繞境，也有被列為無形文化財的「びんざさら舞」(編木舞)演出，祈求豐收繁盛。

© TCVB

❷除夜鐘／初詣
每年的12月31日是日本的除夕，1月1日則是元旦。在傳統習慣上，除夕夜裡寺廟會敲起108聲鐘響，稱為「除夜鐘」，而每年的第一天，一定要至寺廟(或神社)參拜，稱為「初詣」。淺草為東京信仰與觀光地，每年的年末年始更是湧入大批信眾前來參拜，盛況空前。

❸抽籤詩
來到東京最負盛名的古剎，難免要抽籤詩試試運氣，但一般不常見的「凶」在這抽中的機率高達30%以上。其實寺方尊守古訓，以吉:凶=7:3的比例配置籤詩，用以提醒世人向上。如果抽到也不用太在意，只要把「凶」的籤詩結在寺內，壞運便會由寺方化解。

淺草寺必看SPOT！

❶本堂
淺草寺最神聖的莫過於供奉著聖觀音像的本堂。原本有著千年歷史，本就是國寶的本堂在戰火中燒燬，現在看到的則是重建於昭和33年(1958年)的鋼骨結構建築，特別的是內部天花板則有川端龍子的「龍圖」與堂本印象的「天人圖」，別忘了抬頭欣賞。

❷五重塔
五重塔是淺草寺最醒目的地標，擁有超過千年的歷史，雖然期間曾經多次遭受大火毀損並遷移，仍是淺草寺的重要信仰建築，目前所看到的是1973年重建，最頂層還有來自佛教之國斯里蘭卡的舍利子。

❸淺草神社
☎03-3844-1575
🌐www.asakusajinja.jp
位在本堂東側的淺草神社，祭祀著當初開創淺草寺的三人，因明治時期的神佛分離制度而獨立，其拜殿、幣殿、本殿被列為重要文化財。

地圖區域標示：
錢塚地藏堂
影向堂
淺草神社
淡島堂　藥師堂
本堂
二天門
五重塔
寶藏門
弁天山
伝法院
仲見世通
鎮護堂
伝法院通
雷門

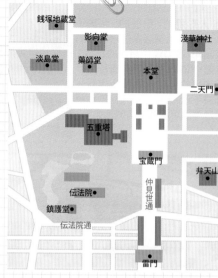

❺傳法院通
與仲見世垂直，傳法院通為了招攬觀光客，做了相當有趣的造街運動，仔細瞧可以看到每家店的招牌風格通通統一，即使是沒有營業的日子，鐵門也畫了趣味十足的江戶圖案，一路上還不時可以發現營造復古風情的裝飾物。

> 寶藏門的內側掛著巨大草鞋，據說這雙草鞋就是仁王真實的尺寸，象徵著仁王之力！

❹寶藏門
掛著一個大大紅燈籠上寫著小舟町的即是寶藏門，從雷門走到仲見世通的尾端就能看到，由於左右各安置了仁王像，又被稱為仁王門。942年就可看到的仁王門共歷經三次建造，如今所見為昭和39年所建。

❻雷門
淺草寺最引人注目的莫過於總門「雷門」，寫著雷門二字的大紅色提燈重達130公斤，雷門的右邊有一尊風神像，左邊則是雷神像，所以雷門的正式名稱就叫做「風雷神門」。

仲見世通

賣 人形燒的、煎餅的、和菓子點心的老舖店家熱熱鬧鬧的大聲吆喝，許多江戶時代的玩具、武士刀、和傘、木屐等充滿著江戶庶民風情的雜貨總是讓外國觀光客好奇不已，人潮川流不息的仲見世總是洋溢著淺草特有的活力。

🌐 www.asakusa-nakamise.jp

🎁 いなば

📍別冊P.29,D3　☎03-3841-9410　📍台東區淺草1-18-1 ▼ 10:00~18:00

雖説いなば是一家日本民藝品專門店，卻更像是日本民俗雜貨店，除了**可以買到淺草出名的零食雷おこし，也可以買到許多來自日本各地的民藝品**，例如九州的博多人形、日本東北的小芥子，個個都充滿日本味。

🎁 むさしや人形店

📍別冊P.29,D3　☎03-3841-5451　📍台東區淺草1-20-12 ▼ 11:00~17:00(週六日及例假日至18:00)

想要買點充滿日本特色的擺飾品，**むさしや人形店有許多種類豐富的開運招財貓**，無論是舉左腳舉右腳的通通都可以買到，另外人形所指的就是人偶，店內當然也有許多日本人偶和傳統的日式玩具。

🎁 文扇堂

📍別冊P.29,D3　☎03-3841-0088　📍台東區淺草1-20-2 ▼ 10:30~16:30(週六、日至17:00)　🚫每月20日過後的週一

扇子的專門店文扇堂在淺草地區擁有悠久的歷史文化，至今已經傳承至第4代。扇子在日本文化中占有極重要的地位，不管是舞蹈、歌舞伎、落語等都能看到其蹤影。而**文扇堂至今仍以古法製作扇子，是各大傳統藝能流派指定使用的品牌之一**。除了專業的傳統扇子之外，這裡也有團扇、羽板等。

> 各式特別和風扇子，要買紀念品送人的話，這裡絕不會令人失望。

🍡 淺草きびだんご あづま

📍別冊P.29,D3　☎03-3843-0190　📍台東區淺草1-18-1 ▼ 9:30~19:00

> 🔵**薦**
> おすすめ
>
> 黃豆粉麻糬配上綠茶，一份充滿淺草風情的下午茶登場~

由黍粉與米粉混合揉成香**Q麻糬串在竹籤上，這就是好吃的黍糰子(きびだんご)**。あづま的黍糰子走小巧路線，沾上大量的黃豆粉，讓人一口咬下不但嚐到糰子的香甜，更能吃到日式黃豆粉的香濃。

> きびだんご(黍糰子)5根¥400

三鳩堂

📍別冊P.29,D2 ☎03-3841-5079 🏠台東區淺草1-37-1
🕐9:00~19:00

　淺草最受歡迎的特產就是人形燒，和台灣街頭常見的雞蛋糕有點相似，但是口感更為細緻實在，內餡多會加入紅豆沙或仍保留著紅豆粒的甜餡，**三鳩堂就是其中一家人形燒專賣店**，適合送禮的人形燒可以放上一個月，頗受歡迎。

淺草ちょうちんもなか

📍別冊P.29,D1 ☎03-3842-5060 🏠台東區淺草2-3-1
🕐10:00~17:30 ⊘不定休 Ⓢあんこもなか(紅豆最中)5入
¥1,300 🌐www.cyouchinmonaka.com

　2000年夏天開業的淺草ちょうちんもなか是**專賣冰淇淋最中的商店**。最中是日本特有的和菓子，香脆的餅乾外皮是以糯米製作烘烤而成，內餡可夾入甜而不膩的紅豆餡或是適合夏天的冰淇淋，抹茶、紅豆、黑豆、香草口味應有盡有，冬天還可以吃到栗子或煉奶等限定口味。

アイスもなか
(冰淇淋最中)
¥350

🎁 Toys Terao

トイス·テラオ 仲見世店
📍別冊P.29,D2 ☎03-3841-0147 🏠台東區淺草1-37-1
🕐9:00~19:00 ⊘不定休 🌐toysterao.com

　若是帶著小朋友來到淺草，可以來逛逛這テラオ玩具店，從**大面的玻璃櫥窗就可以看到擺得滿滿的日本玩具在向人努力招**手，豆腐君、鋼彈、芭比等，門口的小型扭蛋機賣得可是稀有的東京觀光名所徽章，試試手氣留個紀念也不錯。

木村家本店

📍別冊P.29,D1 ☎03-3841-7055 🏠台東
區淺草2-3-1 🕐10:00~18:00 Ⓢあん入り
人形燒(紅豆餡人形燒) 8入¥600 🌐
www.kimura-ya.co.jp

一口人形燒形狀做成淺草的代表景色。

おすすめ
薦

　仲見世通上距離淺草寺最近的**木村家本店是淺草最老的一家人形燒專賣店**，從明治元年創業開始，就

一直秉持著傳統的味道直到今天，人形燒的形狀就是參考淺草寺相關的五重塔、雷門、燈籠和寺院廣場最多的鴿子，是淺草必嚐名物。

人形燒做成淺草寺的雷門、五重塔等特色景點。

🍡 梅園 淺草本店

🗺️別冊P.28,B2　📞03-3841-7580　🏠台東區淺草1-31-12
🕐10:00~17:00(週六日及例假日至18:00)　🈺不定休　💲抹茶あんみつ(抹茶館蜜)￥902　🌐www.asakusa-umezono.co.jp

　　梅園創業於安政元年(1854年)，最初是位在淺草寺別院「梅園院」中的小茶屋，迄今已是歷史悠久的傳統甜食店。**最受歡迎的甜點就是ぜんざい(紅豆湯)**，微溫的紅豆餡泥，甜而不膩的馨香滋味融化在舌間，是淺草人永遠不會忘懷的甜蜜味道。

🍴 ひょうたん

🗺️別冊P.28,B2　📞03-3841-0589　🏠台東區淺草1-37-4
🕐週六、日11:00~19:00(L.O.18:00)　🈺週一~五

　　東京的文字燒是一種懷舊的味覺，充滿下町風情的淺草隨處可品嘗這種江戶原味。ひょうたん可是曾經受到美食節目《料理東西軍》多次青睞的名店，在沉穩的懷舊零食屋氣氛中，**最受歡迎的就屬有著花枝與櫻花蝦鮮味的江戶文字燒**，另外加入咖哩味也不錯，還可以選擇最有傳統味的日式炒麵。

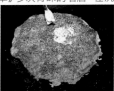

建築是淺草在戰爭中少數留存下來的西洋建築。

招牌調酒「電氣白蘭地」是漢方草藥與白蘭地的調合飲料。

おすすめ 薦

🍴 神谷バー

🗺️別冊P.28,C2　📞03-3841-5400　🏠台東區淺草1-1-1　🕐11:00~20:00(L.O.19:30)　🈺週二、每月2次週一　💲デンキブラン(電氣白蘭地)￥400、ハンバーグステーキ(漢堡肉排)￥1,100　🌐www.kamiya-bar.com

老派東京的生活新體現。

　　創業於1880年的神谷バー(神谷Bar)，在淺草區域有如地標重要的存在，是淺草地區庶民社交生活空間。在日本現代化啟蒙的明治時代，冠上「電氣」兩字的都是指舶來高級品的流行稱號，至今仍舊受到許多人愛戴。而懷舊風情的洋食料理，也仍舊是許多老東京最念念難忘的滋味。

大学芋(拔絲地瓜)200g約5~6塊¥700，使用的地瓜品種不同價格也不一樣。

浅草 和泉屋 本店

🅰別冊P.28,C2 ☎03-3841-5501 🚇台東區浅草1-1-4 ◐11:00~18:30 週四 🌐www.asakusa-senbei.com

來到下町淺草當得要買些伴手禮回家，**和泉屋賣的就是最有日本風味的零食「煎餅」**。和泉屋精選良質米，並採用手工還以天然日曬方式製作，樸實的風味令人更能感受到下町風情，喜歡口感的人可以選較厚實的煎餅。喜歡貓咪的話，和泉屋還有特別製作「猫せんべい(貓煎餅)」，貓咪頭型的煎餅十足可愛，10種口味任君選擇。

薄脆的煎餅有許多人喜愛，更有禮盒包裝，方便遊客直接帶回家送禮。

おいもやさん興伸 浅草オレンジ通り店

🅰別冊P.28,B2 ☎03-3842-8166 🚇台東區浅草1-21-5 ◐10:00~19:00 🌐www.oimoyasan.com

興伸是專賣一種叫大學芋的日式小點心，大學芋跟台灣的拔絲地瓜有點像，只是沒有經過冰鎮而不會有細密的糖絲。**興伸是由百年老店芋問屋特別開設的地瓜菓子專門店**，所以這裡使用的地瓜品質極佳，吃起來鬆鬆軟軟，配上外層糖衣，風味獨特，讓人回味無窮。

招牌則是味噌豬排，強調不沾醬就好吃。

🎁 黑田屋本店

🅰別冊P.28,C2 ☎03-3844-7511 🚇台東區浅草1-2-5 ◐10:00~18:00 週一

位於淺草寺入口「雷門」旁邊的黑田屋是一家專賣和風紙品的店，**主要販售有著濃濃日本味的和紙**，印上各種傳統或現代圖案，加上掛軸就可以成為房間內的最佳裝飾，相當受到歐美人士喜愛。其他還有信封、信紙、筆記本等，品項十分豐富，難怪店裡永遠擠滿了外國觀光客。

充滿濃厚日本味的和紙，印著各式傳統或現代圖案。

🍴 カツ吉

🅰別冊P.28,B2 ☎03-3841-2277 🚇台東區浅草1-21-12 ◐11:30~14:30(L.O.14:00)，17:00~20:00(L.O.19:30) 週四 💲味噌とんかつ(味噌炸豬排)¥1,300、味噌とんかつ定食(味噌炸豬排定食)¥1,800 🌐asakusakatsukichi.wixsite.com/website

喜歡吃炸豬排的人一定要來試試カツ吉，雖然距離淺草寺有一段距離，依然是受歡迎的名店。**店內50種的炸豬排菜單通通都是老闆獨家創意**，選用兩片豬肉片夾起各種特色內餡再裹粉油炸，不油不膩鮮嫩多汁難怪經常客滿。愛嚐鮮的可以試試納豆豬排、餃子豬排等。

山手線一圈▶

東京地下鐵

淺草

▶中央總武線▶東京廣域

酥脆炸物和醬汁天生絕配，讓人恨不得再多吃個一碗！

おすすめ **薦**

🍴 大黑家

大黑家天麩羅 本店

大排長龍的美味天婦羅名店！

🅰別冊P.28,B2 ☎03-3844-1111 🏠台東區淺草1-38-10 🕐11:00~20:00 💲海老天丼￥2,400 🌐www.tempura.co.jp

　　大黑家天婦羅是淺草名店，創業於明治20年(1887年)，從本店兩層樓古樸的和式建築外觀，不難感受出它的歷史。**招牌是「海老天丼」(炸蝦天婦羅丼飯)**，蝦子大又新鮮，用精純芳香的胡麻油酥炸盛在飯上，再淋上特製獨門醬汁，香濃的美味勁兒讓人齒頰留香。

🍩 舟和本店

🅰別冊P.28,B2 ☎03-3842-2781 🏠台東區淺草1-22-10 1~3F 🕐1F賣店10:00~19:00，2F喫茶室10:30~19:00(L.O.18:30) 💲芋ようかん(蕃薯羊羹)￥230、舟和の芋パフェ(番薯聖代)￥1,000 🌐funawa.jp

　　已有百年歷史的舟和是和菓子老店，其主打商品為羊羹，光是在淺草地區就有好幾家分店。舟和的羊羹精選健康食材蕃薯為原料，富含維他命B1，是最受好評的商品，另外也有抹茶、紅豆等口味；在本店2、3樓也設有甘味茶屋，想品嚐優雅日式菓子的人可以選擇進到店裡，細細品嚐這傳統的日式美味。

加入減肥聖品「寒天」的紅豆球、日本傳統的葛餅都是不錯選擇！

料理用、化妝用、清潔用各種刷子，在這裡可以找到最適合自己的刷子。

🔧 かなや刷子 淺草伝法院通り店

淺草才有的刷子專賣店！

🅰別冊P.28,B2 ☎03-3841-8848 🏠台東區淺草1-39-10 🕐10:30~17:00 💲馬毛齒刷(馬毛牙刷) 3支￥1,188 🌐www.kanaya-brush.com

　　位在人來人往的傳法院通上，かなや刷子門口由刷子製成的可愛動物總是會吸引眾人目光。**かなや為刷子專門店，其商品琳瑯滿目**，從打掃用的棕刷、料理用的醬刷、化妝用的粉刷到早晚都要用的牙刷，每樣都是日常中無法或缺的商品，而精心製作的高品質刷具也是老顧客一再回流的原因。

おすすめ **薦**

🍴ヨシカミ

ⓜ別冊P.28,B2 ☎03-3841-1802 ⓐ台東區淺草1-41-4 🕐11:30~21:30(L.O.21:00) ⓗ週四 ⓦwww.yoshikami. co.jp

淺草在昭和年代曾經是東京最繁華熱鬧的區域，**ヨシカミ承襲了舊時代的風華以及美味**，有點像是台北舊圓環那種老式西餐廳的情調。而其門口直接就掛著「實在是好吃到不行，真對不起」的看板，可見幽默的老闆對自家手藝超有自信。

門口排隊的人川流不息，光憑直覺就可以知道ヨシカミ一定好吃掛保證。

カツサンド(豬排三明治)¥1,300

カニコロッケ(蟹肉可樂餅)¥1,800

🎁桐生堂

ⓜ別冊P.28,C2 ☎03-3847-2680 ⓐ台東區淺草1-32-12 🕐10:30~19:00 ⓦkiryudo.co.jp

創業於明治9年的桐生堂以「**組紐屋**」起家，組紐有點類似中國結，是利用繩子打出許多花樣的工藝品，桐生堂的職人運用長年累積的經驗，妙手賦予繩子新的生命力，以藝品結合生活用品的方式呈現在眾人面前，演變成為結合組紐與日常的和雜貨屋，一直是採買伴手禮的必訪之地。

☕珈琲天國

ⓜ別冊P.28,B2 ☎03-5828-0591 ⓐ台東區淺草1-41-9 🕐12:00~18:00 ⓗ週二

珈琲天國在淺草古老的日式氛圍之中，也透露出地方老咖啡廳的氣息，**在老街遊逛之後，推薦可以來這裡休息、喝杯咖啡，再點上最出名的鬆餅享用**。厚厚的鬆餅烙上小小的「天國」兩個字，再放上一塊奶油，讓剛出爐的鬆餅熱度將其微微溶化，一口吃下，讓人感受到店主人的用心，也品嚐出他對鬆餅的堅持。

ホットケーキセット(鬆餅+咖啡)¥1,200

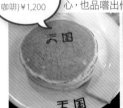

🎭淺草演藝廳

浅草演芸ホール

ⓜ別冊P.28,B2 ☎03-3841-6545 ⓐ台東區淺草1-43-12 🕐午場11:40~16:30、晚場16:40~21:00 💰大人¥3,000、學生¥2,500、4歲以上¥1,500；18:00後晚場優待大人¥2,500、學生¥2,000、4歲以上¥1,500，19:00後晚場優待大人¥2,000、學生及4歲以上¥1,500 ⓦwww. asakusaengei.com

即使語言不同也有許多令人會心一笑的表演。

昔日淺草風光時候有許多表演場所，**這裡是唯一存留的劇場，平常上演日本傳統的落語、漫才、模仿或魔術秀，人氣十足的搞笑秀，有時也可以當成電影院，雖然語言不同，但許多搞笑劇碼可是不懂日文也會讓人開心的呢！**

👁 淺草 花屋敷

花やしき

花屋敷適合大小朋友一同玩樂。

📖別冊P.28,B1 ☎03-3842-8780 🏠台東區浅草2-28-1 ⏰10:00~18:00(入場至17:00)，依季節、氣候而異 💰入園國中生~64歲¥1,200，5歲~小學生、65歲以上¥600，4歲以下免費。搭乘遊樂器材需另購買乘坐券(のりもの券)單張¥100、回數券(11張)¥1,000 🌐www.hanayashiki.net

從淺草寺的參拜本堂可以看到不遠處有個像是遊樂園的地方，就是**1853年開業的花屋敷，這裡可是日本歷史最悠久的遊樂園**。其象徵性的地標是可以眺望淺草全區的Bee Tower，也曾多次出現在日劇中。園內共有20多種遊樂器具，是許多情侶們的約會地點，也是適合全家大小一同玩樂的遊樂園。

厚切沙朗、梅花肉、里肌是和牛才有的柔嫩多汁，讓人欲罷不能。

🍽 肉のすずき

📖別冊P.28,C1 ☎03-3875-0029 🏠台東區浅草4-11-8 ⏰18:00~22:00(L.O.21:20)，週六日及例假日17:00~22:00(L.O.21:20) 🚫週一，每月第二個週二 💰松阪牛特選盛400g¥13,000、特選和牛タン(特選和牛牛舌)¥3,800 🌐www.instagram.com/nikunosuzuki/ ❗店內不接受排隊，一定要事先預約

1.5公分厚牛舌口感脆中帶嫩，多重嚼感滋味變幻無窮。

位在寧靜的淺草住宅區，從觀音寺步行得走上10分鐘的燒肉店**肉のすずき，是燒肉控絕不能錯過的名店**。本店是在淺草開業數十載的肉舖，因此能夠用便宜的價格提供燒肉。每桌必點的和牛拼盤，肥嫩的牛五花油脂紋路分部細密，燒烤後化做美味的精華，柔軟口感直叫人讚嘆。

🍜 蕎亭 大黑屋

📖別冊P.28,C1 ☎03-3874-2986 🏠台東區浅草4-39-2 ⏰週四~六18:00~21:00，完全預約制 🚫週日~三 💰おせいろ(蕎麥麵套)¥1,500、せいろ天もり(天婦羅蕎麥麵)¥2,700 🌐xn--2lq48w6oc2v6dhx0a.com

稱做裏淺草的觀音寺以北區域，一家由老夫婦攜手經營40年的蕎麥麵店，他們**堅持客人點餐後才現作**的緣故，需花點時間耐心等待。下鍋不多不少39秒，接著兩堆蕎麥麵乾淨清爽地盛在篩盤中，和特調醬汁一同翩然駕到。

品嚐蕎麥麵時輕沾醬汁，一口氣地吸入喉嚨即可。

💡 江戶蕎麥麵

蕎麥麵過去是江戶職人的速食，為了讓職人們盡早吃完上工，江戶蕎麥麵的麵體較細，強調入喉的口感。所謂「入喉感(のど越し)」是江戶蕎麥麵的靈魂，好的蕎麥麵在入喉的瞬間，會一舉迸發出細膩的蕎麥清香。醬油的潤澤感、麵體彈性與蕎麥香三位一體，交織成餘韻無窮的深厚底蘊。

Ekimise

⬆別冊P.28,C2 ☎03-6802-8633 ⬆台東區花川戶1-4-1，東武淺草駅裡 ⬆B1~3F松屋淺草10:00~19:00，4F~7F 10:00~20:00，7F餐廳11:00~22:00 ⬆不定休 ⬆www.ekimise.jp

　位在淺草吾妻橋旁，**距離東京晴空塔十分近的Ekimise**，是寫成漢字即為「駅見世」，經過整修後，東武淺草駅保留了1931年開幕時新文藝復興建築的樣貌，除了B1~3樓有從開幕時期便一直營業至今的松屋百貨淺草店，在4~7樓的Ekimise裡有新進駐店舖，及開幕後就受到注目的屋頂「淺草晴空Terrace」。

 ## 淺草晴空Terrace

浅草ハレテラス

⬆Ekimise RF ⬆10:00~20:00 ⬆免費

　Ekimise開幕時，因為頂樓絕佳的晴空塔欣賞角度而引起話題，也被**日本媒體評為欣賞晴空塔的名景點之一**。來到這裡除了遠眺晴空塔外，廣場上也設有夏季露天BBQ啤酒屋，晚上才營業的啤酒屋，可以讓你在這裡悠閒邊吃喝、邊欣賞晴空塔的美麗夜景，尤其夏季隅田川花火大會期間更是一位難求。

淺草地標

　來到淺草，通常也會順道來吾妻橋逛逛，除了可以看到ASAHI大樓金色的啤酒泡沫，還有東京晴空塔，使吾妻橋也成為熱門拍照景點，更為這古老下町的水邊風景添上一筆丰華。

THE DINING 唐紅花＆蒔絵

THE DINING シノワ 唐紅花＆鉄板フレンチ 蒔絵

⬆別冊P.28,B1 View Hotel ☎03-3842-3378 ⬆台東區淺草3-17-1 淺草View Hotel 27F ⬆11:30~15:00(L.O.14:00)，晚餐17:00~21:00(L.O.20:00) ⬆www.viewhotels.co.jp/asakusa/restaurant/thedining

　View Hotel面對晴空塔一側的法式餐廳THE DINING 唐紅花＆蒔絵位於27樓，窗外的風景讓這裡成為話題賞景餐廳。這裡的空間可以用小巧形容；優雅的氛圍和因為空間感營造出的親暱氣氛。午間套餐包括前菜、可選擇魚類或肉類的主食、甜品和飲料，**菜單內容由主廚依季節食材調整，約一個月更新一次**。

可愛小熊造型的最中是加價必點！

かぐらちゃかプチ

おすすめ 薦

抹茶控必訪！

📍別冊P.28,B2 ☎03-6231-7490 🚉台東區西淺草2-27-11 🕐12:00~18:00(週一至17:00) 🈺週二，不定休 🌐www.instagram.com/kagurachaka/

這家位在淺草以「抹茶」為中心的和風甜點店，**標榜抹茶都是當天早上現磨，所以可以讓上門顧客品味到「世界第一新鮮的抹茶」**。用料講究、從喝的到吃的，MENU滿滿抹茶是本店賣點，更厲害的是，這裡還提供「聖代客製化服務」，讓你從抹茶蕨餅、抹茶布丁、冰淇淋和白玉等21種配料中挑選5樣，自由組合，打造世上獨一無二，專屬於你個人的聖代。

🍴 色川

📍別冊P.28,B3 ☎03-3844-1187 🚉台東區雷門2-6-11 🕐11:30~14:00 🈺週日、例假日，不定休 💰鰻重ふつう(鰻魚飯 普通)¥3,800、鰻重たっぷり(鰻魚飯 增多)¥5,200 🌐gexc200.gorp.jp ❶ふつう(普通)、たっぷり(增多)的差別在鰻魚量的多寡，飯量都是一樣

1861年創業的鰻魚老舖色川，稍稍離開喧鬧的淺草鬧區，但每到用餐時刻總是有不少人慕名前來，在店門口形成長長的人龍。還沒開門就先聞到從店內傳來的陣陣鰻魚香，而這裡的**鰻魚焦香的表面有微微的醬香，吃得到鰻魚的原味與彈牙的好口感**。

🍴 淺草今半

おすすめ 薦

📍別冊P.28,C3 ☎03-3841-1114 🚉台東區西淺草3-1-12 🕐11:30~21:30(L.O.20:30) 💰すき焼御膳(壽喜燒套餐)¥9,680起。午餐限定：百年牛丼¥1,980、明治すきやき丼(明治壽喜燒丼)¥2,970、すき焼昼膳(壽喜燒午間套餐)¥4,950 🌐www.asakusaimahan.co.jp

淺草街上的百年老字號品嚐頂極黑毛和牛。

位於國際通上的今半本店，創業於明治28年(1895年)，格守著老舖驕傲，**代代守護老江戶的味覺本色，一道牛鍋跨越一世紀，靠的就是對牛肉品質的究極堅持**。外觀看來十足現代化，但其實內部是傳統雅致的日本家屋，座位都是榻榻米，使用的肉品是高級日本牛肉，柔嫩的最佳狀態時裹上蛋黃入口，就是美味。

淺草今半嚴選極品和牛肉，守護著江戶的老味道。

淺草今半超值午間套餐

萬般講究的極品和牛，所費不貲在所難免，捨不得荷包還有超值午間套餐可選擇。若是中午時段到訪，還能以實惠的價格品嚐一日限定20份的百年牛丼、明治すきやき丼，親自嚐嚐畑煮老店的優雅柔順好味道。

從駒形前川可以望見對岸矗立的晴空塔。

老舖的鰻魚飯，從開業以來即受到許多人愛戴。

🍴 駒形 前川 淺草本店

🏠別冊P.28,B1 ☎03-3841-6314 🚇台東區駒形2-1-29 ⏰11:30~21:00(L.O.20:30) 💰うな重(鰻魚飯)¥5,900起 🌐www.unagi-maekawa.com

前川在百年B1前就很受文人喜愛，現在也還驕傲地保留著店主親掌廚房的傳統，鰻魚飯在有著店名的黑色漆盒中恭恭敬敬地被端了上來，配上幾樣自家漬物，湯品則是鰻肝的清湯。從這裡的大窗，擁有以青綠色的駒形橋為前景、搭配著後方晴空塔的獨特角度；令人安穩的空間質地，在這裡完美地展現。

🍴 駒形 どぜう 浅草本店

薦
おすすめ

🏠別冊P.28,B3 ☎03-3842-4001 🚇台東區駒形1-7-12 ⏰11:00~20:30(L.O.20:00) 🈺不定休 💰柳川なべ(柳川鍋)¥3,280 🌐www.dozeu.com

喜歡新奇古怪食物的人，一定要來嚐嚐淺草鄉土料理泥鰍鍋。

駒形どぜう創立於1801年，在歌舞伎和川端康成小説中也曾出現。從創業以來不變的料理手法，將新鮮活泥鰍放進酒桶，再將醉暈的泥鰍放到味噌湯中，用備長炭慢火細煮，加入蔥花、灑上點山椒粉，江戶風的特殊料理就完成。除了泥鰍鍋之外，柳川鍋也是店內人氣不墜的一道美食，柳川鍋就像是親子丼，只不過是將雞肉換成酥嫩的泥鰍，和著蛋汁和白飯熱騰騰的享用。

どぜうなべ(泥鰍鍋)¥3,180

トースト&寅印菓子屋のジャム(烤吐司附果醬)¥550

Gallery éf早上為咖啡，晚上變身為酒吧。

☕ 🍸 Gallery éf

🏠別冊P.28,C3 ☎03-3841-0442 🚇台東區雷門2-19-18 ⏰Café11:00~17:00，午餐12:00~14:00，酒吧週三、五、六18:00起 🈺週一、二 🌐www.gallery-ef.com ❶店內有貓咪

咖啡¥650起

由150年古老倉庫改建而成的Gallery éf，長形的空間白天為咖啡廳，到了晚上則搖身一變成為酒吧。在江戶時代就留下來的牆柱之間靜靜品嚐店主人的手藝，外頭的喧囂彷若昨日，氣氛十分寧靜。而店裏有不定期會舉行音樂發表、展覽會等藝文活動的空間，海內外許多藝文活動都在這裡舉行。

不要錯過可愛的貓咪繪馬，留下自己的心願給神明知道喔。

今戸神社

薦 おすすめ

（地）別冊P.28,D1　（電）03-3872-2703　（地）台東區今戶1-5-22　（時）9:00~16:00

來招福貓的故鄉求個好姻緣！

imadojinja1063.crayonsite.net

　姻緣要拜月老、求財運要拜財神爺，那麼如果貪心一點兩種都想要呢？位於淺草的今戶神社真的能夠讓兩個願望一次滿足。這裡供奉著應神天皇、伊奘諾尊和伊奘冉尊，傳說中伊奘諾尊和伊奘冉尊是最早結為夫妻的神明，因此人們將其供奉為**締結良緣及求好姻緣的象徵**，是日本女性們趨之若鶩的求桃花景點。

【 招財貓的由來 】

　這裡是特產今戶燒的所在，傳說中一位貧窮的老太太因為不敵生活的困苦，只好忍痛放走豢養已久的小貓。然而當晚卻夢到了小貓託夢，並說：「把我做成娃娃的話，就會有好事發生。」沒想到，老太太照著夢中的指示將貓咪的樣子做成了娃娃，果真廣受世人的喜愛而脫離了貧困。據說第一隻貓娃娃便是以今戶燒陶之手法而製作，這也是招財貓的由來。

神奇的喵喵傳說

❶石撫貓
本殿前方有著一對石製的貓雕像，其被定名為「石撫貓」，據說只要摸摸他們的頭，並將其拍照下來當作手機的待機畫面，每日對著他們祈禱，便可以讓願望實現！

❷貓咪結緣御守
單身女性看過來！想要招得好人緣、好姻緣，就要來今戶神社參拜，再帶個結緣御守放在身上，包你桃花朵朵開。

❸招福貓神籤
若是想要知道自己的各種運勢，一定要試試今戶神社的招福貓神籤，籤詩上還會附著代表不同運勢的七種顏色招福貓，看到這些可愛的貓咪，想必不論

結果如何都能讓人心情大好。這些貓咪有些舉起左手代表招財、有些舉起右手代表招福，許多人會選擇帶一對回去，讓自己的福緣滿滿。

在OMO Food & Drink Station可以隨心所欲地選擇並品味淺草的招牌美食。

大大的指南地圖,標滿了推薦前往探索的淺草寶藏小店。

跟隨OMO Ranger的腳步,深刻體會淺草居民對這座古老寺廟的熱愛與守護。

Ⓗ OMO3東京淺草by星野集團 🏅薦おすすめ

🏠別冊P.28,C1　☎050-3134-8095　🕐 Check In 15:00,Check Out~11:00　💲一室 ¥22,000起　🌐hoshinoresorts.com/zh_tw/hotels/omo3asakusa/

最棒的地點,頂樓視野盡收晴空塔與淺草寺美景。

　　OMO3東京淺草位在懷舊與潮流交織的淺草中心地,以其獨特的魅力吸引著無數遊客。以「寄席」為概念發想的主題客房中,紅色地毯與紫色坐墊營造出如同高座的氛圍,若想要更了解這項特殊的淺草文化,每週五、六的晚上,飯店最上層的OMO Base都有不同的落語家登台表演,並由OMO Ranger進行講解,讓新手也能盡享其中樂趣。

　　由於飯店就位在淺草寺與東京晴空塔的中間位置,來到OMO Base也可一口氣將兩側景色一覽無遺。對於想深入了解淺草美食的旅客,還可以參加每天下午在這裡舉行的「江戶屋台聚會」。淺草是江戶時代首個外食店的誕生地,至今仍有眾多知名的蕎麥麵、天婦羅、鰻魚飯和壽司店。在OMO Ranger的帶領下,將以有趣的方式了解這些美食的歷史與故事。而這裡也設有OMO Food & Drink Station,提供24小時不間斷的美食享受,在這裡就能享受淺草的在地好滋味。

親身體驗淺草的傳統娛樂──落語,歡笑滿滿的夜晚將為一天的疲勞注入新能量。

　　當仲見世通的喧囂漸息、夜幕低垂之際,不但可欣賞燈火輝煌的淺草寺、步入充滿小粹氛圍的街區居酒屋,感受熱鬧的江戶下町氛圍,清晨還可以跟著OMO Ranger在朝陽的沐浴下開始一天,走訪淺草寺的小角落、聆聽無數個小故事,感受當地人對淺草的熱愛與珍視。

©Hoshino Resorts

合羽橋道具街

喜 歡日本的廚具雜貨嗎？離淺草很近的合羽橋道具街，專賣和洋的餐具、食器、鍋碗瓢盆，雖然整體環境不如雜貨屋可愛，但仔細挑選就會發現每家店都有自己的特色，重點是單價都比外頭商店便宜2~3成！

☎合羽橋商店街03-3844-1225
🌐www.kappabashi.or.jp

KAPPA

合羽橋和河童有關係？

合羽橋的日文發音Kapa與日語的河童(かっぱ)發音一樣，理所當然河童就變成這裡的吉祥物了。傳說中合羽橋地名的由來，便是200年前的文化年間，有個叫合羽屋喜八的善人不忍此處只要一下雨便淹水，於是出錢挖掘溝渠疏水，但工程一直不甚順利，附近隅田川的河童們感念他的善心而夜夜現身幫忙。那時流傳著見到河童便會金運大開，於是河童就成為好的象徵。

不管是專業用或是家庭用，這裡的商品齊全不會讓人失望。

🎁 Kitchen world TDI

☎03-5827-3355 🏠台東區松が谷1-9-12 ◕9:30~18:00
🌙年末年始 🌐www.kwtdi.com

在合羽橋道具街中各間店舖大多有其專門的商品，例如專賣木器的、專賣鐵壺的，而**Kitchen world TDI則是引進世界各地的知名品牌**，像是來自泰國的木碗、法國的鐵鍋、北歐的DANSK琺瑯鍋、義大利的bialetti摩卡壺，日本的野田琺瑯等，每一樣都更加注重料理用品的品質與設計感。

🏠 釜淺商店

☎03-3841-9355 🏠台東區松が谷2-24-1 ◕10:00~17:30(每月最後一天至16:30) 🌙年末年始 💰南部寄せ鍋(南部鑄鐵鍋)21cm¥6,292 🌐kama-asa.co.jp

釜淺商店的前身為專賣刀刃的「熊澤鑄物店」，目前第四代主人繼承先祖對食器用具的堅持，以提供真正的好用具給客戶為己任，**店內的鍋碗瓢盆都是經過篩選的上品**，南部鐵器、鐵鍋、耐火的烤網、手工製銅鍋、平底鍋等，每一樣都能看見和風之美。

🎁 Dr. Goods

☎03-3847-9002 🏠台東區西淺草1-4-8 ◕10:00~17:00
🌙週日、例假日 🌐www.dr-goods.com

搜羅日本各大品牌的**Dr. Goods可說是廚房雜貨的寶山**，店內擺設整齊不雜亂，每樣商品井然有序看來特別好用，特別的是，在Dr. Goods網站上還能看到最近入庫的新貨與數量，出發購物前先上網查看才不會撲空哦！

每一樣食器的挑選，都是店家對品質的堅持。

押上‧晴空塔周邊
おしあげ‧東京スカイツリー
Oshiage‧Tokyo Sky Tree

從東京晴空塔落成開幕後，押上周邊一帶成為東京最受歡迎的地標景點，晴空塔位在隅田川右岸的向島與業平區域，就在淺草的對岸。在晴空塔設置之前這裡一直被稱為「下町」，充滿了懷舊的風情。向島在早期日式料亭林立，是許多政商名流尋花問柳之地，至今仍保有花街的傳統，來這裡用餐也能一睹藝妓的曼妙風采；而隱藏在街角的庶民小店與結合老房子的新店鋪更是為此地注入活力，想要深度了解老東京的生活文化，一定要來這裡逛逛！

交通路線＆出站資訊

電車
都營地下鐵押上駅◇淺草線、京成押上線
東武鐵道とうきょうスカイツリー駅◇とうきょうスカイツリーライン(東武伊勢崎線)
東武鐵道曳舟駅◇とうきょうスカイツリーライン(東武伊勢崎線)
巴士
Skytree Shuttle(スカイツリーシャトル)上野‧淺草線
◇連接上野、淺草與東京晴空塔的觀光巴士，週六日及例假日運行，30分一班車，JR上野駅公園口首班車8:25、末班車18:25，東京晴空塔城首班車9:00、末班車19:00。乘坐一次大人￥230、小孩￥120，能使用Suica、ICOCA等交通系IC卡。時刻表與停車站請參考：
⊕www.tobu-bus.com/pc/skytree_shuttle/01.html
出站便利通
◎東京晴空塔交通位置便利，有とうきょうスカイツリーライン(東武伊勢崎線)、都營地下鐵淺草線、京成押上線、半藏門線經過，從這些站出來都可以立刻見到東京晴空塔巨大的建築。
◎從とうきょうスカイツリーライン(東武伊勢崎線)とうきょうスカイツリー駅出站可以直達東京晴空塔城。
◎從淺草雷門散步至晴空塔，約半小時內可以走得到。如果有時間，建議可以上午在淺草遊，下午從淺草至向島散步，結束後再到晴空塔繼續遊逛並欣賞夜景。

晴空塔THE BEST攝影景點！

❶吾妻橋
◬別冊P.29,A3
想從淺草前往晴空塔，若是時間充裕的人一定要走吾妻橋，從這裡望過去的晴空塔與朝日啤酒大樓相映成趣，畫面十分有張力。

❷押上天祖神社
◬別冊P.29,B3
從神社望過去的晴空塔雖然多少有些遮蔽物，但將晴空塔與神社鳥居一同入鏡的畫面也訴說出這片土地新舊交融的故事。

❸十間橋
◬別冊P.29,C3
來到橫跨北十間川的十間橋，可以拍攝出河面完整的晴空塔倒影，是許多專業攝影師要拍晴空塔的定番景點。大約是下午至傍晚時間最漂亮。

❹源森橋
◬別冊P.29,A3
木船與電車加上高塔的組合，透露出東京晴空塔所在地的新與舊。在源森橋除了也可以拍到晴空塔的倒影，還能拍攝到電車經過的畫面。

❺淺草寺
◬別冊P.29,C1
東京晴空塔落成後，從淺草寺境內也可以眺望美景。若想要拍到寺廟與晴空塔同框的畫面，過寶藏門這側拍過去最美。

🛍 TOKYO mizumachi

東京ミズマチ

晴空塔和河道勾勒的下町風情，就像明信片般美麗。

🅰別冊P.28,D2 🏠墨田區向島1丁目 ⏰依各店舖而異 ㊗依各店舖而異 🌐www.tokyo-mizumachi.jp

位在浅草站和東武晴空塔站之間，高架橋下的全新複合商業施設「TOKYO mizumachi」，分為東西兩區，共有12間店家進駐。緊鄰隅田公園的為西區，以餐飲店為主，紐約超人氣餐廳Jack's Wife Freda和日式甜點專賣店いちや(Ichiya)都在此設店；靠近晴空塔的為東區，則有住宿設施「WISE OWL HOSTEL RIVER TOKYO」。漫步在這一帶，不但可以品嚐美食，還可以一邊遠望晴空塔，一邊在隅田公園，享受在草皮上野餐的悠閒時光，是來淺草觀光又一推薦景點。

💡 輕鬆往返淺草和晴空塔

不搭電車靠雙腳也能輕鬆漫遊淺草和晴空塔東京！在隅田公園旁的隅田川興建一座橫跨兩岸的步道「SUMIDA RIVER WALK」步道橋就位在東武鐵道旁，渡過後便能抵達TOKYO mizumachi，更是從淺草快速抵達晴空搭的捷徑。

🍡 いちや

📞03-6456-1839 🏠墨田區向島1-2-7 TOKYO mizumachi West Zone ⏰10:00~18:00 ㊗週二(遇假日順延翌日休)

「賞味期限當天」的超人氣和式甜點店。

🌐www.instagram.com/ichiya_mizumachi/

不管什麼時候，店門口總是大排長龍，隅田公園旁高架橋下這家白色調的和菓子店「いちや」，可說是深受淺草下町居民愛戴的新參者。本店位在曳舟站於2013年開業，選在諸多和菓子名店所在的激烈戰區，卻能在短時間脫穎而出，**其魅力就在他們家「大福」，吃了一口就讓人停不下來**！纖細而綿密的口感再加上打破傳統印象，甜度適中的內餡，「賞味期限只有當天」的鮮度更叫人為之讚嘆。除了定番豆大福、人氣度相當高的杏大福以外，季節限定水果口味也非常推！銅鑼燒也是必買商品之一。如果有時間的話，店內用餐是不錯選擇。

季節性刨冰淋上的特調果醬能吃到滿滿果肉。

◆赤羽橋・東京鐵塔周邊◆赤坂◆廣尾

2-21

山手線一圈

東京地下鐵

押上・晴空塔周邊

◆中央總武線◆東京廣域

👁 鳩の街通り商店街

📖別冊P.29,C1 🏠墨田區東向島5丁目 🌐hatonomachi-doori.com

　從曳舟車站沿著水戶街道西行，走沒多久，就會遇到鳩の街通り商店街。拐個彎，從車水馬龍的大道上穿入了粉紅色共門，彷彿進入了另一個恬靜的世界；**經過商店街的再生計劃，現在這裡不只保有逃過戰火的長屋建築，更有由老屋改建而成的咖啡廳、廢棄舊公寓新生的商店街直營商店等，**隱藏版的下町散步就濃縮在這裡。

自家製的和風甜點「あんみつ玉」。

⛩ 牛嶋神社

📖別冊P.28,D2 ☎03-3622-0973 🏠墨田區向島1-4-5 🕐自由參拜 💰自由參拜 🌐www.tokyo-jinjacho.or.jp/sumida/5692

　牛嶋神社是慈覺大師於貞觀2年(860年)所創建的。舊址毀於關東大地震，直到昭和7年(1932年)才在現在的位置重建。**牛嶋神社有兩大特色，你絕對不能錯過。一是在日本全國極為罕見的「三輪鳥居」；二則是神社內奉納的牛像，**據稱只要撫摸與自己病痛處相同的部位，頭痛摸牛頭，腳痛摸牛腳，就能痊癒。既然到此一遊，不妨試試「撫牛」保安康。

在日本非常稀有的「三輪鳥居」，外型看起來就好像三個鳥居接連在一起。

☕ 小熊咖啡

おすすめ
薦

古民家カフェ こぐま

📖別冊P.29,C1 ☎03-3610-0675 🏠墨田區東向島1-23-14 🕐11:30〜18:30(L.O.18:00) 🚫週二、三 🍮あんみつ玉(餡蜜球)￥600、昔クリームソーダ(古早味冰淇淋蘇打)￥780，點甜點+飲料可以減￥150 🌐www.ko-gu-ma.com

在優雅的老房子享受東京下町的緩慢步調。

　改建自昭和2年的古藥局，小熊咖啡室內空間使用大量木頭，連桌椅也是小學、中學的課桌椅，**不只充滿懷舊感，愛書的主人特地整理了個書架，藏有800冊的各類圖書，**不只是三五好友小聚的地方，也很適合一個人來這裡發呆、讀書、品嚐下町的懷舊美味。

山手線

東京地下鐵　押上‧晴空塔周邊　►中央總武線►東京廣域

自下町區拔地而起的高塔，在設計上蘊含和風情調。

東京晴空塔城

Tokyo Sky Tree Town
東京スカイツリータウン

薦
おすすめ
東京必訪的TOP 1景點！

📍別冊P.29,B3東京晴空塔　🚇墨田區押上1-1-2　🕐展望台10:00~22:00(入場至21:00)，週日9:00~22:00(入場至21:00)；TOKYO Solamachi購物10:00~21:00，餐廳11:00~23:00　❌不定休　🌐www.tokyo-skytree.jp

　標高634公尺的自立式電波塔「東京晴空塔」取代東京鐵塔，成為世界的新高度，也成為代表東京的人氣地標。起初規畫興建時曾開放民眾投票命名，最後以「SKY TREE」的開放性概念勝出，成為現在「TOKYO SKYTREE TOWN」的構想；**除了晴空塔本身之外，這裡更有300多間店鋪與美食聚集、包含天文台、高空夜景餐廳等多重娛樂**，是旅人到東京必朝聖的歡樂地。

晴空塔這樣玩最聰明！

❶東京時空導覽@350樓
從這三面螢幕合起來的導覽可以看到從晴空塔望出去的所有景色。

❹紀念寫真@445樓
在迴廊起點抬頭看向玻璃窗外，可以看到迴廊終點(450樓)有人在為你拍照。拍好的照片就是長這樣！

❷玻璃地板@340樓
在展望台裡有二處玻璃地板，距離地面340公尺的高度讓人心跳加速！

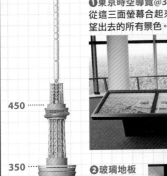

❺The Skytree Shop@345樓
🕐10:00~21:30，週日、例假日9:00~21:30　📍晴空塔1、5F也有店舖(1F店舖暫停營業)
難得來到晴空塔，怎麼能不帶點限定小物回家做紀念呢！不只是晴空塔的原創小物，還有聯合各大品牌的聯名商品，另外可愛的吉祥物Sorakara家族玩偶也是人氣商品之一。

❸天望回廊@445~450樓
迴廊緩緩的坡度讓人有種走在宇宙中的錯覺。

超可愛的吉祥物晴空妹妹SORAKARA周邊商品。

山手線一圈

東京地下鐵 押上・晴空塔周邊 ◆中央總武線◆東京廣域

你知道晴空塔高度634有什麼意義嗎？

晴空塔初步規劃時，以超越中國的廣洲塔的610M為目標，原訂高度為610.58M，後期為了展現日本建築技術的實力，克服重重困難，最後選擇了與東京舊國名「武藏国」發音相似的634為最終高度，並刷新世界紀錄。

從展望台能以全新角度眺望東京的景色。

⑥Sky Restaurant 634@345樓

⏰12:00~16:00(入店至14:00)，週六日及例假日11:30~16:00、17:30~22:00(入店至19:30) 🍴午間套餐：粹(IKI)¥8,000、雅(MIYABI)¥11,000、晚間套餐：粹(IKI)¥18,000、雅(MIYABI)¥22,000、幟(NOBORI)¥30,000 🌐restaurant.tokyo-skytree.jp ❶需預約，請勿穿著運動裝及輕便服飾入店；晚餐限10歲以上才可入店

想像在距地面345公尺的地方享用餐點會是什麼樣的心情呢？位在晴空塔展望台內的Sky Restaurant 634就能讓你親身體驗。不只坐擁美景，這裡的餐餚將日式食材與和風之美結合西洋料理手法，素雅又不失高貴。

⑦Skytree Cafe@340、350樓

⏰10:00~21:45(L.O.21:15)，週日、例假日9:00~21:45(L.O.21:15)

在晴空塔上有兩間Skytree Cafe，位在340樓的Skytree Cafe有坐席，且也有許多與吉祥物Sorakara妹妹結合的可愛食物。350樓的Skytree Cafe則是站席，餐點美味也很受歡迎！

◎ 晴空塔展望台

おすすめ 薦

📞03-6658-8012 🏠天望Deck：東京晴空塔城340F、345F、350F，空中迴廊：東京晴空塔城445F、450F ⏰10:00~22:00(入場至21:00)，週九9:00~22:00(入場至21:00) 🎫當日券：天望Deck＋天望回廊18歲以上¥3,500(休日¥3,800)、國高中生¥2,350(休日¥2,550)、小學生¥1,450(休日¥1,550)、6歲以下未就學免費；天望Deck18歲以上¥2,400(休日¥2,600)、國高中生¥¥1,550(休日¥1,650)、小學生¥950(休日¥1,000)、6歲以下未就學免費；天望回廊18歲以上¥1,000(休日¥1,100)、國高中生¥800(休日¥900)、小學生¥500(休日¥550)、6歲以下未就學免費 🌐www.tokyo-skytree.jp ❶預售票須透過網路預約(須有日本信用卡)或透過東武觀光窗口購買。現在也能夠直接購買當日券，建議不趕時間的旅客在平常日時可以直接購買，休日包含週六日、例假日、黃金週、盂蘭盆節、年末年始及其他特定日(詳見官網查詢)

登上展望台實際感受地表新高度！

結合未來感與傳統建築意識的晴空塔，在原本相對寂靜的下町地區卓然而立，最大的魅力說來很簡單：**這是東京新高點，能由全新角度欣賞東京和近郊風景**。第一展望台「天望Deck」分為三層：340樓、345樓與350樓，有景色優美的展望咖啡以及浪漫夜景餐廳。而第二展望台「天望回廊」則有能繞塔一周的360度空中迴廊，連接445樓與450樓，能在天空下感受零距離的魄力景致。

山手線一圈　東京地下鐵　押上·晴空塔周邊　▶中央總武線▶東京廣域

🛍 TOKYO Solamachi

おすすめ 薦

東京ソラマチ

⬆別冊P.29,B3東京晴空塔　☎03-6658-8012　🏠東京晴空塔城內　❷購物　10:00~21:00，餐廳11:00~23:00　🈺不定休　⏰www.tokyo-solamachi.jp

> 有最新、最有話題性的商店就在這裡！

　東京晴空塔除了大塔身中的展望台，在規畫興建時，也以購物城鎮的構想將這裡設定為三百多間店鋪與美食聚集的休閒購物中心。**其中包含水族館、天文台、高空夜景餐廳等設施**，是東京都內的嶄新歡樂天地。命名為 TOKYO Solamachi 的商場，範圍共七層樓、52,000平方公尺，囊括美食街、餐廳、在地銘菓等，一次滿足吃喝玩樂購的行程。

TOKYO Solamachi　　**TOKYO Solamachi**

墨田水族館　　Konica Minolta Planetarium天空　　East Tower

West Yard　　**Tower Yard**　　**East Yard**

🎭 Konica Minolta Planetarium天空

コニカミノルタプラネタリウム天空

☎03-5610-3043　🏠Solamachi 7F East Yard 9番地　❷10:30~22:00(售票至21:00)，週六日及例假日9:30~22:00(售票至21:00)　💲Planetarium一般席國中生以上¥1,600、4歲以上¥1,000；Planetarium立體音響SOUND DOME國中生以上¥1,900、4歲以上¥1,000　⏰planetarium.konicaminolta.jp/tenku

　在城市裡仰望滿天星斗不是夢！結合最新立體音響、投影裝置與舒適座椅，Konica Minolta Planetarium天空在東京打造了夢幻的奇跡星空劇場。**強調漆黑夜空中繁亮的星，配合動人的音樂與劇情**，每天輪番上演2至3個劇目，讓人動心。

©すみだ水族館

🐟 墨田水族館

すみだ水族館

☎03-5619-1821　🏠Solamachi 5F West Yard 2番地　❷10:00~20:00(入館至19:00)，週六日及例假日9:00~21:00(入館至20:00)　🈺設備檢修日　💲大人¥2,500、高中生¥1,800、國中小學生¥1,200、3歲以上¥800　⏰www.sumida-aquarium.com

> 以深藍光線營造幽暗氣氛，水母分透著光，是大人小孩都愛的人氣區域。

　城市裡的巨大水槽讓人彷彿走入海底世界，與石斑魚、沙丁魚、魔鬼魚等共生在海中悠游。除了**以人工海水建造適合生物的舒適環境之外，這裡也擁有日本最大規的室內開放式水槽**，可以與企鵝、海狗等小動物近距離接觸。

> 舒適的三日月席(特等席)可坐兩人，想與情人來場浪漫的星空之旅，記得先預訂！

©Konica Minolta Planetarium天空

🧁 東毛酪農63℃

☎03-5809-7134 ⌂Solamachi 4F East Yard 9番地 🕙10:00~21:00 ⑤霜淇淋￥460 🌐www.milk.or.jp

　將鮮榨牛奶以63℃低溫殺菌30分鐘，**製作成牛奶、草莓、抹茶等口味的濃郁霜淇淋**。甜筒餅乾可選擇海鹽、竹炭芝麻與手燒三種，吃得到滿滿的乳香，從晴空塔開幕以來，始終是受歡迎的人氣店家。

☕ COCONOHA

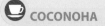

ココノハ 東京スカイツリータウン・ソラマチ店
☎03-5809-7162 ⌂Solamachi 4F West Yard 4番地 🔽9:00~22:00(L.O.21:00) 🌐www.cafe-coconoha.com

　COCONOHA明朗舒適的店裡有鄉村風的可愛陳設，這裡的義大利麵加入日式高湯，還使用米粉做成鬆餅，味道清爽。**推薦料理包括明太子豆奶蝦仁義大利麵**，清爽豆乳降低熱量，讓口感更為爽口香滑。燉飯方面有嫩雞蔬菜番茄燉飯，南瓜、茄子、櫛瓜等五色青菜，光視覺就很吸引人。

> 敘敘苑的牛肉燒烤，是極致的美味享受。

> 選擇高品質的牛肉，是敘敘苑對料理的堅持。

薦 おすすめ

> 高人一等的遼闊視野，帶來極致的感官享受。

🍴 叙叙苑

叙々苑 東京スカイツリータウン・ソラマチ店
☎03-5610-2728 ⌂Solamachi 30F East Yard 12番地 🔽10:30~23:00(L.O.21:30)；午餐10:30~16:00(L.O.)，週六日及例假日至15:00(L.O.) ⑤すだれ肩ロース炙り焼き(炙燒醬醃肩胛肉)￥5,500、タン塩焼き(鹽燒牛舌)￥3,700 🌐www.jojoen.co.jp/shop/jojoen/soramachi

　位在東京晴空塔30樓，高級燒肉名店敘敘苑以高品質的牛肉、毫無油煙味及典雅時尚的用餐空間，打破燒肉店煙霧瀰漫的印象。新鮮燒肉的均勻油花是完美的霜降比例，讓人為之瘋狂，**經典的菜色還有牛舌，肉質嫩而不爛，擁有美妙的反作用力**，辛香料刺激味蕾加上渾厚的牛舌鮮香，感動到讓人說不出話來。

みりん堂

印有晴空塔的日式煎餅，是店內的人氣商品。

📖別冊P.29,B3 ☎03-3621-2151 🏠墨田區業平1-13-7 🕐9:30~18:00(週日至17:00) 🈺週一，不定休 💻mirindo.com

　　走在晴空塔附近，如果在路上想來點小食，**有90年歷史的煎餅店みりん堂是不錯的選擇**。晴空塔開幕時順勢推出的繪有可愛晴空塔的傳統日式煎餅，十分受歡迎，木色小店裡一枚枚散發著濃濃的醬油香氣的煎餅，可都是由職人親手燒烤而成。

櫻茶屋

桜茶や

📖別冊P.29,B1 ☎03-3622-2800 🏠墨田區向島5-24-10 🕐17:00~23:00，預約制 🈺不定休 💰季節の会席料理(季節會席料理)¥15,000 💻sakurajaya.jp

　　向島因為坐落著許多富有悠久歷史且隱秘性高的高級料亭，成為日本政府名流私下晤會聚餐的地方，席間為了助興，常安排能歌善舞又擅談的藝妓列席，吃飯喝酒之餘穿插歌舞表演炒熱氣氛。創業於昭和八年的櫻茶屋正是這樣的地方，除了可看到**藝妓與年輕舞妓的曼妙歌舞，還可在藝妓伺候下享用道地的日式會席料理**。

宴席間與藝妓一起玩「お座席遊び」的小遊戲，體驗日式風情。

到長命寺櫻もち品嚐和菓子櫻餅，享受淡雅宜人的美味。

長命寺櫻餅

長命寺桜もち

📖別冊P.29,B1 ☎03-3622-3266 🏠墨田區向島5-1-14 🕐8:30~18:00，1/1 10:00~17:00 🈺週一、二 💰召上がり(內用櫻餅＋煎茶)¥500、箱詰(盒裝櫻餅)5入¥1,500 💻sakura-mochi.com

　　江戶時期創店者山本新六將隅田川岸的櫻葉摘下來用鹽醃過後，包在餅上大受歡迎，因為那時店舖位在長命寺前，故以「長命寺」名聞全日本。除了外帶，店內也設有茶席，**櫻餅用幾片醃漬過的櫻葉輕覆於裏著紅豆內餡的麻糬餅皮上，去掉櫻葉後再食用**，特殊的清香沾在麻糬上讓人口齒留香。

SASAYA CAFÉ改建自倉庫建築。

VEGAN and ORGANIC
SASAYA CAFÉ
SUMIDA
TOKYO 2012

☕ SASAYA CAFÉ

おすすめ
薦

📖別冊P.29,B3 ☎03-3623-6341 🏠墨田區橫川1-1-10 🕐8:30~18:00 🈺不定休 💻sasayacafe.com

倉庫裡的咖啡慢時光～

　　改建自倉庫的SASAYA CAFÉ從所在的位置與挑高的天花板、厚重的鐵門等，都能窺見其曾有的面貌。現在這裡是間有著悠閒氣氛的咖啡廳，**提供有機與素食餐點，絕不使用動物性原料與化學添加物**，就連蛋糕、茶飲、販賣的包裝食品等也皆講求健康有機。

店內的蛋糕甜點皆講求有機與健康。

言問団子 おすすめ 薦

⬆別冊P.29,B1 ☎03-3622-0081 ⬆墨田區向島5-5-22 🕘9:00~17:00 ⬆週二、每月最後一個週三 💰ことといだんご召上り(內用,三色糰子)¥780 🌐kototoidango.co.jp

與櫻花祭絕配的三色傳統糰子。

創業於江戶末期的言問糰子至今已有160多年的歷史,**招牌紅白黃三色糰子也代表了三種口味:紅豆餡、白豆沙餡、味噌餡**,各有愛好者,但要論罕見,當屬味噌餡的黃糰子了。紅白兩色的糰子皆由豆沙包著麻糬,而黃糰子則由梔子染黃的麻糬包著味噌餡,絕妙鹹度配上麻糬的香甜,值得一試。

盒裝三色丸子12入¥2,960

SPICE CAFÉ

⬆別冊P.29,C3 ☎03-3613-4020 ⬆墨田區文花1-6-10 🕘11:30~15:00(L.O.14:00)、18:00~23:00(L.O.20:30) ⬆週一、二 🌐spicecafe.jp

喜愛老房子咖啡的人來到SPICE CAFÉ能夠充份感受日式老氛圍,而咖哩狂熱分子來到這裡,也必能被這由不同香料熬煮出來的黃褐湯汁深深吸引。店主以兩年的印度餐廳學習基礎加上本身對香料的認知,**依日本人的口味而製成的原創咖哩**;印度人重視的香氣與日本人偏愛的甘韻讓端出來的咖哩飄散著南印度香氣。

其他料理也利用香料來引出食材原味。

Ⓗ 東京黎凡特東武飯店

⬆地圖外 🚊JR錦系町駅、東京Metro錦系町駅 ☎03-5611-5511 ⬆墨田區錦系1-2-2 🕘Check in 15:00 / Check out 11:00 🌐www.tobuhotel.co.jp/levant/

位在錦系町車站,步行5分鐘即到達的東京黎凡特東武飯店,**最大特色就是有能看到晴空塔的房型,將最具東京代表性的城市風光盡收眼底**。房間風格偏向復古簡約、寬敞的格局。房型選擇多元豐富,不論是家庭旅遊、三五好友或獨自前來東京的背包客都相當適合。在這裡除了可以看到不少外國住客,也有日本人進來飯店內用餐、參加宴會等活動。

若有些預算,可以考慮至飯店最高樓的景觀餐廳一「簾」用餐,從午餐時段至大人的飲酒時光都能在這裡享受,在此觀賞晴空塔美景別有一番風味。

藏前
くらまえ
Kuramae

與淺草極度接近的藏前，名稱由來是因為這裡在江戶時期是與京都、大阪並列的日本三大米倉之地，當時稱為「淺草御藏」。屬於下町一部分的藏前，歷經時光推移與關東大地震後，大量的米倉建築早已不復見，如今的藏前是個充滿優雅氣氛的住宅區，可見歷史氣氛的老商店、祭典用品批發店散落在新式街區裡。以知名筆記本文具店「カキモリ」所在的國際通り、江戶通り路口為中心，充滿個性與手作設計風格的小店，大都集中在這個三角形街區中。街道寬敞而優雅舒適，是想遠離淺草人山人海煩躁感的文青新據點。

交通路線 & 出站資訊

電車
都營地下鐵藏前站➡大江戶線、淺草線
出站便利通
◎至國際通り、江戶通り路口，搭淺草線從藏前駅的A3出站最近，出口即達。
◎要到ボン花火、McLean漢堡店，搭大江戶線從藏前駅的A6出站最近，這裡離隅田川的船形屋搭乘處也相當近。
◎搭乘地下鐵銀座線至淺草駅下車，沿隅田川河濱步道或江戶通り商店街，走到藏前只需8分鐘，也很方便。

從淺草走河濱散步去藏前吧！
幾乎與淺草連成一線的藏前，近幾年吸引許多手作工作室進駐，充滿個性感的店家，成為文青散步新去處。從東京市中心來的話，與其在淺草站轉換電車去藏前站，還不如散步去吧，更能感受下町的優閒風格。可從淺草站前的駒形橋一路沿隅田川河濱走，沿途風景優雅，不到10分鐘可抵達厩橋上岸，一旁就是熱門漢堡店「McLean」及河景居酒屋「ボン花火」。

🍴 YUWAERU本店
結わえる 本店

🅰別冊P.4,D3　🍴一膳飯屋、酒場03-5829-9929；よろずや03-3863-1030
📍台東區藏前2-14-14　🕐一膳飯屋11:30~14:30(L.O.14:00)，週六日及例假日11:30~15:00(L.O.14:30)；酒場17:30~22:00(L.O.21:00)；賣店よろずや11:30~15:00、17:30~20:00　🅿不定休　💴ハレ箱膳定食¥1,400、箱膳定食¥1,100　🌐www.yuwaeru.co.jp

薦 昭和情調的溫暖氛圍，品味鄉土定食與季節真味。

結わえる日文意為「連結」，以食連結傳統和現代的生活文化，是日本食療專家荻野芳隆所提出的食生活概念。主廚發明獨家的炊飯法「寝かせ玄米®(熟成糙米飯)」，**以午間的健康「基本食」搭配晚間的美味「快樂食」的食生活提案**，達成身心的健康與平衡。

定食組合菜色皆是日本鄉土料理，只使用國產的當季食材。

薦

Dandelion Chocolate Factory & Cafe Kuramae

🅐別冊P.4,D4 🕿03- 5833-7270 📍台東區藏前4-14-6 🕐11:00~19:00 ⓢブラウニーバイトフライト(巧克力布朗尼) ¥880 🌐dandelionchocolate.jp

品味舊金山設計巧克力品牌。

「Dandelion Chocolate」以bean to bar(自選豆至包裝)為概念**全程手工製作巧克力**,創造一個展演和學習巧克力製程的空間,並設咖啡屋供應自家製的巧克力甜點和飲品。藏前分店可選擇3種「巧克力布朗尼的嚐味之旅(ブラウニーバイトフライト)」,佐精釀啤酒或有機葡萄酒,以味蕾細細感受不同產地可可豆的風味差異。

以獨創的布朗尼,開啟巧克力的味覺之旅。

嚴選中南美洲和非洲的單一產地可可豆,巧克力塊只添加蔗糖,呈現最純粹的風味。

hibi 10MINUTES AROMA STORE TOKYO

🅐別冊P.4,D4 🕿03-5829-6306 📍台東區藏前4-4-8 🕐12:00~19:00 ㊡週一 ⓢ火柴線香¥770起 🌐hibi-jp.com/zh-tw/

以一根10分鐘,就能滿室馨香的線香為主題,**來自兵庫縣的香氛品牌hibi**,原本是火柴公司,為了延續火柴的歷史,品牌名hibi寓意「日常」,希望用戶每天都能自由享受香氛,讓火柴製造的傳統技藝在現代生活中繼續閃耀。藏前店的裝潢使用了六甲山的木材、高砂竜山石以及淡路島銀瓦,融合了來自兵庫縣的地域資源,營造出獨特的空間氛圍。

2樓咖啡廳可以嚐到與可麗露美味相呼應的各式甜品。堤拉米蘇¥1580。

KURAMAE CANNELE CAFÉ

🅐別冊P.4,D4 📍台東區藏前2-1-23 🕐1F賣店 11:00~19:00,2F咖啡11:00~18:00 ㊡週一 ⓢ可麗露1個¥290、3個¥870 🌐www.kuramae-cannele.jp

兼具簡單與優雅風味的「可麗露」誕生於16世紀,至今仍廣受世界喜愛。經過傳統製法和精選食材的改良後,這裡的可麗露更加符合日本人的口味,**每日新鮮出爐的可麗露不用放涼再吃,就能保有外皮酥脆,內部如卡士達般柔滑的口感,讓人體驗獨特的「現烤可麗露」**。2樓的咖啡館提供以「專用蛋」和頂級材料製作的高級可麗露與專為可麗露設計的獨創甜點,裝潢也很用心,吸引許多少女前來朝聖。

店舖限定「hibi for you」。可從16種香調中選擇8種自己喜愛的味道,或是為朋友量身打造,拼出獨一無二的香氛禮盒。

Pelican CAFE 薦

ペリカンカフェ

🏠別冊P.4,D3 📞03-6231-7636 🚇台東區寿3-9-11 ⏰9:00～17:00 📅週日、年末年始 💴フルーツサンド（水果三明治）¥950、炭焼きトースト（碳烤吐司）¥400 🌐pelicancafe.jp

> 大人氣三明治，從早餐時段排到下午茶，想要吃可得做好排隊的心理準備。

Pelican CAFÉ是「パンのペリカン」直營咖啡館。創業於昭和17年的麵包店老舖只提供「吐司」與「奶油餐包」兩種產品，堅持少而精的理念，不因時代變遷而改變其獨特風味。在咖啡廳這裡，**為了突出麵包的素材滋味、確保每片吐司都達到最佳口感，切成3公分厚，放在特製的網架上用炭火慢慢烘烤，外皮酥脆，內部柔軟，再搭配奶油和特製果醬，讓人回味無窮**。季節性水果三明治則選用當季4至5種水果，搭配奶酪和鮮奶油製作，帶來不同凡響的味覺享受。除了麵包，這裡也提供不過深也不過淺的懷舊深焙咖啡，帶來一杯充滿懷舊感的溫暖。

> 排隊前記得要抽號碼牌，才不會浪費時間白白等候。

葉もれ日

hamorebi coffee

🏠別冊P.4,D4 📞03-6339-9139 🚇台東區浅草橋3-4-4 ⏰11:00～18:00 📅週一 💴手沖咖啡¥500，香料咖哩¥700 🌐hamorebi.tokyo

町屋風格且充滿溫馨的外觀是「葉もれ日」的特色。穿過玻璃門，迎面而來的是天花板挑高且寬敞的空間。這家咖啡館原本是一間酒屋，經過改造後，仍然可以在店內的各個角落看到當時的痕跡。**中午提供的主打菜品是經過多次試驗改良的手作香料咖哩，搭配來自宮城的高品質米飯，讓人享受到辛辣與甘美的完美平衡**。餐後再加上一杯來自肯亞的手沖咖啡，更是讓人陶醉其中。

SUNNY CLOUDY RAINY

別冊P.4,D3　☎03-6240-9779　台東區藏前4-20-8東京貴金屬会館2F　12:00~18:00　不定休

sunnycloudyrainy.com

這是一間**雜貨感風格強烈但又多了一些設計感元素的選物店**，從衣服、配件、飾品，這裡可以找到很多令人升級的好物。位於安靜的街角2樓、充滿舒適與空氣感的優雅店內，兩邊牆面的大片玻璃帶來每天氣候變化的日常。就像店名無論晴天、雨天或陰天，透過每日不同穿搭變化，也是一種生活樂趣。

Maito Design Works藏前本店

別冊P.4,D4　☎03-3863-1128　台東區藏前4-14-12(藏前染所)　11:30~18:30　週一　maitokomuro.com

飲食要崇尚自然健康，連24小時貼身穿著的衣服也要走天然素材風格。**Maito真糸是一家以100%天然染布料為主軸、聚集日本各地織品職人傳統手藝的店**，設計製作的服飾，充滿舒適與都會悠閒風格，包含衣服、圍巾、包包等，透過各種植物天然色染，呈現出優雅又耐看的色澤。

店內一角展示以不同植物染所呈現的織品絲線。

店內飲食以烘焙小點為主，各式餅乾、甜點走大人味的優雅風格。

CAMERA

別冊P.4,D3　☎03-5825-4170　台東區藏前4-21-8　11:00~17:00　週一　お花のクッキー(花造型手工餅乾)2片￥300　camera1010.tokyo

CAMERA取自拉丁語「小房間」的意思，這個位在國際通街角的店，裡面**包含手作設計皮革店numeri以及手作烘培MIWAKO BAKE，兩家店的複合營運模式**，以國產天然材料、職人手作概念，各自展現洗練風格外，組合一起又風格完全契合，是家舒適感高讓人可以好好放鬆的地方。

🍽 ボン花火 おすすめ薦

📍別冊P.4,D3　☎03-5830-1180　Ⓜ台東區駒形2-1-7 MKビル 1~2F ▼

可以欣賞隅田川的美餐廳。

11:30~14:30(L.O.14:00)、17:30~23:00(餐點L.O.22:00、飲品L.O.22:30)，週六日及例假日11:30~23:00(餐點L.O.22:00、飲品L.O.22:30)　休無　⑤日替わり花火定食(今日午間花火定食)¥1,000　🌐www.bonhanabi.jp

ボン花火包含1~2樓，是間**有戶外陽台座位區，可以看著隅田川邊用餐喝酒的居酒屋食堂**，因坐擁絕佳地點，最熱門時段就是夏季7月底的花火節，座位2個月前就開放預訂。當然花火不是天天有，即使平日的夏季夜晚來這裡邊用餐、喝酒，也相當風雅。

> 午餐時段以套餐為主，晚上則變身居酒屋。

> 戶外陽台區將隅田川美景一覽無遺，到夏季花火節更是一位難求。

> 店內雖然座位少，但隔個馬路就是隅田川，可坐在河岸步道邊慢慢享用。

🍴 McLean -old burger stand- おすすめ薦

📍別冊P.4,D3　☎03-6802-8232　Ⓜ台東區駒形2-2-10 ファンライフ駒形1~2F ▼11:30~21:00(L.O.20:30)，週日11:30~19:00　休每月第三個週一　🌐mclean.jp

藏前人氣立食漢堡店。

與ボン花火僅數步距離的**McLean結合咖啡店Leaves**，就位在十字路口的街角，小巧的店面，內有座位區，悠閒的街區風情頗有身在歐美的錯覺。曾在人氣漢堡店修業的老闆，以國產牛肉自製的粗絞漢堡肉，充滿肉汁與牛肉口感。而Leaves咖啡則採用挪威人氣咖啡店Fuglen的咖啡豆，雙強並列的好口感，迅速竄升成為藏前人氣指標。

> 從封面、內頁、扣環、綁帶到裝訂方式，打造專屬於自己的筆記本。

> 店內還可調製專屬墨水，從19種顏色挑出3至4種調合也是一門學問。

🎁 Kakimori おすすめ薦

カキモリ

📍別冊P.4,D4　☎050-3529-6390　Ⓜ台東區三筋1-6-2　▼12:00~18:00，週六日及例假日11:00~18:00　休週一　🌐www.kakimori.com

親手感受文具與筆記本的新靈魂。

原為文具批發商的店主，回頭經營祖傳三代的文具行後，漸漸感受到在現今的數位化時代，書寫這件事變得越發重要，因為字跡無法像電腦軟體輕易刪除覆蓋，而開始布置Kakimori。牆上展示的鋼筆，從總裁級的精品到能夠輕鬆入手的入門款，**店內的商品也並不局限於精美的設計師文具，美觀之外還加入實用性考量。**

日本橋‧人形町
にほんばし‧にんぎょうまち
Nihonbashi‧Ningyomachi

東京車站附近的日本橋、人形町一帶，發展歷史可以追溯到400年前江戶城開城之時。由德川家康建於1603年的日本橋是江戶城發展的起點，之後日本最早期的郵局事業和銀行系統發祥於此，最早的百貨公司三越、老字號高島屋還有交通網樞紐東京車站都位於同區，是日本邁向現代化的重要發足地。在今天的日本橋區域，能感受到從江戶經歷經明治西洋風情的歷史步履，江戶至今的老舖也不少。同樣位於日本橋區域內的人形町，江戶時代是人形師(偶戲師)聚居的庶民歡樂街，現在街坊依舊古樓，留下來的庶民小吃名店也不少，也成為日劇「新選組」的拍攝場景。

「日本橋」歷史
日本橋是德川家康在慶長8年(1603年)開立江戶幕府時所建，當時是江戶的主要道路，現在仍是數條國道的起點和重要的交通匯集地。初代日本橋為木造，之後歷經了戰事與火災，現在看到的橋梁是建於1991年的第九代，是石造的雙拱橋梁，第一代木橋的原尺寸復原模型，則可以在兩國的江戶東京博物館看到。

浮世繪中的日本橋
如果對日本橋過去的面貌感到好奇，可以在不少浮世繪作品中找到端倪。例如浮世繪畫家歌川廣重的作品「東海道五拾三次之內 日本橋」，就如實重現了江戶時代日本橋的風貌，看著行走上挑著扁擔的販夫走卒們，可以遙想當時日本橋來往頻繁，擔任江戶城與鄉郊間重要物資的運輸樞紐。
❶「東海道五拾三次之內 日本橋」藏於太田記念美術館

道路元標
位在日本橋中心的「道路元標」，說明這裡曾是東海道、甲州街道、奧州街道、日光街道、中山道起點的歷史。

交通路線&出站資訊

電車
東京Metro日本橋駅⇨東西線、銀座線
都營地下鐵日本橋駅⇨大江戶線
東京Metro三越前駅⇨銀座線、半藏門線
東京Metro人形町駅⇨日比谷線
都營地下鐵人形町駅⇨淺草線
東京Metro水天宮前駅⇨半藏門線

出站便利通
◎前往日本橋從東京metro日本橋駅的B11出口最近。
◎日本橋比較熱鬧的主要大路位在河的北邊，三越本店、三井本館等比較大規模的商業設施集中在這裡，最近的站是三越前駅。高島屋則位在河的南面，從日本橋駅較近。兩邊的小巷都藏有江戶時代的老舖，可以感受另一種老派的東京風華。
◎從日本橋走到東京車站並不遠，若從高島屋出發約10分鐘就可以抵達八重洲北口，另外也有免費接駁巴士從東京車站出發繞行本區，詳細資訊請參考東京車站P.1-2交通部分。
◎從人形町駅的A2出口出來就是最熱鬧的甘酒橫丁，水天宮前駅則離景點水天宮較近。

日本橋高島屋S.C.

日本橋タカシマヤ

P.3,A2 03-3211-4111 中央區日本橋2-4-1 B1F 10:30~21:00，1~5F 10:30~20:00，6F 11:00~22:00，7F 11:00~23:00 不定休 www.takashimaya.co.jp/nihombashi/specialtystores/

百年百貨高島屋，不但是日本橋具代表性的指標百貨，優雅的本館建築更被列為日本重要文化財，由於本館建築無法擴大增築，因此近幾年在一旁與斜前方擴增的東館與2018年9月開幕的新館，再加上本館成為龐大購物區，自2018年9月起也正式改名為「日本橋高島屋S.C.」。位於本館旁的新館，寬廣明亮的購物空間引入許多美食店鋪、雜貨與居家商品，**以各式專門店型態引入115家店鋪，整體風格年輕活潑**，其中各式美味老舖、話題排隊名店也都羅列其中，讓高島屋再度引發話題。

> 本館與新館間的專用人行通道，綠意舒適，散步兼具window shopping。

> 外國遊客到高島屋，一定要辦一張打折卡。

高島屋史料館TOKYO

03-3211-4111 日本橋高島屋S.C. 本館4~5F 4F展示室10:30~19:30，5F舊貴賓室僅講座活動開館 週一、二(遇假日照常開館)，換展期間，年末年始 免費參觀 www.takashimaya.co.jp/shiryokan/tokyo/

1829年發跡於大阪的高島屋，其後發展成高島屋的百貨店，本身就是一部精采的史料素材。最早於大阪難波高島屋店設立的高島屋史料館，不僅有高島屋本身的資料，更多是一些日本常民風俗、美術、藝術與和服等收藏展示。**2018年隨日本橋高島屋SC的更名開幕，於本館這棟歷史建築內也設置了一處高島屋史料館TOKYO**，規模空間雖不算大，但透過每次的更新換展，也能讓購物時也順便欣賞不同展覽內容。

> 傳統澳洲派「Aussie pie」烤酥牛肉派上放馬鈴薯泥與青豆泥，再淋醬汁，看似濃口嚐起來卻意外清爽。

N2 Brunch Club

薦 おすすめ

03-6281-9806 日本橋高島屋S.C.新館1F 10:30~20:00(L.O.19:00) 不定休 n2brunchclub.com

> 澳洲人氣冰淇淋海外首發店！

來自澳洲的人氣義式冰淇淋名店「N2 Extreme gelato」與雪梨「Black Star Pastry」名廚共和合作的新火花餐廳就取名N2 Brunch Club，海外首家店鋪就開在高島屋新館的1樓。從店名N2 Brunch Club就知道這裡以早午餐為主打，**優雅又充滿視覺與味覺新鮮感的各式早午餐，皆可組合成飲料甜點等套餐**，菜單上各式單點餐飲、飲料、甜點甚至晚餐都很豐富，尤其美味義式冰淇淋更是不能錯過。緊鄰本館間的戶外區也設有座位，讓人宛如在歐美街邊店用餐般氣氛輕鬆。

經過翻修的舊銀行建築，內部設計融合了古材、裸露混凝土和磚牆等工業風格，呈現出獨特的氛圍。

Bistro yen

⌂BANK 1F ⊕中央區日本橋兜町6-7 ◷11:30～14:30，18:00～21:30 ㊡週三 ⑤午間套餐￥4400，晚間套餐￥7700 ⓥwww.instagram.com/yen_bistro_tokyo

在一樓由「ease」的大山惠介首度企劃的「Bistro yen」以「美味地享受麵包」為主題，提供融合法式、義式與和風材料的創意料理。開放式廚房讓客人可以直接面對主廚，並品味食材與料理方式的香氣驚喜。

薦
おすすめ

◉ BANK

⌂別冊P.3,B2 ☎050-3593-0834 ⌂中央區日本橋兜町6-7 BANK 1F ◷8:00～18:00 ㊡週三 ⑤各式麵包￥300起 ⓥwww.instagram.com/bank_bakery_tokyo/

集結了麵包店、餐酒館、咖啡吧和花店，為日本橋傳統街區帶來全新價值。

BANK館內仍保留了銀行時代的金庫，彷彿能感受到兜町的歷史氣息。在一樓可以找到與設施名稱相同的「bakery bank」。這裡使用日本國產小麥、義大利小麥及天然酵母製作的麵包，呈現出獨特的口感，脆爽與彈性兼具。

Flowers fête

⌂BANK B1F ◷11:00～18:00 ㊡週二、三 ⑤每日花束￥1000起 ⓥwww.instagram.com/fete_fl_tokyo

Flowers fête是一家由花卉設計師「細川萌」主理的花卉設計店，除了在週五至週日提供新鮮花卉外，店內也吊掛著許多乾燥花，販售自創的花束、香包、芳香擴香器等花卉產品，還提供空間裝飾建議。

☕ Coffee bar & Shop coin

⌂BANK B1F ◷8:00～21:30 ㊡週三 ⑤手沖咖啡￥700起，磅蛋糕￥750 ⓥwww.instagram.com/coin_cf.sp_tokyo

Coffeebar & Shop coin不只是間咖啡廳，還展示了精緻的餐具、家居用品還有橄欖油蠟燭、圍裙和手提包等印有LOGO的原創商品，所有商品都兼具實用性和設計感。這裡也販售咖啡豆，如果喜歡店內的咖啡，可以在此購買。

日本橋 長門

和菓子味道香甜而不膩,品味高雅。

(A)別冊P.3,A2　(電)03-3271-8662　(地)中央區日本橋3-1-3　(時)10:00~18:00　(休)週日,例假日　(價)和菓子4入￥1,680　(網)nagato.ne.jp

長門創業於享保元年(1716年),**家族世世代代為侍奉江戶幕府德川家的御用和菓子師傅。**遵循古法的江戶風情和菓子、半生果子、抹茶果子美麗精巧得像一朵朵含苞初綻的花兒,包裝以圖案纖美的千代紙,不論是送禮或自享都相宜,其中以久寿もち、切羊羹是店內的招牌商品。

お多幸本店

薦 おすすめ

(A)別冊P.3,A2　(電)03-3243-8282　(地)中央區日本橋2-2-3　(時)17:00~23:00(L.O.22:15),週六、例假日16:00~22:30(L.O.21:45)　(休)週日　(價)おでん(關東煮)￥250起、とうめし(豆腐飯)￥430

除了關東煮湯頭鮮甜美味,用料大方之外,其他餐點也有水準,引人食指大動。

除了夜晚的關東煮,お多幸特別推出**獨特的豆腐飯,碗公盛滿白飯,然後直接放一塊將近5公分厚、滷得濃郁入味的嫩豆腐。**柔軟的豆腐在白飯上不斷晃動,滷汁從豆腐滲入飯中,伴隨著冉冉上升的蒸氣,簡簡單單,卻堪稱是美味的最高境界,再怎麼有自制力的人也很難不動心。

以甜美湯頭燉煮的美味關東煮。

最溫暖的老味道「日式關東煮」
江戶時代非常風行的關東煮,將豆腐、蘿蔔、煮蛋等簡單素材,用昆布、柴魚和薄味醬油等熬成的湯頭加以燉煮,暖洋洋的幸福感覺,是老東京人的記憶。

日本橋1之1之1

ニホンバシ　イチノイチノイチ

(A)別冊P.3,A2　(電)03-3516-3111　(地)中央區日本橋1-1-1 國分ビル1F　(時)17:00~22:30,週五17:00~23:00,週六、例假日11:30~15:00、17:00~22:00　(休)週日　(網)nihonbashi111.zetton.co.jp

沿著橋畔散步,來到了地址為日本橋1之1之1的地點,現在已是同名的創作和食空間。**餐廳集合來自全國各地的新鮮漁產鮮蔬,以傳統的日式食材,創作出符合現代人口味、充滿新鮮感的創意和風料理。**夜晚店內也提供酒類,並有露天傍河的座席,邊用餐眺望著窗外日本橋川的波光激灩,開啟輕鬆的東京小酌夜晚。

真鯛の土鍋めし(真鯛土鍋拌飯)￥2,200

うさぎや 中央通店

usagi屋 中央通店

(A)別冊P.3,A2　(電)03-3271-9880　(地)日本橋1-3-8　(時)9:30~18:00　(價)どらやき(銅鑼燒)￥240　(休)週日　(網)www.wagashi.or.jp/tokyo_link/shop/0303.htm

説到東京知名的銅鑼燒,一定不能錯過日本橋的老舖うさぎや。**帶有彈性的餅皮,配上香甜細緻的紅豆餡,比例拿捏得恰到好處,是許多老東京心目中的完美滋味**,在日本美食網站食べログ(tabelog)上也獲得壓倒性的支持。うさぎや在日本橋有本店和中央通店兩間店面,而中央通店交通比較方便,週六也有營業。

🛍 COREDO日本橋

コレド日本橋

⚑別冊P.3,A2 ☎03- 3272-4801 ⚐中央區日本橋1-4-1 ◷B1~3F購物11:00~20:00，4F餐廳11:00~23:00(週六日及例假日至22:00)，B1F Café&熟食店10:00~22:00(週六日及例假日至21:00) ⓤmitsui-shopping-park.com/urban/nihonbashi

　　隸屬於三井旗下的COREDO日本橋，與東京metro日本橋駅直接連通，開業於2004年，也為老舖百貨林立的日本橋地區注入了年輕的活力。在定位上以年輕女性為主要客群，還重新規劃了針對女性的3F生活雜貨美妝區，全館精選約30間餐廳與服飾店舖，小資女孩來這裡逛就對了！

🛍 COREDO室町1、2&3

おすすめ
薦

コレド室町1、2&3

⚑別冊P.3,A1 ㊝依店家而異 ⚐中央區日本橋室町2-2-1、2-3-1、1-5-5

以女性消費為定位的精選百貨。

11:00~20:00、週六日及例假日10:00~20:00，餐廳11:00~23:00 ⓤmitsui-shopping-park.com/urban/muromachi

　　同樣隸屬於三井集團旗下的COREDO室町1、COREDO室町2&3集結多間老舖，以飲食、嚴選精品為主要訴求。於2010年開幕的COREDO室町，在2014年3月時室町2、3兩館也相繼開幕，**為了重現江戶時代日本橋的繁盛，在外觀設計融合日本古典與現代元素**，創造出一個全新的飲食、購物空間，也活化日本橋，吸引更多有品味的年輕人。

展現老舖技藝的童心之作，傳達和菓子的嶄新魅力。

🍰 鶴屋吉信 TOKYO MISE

☎03-3243-0551 ⚐COREDO室町3 1F ◷賣店11:00~20:00，週六日及例假日10:00~20:00；茶房・IRODORI SHOP11:00~19:00(L.O.18:30)；菓遊茶屋11:00~18:00 ㊡1/1 ⓢ抹茶白玉あんみつ(抹茶白玉餡蜜)¥1,320 ⓤwww.tsuruyayoshinobu.jp

　　創立於1803年的京都甜點老舖「京菓匠 鶴屋吉信」，在日本橋開設分館「鶴屋吉信tokyo mise」，附設和菓子吧「菓遊茶房」，以及茶房空間可以享用熱茶與和菓子。以茉莉、洋甘菊、玫瑰、薰衣草、薄荷，重新詮釋和菓子「琥珀糖」；「有平糖」則以宇治、鴨川、祇園、嵯峨野、西陣發想色彩。

山手線一圈▼ 東京地下鐵 日本橋‧人形町 ▼中央總武線▼東京廣域

現在依然可以從氣派的四層樓挑高大廳和巨大的天女像等，遙想當年的磅礴氣勢。

👜 日本橋 三越本店

🏠別冊P.3,A1 ☎03-3241-3311 🏠中央區室町1-4-1 🛍購物10:00~19:00，餐廳本館7F11:00~19:00新館B1F、9F、10F 11:00~22:00 ㉫不定休 🌐www.mistore.jp/store/nihombashi.html

　　對江戶時代起就以三井越後屋的名字在日本橋經營吳服店的三越來說，日本橋是名副其實的事業起點，現在所看到的日本橋三越本店建築，最早完工於1914年，之後陸續增建和整修的工程完成於1935年，**開幕當時，日本橋三越本店可是東京除了國會議事堂和丸大樓外最大的建築，也是日本第一間引進電梯的百貨公司。**

👁 日本橋三井tower

日本橋三井タワー

🏠別冊P.3,A1 ☎03-5777-8600 🏠中央區日本橋室町2-1-1 🕐依各設施而異 ㉫依各設施而異 🌐www.mitsuitower.jp

　　與80年歷史的重要文化財三井本館併設的現代感建築三井tower，竣工於2005年，是日本橋第一間高樓層的複合式商辦設施。在高樓層有文華東方進駐，低樓層則有包括千疋屋總本店等高級餐廳。**相鄰的三井本館內還設有三井紀念美術館，展出三井家族以東洋古美術和工藝品為主的傲人收藏。**

🍴 Tapas Molecular Bar

薦 おすすめ

タパス モラキュラーバー

☎03-3270-8188 🏠日本橋三井tower 38F Mandarin Oriental東京 🕐18:00~20:00、20:30~22:30 ㉫週一、二 💰套餐￥25,300起 🌐www.mandarinoriental.co.jp/tokyo ❗採預約制，務必先以電話預約

歡迎來到料理實驗室，解放對料理的想像力！

　　東京東方文華酒店38樓，Tapas Molecular Bar就位於遠眺皇居與新宿的景觀咖啡廳Oriental Lounge中央，在沙發椅包圍中，僅8人的吧檯座位就像是劇場的特等席，大廚在眼前近距離演出，彷彿變魔術一般，**利用針筒、液態氮容器、試管變化出各種前所未見的新奇美食！**

大廚發揮創意，將食材玩出各種分子料理！

招牌蛋包飯是庶民美食當中的夢幻逸品。

泰明軒

たいめいけん

東京人心目中最棒的蛋包飯！

🔎別冊P.3,A1 ☎1F 03-3271-2463，2F(預約)03-3271-2464 🚇中央區日本橋室町1-8-6 🕐1F 11:00~21:00(L.O.20:30)，週日、例假日11:00~20:00(L.O.19:00)；2F 11:30~15:00(L.O.14:00)、17:00~21:00(L.O.20:00) ⓧ1F週一、2F週日、一、例假日 💰オムライス(蛋包飯)¥1,900、ハンバーグステーキ(漢堡排飯)¥3,000 🌐www.taimeiken.co.jp

　　創業於昭和6年的泰明軒，**在招牌料理蛋包飯，用叉子將蛋皮切開的那瞬間，柔嫩鬆軟的半熟蛋皮，濃郁細緻的口感奠定了餐廳的地位。**雖然發明蛋包飯的始祖不是泰明軒，但是將蛋皮做成半熟鬆軟的口感，則是由已故的伊丹十三導演的一句話：「如果可以吃到鬆軟的蛋皮做成的蛋包飯該有多好」這句話而產生的。

Sucre-rie

シュークリー

隱藏在人形町中的美味洋菓子店。

🔎別冊P.3,B1 ☎03-5651-3123 🚇中央區日本橋人形町1-5-5 🕐9:30~18:00，招牌泡芙出爐時間：9:30、12:00、17:00 ⓧ週日 💰シュークリーム(泡芙)¥340 🌐www.instagram.com/sucrerie155/

　　Sucre-rie的招牌商品就是酥脆的泡芙，脆皮的外層再填入濃郁的內餡，嚐起來富有芝麻香氣，一天只有三次出爐時間，每到出爐時間前店門口總是大排長龍。其他甜點也是堅持使用最高級的原料和天然素材精心製，櫃中的蛋糕顆顆都像是美麗的寶石般，無論外觀和口味都誠屬一流，如果時間無法配合泡芙出爐的時間，也可以外帶蛋糕品嚐。

除了泡芙與蛋糕，店內其他的小點心也很適合當伴手禮。

貨幣的黃金色澤及精美壓紋像是件美麗的藝術品。

貨幣博物館

🔎別冊P.3,A1日本銀行 ☎03-3277-3037 🚇中央區日本橋本石町1-3-1日本銀行分館內 🕐9:30~16:30 ⓧ週一(遇假日照常開館)、12/29~1/4 💰免費參觀 🌐www.imes.boj.or.jp/cm ❗入館前需要檢查行李，建議輕便就好。

　　貨幣博物館在1985年成立，其宗旨一來是為了紀念日本銀行創立一百周年，另外也是為了將**館內三千種以上的錢幣收藏公諸於世**，讓人們能夠更瞭解日本貨幣的發展史。在貨幣博物館可以看到從古至今的貨幣收藏品，還能從貨幣當中瞭解歷史、其不同的功能甚至到社會階層的關係。

除了日本的貨幣，也有展出世界各國的珍奇收藏。

柳屋

薦 おすすめ

📍別冊P.3,B1　☎03-3666-9901　🚇中央區日本橋人形町2-11-3　🕐12:30~18:00　📅週日、一　💰鯛燒き(鯛魚燒)¥180

不吃會後悔的香酥鯛魚燒！

柳屋創業於大正5年(1916年)，每天還沒開店就已排滿了人潮，只見職人熟練的反覆翻烤著鯛魚燒的烤模，香噴噴的鯛魚燒就藏在一個個模具裡。為了不讓薄脆外皮的水份流失，職人特別用強火來烤，要不被燒焦可是要靠職人累積多年的經驗；香濃飽滿的內餡採用北海道產的紅豆，當天製作保證新鮮。

柳屋的鯛魚燒可說是甘酒橫丁上的招牌點心。

「昇龍」與「降龍」雕刻十分精美，被視為「強運厄除之龍」。

⛩ 小網神社

薦 おすすめ

📍別冊P.3,B2　☎03-3668-1080　🚇中央區日本橋小網町16-23　🕐自由參拜，社務所9:00~17:00　🌐www.koamijinja.or.jp

洗錢招財運，參拜還要先排隊的超人氣金運神社。

小網神社最初為安置觀世音與弁財天的萬福庵，由惠心僧都開基，已有千年的歷史，現存社殿與神樂殿建於昭和4年(1929年)，是日本橋地區唯一的戰前木造神社建築。小網神社被尊崇為「強運厄除的神明」，境內的「錢洗いの井」以其財運功效而著名，每年10月28日的萬福舟乘弁財天大祭吸引眾多參拜者。

拿出自己的鈔票，放入簍子中「洗錢」，求得好錢運！

🈁 水天宮

📖別冊P.3,B2 ☎03-3666-7195 🚉中央區日本橋蛎殻町2-4-1 ⏰7:00~18:00 Ⓜ www.suitengu.or.jp

安產子育河童，以和睦的河童母子為意像，祈求一家和樂。

　　水天宮自文政元年鎮座於九州久留米藩江戶上屋敷，至今已滿200年。明治5年遷座至現址後，信仰更為深厚，全國各地的參拜者亦日益增多。來到這裡參拜的婦女們大部分都**是來求子、祈禱安產**，每逢戌日的時候，甚至會有多達千人的婦女們來此參拜，將水天宮內外擠得水洩不通。

境內最有名的便是「子宝犬」，據說待產的媽媽只要摸摸自己的生肖(干支)就能平安順產。

🈁 草加屋

📖別冊P.3,B1 ☎03-3666-7378 🚉中央區日本橋人形町2-20-5 ⏰12:00~18:00 🈺週日、一 💰手燒き(手烤仙貝)5枚入¥600 Ⓜwww.soukaya.tokyo

　　從**昭和3年便營業至今的草加屋，以手烤仙貝聞名**，因為登上東野圭吾小說「新參者」的日劇舞台，而成為觀光客來人形町必造訪的名店之一。這裡的仙貝由職人一個一個手工燒烤，配合上不同調味與燒烤時間，呈現不同的口感與韻味。

薄薄的麵皮包覆北海道十勝的紅豆內餡，口感超滿足。

🈁 重盛

📖別冊P.3,B2 ☎03-3666-5885 🚉中央區日本橋人形町2-1-1 ⏰9:00~19:00 🈺週日、例假日，12/31~1/3 💰人形燒¥140 Ⓜwww.shigemori-eishindo.co.jp

　　創業於大正6年(1917年)的重盛，以七福神造形的**人形燒聞名**，一天平均可以賣出三千個以上，有時假日還能賣到一萬個。這裡的人形燒特色便是極薄的麵皮與來自北海道十勝的綿密飽滿紅豆內餡。除了人形燒，創始的煎餅也是名物之一，口味眾多，送禮自用兩相宜。

双葉也有販售甘酒橫丁上少有的甘酒(甜酒釀)。

双葉

おすすめ 薦

深受地方愛載的豆腐老舖。

▲別冊P.3,B1　☎03-3666-1028　♀中央區日本橋人形町2-4-9　◷7:00~19:00，週日10:00~18:00　⑤揚げ出し豆腐定食(炸豆腐定食)¥900　ⓦwww.tofunofutaba.com

　相傳四代的**双葉創業於明治40年(1907年)，是甘酒橫丁上的傳統豆腐老舖**，使用100%大豆精製的各式豆腐是太太們不會錯過的必買土產，而豆腐做的甜甜圈、布丁等也深受歡迎。除了可當作土產的豆腐製品，双葉的2樓設有食事處可供客人現場享用風味獨具的豆腐料理，比起京都的湯豆腐，双葉的豆腐料理顯得樸實且有媽媽的味道。

現炸現吃的炸豆腐素樸而美味，當路過的小零嘴最合適。

喫茶去 快生軒

▲別冊P.3,B1　☎03-3661-3855　♀中央區日本橋人形町1-17-9　◷7:00~18:00，週六8:00~12:00　ⓧ週日、例假日　⑤ブレンドコーヒー(特調咖啡)¥500

　快生軒位在人形町的地鐵站出口旁，因為內裝擺設都與當初開業時一樣，造訪這裡的大多都年紀大一點，也是許多當地人的回憶空間；**想要體會大正摩登美學的朋友也不妨起個大早來這裡吃份早餐**，不管是店家的特調咖啡還是紅茶，配上簡單的奶油吐司，美好的早晨就該在這麼協調、悠哉的氣氛中度過。

志乃多壽司總本店

▲別冊P.3,B1　☎03-5614-9300　♀中央區日本橋人形町2-10-10　◷9:00~19:00　⑤変わり志乃多(豆皮壽司)7入¥1,080　ⓦwww.shinodazushi.co.jp

　明治初期以路邊攤起家的志乃多寿司，在口味眾多的各式壽司中，**最出名的是由第一代研發出來的豆腐壽司「志乃多」**，以三種砂

糖、醬油、味醂小火慢燉出來的油豆腐皮，滋味甘美清爽，包著微酸的米飯讓人吃得津津有味。志乃多的壽司會隨季節變化推出不同的創新口味，讓老客人們永遠有新的期待和驚喜。

「喫茶去」歷史

喫茶去，源自佛教用語，指的便是「請享用茶」之意；禪宗的僧人們不分貴賤，對信眾如是說道，盡心招待客人。為了常保招待客人的心，店主特以此為店名。

築地‧月島
つきじ‧つきしま
Tsukiji‧Tuskishima

在 東京旅行時，找一天起個大早，到築地市場吃一頓最新鮮的握壽司早餐，早已是許多遊客的定番行程之一。素有「東京廚房」稱號的築地市場，是世界最大的魚市場，為舉辦2020年的東京奧運，築地場內市場在2018年10月正式遷址到江東區的「豐洲市場」，但場外市場仍舊有不少老店在此為老顧客服務。鄰近築地東南方的月島，正是下町料理「もんじゃ(文字燒，又被稱為月島燒)」的發源地，雖然是個住宅區，從隅田川附近到月島車站一帶卻聚集了不少家文字燒餐廳，尤其在有「月島文字燒街」之稱的西仲通商店街，短短400公尺的街道齊聚超過30間文字燒店，推薦可以來這裡品嚐獨特的懷舊滋味。

交通路線＆出站資訊

電車
都營地下鐵築地市場駅◇大江戶線
東京Metro築地駅◇日比谷線
都營地下鐵月島駅◇大江戶線
東京Metro月島駅◇有樂町線

出站便利通
◎築地市場現在只剩下場外市場，是外圍的店鋪聚集處，許多好吃的店還留在這沒遷走。
◎大江戶線築地市場駅的A1出口距離築地市場正門最近。
◎若是利用東京Metro的築地駅，出口1距離景點的築地本願寺最近。
◎築地場外週日固定休息，每月還會有2、3天的額外休息日，行前最好先參考網站上公佈的休市日。
◎www.tsukiji.or.jp
◎由築地市場步行前往銀座大概只需15分鐘，可作為行程規劃參考。
◎月島駅7號出口是最接近文字燒街——西仲通商店街的出口，可由此慢慢散步到下一站勝どき駅，感受下町的懷舊氛圍。

築地漁市場搬家，但場外市場美食區一樣熱鬧滾滾！
築地早晨的熱鬧市場、人潮洶湧的美味老店，映照出的都是一份帶著懷舊氣息的東京庶民風情。自從1935年從日本橋遷入現址，築地市場周邊食堂也已成為東京老饕的必訪之地，因市場建築老舊且土地規劃不周全，2018年10月正式遷址至江東區「豐洲市場」，原場內空地挪作2020年東京奧運會場，但觀光客最大美食目標的場外市場仍留在原地；為避免場外市場的遊客流失，場外市場也推動振興計劃，讓這裡一樣熱鬧滾滾。

魚河岸水神社(遙拜所)
◎別冊P.23,B1 ◎中央區築地5-2 ◎自由參觀 ◎自由參拜
　　當年德川搬到江戶時，一群大阪漁師跟著他一起搬進江戶城，並在日本橋開始了漁市生意。日本橋魚市場成了築地市場的前身，**漁師們所信仰的海上安全和漁獲之神弥都波売命也被請到當時的水神社，作為魚市場守護神**。之後因為關東大地震，魚市場遷至築地，水神社遷到了神田神社境內(JR御茶ノ水站附近)，市場內建了現在的水神社遙拜所，繼續守護築地市場。

> 伊藤忠太在石造建築的柱頭和基座以象、猿、蟲等動物作為雕飾，造型揉合想像與現實。

卍 築地本願寺

⊕別冊P.23,B1　☎0120-792-048　⊙中央區築地3-15-1　⊙本堂6:00~16:00　⑤自由參拜　⊕tsukijihongwanji.jp

築地本願寺作為京都西本願寺的別院而成立，是關東地區淨土宗的主要宗廟之一。始建於1617年的淺草附近，然而1657年的明曆大火將其燒毀，隨後在江戶幕府的支持下遷至現在的地點。當時為了在這片海埔地上重建本堂，寺院進行了大規模填海工程，由此得名「築地」。

1923年的關東大震災再次摧毀了本堂，而後於1934年重新建造，**現今的本堂設計由東京帝國大學（今東京大學）名譽教授、著名建築史家伊東忠太博士負責。**伊東忠太因研究建築而遊歷亞洲各國，他與當時為了探明佛教傳來路徑而組織探險隊遊歷絲綢之路的淨土真宗本願寺派門主大谷光瑞相識，這段緣分促成了築地本願寺的獨特設計，**借用印度及亞洲古代佛教建築的特色，外觀充滿東方風情，本堂入口的彩色玻璃窗及眾多動物雕刻更增添了其異國情調，**彷彿帶人穿越至絲綢之路上的古老佛教國度。

本堂內部保留了淨土真宗寺院的傳統佈局，是端正標準的桃山樣式，堂間供奉本尊阿彌陀如來和宗祖親鸞聖人像，氣氛莊嚴肅穆。2014年，築地本願寺的本堂、大谷石石牆及三門門柱被指定為國家重要文化財，彰顯了其歷史與建築價值。築地本願寺不僅是宗教聖地，亦是文化遺產，其獨特的建築風格及深厚的歷史背景吸引著無數遊客和信徒前來參拜。

親鸞聖人

親鸞聖人於1173年誕生於京都日野之里，9歲起在比叡山學習，29歲時遇見法然聖人，進入本願念佛之道。經歷流放後，親鸞聖人在關東地區開始撰寫著作《教行信證》。他用一生90年的時間，指引人們仰望阿彌陀如來的教誨，教導如何在充滿煩惱的世界中生存，於1263年往生。

☕ 🍴 Tsumugi

☎03-5565-5581　⌂築地本願寺境內　8:00～18:00　⑤18品的早餐￥2200

cafe-tsumugi.jp

Tsumugi的**人氣菜單「18品的早餐」**每日限定，以阿彌陀佛第18個願望「**世界和平**」為發想，提供**18種和食小缽**，讓人一邊享用美食，一邊欣賞本堂和境內美景，享受美食與文化交融的獨特體驗。

築地場外市場

有點像迪化街的場外市場，由多家連在一起的狹小店舖所組成，入口在晴海通與新大橋通的交叉路口，主要販賣做料理用的道具、醃漬品、乾貨等食材，還有生魚片、鰻魚燒、海鮮蓋飯等小吃店，材料當然是早上才從場內市場現買的活跳海鮮，生魚片和蝦貝類都帶著鮮甜海味，對預算有限的旅人來說，是塊寶藏之地。

☎03-3541-9466 ⬥中央區築地4-10-16 ⏰6:00~約14:00(營業採購6:00~9:00，普通販售9:00~14:00，自由營業14:00~) 休週日、三、例假日 🌐www.tsukiji.or.jp

🍴 築地すし鮮 総本店

⬥別冊P.23,B1 ☎03-6226-5910 ⬥中央區築地1-9-6 ⏰11:00~翌5:00，午餐11:00~15:00 🌐www.sakanaya-group.com/01sushisen/01sohonten/main.html

以白色為裝潢基調的「築地すし鮮」是家美味又平價的壽司連鎖店，總本店位在築地車站附近的市街上，凌晨也有營業。店內以超低價格提供築地市場當日魚鮮所做成的握壽司，此外還有黑鮪魚解體秀表演，能欣賞師傅熟練地將巨大的黑鮪魚輕鬆解剖，現作成鮮美絕倫的料理款待顧客。

築地魚河岸 海鮮市集

☎03-3542-0620 ⬥小田原橋棟：中央區築地6-26-1；海幸橋棟：中央區築地6-27-1 ⏰1F 7:00~14:00(開館5:00~15:00)；3F魚河岸食堂7:00~19:00(L.O.18:00) 休週日、例假日，週三指定日 🌐www.tsukiji.or.jp/forbiz/uogashi ⬥5:00~9:00以專賣買賣販售為主

為配合場內市場遷移至豐洲，2016年新建一處集合原場外市場店家的新海鮮市集，新建的築地魚河岸分有兩棟建築，入駐約60間海鮮、蔬果店家，並於3樓設置魚河岸食堂，旅人可以馬上品嚐新鮮食材的滋味外，還有中華料理、炸物、咖哩以及喫茶處。

おすすめ 薦

🍴 狐狸屋

きつねや

⬥別冊P.23,B1 ☎03-3545-3902 ⬥中央區築地4-9-12 ⏰6:30~13:30 休週三、日 ⬥牛丼￥800，ホルモン煮(燉煮牛雜)￥700

> 最受歡迎的牛肉丼飯！

> 牛雜的口味雖然偏鹹，卻是江戶人的最愛。

專賣燉牛肉料理的狐狸屋是築地的人氣名店，光看老闆攪動著那鍋咕嚕咕嚕冒著泡的燉牛肉，就讓人垂涎三尺。除了牛丼外，強烈推薦本店的牛肉，香軟滑嫩的筋肉加上香蔥，口味雖然偏鹹了些，不過正是老江戶們喜愛的好味道。

山手線一圈→

東京地下鐵

築地‧月島

→中央總武線→東京廣域

🍴 築地喜代村　壽司三昧 本店　おすすめ 薦

つきじ喜代村 すしざんまい

便宜又好吃的大眾派壽司！

📖別冊P.23,B1　☎03-3541-1117　⚲中央區築地4-11-9　🕐24小時　握壽司單點¥107起、本まぐろ三種盛り(3中鮪魚生魚片拼盤)¥3,080

🌐www.kiyomura.co.jp

　　築地市場一帶是壽司店的集中地，其中位於場外市場的壽司三昧本店，是日本第一家24小時的壽司店。壽司三昧為了打破過往壽司店給人的高價神秘印象，**以明亮的大扇櫥窗和清楚標示的合理價格，吸引客人安心上門**，也特別為外國客人準備圖文並茂的英文菜單，店內招牌是不同部位的鮪魚握壽司。

> 當日特別的漁貨則會寫在店內黑板上，也可以請師傅們推薦唷！

🎁 吹田商店

📖別冊P.23,B1　☎03-3541-6931　⚲中央區築地4-11-1　🕐6:00~14:00　⚫週三、日、例假日　🌐www.tukijisuitakonbu.com

　　創業120多年以來，**吹田商店一路走來始終如一，守護著日本料理的根源「昆布」**。店裡的優質昆布，來自利尻、日高、羅臼等日本各地，每片昆布從採收到日曬都經過嚴格把關。想知道什麼樣的昆布適合哪種料理，只要詢問店員，他們都會親切告知。

🍴 築地壽司清 築地本店

📖別冊P.23,B1　☎03-3541-7720　⚲中央區築地4-13-9　🕐10:00~14:30(L.O.14:00)、17:00~20:30(L.O.19:30)，週六日及例假日10:00~20:30(L.O.19:30)　⚫週三　🍣なごみ9貫 和(握壽司 和)9個¥1,700　🌐www.tsukijisushisay.co.jp

　　在東京擁有相當知名度的壽司清本店就位於築地市場邊，**創業已有120餘年，堅持製作出最傳統的江戶前風味壽司**。所使用的食材嚴選自築地最新鮮的漁獲，在壽司職人

的巧手下，和鮮味十足的醋飯融合出最恰當的美味，此外，鯛兜煮(口味甜辣的煮魚頭料理)等各式燉煮或燒烤的魚貝類，也是很受歡迎的菜色。

老師傅根據每天進的漁獲捏出不同的握壽司。

とヽや

🏠別冊P.23,B1　📞03- 3541-8294　📍中央區築地6-21-1　🕙10:00~14:00(L.O.13:30)　休週日，例假日　$燒鳥丼¥1,250　🌐35418294.jp

烤得焦香再沾上油亮醬汁，色香味俱全的雞肉丼只此一家！

　　藏身在場外果菜市場的角落，とヽや店面雖小，名氣卻響亮地很。**這裡的招牌料理就是碳燒雞肉丼**，雞肉塊以炭火直烤，放在晶瑩剔透的白飯上，彈牙多汁的肉質深獲好評，微焦表皮讓味覺更有層次。老闆還在桌上準備醬汁，想要吃濃一點可自行添加。

秀德 2號店

🏠別冊P.23,B1　📞03- 5565-3511　📍中央區築地6-26-7宮崎ビル2F　🕙11:00~15:00(L.O.14:30)、17:00~22:30(L.O.21:30)　休1/1~1/3　$中午套餐¥4,500、¥6,500、¥8,500，晚間套餐¥7,000起　🌐www.shu-toku.com

　　早從江戶時代開始，秀德就在築地市場掛牌批發海鮮魚貨，**秉持400年經驗累積，將觸角延伸到壽司料亭，讓顧客能以大盤成本價，品嘗到高品質的壽司**。由於每日進貨狀況不同，店裡並沒有菜單，而是靠著師傅依照當日鮮魚，以理性和感性，一握入魂捏出美味的握壽司。

烤得焦香入色的雞肉，令人垂涎三尺。

山手線一圈➡

東京地下鐵

築地·月島

➡中央總武線➡東京廣域

西仲通商店街

🏠別冊P.24,A2　📍中央區月島3丁目　🌐monja.gr.jp

　　月島的文字燒店多集中於西仲通，因此又被稱為月島文字燒街(もんじゃストリート)，沿路約有35家店舖。除了店舖聚集，月島還以「月島流」的做法出名。**將所有的食材在鐵板上炒過，做成中空的甜甜圈狀後把湯汁倒入甜甜圈內，這樣的做法可是發源自月島的呢。**

🍴 文字燒 麥

もんじゃ麦 月島本店

🔸別冊P.24,A1　📞03-3534-7795　🏠中央區月島1-22-1 MID TOWER GRAND 116　🕐11:30~22:00(L.O.21:00)　💰スペシャルもんじゃ(特製文字燒)￥1,595 monjyamugi7795.owst.jp

　位在西仲通上的「麥」是一家像日本傳統家庭的店家，店內不大，卻洋溢著溫馨感，每到中午用餐時間或是週末，總是大排長龍，**一定要試試店長最自傲的「特別文字燒」**，含有豬肉、玉米、鮭魚、花枝、蝦子等多達10種材料，料多實在，是本店的招牌料理。

> 店員的幫忙下，煎得酥脆美味的好吃文字燒。

🍴 おしお 和店

おすすめ 薦

> 料多且新鮮，值得推薦！

🔸別冊P.24,A1　📞03-3532-9000　🏠中央區月島1-21-5　🕐11:00~23:00(週六日及例假日至22:30)

　知名度甚高的おしお屬於月島的元老級店舖，光是在西仲通商店街上就有三家店面。其中以這家和(nagomi)分店特別受到年輕女性歡迎。**招牌的什錦文字燒「五目」**，加入豬肉、蝦子、章魚、花枝、炒麵，可品味到五種不同的口感，是來此必點的菜單。

> 餐後甜點熱熱吃起來有種古老的懷念滋味。

🍴 はざま

おすすめ 薦

> 鐵板甜食也超級推！

🔸別冊P.24,A2　📞03-3534-1279　🏠中央區月島3-17-8　🕐17:00~22:00，週六日及例假日11:00~22:00　🈳週一、二

　處在文字燒的激戰區，はざま的位置並不在大馬路旁，而是隱身在小巷子之中，但即便如此，老字號招牌與樸實的口味，仍是吸引許多老饕慕名前來。**享用文字燒時不只品嚐麵糊，可別忘了把鐵板上的焦皮也鏟起來吃**，這可是老闆娘推薦的美味秘訣哦！餐後甜點用鐵板煎出餅皮，再放入紅豆餡，油味引出麵皮的焦香，好吃又好玩。

🍴 鳥秀

おすすめ 薦

> 來月島必吃的超美味雞串！

🔸別冊P.24,A1　📞03-3533-6447　🏠中央區月島1-9-8　🕐11:30~18:00(賣完為止)　🈳週一、二

　鳥秀是一家當地人才會知道的美味雞肉外帶專賣店，店主人元氣地在店面燒烤著好吃的肉串，從遠遠就可以聞到傳出的陣陣燒烤香氣，每到快要用餐時間，絕對得要排隊才能買得到；只用鹽烤的雞翅外酥內嫩，再灑上辛香適宜的七味粉，是主婦們最推薦的滿足好滋味，而醬燒則是香氣撲來，吃過的都說讚！

鮪魚家

もんじゃ まぐろ家 本店

🏠別冊P.24,A1 ☎050-5869-9012 ⏰中央區月島3-7-4 🕐11:30~23:00(L.O.22:15) 💲まぐろもんじゃ(鮪魚文字燒)¥1,050、坂井スペシャル(坂井特製文字燒)¥1,550 🌐maguroya.tokyo

　　鮪魚家避開熱鬧的文字燒街道，**以肥美有料的鮪魚文字燒吸引顧客上門**。老闆最自豪的鮪魚文字燒，醬料上放滿艷紅鮪魚，下鍋用高溫鎖住肉汁，獨特的鮮魚香味和文字燒的醬油味彼此交融，在鐵板上煎得表皮焦脆，光聞到那濃香就教人口水直流。

> 將鮪魚入菜，更增添海洋的新鮮味。

文字燒DIY超簡單！

品嚐文字燒的樂趣就在於自己動手做，再以小鐵板挖來吃，店家通常都會教導和示範，就算日文不通，只要看著做就可以了。

1 店家都會先幫客人熱鐵板，將材料放入。記住只放材料，不要倒湯汁。

2 用鍋鏟切炒熱菜，但不用切得太細。

3 將鐵板上的材料做成一個中空的甜甜圈狀。

4 將湯汁倒入甜甜圈狀的材料中空處。

5 等待湯汁略微收乾後稍微拌炒，再將材料鋪成薄圓狀。

6 待文字燒成為麵糊狀就大功告成，將火開到中火，就可以用小鏟子慢慢品嚐。

2007年時,勝鬨橋與隅田川上的清洲橋、永代橋一同被列入國家重要文化財。

勝鬨橋資料館

かちどき橋の資料館

📖別冊P.23,B1 ☎03-3543-5672 🏠中央區築地六丁目 勝鬨橋靠築地側 🕐9:30~16:30,12~2月9:00~16:00 🚫週一、三、日,12/29~1/3 💲免費參觀

　　西元1940年為了讓當時航行在隅田川的貨船能順利通行,可動橋(日:跳開橋)式的設計,讓勝鬨橋的中央部開闔,有著當時最先進的技術。後來隨著隅田川貨運船數量的激減,於1970年11月最後一次開闔後便未曾再使用。控制勝鬨橋開闔的設置位在勝鬨橋靠近築地市場這側,如今我們能參觀的勝鬨橋資料館,便是改建於此座變電所。**資料館內仍保存著當時的配電設施、設計原圖與當時的文書史料等**,藉由展示物與館內播放的影像資料,讓人了解勝鬨橋、甚至是整條隅田川上的發展歷史。

卍 月島觀音堂

📖別冊P.24,A1 🏠中央區月島3-4-5 🕐自由參拜 💲自由參拜

　　約莫在50多年前,當地的人士柴崎家所建,現在供奉的是觀世音菩薩與一光三尊如來。現在位在一間三溫暖中心的1樓,**據說來這裡參拜可以開運、找回失物、病癒等**,十分靈驗,不只當地人信仰,在

全日本還有「月島開運觀音」的美稱,香客總是絡繹不絕。

[勝鬨橋歷史]

日本第一次舉辦萬國博覽會,是1970年的大阪萬博,但其實早在1904年代,原本於東京的月島地區就有計劃要展開萬博,只是隨著戰爭激化,東京萬博也就無疾而終。在這樣的背景下,當初為了讓東京車站、銀座方面來的人潮能渡過隅田川來到月島,因而有了建造勝鬨橋的計劃。雖然萬博因戰爭而取消,但勝鬨橋仍如期於1940年完成。

深川‧清澄白河
ふかがわ‧きよすみしらかわ
Fukagawa‧Kiyosumisirakawa

深川地區殘留著濃厚的下町風情，從江戶時期便堀成的運河貫穿此一區域，連俳句詩人松尾芭蕉也對此地有著深厚情感，留下許多句碑。以深川不動堂為信仰中心的深川，寺前參道兩側古色古香，時代雖然演進但這裡仍由江戶老舖守護著，沿著清澄通能達回遊式林泉庭園「清澄庭園」，一旁的深川資料館通上有江戶資料館與許多有趣的藝術小店、咖啡廳，轉入美術館通便能到達東京都現代美術館，體驗完全不同於下町的都市藝術綠地。

交通路線＆出站資訊

電車
都營地下鐵門前仲町駅▶大江戶線
東京Metro門前仲町駅▶東西線
都營地下鐵清澄白河駅▶大江戶線
東京Metro清澄白河駅▶半藏門線
東京Metro木場駅▶東西線

出站便利通
◎至深川不動堂與富岡八幡宮，從門前仲町駅的1號出口出站最近，出站後往右走，轉入參道即達。
◎要前往清澄白河庭園，最近的車站就是清澄白河駅，從A3出口出站後過馬路越過清澄通，徒步約3分即能到達。
◎門前仲町駅與清澄白河駅間距離約1.2公里，搭乘都營大江戶線串聯只要花4分鐘，走路也只要花約15至20分，且沿路有些小店可參觀，建議不趕時間可以慢慢散步，體驗下町風情。
◎木場公園廣大，如果要到公園南邊可於木場駅下車，若要去公園北側(東京都現代美術館)則可於清澄白河駅的B2出口，徒步約10分即達。

清澄白河歷史
在江戶時代，清澄白河是重要的物流據點。幕府第一代將軍德川家康為運食鹽至江戶市，規劃開鑿運河，其中最早竣工的便是小名木川，沿岸多建倉庫，並設深川番所以查驗過往船舶及徵稅。爾後因為東京都現代美術館和地鐵站的落成帶來了新人潮，成為文藝青年大顯創意的舞臺。

左岸藝術
清澄白河區閒置的倉庫及町工場，挑高空間少以柱子隔斷，最適合展出大型藝術作品。
在東京都現代美術館開設之後，藝廊也開始進駐周邊地區，打造出隅田川左岸的「藝術街區」。像是以舊倉庫改建的AndoGallery，雪白建築覆滿了常青藤蔓，雖名為藝廊，卻有著極平易近人的生活感
AndoGallery
🏠江東區平野3-3-6 🌐www.andogallery.co.jp

🏛 深川江戶資料館

🅰別冊P.31,C1 ☎03-3630-8625 🏠江東區白河1-3-28 🕘9:30～17:00(入館至16:30)，小劇場‧レクホール9:00～22:00 🈺每月第二、四個週一，12/29～1/3，設備檢修日，換展期間 💴大人￥400、國小～高中生￥50 🌐www.kcf.or.jp/fukagawa

於昭和61年(1986年)開幕的江戶資料館，**主要是再現江戶時期深川佐賀町地區市街風貌的小型博物館**，一踏入館內便能感受到濃濃懷舊風情，沿著運河建造的船宿與火見櫓、窄巷裡的長屋擺放著當時使用的工具，小小的商店街裡有賣菜、賣米的還有賣油的，還能實際進屋子裡瞧瞧。

清澄庭園

薦 おすすめ

⊙別冊P.31,C1 ☎03-3641-5892 ◎江東區清澄3-3-9 ◎9:00～17:00(入園至16:30) ⑥12/29～1/1 ⑤大人¥150、65歲以上¥70，國中生以下免費 ⊕www.tokyo-park.or.jp/park/format/index033.html

東京都內體驗日式庭園風情的好去處。

明治時期三菱集團的創始者岩崎彌太郎以迎賓、社員休閒為目的建立此庭園，1880年竣工，名命為深川親睦園。後代的社長則引進隅田川川水，大以改造，形成現在看到廣大的回遊式林泉庭園。清澄庭園中心是座大池子，周圍巨木環繞，令人不敢置信的是，在東京市區內竟然還能看到野鳥，**是東京都內許多人休閒、賞鳥的名所**。這裡也是東京賞櫻花的名所，冬季不定期舉行夜間點燈活動。

園區內的深川圖書館已有100年以上的歷史，是東京的代表公設圖書館。

清澄庭園的回遊池吸引許多水鳥來此休息覓食。

日式庭景石造景與假山，構成庭園裡恬靜的日式風情。

採茶庵跡

日本知名的俳句詩人松尾芭蕉在出發前往其人生最廣為人知的一段旅程「奧之細道」前，曾在這裡住過一段時日，當時便是落腳在杉山杉風的宅邸「採茶庵跡」。從採茶庵跡右側沿著仙台堀川走入水邊散步道，可以見到芭蕉的俳句石碑。

1樓展售品服飾、家具、雜貨，及自產無農藥有機的沐浴用品、茶葉、蜂蜜、橄欖油、穀麥、無奶蛋糕餅。

🎁 Babaghuri

パパグーリ 清澄本店

⊙別冊P.31,C1 ☎03-3820-8825 ◎江東區清澄3-1-7 ◎11:00～19:00 ⑥不定休 ⊕www.babaghuri.jp

Babaghuri本店是已故的德國設計師Jurgen Lehl的工作室和品牌，其以織品設計活躍於巴黎、紐約，1971年初次到訪日本，因緣際會之下定居。因一則環境污染報導，決定創立其品牌，**由布料延伸至生活雜貨，除延續天然材質手工製作的精神**，對地球的影響減至最低，呈現出生活的堅持和美好的理想。

具有和風典雅的杯盤皆為純手作，市面不易找到。

🎁 青葉堂

薦 おすすめ

⊙別冊P.31,C1 ☎03-6458-8412 ◎江東區白河1-1-1 ◎10:30～18:00 ⑥不定休，詳見官網 ⊕aoba-do.com

精選日本各大名窯作品。

喜歡餐桌美學與陶製杯盤的人一定要來青葉堂逛逛。**青葉堂嚴選日本各地名窯生產的陶器**，像有田燒、清水燒、九谷燒、美濃燒等是當然，也有一些名不見經傳但手工精細的陶藝家作品，每個杯盤食器都是由陶藝職人親手捏製，雖然價格稍高，但樣式與花紋都十分漂亮。

onnellien

📖 別冊P.31,C1 📞03-6458-5477 🏠江東區白河1-1-2 🕐11:00~18:00 🚫週日、一 🌐www.onnellien.net

　onnellien是芬蘭語「幸福」之意，店主精選的北歐雜貨或是餐具擺滿整個空間，也會配合季節替換商品，每次來都會有不同感受。常見的雜貨類型有器皿、手作包、衣服、布製品等，在角落也可以看到毛線專區。而店內不定期會舉行與生活雜貨相關的特展，以搭配的方式提供新的生活方案給顧客。

> 由店主精選的北歐雜貨，會隨季節有不同選物。

L.S Café

> 自製番茄醬、莫瑞拉加上滿滿芝麻葉的PIZZA，吃起來清爽又合拍！

📖 別冊P.31,C1 📞03-6458-5462 🏠江東區白河2-14-7 🕐9:00~19:00(L.O.18:20) 🚫週一 🌐twitter.com/OrganicLScafe

　以北海道為中心，**嚴選日本國內各地有機蔬果食材，再搭配上肉類、蔬果、酒類、調味料**等，烹調出道道對身體健康、吃完又對胃袋舒暢的美味料理。從健康早餐到夜晚的美食、葡萄酒、威士忌等，豐富多樣的菜單選擇外，店內也陳列出售有機蔬菜與各式食材醬料。

> 除了紅茶外，也有泡茶用的各式茶器可以選購。

TEAPOND 清澄白河店　薦 おすすめ

> 融合下町風情的摩登世界紅茶專賣店。

📖 別冊P.31,C1 📞03-3642-3337 🏠江東區白河1-1-11 🕐11:00~19:00 💰NO.1028ダージリン 2024年 ファーストフラッシュ シーヨック茶園(2024年印度大吉嶺SEEYOK茶園紅茶)袋裝/50g￥2,400 🌐www.teapond.jp

　以紅茶為主要商品的這家小茶店，有著**來自錫蘭、印度、中國祁門、日本等超過100種紅茶選擇**，優雅的店裝內連紅茶包裝都是白色系，除了純味紅茶，果味或香料調味紅茶更是店內人氣商品，很多都能試聞味道後再購買。

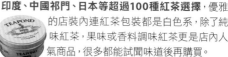

江戶雜貨屋 高橋

江戶みやげ屋たかはし

> 小小的店內最吸引人的是充滿不羈的老雜貨陳列風格。

📖 別冊P.31,C1 📞03-3641-6305 🏠江東區三好1-8-6 🕐10:00~19:00 🌐asarimeshi.thebase.in

　想追尋清澄白河充滿下町風情的地方，就往深川資料館通り商店街上去吧！新舊融合的安靜商店街上，充滿歐洲小店風情的TEAPOND紅茶店對面就是充滿下町風情的老雜貨店「江戶雜貨屋」，**以懷舊餅乾、玩具、和風雜貨、料理包、和風手繪毛巾**等，老闆風趣又愛聊的個性，讓這裡常有鄰居來串門子，門口也貼滿電視來採訪過的照片。

🍴 山食堂

🈺別冊P.31,C1　☎03-6240-3953　🏠江東區三好2-11-6 桜ビル1A　🕐17:00~22:00(L.O.)　休不定休　🌐www.facebook.com/yamashokudo

鐵工廠改建的舊空間。

　清澄白河最熱鬧的江戶深川資料館通り一隅，低調藏了一間和食小酒館「山食堂」，由負責人山谷知生與矢澤路惠共同經營。裸露的水泥牆搭配木造的地板家具，陳設了石油暖爐之類的古道具，充滿昭和時代的生活感；**依照時令節氣決定菜單，每日更換**，並以「**Eat Good**」為概念，烹製「**老媽的家常菜**」。

山食堂的人氣甜點：焦糖蘋果派佐香草冰淇淋。

堅持庶民食堂的精神，提供美味健康的家常和食。

舊倉庫改建成美術館般的新穎建築。

除了咖啡豆可以選擇，店內亦有購物袋、杯子等其他周邊商品。

☕ Blue Bottle Coffee
清澄白河旗艦店

傳說中的藍瓶咖啡本店！

ブルーボトルコーヒー 清澄白河

🈺別冊P.31,C2　🏠江東區平野1-4-8　🕐8:00~19:00　☕カフェラテ(拿鐵) L¥657
🌐store.bluebottlecoffee.jp/pages/kiyosumi

　Blue Bottle Coffee發源自加州奧克蘭，2015年二月**於日本開設第一間海外分店。館內劃分烘焙所和咖啡館兩區，烘焙完成，即在吧檯由咖啡師為點單的顧客現場手沖**。Blue Bottle在當日咖啡表單上也詳細註明咖啡豆品種、原產地和風味，可選擇單品或綜合咖啡，也有不同沖泡方式可以選擇。

📖 しまぶっく

🈺別冊P.31,C1　☎03-6240-3262　🏠江東區三好2-13-2　🕐12:00~19:00　休週一

　位在深川資料館通稍稍內側的書店しまぶっく，由曾擔任淳久堂書店、Aoyama Book Center選書企劃人多年的渡辺富士雄打造，在這專屬他的小店裡可以找到古書、新刊、外文書等，**從江戶文化到兒童書，其所搜羅的種類豐富**，而在門口也會有特賣商品，只見不少人會在店門口細細挑選，找到自己最愛的那一本。

起司的聲音

チーズの声

🅐別冊P.31,C2　☎03-5875-8023　🅖江東區平野1-7-7
🅥11:00~19:00　🅗不定休　🅤food-voice.com/cheese-no-koe

　位於清澄白河站旁的「起司的聲音」，**專門販售北海道起司，另也提供搭配起司的各種北海道啤酒**，店內除了主打的起司，也有以北海道牛乳製作的霜淇淋，採用北海道的鮮乳當日製作，濃郁的乳香味是來自北海道的恩賜，因此相當受東京人喜歡，幾乎有一半的人到店裡都是為了購買冰淇淋呢。

☕ ARiSE Coffee ROASTERS 薦

おすすめ

🅐別冊P.31,C1　☎03-3643-3601　🅖江東區平野1-13-8　🅥10:00~17:00　🅗週一　🅤arisecoffee.jp

清澄白河熱鬧的在地咖啡因補給站。

　擁有山下コーヒー的10年烘焙資歷、在烘焙所The Cream of Crop Coffee協助創建製程的林大樹，於2013年開設「ARiSE Coffee Roaster」，販售自家烘焙的**咖啡豆及手沖濾滴式咖啡**。

公寓個室進駐小店，展售理科實驗器材的リカシツ、日本製造的鞋子品牌LOTTA DESIGN.及自然派紅酒販售店vicino。

室內以二手家具陳設，搭配牆壁上吊掛色彩鮮豔的當代畫作。

◉ 深田莊 薦

おすすめ

fukadaso

🅐別冊P.31,C1　🅖江東區平野1-9-7

昭和舊公寓改建，延續下町文化。

🅥週一、四、六日13:00~18:00，週五13:00~21:30　🅗週二、三　🅤fukadaso.com

　深田莊管理人佐藤奈美繼承祖父留下的公寓，311震災致使建築損毀，意外促成改建契機。以「繼承得來的空間」為題，保留其所歷經的歲月痕跡，打造社區的遊憩地。外觀刻意作舊，後來增建的咖啡館亦強調懷舊感，**縫紉機、廢木料打造桌檯，以二手家具陳設，在新舊之間取得完美平衡**。

販售的家居玻璃雜貨，都是用於理科教室與醫療室裡的玻璃製品。

👕 理科室 薦

おすすめ

リカシツ

☎03-3641-8891　🅖深田莊102室　🅥13:00~17:00　🅗週一~三　🅤www.rikashitsu.jp/home.html　❗每逢週六日店裡常有不定期特價活動

跟著東京人尋找自己的理科系雜貨。

　「理科室」是由日本「關谷理化」專門批發理科教室用品的批發老店所經營，該店創立於1993年，突發奇想的將理化實驗用品延伸出新創新，**讓實驗室走進家裡**，成為日常生活器皿，而將店名取為「**理科室**」。店裡販售以理科室玻璃品的新創意，如以試管作為花器，燒杯用作沖泡咖啡，藥瓶作為密封盆栽的器具等等。

東京都現代美術館

🖊 P.31,D1 ☎03-5245-4111 ⌂江東區三好4-1-1木場公園內 ⏰10:00~18:00(入館至17:30) ⓧ週一，換展期間，12/28~1/1 ⊙常設展大人￥500、大學生￥400、高中及65歲以上￥250，國中生以下免費；企劃展另付費 🌐www.mot-art-museum.jp

再度開幕的高質感美術館！

2019年3月歷經3年的大規模重新整修，空間及設備更加舒適的東京都現代美術館，終於再度開幕。包含繪畫、雕刻、時尚、建築、設計等不同領域的5,400件館藏作品，是喜愛現代藝術者不可錯過的品味處。尤其整修後的美術館以更貼近大眾的美術空間而規劃，更多舒適的公共空間，加上就位在廣闊的木場公園內，讓這裡特別適合親子共來一趟藝術饗宴。新開幕後增加2處餐廳分別是，「二樓的三明治」及「100 Spoons」親子餐廳，可以找到特別原創商品的美術館商店，待個半天看藝術、用餐、休憩都很適合。

> 美術圖書室是適合親子共讀的空間。

NADiff contemporary

☎ 03-5875-9959 ⌂東京都現代美術館1F ⏰10:00~18:00 ⓧ週一，換展期間，12/28~1/1 🌐www.nadiff.com/?page_id=180

同樣跟著美術館的改裝而更新內部的美術館商店「NADiff contemporary」，從各式藝術書籍、展覽特刊到多名藝術家授權商品，也有美術館特別設計的MOT限定商品，有時還會依特殊活動推出期間限定品，喜歡跟別人不一樣、或收藏藝術風格物的人而言，美術館商店一定值得好好挖寶。

> 像是草間彌生、奈良美智等的商品都能在商店裡找到。

> 餐飲份量可以變成1/2，份量變小了美味豐盛度一樣到位。

> 菜單做成大張跟小張，想點正常份量就拿大張看，菜單也能當成小小孩的塗色紙喔！

🍴 100 Spoon
100本のスプーン

☎03-6458-5718 ⌂東京都現代美術館B1F ⏰11:00~18:00(L.O.17:00) ⓧ週一(遇假日順延翌日休)，換展期間，12/28~1/1 ⊙ハンバーグステーキ 特製デミグラスソース ハーフ(漢堡排1/2份量)￥1,222 🌐100spoons.com/mot

小小孩也能嚐美食的好去處～

100 Spoon除了主打親子餐廳，也提出在用餐中輕鬆體驗藝術就在身邊的特別氣氛。餐廳雖位在B1，但兩邊都臨著地下庭園及水景空間，陽光、植物、藍天、水景通通映入眼簾，輕鬆的將藝術品及雕刻融入空間中，也特別考量兒童推車進入的需求，特別細心設計整體桌距。這裡菜單設計相當用心，餐飲選擇多樣外，也把小小孩想跟爸媽吃一樣的東西的心願實現了，針對小孩或小鳥胃的女生，都能點正常餐飲的1/2份量，簡直太貼心了！

山手線一圈

東京地下鐵

深川·清澄白河

➡中央總武線➡東京廣域

深川 伊勢屋 本店

📖別冊P.31,C3 ☎03-3641-0695 🏠江東區富岡1-8-12 🕐賣店8:00~20:00，飲食處11:00~17:00(L.O.16:15) 🈺賣店不定休，飲食處週二(遇假日、緣日1日、15日、28日照常營業) 💰燒団子(烤糰子)￥150 🌐www.iseya.ne.jp

明治40年(1907年)創業的伊勢屋就位在深川不動堂前的參道入口，**和風濃厚烤糰子、塩大福等都是這裡的名物**，許多人來不動堂參拜後都會買一些回去當伴手禮。店內另有開設飲食處，供應每日定食、和菓子、和風甘味甜點以及飲品等餐點，讓來參拜不動堂的人們也有一處能休息的好去處。

> 許多人來不動堂參拜後都會買一些回去當伴手禮。

卍 深川不動堂

おすすめ **薦**

> 深川地域的信仰中心。

🏠別冊P.31,C3 ☎03-3641-8288 🏠江東區富岡1-17-13 🕐8:00~18:00，內佛殿參拜1~2F 9:00~17:45；4F 8:00~17:00 💰自由參拜 🌐fukagawafudou.gr.jp

已有310年以上歷史的深川不動堂其實是千葉縣成田山新勝寺的別院，1703年便開創於現址，深受地方民眾信仰，主要祭祈不動明王，**境內最有名的活動便是護摩祈禱活動，從生意興隆到交通安全，不管什麼願望都能幫你祈禱**。另外在每月的1日也有提供寫經活動，28日有描畫佛像的活動，付費就能參加。

おすすめ **薦**

> 白玉クリームあんみつ(白玉冰淇淋餡蜜)￥1,150

甘味処 いり江

📖別冊P.31,C3 ☎03-3643-1760 🏠江東區門前仲町2-6-6 🕐11:00~18:30(L.O. 18:00) 🈺週三(遇假日、緣日1日、15日、28日照常營業) 🌐www.kanmidokoro-irie.com

> 種類超多的美味日式甜品！

昭和初期專門製作、販賣寒天、蒟蒻的いり江，於昭和45年(1970年)開設這間甘味處，現在店裡使用的寒天仍是在2樓的工房以手工製作。這一塊塊**以傳統製法製作的透明寒天嚐來彈力與香氣十足，加入久煮的香甜紅豆嚐起來層次分明又清爽**，喜歡甜點的人一定要來嚐嚐。

富岡八幡宮

📍別冊P.31,C3　☎03-3642-1315　📍江東區富岡1-20-3　🕐自由參拜　💰自由參拜　🌐www.tomiokahachimangu.or.jp　❗三年一次的深川八幡祭典為8/15前後含週末的數日間，詳細時間可上官網查詢

1627年創立的富岡八幡宮是江戶最大的八幡宮，當時深受將軍家保護因而壯大。**其例大祭是江戶三大祭之一，三年一次，祭典時50台神轎一同出動，場面魄力十足**，目前社內還有二座日本最大的黃金神轎。而在主殿右方還有相撲橫綱力士碑，訴說著這裡曾經以勸進相撲(廟社募款時舉行的相撲大賽)興盛一時的歷史。

🍴 A ta gueule

📍別冊P.31,D3　☎03-5809-9799　📍江東區木場3-19-8　🕐11:30~13:30(L.O.)，17:30~21:00(L.O.)　🈺週二，每月第一、三個週三　🌐www.atagueule.com

> 東方快車主廚的夢幻料理。

曾在歐洲的長程夜車「東方快車」(orient express)上任職的曾村讓司，是日本唯一一位登上東方快車的食堂車主廚。A ta gueule **以法式料理為基調，加上東方快車沿途經過的國家特色料理**，曾村讓司藉由列車移動的意像，創造別人無法模彷的獨特料理，並傳達美味無國界的想法。

> 開放式廚房可以親眼見識主廚的烹飪功力。

> 從寢台列車「夢空間」感受旅行氣氛。

> 店面雖然小小一家，名氣卻不小，經常登上媒體報導。

🧁 コトリパン

📍別冊P.31,C2　☎03-6240-3626　📍江東區福住2-7-21　🕐8:00~17:00　🈺週一　🌐www.instagram.com/cotoripan

與其説小巧、不如説迷你，這家麵包店真的很小，只要3~5個顧客就能把店裡塞滿。以小孩到老人都愛的麵包為出發點，因此麵包口味軟嫩、口味鹹甜都有，為了讓人天天吃不膩，**店內竟有多達60種以上麵包選擇**，加上經常開發新麵包，幾乎每樣都大受歡迎，貨架經常被掃空。

六本木‧虎之門‧麻布台

ろっぽんぎ‧とらのもん‧あざぶだい

Roppongi‧Toranomon‧Azabudai

過去聚集酒吧和娛樂場所，異國風味甚濃的都會區六本木，2003年經過大規模再開發計畫後，誕生了全新打造的城中城——六本木Hills，帶領六本木走向高格調與精緻化的新風格。2007年，與六本木Hills隔路相對的Tokyo Midtown在新一波造鎮計畫中成立，以六本木深厚的文化底蘊作為基礎，著眼藝術、設計、時尚與品味，使得Midtown與六本木整體都成為日本設計潮流最新發信地。而一直默默無聞的虎之門地區，是個商辦集中的地帶，絲毫稱不上是觀光地區，直到2014年6月虎之門Hills的開幕，才帶動起這一帶的觀光盛況。2022年由朝日電視台改編韓劇《梨泰院Class》，將背景故事地點選址在此化身《六本木Class》，更使這處不夜城一躍成為話題景點勝地。

交通路線&出站資訊

電車
東京Metro六本木駅➡日比谷線
都營地下鐵六本木駅➡大江戶線
東京Metro六本木一丁目駅➡南北線
東京Metro乃木坂駅➡千代田線
東京Metro麻布十番駅➡南北線
都營地下鐵麻布十番駅➡大江戶線
東京Metro虎ノ門駅➡銀座線
東京Metro神谷町駅➡日比谷線

出站便利通
◎要前往六本木Hills從日比谷線六本木駅的**1c出口**直接與六本木Hills的メトロハット(Metro Hat)結合。若搭乘都營大江戶線則從**3號出口**左轉徒步3分後到達。
◎前往Tokyo Midtown從都營地下鐵大江戶線的六本木駅**8號出口**直接連結，若搭乘日比谷線則從**4a出口**走地下道從**8號出口**出站。利用乃木坂駅從**3號出口**徒步約3分；若搭乘東京Metro南北線利用六本木一丁目駅則由**1號出口**出站徒步約10分。

◎要往最熱鬧的六本木交叉口從六本木駅的**3、4a、4b、5、6出口**最快。
◎要前往虎之門Hills，搭乘東京Metro銀座線至虎ノ門駅**1或4出口**出站，徒步約5分即達。若要用走路串聯六本木，建議可以先逛六本木再去虎ノ門，一路下坡走來比較輕鬆。
◎前往麻布台Hills的話，從東京Metro日比谷線神谷町駅的**5出口**直接相連。或是從東京Metro南北線六本木一丁目駅**2出口**步行4分、都營大江戶線六本木駅**5出口**步行10分。
◎從東京鐵塔步行不用10分即會到麻布台Hills，可以串聯一起遊玩。
◎可在JR渋谷駅前搭乘**都營01系統巴士**(澀谷~新橋)前往，在「六本木六丁目」下車，或搭乘**都營01新設巴士**(澀谷~六本木Hills)在「六本木けやき坂」下車。還有機會搭乘到車體上塗裝有名插畫家村上隆所設計的Logo巴士。

日本離地表最深的地鐵站
熟悉東京的人，應該都知道都營大江戶線是一條挖得極深的地鐵路線，而最深的車站，就是都營大江戶線的六本木駅。車站月台離路面有42.3M，大概有十層樓的深度。

結合六本木Hills內廣大賣場，時尚流行齊聚一方。

六本木Hills

Roppongi Hills

地標森塔是人人的首逛目標！

ⓘ別冊P.19,A3 ☎03-6406-6000 ⚑港區六本木6-10-1 ⏰購物11:00~20:00（週五六、例假日前至21:00)，餐廳11:00~23:00；展望台TOKYO CITY VIEW 10:00~22:00(入館至21:30)；森美術館10:00~22:00(入館至21:30)，週二10:00~17:00(入館至16:30) ⓥ依各設施而異 ⓦwww.roppongihills.com

2003年4月25日，**六本木Hills在東京都心六本木區域誕生，以54樓超高層摩天樓為中心**，呈圓幅狀展開的複合式建築裡雲集購物、美食、電影院、日式花園、電視台、展望觀景台、商務中心、高級公寓，以及世界一流的頂級飯店。2008年，六本木Hills大幅度更新所有商店與餐廳，為六本木引入嶄新氣象。

 森美術館

MORI ART MUSEUM

☎03-5777-8600 ⚑六本木Hills MORI TOWER 53F ⏰10:00~22:00(入館至21:30)，週二10:00~17:00(入館至16:30) ⓥ換展期間、無展期間 ⓢ依展覽而異 ⓦwww.mori.art.museum

森美術館位在六本木Hills象徵的森之塔頂層，以現代藝術為展覽主題，除了世界性的藝術家作品外，也積極的發掘與支援亞洲地區的年輕新進設計者，展出內容十分前衛且充滿原創力，舉凡時裝、建築、設計、攝影、影像等各種形式的展覽都會在此出現。

在露天的360度展望台上欣賞東京高樓風景。

TOKYO CITY VIEW

東京シティビュー

☎03-6406-6652 ⚑六本木Hills MORI TOWER 53F ⏰10:00~22:00(入館至21:30) ⓥ不定休 ⓢ當日券窗口購票，平日大人￥2,000、高中大學生￥1,400、4歲~國中生￥800、65歲以上￥1,700；週六日及例假日大人￥2,200、高中大學生￥1,500、4歲~國中生￥900、65歲以上￥1,900；網路預售票，平日大人￥1,800、高中大學生￥1,300、4歲~國中生￥700、65歲以上￥1,500；週六日及例假日大人￥2,000、高中大學生￥1,400、4歲~國中生￥800，65歲以上￥1,700 ⓦtcv.roppongihills.com/jp ❶網路購票須先註冊會員

海拔250m的高處，透過高達11公尺的落地窗，東京全景以360度絢麗之姿在腳下無限延伸。沿著展望窗的四周貼心地設置長椅，**最搶手的莫過於面對著東京鐵塔的座位**，日落時分東京鐵塔綻放出璀璨光芒，景色之美掀起眾人的陣陣驚嘆。

森美術館不定期舉辦各種當代美術展覽。

🎁 MORI ART MUSEUM SHOP

森美術館 ショップ

☎03-6406-6280 🏠六本木Hills West Walk 3F ⏱11:00~21:00
🚫換展期間，無展期期間 🌐www.macmuseumshop.com

MORI ART MUSEUM SHOP裡面賣的是六本木Hills專屬的限定商品，如印著六本木圖案的巧克力盒、毛巾、T恤、文具，或是名插畫家村上隆和奈良美智所設計的文具、繪本、玩偶與雜貨，都十分具有收藏價值。此外還有豐富的設計美術類專門書籍及生活用品，是不容錯過的紀念品專賣區。

👁 毛利庭園

☎03-6406-6000 🏠六本木Hills Hillside ⏱7:00~23:00
💲自由參觀 🌐visit-minato-city.tokyo/ja-jp/places/2056

　　優雅的毛利庭園坐落在城市左側。從江戶時代大名庭園變身的公園被綠意所包圍，中央是一片大池塘，在春天早開的櫻花間粉蝶飛舞，這片春意盎然的城市即景映照在槙文彥設計的朝日電視台玻璃牆上。

> 六本木Hills除了摩天高樓、住宅群，還包含毛利庭園這片綠地。

> 來到朝日別忘了和吉祥物ゴーちゃん(gochan)合照！

👁 朝日電視台

テレビ朝日

☎03-6406-1111，賣店03-6406-2189 🏠港區六本木6-9-1 ⏱9:30~20:30，賣店10:00~19:00 💲免費參觀
🌐www.tv-asahi.co.jp/hq

　　朝日電視台是許多知名節目及人氣日劇的推手，如《MUSIC STATION》、《男女糾察隊》、《Doctor-X》、《相棒》等，來這裡不僅可以在入口處旁的商店購買周邊商品，在現代感十足的挑高大廳內，還有許多讓人興奮的日劇海報及《哆啦A夢》中大雄的房間可拍照合影。

💡 六本木聖誕點燈

　　12月的東京街頭到處充滿聖誕氣息，其中最經典的點燈地點就是六本木Hills旁欅坂(けやき坂)的點燈活動。約400公尺長的道路兩側以「snow & blue」為主題，點綴著夢幻的藍白燈光，道路盡頭就是暖紅色的東京鐵塔，是超熱門的拍照景點。點燈期間約從11月上旬~12/25、每天17:00~23:00。另外從11月底~12/25，在森塔前的大屋根廣場上還有來自德國的傳統聖誕市集喔！

> 依據活動推出期間限定主題餐飲及裝潢，吸引很多人拍照打卡。

☕ hills café

☎03-6406-6833 🏠六本木Hills Hill Side 2F ⏱11:00~23:00(餐點L.O.22:00、飲品L.O.22:30) 🚫無(可能因舉辦活動更動營業時間) 💲Pastrami beef sandwich(牛肉三明治)¥1,200 🌐www.transit-web.com/content/shops/hills_cafe

　　位在最熱鬧的2樓hills café廣場邊，幾乎每隔一段時間來，這家咖啡館就會長的不一樣，主要原因是場地會**隨著當時熱門電影或主題活動變更店內裝潢**，廣闊的店內有時也是熱門活動主辦場地。

Ribbon hakka kids

☎03-5786-7710　🚇六本木Hills Hillside B2F　🕐11:00~20:00(週五六、例假日前至21:00)　🌐www.hakka-group.co.jp

　明亮、溫暖的櫥窗設計，帶出充滿卡通趣味的高彩度，**Ribbon hakka kids以童裝為主，質材柔軟舒適且新穎大方**，相當特別且訂價不貴。除了服飾，也蒐集許多來自歐美、讓人眼睛一亮的玩具、娃娃、繪本及生活雜貨，讓人玩心大起。

L' ATELIER de Joël Robuchon ROPPONGI

☎03-5772-7500　🚇六本木Hills Hillside 2F　🕐12:00~14:30(L.O.)、18:00~20:30(L.O.)　🈺不定休　💲午餐限定MENU C￥6,500　🌐www.robuchon.jp/shop-list/latelier

　Joël Robuchon在39歲時就獲得米其林三星，是史上最短時間奪得此榮耀的天才料理家。Joël Robuchon的法式料理帶有纖細的美感，**擅長利用簡單的素材創造出令人驚豔的佳餚**，除主餐外，法式蛋糕等甜點也十分受到歡迎，將法國料理的全套精神完整發揮。

南翔饅頭店

☎03-5413-9581　🚇六本木Hills Hillside 1F　🕐11:00~23:00(L.O.21:50)　🈺不定休　💲小籠包6個￥1,040　🌐nansho-mantouten.createrestaurants.com

　南翔饅頭店是上海最知名的小籠包老舖，位在上海的老店是各界政要經常光臨的極品美食餐廳，連前美國總統柯林頓都曾是座上客。使用上等精選餡料，與秘傳方法特調的麵皮，蒸製的時間更是抓得恰恰好。

剛出籠的湯包的食感絕妙無比！

UCHINO TOUCH

☎03-5786-9611　🚇六本木Hills West Walk 4F　🕐11:00~20:00(週六五、例假日前、12月至21:00)　🌐uchino.shop

　以最貼近人體肌膚的毛巾為主要商品的TOUCH，隸屬於生活品牌UCHINO旗下，**所使用的都是頂級的棉織品**，例如稀有的海島棉、手摘的新疆棉等，製作成輕柔舒適的毛巾，並有多種觸感可依自己喜好選擇，最適合作為禮物送人。

TOUCH店內也有衛浴相關用品與服飾。

Paper Mint

☎03-5411-0139 ⌂六本木Hills West Walk 4F ◉
11:00~20:00(週五六、例假日前至21:00) ☻papermint.
jp

　　專門販賣文具紙品的Paper Mint以365天都是紀念日為概念，希望喚醒人們寄送信件卡片傳遞心意的傳統，**隨時都有300種以上原創設計的商品**，贈送朋友相當適合，也有各種雜貨，在使用生活雜貨的同時讓每一天都感受快樂。

串の坊

☎03-5771-0094 ⌂六本木Hills West Walk 5F ◉
11:00~15:00(L.O.14:30)、17:00~23:00(L.O.22:00)，週六日及例假日11:00~23:00(L.O.22:00) ⑤午間特餐八種串揚￥2,420，十種串炸￥3,300 ☻www.kushinobo.co.jp

　　串炸是日本獨創的特色料理，除了將海鮮或雞肉串在竹籤上裹粉油炸，串炸提供的是更精緻的食感。**老舖「串之坊」以實惠價格提供約30種的串炸口味外，還有多達150種以上的各類美酒可選擇。**

Classics the Small Luxury

☎03-5786-9790 ⌂六本木Hills West Walk 4F ◉
11:00~20:00(週五六、例假日前、12月至21:00) ☻www.
classics-the-small-luxury.com

　　餽贈親友的紀念品、給兒女開學的贈禮，結婚生子的賀禮，送上一條繡上對方名字的白手帕，將會顯得別有意義。販賣並訂製高級手帕的Classics the Small Luxury，就像店名一樣，是生活中可負擔的小小奢侈，**極其精緻高雅的手帕讓人愛不釋手。**

從貓王的黑膠唱片、可口可樂瓶、車牌，甚至是店內流洩的音樂，每樣都勾勒出復古美國風。

AS CLASSICS DINER

☎03-6721-1581 ⌂六本木Hills
Hillside B1F ◉11:00~23:00(L.O.22:00)
⑤Classic Burger(經典漢堡套餐)￥1,600 ☻www.
asclassics.co.jp

　　AS CLASSICS DINER店內裝潢充滿60年代美式風格，**這裡對於食材原料十分講究，產地直送的當季蔬菜、無添加的手作番茄醬等不只健康可口，也充滿自家製的溫馨與誠意。**來到這裡一定要點份漢堡來嚐嚐，將漢堡裝入店家貼心準備的專用袋，豪邁地大口咬下，口感豐富而美味。

漢堡排的鮮美肉汁、蔬菜的清甜及麵包的香氣在口中散開。

🍴 ぴんとこな

☎03-5771-1133　🏠六本木Hills Metro Hat/Hollywood Plaza B2F　🕐11:00～15:00(L.O.14:30)、17:00～23:00(L.O.22:00)，週六日及例假日11:00～23:00(L.O.22:00)　💲まぐろ丼(鮪魚丼)￥2,800　🌐kiwa-group.co.jp/pintokona

ぴんとこな是家迴轉壽司店，因為使用的新鮮漁獲都是從產地簽約直銷，便能將壓低進價，**以實惠的價**

格提供高水準的美味壽司。除了生魚片壽司外，還有許多口味獨到的捲壽司及和風小菜，無論看起來或吃起來都十分新潮喔！

☕ Starbucks Coffee METRO HAT

☎03-3403-7716　🏠六本木Hills Hollywood Plaza B1F　🕐7:00～22:30

六本木這家星巴克很不一樣！以「**Special Tea Time**」為理念，主打商品皆以「茶」為基底，並根據季節推出特調飲品，限定MENU也和其他連鎖店不同喔！星巴克粉絲路過六本木，記得要來朝聖，品味有別於其他店鋪的茶飲喔！

🍴 豚組食堂

☎03-3408-6751　🏠六本木Hills Metro Hat B2　🕐11:00～16:00、17:00～23:00（L.O.22:30）　🌐www.butagumi.com/shokudo/index.html

豬排炸得外酥內嫩，肉吃起來香甜卻一點也不油膩！

來六本木美食巡禮的人，除了拉麵名店「AFURI」和「簣」以外，可千萬不能經過卻錯過位在同一區的超人氣排隊名店「豚組食堂」。在日本有著B級美食之稱的炸豬排，店家可是作為每天吃也吃不膩地「究極美味」在精心研究！職人嚴選日本全國「銘豚」，天婦羅店專用的高級芝麻油，國產無農藥和化學物添加的有機調味料，用料毫不手軟，但定價卻相當經濟實惠，廣受**消費者好評**。店內同時提供英文版菜單海外遊客，詳細解說選用的豬肉特色，和各部位口感差別，非常用心。如果幸運坐到吧台座位，還能一覽開放式廚房的現場調理過程喔！

🎁 MINI roppongi

☎03-3271-7432　🏠六本木Hills六本木けやき坂通り1F　🕐11:00～20:00　🚫週二，年末年始，夏季　🌐www.roppongi.mini.jp

小巧可愛的MINI，在日本也是人氣炸子雞，擁有許多MINI迷的俱樂部。MINI Roppongi是東京的展示中心，門口就擺了一台亮眼的MINI引人注意，**展示中心裡還販賣有MINI全系列的車裝用品和各類小物，讓你的MINI愛車在巧手妝扮下更加出色。**

🎁 kate spade

☎03-5771-5200 ○六本木Hills Hillside Complex B1F ◎
11:00~20:00(週五六、例假日前至21:00) ⊕www.katespade.jp

　來自紐約的**kate spade**，以各式手提包為主要商品，經典的圖案用色及質感一流的材質，在粉領族間享有一定的高人氣。色彩鮮豔的kate spade除了包包外，也有各類美麗配件，像是設計感十足的涼鞋、太陽眼鏡等。

> 為迎接夏季推出可愛的繫帶藤籃包，活潑的風格讓人愛不釋手。

> 店內提供種類多元服務，更能滿足城市中每個人的心靈。

📖 六本木 蔦屋書店

TSUTAYA Tokyo Roppongi
☎03-5775-1515 ○六本木Hills六本木けやき坂通り1~2F ◎7:00~23:00、書店1F 9:00~23:00、2F SHARE LOUNGE 8:00~23:00、星巴克咖啡9:00~23:00 ⑭不定休 ⊕store.tsite.jp/roppongi/

　六本木店以「都市人一天的生活」為主題，**將選書分為工作、旅行、服裝、飲食、生活、玩樂六大項**，大坪數空間結合家居設計，營造出生活質感，架上圖書皆可隨意取下閱讀，而1樓則結合星巴客，讓人能更輕鬆自在的閱讀、喝咖啡，2樓則是DVD、CD等影音資訊。

🍽 てんぷら みかわ

☎03-3423-8100 ○六本木Hills Residence B棟 3F ◎
11:30~14:00(L.O.13:30)、17:30~21:30(L.O.21:00) ⑤午間套餐￥7,700 ⊕tempura-mikawa.jp

　店主人早乙女氏是江戶前天婦羅料理的名家，擅於將食材的醍醐味精淬到最高點，鮮蝦、穴子魚、干貝等常見的材料在他的巧手下硬是展現出驚人的美味，而在**六本木Hills的這家分店**更是將其講究發揮到極致，可說是名店中的名店。

> 酪梨吐司特別受女性顧客歡迎。

🧁 Bricolage Bread & Co

☎03-6804-3350 ○六本木Hills けやき坂テラス1F ◎7:00~19:00，依季節略有變動，請參照官網 ⑭週一 ⊕bricolagebread.com

　Bricolage Bread & Co.是**由大阪知名麵包店Le Sucré-Coeur岩永步、東京米其林二星L' Effervescence主廚生江史伸與Fuglen Tokyo小島賢治共同打造的複合式烘焙坊餐廳**。名人跨界合作，立刻引爆話題，現在仍是六本木一帶最具代表性的網紅打卡名店之一。每天手工現做出爐的麵包款式多樣，不論選擇內用還是外帶，都是麵包愛好者不能錯過的必訪好店。

散步六本木Hills藝術街

喜 歡藝術與設計的人，來到六本木，除了逛逛收費美術館，更別錯過隨處可見的公共藝術作品。

「Maman」／Louise Bourgeois
蜘蛛的巢有象徵網路(Web)的意思，而六本木Hills就恰恰位在東京交通樞紐山手線的中央地區，蜘蛛正代表著六本木Hills為城市網路的中心點，來自世界各方的人在此匯集與交流。

「Evergreen?」／Ron Arad
24根管子扭轉成代表無限大的符號，上面攀爬著綠色的植物，是喜好有機彎曲的以色列工業設計師Ron Arad的作品。

「只有愛…」(I Can't Give You Anything But Love)／內田繁
日本當代設計師內田繁的作品，將一首爵士名曲的節奏化成一段正在跳舞的紅色緞帶，提供給路人一座美妙的行道椅。

「Kin no Kokoro」／JEAN-MICHEL OTHONIEL
坐落在毛利庭園中的一座「黃金之心」，其是為紀念六本木Hills及森美術館10週年而設計。使用金箔打造而成的愛心形狀，在滿滿綠意的庭園中相當醒目。

「Arch」／Andrea Branzi
行人道與馬路間有個白色的窗檯，頂上有燈、桌上還擺著檯燈，宛若臨窗料望街景，Andrea Branzi企圖表達「設計與建築之間」。

「在雨中消失的椅子」(雨に消える椅子)／吉岡德仁
兩張擺在路旁的椅子，透明帶點微綠的色彩，而當天空開始下雨，隨著雨水順著椅子流下，只見眼前的椅子，正慢慢隱去了形體。

「機器人機器人機器人」(roboroborobo(Roborobo-En))／崔正化
韓國空間設計師崔正化將其童心轉化在這座以「機器人」為題材的兒童遊樂場上，有機器人頭堆成的積木柱子，也有彷彿零件般的彩色溜滑梯。

「Rose」／Isa Genzken
66廣場上的薔薇彷彿愛與美的象徵，盈盈而立於森大廈旁，艷紅的花朵含苞待放，纖細優雅的枝葉平衡地伸展著，到了夜晚還會打上燈光，更顯景色浪漫動人。

「對抗空虛」(COUNTER VOID)／宮島達男
朝日電視台與馬路的交差口上有面弧形的玻璃螢幕，牆面上有6個數位體數字連續浮現，晚上顯得格外醒目。

寧靜角落隔絕外界的喧囂，讓空間內洋溢著優閒輕鬆的情調。

🎤 ABBEY ROAD

📍別冊P.19,B2 📞03-3402-0017 🚇港區六本木5-16-52 FORUM インペリアル六本木2号館B2F ⏰18:00~23:30，每日4場，19:00、20:00、21:00、22:00；週日16:00~21:00，每日4場，17:00、18:00、19:00、20:00 💰依演出團體而異，￥3,500起 🌐www.abbeyroad.ne.jp

餐廳以小舞台為中心，每個座位都可以清楚地看見表演，牆壁上裝飾的海報、照片、畫像，擺明了這家主題BAR的賣點就是披頭四。每天每隔一小時有一場現場演唱，每天共四場，也可以挑選自己喜歡的披頭四歌曲讓樂團為你演唱。

薦 おすすめ

🍜 つるとんたん六本木店

📍別冊P.19,B2 📞03-5786-2626 🚇港區六本木3-14-12 ⏰11:00~翌8:00（L.O.7:00）週六10:30~翌8:00，週日例日10:30~23:00 🌐www.tsurutontan.co.jp

份量霸氣的高級烏龍麵店

1989年誕生於大阪的「つるとんたん」，一路從日本拓展到美國，成為海內外超人氣烏龍麵店，2005年開幕的六本木店，用餐環境氣派華麗，當時頂著日本藝人們御用店光環，可是預約難店，現今依舊是全天候人潮不斷的排隊名店。每一碗精心製作的現桿烏龍麵，選材用料皆以日本各地代表性食材為主，菜單隨季節性變化豐富，是讓人去過還想再去光顧的高級烏龍麵店。**最大特徵之一是依地區、店舖推出限定MENU，烏龍麵份量可以選，「3玉」(3倍麵球)免費追加，滿足消費者大快朵頤的慾望。**

碗公比臉還大的裝盤呈現，特別令人印象深刻。

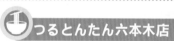

☕ Fiorentina
フィオレンティーナ

由獲獎無數的師傅製作的甜點外型簡單悅目、口味香甜不膩。

📍別冊P.19,A3東京君悦飯店 📞050-5597-7121，Fiorentina Pastry Boutique 03-4333-8713 🚇港區六本木6-10-3 GRAND HYATT東京1F ⏰9:00~10:30、11:00~14:30(週六日及例假日至15:00)、14:30~18:00(週六日及例假日15:00~18:00)、18:00~21:00；Fiorentina Pastry Boutique9:00~21:30(蛋糕10:00起供應) 💰afternoon set￥3,520 🌐tokyo.grand.hyatt.jp

Fiorentina位在東京君悦飯店1樓一隅，隨著日夜流轉，室內氛圍也隨之轉換，白天自然光從窗外輕輕灑入，明亮而愜意，點上燈光及桌上燭光的夜晚則浪漫非凡。**Fiorentina提供義式餐飲及甜點，以季節食材製作的義大利道地料理色香味俱全。**

餐點是主廚用心的創意，再搭配上勃艮地美酒更是完美。

🍴 LE BOURGUIGNON

📍別冊P.19,A3 📞03-5772-6244 🚇港區西麻布3-3-1 ⏰11:30~14:30(L.O 12:30)、18:00~22:00(L.O 19:30) 🚫週三，每月第二個週二 💰午餐套餐￥6,050起 🌐le-bourguignon.jp ❗國中生以上才可入店

「LE BOURGUIGNON」位於六本木Hills斜對角，餐廳外是個綠意盎然的庭園，內部則以黃色系帶出溫暖的感覺。菊地主廚擅長使用當季美味，**內臟料理是本店的特色**，將牛心、豬腦等內臟配合大量蔬菜烹調，讓向來有點懼怕內臟料理的日本人也能甘之如飴。

鷄匠 たけはし

🏠別冊P.19,A2　☎03-3265-8832　🏠港區六本木7-17-19 FLEG六本木secondo 1F　🕐11:30～14:30，18:00～23:30，週五晚餐時段18:00～翌3:00　🌐www.takehashi.info

> 除了親子丼以外，每日數量限定，以稀少部位做成的雞內臟丼也非常推薦。

　　在六本木鬧中取靜的小巷內，有家熟門熟路的常客才知道的美味雞料理專門店。只有午餐時段才吃得到的親子丼，可是這地區數一數二的名物！**使用茨城岩井產的雞蛋，蛋黃顏色豔麗，和覆蓋在整碗閃閃發亮的半熟蛋液，除了吃得到經過炭燒得雞肉鮮甜口感，也能品嚐到優質雞蛋本身的味道。**

Lilla Dalarna

北歐料理リラ・ダーラナ

🏠別冊P.19,A2　☎03-3478-4690　🏠港區六本木6-2-7 ダイカンビル2F　🕐午餐11:30～15:00(L.O. 14:30)晚餐18:00~23:00(L.O. 21:30)　🗓週日、例假日　🌐dalarna.jp

　　「達拉納」被譽為是瑞典人心中的故鄉，Lilla Dalarna創業者大久保清一將店名取為「小達拉納」，便是希望透過自己習得的一身廚藝，搭起日本與瑞典食文化的橋樑，為每位上門顧客，打造如家庭般可愛溫馨的美味歸屬。店內裝潢擺飾和餐具，都充滿了濃濃北歐風情，讓人五感身處於瑞典之中，品嚐道地家常菜。**商業午餐包含經典的瑞典肉丸，共八種選擇，每款都附贈沙拉，餐後可選咖啡或紅茶，自家製麵包和奶油更是佳餚中的大亮點，吃過一定讚不絕口。**

VERVE COFFEE六本木店

🏠別冊P.19,B2　☎03-6427-5403　🏠港區六本木5-16-7　🕐7:00～21:00　🌐vervecoffee.jp/pages/roppongi

　　來自美國加州的人氣咖啡品牌，從咖啡豆栽種、烘焙到沖泡的每個環節，都非常講究。作為搭建「咖啡農園與我們所住的街區」的橋樑，為所有上門消費者打造「美好咖啡旅程」的堅持，讓它深受好萊塢名人親睞。**VERVE於2016年進軍海外，首家分店開在新宿，六本木則是日本第三家分店，也是該品牌最大規模的店鋪。**全面玻璃窗和挑高天花板的兩層樓建築設計，讓120平米的室內空間，看起來採光更加明亮寬敞。店外草皮帶來綠意盎然的生氣，天暖時特別適合在露天坐位區品嚐咖啡，體驗六本木繁華街景中的另一種愜意。

21_21 DESIGN SIGHT

☎03-3475-2121 ○東京中城 Midtown‧Garden ●11:00~19:00(入館至18:30) ⊗週二，12/27~1/3，換展期間 ⑤大人￥1,400，大學生￥800，高中生￥500，國中生以下免費 Ⓤwww.2121designsight.jp

　延續三宅一生享譽國際「一塊布」的日本和服美學意識，使用一塊鐵板如折紙般折下作為屋頂，百分之八十的空間埋在地底下，不破壞周邊自然景觀，與大自然共存共生。展覽內容以設計為主，希望和參觀者一同發掘生活角落中充滿驚喜的設計新視野。

◉ 東京中城

Tokyo Midtown

🅐別冊P.19,A2 ☎03-3475-3100 ○港區赤坂9-7-1 ●購物11:00~20:00，Café11:00~21:00，餐廳11:00~23:00 ⊗1/1，依各設施而異 Ⓤwww.tokyo-midtown.com

　由日本不動產龍頭三井建立了城中之城「東京中城」，其絕妙的空間構成，散發出來的是「和」的自然韻律，現代摩登與和樂之美的精湛揉合，**Midtown成為商業、住宅、藝術、設計的樞紐重鎮，展現出東京進化演變的最新指標**。

精選品牌、舒適綠意環境，將東京商場帶入新境界。

地下一層樓的清水模建築，由當代日本建築大師安藤忠雄及服裝設計師三宅一生共同創作。

SUNTORY美術館為東京中城注入溫婉的和風氣息。

◢ SUNTORY美術館

☎03-3479-8600 ○東京中城 Galleria 3F ●10:00~18:00(入館至17:30)，週五10:00~20:00(入館至19:30)；Café11:00~18:00(展期中週五至20:00)；商店10:30~18:00(展期中週五至20:00，週二、換展期間11:00~18:00) ⊗週二，年末年始，換展期間；Café換展期間的週一亦休息 ⑤依展示內容而異，國中生以下免費 Ⓤwww.suntory.co.jp/sma

內部裝潢由建築大師隈研吾設計。

　1961年在東京丸之內開館的SUNTORY美術館，於2007年搬入Midtown內，**承繼開館45年以來「發覺生活中之美」的基本理念**，展出許多重要收藏。負責設計的建築師隈研吾，利用俐落的縱格子將柔和的光源挹注在整個美術館的開放空間裡，創造出「都市之中的生活空間」。

Toshi Yoroizuka

トシ ヨロイヅカ

☎03-5413-3650　⚲東京中城Plaza 1F

◉以TOKYO MIDTOWN為主

現點現做甜點大饗眼福

日本史上第一位在比利時米其林三星擔任甜點大師的鎧塚俊彥所開的究極甜點店。**你不僅可以品嚐到日本當季最美麗動人的甜品**，還能享受坐在吧台前，觀賞每一份甜點，由師傅當場現做的樂趣。

MUJI Tokyo Midtown

☎03-5413-3771　⚲東京中城Plaza B1F　🕐11:00~21:00

⊗不定休　🔗www.muji.com/jp/ja/shop/detail/045419

喜歡無印良品的人來這裡可能會感到驚訝，因為東京中城要求無印良品呈現一種嶄新的店舖形式，無論**是服飾、生活飾品或家具，通通以符合東京中城的成熟質感出現**，當然數量稀有的商品價格也比一般的無印良品略高，喜歡展現獨特自我的人可以選擇。

鈴波

☎03-5413-0335　⚲東京中城Galleria B1F　◉賣店11:00~21:00；用餐處11:00~15:00(L.O.)、16:30~20:30(L.O.)，週六日及例假日11:00~20:30(L.O.)　⊗年末年始　Ⓢ鈴波定食¥1,650　🔗www.suzunami.co.jp

説到大和屋的守口漬，在名古屋叫是赫赫有名。而鈴波則是大和屋秉持傳統工法推出的酒粕漬魚品牌。**將肥嫩的鱈魚、甘鯛、鮭魚放到特製味琳酒粕醬中醃漬入味，讓肉質變得香甜Q嫩**，烤魚定食套餐即可一次品嚐多道的風味美食。

> 將魚片與特製味琳酒粕醬醃漬，帶出迷人風味與口感。

pâtisserie Sadaharu AOKI paris

☎03-5413-7112　⚲東京中城Galleria B1F　◉11:00~21:00，Café11:00~18:00(L.O.17:15)　⊗不定休　🔗www.sadaharuaoki.jp

透明櫥窗中展示著像藝術品一樣精雕細琢，又讓人口水直流的精美法式點心，看了忍不住要「哇」地讚嘆。**由法國糕點名廚青木定治巧手製作**，雖然價格不便宜卻怎樣也想掏腰包嚐上一口，店裡還有提供餐點與紅酒的輕食餐廳。

PLEATS PLEASE ISSEY MIYAKE

☎03-5413-7257 ⚑東京中城 Galleria 2F
11:00~20:00 ⊘不定休 🌐www.isseymiyake.com

　日本知名設計師三宅一生的品牌PLEATS PLEASE向來以獨特設計手法吸引許多自由風格的愛好者，東京中城店以純白色的空間襯托出服裝的豐富色彩，在此可以**找到PLEATS PLEASE充滿機能性的日常衣著**，另外還有搭配的小物，不能錯過只有這才買得到的限定商品。

lucien pellat-finet

☎03-5647-8333 ⚑東京中城 Galleria 2F
11:00~20:00 ⊘不定休 🌐www.lucien-pellat-finet.jp

　被稱做「喀什米爾之王」的潮服品牌**lucien pellat-fine**將街頭風推向高檔，頂級喀什米爾羊毛遇上街頭潮風，招牌骷顱頭Logo、大麻葉爬上羊毛罩衫、純棉襯衫與精品提包上，潮得高級有質感。

特別請到建築師隈研吾設計店內，以弧形木框架構出獨特的空間。

菱屋Calen Blosso

☎03-5413-0638 ⚑東京中城 Galleria 3F
11:00~21:00 ⊘不定休
www.calenblosso.jp

　名字充滿西洋風情的**Calen Blosso**，其實來自於大阪品牌菱屋一系列名為「花曆」的和風飾品，這是一家長年培養和風感性訴求，加上洋式生活機能性而演變出的時尚品牌。以深厚的雅致日式纖細為基礎，發展出洋風和裝的感性，設計出一系列的皮包以及精細日式夾腳鞋等飾品。

箸長 六本木店

☎03-5413-0392　🏠東京中城Galleria 3F ▾
11:00~21:00　㊡1/1　🌐hashicho.com

在箸長狹窄店面兩旁陳列著各種款式的筷子，**風格、長短、材質、製作方式各有不同，還有融合日本傳統工藝——漆器的高級筷**，樣式之多讓人眼花撩亂。這裡可以找到不同用途的筷子，像是豆腐專用的豆腐筷、容易抓握的兒童筷、符合人體工學的健康筷等，讓人驚訝原來不甚起眼的筷子還有這麼多學問。

針對不同用途的筷子設計，數量多達2,000雙以上。

☕ IDÉE CAFÉ PARC

☎03-5413-3454　🏠東京中城 Galleria 3F ▾
11:00~20:00　㊡不定休　🌐www.idee.co.jp

從Midtown3樓的**IDÉE CAFÉ PARC，中庭空間用上千片的玻璃所搭建起來的屋頂**，像是個巨大的雕塑作品。由生活設計精品家具IDÉE所經營的這間咖啡廳，在裝飾物品的搭配，上饒富趣味，簡單享受一杯紅茶的優閒時光，就可以在當代設計精品當中找到生活當中的小幸福。

WISE・WISE tools

☎03-5647-8355　🏠東京中城Galleria 3F ▾
11:00~21:00　㊡不定休　🌐www.wisewise.com

以「餐桌」為主題打造的Midtown分店，**日本陶藝家與藝術家以土、石頭等自然素材，做成生活中不可或缺的碗盤餐具**，獨特的觸感與質地讓雜貨不僅止於生活用品，而是能觸動心靈，讓生活更美好的道具。

將和風設計融入生活用品，帶來更優雅的日常。

THE COVER NIPPON

☎03-5413-0658　🏠東京中城Galleria3F ▾
11:00~20:00　㊡1/1　🌐www.thecovernippon.jp

日本職人的匠心、傳統素材的天然與溫柔質感，融入現代居家設計之中。**THE COVER NIPPON把和風送入食衣住行各種生活用品**，古布、手作家具、日本陶器、和紙照明等，透過一張張桌椅和生活用品，傳統和風的典雅與沉穩展現無遺。

散步東京中城藝術街

東京中城廣邀世界各地的藝術家，創作出開放性質、充滿趣味的大型公共藝術，一起來找找有哪些世界知名大師的作品！

「Fragment No.5-Caverna lunaris-」／Florian Claar

金屬的質感，卻有著變形蟲般蠕動的身軀，以及冰冷機械的骨架，破碎的流動感。現實生活與科技的神話，逐漸失去分隔的界線。

「土地的記憶」

Midtown的所在地曾是日本舊防衛廳的遺址，從防衛廳時代就生長的140多株巨木並未因土地改建而砍掉，溫婉的櫻木、欅樹等林木伸展著茂密的枝椏，承襲著過去與現在的土地記憶。

「意心歸」／安田侃

位於B1，經過數十億年的地球光景所孕育出來的堅硬白色大理石，流暢的線條與明暗交錯的陰陽意象，彷彿可以聽見太古生命的胎動。

「妙夢」／安田侃

位於1樓廣場的另一尊雕塑作品，黑色的石材有著夢幻流暢的線條，在太陽光的照射之下，照映出光影層次，將人們的夢境一個又一個包圍在中心虛無的圓環當中。

「柱中的藝術」

在街角與建築物的柱子裡也有小小的「柱中藝廊」，展示海內外15名年輕藝術家的作品，精緻的公眾藝術空間點亮城市靈魂。

「The Fanatics」／Tony Cragg

層層疊起的金屬泡沫，映照著人們的夢想與慾望，巴比倫通天塔的毀滅預言，孕育了人類創作想像的奔馳。層層堆砌與崩毀，結構與泡沫，推上天際的夢幻天塔何時墜落？

「SANJIN 山神」／高須賀昌志

靈感來自東方最傳統的紋樣，將佛教中卍字轉化為可以讓兒童遊玩的溜滑梯。

「BLOOM」／Shirazeh Houshiary & Pip Horne

位於通往國立美術館方向街道上，充滿著透明、無重力感，彷彿在開放的草原上解放想像力，讓日常生活多了變化、讓思考任意奔馳。

「FUJIN 風神」／高須賀昌志

創意則源於源氏香，藉此展現日本的美學意識形態。

🧭 國立新美術館

🏠別冊P.19,A2　☎03-5777-8600　🚇港區六本木7-22-2　🕙10:00~18:00(入館至17:30)，展期中週五、六至20:00(入館至19:30)　⛔週二(遇假日順延翌日平日休)，年末年始，不定休　💰依展覽而異　🌐www.nact.jp

> 最美玻璃帷幕美術館！

　由鼎鼎大名的黑川紀章所設計的國立新美術館，有著由一片片**玻璃所組合成有如波浪般的外牆，完美詮釋了與周邊森林共生共存的意象**。室內超挑高的空間搭配灰色清水模的高塔設計，隨著光線的游移遞嬗出不同層次的光影表情，整間美術館彷彿有著自己的生命般地在呼吸。

> 法國廚神Paul Bocuse在半空中的圓形高塔上開設餐廳，美食與藝術的結合。

☕ Salon de Thé ROND

☎03-5770-8162　🏠國立新美術館2F　🕙11:00~18:00(L.O.17:30)　⛔週二(遇假日順延翌日休)　💰ケーキセット(蛋糕+飲料)¥1,540，サンドイッチセット(三明治+咖啡或湯)¥1,540起　🌐www.hiramatsurestaurant.jp/nacc-rond

　位於國立新美術館巨型圓錐上的Salon de Thé ROND，**是由美術館與世界知名時尚雜誌Vogue一同合作的咖啡廳**，不定期配合美術館展覽，推出特別茶點組，美麗的呈盤，搭配上香醇的紅茶，只要¥1,000就能享受視覺與味覺的藝術盛宴。另外也提供新鮮三明治、湯品。

🍴 Brasserie Paul Bocuse Le Musée

☎03-5770-8161　🏠國立新美術館3F　🕙11:00~16:00(L.O.14:00)、16:00~21:00(L.O.19:30)　⛔週二(遇假日順延翌日休)　💰MENU BLANC ランチセット(午間套餐)¥3,190　🌐www.hiramatsurestaurant.jp/paulbocuse-musee

　位在國立新美術館裡倒圓錐體頂端的Brasserie Paul Bocuse Le Musée，**是米其林三星名廚保羅・博庫斯開設**，每天不到中午就有很多人在外排隊，原來是為了每天中午數量有限的超值套餐，幾乎是平常的半價。

麻布台Hills

Azabudai Hills

🔺別冊P.18,C3 🔸港區麻布台1丁目 🔸森JP Tower 10:00～20:00，餐廳11:00～23:00
🌐www.azabudai-hills.com

歷經三十年催生出東京中心的最先端街區

2023年11月開業的麻布台Hills，是日本大型地產開發商「森大廈」經歷超過三十年歲月，精心打造，集結建築設計美學、時尚、藝術和最具話題的美食及高級酒店品牌的大型復合型設施群，也是繼六本木、虎之門之後，第三個Hills系列開發區。**在三棟摩天高樓中最具代表性的「森JP Tower」高達325公尺，超越大阪阿倍HARUKASU(高300公尺)，成為日本第一高建築。**

森JP Tower展望台

日本第一摩天大樓森JP Tower 33樓展望台，因東南方可以超近距離觀賞東京鐵塔，西側能欣賞富士山景，連遠方的東京灣都能一覽無遺，在開幕時引起大批遊客前往親覽壯闊美景。目前此樓層只開放給到餐廳和咖啡廳用餐的消費者使用。推薦來東京旅遊的朋友一定要找時間來這邊買杯咖啡，好好欣賞日本第一高樓的365度全景！不論是白天或夜晚都非常有看頭喔！

 ## 中央廣場

🔸麻布台Hills中央廣場 🔸自由參觀

在龐大的高樓環群圍繞下，保留了佔地6000平方公尺的綠地，「中央廣場」的規劃，成為麻布台Hills的另一個亮點，多達320種植物受到專業的園藝師細心打理，也為這個區域增添了自然與季節感。其中最值得注目的是森美術館精選了世界知名藝術家的公共藝術作品，像是曾根裕以石雕精緻雕塑出的「Wood Log」和中國當代藝術家展望的「Artifical Rock」都能就近觀賞。**其中最吸睛的是奈良美智所創作高達7公尺的「東京的森林之子」，這不僅是奈良美智系列作品中最大尺寸，也是他在東京設置的第一個戶外雕刻作品。**

 ## 👁 ☕ Hills House Sky Room Café&Bar

薦

☎03-4232-5840 🔸麻布台Hills森JP Tower 34樓 🔸9:00～21:00 🌐www.azabudai-hills.com/shop_list/2007.html

用一杯咖啡換取欣賞最美東京鐵塔的機會吧！

Hills House Sky Room Café&Bar**位在森JP Tower 34樓，是就近觀賞東京鐵塔絕美景色的咖啡店，同時也是登上JP Tower33樓展望台最便宜的低消門檻。**下午茶時段除了可以買杯咖啡，也可以品嘗日本法式餐廳名廚三國清三監修的甜點和紅茶。晚上則可以試試來自世界各國的的美酒配東京夜景。

> 在Sketch Ocean可以將自己畫的魚投影至眼前的海中游動，有時魚還會離開房間，穿越到其他作品中。

> Bubble Universe就像奇幻的泡泡宇宙，彷彿每一個光球都是一個獨立的世界。

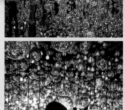

⊙ teamLab Borderless

☎03-6230-9666　⦿麻布台Hills
GardenPlazaB B1　🕘9:00～21:00　休週二　Ⓢ
價格浮動，大人￥3,800起，中高生￥2,800，4-12歲兒童
￥1,500 🚇www.teamlab.art/jp/e/tokyo/

　「teamLab Borderless」是由藝術團體teamLab創作的「無地圖博物館」。**這些無界藝術作品從一個房間移動到另一個房間，與其他作品互動、影響並融合在一起，形成一個連續且無界限的世界。**參觀者可以全身心地沉浸在這些無界藝術中，在這個無界的世界中漫遊、探索和發現。在麻布台之丘的展覽中，展出多件新作共70多件作品。Borderless World（無界世界）的理念是希望人在世界中自由活動、與他人建立關係，並通過身體認識世界。藝術作品也同樣從房間中走出，自由活動、與人們建立關係，並與其他作品互動融合，共同創造並發現新的世界。

> Moving Creates Vortices and Vortices Create Movement 展示了人們移動時產生的流動。

🎁 teamLab 彩繪工廠

teamLab Sketch Factory

⦿麻布台Hills GardenPlazaA B1　🕘10:00～21:30　🚇
www.teamlab.art/jp/ew/sketchfactory/

　想把在teamLab館內自己的手繪畫作，留做紀念帶回家，**只要前往Sketch Factory便能把個人創作印成徽章、毛巾、T-shirt等商品。**在店內點選商品種類、製作個數和設計，當場就能現做現取貨，生產出專屬於你在這世上獨一無二的商品喔。

EN TEA HOUSE - 幻花亭

泡上一壺茶，茶水中便會生出花朵，綻放無限的美麗。只要茶水不盡，花朵便會無限綻放。茶碗中的茶水，成為花朵不斷綻放的無限世界。抹茶冰+水出綠茶￥1,300。

☕ OGAWA COFFEE LABORATORY麻布台

薦 おすすめ

☎03-5545-5333 ⍟麻布台Hills GardenPlaza C B1 ⏰8:00～20:00 （L.O.19:30）六日例假日 10:00-20:00 (L.O.19:30) www.oc-ogawa.co.jp

由專人提案，從咖啡豆為你提供品味極致追求

　發祥於京都的小川珈琲麻布台店整體裝潢以灰白色系，打造出簡單俐落的沙質感。**店內設置了咖啡「聞香」區，讓人可以透過嗅覺，細品味比較各款咖啡豆的差異和風味。**原創咖啡豆有13種款式，服務專人會根據客人喜好（包含香味、咖啡豆烘培度等）進行提案，齊心合力完成你心目中最理想的一杯咖啡。

🎁 Dior麻布台Hills店

☎03-6627-3268 ⍟麻布台Hills GardenPlaza C 1F ⏰11:00～20:00

　由日本建築家代表隈研吾建築都市設計事務所操刀，**建築外觀以石川纖維工廠製造的金白相間的炭纖維鋼絲包覆，在陽光照射下會散發閃亮光彩。**店內牆面設計大量使用日本傳統技術，像日本和紙和名人技法「名栗」（なぐり），將Dior設計美學與「和」的優雅，完美呈現在同一個空間裡。

☕ %ARABICA TOKYO

☎03-6721-5551 ⍟麻布台Hills GardenPlazaB B1 ⏰8:00～20:00 ☕arabica.coffee

　%ARABICA分別位在與神谷町車站直通的GARDEN PLAZA B地下一樓和TOWER PLAZA四樓。店面以純白為基調的裝潢設計，和%的超大LOGO，顯得特別俐落大方。**雙店舖提供了從亞洲、非洲、中南美中精選的十種咖啡豆販售服務，還可以依據客人喜好進行烘豆服務。**另外也和名店dacō合作，每天十二點左右，便能品嘗到其雙重美味集結合體。

🎁 MARKET

☎03-5544-9636 ⍟麻布台Hills GardenPlaza C B1 ⏰10:00～20:00

　2024年3月開幕的AZABUDAI HILLS MARKET，位在麻布台之丘地下一樓，4000平方公尺的寬大空間，**進駐的三十四家店面都各有來頭，**像是1953年創業的「龜戶餃子」，有日本第一鮮魚店之稱的「根津松本」，1945年在吉祥寺起家的「塚田水產」和創業超過百年的雞肉專門店「築地鳥藤」等。這裡**不單單只是附近居民下班回家路過的高級版生鮮超市，還是集結各大名店的生鮮食品、熟食和附設內用區的美食寶庫。**

精肉名店「パーラー矢澤」推出專屬於大人的兒童餐，滿足想重溫童年回憶。

永坂更科 布屋太兵衛 麻布總本店

🅰別冊P.19,B4 ☎03-3585-1676 🏠港區麻布十番1-8-7
🕙11:00~15:00(L.O.14:30)、16:30~20:00(L.O.19:30) 💰
御前そば(御前蕎麥麵)￥1,160　🕸www.
nagasakasarasina.co.jp

　位於麻布十番的蕎麥麵老舖,**創業於寬政元年,經營的歷史已經超過了兩百年以上**,曾經進奉給德川將軍,是經過歷史考驗的御用美味。堅持只使用蕎麥粒的蕊心磨成粉後手工製成,纖細淡薄的優雅口味,提供甜味以及辣味兩種不同的沾醬,並且附贈煮蕎麥麵的麵湯。

> 最中餅皮並嵌入野菜切片,宛如一道盤中的植物圖鑑。

麻布野菜菓子 麻布十番本店 薦 おすすめ

🅰別冊P.19,B4 ☎03-5439-6499 🏠
港區麻布十番3-1-5 🕙11:00~
19:00(週六日及例假日至18:30) 💤週
二 💰野菜最中(摩芋、蓮藕、黑芝麻)9入￥3,347 🕸www.
azabuyasaigashi.com

> 以和為主題,讓吃野菜成為一種流行時尚。

　原服裝設計師花崎年秀,以美味的日本產蔬菜為主題,創意融合和洋元素,打造品牌「麻布野菜菓子」,展現野菜菓子的新魅力。**其中最受歡迎的「野菜最中」**三種口味:薩摩芋、蓮藕、黑芝麻,芋餡加入芋頭丁、藕泥拌入生奶油、黑芝麻混入白餡,創造多樣食感。

麻布かりんと 麻布十番店 本店

🅰別冊P.19,B4 ☎03-5785-5388 🏠港區麻布十番1-7-9
🕙11:00~18:00 💤每月第二個週二(8月無休) 🕸www.
azabukarinto.com

　位於東京麻布的花林糖專賣店「麻布かりんと」,在簡單配方加入草莓、肉桂、生薑、溫州蜜柑、卡布其諾等各式和洋素材,**新創約50種花林糖口味,以色彩繽紛的小紙袋或小方盒分裝,創造花林糖的時尚新形象**,是東京最受歡迎的伴手禮之一。

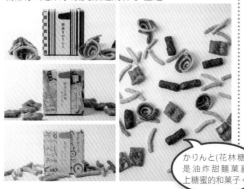

> かりんと(花林糖)是油炸甜麵菓裹上糖蜜的和菓子。

🧁 Maison Landemaine AZABUDAI 薦 おすすめ

🅰別冊P.19,B3 ☎03-5797-7387 🏠
港區麻布台3-1-5 🕙8:00~18:00 💤年
末年始、盂蘭盆節 🕸www.
maisonlandemainejapon.com

> 在六本木品嘗道地的法國典雅滋味。

　由麵包職人石川芳美與其法籍丈夫共同打造的Maison Landemaine,在巴黎共有8間店舖,進軍東京的店面走簡潔大方的風格,一踏入店舖,首先吸引目光的,是鋪上種類多樣的各式麵包和手工餅乾,**附設的餐廳也可以品嘗早午餐、咖啡**等,可坐下來休息品嘗。

虎之門Hills超高層建築，是東京數一數二的高樓大廈。

薦

👁 虎之門Hills

Toranomon Hills

一定要看一眼哆啦虎門才能離開！

🏠別冊P.18,D1 ☎03-6406-6665 🚇港區虎ノ門1-23-1~4 🕐購物11:00~21:00，餐廳11:00~23:00 ❌不定休，虎之門Hills森塔休1/1~1/3 🌐www.toranomonhills.com

　　日本都市再更新計畫的領頭羊「虎之門Hills」於2014年6月11日開幕，由東京都政府與森集團合作開發，複合式大樓內集結餐飲、高級飯店、辦公室與住宅。1~4樓為商店及餐廳進駐的樓層，相接的6,000平方公尺的綠意室外空間，及灑滿陽光的開闊中庭，為這裡增添不少浪漫氣息。

51與52樓也有可展望東京街景的餐廳、酒吧。

哆啦虎門／トラのもん

　　這隻與哆啦A夢宛如孿生兄弟的哆啦虎門，是藤子‧F‧不二雄公司所設計的吉祥物，來自22世紀的貓型商業機器人，外型幾乎跟哆啦A夢一樣，但牠全身為雪白，而身上只有幾條黑色的老虎斑紋，頭上還多了對可愛的貓耳朵，有許多哆啦A夢迷特地來這就是為了見牠一面！

虎之門車站大樓

　　全新開幕的「虎之門車站大樓」與日比谷線虎之門Hills車站直通，是地上49層、地下4層，高達226公尺的超高樓建築。除了有東京首間凱悅臻選酒店「HOTEL TORANOMON HILLS」進駐於此，商業設施內還有約70間話題餐廳和商店。頂樓則是作為文化訊息傳播地的「東京NODE」配有表演大廳、藝術畫廊等搭載最新科技技術的展示空間。

🍴 GIRONA

ジローナ

🏠虎之門Hills Mori Tower 4F ☎03-6257-3858 🕐11:00~15:00(L.O.14:00)、17:00~23:00(L.O.22:00)

　　這間名為GIRONA(赫羅納，為西班牙的地名)的西班牙料理餐廳，店內充滿歐洲小酒館般的熱鬧氣氛，開放式的空間沒有任何隔閡，其菜單就是有著手寫粉筆字體的黑板，大分類有西班牙海鮮飯、魚料理、沙拉、肉料理跟Tapas，**滋味豐厚的海鮮飯味道相當道地**，是這裡的招牌菜色之一。

西班牙海鮮飯是GIRONA必點菜色！

T-MARKET

おすすめ
薦

新型態的「美食街」誕生

虎之門Hills Station tower B2F　平日・週六 8:00～23:00 / 週日・例假日 8:00～22:00　www.toranomonhills.com/zh-CHT/t-market

位在虎之門hills車站改札外的T-MARKET，同時是全新開幕的「虎之門車站大樓」最具話題性的區域。有別於過去的百貨美食街，**這裡最大的特徵是只要掃描QR碼，就能同品嚐到各家餐廳的限定MENU。**除了餐廳外，還有花店、雜貨店等27間店舖進駐於此。

10:00～14:00的早午茶時間，可以自由搭配挑選四款麵包，紅茶則是免費喝到飽。

BRASSERIE by plein

03-3528-8776　虎之門Hills Station tower 4F　11:00～14:30、17:00～23:00，週六11:00～23:00，週日例假日11:00～22:00　週二　plein-group.com

連鎖餐飲集團PLEIN以「法式套餐」進駐虎之門。價位和店面走的是平易近人的路線，提供英日文菜單，可以單點，也能選擇主廚推薦套餐組合。**店內全為吧台座位，不僅可以近距離觀賞廚師在開放式廚房裡料理的過程，也能和服務人員輕鬆對談，是個能讓人同時打開視覺、聽覺、味覺，享受用餐時光的好店。**

flour+water

03-6206-7980　虎之門Hills Station tower 4F　10:00～23:00　早午餐套餐￥1,980　dream-on-company.com

中目黑烘培排隊名店flour+water，這次與熊本人氣蛋塔店「Princess tart」攜手合作，以不同時間段由不同店家提供餐點的新型態餐飲營業風格進駐虎之門。**中午時段是flour+water自家人氣麵包自選套餐，**現烤現做的各式麵包，多達40種以上熱騰騰出爐，不僅隨你挑，還有嚴選紅茶隨你喝。**下午茶時段14點～17點「princess tart」嚴選水果塔和姊妹店店「Espresso D Works」超人氣入口即化鬆餅登場，**晚餐則搖身一變活力十足義式餐廳，不管哪個時段，都值得造訪。

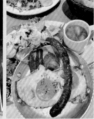

🍴 Bakery and Grill SAWAMURA

ベーカリー＆グリル 沢村 虎ノ門

☎03-6206-7477　🏠虎之門Hills Mori Tower 2F ⌄
07:30～23:00 (L.O.22:00) 🌐b-sawamura.com/shop/132/

　　2019年在輕井澤起家的麵包烘焙坊名店進駐虎之門，嚴選國內外三十種小麥粉，經職人長年研究的精心比例調配，再加上自家酵母，長時間低溫發酵烘焙出來的新鮮麵包，口感、香氣都讓人口水直流。每天從早上七點半開始營業，提供超過80種麵包和三明治，是麵包愛好者決定不能錯過的好店。**推薦選擇內用，超過15種以上的菜色，就算每天吃也不吃膩，由店員為你隨機挑選當日現烤出爐的麵包，可以免費吃到飽，如此一來就能一口氣品嚐到多款美味麵包啦！**

散步虎之門藝術街

除了六本木、東京中城的藝術品，在虎之門附近還有哪些世界級藝術作品呢？一起走一遭、找找作品們藏在哪些角落吧！

あたらしい水 Floating colors／內海聖史
由5幅同樣大小的巨幅油彩畫拼起全長27公尺的畫作，以不同變化的綠色為底，上頭塗上多種色彩，展現出日本四季的顏色。

Universe 29／展望
將大塊不鏽鋼石從10公尺高的地方往地面砸碎後，利用這些小碎石創作出如宇宙般充滿漂浮感的作品，展現出虎之丘之門人們於生活中產生的能量，懸掛在牆面上的作品由不鏽鋼石與2.8公尺乘6.6公尺的鏡面不鏽鋼板所組成。

Roots／Jaume Plensa
以熱帶雨林外側茂密的樹根為靈感，由日文、中文、阿拉伯文、希伯來文、拉丁文、希臘文、印度文、俄文八種文字構成一個抱膝坐地的人形，象徵「超越各種文化差異，人類和平共存」。

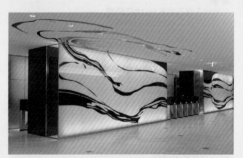

Untying Space – Toranomon Hills Tower／SUN K.KWAK
位在森大樓2～3樓的辦公室入口，如水波盪漾般具動感的黑色線條攀爬於白色壁面上，這是創作者以江戶時代流淌於虎之門付近的河川為發想，聯想至形形色色的人們與想法、創意的流轉。

山手線一圈

東京地下鐵

赤羽橋‧東京鐵塔周邊

◆中央總武線◆東京廣域

赤羽橋‧東京鐵塔

赤羽橋‧東京鐵塔周邊

あかばねばし‧とうきょうタワー
Akabanebashi‧Tokyo Tower

🈲 要是在東京拍攝的愛情偶像劇，鏡頭總免不了會拉到東京鐵塔的畫面，而東京鐵塔所在的區域正是地下鐵大江戶線的赤羽橋一帶。紅色的東京鐵塔不僅對日本人來說是東京的代名詞，對國外旅客來講，更是東京行不可缺少的一站，而在本區除了東京鐵塔，更有與德川家淵源深厚的增上寺和東京最古老的公園芝公園，等待著遊人的造訪。

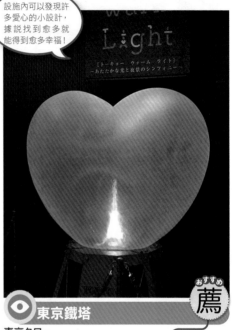

設施內可以發現許多愛心的小設計，據說找到愈多就能得到愈多幸福！

おすすめ
薦

交通路線&出站資訊

電車
都營地下鐵赤羽橋駅◇大江戶線
都營地下鐵御成門駅◇三田線
都營地下鐵芝公園駅◇三田線
東京Metro神谷町駅◇日比谷線
都營地下鐵大門駅◇淺草線、大江戶線
JR東日本浜松町駅◇山手線

出站便利通
◎如果要前往東京鐵塔可利用以上電車路線，建議從赤羽橋駅的**赤羽橋口**出站，徒步約5分即達，最為便利。不過這是走到東京鐵塔的後方停車場，必須繞到正門購票入場。
◎另外東京Metro神谷町駅從**1號出口**徒步約7分、都營地下鐵御成門駅**A1出口**徒步約6分、都營地下鐵大門駅**A6出口**徒步約10分。
◎如果搭乘JR山手線前往，下車車站是浜松町駅，從**北口**出站徒步需要15~20分，是最遠的車站，較不建議。
◎從各車站出站到地面之後，只要朝著紅色東京鐵塔前進就可以順利抵達。

◎ 東京鐵塔

一抹最經典的東京橋紅風景～

東京タワー
Tokyo Tower

🅰別冊P.18,C3 📞03-3433-5111 🅰港區芝公園4-2-8 🕐Main Deck(150m)9:00~22:30(入場至22:00)；Top Deck Tour(150m&250m)9:00~22:15(入場至21:30~21:45) 💴當日券窗口購票，Main Deck(大展望台)大人￥1,200、高中生￥1,000、國中小學生￥700、4歲以上￥500；Top Deck Tour(大展望台+頂樓展望台)大人￥3,000、高中生￥2,800、國中小學生￥2,000、4歲以上￥1,400 🌐www.tokyotower.co.jp 🔴頂樓展望台皆須搭配導覽時間依序入場。Main Deck(大展望台)2024/9/9~10/4進行整修工事，暫停營業

　　東京鐵塔建於1958年，標高333公尺,本來最初設立的目的是擔負東京多家電視台、電台的電波發射重任，於塔上150公尺的大展望台與250公尺的特別展望台，具有360度觀景視野，而成為俯瞰東京市容的絕佳地點。

東京鐵塔不但是東京的象徵，也是眾多日劇或電影裡的經典場景。

東京鐵塔的小秘密

浪漫的東京鐵塔有許多傳說，每天晚上凌晨零時一到，東京鐵塔的燈光就會熄滅，據說一起看到熄滅瞬間的情侶就會永遠幸福。為增加可看性，東京鐵塔在夏天和冬天的夜晚分別會打上不同色調的燈光，夏季是白色、冬天則是橘色，在聖誕節還會佈置成像是聖誕樹模樣的燈飾，而每年更是會在晚上利用照明打出年度字樣。如果距離鐵塔太近，反而失去美感，因此以東京鐵塔為背景拍攝的地點多位於附近的芝公園，如果也想拍出日劇的浪漫感，不妨稍微走遠一點試試。

東京鐵塔要玩什麼？

TOKIO 333
🏠東京鐵塔2F ⏰9:30~21:00

一進到TOKIO 333，就能看到東京芭娜娜等東京定番商品的櫃位，而這間店舖的確是販賣東京伴手禮的店舖。除了東京定番點心，另外東京和鐵塔相關造型的各種卡通人物如KITTY、Q比、綠球藻人等，總數也在500種以上，有在收集的朋友可以來好好尋寶。

Cafe La Tour
🏠大展望台1F ⏰9:00~21:30(L.O.21:00)

登上鐵塔的大展望台，不想要只是隨便看看便離開，那不如就坐在南西側的咖啡廳裡，悠閒的望著窗外風景，一邊啜飲咖啡，感受東京都會裡的寧靜片刻。

TOWER大神宮(タワー大神宮)
🏠大展望台2F ⏰9:00~22:30

位於大展望台的TOWER大神宮，可是名副其實全東京最高的神社，不少來到東京鐵塔的人都會順道參拜一番，無論是戀愛成功、考試合格或者交通平安都可以祈求。聽說因為神社很高，所以祈求考試高中的人特別多，在附近的名產店還可以買到神社御守。

🌳 芝公園

⊕別冊P.18,D4 ☎03-3431-4359 ⊙港區芝公園1~4丁目 ⊙自由參觀

　芝公園綠地圍繞著增上寺，占地面積廣大，受到後來的道路分割，幾乎無法讓人劃清公園的實際界線。園中部分樹木從增上寺的時代生長至今，高大優美，秋日也有紅葉可賞，其他分散園內的景點如丸山古墳、古墳小丘附近的古老梅園「銀世界」和**山丘上200餘株櫻花等也小有可觀之處，有時間可以來段林間散步。**

> 包圍著東京鐵塔的芝公園是日本最古老的公園之一。

☕ Le Pain Quotidien芝公園店

⊕別冊P.18,D3 ☎03-6430-4157 ⊙港區芝公園3-3-1 🕐7:30~21:00(L.O.20:00) 💰オーガニック小麦のブレッド(小麥麵包盤)￥500，カフェオレS(咖啡歐蕾S)￥680 www.lepainquotidien.com/jp/ja

　Le Pain Quotidien在法文中指的是「每日食糧」，正因為是每天都要吃的東西，**這裡的麵包使用有機麵粉與天然酵母，用最單純食材突顯出最簡單的美味。**店內的桌子大多都是大長桌，就是創始人希望讓來自各地的人們共同坐在同一張桌子前，共同享受美味麵包。

> 使用有機麵粉與天然酵母，品嚐食材天然的美味。

> 來自各地的旅人在長桌上共同分享美味，與日本的一期一會精神相呼應。

> 明治時代廢佛運動中部分寺院已燒毀，現在看到的增上寺大殿、安國殿等都是後來重建。

卍 增上寺　おすすめ 薦

⊕別冊P.18,C3 ☎03-3432-1431 ⊙港區芝公園4-7-35 ⊙自由參拜 💰自由參拜 www.zojoji.or.jp

> 跨年時更是東京人初詣的寺廟首選。

　增上寺代表的是江戶時代德川幕府的輝煌歷史。德川家康大軍一進駐江戶就立刻拜增上12代住持為師，每逢戰役告捷，一定花大錢整修，數年累積下來，**增上寺占地20萬坪成為關東地區佛教宣揚的中心，**可惜在明治時代廢佛運動中，大部分的寺院都被燒毀，德川家的靈廟當然也難逃一劫，只有入口處的木造大樓門「三解脫門」還殘存江戶時代輝煌的影子。

☕ TERA CAFE SHIEN -ZOJOJI-

⊙港區芝公園4-7 增上寺境內 ☎090-1504-8002 🕐10:00~17:00 💰綠茶￥750起 www.teracafeshien-zojoji.com

　位在增上寺境內的小咖啡空間，名稱中的「SHIEN芝緣」代表著在芝公園培養緣分的理念。這裡**提供精緻的和風甜點和多種講究的茶飲。**店主在佐賀縣嚐到「嬉野茶」後，被其美味深深打動，於是決定將這種茶引入店內。店內的和菓子由鄰近的和菓子作家精心製作，色彩鮮豔，口感豐富。

H 芝公園飯店 薦 おすすめ

📖別冊P.18,D3 ☎03-5470-7520 🚇港區芝公園1-5-10 🌐www.shibaparkhotel.com

東京最具代表的圖書館風格飯店

以「連結人、街道與歷史的圖書館風格飯店」為概念的芝公園飯店，館內收藏了超過1500冊各領域書籍，並依照不同主題在各樓層分別設置了專屬閱讀室。**為了打造如置身於圖書館般，高雅舒適的閱讀環境，特別找來「蔦屋書店」監修裝潢，無論是書籍的陳列方式還是擺放位置都格外講究。**對愛書者來說，能住進群書環繞、獨具特色的飯店，何嘗不是一種難得又幸福的體驗呢。

🍴 Restaurant Brise Verte

📖別冊P.18,D4 The Prince Park Tower Tokyo ☎03-5400-1170 🚇港區芝公園4-8-1 The Prince Park Tower Tokyo 33F ⏰11:30~14:30(L.O.14:00)、17:30~22:00(L.O.21:30) 🗓週一、二 💰午餐￥5,000起 🌐www.princehotels.co.jp/parktower/restaurant/briseverte

位於芝公園中The Prince Park Tower Tokyo 33樓的法式餐廳Brise Verte，**大面玻璃窗外就是以芝公園為前景、高樓處處的東京市內風景，遠處還能望見東京灣的彩虹大橋。**午餐時段提供的套餐價格實惠，包含完整的沙拉、前菜或湯品、主菜和飲料，是都內價格較合理的法式午餐選擇。

柑橘底的特調酒微酸口感相當適合女性。

明亮的開放感和挑高的半弧形天頂，有著陽光懶洋洋地灑進。

🍸 Sky Lounge Stellar Garden

📖別冊P.18,D4 The Prince Park Tower Tokyo ☎03-5400-1170 🚇港區芝公園4-8-1 The Prince Park Tower Tokyo 33F ⏰17:00~凌晨1:00(料理L.O.24:00、飲品L.O.凌晨0:30)、週一、二、日17:00~23:00(料理L.O.22:00、飲品L.O.22:30) 🌐www.princehotels.co.jp/parktower/restaurant/stellargarden

Stellar Garden的大扇落地玻璃窗，**是離東京鐵塔最近且毫無視線遮蔽的地點**，夜深之後，窗外閃爍的東京鐵塔搭配一杯微醺調酒，是最有東京氣氛的大人享受。店家推薦名為「TOKYO TOWER」的調酒，以雪樹伏特加為基底，加入柑橘、紅蘿蔔等，創作出和夜裡東京鐵塔相同的暖橘色調，口味上也清爽順口。

🍴 野田岩 麻布飯倉本店

おすすめ 薦

🅐別冊P.18,C3　📞03-3583-7852　🅖港區東麻布1-5-4　🕐11:00~14:30(L.O.13:30、週六、例假日L.O.14:00)、17:00~21:00(L.O.20:00)　🅗週日,土用丑日,不定休　💲鰻丼 竹￥2,900,彩りコース(鰻魚套餐)￥5,300起　🌐www.nodaiwa.co.jp

> 傳統手工碳燒鰻魚飯,最美的東京之味就在這!

　　創業至今已有200年歷史的野田岩,使用傳統烹調法,先烤鰻魚再蒸,沾上醬汁之後再烤,每個步驟都馬虎不得,**也是東京高級鰻魚飯的代表之一**。特別的是,野田岩率先引進鰻魚飯和紅酒搭配的飲食風格,所以店內亦備有近20種紅酒供顧客挑選。

> 烤出來的鰻魚香甜鬆軟,光聞味道就叫人垂涎。

> 常設展有大河劇、晨間劇的展示,不定期更換的展品中以劇本最珍貴。

> 整面懷舊的播音設施陳列在迎賓口訴說過往,這可都是實際使用過的老東西。

🏛 NHK放送博物館

おすすめ 薦

🅐別冊P.18,D2　📞03-5400-6900　🅖港區愛宕2-1-1　🕐10:00~16:30(入館至16:00)　🅗週一(遇假日照常開館),年末年始　💲免費參觀　🌐www.nhk.or.jp/museum

> 世界第一個播放博物館。

　　1956年以「放送的故鄉‧愛宕山」之名開館,發展至今,**館內展示著日本的放送歷史,從聲音廣播開始,發展至電視影像**,甚至現在還有衛星傳輸、數位播放等,在NHK放送博物館內,便可以看見整個歷史的演進過程,與相關的各項文物。

💡 NHK歷史

　　NHK是日本放送協會(Nippon Hoso Kyoka)的英文縮寫,成立的主要宗旨便是以公共目的為日本全國提供廣播、電視節目的放送服務。「放送」,在日文中指的是廣播節目、電視節目的「播出」。1925年3月,於芝浦發出日本廣播的第一聲,由當時的初代總理後藤新平向民眾強調落實廣播的決心;同年7月,於東京愛宕山開設東京放送局(NHK前身),開始常態性的廣播節目,於是愛宕山也有日本「放送的故鄉」之美名,這也是為何NHK放送博物館會建在此處的原因。

赤坂

あかさか
Akasaka

熟 悉東京的人都知道，與六本木相鄰的赤坂，是都內變化最大的區域之一。在Tokyo Midtown建成後一年，赤坂的新地標Sacas隨後成立，原本以古神社和國會議堂為中心、氣圍上較為肅穆的赤坂，開始以Sacas為中心，一躍成為夜生活與流行時尚的代名詞，並因為悠閒的氣氛、眾多美食和多樣化的娛樂選擇而深受東京人的喜愛，迅速晉升為最熱門的逛街聖地之一。

◎ 赤坂Sacas

薦 おすすめ

🅟別冊P.22,B2　☎03-3746-6666　🕐
港區赤坂5-3-6　🕐依各店舖而異　🚇
www.tbs.co.jp/sacas

赤坂的遊逛中心，好吃的、好玩都在這裡！

　以TBS電視台為中心，複合式商業大樓赤坂Sacas結合了辦公大樓和數十間別具風格的餐廳商店，成為東京的新亮點。TBS不時會在廣場上舉辦活動，而包圍整個區域的百株櫻樹，為赤坂的春天妝點粉紅色彩。

赤坂Sacas和櫻花有關係？
赤坂Sacas以TBS電視台為中心，包含ACT THEATER、Biz Tower等不同功能的建築群。Sacas的命名來自於古老坂道和櫻花綻放的雙重意思，春天來訪這裡，可以在粉色櫻花海裡看見現代的東京建築，感受不同味道的日本風景。

交通路線&出站資訊

電車
東京Metro赤坂駅◇千代田線
東京Metro赤坂見附駅◇丸之內線、銀座線
東京Metro溜池山王駅◇銀座線、南北線
出站便利通
◎赤坂Sacas與千代田線的赤坂駅直接連通，若由赤坂見附駅前往，則由ベルビー赤坂(belleVie赤坂)方面的出口出站，徒步約10分。
◎TBS電視台、ACT THEATER、Biz Tower等景點都在赤坂駅附近，循指標都可輕鬆抵達。另外，赤坂與六本木的Tokyo Midtown距離僅一站，在行程安排上可做兩區的串聯。

赤坂ACT THEATER

赤坂ACTシアター

☎03-3589-2277 ⬥赤坂Sacas內 ⬥公演場次12:15、18:15 ⬥依公演而異 ⬥www.tbs.co.jp/act

　外牆張貼的巨大海報吸引路人目光，**劇場內歌舞伎、音樂劇還有音樂會幾乎全年無休輪番上演**。高雅摩登的環境，提供1,300個座位，讓所有喜好戲劇與藝術的觀眾在優質空間中欣賞精采演出。

> 可容納千人的現代劇場，場場好戲、舞台劇輪番上陣。

 TBS放送中心

TBS放送センター

☎03-3746-1111 ⬥赤坂Sacas內 ⬥www.tbs.co.jp

　TBS是日本歷史最悠久的民營電視台。在赤坂Sacas的放送中心為TBS電視台的總部，幾乎所有戲劇和節目都是從這裡策畫製作的，**大樓前廣場配合播放節目會不時舉辦各種活動**，幸運的話還可以看見熟悉的日本演員喔。

PLAZA

☎03-6277-6880 ⬥赤坂Sacas Biz Tower 1F ⬥ 11:00～20:00 ⬥不定休 ⬥www.plazastyle.com

　PLAZA是美妝、雜貨選物連鎖店。在赤坂的店舖直接就開在1樓，十分顯眼。**選入的品牌多為一般藥妝店少見的，喜歡質感的女生千萬不要錯過**。這裡還是免稅店，外國遊客買滿5500日幣（稅前）就能直接以免稅價格購入！

b&r

☎03-5545-6887 ⬥赤坂Sacas Biz Tower 1F ⬥ 12:00~23:00 ⬥不定休 ⬥b&r特製 鉄板ボロネーゼ（午間鐵板肉醬義大利麵）¥1,250 ⬥akasaka-br.zetton.co.jp

　位於廣場一側的b&r是半開放式的酒吧，下午時分氣氛明朗開適，到了晚上，沉穩的黑色調裝潢中，則有著浪漫燭光微微搖曳。露天座位上只見穿著入時的男女把酒言歡，**品味精緻義式小點，在繁忙的都會中心享受片刻悠閒**。

阿辣哥的家，其實就是蒙布朗蛋糕 ¥1,430

☕ 哈利波特咖啡

Harry Potter Cafe
☎03-6441-0855 🏠赤坂
Sacas Biz Tower 1F ⊙
10:00～22:00 💲EXPECTO
PATRONUM（無酒精調酒）
¥1,430，Platform 9 3/4 Beans
¥1,650 🌐hpcafe.jp ❶用餐為預約制，當日若有空位
可直接入座

　赤坂的街區迎來了魔法世界的驚喜「Harry Potter Cafe」！**以世界知名的電影《哈利波特》為主題，帶來充滿奇幻色彩的獨特體驗。**在這裡將被各種令人興奮的菜單包圍，每一道菜品都充滿了魔法般的魅力。無論是電影愛好者還是新手，都能在這裡感受到魔法世界氛圍，體驗到前所未有的歡樂與驚奇。

使用平板可切換語言且附照片，讓點餐變得更容易。

可以大啖比利時啤酒與風味美食！

🍴 Delirium Cafe Reserve

☎050-5868-8552 🏠赤坂Sacas Biz Tower 1F ⊙
11:00～23:00(料理L.O.22:00、飲品L.O.22:30) 🍴
www.instagram.com/deliriumcafe.r/

　本店就位在比利時尿尿小童旁的Delirium Cafe Reserve，**經金氏世界紀錄認證為啤酒種類最多的酒吧。**在餐廳中每日可暢飲10種以上的比利時啤酒，並大啖比利時燉鍋、啤酒蒸貽貝等風味美食。

🍴 grigio la tavola

☎03-5545-6885 🏠赤坂Sacas Biz Tower 1F ⊙
11:00～14:30、16:00～22:00，週五11:00～14:30、
16:00～23:00，週六日及例假日11:00～22:00 🈺不定休
💲パスタセット(午間義大利麵套餐)¥1,500 🌐grigio.
zetton.co.jp

　grigio la tavola把各種新鮮蔬菜烹調成色彩鮮豔的料理，加上特製的手工義大利麵條，格外受女性顧客喜愛。店裡的酒舖中，**80種口味豐富的葡萄酒，可以搭配美味的義大利菜餚，**交織成跳躍舌尖的完美感動。

山手線一圈

東京地下鐵 赤坂

中央總武線・東京廣域

虎屋 赤坂本店

別冊P.22,B1 03-3408-2331 港區赤坂4-9-22 11:00～17:30，午餐時段11:00～14:00 每月6號 季節午膳¥3,850，館蜜¥1,760 www.toraya-group.co.jp

高級纖細的日式和菓子，不但可以現場品嚐，也可購買伴手送人。

虎屋創立於室町時代後期的京都，已有五百年歷史，秉持「讓顧客愉快地品嚐美味和菓子」的經營理念，重視大地、生產者、顧客與自我之間的連結。1869年，東京遷都時虎屋在赤坂開設店鋪，並於1964年遷至現址。**赤坂店改建後內設銷售區、菓寮、藝廊和製造場，提供舒適的品菓環境。**店內限量羊羹「千里之風」，虎斑模樣象徵勇猛的虎；「殘月」則是生薑風味的現烤菓子。午餐時段限定供應季節蔬菜製作的健康餐點與手工烏龍麵，清爽美味，令人回味無窮。

赤坂店限定的「千里之風」以虎紋模樣展現虎屋的獨特之美。

虎屋藝廊

位在赤坂本店的B1設有虎屋的藝廊，不定期展出虎屋和菓子的各種知識與美學，像是各種家紋菓子、和菓子的初始、季節等等主題，而且免費入場，想要認識和菓子的人，千萬不可以錯過這裡。

自家餃子每個月售出5萬個，美味人氣可見一斑。

一点張 赤坂店

別冊P.22,B2 03-3583-6051 港區赤坂3-7-9 11:00～翌3:40 週日 赤坂もり(赤阪拉麵)¥1,200 www.instagram.com/ittenbari_/

來自北海道的50年老舖，**主打味噌拉麵，口味多樣**，包括味噌、綜合味噌、辛味噌、醬油和鹽味，滿足不同食客的需求。除了自豪的拉麵外，炒飯和餃子也是該店的招牌菜品。這家店半個世紀以來一直深受顧客喜愛。

松葉屋

別冊P.22,B2 03-3583-9595 港區赤坂4-4-8 10:00~18:00 週六、日，例假日 www.matsubaya.co.jp

創業超過30年歷史的**松葉屋**，是以**松茸和飛驒牛料理馳名的高級料亭。坐**落在赤坂鬧街上的店面兼餐廳，販賣各種口味的胡麻豆腐、牛肉與松茸罐頭、料理，價格高貴不貴。

☕ 西洋菓子SHIROTAE

西洋菓子しろたえ

別冊P.22,B1 ☎03-3586-9039 ⊙港區赤坂4-1-4 ⊙10:30~19:30 週日、一 ⊙レアチーズケーキ(生起司蛋糕)¥300

薦 おすすめ

シュークリーム(泡芙)¥220

復古典雅的洋菓子店。

招牌的生起司蛋糕和泡芙,是許多東京人從小到大的熟悉滋味。

　1977年開業的西洋菓子店SHIROTAE,靜靜聳立於赤坂鬧區後側的安靜商店街中,門面招牌上安靜的女子畫像,帶著懷念而略微感傷的氣息。在洋菓子店2樓,午後斜斜的陽光,暈染著沉沉的木色桌椅與古老的咕咕鐘,過去的光影,彷彿在此停留,配上桌上的蛋糕與紅茶,美好而悠長。

到融通稻荷尊開運錢,可以祈求金運成長。

卍 豐川稻荷 東京別院

薦 おすすめ

別冊P.22,B1 ☎03-3408-3414 ⊙港區元赤坂1-4-7 ⊙5:30~20:00

www.toyokawainari-tokyo.jp

東京緣切名所!幫你斬斷所有壞運氣!

　豐川稻荷正式名稱為「豐川閣妙嚴寺」,山號圓福山,是一座曹洞宗的寺院。一般人提到「稻荷」時會聯想到成排紅色鳥居的神社,但豐川稻荷供奉的「豐川ダ枳尼眞天」因其形象背負稻穗、跨騎白狐,才得此名。自古以來受到今川義元、織田信長、豐臣秀吉、德川家康等武將信奉,**江戶時代更在庶民中普及,被視為商業繁榮、家內平安、福德開運的守護神。**

　東京別院始於江戶時代,於明治20年遷至現址,成為愛知縣豐川閣的直轄別院。這裡集結了種式各樣的小佛寺,像是緣切緣結的「叶稻荷」、增強金運的「融通稻荷」、七福神巡禮等等,**想要許什麼心願,來這裡就能一次達成。**

七福神巡禮

❶惠比須天
右手拿釣竿,左手抱著鯛魚的惠比須天,是大國主命的兒子,主管生意興隆、漁業繁盛。

❷大黑天
來自印度的神,頭頂包著大黑頭巾,右手拿著槌子,主要掌管金錢運成長、開運招福。

❸弁財天
三大女神之一,抱著琵琶主要掌管學藝精進、財福招來。十分靈驗,吸引許多東京的演藝人員前來參拜。

❹毘沙門天
也被稱為四天王之一的「多聞天」,主要掌管智慧與事業成就。左手持寶棒、右手拿寶塔,洞晰世事。

❺布袋尊
我們熟知的布袋和尚,挺著大大肚皮、背著大大的布袋,充滿達觀精神,主管開運、良緣。

❻福祿壽尊
長長的鬍子與大大的耳朵,是掌握福(子孫)、祿(財產)與壽(健康長壽)三者平衡的神明。

❼壽老尊
以老子得道升天為意象,手持長壽象徵「鹿之杖」,主管長壽、諸病平癒等,深受愛載。

⛩ 山王日枝神社

🏠 別冊P.22,B1　☎ 03-3581-2471　📍 千代田區永田町2-10-5　🕐 6:00~17:00,寶物殿9:00~16:00　🚫 寶物殿週二、五　💰 自由參拜　🌐 www.hiejinja.net

　　山王日枝神社的歷史可以追溯到1478年,在德川家入主江戶城後地位更是崇高,以江戶鎮守神社的身分受到歷代的崇敬,**現在每年6月中旬的山王祭,依然熱鬧滾滾,被譽為江戶三大祭之一**。因為日枝神社的主神「大山咋神」的神使是猴子,因此在神社內可以找到作工精細的古老猿猴塑像。

> 每年的山王祭是山王日枝神社最盛大的祭典!

> 仔細看參議院的本會議場,前後兩排的桌上並未放置議員名牌,據說這是從早期便流傳下來的傳統習慣。

> 館內走廊所鋪設的紅地毯便有四公里長,十分廣大。

👁 參議院見學

🏠 別冊P.22,B1　☎ 03-5521-7445　📍 千代田區永田町1-7-1 国会議事堂內　🕐 9:00~16:00,每整點一導覽梯次　🚫 週六日,例假日,年末年始　🌐 www.sangiin.go.jp/japanese/taiken/bochou/kengaku.html　❗ 參觀人數超過10人需事前申請。入場需要檢查隨身行李,最好提前20分到達。國會召開當天,召開前1小時至議會結束期間不開放參觀。

　　國會議事堂是日本政治的中樞,豪華的歐式建築於1920年始建。日本國會由「兩院制」組成,一是跟隨人民意見、有解散權利的「眾議院」,一則是任期長、較不受大眾情緒干擾的「參議院」,兩者雖皆由人民選出,卻也相互制衡,法案需由兩院共同通過才可實行。**來到參議院,可以藉由實際導覽來理解日本近代憲政的歷史與轉變。**

跟著OMO Ranger來到豐川稻荷尋找七福神。

早餐由1樓的上島咖啡店提供,住客專屬的餐點十分美味。

選個美麗的花瓶,帶回房間為住宿體驗增添點優雅色彩。

山手線一圈➜**東京地下鐵** 赤坂 ➜中央總武線➜東京廣域

Ⓗ OMO3東京赤阪by星野集團

🏠別冊P.22,B1 ☎050-3134-8096 🏠港區赤坂4-3-2 ▼
Check In15:00,Check Out~11:00 💰一室¥18,000起
🌐hoshinoresorts.com/zh_tw/hotels/omo3tokyoakasaka/

位於東京都心的赤坂,不僅擁有便捷的交通,還蘊藏著豐富的歷史文化。這裡曾是江戶時代武士的居住地,現今則成為高級餐廳與高檔住宅林立的優雅街區;不僅擁有迎賓館與御所等綠意盎然的場所,還是一個適合享受安靜時光和清晨散步的理想之地。OMO品牌進駐此地,準備了舒適且功能完善的住宿設施,**不只有GO KINJO地圖精選員工實地造訪的推薦店舖,讓人輕鬆發現這些隱藏的寶藏小店,對想深度體驗的住客亦提供免費的早晨導覽遊程**。在清晨隨著OMO Ranger的腳步探索街區的靜謐;從反射晨光的玻璃大樓,到少人參拜的神社,甚至是日間車流繁忙的坡道。下午還可以參加赤坂「まさか!」發現之旅,走上這些坡道,親身體驗赤坂的地勢起伏,感受這座城市的獨特韻味。

散步完後,推薦至設施一樓的上島咖啡店來杯濃郁香醇的咖啡。這裡有特別為住宿客人準備的「赤坂方塊吐司」早餐,內含色彩繽紛的蔬菜、濃郁的普羅旺斯燉菜與起司醬,充滿東京都會時尚風格。另外還有多種飲品與其他美味選擇,滿足每個人的早晨需求。

而OMO3東京赤阪擁有城市住宿中少見的寬廣客房,適合情侶、獨行旅客或商務旅客。房間設有獨立的浴室、廁所與洗手台,提供更加舒適、極致的便利與隱私。**在一樓的OMO BASE還擺放著各種花器與乾燥花,可以選擇自己喜歡的花器與花材,將它布置在房間內**,創造一個專屬的特別空間。這些特別的體驗,只有在OMO3東京赤阪才能感受到,也讓人體驗赤坂的獨特魅力、對這座城市有更深刻的理解。

山手線一圈↓
東京地下鐵 廣尾 ↓中央總武線↓東京廣域

廣尾

廣尾
ひろお
Hiroo

位 在日比谷線上的廣尾地區，雖鄰近六本木、惠比壽等高級地段，氣氛卻是截然不同；同樣位處高級地帶，比起六本木和惠比壽的商業化與熱鬧，廣尾顯得優雅與慢步調，也因附近有眾多大使館，路上也可以看到不少外國家庭；廣尾商店街的店家也頗有歐洲風情，坐落於商店街周邊聖心女子大學更是日本知名私立學府，廣尾一帶超市、百貨也不少，更有有栖川宮紀念公園這塊綠地，放學時間可以看到許多小朋友在空地踢球、賽跑，兼具生活機能、優雅氛圍的廣尾也成為東京人心目中的高級地段。

🛍 廣尾PLAZA
広尾プラザ
📍別冊P.17,A1 ☎03-3446-7611 🏠渋谷區広尾5-6-6 ▼
1F 10:00~21:00，2F 10:30~19:30

　　位在廣尾商店街口的「廣尾PLAZA」，是一棟三層樓建築，內部可分為1~2樓的百貨店舖專區，以及3樓會員制度的廣尾俱樂部；**店舖有服飾雜貨、超市、麵包、冰淇淋以及餐廳等，位在二樓還有一台自動演奏的鋼琴**，並設有座位區，如逛累了、或是想躲避一下太陽，不妨可在此休息片刻。

> 放學時間也可看到附近小學生在此踢足球、玩遊戲呢。

交通路線&出站資訊

電車
東京Metro広尾駅◇日比谷線
出站便利通
◎広尾駅分為1~4號出口，天現寺橋方向以及西麻布方向。
◎如欲往有栖川宮紀念公園，可從1號出口方向出站；往廣尾PLAZA、聖心女子大學和廣尾商店街，從2號出口出站即可。
◎廣尾一帶聚集很多外國大使館，特色建築也不少，可預留一點時間來個廣尾散策之旅。
◎如果對於腳力有自信的話，不妨可從惠比壽慢逛到廣尾，一路上可以見到日本的慢步生活景色，還有一些可愛的小店。

👁 有栖川宮紀念公園
📍別冊P.17,A1 ☎03-3441-9642 🏠港區南麻布5-7-29
🕐自由參觀 🌐minato-park.jp/azabu/parks/arisugawa/

　　有栖川宮紀念公園在江戶時代曾作為奧州盛岡藩南部氏別墅之用，到明治時代成為有栖川宮家的御用地，並於1934年捐贈予東京其後轉為港區管制，成為現在的公園綠地，**腹地超過6萬平方公尺的公園，涵蓋池塘、溪流、瀑布等自然景色，也有兒童遊戲區、健走步道，動、植物等生態活動繁盛**，適合下午傍晚時分遊逛。

> 薯條沾醬口味10選1，也會不定期推出季節限定版沾醬。

AND THE FRIET広尾本店

📖別冊P.17,A1 ☎03-6409-6916 🏠渋谷區広尾5-16-1
🕐11:00~21:00 ㊡週二(遇假日照常營業) 💴花束造型
¥520起、盒裝¥840起 🌐andthefriet.com

　在台灣已有分店的「AND THE FRIET」，來到廣尾還是想來朝聖元祖店家！超迷你的店面，約可容納5~6人的座位，大多數客人會選擇外帶食用；**店家提供來自比利時、北海道、茨城縣等不同馬鈴薯品種**，再根據品種使用六種不同刀切法，創造出不同口感。

CANVAS TOKYO

📖別冊P.17,A1 ☎03-6432-5700 🏠渋谷區広尾5-19-6
🕐10:00~17:00，週六日8:00~17:00 ㊡週一 🌐www.canvas-tokyo.com

　位在廣尾商店街較尾端的「CANVAS TOKYO」，是**一處結合藝術、甜點、咖啡的複合式空間**，店家使用全白裝潢、大玩空間變化，店內的餐點提供漢堡、三明治、沙拉碗、烤可頌、烤穀麥、手工麵包、甜點及各式飲品。

MELTING IN THE MOUTH

📖別冊P.17,A1 ☎03-6459-3833 🏠渋谷區広尾5-17-10
🕐12:00~21:00、週六日11:00~21:30 💴原味霜淇淋
¥500、レモネード(Lemonade)¥530起 🌐www.mitmtokyo.com

　「**MELTING IN THE MOUTH**」**以有機牛奶製成的原味霜淇淋，以及咖啡為人氣商品**，店內簡單的美式工業風和可愛的霜淇淋呈現出奇妙的對比，因而成為網路上熱門的打卡景點，店內最紅的就是牛奶製成的霜淇淋，最後用粉

紅色紙包裝，讓女孩各個少女心大爆發，另像提拉米蘇、加入整塊蜂巢的霜淇淋也超受歡迎。

迎面而來的挑高空間，就像身處一座繁花似錦的春日花園。

1至2樓的 Fleur Universelle是花店兼展示空間。

自家手工製起司蛋糕，濃郁不油膩，超級推薦！

🎁☕ Fleur Universelle & Les Grands Arbres　薦

東京人的心靈綠洲。

🏠別冊P.17,A1 ☎花店03-5791-1187，café03-5791-1212 🏠港區南麻布5-15-11 ⏰花店10:00~17:00，café 11:00~17:00(L.O.16:00) 🈺花店週四，café不定休 💰午餐套餐￥1,650起、甜點￥770 🌐fleur-universelle.com

　在廣尾有一處彷如秘密基地般的夢幻之地，依著一棵巨大樹木而建的「Les Grands Arbres」，為**花店與咖啡屋的複合式空間**，店面1、2樓為花店「Fleur Universelle」，3、4樓則作為咖啡屋使用；3樓的用餐空間使用大量木頭設計，搭配花材、植物等營造出優雅氛圍，使用有機食材的餐點也不能錯過。

在住持的帶領下座禪慢慢將心情平靜，達到無為境界。

座禪受上班族歡迎？

來到香林院體驗座禪，環顧四周，參加的年齡層大多落在青壯世代；平常日的早晨，在上班之前來到禪院座禪，已經是許多上班族的日常課題。由於一個人在家坐禪要持續下去並不容易，來到這個空間，藉由大眾力量的幫忙將長期座禪，不管是在體力，或是精神力上都能有所增長，一整天的上班時間也更能集中注意力，提升工作效率，所以早晨的座禪活動很受上班族歡迎。

卍 香林院

🏠別冊P.17,A1 🏠渋谷區広尾5-1-21 ⏰座禪體驗：週一~五7:00開始，週日17:00開始 🈺座禪體驗週六 💰座禪體驗免費 🌐www.facebook.com/kourinin

　香林院位在近年十分熱門的廣尾區域，為臨濟宗大德寺派。釋迦牟尼在座禪中明心見性，為了提供忙碌的都市人一個脫離常軌，能靜下心、探求自我內心的時間，在**週間的早上7點與週日傍晚5點起的一小時內，分為2次25分鐘的座禪**，由住持帶領，踏上尋求頓悟的路途。

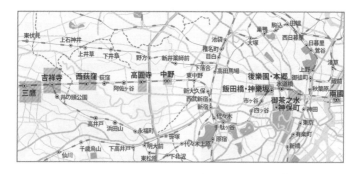

中央總武線

ちゅうおう・そうぶせん

兩國
りょうごく
Ryogoku

兩國是日本國粹「相撲」的故鄉，JR兩国駅內懸掛著巨幅相撲選手畫像；車站外的人行道上，也有著成排的相撲選手造型銅像；想要有個江戶下町風格的東京之旅，除了淺草外，兩國也是另一個選擇。其他像是每到夏天最讓人期待的花火大會也是在兩國一帶舉行，還有水上巴士由此出發。

交通路線&出站資訊

電車
JR東日本兩國駅⇨中央‧總武線
都營地下鐵兩國駅⇨都營大江戶線

出站便利通
◎前往兩國國技館，從JR兩国駅的西口出來最快，過個馬路即達。
◎江戶東京博物館位在兩國國技館旁，但由於占地廣大，從JR兩國駅與地下鐵兩国駅的A3、A4出口皆徒步不需3分即可到達。
◎地下鐵兩国駅的A1出口連接第一ホテル，十分方便。
◎JR兩國駅與地下鐵兩国駅距離有點遠，如果是轉乘的話要有出站走一段路（約5分鐘以上）的心理準備。

☕ 兩國Terrace Café

両国テラスカフェ
☎03-5608-7580 ♨兩國Terrace內 ◷11:30~15:30(L.O.14:30)、17:30~21:30(L.O.20:30)，週六日及例假日11:30~15:00(L.O.14:30)、Café 11:30~21:00(L.O.20:00)、17:00~21:00(L.O.20:00) ♨不定休 ⓢPIZZA ¥1,560起

兩國陽台咖啡廳坐落於漾著迷人綠意的隅田川旁，閃耀的水色從落地窗映照入餐廳，戶外花園會定期舉辦音樂會，週末有提供烤具租借，在美好的花園

都會慢跑新據點－隅田川沿岸

東京的母親之河隅田川近年隨著都市更新重受矚目，東京都公園協會規劃隅田川慢跑路線，從舊安田庭園到越中島公園單程4.3公里，左右兩岸繞行一周約10公里。沿著寬闊的河岸道路奔走，河堤設計成江戶漆塗的造型，相撲選手的浮世繪沿途點綴。誕生自四百年前江戶時代的兩國橋、吊橋式的清洲橋、隅田川大橋，以及百年古董鐵橋永代橋陸續從眼前飛逝，彷若拉開跨越歲月的風景繪卷，在川流不息的江戶歷史恣意奔馳。

◉ 兩國Terrace 薦 おすすめ

両国テラス
⚲別冊P.4,D1 ☎03-5608-7580 ♨墨田區橫網1-12-21 ⓦwww.ryogokuterrace.jp

> 沿河岸感受流動的風景，晴空下的樂活主張本應如此。

兩國陽台以隅田川為背景，結合動的時間、食的時間，以及群體(輪)的時間軸，提供一種全新的生活方案，為忙錄的城市人打造出運動與休閒結合的完美空間。附設咖啡廳「兩國Terrace Café」提供的餐食不只營養均衡更兼俱美味。

> 咖啡店戶外花園提供BBQ場地和烤肉組合。

裡享用新鮮食材及燦爛陽光。午餐時段有提供多樣口味的披薩、義大利麵或牛排等餐點，下午茶及晚餐時段皆有不同風格的餐點供應。

◉ 兩國 江戶NOREN

⚐別冊P.4,D2 ☎03-6658-8033 ⌂墨田區橫網1-3-20 (JR兩國駅西口直結) ◷10:00~23:30，依各店鋪而異 ㊡1/1~1/2，設備檢修日 ⊕www.jrtk.jp/edonoren

老建物注入新生命，品味純粹江戶食樂文化。

©兩国江戶NOREN

複合式飲食設施「両国江戶NOREN」，是由建造於1929年的兩國駅舊駅舍所改建而成，兩層樓建築進駐約12間店鋪，室內風格以江戶町屋、屋台樣式並融入相撲土俵設計，進駐

©兩国江戶NOREN

店家皆以百年老舖、江戶流為主要，像是百年蕎麥麵老店「やぶ久」，或是創業於明治4年的老舖「月島もんじゃ もへじ」等；於1樓設有兩国観光案内所。

◉ 兩國國技館

⚐別冊P.4,D2 ☎03-3623-5111，相撲博物館03-3622-0366 ⌂墨田區橫網1-3-28 ◷依比賽日期有所不同；相撲博物館10:00~16:30(入館至15:45)，東京本場舉辦比賽期間12:30~16:00 ㊡依比賽日期有所不同；相撲博物館週六日、例假日，年末年始，換展期間，遇東京本場舉辦比賽期間無休 ◉相撲博物館免費(遇東京本場舉辦比賽期間另需購入觀賽入場券) ⊕www.sumo.or.jp

相撲是日本獨有的運動，在東京要看相撲就是國技館了。每年固定舉辦的6次大相撲之中，1月(初場所)、5月(夏場所)、9月(秋場所)都是在這裡舉辦，也是這兒最熱鬧的時刻。而平時沒有比賽的時候，也可以來這裡參觀相撲博物館，雖然小小的，但展示著與相撲有關的資料，喜愛傳統日本國技的朋友千萬不能錯過。

©莊幃婷

舉行大相撲時，場外排滿了聲援力士們的旗幟。

不論是力士便當還是國技館名物燒き鳥，邊看比賽邊品嘗美食可是大相撲才有的醍醐味！

博物館呈現東京歷史、生活面乃至都市構造的調查研究。

🏛 江戶東京博物館

⚐別冊P.4,D2 ☎03-3626-9974 ⌂墨田區橫網1-4-1 ◷9:30~17:30(入館至17:00)，週六9:30~19:30(入館至19:00) ㊡週一(遇假日順延翌日休)，年末年始，不定休 ◉常設展大人¥600，大學生¥480，國高中生、65歲以上¥300，國中小學生免費；特別展需另外收費 ⊕www.edo-tokyo-museum.or.jp ⓘ自2022年4月起全館整修中，預計至2025年重新開放

一比一日本橋就在眼前，彷彿穿越時空回到江戶時代！

這裡展示浮世繪、繪圖，每年約更換6次展覽內容。

江戶是東京的舊稱，也是德川家康所創建的德川幕府的大權所在地。德川幕府持續了260多年(1603~1867)，江戶東京博物館所呈現的就是這段期間東京的風貌與文化的相關展示，博物館的常設展區可分為「江戶區」與「東京區」，在這兩個展區分別展出江戶時期的傳統建物與東京初期的摩登建築，就連有名的「日本橋」也都是1:1製作，走進這裡就像真的置身在一個城鎮之中，十分逼真。

👁 橫網町公園

📖別冊P.4,D1 ☎橫網町公園事務所03-3622-1208 🏠墨田區橫網2-3-25 🕐自由參觀 🌐www.tokyoirei kyoukai.or.jp

橫網町公園在整頓為公園之際，剛好遇到關東大震災(1923年)，**為緬懷在地震中喪命的人們，震後邁向復興之時**，由建築家伊東忠太設計三重塔與慰靈堂，並在正式開園之後(1931年)建造復興記念館。後來再經歷過第二次世界大戰的東京空襲事件，為了紀念逝去的人們而建造祈念碑。

> 現在也能在公園中見到關東大震災的追悼和平祈念碑。

👁 東京都復興紀念館

🏠橫網町公園內 🕐9:00~17:00(入館至16:30) 🚫週一(遇假日順延翌日休)、12/29~1/3 💰免費參觀 🌐www. tokyoireikyoukai.or.jp

1923年9月1日，一陣天搖地動，地震引發關東地區大火，許多人因而罹難。**震後官方與民間合力建造了東京都復興紀念館**，就是為了要讓後世人們了解關東大震災的慘況。現在館內1樓展出震災資料，2樓中央展室則有多幅震災相關繪畫，更有各地的復興模型與二次大戰的空襲資料等。

> 雖規模不大，可是幕府時期典型的大名庭園。

◎ 舊安田庭園

📖別冊P.4,D1 🏠墨田區文化觀光課03-5608-6951 🏠墨田區橫網1-12-1 🕐9:00~19:30(10~3月至18:00)，16:30後僅部分園區開 🚫12/29~1/1 💰免費參觀 🌐www.city.sumida.lg.jp/sisetu_info/kouen/ kunai_park_annai/sumida_park/park08.html

舊安田庭園原是下野足利藩主的屋敷。**由於庭園中間的「心字池」是引用隅田川水而成，所以池內的水位也會隨著川位的高低而有所改變**。明治22年(1889年)被安田財閥購入，爾後捐贈給東京都，免費開放給一般民眾入內休憩。

©兩國花火資料館

🏛 兩國花火資料館

薦 おすすめ

📖別冊P.4,D2 🏠兩國觀光案內所03-5637-7551 🏠墨田區兩國2-10-8 🕐12:00~16:00 🚫週一~三(7~8月無休) 🌐visit-sumida.jp/spot/6036/

> 老建物注入新生命，品味純粹江戶食樂文化。

想要瞭解更多隅田川花火大會的相關歷史，不妨可以到從兩國駅徒步約5分鐘的的「**兩國花火資料館**」一探究竟。館內詳細地紀錄下屬於江戶人心中的最美好的夏天風物詩，細緻的花火斷面模型、花火的製造說、最後呈現的華麗效果等，解開花火層層的神秘知識。

隅田川花火大會

充滿夏日風情的納涼花火大會的發祥地，就是兩國。早在200多年的江戶時代，兩國就開始花火大會，後來曾因戰爭而中斷，昭和36年(1961年)又因交通因素而停止，經過約20年，昭和53年才又在熱心人士的奔走下而恢復。隅田川花火大會固定於每年7月第4個週六舉行(雨天則取消或延期)，觀賞人數逼近百萬。

©TCVB

名代ちゃんこ
(名代相撲鍋)1
人份￥3,300

🍴 川崎

🏠 別冊P.4,D2　☎03-3631-2529　🏠墨田區兩國2-13-1
🕐17:00~21:30(L.O.20:30)　❌週日、例假日

　營養滿分的相撲火鍋是力士們的能量來源，據說每個剛入門的力士們都要輪流當伙房、學做相撲火鍋。有許多相撲力士在退休後還會開相撲火鍋店呢！**川崎相撲鍋的煮料包括海鮮、雞肉、洋蔥、豆腐、蔬菜等將近廿種，都是非常健康無負擔的菜餚。**

🔍 兩國國技堂

🏠 別冊P.4,D2　☎03-3631-3856　🏠墨田區兩國2-17-3
🕐10:00~19:00　❌不定休

　兩國國技堂敢自以國技館的名字為名，可見其對自家產品的自信了。這裡專賣仙貝等駄菓子，其中**最有名的就是覆著紅豆餡的小仙貝**，微鹹的調味跟紅豆與仙貝本身的香甜相乘，吃起來順口不膩，據說這可是許多相撲選手送人的必備伴手禮呢！

與相撲有關的便條紙、座墊，都能讓相撲迷大為滿足。

🎁 両国高はし

🏠 別冊P.4,D2　☎03-3631-2420　🏠墨田區兩国4-31-15
🕐9:30~18:30　❌週日(遇東京本場舉辦比賽期間無休)
🌐edo-sumo.d.dooo.jp

　高はし原本是專賣座墊的店，由於可以依照身型與體重量身打造，所以十分受到相撲選手的歡迎。店主人偶然地在**店內擺放跟相撲有關的和雜貨**，想不到大受歡迎，而成為高はし的特色之一。

🔍 浪花家本店

🏠 別冊P.4,D2　☎03-3623-2667　🏠墨田區龜澤1-24-2　🕐10:30~17:30，週六10:30~16:00　❌週日、例假日　❗一人購買2個以上才能在店內享用

おすすめ
薦

最美味的現烤鯛魚燒！

　職人堅持以傳統「一丁燒」技法，一個一個製作美味的鯛魚燒；好吃的秘訣除了手燒與用料大方，**內餡嚴選北海道產的優質紅豆**，且經5~6小時燉煮後再靜置2天讓味道覺醒，才是最大關鍵。

薄脆的表皮有著微微的炭香味，香甜內餡飽滿又不膩口。

🛍 錦糸町PARCO

錦糸町パルコ

🚩地圖外　📍墨田區江東橋4-27-14
購物10:30~21:00，餐廳11:00~22:00
🕐不定休　🌐kinshicho.parco.jp

> **薦** おすすめ
>
> 走遠一點，到錦糸町散步下町風情的百貨。

與淺草一帶同為歷史悠久下町區域的錦糸町，2019年3月在錦糸町站上方新開幕的PARCO，改建自原本的超大24小時生鮮超市、電影院、桑拿等設施，加上對面的0101百貨讓這裡更加熱鬧。**引入許多年輕精品品牌JILL STUART、Samantha Thavasa、COACH、Le Magasin、韓系美妝多達105個人氣品牌外**，更結合在地人氣美食店，也兼顧下町居民生活需求，數間小診所也被集中入駐7樓，形成融合下町生活風貌的新業態百貨。

🍴 SUMIDA FOOD HALL

🕐依各店鋪而異　📍錦糸町PARCO 1F　🕐11:00~23:00

> **薦** おすすめ
>
> 下町美食名店這裡就有！

SUMIDA就是指所在處墨田區，位在1樓的精華位置樓層，帶入來自美國加州人氣漢堡品牌「UMAMI BURGER」，集結這一帶人氣排隊美食，像是錦糸町的排隊名店「**真鯛らーめん 麵魚(真鯛拉麵麵魚)**」、「**二代目 野口鮮魚店**」及「**SUMIDA COFFEE**」等，讓人不用再穿街弄巷找他們。

🎁 NEW Style

🕐03-6659-9461　📍錦糸町PARCO 2F　🕐10:00~21:00　🌐www.village-v.co.jp/newstyle

> 可放在冰箱內的北極熊，囉哩八唆像個老頭般一打開冰箱就說個不停，讓人好氣又好笑。

主打可以遊戲的書屋Village Vanguard，更吸睛的是琳瑯滿目創意生活雜貨。這家NEW Style是由Village Vanguard所開設，稍稍收斂起無厘頭玩心的商品，改走大人味的生活風格選物店。店內**琳瑯滿目商品，從戶外知名用品、包包、實用生活雜貨、玩偶、療癒小物等**，大都走實用風格，但仍不免能發現一些無厘頭趣味爆笑小物藏身其中。

> 賣場內特別設置一處玻璃圍圍起來的襪子編織工坊。

🎁🍴 MUJI 錦糸町PARCO

🕐03-5625-0081　📍錦糸町PARCO 4F　🕐10:30~21:00，Café&Meal MUJI 10:30~21:00(餐點LO.20:30、飲品LO.20:45)　🌐www.muji.com/jp/ja/store

占據整個4樓的MUJI，包含餐廳、賣店、小朋友遊戲區域及小型書集販售閱讀區，最值得一逛的是賣場正中央**襪子編織工坊，可以自選尺寸、顏色與花樣現場織一雙獨一無二的襪子！**想休息一下的話，小小孩的遊戲區很廣闊，大人可以選擇MUJI餐廳，或去書籍區也有¥100咖啡與座位區。

御茶之水・神保町

おちゃのみず・じんぼうちょう

Ochanomizu・Jinbouchou

神田一帶，藏著許多東京的在地老派好店，巷弄中的咖哩店、老咖啡廳等，每一間都充滿懷舊人文氣息，散步至御茶之水、神保町一帶也有不少美食，推薦愛書也喜歡下町散步的人來這區逛逛。散步到神保町駅附近的神田古書街，是愛書人尋找夢幻舊書籍的寶地，連綿不絕的書店有近兩百家，最老的距今已有130年以上的歷史，早期是因為鄰近明治大學、中央大學等學校而慢慢發展起來。除了出版社和大型書店，獨立的舊書店、童書店、外文書店等更是充滿性格，值得愛書者慢慢遊逛。

御茶ノ水聖橋

想要一次看到4台列車交會的瞬間，就從御茶ノ水駅下車，漫步來到聖橋上來靜靜等待吧。從聖橋上往秋葉原方向(東邊)望去，神田川就在腳下，稍遠的綠色鐵橋「昌平橋」上黃色的総武線悄悄流過，過不多久橘色的中央線也緩緩進站，運氣好時，更能夠從橫跨神田川上的鐵道看到交會的地下鐵丸之內線，由紅色、黃色、橘色交織成的鐵道風景，一瞬間躍然眼前。

交通路線 & 出站資訊

電車

JR東日本御茶ノ水駅◇中央・總武線
都營地下鐵神保町駅◇三田線、新宿線
東京Metro神保町駅◇半藏門線
東京Metro新御茶ノ水駅◇千代田線
都營地下鐵小川町駅◇新宿線
東京Metro淡路町駅◇丸之內線

出站便利通

◎從神保町到御茶水、秋葉原、神田一帶用徒步就能串聯，不趕時間可以用走的逛完這一區。

◎要到湯島聖堂、神田神社一帶，從御茶之水駅出站後，走過聖橋往北走，就會抵達。

◎從地下鐵神保町駅的A3~A5出口出站就是白山通，一路逛沿途兩側都有許多書店，從這裡可以走到JR水道橋駅。

◎無論是在都營地下鐵神保町駅或東京Metro神保町駅下車，從任一個出口出站都是最有名的古書街，與古書店街平行位於巷弄內的すずらん通り也有相當多的書店可逛。

◎JR水道橋駅從東口出站後，沿著白山通往南，徒步約200公尺即進入神保町書街的範圍，與白山通交叉的靖國通是最集中的書店街。

◎ 湯島聖堂

🏠別冊P.26,B3 🏠文京區湯島1-4-25 ☎03-3251-4606 ⏰9:30~17:30，冬季9:30~16:00。大成殿只在週末例假日公開 ⏸8/13~17，12/29~31 💰免費見學 🌐www.seido.or.jp

元禄3年(1690年)，德川五代將軍綱吉為了振興儒學，在湯島創建了這座聖堂，並將原本位於上野忍岡的林家私邸和廟殿遷移至此，至寬政9年(1797年)，幕府在此設立了「昌平坂學問所」，是著名的教育機構。**明治維新後，聖堂和學問所成為新政府的管轄地，並見證了東京師範學校、東京女子師範學校等現代教育機構的誕生和發展。**1923年的關東大地震中大部分建築被毀，昭和10年(1935年)時由斯文會主導重建，並於平成5年(1993年)完成保存修復工程，現今的湯島聖堂就是這一歷史傳承的見證。

孔子像隱在林中，供世人憑弔。

山手線一圈＋東京地下鐵

中央總武線

御茶之水·神保町

東京廣域

大國主命主司夫婦和睦，大大的雕像立在境內吸引大家來參拜。

🈂️ 神田明神

📍別冊P.26,B3　📞03-3254-0753　🏠千代田區外神田2-16-2　🕐自由參拜
www.kandamyoujin.or.jp

神田明神創建於天平2年（730年），由出雲氏族的真神田臣於現今的東京都千代田區大手町一帶建立。因為平將門的御靈安置於此，神社逐漸成為當地人敬畏的中心。**關原之戰時，德川家康曾於此祈求戰勝，並於神田祭當日獲勝，自此神田祭成為江戶幕府的重要祭典。**江戶幕府時期，神田神社遷至現址，成為幕府的守護神。

因為《LoveLive！》而成為動漫迷的必訪聖地，也有不少痛繪馬供奉。

甘酒不僅清涼解暑，還對健康和美容有益，至今仍受到廣泛喜愛。

♾️ 天野屋

📍別冊P.26,B3　📞03-3251-7911　🏠千代田區外神田2-18-15　🕐賣店10:00～17:00，喫茶10:00～16:00　🈺週二　💰明神甘酒の素350g¥885，冷甘酒一杯¥495
amanoya.info/

天野屋創立於1846年，是一家擁有悠久歷史的老字號甘酒專門店。甘酒自古以來就是日本日常生活中的重要飲品，最早可追溯至應神天皇時期。**天野屋的「明神甘酒」源自創業時期地下6米深的天然土室中育成的米麴精心製成，經過自然發酵和熟成，成為無添加的健康飲料。**

✝️ 東京復活大聖堂

📍別冊P.26,B3　📞03-3295-6879　🏠千代田區神田駿河台4-1-3　🕐13:00～16:00，10～3月13:00～15:30　🈺週一　💰大人¥300，國中生¥100，國小以下免費
nikolaido.org/

東京復活大聖堂是日本最大的拜占庭式教會建築由大主教聖尼可拉指示創建於1891年，故又喚聖尼古堂（ニコライ堂）。**高約38公尺的青色圓頂屋瓦已是這座教堂的象徵**，境內也修復許多當年的壁畫、花玻璃與擺設等，充滿西方風情。

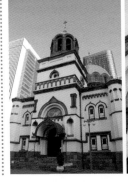

超老派的洋菓子店，運用新鮮水果的特性搭配出不同口味。

近江屋洋菓子店

🚇別冊P.26,B3　☎03-3251-1088　🏠千代田區神田淡路町2-4　🕐9:00~19:00，週日、例假日10:00~17:30　🌐www.ohmiyayougashiten.co.jp

　　近江屋洋菓子的裝潢與空間，配上**造型與口味都很老派的蛋糕，懷舊感十足**。許多東京人會到此外帶蛋糕，其中蘋果派是店內的熱銷商品，也是作為贈禮的最好選擇。如果想要坐在店內品嚐則需要加點飲料；這裡的飲料吧有新鮮現打果汁，冬天還會提供味噌湯，很適合久坐聊天。

薦 おすすめ

神田 志乃多壽司

🚇別冊P.26,B3　☎03-3255-2525　🏠千代田區神田淡路町2-2　🕐7:30~17:00(週六日及例假日至16:00)　🌐週二　💰のり巻お詰め合わせ(豆皮壽司+海苔捲壽司組合)7入￥983　🌐www.kanda-shinodasushi.co.jp

　　從一台推車在東京四處叫賣而起家的志乃多寿司，**以甘甜底蘊的豆皮壽司和清爽的海苔捲壽司聞名**，最後落腳於神田淡路町，繼續提供代代相傳的傳統美。一般的商品都是外帶，但在B1也設有客席，若是想要在店內品嚐的話不妨對店員表示即可。

超美味的豆皮壽司。

外帶盒的包裝也見古意，復古風潮從裡到外。

明治大學博物館

🚇別冊P.26,B3　☎03-3296-4448　🏠千代田區神田駿河台1-1 Academy Common B1~B2F　🕐10:00~17:00(入館至16:30)，週六10:00~16:00(入館至15:30)；商店10:00~12:30　🌐週日、例假日，大學定休日，創立紀念日1/7，創立紀念祝日11/1，夏季8/10~8/16，冬季12/26~1/7，不定休，2024/8/1~9/19週六　💰免費參觀　🌐www.meiji.ac.jp/museum　❶夏冬季休館每年不一，詳見官網

　　在近代教育發祥地湯島聖堂附近，明治大學亦肩負使命，在**校園內設置免費參觀的明治大學博物館**，常設展可以分為四個展示部門：明治大學歷史展、工藝商品相關展、考古學相關展、刑事相關展。其中最受注目的，便是考古學相關展與刑事相關展。

館內刑事相關展，展示西洋斷頭台與被稱為「鐵之處女」的刑具。

画廊喫茶 米羅

画廊喫茶 ミロ

🚇別冊P.26,B3　☎03-3291-3088　🏠千代田區神田駿河台2-4-6　🕐11:00~18:00(點餐至閉店30分鐘)　🌐週末、例假日

　　創於昭和30年(1955)的米羅，儘管入口並不明顯，但**作家三島由紀夫曾是這兒的常客，也因此在文人雅士間頗具名氣**。充滿懷舊氛圍的建築空間裡，客人們的低語和咖啡香交織出令人安心的氛圍，店內四周的白牆就是小型的展覽空間，會不定期更換作品。

品味懷舊空間裡的下午茶點。

🍴 天麩羅 はちまき 薦 おすすめ

📖 別冊P.26,A4 ☎050-5487-1636
🏠 千代田區神田神保町1-19
🕐10:00～21:00 休週二 🍚天丼￥800

> 平民價格就能吃到高級天麩羅，每天中午大排長龍，值得一試。

天麩羅はちまき每日從築地市場採購新鮮的海鮮和時令蔬菜，並以大眾價格提供美味的天麩羅，讓顧客可以輕鬆享受天麩羅美味。餐廳環境安靜舒適，適合一人前來享用「天丼」或「定食」，也非常適合家庭或朋友聚餐。平日中午提供優惠午餐價格，是工作日用餐或下班後小酌的理想選擇。

📖 Magnify

マグニフ

📖 別冊P.26,A4 ☎03-5280-5911 🏠 千代田區神田神保町1-17 🕐12:00～18:00 休不定休 🌐www.magnif.jp

　Magnif是一家專門販賣二手雜誌的書店，其店名源自於「magazine」這個詞。與一些經過再刷的小說或單行本不同，雜誌完整保留了當時的廣告和時代背景，因此翻閱舊雜誌不僅能勾起懷舊之情，更能帶來新鮮和刺激的感受。店內主要陳列時尚雜誌，並搭配相關書籍與攝影集，不論是收藏、研究資料，還是單純作為閱讀材料，這裡都是探索雜誌魅力的好去處。

> 絕版老雜誌，提供源源不絕的靈感給設計者。

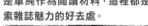

📖 姊川書店 薦 おすすめ

貓本專門 神保町 にゃんこ堂

📖 別冊P.26,A3 ☎03-3263-5755 🏠
千代田區神田神保町2-2 🕐10:00～
18:00 休週日 🌐nyankodo.jp

> 愛貓人士必逛，店內貓咪書籍雜貨讓人買到慾罷不能。

　姊川書店是一家位於神保町交叉口的小書店，專門銷售與貓相關的書籍，提供超過600種、2000本以上的選擇，所有書籍都可供讀者隨意翻閱，讓喜愛貓的書迷們能夠慢慢挑選心儀的一本。書店還提供由插畫家くまくら珠美設計的原創書衣，為購書的顧客增添一份獨特的收藏價值。這家貓書專門店，其實是在出版不景氣及電商競爭的困境下而生，店主與女兒一起發掘出這個充滿魅力的書籍市場，於2013年成立，成為神保町的特色書店之一。

豆香房 神保町店

ⓘ別冊P.26,A4　☎03-3518-4123　♈千代田區神田神保町1-39-9　⏰7:30～18:30，週六9:00～17:00，週日12:00～17:00　休國定假日　💲手沖咖啡¥395　🌐www.mamekobo.com/

在神田一帶有4間分店的豆香房，專門售販現泡咖啡與來自世界各地的咖啡豆。店面以紅色的旗幟和綠色的遮陽棚為標誌，營造出充滿義式風格的懷舊的氛圍。**冰咖啡可從瓜地馬拉或巴西的兩種豆款中選擇，皆為意式烘焙，風味濃郁**。特別推薦點份霜淇淋搭配熱咖啡享用，尤其是草莓口味，酸甜適中，與咖啡的微苦相得益彰。

呂古書房

ⓘ別冊P.26,A4　☎03-3292-6500　♈千代田區神田神保町1-1 倉田ビル4F　⏰11:00～18:00　休週日，例假日　🌐locoshobou.co.jp/

> **薦** 神田古書街中少見的豆本書店。

在神田古書街中，**呂古書房是唯一以「豆本」為中心的二手書房**，所謂豆本指的其實就是袖珍小書，麻雀雖小可是五臟俱全，從大正時期出版的書到近代，風格裝禎各有不同，看得出時代脈絡。除了豆本之外，插畫本、藏書票等稀少的品項也能在這裡找到。

書泉グランデ 神保町

ⓘ別冊P.26,A3　☎03-3295-0011　♈千代田區神田神保町1-3-2　⏰11:00～20:00　休1/1　🌐www.shosen.co.jp

除了一般常見的雜誌、文學書籍，整棟地上六層、地下一層的建築物中，還有許多專門嗜好的書籍，例如圍棋、將棋、地形圖、鐵道等，尤其是**6樓的鐵道俱樂部更是受鐵道迷熱烈歡迎**，每個月都會不定期在7樓舉行鐵道相關物品的拍賣會，從2021年開始1樓規劃為不定期舉辦各式展覽活動的空間。

共榮堂

ⓘ別冊P.26,A3　☎03-3291-1475　♈千代田區神田神保町1-6 サンビルB1F　⏰11:00～20:00(L.O.19:45)　休週日，例假日，不定休　💲ビーフカレー(牛肉咖喱)¥1,600、燒きりんご(烤蘋果)¥700　🌐www.kyoueidoo.com

> 風味濃郁卻後韻清爽的咖哩帶著微微苦味，讓人一吃就著迷。

大正13年創立的老舖咖哩店共榮堂，**由始至今一味相傳的便是印尼風味的蘇門答臘咖哩**，創店初期便迎合日本人的口味，創出只屬於共榮堂的老味道。10～4月才供應的烤蘋果，一天限定25～30個，整顆蘋果烤完後淋上奶油享用，中和咖哩濃厚的味道，堪稱是完美的飯後甜點。

Bistro Aligot

ビストロ アリゴ

🅰別冊P.26,A3 📞03-5217-6677 🏠千代田區神田神保町1-18-7 🕐17:00~23:00，週六16:00~23:00 ❌週日，例假日 🌐yumemania.jp/tenpo/aligot/

　　沒有招牌的神保町祕店「**Bistro Aligot**」，**以法國鄉村料理為主**，使用自產地向契約農家採購新鮮蔬菜、築地購買海鮮，不使用冷凍食材。室內開放式的廚房和立飲吧檯空間，古民家的舊木樑柱挑高房頂，視野毫無隔斷；燒炙煎炸聲伴隨鍋爐水氣，來客聚集吧檯前活躍整室。

🍴 Bondy神保町本店

🅰別冊P.26,A4 📞03-3234-2080 🏠千代田區神田神保町2-3 神田古書センタービル2F 🕐11:00~21:30(L.O.21:00)，週六日及例假日10:30~22:00(L.O.21:30) 💲ビーフカレー(牛肉咖哩)￥1,600 🌐www.bondy.co.jp

　　Bondy雖然隱藏在神保町書街上不起眼的2樓卻大受歡迎，**其主打的是歐風咖哩**，由主廚到法國留學時打工所學到的法式醬汁加入印度咖哩而成，蘊含所有食材精華的咖哩醬汁淋在白飯上，香濃蔬菜甜味中可品嚐香料的辛辣感，讓人齒頰回味。

📖 みわ書房

🅰別冊P.26,A4 📞03-3261-2348 🏠千代田區神田神保町2-3 神田古書センタービル5F 🕐11:00~18:00(週日、例假日至17:00) ❌每月第一、三個週日，8月週日 🌐www.miwa-shobo.com

> 各式各樣的日文童書，適合初學日文的人來挖寶。

　　位在神田古書センター5樓的みわ書房是二手童書賣店，30多年經營累積了許多好書，小小的店面擠滿了**上萬冊童書，從繪本到青少年讀物、給大人讀的兒童讀物評論等**，各種類型的童書應有盡有，很推薦日文學習者來這裡找尋淺顯易懂的日文課外讀物。

📖 矢口書店

📍別冊P.26,A4　☎03-3261-5708　🏠千代田區神田神保町2-5-1　⏰10:30~18:30，週日、例假日11:30~17:30　🈲年末年始　🌐yaguchishoten.jp

　　創業至今擁有將近百年歷史的矢口書店從外觀就可以看出歷史，**藏書內容主要以電影、戲劇、戲曲等書籍為主，吸引許多電影迷，而在世界佔有一席之地的日本動畫電影書籍更是豐富**，門口還有充滿特色的書牆展售，建議懷著尋寶的心情慢慢找。

從外觀即能看見書店悠久的歷史。

外面的書牆展售著各式書籍。

📖 山本書店

📍別冊P.26,A4　☎03-3261-0847　🏠千代田區神田神保町2-7　⏰10:00~18:00　🈲週日、例假日　🌐www.kenbunshuppan.com

　　1978年開幕的山本書店是中國古文圖書專門店，在店主精心搜羅下，收藏以中國歷史、文學、思想為主，範圍從春秋戰國時代至今，舉凡東洋史、書法、經書詩集等，通通可以找到。這裡的書大多都是貨真價實的古書，但偶爾也可找到復刻版。

以蔬菜為基底，加入辛香料熬煮的咖哩飯。

🍴 エチオピア

📍別冊P.26,A3　☎03-3295-4310　🏠千代田區神田小川町3-10-6　⏰1F 11:00~22:30(L.O.22:00)，週日、例假日11:00~21:00(L.O.20:30)；2F 11:00~21:30(L.O.21:00)，週日、例假日11:00~20:30(L.O.20:00)　💰野菜カリー(蔬菜咖哩)￥970，加飯￥50，加咖哩醬￥150　🌐www.ethiopia-curry.com　❗在這裡吃飯要先在販券機買食券，再將券交給店員。咖哩的辣度可免費調整

薦

在地的咖哩人氣店。

　　1988年創業的エチオピア以衣索比亞為名，提供的是**以蔬菜為基底加入12種辛香料所熬煮出來的咖哩飯**，嚐起來醬汁有蔬菜的鮮甜，口味較為偏酸，供應雞肉、牛肉、野菜、蝦仁及三種豆類等風味咖哩。

🎁 🖌 TOBICHI Tokyo

📍別冊P.26,A4　☎03-5422-3805　🏠千代田區神田錦町3-18　⏰11:00~19:00　🈲不定休　🌐www.1101.com/tobichi/tokyo/

薦

藝廊與設計雜貨小物的結合，東京藝術時尚發信地。

　　TOBICHI，指的是日文中的「飛地」，亦是一種人文地理概念，意指在某個地理區劃境內有一塊隸屬於他地的區域。**這裡既是販售「ほぼ日」商品的商店，也是展示藝術品的畫廊與舉辦活動的場地，為創作團體們提供創作與展示的空間**。這裡充滿創意與合作的氛圍，是一個別具特色的文化空間。

飯田橋‧神樂坂
いいだばし‧かぐらざか
Iidabashi‧Kagurazaka

飯田橋一帶最迷人坂道之一的神樂坂，有東京小法國之稱是日法學院的所在地，附近有許多法國餐廳與咖啡廳，也居住著不少法國人，加上此處曾是明治、大正時期的著名花街，匯集許多高級日式料亭與餐館。蜿蜒起伏的斜坡石板路與古老街燈，彷彿連結了傳統日本與歐洲巴黎，不同文化語彙在此完美交會，呈現出細膩柔美的豐富地景。

交通路線＆出站資訊

電車
JR東日本飯田橋駅➾中央‧總武線
東京Metro飯田橋駅➾南北線、東西線、有樂町線
都營地下鐵飯田橋駅➾大江戶線
東京Metro神 坂駅➾東西線
都營地下鐵牛込神樂坂駅➾大江戶線

出站便利通
◎東京Metro和都營系統的飯田橋駅B3出口距離神樂坂區域最近。
◎都營大江戶線的牛込神樂坂駅步行到神樂坂也很近，徒步約5分。
◎東京Metro和都營系統的飯田橋駅從B2出口經過牛橋往九段方向前進，就可抵達賞櫻名所千鳥之淵，不過離千鳥之淵最近的車站是東京Metro半藏門線的半藏門駅。

◉ 大江戶線 飯田橋駅
⏷別冊P.26,B2　◈新宿區神樂坂

大江戶線飯田橋車站是由知名建築師渡邊誠操刀，內部刻意挑高的天花板，展現現代建築的精神。壁面的點狀創造觸覺的樂趣，通往出口的階梯空間，則在天花板懸掛綠色的網狀物，形成一個趣味十足的畫面。

> 車站像是電影想像中的未來世界，曾經獲得日本建築學會大獎。

【 本多橫丁／輕子坂 】

本多橫丁是神樂坂地區最大的街道，主要以傳統色彩的日式料亭為主，街道名稱是來自於江戶中期，當時這街道以東通通都屬於本多家的屬地，雖然今天的主要斜坡道已經過整理，但小巷弄中還保有當時的石坂路，與店家交織出令人懷念的氣氛。

與神樂坂平行的輕子坂名稱由來是因為神田川上搬運貨物的人被稱為輕子，輕子坂就是這些人常用的街道。沿著斜坡，一邊是咖啡店和舊式店家，另一邊則是新穎的地鐵站附近餐廳，很有獨特的在地生活感。

卍 毘沙門天善國寺

📖別冊P.26,A2 ☎03-3269-0641 📍新宿區神楽坂5-36
🕐自由參拜 💰自由參拜 🌐www.kagurazaka-bishamonten.com

　　毘沙門天善國寺在江戶時代便是神樂坂的信仰中心，寺裡供奉的「毘沙門天」神像，為守護北方天界之神，深受當地居民的崇敬與愛戴。**每月5日、15日和25日為毘沙門天的緣日會有廟會活動**，據說這還是東京廟會的路邊攤門發源地呢！

☕ CANAL CAFE

📖別冊P26,B2 ☎03-3260-8068 📍新宿區神楽坂1-9
🕐11:30~22:00，週日、例假日11:00~21:30，租船11:30~16:00 🚫每月第一、三個週一 💰PIZZA¥1,500起；東京水上俱樂部租船30分鐘1~2人¥1,000、3人¥1,200 🌐www.canalcafe.jp

　　沿著外濠河畔搭建的義大利餐廳CANAL CAFE，河畔浪漫的氣氛，成為電視電影的外景熱門拍攝地。**店裡最有魅力的位置**，莫過於水邊木色棧橋所架成的**露天甲板區**，午間套餐有義大利麵、披薩等，也可以單點飲料和蛋糕。

☕ AKHA AMA COFFE

おすすめ 薦

📖別冊P26,A1 ☎03-6280-8755 📍新宿區赤城元町1-25 🕐8:00～19:00 🌐akhaama.jp/

來自清邁古城區的有機咖啡

　　AKHA AMA COFFE原是2010年在泰國清邁起家的一間小小咖啡店，「AKHA」代表少數民族阿卡族，AMA在當地語言是「母親」的意思。**品牌創始人希望透過自己家鄉北泰，由母親一手細心照料有機栽種的高品質咖啡豆，可以讓世界認識在地咖啡的美味。**在泰國打響名號成為家喻戶曉的名店後，首次進軍海外，選擇設點東京最迷人的坂道之一神樂坂小巷內。咖啡迷不妨可以來品味看看有別於過往熟悉的產地烘焙的咖啡。

赤城神社

🈁別冊P26,A1　☎03-3260-5071　⏰新宿區赤城元町1-10　◉自由參拜　🚇www.akagi-jinja.jp

> 隈研吾建築代表作。

　赤城神社前身建於昭和34年(1959年)，這時還是一般的傳統日式建築，由於建築漸漸老朽，且少子化的影響讓神社附設經營的育幼院收入大不如前，神社一度面臨關閉的命運。此時三井不動產提出了「赤城神社再生計劃」，**請來日本建築大師隈研吾設計規劃**，代價便是在神社境內的空地蓋起公寓，以70年的時間經營租借，70年後土地所有權回歸神社，神社會將這塊土地再植回綠樹，恢復神社境內原本的森林。

> 經典格子設計與地方融和，現代化的透明神社讓人大開眼界。

AKAGI Café

あかぎカフェ

03-3235-6067　⏰赤城神社境內　🕚11:30~21:00(餐點L.O.19:50、飲品L.O.20:30)，週六日及例假日11:30~17:00(餐點L.O.14:20、飲品L.O.16:00)　❌週二，每月第二個週一　🚇www.akagi-cafe.jp

　AKAGI Café位在赤城神社內，是需要穿過鳥居，進到神之領域的咖啡廳。**室內空間溫馨的輕柔色調，透過大落地窗能看到整座神社**，隨著灑落的陽光沐浴在神聖光輝之中，讓人待在這裡彷彿心情也格外平靜。

赤城神社必看SPOT

POINT 1 神社旁的公寓

延續隈研吾的格條式建築樣式，利用茶色的格狀外觀不破壞神社莊嚴的氣氛，也與神樂坂氣氛達成協調。

POINT 2 螢雪天神社

螢雪天神指的便是日本的學問之神菅原道真，主要都是祈求學業進步、考試合格的神社。

POINT 3 合格御守

許多考生來此祈願，掛繪馬、買御守回家。如果剛好身邊有人面臨重要的考試，送個御守給他當伴手禮，一定會讓他信心大增。

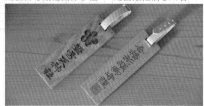

POINT 4 本殿

登上台階後，一對白色狛犬守護著這方土地，神社本殿融和西洋建築技法與日式建築美感，大片的透明玻璃也揭開祭祀儀式的神秘面紗。

👜 makanai

まかないこすめ 神楽坂本店

😊讓人愛不釋手的兔子雜貨店。

🏠別冊P.26,B1 📞03-3235-7663 🚇新宿區神楽坂3-1 🕙10:30~20:00，週日、例假日11:00~19:00 🌐makanaibeauty.jp

「makanai」以可愛的兔子做為商標，由原本在金箔店工作的女性們於1899年共同創業，**強調天然素材和日本傳統的「和」味**，神樂坂店既是總本店，也是東京唯一的獨立店舖。店裡販售的化妝商品和保養品運用日式元素，包裝精巧並有柚子、金箔、綠茶等頗具日本風味的天然成分。

⛓️ 不二家 飯田橋神楽坂店

🏠別冊P.26,B2 📞03-3269-1526 🚇新宿區神楽坂1-12 🕙10:00~20:00，ペコちゃん人形燒販售至18:00 🈲不定休 💲ペコちゃん人形燒(PEKO人形燒)￥210起 🌐pekochanyaki.jp ℹ️PEKO人形燒約在關店前2小時便會賣光，最好早點前往

😊人形燒口味有紅豆、奶油、巧克力及起司四種常備口味。

洋溢著幸福滋味的不二家洋菓子店，在日本全國都有分店，但是能夠買到可愛PEKO人形燒的就只有神樂坂這家分店！除了**小倉(紅豆)、カスタード(奶油)、チョコ(巧克力)、チーズ(起士)** 四種固定口味之外，還有每個月替換及季節限定口味，讓人每次來都能吃到不同的新口味。

😊神樂坂小黑貓迷你信封(ぽち袋)，將小黑貓和神樂坂風情一同入畫。

北海道えびすカボチャ使用
パンプキンあん￥105円
pumpkin paste

👜 山下漆器店

🏠別冊P.26,A1 📞03-3269-2385 🚇新宿區神楽坂5-13 🕙11:00~19:00，週日、例假日13:00~18:00 🈲週日不定休 💲神樂坂小黑貓迷你信封(ぽち袋)￥367 🌐syoutengai-web.net/yamashitasikkiten/index.html

創業60餘年的山下漆器店是神樂坂上的漆器老店，店面看起來布置簡單，但挑選陳列的杯碗、漆筷等都很有質感，其中也不乏帶著現代氣息的傳統小物。

充滿法國懷舊氛圍的甜點花店。

用蘋果果醬、迷迭香做的蘋果餅乾，讓人一吃就上癮。

☕🎁 jardin nostalgique 薦 おすすめ

花園裡的夢想基地。

📖別冊P.26,A1 ☎03-6280-7665 📍新宿區天神町66-2 🕐週一、三~五、例假日12:00~1700，週六、日11:30~19:00 ⓧ花店週二，咖啡廳週六、日 🌐www.jarnos.jp

店主青江健一本來在花卉禮品公司工作，法國深造後至巴黎花店研修累積經驗，回國後繼續到花卉批發市場工作學習，就在花市遇見了同樣愛花的加藤孝直，因而促成了這間位於神樂坂、充滿法國懷舊氛圍的甜點花店。jardin nostalgique的手工餅乾強調健康天然，讓人毋須猜測自己吃到什麼，很簡單純粹的美味。

🎁🍴 AKOMEYA TOKYO in la kagū 薦 おすすめ

📖別冊P.26,A1 🛍購物03-5946-8241，餐廳03-5946-8243 📍新宿區矢來町67 🕐購物11:00~20:00，餐飲11:00~20:00(L.O.19:30) 🌐www.akomeya.jp/store_info/store/sinlakagu/

最具流行感的新形態米屋！

AKOMEYA集結來自日本20多種美味米飯，**不但提供買米，各式餐桌上需要的醬料、食料、烹飪器具等日本職人品牌，也能一次購足。**除了購物，更把AKOMEYA廚房、茶屋放進來，現場就能吃到美味餐點。另引進熊本老舖新三郎茶屋，加上2樓的雜貨風服飾與主題快閃食材店、飲食活動空間等，讓高品質食飲與生活風格追求者，在此一次滿足。

改建自出版社倉庫的風格商場la kagū，2019年3月變身成 AKOMEYA，成為食飲風格據點。

不但提供選擇多樣的美味米，更在挑米後現輾給你，讓美味更上乘。

千鳥之淵的櫻景可説是全東京最震撼的，遊客還可划著小船悠遊滿開櫻花間。

👁 千鳥之淵

千鳥ヶ淵

📖別冊P.26,B2 📍千代田區三番町2先 🕐自由參觀；千鳥之淵遊船3~11月11:00~17:30，依季節而異 🌐visit-chiyoda.tokyo/app/spot/detail/446 ❗春天賞櫻季時，限定要從千鳥ヶ淵 道入口進入

千鳥之淵的遊步道上，**主要有80株枝繁葉茂的高大染井吉野櫻，3月底~4月初期間的賞櫻期最為美麗。**千鳥之淵綠道的名景，是隔水眺望對岸北之丸公園面的20棵大櫻花樹，當櫻花盛開時，隔淵相對的兩岸綠林，上頭鋪滿一層淺粉紅色的櫻花毯十分美麗。

後樂園・本鄉
こうらくえん・ほんごう
Korakuen・Hongo

在水道橋站附近的東京巨蛋，是各種大型活動的舉辦場地，鄰近有前身為後樂園的Attractions名聲響亮的刺激雲霄飛車，步行可抵的知名景點還有都內名園之一的小石川後樂園。由這裡往本鄉方向前進，風景又會更加安靜，日本的第一學府──東京大學就位於此區，充滿人文氣息。

東京坂道散步
坂道在日文中所指的就是斜坡道路，由於東京地形高低起伏，因此也出現許多坂道，在坂道高低之間所創造出來的風景總讓人忍不住放慢腳步，沉醉其中。
・菊坂：細長的菊坂因為過去是菊花田而得名，路上老店、住宅交錯，往岔路小道望去，常能找到江戶武家屋敷和明治昭和時代文人們棲息的舊式街道風景。曾居住在菊坂上的文人中最有名的就是樋口一葉和宮澤賢治，其中樋口和家人當年每日使用的水井和往來的商店依然殘留著。
・炭團坂：炭團坂上有小說兼評論家坪內逍遙的舊居和文京鄉土歷史館，其中坪內逍遙的舊居，成為當年正岡子規、秋山兄弟等人聚居的宿舍「常盤會」，也是司馬遼太郎的小說坂上之雲的故事背景。

交通路線＆出站資訊

電車
JR東日本水道橋駅⇒中央・總武線
都營地下鐵水道橋駅⇒三田線
都營地下鐵春日駅⇒三田線・大江戶線
東京Metro後 園駅⇒南北線、丸之內線
都營本鄉三丁目駅⇒大江戶線
東京Metro本 三丁目駅⇒丸之內線

出站便利通
◎JR水道橋駅從西口出站走過步道橋，即可看到東京巨蛋的屋頂，就是東京巨蛋城。
◎若非搭乘JR，要前往東京巨蛋城可利用都營地下鐵春日駅的A1出口、東京Metro後樂園駅的5號出口或都營地下鐵水道橋駅的A2~A5出口。
◎距離東京大學最近的車站是都營本鄉三丁目駅，由3號出口出站後步行約5分可以抵達東大的赤門。
◎若想拜訪小石川後樂園，最接近的站是都營大江戶線的後樂園駅，從C3出口步行約3分。

文學創作原鄉

靜謐恬適的本鄉區域，有著30位以上日本近代文學作家的生活及創作痕跡，包括早逝的日本天才作家樋口一葉、石川啄木和童話作家兼詩人宮澤賢治等。雖然部分故居已被拆毀，僅立牌紀念，仍舊吸引許多書迷來此憑弔。不妨漫步巷弄間，感受文學家們曾在走過並生活其中的日常風景。

薦 ◉ 小石川後樂園

🏠別冊P.27,A4　☎03-3811-3015　🏢文京區後樂1-6-6　🕐9:00~17:00(入園至16:30)　🚫12/29~1/1　💰大人￥300、65歲以上￥150、國中生以下免費　🌐www.tokyo-park.or.jp/park/koishikawakorakuen/index.html

> 楓紅之際一定要來到這裡欣賞令人心醉的滿園紅葉。

小石川後樂園建於江戶初期寬永6年(1629年)，為德川家以泉池為主景所建造的回遊式築山泉水庭園，庭園之名其實是取自大家很熟悉的范仲淹岳陽樓記「先天下之憂而憂，後天下之樂而樂。」沿著主要的大泉池順遊園內，**欣賞池影小山、樹林拱橋，感受景觀隨著角度變化，十分怡人。**

> 園內最有名的景色是春天盛開的百歲枝垂櫻，秋天也有紅葉可賞。

山手線一圈➡東京地下鐵

中央總武線　後樂園・本鄉　➡東京廣域

◎ 東京巨蛋城

TOKYO DOME CITY

📖別冊P.27,A4　☎03-5800-9999　⊙文京區後樂1-3-61　⊕依各設施而異　💰依各設施而異　🌐www.tokyo-dome.co.jp

> 日本第一座巨蛋球場，更是棒球迷們心中的神聖殿堂。

TOKYO DOME CITY一如其名，是伴隨著東京巨蛋發展而成的複合式娛樂設施。現在TOKYO DOME CITY包括有遊樂園、溫泉、棒球場、演奏廳和飯店，也有如棒球打擊場等運動設施，更少不了餐廳以及複合式商場，週末常聚集不同族群的人潮。

> 比賽期間，販售啤酒、飲料的小妞會背著一桶生啤酒跑來跑去，口渴了想喝飲料，只要對他招招手，飲料就會送到你面前。

> 夜晚的東京巨蛋透出光亮，球賽都已經結束，仍有許多球迷留在此地拍記念照。

🏛 野球殿堂博物館

☎03-3811-3600　⊙東京巨蛋第21號門旁　⊕10:00~17:00(入館至16:30)，職棒比賽日至18:00　⊗週一(遇假日、春假、暑假和職棒開打時照常開館)，12/29~1/1　💰大人￥600、大學高中生￥400、國中小學生￥200、65歲以上￥400　🌐www.baseball-museum.or.jp

這是日本第一座專門展示棒球收藏品的博物館，還有放映室播放日本職棒聯盟的紀錄。在角落還設置了一塊巨蛋球場內的綠色防撞牆壁和幾張觀眾席，讓沒機會進入球場的人可以在這裡體驗一下。

> 館內展出歷年來人氣最旺的職棒選手如王貞治、鈴木一郎和松阪大輔的愛用品。

おすすめ **薦**

東京巨蛋這樣玩！

東京巨蛋見學

⊙22號門附近(Athletic Course於球場相關人員入口)集合　⊕日文導覽有四種組合，一天3場次8:15(Athletic Course限定)、9:45、10:30，每場次60分；另有英文導覽10:00，每場2小時；見學每月無固定，詳見官網　💰日文導覽見學高中生以上￥3,000、國中生以下￥2,500；英文導覽見學￥6,600、球場見學＋野球殿堂博物館＋小石川後樂園￥7,500　🌐www.tokyo-dome.co.jp/dome/visit/　❶參觀證於見學完須歸還

第一站觀看影片解說東京巨蛋的構造與歷史，進入館內觀眾席導覽，首先來到本壘正後方觀眾席觀看東京巨蛋全貌，再到一三壘側看台座前エキサイトシート區(Excite Seat)體驗，這兩區是年間指定席(需購買一季票券才能指定的座位)及CLUB G-Po會員先行販售區，一般人是很難購買到的位子，接著重頭戲來到球場內，可踏入本壘到一三壘休息區附近的界外區，一三壘的球員休息區亦可進入參觀，最後一站來到三壘側客隊室內牛棚區，除身神聖的投手丘不可踏入外，可以在這兒擺擺投球帥氣英姿，想像自己是職棒球員過過乾癮，讓球迷有機會能窺探東京巨蛋之神秘面紗。

事先上網訂票

日本職棒一次只開放3個月內的場次購票，所以每一場的時間都不同，需要先查看好一般販售的日期。透過官網購票並不難，只要點選比賽日期、座位區域等即可用信用卡購買。付費後可選擇自行列印、出示QR Code、日本7-11取票入場。　⊕3月底~11月初(含季後賽)　🌐www.e-tix.jp/ticket_giants/tw/ticket_pc_tw.html

---

💡 **「Oh Gate」、「Nagashima Gate」**

東京巨蛋本壘側22號入口兩旁，各有往上層入口的階梯，分別依照巨人軍偉大打者王貞治與長嶋茂雄守備位置命名，往一壘方向的階梯命名為「Oh Gate」(王貞治守備位置一壘手，Oh為王的日文發音)，往三壘方向的階梯命名為「Nagashima Gate」(長嶋茂雄守備位置三壘手，Nagashima為長嶋日文發音)，此設計別具意義，非常值得球迷到此拍照留念。

創業至今的經典項目有 Big O摩天輪、Wonder Drop飛車和最受小朋友歡迎的英雄秀。

東京巨蛋樂園 Attractions

東京ドームシティアトラクションズ

☎03-3817-6001 ◑東京巨蛋城內 ◷約10:00~21:00，依季節而異 ◉免費入園，遊樂設施¥500~1,500；1日券大人¥4,500、國高中生¥3,900、小學¥3,100、3~5歲¥2,200、週六日及例假日、特定日大人¥4,800、國高中生¥4,200、小學¥3,500、3~5歲¥2,400。5回券¥3,100，週六日及例假日、特定日¥3,500 ◍at-raku.com

　Attractions就是以前以雲霄飛車聞名的後樂園，雖然2011年初因故暫停營運，但已在2011年下半重新開放。進入Attractions不需要門票，僅需支付單項設施的遊玩費用，還開放到晚上，附近也有複合式的餐廳設施。

Spa LaQua

☎03-3817-4173 ◑東京巨蛋城LaQua 5~9F（櫃檯在6F）◷11:00~翌9:00(入場至翌20:30，露天風呂至翌7:30) ㊡春季2024/4/22~4/23，秋季2024/10/7~10/8 ◉18歲以上¥3,200、6~17歲¥2,640；週六日及例假日、特定日另付¥990，凌晨1:00~6:00停在館內另付¥2,420，費用皆包含SPA、三溫暖專用的衣服罩袍和毛巾 ◍www.laqua.jp/spa/ ❗Spa LaQua是以18歲以上的遊客為對象的設施，6~17歲必須有監護人同行，並於18:00以前離開

　2003年5月開幕的「LaQua」，名字是取日文「樂」，和「Aqua」的音，意思即為「有水的快樂地」，完全使用從地下1,700公尺湧出的溫泉，**為東京都內最大的Spa設施**。除了溫泉、三溫暖，也併設餐廳、按摩、美容等中心。

東京巨蛋城也能泡溫泉
6F Spa Zone
◷11:00~翌9:00

有使用天然溫泉的大浴槽與露天風呂，並有泡泡浴與各式各樣的三溫暖。男生浴場有中高溫的舞台式三溫暖，尚有高溫的老圓木三溫暖、中溫的荒石三溫暖。女性有具美容效果的鹽三溫暖等。

8~9F Healing Baden
◷11:00~23:30(入場至22:30) ◉需另付¥1,100

集合世界各國Spa要素的殿堂，整體充滿著峇里島式的度假氣氛。除了女性專用的「紅倩洞」外，其他的設施男女都可穿上Spa LaQua的休閒衣，一同享受；像是可防止老化、解毒用的「黃土房」，有保溫殺菌效果的「珪薰房」，活化細胞的「蒼海洞」等。

東京巨蛋的小秘密

BIG EGG
東京巨蛋暱稱「BIG EGG」，由竹中工務店、日建設計操刀設計，竹中工務店建造，1988年(昭和63年)3月18日啟用，全日本第一座室內棒球場，面積 46,755m2，可容納約46,000人，左右外野距離100m，中外野距離122m，場內使用人工草皮，踩起來及觸感都非常接近真實草皮。

讀賣巨人VS. 阪神虎
東京巨蛋最著名的經典對戰組合莫過於與同屬中央聯盟的阪神虎隊，兩隊交手多次關鍵勝負之分的戰役，因而此對戰組合有「伝統の一 ～THE CLASSIC SERIES～」之稱，票房秒殺是家常便飯，想看還不一定搶得到票。

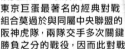

Dome Run
日本現有球場僅有東京巨蛋使用空氣膜構造之屋頂，最令球迷討論話題，就是東京巨蛋球場特別容易擊出全壘打，因而被其他隊球迷戲稱「Dome Run」。有此陰謀論之傳言說，因為36台加壓送風機設置在內野最上方，風向由內野吹向外野，上下半局風量大小不同，下半局主隊巨人軍進攻時，風量較大，使得巨人軍更易擊出全壘打，不過這都是未經證實之傳言。

文京Civic Center展望台

文京シビックセンター展望ラウンジ

🏯別冊P.27,A3 📍文京區春日1-16-21 🕐9:00~20:30 ⊗12/29~1/3，5月第三個週日 💰免費參觀 🌐www.city.bunkyo.lg.jp/shisetsu/civiccenter/tenbo.html

位在東京巨蛋、小石川後樂園旁的文京區公所，在自家大樓的25樓開設展望台；**展望台東側能看見晴空塔，西北側則是池袋太陽城、西側的新宿高樓群、富士山、東京車站方向等**，著名地標景點盡收眼底。南側的展望角度在餐廳裡，只要付費用餐便能欣賞。

比起東京都厅的展望台角度更廣，人潮也不那麼擁擠。

東京都水道歷史館

🏛別冊P.26,A3 📞03-5802-9040 📍文京區本鄉2-7-1 🕐9:30~17:00(入館至16:30) ⊗每月第四個週一(遇假日順延翌日休)，12/28~1/4 💰免費參觀 🌐www.suidorekishi.jp ❗2024/4/1起進行改修工事，預計2024/9/30重新開館

由東京水道局(自來水公司)經營的東京都水道歷史館，**展示的是東京都內由江戶時代到現代400年的自來水道歷史**。東京從江戶時代起便有一系列建設，其中發展完整的自來水道從現在的角度來看雖不夠完善，但也打下現代建設的基礎。歷史館的展示分為三層樓，分別講述東京地下水道的近代與江戶時期的歷史。

收藏與自來水道、江戶相關的各類書籍的圖書館，供自由閱覽。

東大的本鄉校園內林蔭靜謐，不少建築都有其歷史逸事。

曾擔任東京大學總長的濱尾新，是明治、大正時期的教育行政家。

東京大學

📘別冊P.27,B3 📞03-3812-2111 📍文京區本鄉7-3-1 🕐自由參觀 🌐www.u-tokyo.ac.jp

創立於明治10年(1877年)的日本最高學府，最早是由加賀藩的塾校慢慢蛻變而成，而位於本鄉的校區，正是東大最早的校區。校園內建築都有歷史和不少逸事；例如東大精神象徵的安田講堂，在日本學運時代東大生曾以此為據點與政府相對抗；校園中的池塘三四郎池，則是因為夏目漱石的同名小說而得名。

【 東京大學－赤門 】

東大校門之一的赤門，是校園原址少數遺留下來的加賀藩遺構之一，建於1827年。當年加賀藩的13代藩主迎娶11代德川將軍的女兒，按慣例將未來其居住的寢殿外門漆為紅色，現在的赤門上，依然能找到德川家的葵紋和加賀藩前田家的梅缽家紋。

中野
なかの
Nakano

距 離新宿約7分多鐘車程的中野，有著熱鬧的商店街、居酒屋夜生活區與安靜的住宅區，看似普通的生活商圈裡卻隱藏著一處會令動漫迷與模型迷們瘋狂的商店大樓，此外還有買賣中古相機的店家，以及知名的拉麵店，處處充滿挖寶般的驚奇。

交通路線＆出站資訊

電車
JR東日本中野駅◇中央本線、中央・總武線
東京Metro中野駅◇東西線
出站便利通
◎主要的觀光點都位在車站的北口，出站後沿著商店街中野SUN MALL可以一路逛到動漫族最愛的中野Broadway。
◎南口大多都是餐廳、居酒屋，另有一個小型的文化中心なかのZERO。
◎距離中野駅南口約徒步15之遙，進入桃園川綠園道上，草木扶疏的庭園之後隱隱露出屋瓦，老房子咖啡廳Cafe Momo Gärten便在眼前。

◉ 中野商店街SUN MALL

中野サンモール
⊕別冊P.22,B3　◎中野區中野　☎商店街組合事務所03-3387-3586　⊗www.heart-beat-nakano.com/street/48.html

從JR中野駅北口出來，向前走就會看到一條有加蓋的**中野商店街**，在裡面逛街不用怕風吹日曬雨淋，更重要的是藥妝店、拉麵店、餐廳、動漫模型店、中古商店等應有盡有，尤其連續3家藥妝店，部分商品價格比起主要大站來得便宜，可以一次把想買的東西補齊。

🧁 コアラのマーチ焼 中野サンモール店　薦 おすすめ

⊕別冊P.22,B3　☎03-3387-1216　◎中野區中野5-59-8　◷6:30～23:00　⊛樂天小熊車輪餅卡式達奶油口味、牛奶巧克力口味￥160

東京僅此一家小熊餅乾店！

童年記憶中的樂天小熊餅乾，**在LOTTERILA中野店，還能買到造型可愛的無尾熊車輪餅喔**！樂天小熊燒是一顆顆有著深邃無尾熊頭型和五官，表皮像鬆餅般，外酥內軟還帶了些微鹽味，不論和經典內餡卡士達奶油醬還是牛奶巧克力口味，搭起來都相當可口。雖然只提供外帶服務，但全日本僅三家店舖，東京僅此一家，如此珍貴的商品，看到能不買嗎？

小熊燒頭上戴的帽子標示著口味既有創意又貼心。

可以在中野百老匯挖到許多絕版的稀世珍寶。

🍴 築地銀だこ サンモール中野店

🅐別冊P.22,B4　☎03-3388-2992　📍中野區中野5-63-3
🕐11:30~22:30(L.O.)，週日、例假日11:00~21:30(L.O.)
💲ぜったいうまい!! たこ燒(招牌章魚燒)外帶8入¥626
🌐www.gindaco.com

　　日本有許多分店的築地銀章魚燒在台灣也聲名大噪，相當受到台灣人喜愛，**築地銀章魚燒表皮酥脆，內陷柔軟多汁，章魚Q軟有咬勁，淋上獨特的醬汁以及甜甜的美乃滋，香味四溢**，看了就忍不住令人食指大動，氣氛上也和中野商店街契合。

🛍 中野百老匯

中野ブロードウェイ
NAKANO BROADWAY

🅐別冊P.22,B3　📍中野區中野5-52-15　🕐依各店鋪而異
🅗依各店鋪而異　🌐nakano-broadway.com

　　通常來中野的人目的都是這一棟中野百老匯，已經有50年歷史的大樓內共有四層樓的開闊面積，聚集了各式各樣的店舖，有點像是西門町的商業大樓。由於知名二手漫畫店MANDARAKE中野店在此進駐，並在1~4樓設立了**20餘個不同專門的店鋪**，許多模型、玩具、遊戲軟體或動漫畫相關的小店紛紛在此開幕。

🏠 fujiya camera本店

フジヤカメラ本店

🅐別冊P.22,B4　☎03-5318-2241　📍中野區中野5-61-1
🕐10:00~20:30　🌐www.fujiya-camera.co.jp

　　這家位在中野巷內的照相器材店在攝影迷們之間可是口耳相傳，本店的對面有2家分店，**分別經營中古相機的買賣，以及鏡頭、雲台、腳架等專業零件出售**，除了剛上市的搶手新品，還可以找到台灣難以入手的絕版機身。

集結各種動漫相關產品，連稀有的絕版品也不在少數，快來挖寶吧!

🏠 MANDARAKE中野店　薦 おすすめ

まんだらけ 中野店

☎03-3228-0007　📍中野ブロードウェイ
1~4F　🕐12:00~20:00　🌐www.
mandarake.co.jp

動漫迷照過來!

　　MANDARAKE位在中野駅北口SUN MALL商店街的尾端大樓裡，充斥著會讓漫畫迷和模型迷們大聲尖叫的商店，尤其是在2樓和3樓，**無論是中古模型、舊書、動漫和相關產品或是絕版同人誌都有，還有角色扮演的道具**，被玩家暱稱為「巨大要塞」，逛一天也逛不完。

JACKROAD AND BETTY

薦 おすすめ

別冊P.22,B3　03-3386-9399　中野ブロードウェイ3F　11:00～20:30　全年無休　www.jackroad.co.jp/shop/

宛如博物館般琳瑯滿目！珠寶包款也十分豐富！

常駐能提供中文、英文等外語服務的工作人員！

　　距離新宿站僅一站的中野是被稱為次文化聖地且人氣高漲的地區。這一區有許多的鐘錶店集結在此，提到在東京買錶、越來越多人會直接聯想到「中野」。其中，又以品項最豐富而備受矚目的「JACKROAD AND BETTY」店最受消費者青睞。

　　創立於1987年，以ROLEX為首，網羅了OMEGA、PATEK PHILIPPE、Hermès、Cartier、BVLGARI等眾多人氣品牌，更時常保有6,000支以上日本國內外的知名錶款。從最新款到價格實惠的二手品，宛如博物館一般琳瑯滿目、品項豐富。此外，擁有其他店難尋的稀有復古珍品，這也是「JACKROAD AND BETTY」受到全球眾多手錶收藏家矚目的一大魅力所在。於2020年夏季完成店面翻新，共分為「男錶」、「女錶」、「珠寶首飾及包款」三個區域，商品不論是種類或數量皆比過去更豐富。此外，選購手錶時也能順便至珠寶首飾區挑選其他首飾或包款，以搭配全套裝扮，因此大獲顧客好評。

深受外國客戶喜愛的ROLEX Daytona 冰藍

官網

　　配有多位精通中文、英文等且具備豐富手錶專業知識的服務人員常駐店內。在國外購買高價商品時語言不通總是令人倍感不安，在此能用母語洽詢手錶相關事宜，給人無比的安心感！店內還備有宛如咖啡廳般優雅的商談室，在此可以仔細鑑賞心儀的手錶。同時，也有提供寄送國外的服務，因此也能在線上進行訂購。

也有許多名牌精品珠寶、各式包款、首飾！

JACKROAD AND BETTY 店面外觀

おやき れふ亭 薦 おすすめ

🔗別冊P.22,B4　☎03-3387-3048　🕐中野區中野5-63-3　🕐11:00~20:00　🈺不定休　今川燒小倉あん(小倉紅豆今川燒)¥160

> 簡單的庶民美食，逛街逛到肚子餓時可以來一份填填肚皮。

> 上頭還會印上不同字或圖案區分口味，相當可愛。

位於中野的れふ亭是一家今川燒專門店；所謂今川燒有點類似台灣的車輪餅，綿密柔軟的外皮包著濃郁的內餡，趁熱一口咬下去，老東京的懷念滋味瞬間躍上味蕾。除了基本紅豆、奶油等口味外，れふ亭也依照季節推出不同限定口味。

青葉 中野本店 薦 おすすめ

🍜別冊P.22,B3　☎03-3388-5552　🕐中野區中野5-58-1　🕐10:30~21:00　🈺中華そば(拉麵)¥830　www.nakano-aoba.jp

> 小魚乾配上雞豬骨的湯頭，具備魚介類的鮮香、大骨湯的醇厚，配上簡單的麵條配菜，更顯美味。

青葉拉麵雖然不算是拉麵老舖，卻是中野最有名的人氣拉麵店，全東京的分店也有十間以上。位於中野的小小店舖是青葉的總本店，從早上開店就大排長龍，美味的秘密是醬油與魚乾等嚴選素材所熬成的湯頭，加上適當的麵條與配料，讓人一吃就上癮。

> 醬油與魚乾所熬成的湯頭，香醇的地道美味。

> 店員推薦品嘗招牌蕃茄咖哩，濃縮蕃茄美味，微酸清爽。

> 飯後啜飲現沖招牌咖啡，初入口甘醇喝下卻又爽口的口感讓人驚豔。

☕ Cafe Momo Gärten

📍別冊P.22,B4　☎03-5386-6838　🕐中野區中央2-57-7　🕐週一～四8:00~11:00，週日11:00~17:00　🈺週五、六　🌐www.facebook.com/momogarten

自家製的歐風醃蔬菜就擺放在櫃台上，色彩鮮豔，半開放式的調理廚房不時飄來陣陣食物香氣招惹著食慾；**人氣的蕃茄咖哩微辣微酸**，香料味不重，嘗來不同於一般湯湯水水的咖哩，反像是凝縮蕃茄精華般沾附著香Q飯粒。

> 點起司燉飯才能觀賞到的桌邊秀超推！

🍴 Boun Appetito Papa
ボナペティートパパ

📍別冊P.22,B3　☎03-3385-8688　🕐中野區中野5-56-10　🕐11:30~22:30(L.O.21:30)　🈺本日のパスタ(今日義大利麵)¥1,200　🌐buonappetitopapa.com/nakano

嚴選義大利小麥粉經過自家秘傳調和製成的餅皮，放進石窯裡現烤的披薩，經熟成的生義大利麵，還有善用日本季節性食材做成的各式義大利傳統料理，每一道菜上桌，不只充滿美感看了更讓人食指大動，味道更是一絕！其中**絕對不能錯過的就是起司燉飯**，因為師傅會搬出巨無霸帕瑪森乾酪，從頭到尾做給你看！

高圓寺
こうえんじ
Koenji

沿著中央線往市郊延伸，吉祥寺、高圓寺、國分寺等小站，比起首都圈拘謹刻意的拉抬氣勢，多了種閒散自適的居住氣息。高圓寺除了當地原本的居民，因為租屋便宜、交通便利加上生活機能完備，成為年輕學生和藝術工作者群聚的生活場域，幾條熱鬧的商店街上，肉舖、米店、棉被店以70年代的老樣子存在著，小巷中則隱藏著窮年輕人喜歡的二手衣店、咖啡店、書店和live house，一同刻劃出這裡世代交錯而充滿活力的生活氣氛。

交通路線＆出站資訊

電車
JR東日本高円寺駅◇中央・總武線
東京Metro新高円寺駅◇丸之內線

出站便利通
◎一般前往高圓寺大多利用JR中央線，從北口出去就可以看到純情商店街，從南口則是pal和南商店街。北口的氣氛比較庶民，南口就和一般的車站商店街相似。
◎咖啡店和有趣的小店在北口的庚申通和南口pal商店街、look商店街的小巷裡有一些，喜歡二手衣的話可以到look商店街去走走逛逛。
◎沿著JR高圓寺駅南口的商店街一路往南走就可以抵達東京Metro新高円寺駅，距離並不遠，走路約20分鐘。
◎除了書中介紹的景點外，JR高圓寺駅南口附近的Yonchome咖啡店和中央通上的沖繩居酒屋抱瓶等也是歷史悠久的老店，值得走訪。
◎若搭乘丸之內線前往，2號出口出來沿look商店街或主要大路高南通即可抵達主要市區。

【高圓寺阿波舞大會（高円寺阿波おどり）】

⚑杉並區高圓寺商店街 ◷8月最後一個週六日
⊕www.koenji-awaodori.com/

不用到四國的德島就親身感受「阿波舞」的魅力！已舉辦超過60屆「高圓寺阿波舞大會」，是東京相當具有人氣的夏日祭典，每年約吸引120萬人次共襄盛舉，還有約150連（隊伍之意）、近一萬名的舞者在街道上熱力勁舞，熱鬧歡慶的氣氛渲染全場，也為高圓寺落的商店街帶來滿滿活力。

©TCVB

純情商店街有當地人常逛的魚鮮、蔬果、理髮店等，充滿老派自在的生活情調。

👁 純情商店街

⛰別冊P.22,A2 ☎高圓寺銀座商店會協同組合03-3337-2000 ⚑杉並區高円寺北 ⊕www.kouenji.or.jp

雖然名字有些萌系味道，但**純情商店街名字的由來，可是因為1989年直木賞受賞的文學作品「高圓寺純情商店街」**。作家禰寢正一以童年居住的高圓寺銀座商店街為藍本，寫出充滿人情味的溫暖小品，銀座商店街也隨著作品成名而更名。

猫の額

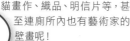

📖別冊P.22,A2　☎03-5373-0987　🏠杉並區高円寺北3-5-17　🕛12:00~20:00　✕週四(遇假日照常營業)　💳
www6.speednet.ne.jp/nekojarasi

　日文中的貓額頭用於比喻很窄的地方，而名叫猫の額的小店，果真是開在窄窄的空間裡。2003年開業的店家是雜貨兼藝廊，**裡面一部分的商品是貓咪相關的各種雜貨，另一部分則是藝術家們創作品**，像是貓畫作、織品、明信片等，甚至連廁所內也有藝術家的壁畫呢！

> 店裡經常會有貓咪相關的作品展出，還有可愛店貓不時出沒唷。

floresta 高円寺店

📖別冊P.22,A1　☎03-5356-5656　🏠杉並區高円寺北3-34-14　🕛10:00~20:00　✕週一　💲原味甜甜圈(ネイチャー ドーナツ)¥130　🌐www.nature-doughnuts.jp

　來自奈良的甜甜圈專門店floresta，在高圓寺的店面是都內少數店舖之一，週末時常聚集人潮。創業者前田夫妻秉持著對自然溫柔、並且能讓小孩安心食用的想法，**採用天然素材製作出的甜甜圈帶著原始素樸的香氣**，現在有原味、肉桂、巧克力、伯爵茶、海鹽焦糖等9種口味。

azuma商店街

あづま商店街

📖別冊P.22,A1　🏠杉並區高円寺北　🌐www.koenji-azuma.com

　來到北口的另一條商店街azuma商店街，又是另一番不同的風情。**這裡比起庚申通和純情商店街又閑靜了不少**，幾間門口擺著一籃籃百元舊書、店內有著書架高高圍繞的古書店為街坊引出藝文氣息，另外也有幾間復古玩具店和雜貨服飾店可以逛逛。

💡 熟悉又陌生的高圓寺場景

　最近聽到高圓寺的名字，是因為村上春樹的小説《1Q84》中，選擇以這裡當作女主角青豆藏身的舞台。而在這之前，小説《高圓寺純情商店街》、日劇《流星之絆》、電影《無人知曉的夏日清晨》、《少年手指虎》、《天氣之子》等都曾以這裡作為場景或故事背景。

◉ pal商店街/look商店街

パル商店街/ルック商店街

🅰別冊P.22,A3~A4 🅶杉並區高円寺南 🆄pal商店街
www.koenji-pal.jp

　高圓寺南口的兩條商店街：pal商店街和look商店街連成一氣，可以由JR高圓寺站通往丸之內線的新高圓寺站。有著頂棚加蓋的pal商店街和印象中的站旁商店街氣氛類似，**可以找到不少連鎖的居酒屋、餐廳、藥妝和雜貨店等，左右兩旁的小巷也有不少店家**，look商店街則有不少二手衣店和咖啡店集中，可以看見當地年輕人的生活態度。

可別以為價錢低沒好貨，仔細找找，也有不少流行度高的單品和國內外知名品牌唷！

🎁 古着商大虎

🅰別冊P.22,A3 ☎03-5932-8794 🅶杉並區高円寺南
4-28-10 🕛12:00~20:00 🅧年末年始 🆄grasshopper-inc.com

　專賣古著(二手衣)的古着商大虎，全店通通Under900！**所有襯衫長褲外套短裙的價格從日幣900圓起**，在日本這種價錢可説是不可思議的便宜，難怪店裡總是擠滿了翻翻撿撿的年輕客人。

🎁 GREAT WHITE WONDER

🅰別冊P.22,A3 ☎03-5305-7411 🅶杉並區高円寺南
4-25-6 🕛11:00~20:00 🆄www.graminc.jp/greatwhitewonder

　店名取自史上第一張bootleg專輯，希望能傳達給客人同樣新鮮感的生活雜貨店GREAT WHITE WONDER，**長型的店面裡裝滿了來自世界各地的可愛雜貨**，從書桌文具小物、餐桌杯盤到充滿設計感的飾品均能找到，小小的巧思讓生活充滿驚奇。

气象神社

おすすめ 薦

📖別冊P.22,A3　📞03-3314-4147　🚉杉
並區高円寺南4-44-19　🕐清晨~17:00
💰自由參拜　🌐koenji-hikawa.com/
kisho_jinja/

> 電影《天氣之子》取景聖地，超有趣的祈求好天氣神社！

　　冰川神社入口旁的末社气象神社，以日本唯一一座針對天氣的神社而得名。這間神社原本設在馬橋一帶的陸軍氣象部中，是當年氣象觀測員上工前祈願的小社，遷移後的神社位在住宅區附近，不少報考氣象士國考的考生會來這裡祈求考試順利，最有趣的傳說則是某電器廠商在這裡許願後，當年夏天天氣果然晴朗炎熱，冷氣大賣。

> 許願用的木屐造型繪馬上，寫滿了「脱雨女！」「希望遠足／結婚當天天氣晴朗」等願望，別具特色。

> 在R座読書館可以安心遁入屬於自己的閱讀時光。

☕ R座讀書館

おすすめ 薦

📖別冊P.22,A3　📞03-3312-7941　🚉杉並
區高円寺南3-57-6 2F　🕐12:00~22:30(L.
O.22:00)　🚫週一(遇假日順延翌日休)　💰
咖啡￥680起　🌐r-books.jugem.jp　📝為維護室內安
寧，禁止長時間或大聲交談、使用手機

> 商店街裡難得的靜謐咖啡廳。

　　位於小巷2樓的R座讀書館説是咖啡店，但更貼切的形容或許正如其名——讀書館。這是愛書的主人打造出的閱讀空間，推開門，映入眼簾的是一室綠意，**泛著些許歲月痕跡的深木色桌椅，盡頭大大的書櫃和個人座上光線搖曳的水族箱。帶著些許隱密氣息、靠窗或面對水族箱的個人座是店裡最熱門的位置**。提供咖啡、茶飲和少數甜食，種類單純但美味，架上的書也可以自由取下閱讀。

🧁 西洋菓子 周五郎

📖別冊P.22,A4　📞03-3314-9927　🚉杉並區高円寺南
2-21-11　🕐11:00~20:00　🚫週二　🌐shugorou.com

　　以黑白為主色的西洋菓子周五郎，店裡玻璃櫃裝著各種造型可愛的新鮮蛋糕和塔類，招牌則是yumeneko。**做成睡著貓咪造型的yumeneko共有粉紅、藍、白、紫及黑等五種顏色，並分別代表五種口味**，造型可愛，口味也新鮮，其他糕點類也很受當地歡迎。yumeneko的外皮類似最中，內餡焦糖與杏仁脆粒，十足西餅口感。

> 黑色的yumeneko是巧克力及焦糖口味。

西荻窪
にしおぎくぼ
Nishiogikubo

西荻窪，一處觀光客不太造訪的住宅區，曾是東京都杉並區的舊名，現在地址上已經看不到這三個字。從南口出車站後沿著路走，新舊交雜的特殊風情滿溢於整條商店街；這裡不像東京隨處可見的繁華，以生活機能為重的地方商店三三兩兩開設著，走在其中，讓人的步調也跟著緩慢了起來。西荻窪與荻窪一樣，一開始都是以舊書攤聞名，但在西荻窪這裡，更多了一點坐落於住宅區中的創意與特色。除了南口出來的商店街外，老屋改造的咖啡、藏在綠意後的蛋糕店、逛不完的舊書店等，寂靜的小巷氣氛並不熱鬧，卻是很樸實的東京景色。

交通路線 & 出站資訊

電車
JR東日本西荻窪駅◇中央本線、中央‧總武線
出站便利通
◎西荻窪一帶有許多舊書店，想要一次逛完書店，可以從北口出站，出站後沿著左手邊的大路一直走，沿路小巷中有許多古書店，若時間充裕可在巷中漫遊，定有意想不到的收穫。
◎南口商店街「仲通街」內有許多飲食店，若不知道要吃什麼不妨來這裡多比較。

六童子

在西荻窪駅南口出站後，可以看到由彫刻大師籔 佐斗司所製作的「花の童子」，站在大象上的童子像神情十分逗趣，在西荻窪共有6座，分別在：西荻窪駅南口、西荻窪兒童公園、西荻北中央公園、井荻公園、荻窪中學前、西荻地域區民中心。許多人會邊玩邊找這六座銅像，並藉由尋找六童子重新認識西荻窪。

🏛 杉並動漫博物館　薦

杉並アニメーションミュージアム

別冊P.21,B1　☎03-3390-7590　◎杉並區上荻3-29-5 杉並會館3F　◉10:00~18:00(入館至17:30)　⑯週一(遇假日順延翌日平日休)，12/28~1/4　🌐sam.or.jp

動漫迷朝聖必看！

　　來到位在3樓的杉並動漫博物館，**主要以日本動漫的歷史、製作原理、進化中的動漫等主題，展示許多互動體驗**；中三樓每年依最流行、有代表性的動漫而更換展示，一年約有4次，另外也有上映特別版動漫的劇院，讓人直接感受動漫的魅力；對親手製作動漫有興趣的人，可不要錯過位在4樓的動漫工房。

櫃台後的全白大圓柱上布滿知名動漫工作人員的簽名與插畫。

館內也展示許多動漫模型，圖中為新世紀福音戰士EVA三位主角。

🎁 FALL

📍別冊P.21,A2 ☎03-5856-0522 🏠杉並區西荻北3-13-15 🕐13:00~19:00 ⛔週一、二 🔗gallery-fall.tumblr.com/about

已經開業10多年的FALL,在西荻窪地區具有引領小店風氣,帶動區域繁榮的地位。**採光良好的店內選入了日本職人的手作器皿、雜貨,除此之外,店內不定期會與藝術家聯合展出作品。**藉由店主的精選品味提升西荻窪的生活素質,也是附近居民十分喜愛造訪的地方小店。

藝廊配合個展,改變空間配置與展示手法。

👁 GALLERY みずのそら

📍別冊P.21,B1 ☎03-3390-7590 🏠杉並區西荻北5-25-2 🕐依各展覽而異 ⛔週一、二 🔗www.mizunosora.com

水之空藝廊主題展覽大約每月兩場,陶藝、和紙、燈飾、繪畫範圍不拘,創造力是唯一共通點。**GALLERY附設咖啡店只在展覽期間開放,提供手沖咖啡與小點心**,店主人的初衷,是讓參觀者逛完藝廊以後,有個坐下來分享感想的角落,現在也成為藝術家的聚會中心。

☕ 西荻イトチ

📍別冊P.21,B2 ☎03-5303-5663 🏠杉並區西荻北2-1-7 🕐12:00~19:00 ⛔週一、二,不定休 🔗tea-kokeshi.jp

2013年開幕的西荻イトチ,位在住宅居的小小空間,巧妙而溫馨,店主人在一次英國旅行中愛上了紅茶,於是**搜羅來自世界各地的紅茶,依季節、天氣給予客人建議**,讓習慣城市匆忙步調的人能捧杯紅茶在這裡稍稍喘息。

許多東京人也會特地來這裡品味美食,並感受濃濃的庶民熱力。

🍴 燒き鳥戎 西荻南口店

📍別冊P.21,B2 ☎03-3332-2955 🏠杉並區西荻南3-11-5 🕐12:00~22:00(L.O.21:30),週五、六12:00~22:30(L.O.22:00) 🍢各式串燒¥95起 🔗www.yakitoriebisu.co.jp ➡西荻窪北口也有一間分店

薦
おすすめ

市街上感受日本最有活力的庶民居酒屋!

創業已40年的戎,在西荻窪有兩家店,而最有日本庶民居酒屋氣氛的便是南口店。**狹小的店內架著幾張桌椅,從下午便開始聚集飲酒吃串燒的人們,熱鬧的氣氛一直持續到深夜,隨著烤爐上的碳火愈燒愈熱;而這抹街角的昏黃燈光已成了西荻窪的名物。**

☕ Tea & Cake Grace

おすすめ 薦

大人氣草莓蛋糕！

ⓘ別冊P.21,B2 ☎03-3331-8108 ⓖ杉並區西荻南3-16-6 ⓣ11:00~19:00 ⓗ週日 ⓢショートケーキ(草莓蛋糕)¥1,170、Graceブレンドティー(招牌紅茶)¥750

　　坐落在瀟洒宅邸中的Grace，**蛋糕價格不算便宜，但蛋糕的份量可不馬虎，滿滿的水果與濃厚的蛋香，讓人大呼物有所值。**選個天晴的午後，坐在窗邊品嚐微苦回甘的紅茶，配上甜而不膩的草莓蛋糕，一口一口滿是幸福的感覺。

綿密蛋糕充滿蛋香，清爽的奶油餡起了潤滑作用，讓人吃再多也不膩！

2樓空房則提供租借，舉辦藝文活動、瑜伽教室，或是和服著裝教室等。

復古桌椅與書櫃穿插，書架陳列包括生活、飲食、手作、旅遊等生活選書。

📖 TRIFLE

トライフル

ⓘ別冊P.21,B2 ☎03-6765-7690 ⓖ杉並區松庵3-31-16 ⓣ14:00~18:00(修理需預約) ⓗ不定休 ⓦwww.a-trifle.com

　　TRIFLE店內主要收藏品就是1890至1960年代生產的老時鐘，從20世紀初日本第一款國產掛鐘，到舊國鐵時代的站務員懷錶，光陰在鐘擺的節奏聲中盪漾，封印在過去的鐘錶，藉由店主的雙手修復而轉動，訴說著不僅是歲月，還有滿滿的往日回憶。

推開低調而復古的大門，店面裡彷彿停留在60年前的昭和時代。

☕ 松庵文庫

ⓘ別冊P.21,A2 ☎03-5941-3662 ⓖ杉並區松庵3-12-22 ⓣ週四、日9:00~18:00，週五、六9:00~22:00 ⓗ週一、二，週三準備日 ⓢラムレーズンと胡桃のケーキ(萊姆酒葡萄乾核桃蛋糕)¥580 ⓦshouanbunko.com ❶小學3年級以下孩童無法入店

　　以「文庫」為名，原因是文庫本書籍代表著知識，並定義為「學習場域」，在這裡人與書、人與人互動，學知識，也學如何讓生活更貼近理想。**松庵文庫從書香咖啡拓展到雜貨，角落空間販買創作好物**，而餐點也因為和小農接觸的緣故，使用大量鮮蔬烹調，以實際行動表態支持。

西荻古董祭／手作市集

おすすめ 薦

西荻骨董好きまつり／手しごと市

🏠別冊P.21,A1井荻會館　☎03-3301-2460
🏠杉並區西荻北4-35-9 井荻會館　🕐每年春秋季週六9:30~17:00(詳見官網)，手作市集每月第四個週日10:00~17:00 ❌手作市集12月 💰免費參觀 📷古董市集www.kottosuki.com、手作市集www.teshigoro.com/

> 在市集與古物的一期一會。

北西荻是東京戀舊迷聚集的聚落，古董商店在街角靜謐佇立，老闆窩在店裡不作聲，櫥窗擺放古樸的杯盤、昭和時代玻璃、西洋生活道具或者古美術品，商品本身便透露著故事古董市集每年兩度機會難得，另外每月第四週末，同樣場地還有販售手工商品的手作市集。

> 春秋兩季的週末，老闆們把商品細心包裹，帶到井荻會館趕市集。

> 榻榻米大房間聚集數十家古董攤，古董迷把氣氛炒得熱絡。

這些古董祭也超值得去！

平和島古董市集

1978年開始舉辦的平和古民具古董祭，是集合日本各地的古董商店於一方的室內古董市集，至2024年9月舉辦了194次，是日本最古老的市內古董市集。有約300家店舖參展，從北海道到九州，每回展出的店舖與商品都不固定。

🏠大田區平和島6-1-1 東京流通センタービル2F 🚃東京モノレール(東京單軌電車)流通センター駅徒步1分 🕐每年3、5、6、9、12月週五~六10:00~17:00(入場至15:00) 💰免費參觀

大井競馬場跳蚤市集(大井競馬場フリーマーケット)

位在大井競馬場停車場裡的跳蚤市集，每週末都會舉辦(詳見官網)，來到這裡最令人興奮的便是眾多的二手古貨攤，每次依參展店家不同，約有300至600間店舖，商品並不限老東西，新品也時有所見，整體分類算是雜亂，但唯一的共通點就是便宜！

🏠品川區勝島2-1-2 大井競馬場第一駐車場 🚃東京モノレール(東京單軌電車)大井競馬場前駅徒步3分，京急線立会川駅徒步10分 🕐週六、日9:00~14:30 ❌週一~五，大雨中止

有明跳蚤市場(有明骨董ワールド)

市集當天各家攤商會開著賣車或是復古老車聚集在東京國際展示場BIG SIGHT前廣場，這裡的古貨主要以古著、杯盤、昭和年代的文具、西洋雜貨為主，雖然大多都是二手貨，其中不乏稀有名品，光是用眼睛欣賞就讓人心動不已，會場內也會有飲料、輕食餐車，就像園遊會一樣，氣氛輕鬆熱開服。

🏠江東區有明3-11-1 東京ビッグサイト 南1ホール 🚃りんかい線(臨海線)国際展示場駅徒步10分，ゆりかもめ(百合海鷗號)東京ビッグサイト駅徒步6分 🕐每年1、7月，連續3天，10:00~17:00 ❌2~6月、8~12月

吉祥寺
きちじょうじ
Kijijyouji

吉祥寺是個充滿個性的幸福小鎮,車站的南北兩面,展現完全不同的逛街心情。從公園口出發往井之頭公園,是嬉皮浪人藝術家的路線,即使不買東西,走走看看都覺得有趣,井之頭公園到了春天櫻花滿開,常成為日劇場景。北口的口琴橫丁充滿庶民況味,往西邊的中道通,則會發現許多可愛的生活雜貨店,這裡的Coppice、東急和PARCO百貨內也有不少質量俱佳的二手服飾和雜貨小舖可逛。

吉祥寺是寺嗎?

雖然以吉祥寺為名,但是附近卻沒有同名寺廟?原來真正的吉祥寺過去位於現在的水道橋地區,後來許多來自該地的人移居至此,為了紀念故鄉而將這裡命名為吉祥寺。今天的吉祥寺擁有多家咖啡廳、餐廳與生活雜貨等小店,因此雖然在東京23區外,卻榮登東京人最想居住的區域第一名。

交通路線&出站資訊

電車
JR東日本吉祥寺駅◇中央本線、中央・總武線
京王電鐵吉祥寺駅◇京王井之頭線
京王電鐵井の頭公園駅◇京王井之頭線
出站便利通
◎前往井之頭恩賜公園的話可從**公園口**出站,往南沿著七井橋通或是パープル通走到達。
◎轉乘京王井之頭線需從**JR吉祥寺駅**的公園口出站。
◎**吉祥寺駅**可直結吉祥寺atre、Kirarina百貨。往東急、Coppice、PARCO從**北口**出站,公園口出站可達丸井百貨。
◎**北口**的サンロード(SUN ROAD)是人氣十足的逛街區域,藥妝店、服飾店與餐廳聚集。
◎七井橋通有許多咖啡店、雜貨屋,還有「國際通」的稱號。

👁 井之頭恩賜公園 薦 おすすめ

🅰別冊P.20,A4 📞0422-47-6900 🏠武藏野市御殿山1-18-31 🕐自由入園 ⓤ
東京最美的休閒公園。
www.kensetsu.metro.tokyo.jp/seibuk/inokashira

　原是皇家公園的井之頭恩賜公園,**以中央的湖池為核心,周邊植滿約兩萬多棵的樹木,隨著四季更迭而呈現出不同的美景**。喜歡湊湊熱鬧,不妨嘗試租一艘遊湖腳踏船,學日本人在櫻花垂落的岸邊湖面上賞花,近看悠游湖中的肥美鯉魚。園內另外還有能親近動物的自然文化園區、水生物館、資料館、雕刻館等文化設施。

春季更是最有人氣的賞櫻景點。

山手線一圈↓東京地下鐵

中央總武線

吉祥寺

↓東京廣域

井之頭恩賜公園玩什麼？

自然文化園

於1942年增設的「自然文化園區」可見許多動物，像是山羊、花栗鼠等動物，讓人能夠近距離地接觸觀賞。

◆9:30~17:00(入園至16:00) ⑰週一(遇假日、都民之日10/1、連假順延翌日休)、12/29~1/1 ⊙高中生以上¥400、國中生¥150、65歲以上¥200、國小生以下免費 ⊕www.tokyo-zoo.net/zoo/ino/

玉川上水

江戶時期人口增多，為了解決江戶人們飲水問題，玉川庄右衛門、清右衛門兩兄弟製作了水道，將多摩川水引入，於是這條水道便稱為玉川上水。沿著綠川上水有設置一條舒服的遊步道。

井の頭弁財天

弁財天是水之女神位在公園噴水池一側，專司技藝精進。據說情侶一同參拜的話會使女神忌妒而破壞姻緣，所以井之頭雖是情侶的約會聖地，卻很少有人一同來此參拜。

◆7:00~16:00 ⊕www.inokashirabenzaiten.com/

手搖船

多次成為日劇拍攝場景的天鵝船、手搖船，是情侶約會、全家出遊的選擇。來到乘船場，投幣買票，伴隨湖光美景，享受悠閒的午後時光。

◆4~7月、9月10:00~17:50(售票至16:50)，11~2月9:30~16:50(售票至15:50)，3、10月9:30~17:20(售票至16:20)，8月10:00~18:20(售票至17:20) ⑰12~2月週三 ⊙每30分計價，手搖船(3位大人)¥500、腳踏船(2位大人+1位小孩)¥700、天鵝船(2位大人+2位小孩)¥800 ⊕www.tokyo-park.or.jp/park/inokashira/facility/

七井橋

井之頭公園的定番美景，就是從這橫在池中央的七井橋所拍攝，所以每到假日、櫻花綻放時，總會看到橋上擠滿人，拍攝水天一色的公園划船悠閒美景。

公園賣店

在公園內禁止擺攤賣東西，只有獲得許可證才可開店。位在七井橋旁的小賣店，有賣霜淇淋與一般零食飲料、章魚燒、炒麵等輕食。

☕ Café du lièvre うさぎ館

⊕別冊P.20,A4 ☎0422-43-0015 ⊕武藏野市御殿山1-19-43 ◆10:30~19:30 ⑰年末年始 ⊕www.instagram.com/usagi_kan/

藏身於井之頭公園中的法式餐廳，靜靜佇立在被樹林中的粉藍色屋頂，再結合法式風格的淡色傢具與舊木裝潢，**室內悠閒的用餐氛圍與絕不馬乎的手作法式料理是該店受歡迎的原因。**店家就位於三鷹吉卜力博物館旁，建議可享用完該店早餐後再徒步至吉卜力美術館。

採用大片的落地玻璃，將井之頭的自然風景收入眼底。

曾在井之頭公園取景的日劇

井之頭公園純粹的綠意風景，也曾成為日劇《跟我說愛我》、《Last Friends》和電影《挪威的森林》的取景地。園內另外還有能親近動物的自然文化園區、水生物館、資料館、雕刻館等文化設施，另一部漫畫《四葉妹妹》也曾經以自然文化園區作為場景藍本。

口琴橫丁
ハーモニカ横丁

入口位在平和通上的口琴橫丁是充滿古早味的商店街，店家成排聚集，就像口琴一格一格的細密吹口而得名。想找秘密美食推薦一定要來這裡走一遭！

選擇太多而猶豫不決的話，就先從「吉祥寺魚餅」開始吃起吧！

SATOU
吉祥寺さとう

☎0422-22-3130 ⌂武藏野市吉祥寺本町1-1-8 ⬇10:00~19:00(炸肉餅10:30~19:00) ⊗年始 Ⓢ元祖丸メンチカツ(松阪牛炸肉餅)￥300，激うまコロッケ(可樂餅)￥200 ⓦwww.shop-satou.com/index.html

吉祥寺肉丸名店SATOU，從開店至今已經超過三十年歷史，從現炸肉餅、可樂餅開賣的前半小時，便已排成長長人龍，**SATOU炸肉餅受歡迎的原因是採用頂級松阪牛肉來製作肉丸**，讓似平凡的輕便小食，變得高貴又親民，一個僅要￥300即可享用到。

可樂餅加入松阪牛製作，充滿講究感。

塚田水產

☎0422-22-4829 ⌂武藏野市吉祥寺本町1-1-8 ⬇10:00~18:30 ⊗1/1~1/3 ⓦtsukada-satsuma.com/info

創立於1945年(昭和20年)走過超過79個年頭的老舖「塚田水產」，堅持自家生產商品全使用新鮮食材，乾淨的油炸成，而且絕不添加任何「防腐劑」，在伊勢丹、高島屋等首都圈高級百貨，也能看見其身影。薩摩揚(炸魚餅)的種類甚多，現炸現賣，整齊擺放在櫥窗眼前，光看了就令人口水直流。

小ざさ

☎0422-22-7230 ⌂武藏野市吉祥寺1-1-8 ⬇10:00~19:30(8:30開始發羊羹號碼券) ⊗週二 Ⓢ最中￥102、最中盒裝5入￥620、羊羹￥1,100 ⓦwww.ozasa.co.jp

最美味的羊羹在這裡！

因為遵守著前人古法製作，「小ざさ」每天只做一鍋三升的紅豆，**令羊羹的供應量「極致」到每天限量150條**，8點半發放號碼牌，10點開店後才開放購買，並每人僅限購買5條。如果覺得買羊羹的挑戰太大，不限量但美味同樣滿分的「最中」，很適合作為路過時的小點。

小ざさ的最中分為紅豆與白餡兩種口味。

天音

⌂武藏野市吉祥寺本町1-1-9 ⬇11:00~18:00(售完為止) ⊗不定休 Ⓢ羽根鯛 あんこ(紅豆餡鯛魚燒)￥240

帶著羽翼的現烤鯛魚燒，面積看起來比一般大了些，關鍵是它的皮薄酥脆，一口咬下，裡面滿滿都是紅豆餡，但卻甜度適中不膩口。店家營業時只賣「定番紅豆餡」和「限定口味」兩種，因為每隻都是現作的，所以需要一些時間等候，但能從店員手裡接下烤得熱呼呼的鯛魚燒，自然是最美味狀態。

糰子也是回購率超高的人氣點心。

Kirarina京王吉祥寺

おすすめ 薦

キラリナ京王吉祥寺

⚲別冊P.20,B3 ☎0422-29-8240 ⚲武藏野市吉祥寺南町2-1-25 🕙10:00~21:00 🌐www.kirarinakeio.kichijoji.jp

車站直結百貨，讓你逛得盡情又美麗！

周邊進駐百貨商場後，為吉祥寺更添便利性。

　由京王電鐵策劃經營的「Kirarina」，於2015年在京王井之頭線吉祥寺駅直通的大樓開幕，以時尚流行為中心，提供服飾、美妝、雜貨新選擇。**全棟共有近百間店舖入駐，其中高達7成店舖皆為初次來吉祥寺展店的品牌**，其中包括Cosme Kitchen、F organics等。

在A館的3樓還有一處「GREENING廣場」，營造出城市裡的小綠意。

coppice KICHIJOJI

⚲別冊P.20,B2 ☎0422-27-2100 ⚲武藏野市吉祥寺本町1-11-5 🕙10:00~21:00 🈺依各店鋪而異 🌐www.coppice.jp

　coppice開幕於伊勢丹的舊址，分為A館與B館，兩棟購物商場進駐近百間店舖，從2~6樓都有空橋連接兩館。**coppice特別注重媽媽客群，兩館的3樓皆是兒童用品百貨**，可在附設的咖啡中買食物外帶品嚐，而百貨公司也會不定期在這裡聚辦活動，營造一處新的休憩空間。

えん寺

⚲別冊P.20,B3 ☎0422-44-5303 ⚲武藏野市吉祥寺南町1-1-1 🕙11:00~16:00、17:30~22:00，週六及例假日11:00~22:00 🈺年末年始 💲ベジポタつけ麺(野菜沾麵)¥900

　在東京人中相當具有人氣的えん寺沾麵，不同於一般拉麵，將麵條另外裝盤，以竹簾瀝水，不僅可以選擇熱麵或冷麵，還可選擇麵條口感。**最受歡迎的是胚芽極太麵**，採用較硬的粗麵，胚芽的樸質口感結合帶有嚼勁的胖麵條，沾上帶著檸檬香氣的濃厚柴魚湯汁，爽口而不膩。

將麵條放進醬汁，加上熱湯，多種吃法的不同滋味更是讓人著迷。

☕ ゆりあぺむぺる

📖別冊P.20,B3 ☎0422-48-6822 ⊙武藏野市吉祥寺南町1-1-6 🕐11:30~20:00(週五六、例假日前至22:00) 📅週一 💴布丁¥600、Cream Soda(冰淇淋蘇打汽水)¥850起 🌐mandala.gr.jp/yuria

　斑駁的白色外牆看得出歲月蹤跡，**位在吉祥寺南口附近的喫茶店「ゆりあぺむぺる」，誕生於1976年(昭和51年)，不可思議卻又格外吸引人的店名，其實是從**《銀河鐵道之夜》作家宮澤賢治所寫的詩而來。店內空間充滿復古的裝潢擺飾，讓人有走進童話世界裡的錯覺。光定番加季節限定口味就多達10種。色彩繽紛的蘇打汽水上，還有一球份量比其他店家大兩倍的香草冰淇淋，超霸氣。另外大量使用鮮奶油和香草籽製成的硬布丁，吃進嘴裡，濃厚的蛋奶香和帶有點苦味的焦糖，搭配得恰到好處，也是下午茶時段人氣必點。

在典雅的用餐環境中，當然要點一杯招牌「冰淇淋蘇打汽水」！

🍴 タレカツ 吉祥寺店

📖別冊P.20,A3 ☎0422-43-0429 ⊙武藏野市吉祥寺南町1-1-9 🕐11:00~22:30(L.O.22:00) 💴カツ丼(炸豬排丼飯，附味噌湯+醬菜)¥980 🌐www.tarekatsu.jp

　タレカツ是一種將剛炸好的薄片豬排放進甘甜醬罐裡輕沾，再盛至熱騰騰的白飯上的丼飯，現在看來和風十足，據說這可是來自西洋「cutlet」炸肉排的洋食呢！**新潟タレカツ的炸肉排外觀扁薄，肉片沾上細緻麵包粉油炸，外表香酥而肉質仍保有香甜肉汁。**

炸肉排配上新潟米吃得到沾醬甘鹹、肉汁香甜與Q彈米飯，大大滿足味蕾。

以大阪的熱情為號召，店員的熱情叫賣聲，再結合骰子的賭博與平價的美食與美酒。

🍴 串炸田中

串カツ田中

📖別冊P.20,B3 ☎0422-41-0885 ⊙武藏野市吉祥寺南町1-3-3(吉祥寺南口ビル2F) 🕐12:00~24:00，週五六12:00~翌2:00 💴串炸¥80起 🌐kushi-tanaka.com

　串カツ田中是關西相當有人氣的串燒店，將各式食材串上竹籤、下鍋油炸，酥脆的口感讓人忍不住一支接著一支大快朵頤。為了確保醬汁衛生，串炸只能夠沾一次醬汁，店家另外還提供免費高麗菜，讓顧客用來繼續沾取醬汁，要注意吃過的串炸或高麗菜都不能再沾醬，要是破壞規矩的話，可是會被罰錢的喔。

店裡豬肝鮮度一流，竟然可以拿來沾醬生吃！

🍴 カッパ

📖別冊P.20,B3 ☎0422-43-7823 ⊙武藏野市吉祥寺南町1-5-9 🕐16:30~22:00，週六14:00~22:00 📅週日、一，例假日 💴每串均一價¥170

　居酒屋「カッパ」專賣各種豬肉內臟串燒，成串鮮肉架在炭爐上猛火燒炙，吧檯來自不同族群的顧客齊聚一堂，喝燒酒、啃串燒，不亦樂乎。菜單貼在牆上，有心臟、肝臟、豬大腸、舌頭、頭皮肉等部位，還有前所未見的乳房、直腸等，可選擇鹽味或沾醬。

鬆餅外酥內軟口感輕柔無比,奶油、糖粉與檸檬更是絕妙搭配!

☕ The Original PANCAKE HOUSE 丸井吉祥寺店 薦おすすめ

📍別冊P.20,B3丸井百貨 ☎042-226-6378 📍武藏野市吉祥寺南町1-7-1丸井吉祥寺店1F ⏰10:30~20:00(L.O.19:15) 💰ダッチベイビー(Dutch Baby)￥1,500 🌐www.pancake-house.jp

品嘗最正宗的美式鬆餅風味。

1953年起源於奧勒岡州波特蘭市的「The Original PANCAKE HOUSE」,以鬆餅贏得美國人的喜愛,看似平凡的鬆餅內容經得起時代考驗,大廚從原料、醬料到打發奶油都不假手於他人。**菜單內有香蕉、草莓等十數種口味的美式鬆餅**,盛滿繽紛水果的比利時鬆餅,法式薄鬆餅,以及其他鹹食類的早餐選擇。

📖 BASARA BOOKS

📍別冊P.20,B3 ☎0422-47-3764 📍武藏野市吉祥寺南町1-5-13 ⏰13:00~23:30,週六日及例假日12:00~23:30 🈺週一(遇假日順延翌日休) 💬 basarabook.blog.shinobi.jp

二手書店BASARA的店名很特別,為日文中「婆娑羅」的讀音,有否定傳統權威、隨心所欲過活的意思;將這層涵義放在販售平價書本(或知識上),便清楚地將**BASAR二手書店的概念表達出來。你可以在此用便宜的金額買到無價的知識,藉著這些豐富知識,讓自己「僭越」所有限制。**

店裡選書偏重文學類,另外也有當代攝影集、設計別冊在此流通。

いせや用料新鮮,調味恰到好處,重點是超級便宜。

🍴 いせや 公園店 薦おすすめ

📍別冊P.20,B4 ☎0422-43-2806 📍武藏野市吉祥寺南町1-15-8 ⏰12:00~22:00(L.O.21:00) 🈺週一、12/31~1/3 💰燒き鳥(烤雞串)一串￥100 🌐www.kichijoji-iseya.jp

吉祥寺名物的烤雞肉串店!

吉祥寺名物——**燒烤的知名店舖いせや,在吉祥寺開店已經超過96年**,除了料理美味,店裡氣氛隨性,便宜的價格也是吸引力之一。像是炭火烤雞肉一串￥100,其他下酒小菜也一樣以便宜的價格提供,配上溫熱燒酎或是暢快啤酒,就是充滿日式居酒屋風情的愉快味覺體驗。

喜歡民族風格或是東南亞風格的人一定要來挖寶！

☕ Chai Break

各式茶飲都是職人嚴選的一品。

ⓐ別冊P.20,A3 ☎0422-79-9071 ◎武藏野市御殿山1-3-2 ◷9:00~19:00，週六日及例假日8:00~19:00 ⓗ週二(遇假日順延翌日休) ⓢスパイスチャイ(香料印度奶茶)¥880、自家製ブリオッシュのフレンチトースト(自製布里歐司法式吐司)¥1,540 ⓦwww.chai-break.com

　　稍稍遠離吉祥寺熱鬧的市街，Chai Break開設在井之頭公園一側，店主對紅茶的品質十分挑剔，也因為赴印度旅行時認識印度奶茶的美妙進而將特殊的茶飲文化帶回日本。**由於印度奶茶在剛煮好時味道最棒，店主很堅持在每位客人點餐後才一杯一杯現煮**，人多時也許要多花點時間等待。

🎁 元祖仲屋むげん堂 弐番組

ⓐ別冊P.20,B3 ☎0422-47-3334 ◎武藏野市吉祥寺南町1-15-14 ◷11:30~19:45 ⓦwww.facebook.com/gansonakayamugendo

　　從尼泊爾、印度等地輸入的衣料雜貨元祖仲屋むげん堂，由許多商品堆起來的店內看來稍微雜亂，但隨意的擺法反而讓人覺得好親近。尋著店內飄來的薰香入內，狹小卻擺放著琳瑯滿目的雜貨，**從衣服、圍巾、小飾品到家具擺飾等**，讓人逛得目不暇給。

喜歡紅茶的人可以購買店主自調的紅茶茶葉。

🍴 おふくろ屋台1丁目1番地

ⓐ別冊P.20,B2 ☎0422-20-9474 ◎武藏野市吉祥寺本町1-1-1 ◷12:00~24:00 ⓗ不定休

　　おふくろ屋台是**提供以沖繩美食為中心的日式居酒屋料理**，各式下酒小菜和家常料理配上啤酒和酒類很是合拍，推薦它位在頂樓的半露天座位，就好像在一般民家的公寓天台上，可以用另一種角度來感受吉祥寺的生活況味。

山手線一圈➡東京地下鐵

中央總武線 吉祥寺 ➡東京廣域

光是豆類製成的甜點品項就超過十種，令人驚嘆不已！

三代目茂蔵 吉祥寺店

おすすめ 薦

📖別冊P.20,B2 ☎0422-27-2624 🏠武藏野市吉祥寺本町1-8-6 ⏰10:00~19:00
🌐shinozakiya.com

大豆類商品超乎想像的豐富！

大豆富含植物性蛋白質，無膽固醇且含卵磷脂，營養價值甚高，同時也是我們餐桌上不可或缺的重要食材。在「三代目茂蔵」內，除了**販售熟知的豆漿、豆腐、豆皮等豆製品，還有豆腐甜甜圈、布丁、提拉米蘇等甜點**，以大豆為基底製成的商品涵蓋各領域，可説超乎過往的飲食經驗和常識範圍。店家每個月都會推出全新豆類商品，因此吸引許多注重健康的消費者定期上門，再加上商品定價非常親民，營業時間總是人潮絡繹不絕。逛吉祥寺商店街時，不妨進店裡逛一圈，保證你會超佩服日本人無止盡的創意與創新。

NATURAL KITCHEN 吉祥寺店

📖別冊P.20,A2 ☎0422-23-3103 🏠武藏野市吉祥寺本町2-1-5 ⏰10:00~20:00，週六日及假日11:00~20:00
💰各式小物￥110起 🌐www.natural-kitchen.jp

深受吉祥寺的家庭主婦喜愛的NATURAL KITCHEN雖然位在小巷弄裡，卻永遠擠滿購物人潮，**店內陳列著草藤、木頭、陶瓷、竹子等天然素材所製作的家居雜貨與廚房具品，設計簡潔大方**，最令人開心的是店內只要沒有特別註明價格的商品，通通是均一價￥110。

スパ吉

おすすめ 薦

📖別冊P.20,B1 🏠武藏野市吉祥寺本町1-11-24 ⏰11:00~15:30、17:30~21:00，例假日11:00~21:00 🈚不定休 🍴あれこれMIXおしょうゆパスタ(醬油義大利麵)￥1,200 🌐spakichi.co.jp/

義大利麵好吃到讓人排隊等也願意！

スパ吉店內所有的料理都是從生麵製成，口感多了彈性與麵粉香。招牌肉醬麵耗時20小時細火熬煮，煮成極其濃郁的風味，老闆建議吃的時候最好要攪拌10下充分拌勻，再灑上起司粉；另外還有明太子海膽烏賊麵、燻鮭魚水菜奶油麵等，讓人想要一再光顧。

義大利麵在最美妙的黃金10分鐘內享用完畢。

36 Sublo

📖別冊P.20,B1 ☎0422-21-8118 🏠武藏野市吉祥寺本町2-4-16 原ビル2階 ⏰12:00~19:00 🈚週二 🌐www.sublo.net

36 Sublo隱身於吉祥寺小巷2樓，**店內以販售大人風格的文具為主**，沉穩的文具雜貨搭配舊木的放置台，細心地展示出各式專屬36 Sublo的選物風格，是一間迷你卻充滿趣味的店家，在這裡一定可以找到獨屬於自己的大人風文具用品。

創意的小卡、手工感戒指、耳環都是超有質感的送禮選擇。

百年

百年也販售設計雜貨、寫真明信片、CD與DVD，以及藝術家創作作品。

◎別冊P.20,A2 ☎0422-47-6885 ◎武藏野市吉祥寺本町2-2-10 村田ビル2F ◎12:00~20:00 ㊡週二 ◎www.100hyakunen.com

雖自稱「古本屋(舊書店)」的百年書店，所販售的書種卻新、舊皆有。新刊偏重在獨立、有想法的出版品，精彩程度讓人不得不佩服其選書功力；古書方面，則有許多年代久遠的絕版刊物，**範圍從日本廣泛到歐美，小說、雜誌、圖書書**，以至特別的免費獨立出版。

店內隨流行趨勢與各類型的創作者合作，為生活帶來點刺激。

にじ画廊

◎別冊P.20,A2 ☎0422-21-2177 ◎武藏野市吉祥寺本町2-2-10 ◎12:00~20:00，展覽最後一天至18:00 ㊡週三 ◎www.nijigaro.com

開在街角的にじ画廊是複合式的藝廊，**2樓主要作為藝術展示空間，1樓的商品販售區則會隨著2樓展覽機動性地調整商品**。走森林系風格的にじ画廊，店內有許多充滿動物、北歐元素的手作雜貨或書籍，甚至連推薦的唱片《Au Revoir Simone - The Bird Of Music》都有濃濃「森林系」風格。

OUTBOUND

◎別冊P.20,B1 ☎0422-27-7720 ◎武藏野市吉祥寺本町2-7-4-101 ◎依各展覽而異 ㊡週二 ◎outbound.to

要稱 OUTBOUND 為雜貨舖，其實它更像一間小美術館，從空間到展售的商品，處處都流露著對生活美學的觀察與講究。商品大部分來自日本不同領域的工藝師，各自以竹籐、陶、鐵、原木等材質，製作出線條極簡美麗、且實用的生活用具，每件都像工藝品般地存在著。

café Montana

📖別冊P.20,A2　☎0422-21-0208　🏠武藏野市吉祥寺本町2-10-2　🕐11:30~15:00、17:00~20:00　🈺不定休
www.peppermintcafe.com/montana

雖然店名有café，但這裡比較像是間有咖啡廳氛圍的咖哩屋。由於店面狹小，店內吧檯坐位6個、桌子4張共8個位置，所以每到用餐時間總是大排長龍，讓大家不惜等上1小時也要吃到的美味，**就是這裡特製的咖哩**，此外也有新推出的沾麵獨家料理。嗜辣的人來店吃咖哩，還能挑戰FUZZ、WAX等7種不同辣度。

參天大樹和歪斜的小木屋，吉卜力的幻想世界呈現眼前。

👁 手毬之家

薦 おすすめ

てまりのおうち

📖別冊P.20,A2　☎0422-23-5503　🏠武藏野市吉祥寺本町2-13-14　3F
12:00~20:00，週六日及例假日10:00~20:00　🈺不定休　💲入場大人￥1,540、週六日及例假日￥1,980，19:00後入場大人￥1,100、週六日及例假日￥1,320；10歲以下￥1,100、週六日及例假日￥1,430，19:00後入場大人￥770、週六日及例假日￥990　🌐www.temarinoouchi.com

與貓咪共飲下午茶~

貓咪無防備的表情最萌、最可愛！

隱藏在吉祥寺鬧區中，**有一座童話般的貓咪森林「手毬之家」**，自由自在的貓咪每天在咖啡廳裡玩耍睡懶覺，等著愛貓的人們來報到；餐廳提供多樣下午茶甜點，造型不以標新立異取勝，美味才是吸引顧客細水長流的主要條件，來此的每位訪客都當貓奴當得甘之如飴，幸福療癒沒有極限。

🎁 Free Design

📖別冊P.20,A2　☎0422-21-2070　🏠武藏野市吉祥寺本町2-18-2 2F　🕐11:00~19:00　🈺年末年始　🌐www.freedesign.jp

位於2樓的**Free Design是家專門以大人為對象的生活雜貨店**，商品包括文具、餐飲用具和居家用品，從日本乃至世界各地引入的單品都有著獨特的創意與故事，經常在日本各種設計雜誌上都可看到。

餐具、北歐碗盤、筆記本都充滿設計感。

多達10種以上的香料長時間熬煮的咖哩醬，吃過的人都喜愛它特殊的味道。

🍴 まめ蔵

📖別冊P.20,A2　☎0422-21-7901　🏠武藏野市吉祥寺本町2-18-15　🕐11:00~21:00(L.O.20:30)，週六日及例假日11:00~15:30、17:00~21:00(L.O.20:30)　💲やさいカレー(蔬菜咖哩)￥950

まめ蔵十幾種咖裡菜單中，**像是野菇咖哩、雞肉咖哩、豆子咖哩都有死忠支持者，想要吃得健康新鮮，可以嘗試使用大量蔬菜的招牌蔬菜咖哩**，蔬菜的甜味配上咖哩醬的香味，並帶有隱約的辣度，豐富的野菜提供一日份的纖維質和養分，在咖哩競爭激烈的吉祥寺中，穩坐人氣寶座。

Paper message 吉祥寺店

別冊P.20,A2　0422-27-1854　武藏野市吉祥寺本町4-1-3　11:00~19:00　不定休　www.papermessage.jp

「Paper message」是由高知縣創業超過80年老舖本山印刷所開設的實體販賣店，而吉祥寺店從2012年開店至今，小小店面內陳列商品，從手繪明信片、書籤、卡片，到筆記本、便條紙、包裝紙，款式多達5,000件以上，而且每一樣商品設計都是經由日本全國各地插畫家之手，正因為它的高度原創性，總是吸引愛好者不遠千里來添購。對於喜歡手寫手做的人來說，這家紙雜貨店裡的商品，絕對會讓你心花怒放。

> 店內超人氣商品，就屬這一朵朵精緻的小花卡片啦！

Marimekko 吉祥寺

別冊P.20,A2　0422-23-6117　武藏野市吉祥寺本町2-21-9　11:00~19:30　www.marimekko.jp

> 吉祥寺店裡還有服裝、童裝系列。

位於主要道路井之頭通上的Marimekko，路面店的經營型態相當引人注目。**出身於北歐芬蘭的設計品牌Marimekko，在跨越大洋的日本大受歡迎**，招牌的罌粟花是歷久不衰的人氣花樣，無論是杯子、包包或傢飾布品都能找到。

CINQ plus

おすすめ 薦

別冊P.20,A1　0422-26-8735　武藏野市吉祥寺本町2-28-3　11:00~19:00　www.cinq-design.com

> 融合著日本與北歐精神的商品，只要一件感覺就能為日常生活，畫出理想的藍圖。

CINQ plus為原宿雜貨店CINQ的子店，和CINQ一樣走純淨中帶著溫馨的北歐風格。**店裡販售許多童裝、兒童用品的CINQ plus**，大大地滿足喜愛北歐的東京媽媽，光是童裝就引進荷蘭kidscase、丹麥的HOLLY'S、MINI A TURE與CHRISTINA rohde等多種品牌。

> 店內也有北歐文具、織物或設計感裝飾品。

Cave

おすすめ 薦

別冊P.20,A2　0422-20-4321　武藏野市吉祥寺本町2-26-1　11:30~19:00　週四(遇假日照常營業)　www.cave-frog.com

> 蛙蛙大集合！青蛙小物應有盡有！

中道通商店街上的青蛙百貨專賣店，從雨靴、提袋、鬧鐘，到掛飾、茶碗，每件生活雜貨都有青蛙的蹤跡，放一件可愛的青蛙雜貨在家裡，相信能讓人保持心情愉快吧！

以「空想街道」為主題，選用同一色系的水彩畫作，一筆一畫手工創作出的可愛世界。

空想街雜貨店

薦
おすすめ

別冊P.20,A2 武藏野市吉祥寺本町2-34-10 12:00~19:00（週二（12~1月無休） www.kuusoogai.com

一起走進手繪創作的可愛世界吧！

這間「空想街雜貨店」是由西村姊妹所開的店。擔任店長的姊姊西村典子負責畫作，妹妹西村祐紀則負責活動展出和構想店面商品陳列，**兩人在2016年品牌自創初期，一路從網路商店開始到2022年終於擁有專屬自己的店面，可說是文創者夢想實現的最激勵人心案例之一！**她們希望能「為所有大人打造一個魔幻的雜貨世界」，因此不論是店內以木質為主的裝潢擺飾，偏黃的暖燈光還是陳列在架上的所有創作商品，都讓人有走進兩姊妹所打造的空想世界的錯覺，倍感療癒。

ATELIER NIKI TIKI 吉祥寺店

別冊P.20,A1 0422-21-3137 武藏野市吉祥寺本町2-28-3 10:00~19:00 週四 www.nikitiki.co.jp

NIKI TIKI是於1970年就誕生的進口品牌，**以德國、瑞士的玩具為主要商品**，大多針對幼稚園、托兒所的年齡層，玩具繪本都有別於日本，在各大百貨公司同樣也設有據點，所有玩具都依照歐盟安全標準，所以大可放心。

Wickie

別冊P.20,A2 0422-26-8792 武藏野市吉祥寺本町3-2-9 12:00~18:00（週六日及例假日至18:30） wickie.stores.jp/

Wickie小巧的店內商品種類豐富而多樣，且流行感十足，**大多皆是精選來自北歐的雜貨品牌**，像是芬蘭的ARABIA杯具、瑞典Lotta Kuhlhorn與日本老舖合作的印花盤等，雖然價格大多不低，但店內選的商品品質優良，其中也有不少造型獨特也較為平價的可愛物品。

MARGARET HOWELL SHOP & CAFE KICHIJOJI

別冊P.20,A2 0422-23-3490 武藏野市吉祥寺本町3-7-14 11:00~19:00(L.O. 18:00) 不定休 www.margarethowell.jp/articles/news/cafe/

走簡約洗鍊風的知名英國設計師品牌**MARGARET HOWELL，因為深受日本人喜愛，所以該品牌刻意在東京打造了好幾間結合自家服飾家具與咖啡的複合式店面**，其中一家就坐落在吉祥寺的寧靜巷弄內。吉祥寺店共有兩層樓，1樓為咖啡店，從餐點到飲品，充滿濃濃英倫風情，2樓則為服飾店，男裝、女裝、配件家具應有盡有，是一間充滿溫暖而舒適的好店。

外觀牆面到內部裝潢皆以白色為核心基調，與周圍建築物形成強烈對比，格外醒目。

三鷹
みたか
Mitaka

緊鄰吉祥寺的三鷹，位在多摩區域的最東邊，與繁華的吉祥寺中間夾著廣大的井之頭恩賜公園，串聯兩站間的散步道十分受歡迎。其實三鷹不會兼具都市性便利、豐富自然綠意與沉靜的住宅區氣氛，更有隱藏在大路兩旁巷弄間的小店、咖啡廳，除了受到地方居民愛戴之外，更吸引許多遊客會在其間散步穿梭。另一個吸引人們造訪三鷹的原因，便是宮崎駿的吉卜力美術館。幻想的卡通世界不只小孩喜歡，連大人也能在此重拾童心，找尋心中的龍貓。另外，從地鐵圖看，三鷹離調布要轉很多次車，但其實兩地距離很近，搭乘巴士只要30分便能到達，除了用散步串聯三鷹與吉祥寺之外，不妨以巴士串聯三鷹與調布，來趟不一樣的東京半日小旅行。

交通路線&出站資訊

電車
JR東日本三鷹駅◇中央本線、中央・總武線
巴士
小田急巴士鷹56◇調布駅北口→三鷹
出站便利通
◎三鷹的主要景點大多集中在南口，想到吉卜力美術館，可以從南口出站後沿著風之散步道，散步約15分鐘便能到達，途中也會經過山本有三紀念館，可順道參觀。或者在南口的巴士站搭乘接駁巴士，約5分到達，單程大人￥210，小孩￥110。
◎通常結束美術館的行程，會以散步的方式連接井之頭恩賜公園至吉祥寺(→P.3-35)，或是可以搭乘巴士至調布深大寺(→P.4-54)，皆是不錯的行程串聯。

吉祥寺~三鷹散步趣

若想從吉祥寺以徒步方式邊走邊逛到三鷹之森吉卜力美術館，從公園口出站，沿著吉祥寺通穿過井之頭恩賜公園，跨越玉川上水後，美術館就位在公園西側旁。同樣也很建議早上參觀完吉卜力後，用徒步的方式經井之頭恩賜公園，再到吉祥寺晃晃。

風之散步道

連接三鷹駅與井之頭恩賜公園的風之散步道，位在玉川上水旁的林蔭下，微風徐徐吹來，散步其間能感受遠離都市喧嘩的快意。早期為了民生用水而設的玉川上水現在已經不復使用，卻也因為是大文豪太宰治自殺投水之地而聲名大噪，現在水流清淺，兩岸濃蔭涼夏，正是三鷹散步的好去處。

一層樓的小小空間裡進駐各具特色的有趣店舖。

齊聚時下餐酒館、日本酒BAR，還有拉麵店、壽司店、日式居酒屋。

薦おすすめ

◎ 口琴橫丁MITAKA

ハモニカ 丁ミタカ

群聚美食的超大食堂！

🏠別冊P.21,A3 📞0422-55-8410 📍武藏野市中町1-5-8 🕐依各店舖而異 🈵不定休 🌐hamoyoko.com

策劃人請來建築家原田真宏和原田麻魚進行柏青哥舊建物改造成融合在地風情的餐廳大樓，將原始橫丁沿著小巷弄並列的店舖直接搬到建築內部，維持橫丁裡店與店相互交錯的部分，而中央刻意不做區隔的用餐空間，為的就是能讓人們點完餐後，可以自由選擇座位，與認識、不認識的人喝杯小酒閒聊，無所拘束。

山手線一圈→東京地下鐵

中央總武線　三鷹

→東京廣域

◉ 三鷹之森 吉卜力美術館

おすすめ薦

三鷹の森 ジブリ美術館

(📖)別冊P.21,B4　(📞)0570-055-777　(🏠)三鷹市下連雀1-1-83(井之頭恩賜公園內西園)

(🕐)10:00~18:00，入場預約制，一天共有7個時段10:00、11:00、12:00、13:00、14:00、15:00、16:00，需在指定時間開始的1小時內入館，離館時間自由　(休)週二、換展期間，年末年始　(💴)大人¥1,000、國中高生¥700、小學生¥400、4歲以上¥100　(🌐)www.ghibli-museum.jp

> 重現宮崎駿動畫裡的奇幻美術館！

吉卜力美術館是由在全球擁有相當高知名度的動畫大師宮崎駿所策劃，並於2016年重新裝修後開幕。有別於其他僅提供展示的美術館，這裡不只收集展示吉卜力工作室作品的場所，更希望由遊客們親自觸碰這些動畫中出現過的畫面，因此美術館並沒有提供導覽地圖或遵循路線，也沒有針對哪個作品來展示，完全讓遊客們自己決定想要看的物品，然後自在隨意地尋找新發現，動畫中熟悉又可愛的身影，在不經意之間就會出現各

個角落，參觀完的遊客，雖然擁有不同的參觀記憶，但在心情與知識都能夠滿載而歸。

　要提醒的是，吉卜力美術館希望大夥可以盡情玩樂，而不是只有照相機鏡頭中的回憶，所以館內並不准拍照和攝影。不論你年紀多大，來到這裡就讓自己的想像無限地放大，盡情地享受吉卜力工作室所帶來的驚奇吧！

玩吉卜力之前要注意什麼？

如何預約門票

入館前1個月的10號開始預約。可聯絡台灣的代理旅行社代為訂購，或上網站查看詳細情形。也可以到日本的便利商店「LAWSON」，使用店內的Loopi系統購票之後列印並至櫃台付款，取得紙本預約券。懂日文的人也能使用手機取得電子票券，(🌐)www.ghibli-museum.jp/ticket/

接駁公車

從JR三鷹駅走路15~20分鐘可抵達美術館，如不想從吉祥寺公園走到吉卜力美術館的人，可以來到JR三鷹駅，在南口的巴士站搭乘接駁巴士，約5分鐘到達，單程大人¥210，小孩¥110。

一起走進吉卜力世界！

龍貓的櫃台／美術館1F
在真正進入美術館前，會先經過龍貓的售票亭，巨大的龍貓在裡頭，底下的小窗子擠滿黑點點，還沒進入美術館就覺得超級開心。

電影生成的地方／美術館1F
在這裡可以看到從電影的故事構想、作畫、上色、編輯到完成的過程。其中有很多知名動畫的草稿，相當值得一看。館方表示，一個動畫作品約需要長達2~3年的時間來製作，從繁複的過程中，動畫創作的複雜與辛苦可見一斑。

土星座／美術館B1F
在可容納80人的小戲院裡，能觀賞到吉卜力工作室原創的短篇動畫！放映室以透明玻璃圍起，讓遊客充份了解動畫放映時的情景。動畫約每三個月更換一次，每天放映四次，一次約10~15分鐘。這些動畫只在館內放映，別處可是看不到的。

龍貓巴士／美術館2F
在大人小孩都喜愛的電影「龍貓」中所出現的龍貓巴士，一定有許多人都想搭乘，原本美術館像要做成真的公車，但為保留動畫中龍貓巴士軟綿綿的感覺有些困難，因此在這裡，限定小學生以下的兒童們可以真實觸碰並乘坐，實際感受龍貓巴士的柔軟感之後，旁邊還有黑點點們等著你喔！

**MAMMA AIUTO(マンマユート) 禮品區
／美術館2F**
店名取自於《紅豬》中海盜的名字，在義大利文中是指「媽媽救我！」這裡除有吉卜力出版動畫主角的各種相關商品，例如《紅豬》的側背包、《魔女宅急便》中黑貓KIKI的鑰匙圈，更有只在美術館限定販賣的商品。

空中花園／美術館屋頂
是否記得「天空之城」中那個平和又安詳世界裡的古代機器人？爬上屋頂花園，機器人就從動畫世界現身，豎立在屋頂，除了讓動畫更加親近遊客們，也成為守護著這座美術館的巨神。

開始動的房間／美術館B1F
想要了解動畫的人一定要來這裡！呈現動畫最早原理，以「動」為主題的展示區，感受那份「動起來」的興奮感，一定要入內看看。

山手線一圈▼東京地下鐵

中央總武線 三鷹

▼東京廣域

📦 山田文具店

📍別冊P.21,A4 ☎0422-38-8689 🏠三鷹市下連雀4-15-33 三鷹プラーザ2F デイリーズ店 🕐11:00~18:00(週六日及例假日至19:00) ❌不定休 🌐yamadastationery.jp

山田文具店搜集來自不同國家、年代的懷舊文具，店主希望能透過販售有故事的文具，讓文具不再單純只是用於書寫。**除懷舊文具外，也銷售日本各家設計師的精選文具**，每一個商品都有自己的故事與出身，更甚至多數文具充滿童趣的風格。

📦 Dailies

📍別冊P.21,A4 ☎0422-40-6766 🏠三鷹市下連雀4-15-33三鷹プラーザ2F 🕐11:00~20:00 ❌不定休 🌐www.dailies.tokyo.jp/

位在三鷹南口直行10分鐘的不遠處，有間專賣家俱家飾的小店「Dailies」，以Daily日常的複數作為店名，**正是希望能成為常伴人們日常的品牌**。店內販售家具及生活雜貨，喜歡日式簡約風格的人決不能錯過這間美好的小店。

店內的生活雜貨與文具用品，都是店主親自選購的溫暖風格。

甜而不膩的奶油結合鬆軟戚風蛋糕，是推薦單品。

☕ 橫森咖啡

📍別冊P.21,A4 ☎0422-48-0078 🏠三鷹市下連雀4-16-3 🕐9:00~20:00 ❌不定休 🌐www.instagram.com/yokomori_coffee/?igshid=MTIyMzRjYmRlZg%3D%3D

橫森咖啡的標誌是隻黑色有著溫暖微笑的熊，透著溫馨的氛圍，這裡的咖啡除可內用外，也相當歡迎消費者購買袋裝或咖啡豆回家細細品嚐。咖啡以外玻璃櫃裡還可看到今日的各式蛋糕，**大力推薦紅茶戚風蛋糕**，是橫森咖啡最佳的夥伴。

煎茶¥600起

☕ さらさら

📍別冊P.21,A3 ☎0422-44-0652 🏠武藏野市御殿山2-20-9 🕐12:30~19:30 ❌週四、五

從三鷹車站南口出來，佇立在玉川上水旁的さらさら正靜靜地等待顧客上門品嚐純正的日本好味道。店員建議可以**品嚐使用靜岡茶泡製的冰滴煎茶，搭配上自選菓子**，一邊啜飲甘醇冰涼的煎茶，一邊欣賞窗外綠蔭美景，獨享悠閒的午後。

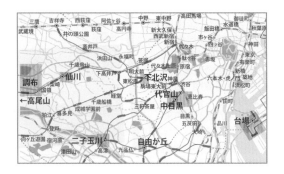

東京廣域

とうきょうこういき

山手線一圈▼東京地下鐵▼中央總武線▼

東京廣域｜台場

台場
おだいば
Odaiba

緊臨東京灣的台場，是東京公認最浪漫的地方。在這可以感受到海風徐徐吹拂的海埔新生地上，有著占地寬廣、內容五花八門的遊樂中心和購物商場。白天海鷗乘著海風在灣岸邊翻轉飛翔，到了夜晚遊船行過燈火明燦的彩虹大橋，橫跨東京灣的橋體也閃爍著絢爛的燈光，帶來夢幻醉人的夜景。

東京人才知道秘密景點：京門大橋(東京ゲートブリッジ)

搭乘JR京葉線電車經過海濱時，抬頭望向南側海岸，會被一瞬即逝的兩隻恐龍吸引，其實這是於2012年啟用、連接江東區若洲與填海新生地城南島的大型橋梁「京門大橋」。從新木場駅搭乘公車來到若洲這側，可以乘坐電梯至離海平面60公尺的橋面散步。登上橋面可欣賞東京迪士尼、晴空塔等風景。

©TCVB

自由女神像

你以為世界上只有一座自由女神像在紐約嗎？那就錯了，在台場這裡也有一座自由女神像。這座自由女神像是按照法國巴黎的自由女神像等比例打造，在平成10年(1998年)時作為期1年的展示，但因為大受好評而常設在台場這裡，也成了大家來這裡拍照留念的景點。

交通路線 & 出站資訊

電車

◎ゆりかもめ(百合海鷗號)

從JR新橋駅到台場駅約15分，是前往台場最為快速方便的電車路線，沿途有景點可下車遊逛的車站包括：汐留駅、お台場海浜公園駅、台場駅、船の科学館駅、テレコムセンター駅、青海駅、国際展示場正門駅、市場前駅、豊洲駅。

🌐www.yurikamome.co.jp

◎りんかい線(臨海線)

りんかい線連結大崎和新木場駅，從新木場駅到經常舉辦展覽的國際展示場約5分，沿途有景點可下車遊逛的車站包括：国際展示場駅、東京テレポート駅。

🌐www.twr.co.jp

東京水上巴士

搭乘觀光汽船遊覽東京灣岸是最推薦的行家玩法，可從淺草搭乘隅田川線到日之出棧橋，再轉乘台場線到台場海濱公園，有六條相關串聯的行駛路線，沿途經過的橋樑各具特色，若是適逢櫻花季節，隅田川岸邊的櫻花開得美不勝收，保證值回票價。

🌐www.suijobus.co.jp

巴士

◎都營巴士

連結品川駅和台場地區的「波01」和連結門前仲町和台場地區的「海01」，是巡迴台場最便利的公車系統。此外從東京車站丸之內南口發，經由銀座的快速巴士也有前往台場。

💴可購買一日乘車券大人￥500、小孩￥250，在同一天之內可無限自由上下車，當日的乘車券在車內就有販賣。

🌐www.kotsu.metro.tokyo.jp/bus

出站便利通

◎ゆりかもめ(百合海鷗號)的車站出口往往只有一個，並不複雜，隨著指示牌前進即可抵達所要去的地方。

◎ 前往富士電視台、台場海濱公園、AQUA CITY、DECKS Tokyo Beach等景點在台場駅下車最近。

◎ 要若前往IMMERSIVE FORT TOKYO等景點在青海駅下車。

◎ 如要前往船的科學館就在船の科学館駅下。

◎ 前往日本科學未來館請在テレコムセンター駅(Telecom Center車站)下。

◎ 若是想看大型展覽活動的東京國際展示場(TOKYO Big Sight)，則在國際展示場駅下車。

◎ 2006年隨著ゆりかもめ(百合海鷗號)延伸而開幕的LaLaport TOYOSU則在豊洲駅下，從北口出站徒步約5分。

◎ 要前往豐洲市場，則在市場前駅下車，出站接大橋徒步約1分鐘即達。

彩虹大橋

おすすめ 薦

必訪台場的定番景點！

レインボーブリッジ
RAINBOW BRIDGE

◉別冊P.25,B2 ◉港區芝浦與台場之間

連結東京都港區與台場的彩虹大橋，是台場的代表，也是多部日劇的拍攝場景。彩虹大橋每到晚上就點打上單色燈光，但也有過幾次是配合活動(如跨年)打上璀璨的彩色燈光，使其成為名符其實的彩虹大橋。

夜晚打上燈光的彩虹大橋，更有浪漫氛圍。

彩虹大橋遊步道

レインボーブリッジ遊步道
Rainbow Promenade

☎03-5442-2282 ●9:00~21:00，11~3月10:00~18:00 ⊗每月第三個週一(遇假日順延翌日休) ⊙免費體驗 ❶全長1.7公里，徒步單程約20~30分

一般想要前往台場，大多人都會乘坐百合海鷗號經過彩虹大橋，但很多人都不知道，**其實用「走」的橫渡彩虹大橋，一路欣賞東京灣美景，也可以是很特別的體驗！**遊步道分為橋南側與北側，從南側可以看到台場一帶的風景，像是著名的富士電視球體展望室等海濱風景，盡收眼底。若走北側，能看到的則是豐洲、東京市區風景，天氣好時可以遠眺東京鐵塔呢！

橫渡彩虹大橋注意這些～

1

先到芝浦ふ頭駅
想要親自踏上彩虹大橋，最建議的路徑是先搭乘百合海鷗號至芝浦ふ頭駅，出站後再徒步約5分能看到往「プロムナード」(PROMENADE)的指標，依指示進入電梯即至步道，可惜的是只能選擇單一側行走，若橋兩側的風景都想欣賞，就必需各走一次。

2

隨身帶水
遊步道全長約1.7公里，慢慢走一趟單程約30分鐘，另外要注意的是途中並沒有廁所、飲料販賣機等，要上廁所要在芝浦這側先解決，最好也自己帶水以免口渴。

3

抵達台場後
步行途中還能看到百合海鷗號從身旁呼嘯而過，十分有趣。抵達台場後再徒步15分能達台場海濱公園後，接續台場的行程。

山手線一圈▼東京地下鐵▼中央總武線

東京廣域 台場

薦 おすすめ

Odaiba DiverCity Tokyo Plaza

台場購物廣場

お台場 ダイバーシティ東京 プラザ

鋼彈迷的天堂！

別冊P.25,A2 0570-012-780 江東區青海1-1-10 購物11:00~20:00，週六日及例假日10:00~21:00，2F美食街11:00~21:00(週六日及例假日至22:00)，餐廳11:00~22:00 不定休 mitsui-shopping-park.com/divercity-tokyo

DiverCity Tokyo Plaza內有超過150間店進駐，集結海外知名品牌、日本國內休閒品牌之外，匯集14家美味餐飲的美食區也是一大焦點，容納約700個座位的規模傲視全台場。逛累了就到2樓正門前方的Festival廣場轉換一下心情吧，一天有多次表演可欣賞(其中只有晚上才有光雕秀)，吃喝玩樂全得到最大的滿足。

實物大鋼彈

獨角獸鋼彈立像，以1:1實物大小正式在台場亮相！每天藉由精彩的燈光特效展演，讓鋼彈迷們看得如痴如醉。

www.unicorn-gundam-statue.jp/

活動時刻表：

時間	節目
11:00 13:00 15:00 17:00	獨角獸鋼彈變身
19:00 20:30	復刻映像「飛吧！鋼彈 2017」
19:30	MidNight CHA CHA
20:00	「機動戰士鋼彈UC SPECIAL MOVIE」Ver.2.0 "Cage" SawanoHiroyuki[nZk]:Tielle
21:00	機動戰士鋼彈 UC PERFECTIBILITY
21:30	GUNDAM:BEYOND

WABI×SABI 台場店

☎03-5530-1882 ⌂Odaiba DiverCity Tokyo Plaza 2F
🕐11:00~20:00，週六日及例假日10:00~21:00 💰手ぬぐい(手拭巾)￥550起 🌐www.kiso-nakamura.com/wabisabi

位在**長野縣木曾的中村漆器產業**，以當地**400年的美術工藝歷史為深厚根基**，創造出漆器製品、木製品等精巧創作，為了讓年輕人輕鬆接觸漆器，因此開設兼售伴手禮的和風雜貨店WABI×SABI。漢字可寫做「侘·寂」的WABI×SABI是從不完美、簡樸、清寂中演化而來的禪意與美感，將之融合生活。

店內的商品從工藝作品到繽紛布雜貨等種類眾多。

ザ·台場

☎03-6457-2675 ⌂Odaiba DiverCity Tokyo Plaza 2F 🕐11:00~20:00，週六日及例假日10:00~21:00

在「ザ·台場」土產專賣店裡頭規劃出許多小小分區，**有富士電視台的周邊、ぐりこ(Glico)限定品、台場限定商品，還有東京各地的土產都在這裡**，如果種類太多讓你眼花撩亂無從決定，人氣商品旁還有插上熱銷排行的牌子。

🛍 LaLaport 豐洲

ららぽーと豐洲

🅰別冊P.25,B3 ☎0570-077-732 ⌂江東區豐洲2-4-9 🕐購物10:00~21:00，美食街11:00~21:00，餐廳11:00~23:00 🅚不定休 🌐mitsui-shopping-park.com/lalaport/toyosu

薦
おすすめ
改建自造船工廠的百貨商場。

位於豐洲的LaLaport於2006年10月誕生，**利用過去造船工廠改建，在戶外廣闊的公園腹地仍保留當時的遺跡**，總共約有190家商店、餐廳，其中規劃有寵物用品專賣店、愛犬專用綠地，號召喜愛寵物的主人們一起逛街，享受悠閒時光。

👁 東京國際展示場

TOKYO Big Sight
東京ビッグサイト

🅰別冊P.25,B3 ☎03-5530-1111 ⌂江東區有明3-21-1 🕐依展覽而異 🌐www.bigsight.jp

呈倒三角錐造型的**TOKYO Big Sight，是個超大型的國際會議中心兼展覽會場**，全館總面積23萬平方公尺，經常舉辦各式大型展覽，如漫畫展，甚至瘋狂熱鬧的演唱會。也是日劇《電車男》中主角費盡千辛萬苦想要進入的展覽會場。

🛍 DECKS Tokyo Beach 薦

🅰別冊P.25,A2 ☎03-3599-6500 ⓖ港區台場1-6-1 🕐購物11:00~20:00(週六日及例假日至21:00)，餐廳11:00~23:00；台場章魚燒博物館11:00~20:00(L.O.19:30)，週六日及例假日11:00~21:00(L.O.20:30) ⓧ不定休 🌐www.odaiba-decks.com

主題園區+百貨區，玩得超開心！

DECKS結合海島商場(アイランドモール)、濱海商場(シーサイドモール)、東京JOYPOLIS三大購物中心，以休閒為主題，有許多趣味小店。商場內除了台場少不了的觀海餐廳，還加入新鮮的特色來吸引遊客注意，例如讓人就難以忘懷的鬆餅名店「bills」，在此開設分店。另外，像是各大連鎖服飾、家居品牌、藥妝店，也都可以在這裡找到。

面對著台場海濱的挑高室內空間明亮且寬敞。

招牌鬆餅份量十足，淋上蜂蜜後濕潤滑順的口感讓人驚艷。

☕ bills台場店 薦

享用世界第一的鬆餅早餐。

☎03-3599-2100 ⓖDECKS Tokyo Beach濱海商場(シーサイドモール)3F 🕐9:00~22:00，週六日及例假日8:00~22:00，餐點L.O.21:00、飲品L.O.21:30 ⓢリコッタパンケーキ-フレッシュバナナ、ハニーコームバター(香蕉蜂蜜奶油鬆餅)¥2,000 🌐billsjapan.com/jp

來自澳洲的bills，被譽為是世界第一的早餐，一號店選擇在鎌倉的七里ケ浜開設，而東京店舖中以擁有206個座位的台場店規模最大。店內**最受歡迎的鬆餅採用分蛋法製作，食譜便是出自比爾·格蘭傑(Bill Granger)之手**；蛋黃與里考塔起司、麵粉拌勻後，再拌入打發的蛋白霜，鬆餅嚐來濕潤輕盈，毫無負擔。

👁 東京JOYPOLIS

☎03-5500-1801 ⓖDECKS Tokyo Beach 3F~5F 🕐10:00~20:00，依日期而異(詳見官網) ⓧ不定休 ⓢ入場券18歲以上¥1,200、小學~高中生¥900；星光票(15:00後，依日期而異) 18歲以上¥4,500、小學~高中生¥3,500 🌐tokyo-joypolis.com

由著名電子遊戲公司SEGA所經營的東京JOYPOLIS，**占地三層樓的空間擁有20種以上的遊樂設施**，在1樓的中央舞臺上欣賞到遊走於數位與現實間的新型態表演，還有恐怖刺激的遊樂設施，想測試自己的膽量或想嘗試腎上腺素激升快感的話，就快去體驗看看吧！

有適合各年齡層的Sonic Carnival與3D動感電影院、張力十足的射擊遊戲。

重現昭和30年代的懷舊氛圍，彷彿掉入了時光隧道。

👁 台場一丁目商店街

☎03-3599-6500 ⓖDECKS Tokyo Beach濱海商場(シーサイドモール)4F 🕐11:00~20:00(L.O.19:30)，週六日及例假日11:00~21:00(L.O.20:30) 🌐www.odaiba-decks.com/news/event/daiba1chome.html

台場一丁目商店街將昭和年代的東京街頭再現，舉凡復古衣飾、江戶風生活雜貨、便宜二手和服、洋食屋、糖果屋等舊時代的商店和餐館琳瑯滿目，從身旁那些日本遊客的臉上，就可以感受到那股濃濃的往日情懷。而且重點是這裡的東西賣得都不貴，花點小錢就能將許多很特別的紀念小物帶回家，非常值得一逛。

台場章魚燒博物館

お台場たこ焼きミュージアム

⏱依各店鋪而異 📍DECKS Tokyo Beach濱海商場(シーサイドモール)4F 🕐11:00~20:00(L.O.19:30)，週六日及例假日11:00~21:00(L.O.20:30) 🌐www.odaiba-decks.com/news/event/takoyaki.html

　　源自大阪的章魚燒，每每只要想到那迷人香氣、Q彈口感、鹹香醬汁，還有上頭隨熱氣飛舞的柴魚片、美乃滋，忍不住口水直流，**在這裡可以一次品嚐多間名店**，包夾大塊章魚腳的會津屋、添加山芋而口感香氣獨特的芋蛸、添加白酒的道頓堀くくる等。

吃完還意猶未盡，在賣店可購買章魚燒口味的零食回家。

東京杜莎夫人蠟像館

Madame Tussauds Tokyo
マダム・タッソー東京

☎0800-100-5346 📍DECKS Tokyo Beach 海島商場(アイランドモール)3F 🕐10:00~18:00(週六日及例假日至19:00) 💲當日券國中生以上￥2,600、3歲~小學生￥1,800、3歲以下免費；線上預售票國中生以上￥2,100、3歲~小學生￥1,500、3歲以下免費 🌐www.madametussauds.jp

　　東京杜莎夫人蠟像館為全世界第14處常設分館，**館內區分為紅地毯、運動、音樂、電影、世界名人、歷史等9個區域**，全館共有超過60座的蠟像，除了各分館可見到的麥可傑克森、奧黛麗赫本、強尼戴普等蠟像外，東京館最大的特色就是進駐多位日本名人蠟像，像是知名主持人松子Deluxe、日本滑冰王子羽生結弦、歷史人物坂本龍馬等，世界各地的名人齊聚一堂。

在這裡盡情地與偶像近距離接觸，開心地勾著偶像的手合影紀念吧！

LEGOLAND® Discovery Center Tokyo

レゴランド®・ディスカバリー・センター東京

☎0800-100-5346 📍DECKS Tokyo Beach 海島商場(アイランドモール)3F 🕐10:00~18:00(週六日及例假日至19:00) 💲當日券￥2,800、3歲以下免費；線上預售票￥2,500、3歲以下免費；Combo套票(樂高積木主題樂園+東京杜莎夫人蠟像館券)16歲以上￥3,400、3~15歲￥2,800、3歲以下免費入場 🌐tokyo.legolanddiscoverycenter.jp ⚠樂高積木主題樂園主要的對象為3~10歲的小孩，大人必需與小孩同行才能進入。僅有不定期舉辦的樂高大人之夜時，大人才能單獨購票入場

　　位在東京杜莎夫人蠟像館旁的室內樂高樂園，**以300多萬個積木所搭建的異想世界內，有重現了晴空塔、澀谷街頭、淺草等東京名所的miniland**，有臨場感十足的4D探險電影，還有射擊遊戲、兒童遊樂場等各種讓大小朋友都能玩得盡興。

東京錯視藝術迷宮館

TOKYO TRICK ART MUSEUM
東京トリックアート迷宮館

☎03-3599-5191 📍DECKS Tokyo Beach海島商場(アイランドモール)4F 🕐11:00~20:00(入館至19:30)，週六日及例假日11:00~21:00(入館至20:30) 💲高中生以上￥1,200、4歲~國中生￥800、3歲以下免費 🌐www.trickart.info

　　經過精密計算的圖像構造，讓平面圖在觀者眼中出現視覺假象而信以為真，這就是錯視藝術，在**這座全球首座和風錯視藝術展館**，可分為「猜謎區」、「錯視藝術名作」、「愉快忍者與日本妖怪」及「江戶時代」4區，每個場景都生動萬分，讓人不計形象也要來張最強的合影。

山手線一圈▼東京地下鐵▼中央總武線▼

東京廣域 台場

👁 富士電視台

フジテレビ
Fuji TV

🏛 別冊P.25,A2
03-5500-5843(語音介紹) 🚇 港區台場
2-4-8 🕙 10:00~18:00 ᴴ 週一(週假日順延翌日休) 💲 免費參觀 🌐
www.fujitv.com/ja/visit_fujitv

　來到富士電視台除了可以**一圓電視夢，還可以親身體驗電視節目的藍幕效果**，相當有趣。電視台主要參觀區可分為1樓Fuji TV MALL(フジテレビモール)、5樓Fuji TV Gallery(フジテレビギャラリー)、7樓樓頂庭園FUJISAN Terrace(フジさんテラス)以及25樓球體展望室「HACHI TAMA」。

> 富士電視台銀色球體的外型相當引人注目，是來到台場的必遊之地。

> 商店旁設有漫畫中客廳場景，和漫畫主角們來張合照吧！

🎁 Sazae San SHOP

サザエさんのお店

☎ 03-5500-6075 🏛 富士電視台1F 🕙 10:00~18:00 ᴴ 週一(週假日順延翌日休) 💲 サザエさん焼き 月島もんじゃ(紅豆餅 文字燒口味)¥250

> 也有サザエさん茶屋，可買到現烤熱騰騰的紅豆奶油餅。

　從1947年發表至今，海螺小姐(サザエさん)可説是日本幾乎人人皆知、堪稱最長壽的也廣受歡迎的國民動漫代表之一。因此這裡也**以海螺小姐這個漫畫角色及周邊人物為主題，開設了全日本唯一的主題商品店**，有各式以角色人物開發的甜點餅乾及各式實用小物。

🎁 CHUGGINGTON SHOP

チャギントンショップ&キャラクターショップ

☎ 03-5500-6075 🏛 富士電視台1F 🕙 10:00~18:00 ᴴ 週一(週假日順延翌日休) 🌐 www.chuggington.jp

　英國人氣擬人化的火車寶寶故事 CHUGGINGTON (恰恰小火車)，在全世界有好多喜歡他的小朋友，富士電視台除了播出外，也在**1樓開設世界唯一的一家主題商品店鋪**。店內除了有許多相關商品、玩具可以購買外，也有繪本書籍及特別規劃的火車鐵道遊戲區。

👁 球體展望室「HACHI TAMA」

球体展望室「はちたま」

☎ 0570-088-081 🏛 富士電視台25F 🕙 10:00~18:00(入場至17:30)、HACHI TAMA SHOP10:00~17:30 ᴴ 週一(週假日順延翌日休) 💲 高中生以上¥800、國中小學生¥500

　從外觀看起來一顆巨大的銀色大國球高掛在方形的建築上，這就是富士電視台的球體展望室。**登上球體展望室居高臨下，可以將東京市區一覽無遺**，而臨近彩虹橋的景色更是一絕，建議可以抽空上來遠眺美景。

Fuji TV SHOP FUJISAN

フジテレビショップ「フジさん」

☎03-5500-6075 ⌂富士電視台7F
◔10:00~18:00 休週一(遇假日順延翌日休) ◉www.fujitv.co.jp/fujisan

　重新改裝開幕的富士電台SHOP位在7樓的頂樓花園廣場一側，站在廣場上抬頭望上頂樓球體，感受超巨大球體驚人魅力外，商店裡還是富士節目相關商品的最佳尋寶地。**各式人氣節目商品陳列滿滿貨架上**，商店入口處的展場，不定期還會有節目上的服裝、道具、影像展出，好拍、好看、好好玩。

改建自原本賣店的迷你展覽以日本海權、船體結構等為中心做簡單的展示。

🏛 船的科學館

船の科学館

⛰別冊P.25,A3 ☎03-5500-1111 ⌂品川區東八潮3-1 ◔10:00~17:00 休週一(遇假日順延翌日休)，12/28~1/3 ◉免費參觀

　船的科學館於**1974年完工，特殊的郵輪型建築**，遠看彷彿一艘大船停泊港口，近看更是壯觀。2011年起，因為建物老朽化，關閉本館的展示。即便如此，今天來到船的科學館，依舊有不少可看之處。

南極探險船宗谷號的秘密

參觀宗谷號

登上宗谷號，穿梭在狹窄的船艙內，看著各室間的人偶想像當時的場景，更能感受曾經背負日本國民期待，也不負眾望達成任務的宗谷，是化不可能為可能的奇跡之船。

宗谷號故事背景

宗谷號是建造於昭和13年(1938年)的破冰型貨物船，經歷過大平洋戰爭，於1956~1962年間作為初代南極觀測船使用，雖然破舊，卻也成功帶領日本人踏上未知的南極大陸旅程，是電影《南極料理人》、《南極大陸》的故事背景。

翻拍成電影

日本初次登上南極時，作為先導犬而同行的樺太犬，以太郎與次郎為首共有22隻，1959年第二次越冬隊因天侯不佳徹退時，犬隻們被留在南極，隔年第三次越冬隊再次前往南極，發現太郎與次郎生還，雖然另外7隻死亡、6隻行踪不明，太郎與次郎的傳奇故事也被多次改編成電視劇、電影。

AQUA CITY ODAIBA

別冊P.25,A2　03-3599-4700　港區台場1-7-1　購物11:00~21:00，餐廳11:00~23:00(美食街至21:00)；THE BBQ BEACH 12:00~22:00，週六日及例假日11:00~22:00；HADO ARENA14:00~22:30，週六日及例假日10:00~20:00　不定休　www.aquacity.jp

集合約50間餐廳、70家商店的大型購物中心。**AQUA CITY面臨台場海濱公園，擁有最佳的視野，**尤其華燈初上時，可以選家海景餐廳享用晚餐，欣賞彩虹大橋璀璨的燈光，或是到旁邊的夢之大橋走走，享受最浪漫的一夜。

THE KISS AQUA CITY ODAIBA

03-5500-5377　AQUA CITY ODAIBA 3F　11:00~21:00　www.thekiss.co.jp

無論是情人節或聖誕節,THE KISS總是擠滿年輕甜蜜的情侶出雙入對,**以Love & Happy為主題的商店賣的不單單只是成對的珠寶,讓情人們相互餽贈,**明亮空間的THE KISS賣的更是一種相互尊重珍貴的戀愛態度,希望讓每對有情人都能夠長久幸福。

Adidas Brand Core Store AQUA CITY ODAIBA

03-3599-0480　AQUA CITY ODAIBA 3F　11:00~21:00　shop.adidas.jp/

這裡是運動品牌愛迪達在全日本最大的銷售點,專賣品牌原創商品,以品牌的藍色與白色為店舖空間基調,並藉由「尋找寶藏」的主題,創造出彷彿跳蚤市場的購物氣氛,任何人都可以自由隨意地遊逛。

權八

050-5444-6490　AQUA CITY ODAIBA 4F　11:30~23:00(餐點L.O.22:00、飲品L.O.22:30)　八天丼￥1,650　www.gonpachi.jp/odaiba

權八是一家居酒屋,以和風創作料理為其特色,像是手打蕎麥麵、鮪魚碎肉沙拉、煎蛋捲、照燒土雞肉丸串等都是拿手好菜。從權八的窗戶望出去就是台場美麗的彩虹大橋,每到夜晚東京灣上燈火燦爛時總是一位難求。

KUA`AINA AQUA CITY ODAIBA

薦 おすすめ

☎03-3599-2800

AQUA CITY ODAIBA 4F ◎11:00~22:00(L.O 21:00)，週五、六及例假日前11:00~23:00(L.O 22:00) ⑤アボカドバーガー(酪梨漢堡)¥1,170、パインバーガー(鳳梨漢堡)¥1,020 ⑰ www.kua-aina.com

> 千元日幣即能享受無敵海景配上夏威夷漢堡！

是來自夏威夷歐胡島的漢堡連鎖店KUA`AINA，**特色是加入熱帶島嶼的酸甜水果讓漢堡排變得更多汁有味**，博得廣大人氣。面對大海的台場店視野絕佳，椰子樹影以及掛滿牆上的夏威夷照片，最有熱帶島嶼的氣氛。菜單的選項極多，有漢堡、三明治，以及煎餅等甜點。

> 初次嘗試可先從人氣酪梨堡點起，酪梨和厚切牛肉濃郁誘人。

🏛 日本科學未來館

📖別冊P.25,A3 ☎03-3570-9151 ◎江東區青海2-3-6 ◎10:00~17:00(入館至16:30) ㉠週二、12/28~1/1 ⑤常設展大人¥630、6~18歲以下¥210、6歲以下免費，週六18歲以下免費；常設展+圓頂劇場(ドームシアター)大人¥940、6~18歲以下¥310、6歲以下¥100，週六18歲以下¥100；特別展需另購門票 ⑰ www.miraikan.jst.go.jp

由太空人毛利衛擔任館長，**日本科學未來館展示地球環境、宇宙等最先端的技術**，館內高掛著一個巨大的地球顯示儀，可以顯示地球上目前正在進行中的大氣氣象、地表面溫度等。也展示在日本引起話題的機器人「ASIMO」，它不但會走路說話，還能用日文回答你的問題。

> 挑高的中庭以水之公園為主題，設置許多玩水道具。

> 每天不定時還會舉辦科學小教室，在工作人員的帶領下來場水的實驗。

🏛 東京都水的科學館

📖別冊P.25,B2 ◎江東區有明3-1-8 ◎9:30~17:00(入館至16:30) ㉠週一(遇假日順延翌日休)、12/28~1/4 ⑤免費參觀 ⑰www.mizunokagaku.jp

現在生活中打開水龍頭便有乾淨的水流出來，但你知道，你正在使用的水，是怎麼流到你手上的嗎？來到位在台場旁的水的科學館，就能**輕鬆了解水資源的各種小知識**，同時也是帶領人們認識水資源，進而珍惜水資源的第一步。

豐洲市場

擾多時的築地市場搬移計畫，終於在2018年10月11日正式熄燈畫下句點，全新的豐洲市場與原本的築地市場相當近，僅距離2公里，位在百合海鷗號路線上的市場前駅下車即達，交通上比築地更加便利、動線也更加簡潔。比原本築地市場大上2倍的豐洲市場，總共分成三大棟建築，分別是：「海鮮批發大樓」、「海鮮仲介批發大樓」以及「蔬果批發大樓」，原本位於築地場內市場的近40家名店餐飲也跟著搬遷過來。除了美味標的外，當然就是觀看實際批發、喊價的活力市場時刻，以室內參觀通道讓旅客隔著玻璃、居高往下觀看整個交易過程，即使沒辦法起早來看，也有許多美食與購物商店待你挖掘。

📖別冊P.25,B3　☎03-3520-8205　📍江東區豐洲6-6-1
⏰參觀通道5:00~15:00(餐飲店與商店的營業時間依店家而異)　❌週日，例假日，年末年始，水產、蔬果攤商週三，肉攤商週六；休市日詳見官網　🌐www.toyosu-market.or.jp/　💬豐洲市場內餐飲跟商店，大都營業至下午2~3點

> 6街區這棟有吃有買，如果時間有限，建議就手刀先衝這裡就對了！

👁 海鮮仲介批發大樓

水産仲卸売場棟

📍豐洲市場6街區　⏰3F餐飲、4F魚河岸橫丁(魚がし横丁)5:00~14:00，依各店鋪而異　❌同市場休市日　🌐魚河岸橫丁www.uogashiyokocho.or.jp/

6街區這裡可說是最值得多花點時間停留的一棟，**觀光客最重要目標的食、購、遊通通集結在這裡**。參觀通道可以觀覽魚貨批發過程外，也設有很多漁市大壁畫，連市場專用搬運車也實體般來，讓你可以站在上面盡情拍照，頂樓有綠地廣場可以賞整個海灣風景，3樓為餐廳區域，4樓為商品販售區「魚河岸橫丁」。

> 選坐櫃台座位，欣賞老師傅熟練的捏製壽司技藝，也是品嘗握壽司的一種特別享受。

🍴 岩佐壽司

岩佐寿し

☎03-6633-0755　📍水産仲卸売場棟3F　⏰6:00~15:00
❌同市場休市日　🍚ちらし丼
¥3,300，握壽司¥2,200起　🌐www.iwasasushi.jp

營運超過30年，岩佐壽司以美味新鮮的握壽司為主打，吸引許多政要名人蒞臨、也讓岩佐壽司擁有許多死忠粉絲。在幾乎只有櫃檯座位的3樓眾多店家中，岩佐還有其他雙人座位，讓店內顯得更加舒適寬敞，等待時間也相對拉短。尤其對於觀光客來說，有著親切老闆娘的服務，也讓人緊張感放鬆不少呢。

👁 海鮮批發大樓&行政大樓

水産卸売場棟&管理施設棟

🏠 豐洲市場7街區　◎3F餐飲7:00~14:00，依各店鋪而異
☺ 同市場休市日

　位於7街區，是一棟集結海鮮批發、市場歷史與展望藍圖展示室及管理設施行政辦公區、美食餐廳的地方。**這裡也是巨型鮪魚批發拍賣處，甚至被列為日本新年必看拍賣景致**，但凌晨4點半開拍恐怕不是人人都有辦法爬得起來，那麼透過參觀通道繞繞也很過癮。還有13家美味名店在此展店，像是八千代、築地神樂壽司等，也值得鎖定一下美味目標，手刀趕來排隊一嘗吧！

> 初次來訪又對市場的整體面貌不甚瞭解者，可以將此列為參訪第一站。

> 店內的秘密菜單叉燒蛋定食，每週二、四、六限量推出！

🍴 炸豬排 八千代

📞 03-6633-0333　🏠 水産卸売場棟&管理施設棟3F　◎
5:00~13:00　☺ 週三、日，休市日　💲 チャーシューエッグ定食(叉燒蛋定食)¥1,700

　とんかつ八千代被喻為「築地場內市場最好吃的炸物」！原在場內市場的八千代，也跟著移轉至豐洲市場，落腳在行政大樓3樓的美食街，雖然位置不同了，不變的是炸物的好滋味，**八千代主打海鮮炸物，像是牡蠣、明蝦、星鰻、扇貝等都能入菜**。這裡的菜單皆為定食套餐，附有漬物、白飯及味噌湯。

還有這些區域可以逛

餐廳區(3F)
整個豐洲市場39家餐廳這裡就有22家，像是超人氣壽司大、大江戶、仲家等，幾乎都是必排隊，另也有復古的咖啡喫茶店、中華料理等。

魚河岸橫丁(4F)
4樓的魚河岸橫丁包含70多家販售專業廚房用具以及海苔、乾貨、漬物、日本酒、調味料、料理用具、蔬果等，超人氣玉子燒也在這裡。

> 參觀通道下方即可看到蔬果批發交易情形。

大和壽司

☎03-6633-0220 ○青果棟1F
6:00~13:00 週三、日，休市日
壽司時價

喜愛築地市場時期人氣店家「大和壽司」的朋友們不必擔心，隨著市場遷移，該店一同來到豐洲，且同樣擁有兩家店面，更坐擁鄰近車站的絕佳位置。**即便遷移至豐洲，店家服務與料理品質絲毫不變，廚師特選套餐由師傅每日從魚市場選購當季滋味，看著握壽司上桌時那晶瑩剔透的肉質，讓人忍不住食指大動。**

> 搬新家後依舊人氣不減！

蔬果批發大樓

青果棟

○5街區 ●1F餐飲6:00~14:00，依各店鋪而異 同市場休市日

緊鄰車站下方旁就是青果棟，總共三層樓的蔬果批發大樓，一樣**設有參觀通道可以一覽蔬果批發交易現況**，設備新穎、動線清晰，連參觀通道都用心的將各式蔬果名稱、顏色設置在通道裝飾上，再加上牆上與周邊一些解說設置，讓整個見學也充滿趣味與收穫。這區一樓設有3間餐廳「天秀」、「富士見屋」、「大和壽司」，都是排隊名店。

> 點定食能一次品嘗兩種滋味。

天房

☎03-6633-0222 ○青果棟1F ●7:00~售完為止 週日、例假日，休市日

天房所提供的炸天婦羅餐點，都是每天清晨從水產仲介賣場大樓特選而來。在現炸熱呼呼的天婦羅淋上店內特調的濃稠甘甜醬汁，著實令人口水直流。若是希望同時品嘗炸物與生魚片的朋友，天房也提供鮪魚定食，能夠享受毫不油膩的炸物與份量十足的鮪魚切片兩種口感。

8樓設有免費開放的千客萬來足湯庭園,可以一覽豐洲的美麗景觀。

👁 豐洲 千客萬來

📖別冊P.25,B3 ☎03-3533-1515 🏠江東區豐洲6-5-1 🕐物販10:00～18:00,餐廳10:00～22:00,足湯庭園9:00～22:00 ❌各店舖不一 🌐www.toyosu-senkyakubanrai.jp

　千客万来是一個以歡迎大量訪客並促進繁榮為願景的設施,其名稱意指希望吸引眾多顧客來訪。設施的標誌以日本傳統的「水引」為設計靈感,象徵著人與人連結的意涵。秉承了自江戶時代以來市場的傳統,並將自然的贈禮溫泉轉化為放鬆與幸福,設施分為「食樂棟」與「溫泉棟」,為來訪的顧客帶來笑容。

🍴 豐洲場外 江戶前市場

🏠豐洲千客萬來設施內 🕐依各店舖而異 ❌依各店舖而異

　以「食樂棟」為主軸,豐洲場外江戶前市場重現江戶街道風貌,也因為緊鄰豐洲市場,充分利用其地理優勢,提供新鮮食材的銷售與餐飲服務。這裡聚集了壽司、鰻魚等江戶前料理的餐廳,以及在當地頗具人氣的店舖,成為東京美食的新興發信地。在這裡遊客可以品嚐到精挑細選的當季新鮮食材與珍味,不論是邊走邊吃,還是坐在吧檯享受美食,各店舖飄出的香氣都讓人食指大動。

露天風呂可以眺望東京灣的開闊景色,讓人感受到無與倫比的放鬆體驗。

♨ 東京豐洲 萬葉俱樂部

☎03-3532-4126 🏠豐洲千客萬來設施內 🕐24小時 💰一般大人¥3,850(包含入浴料・浴衣・浴巾・館內利用料金),深夜料金(清晨3點後還在館內者)¥3,000,朝風呂入浴(6:00～9:00)¥2,200 🌐tokyo-toyosu.manyo.co.jp

　東京豐洲萬葉俱樂部是一座將箱根和湯河原的溫泉運至東京的城市溫泉鄉。設施包括露天風呂、大浴場、岩盤浴、按摩以及躺椅休息區。入館者專用的展望足湯庭園更是亮點,可以在此以360度全景一覽豐洲的美麗景色,感受獨特的都市溫泉體驗。

山手線一圈▼東京地下鐵▼中央總武線

東京廣域 台場

山手線一圈➡東京地下鐵➡中央總武線➡

東京廣域 代官山

代官山
だいかんやま
Daikanyama

代官山是由駒澤通、舊山手通與八幡通三條大馬路所圍成的住宅區，因為有許多外國大使館，使得這裡的氣氛優雅又帶著歐風，漸漸露天咖啡座愈開愈多，精品名店、個性小舖、名廚餐廳等也開始聚集，代官山街上常可見打扮時髦的男女，以及人們牽著寵物或推著嬰兒車的悠閒畫面。商店大多走的是簡單精緻路線，而城堡小路一帶則以二手衣店、雜貨屋和平價流行服飾店居多。

🛍 ForestGate Daikanyama

🅐別冊P.17,B2 🕙依各設施而異 🅐渋谷區代官山町20-23 🕙依各設施而異
🌐forestgate-daikanyama.jp

位在代官山車站前的ForestGate Daikanyama於2023年10月開業，是由東急不動產建設的商住混合設施。建築外觀像是一個一個木箱不斷垂直向上堆積並被綠意環繞如森林般的設計，是**出自世界級建築大師隈研吾之手**。地下一樓到二樓為商場，**知名咖啡店「Blue Bottle Coffee」**、香水名店**「Jo Malone London」**等都進駐於此，三樓是共享辦公室，四樓到十樓則為住家。

首度在代官山開店的藍瓶，這次十分重視「地域性」，所以店內規劃，考量周邊住戶需求，特別提供寵物友善座位區。

交通路線&出站資訊

電車
東京急行電鐵代官山駅➡東急東橫線
出站便利通
◎**西口**出站沿右手邊**北口**方向而行，就是平價服飾店聚集的城堡小路(Castle Street)，約400公尺聚集許多小店。
◎從**西口**出站沿著小徑約100公尺就可以看到代官山十字路口上，代官山Address Dixsept前方最著名的地標巨大綠色幸運草。
◎從**北口**出站，走架高的聯絡橋就可以直通代官山Address Dixsept。
◎車站正面口朝下坡走，就可抵達知名的八幡通，同樣可抵達代官山十字路口(**代官山駅**入口)的代官山Address Dixsept。
◎從八幡通往南走可以看到有著天橋的十字路口(代官山交番前)，從十字路口一路朝西北方向延伸的就是著名的集合住宅群HILLSIDE TERRACE，為複合式社區，所在的舊山手通則是大使館集中區域，沿路並有些精緻的潮流品牌。
◎沿著**東口**的內記板可以一路逛到惠比壽，一路上有許多可愛的服飾和飾品小店，徒步約600公尺就抵達JR惠比壽站。
◎如果想散步到JR惠比壽駅，另一條駒澤通較為寬敞，約600公尺的距離，沿路上同樣有個性小店吸人看。
◎從HILLSIDE TERRACE也可徒步至東急東橫線的下一個車站**中目黑駅**，約400公尺的距離，若要搭乘東京Metro日比谷線，從天橋約徒步100公尺就可看到車站出入口，徒步300公尺就看到美麗的目黑川。

善用搭配公車遊東京吧！
來到中目黑、代官山及惠比壽，由於街區可逛區域相當分散，雖然邊走邊逛剛好可以走遍這些區域，但如果時間、天候或體力不允許，這一帶的公車很多都能銜接這三區，省力又輕鬆。習慣以電車移動的旅行者，適時加入市區巴士來搭配移動，更省時省力外，看著街道的變化而行進也是一種閱讀城市的旅行方式。

代官山 蔦屋書店 / 代官山T-SITE
DAIKANYAMA TSUTAYA BOOK

📖 別冊P.17,B2　☎03-3770-2525　📍渋谷區猿楽町17-5 代官山T-SITE 1~3号館1~2F　🕐7:00~23:00，書店1F 9:00~22:00、2F 9:00~20:00，星巴克咖啡7:00~22:00　🚫1/1　🌐store.tsite.jp/daikanyama/

薦 隱藏在代官山角落的世界最美書店。

代官山蔦屋書店**曾於2011年被評選為全球最美的20家書店之一**，分別以三棟建物組成的蔦屋書店，其實就是在日本各大城鎮中可見的TSUTAYA的生活概念旗艦店，店內收藏約15萬冊以上的圖書，從生活必備到專業分野，全部分布在1~3館的1樓，1館的2樓則有電影、音樂相關書籍及繪本、漫畫專區。

入夜後的蔦屋書店依舊美麗優雅。

在3館的1樓還闢有旅遊圖書專區，世界旅遊情報全都集中在這。

Anjin

☎03-3770-1900　📍代官山T-SITE 2号館 蔦屋書店2F　🕐11:00~22:00(L.O.21:00)　🚫1/1　🍽Anjin特製季節のナポリタン(Anjin特製季節拿波里義大利麵)¥1,980、抹茶オレ(抹茶歐蕾)¥1430　🌐store.tsite.jp/daikanyama/floor/shop/anjin/

沙發區周圍是現代浮世繪畫作及上千本海內外舊版雜誌。

書店的2樓Anjin白日為咖啡店，晚上則成為優雅餐酒館，提供酒精類飲料和精緻餐點。這是蔦屋書店花費3年光陰點滴收集而來，從六、七〇年代一直到九〇年代的Vogue、20年前的經典日雜《暮らしの手帳》、《婦人畫報》等，可以說當代時尚和雜誌史都呈現於此。

IVY PLACE

🍴 別冊P.17,B2　☎03-6415-3232　📍渋谷區猿楽町16-15　🕐8:00~23:00　🌐www.tysons.jp/ivyplace/

位在蔦屋書店2號館和3號館之間的IVY PLACE，以「森林中的圖書館」印象，打造了獨棟木造建築，在叢叢綠意包圍中，充滿了古典浪漫氣息。**餐廳由「咖啡廳、廚房和吧台」三個空間組成，其中能與大自然接近的戶外座位區，特別受歡迎。**IVY PLACE早餐更被網路推為是東京必吃，所以開業至今超過十年，依舊吸引大批消費者，大清早來排隊品嚐。拼盤中的蛋料理可以自由選擇太陽蛋或炒蛋，人氣代表「奶油鬆餅」可以搭配蜂蜜或楓糖漿，飲料加價還能換成當日現打果昔。

LOG ROAD DAIKANYAMA

ログロード代官山

⬆別冊P.16,C1 ⬆依各設施而異 ⬆渋谷區代官山町13-1
依各設施而異 ⬆依各設施而異 ⬆www.instagram.com/
logroaddaikanyama/?hl=ja

廢棄鐵道再
利用，成為最
美綠意空間！

LOG ROAD利用東橫線地下
化所留下了路面鐵道空間建造，
狹長型的綠意空間總占地3,200
平方公尺，進駐許多精選商店及餐
廳，像是麒麟啤酒與Spring Valley
Brewery攜手合作的新型態店舖
SVB Tokyo，來自鎌倉的GARDEN
HOUSE CRAFTS等。

早中晚皆能以美
酒佐餐，全天候的
啤酒花園成為人
氣聚會新景點。

舊鐵道改成的小聚
落，成為代官山潮
流聚會場所。

可以一次試飲
六款不同口味
的啤酒。

GARDEN HOUSE CRAFTS Daikanyama

⬆03-6452-5200 ⬆LOG ROAD DAIKANYAMA 5号棟 ⬆8:00~18:00(餐點
L.O.17:00、飲品L.O.17:30) ⬆ghghgh.jp/blogs/shoplist/garden-house-
crafts-daikanyama

　GARDEN HOUSE是鎌倉知名的餐廳，進駐東京的分店首站選擇在
LOG ROAD，明亮的室內空間、清新健康的有機飲食，為現代人注入滿
滿元氣。除了內用之外，為了更貼進生活，**提供可以外帶的三明治、麵包
等**，皆是使用有機新鮮的當季食材，藉由「吃」這件事情，進行人與人之
間更深的交流。

SVB Tokyo

⬆03-6416-4960 ⬆LOG ROAD
DAIKANYAMA 1F ⬆
11:00~23:00(L.O.22:00) ⬆不定休
⬆ビアフライト(BEER FLIGHT)3款
¥1,000、6款¥1,800 ⬆www.
springvalleybrewery.jp

　就位在LOG ROAD入口處的
SVB(SPRING VALLEY BREWERY
TOKYO)，原點始於橫濱；**店內置
放著數座巨大釀酒糟，讓顧客可
以直接看見職人釀酒的身影，也
可以直接喝到現榨的生啤酒。**獨
特的8種基本款啤酒，從眼睛看
到的酒色、鼻子聞到的麥香，到初
嚐的酸甘苦味各不一樣，想試喝
每一款的人相當推薦點「ビアフ
ライト(飲みくらべセット)」(BEER
FLIGHT)。

🛍 HILLSIDE TERRACE

ヒルサイドテラス

🅐別冊P.17,B2 📞03-5489-3705 🏠渋谷區猿樂町29-18 🕐依各店舖而異 🈺依各店舖而異 🌐hillsideterrace.com

　由日本知名建築師槇文彥著手規劃的HILLSIDE TERRACE，蓋了將近30年才全部完工，**線條簡潔充滿獨創性**，進駐各種風格小店，包括生活雜貨、服裝、藝廊等，為搭配HILLSIDE TERRACE迷人簡約風格，每家店都以獨特質感吸引許多品味愛好者造訪。

🎁 Christmas Company

📞03-3770-1224 🏠HILLSIDE TERRACE C棟1F 🕐11:00~19:00 🈺不定休 🌐www.christmas-company.com

　聖誕節商品專門店Christmas company開設在代官山，在這裡一年365天，天天都是聖誕節的歡欣節慶氣氛，**商品主要從歐洲及美國進口，傳統造型或是個性新鮮小物應有盡有**，其中還有巴黎插畫家Raymond Savignac的人氣原創商品，無論在一年之中的任何季節造訪，彷彿當下便是聖誕夜般。

🧁 HILLSIDE PANTRY DAIKANYAMA

📞03-3496-6620 🏠HILLSIDE TERRACE G棟B1F 🕐10:00~19:00 🈺週三(遇假日照常營業)

hillsidepantry.jp

　HILLSIDE PANTRY DAIKANYAMA是東京頗為知名的麵包店，所有的麵包都是精選有機食材製作，**最受歡迎的是用天然酵母製作的可頌麵包**。店內還有熟食部與販賣部，熟食部則提供廚師新鮮現作的風味料理，主食可選擇店家自豪的麵包或白飯，雖然沒有提供舒適座位，建議可以外帶到附近的公園細細品嚐。

🍴 Restaurant Chez Lui

晴朗的天氣可以選擇在葡萄藤下用餐。

📖別冊P.17,B2 📞03-3461-0070 📍渋谷區猿楽町20-15 🕐11:30~15:00(L.O.14:00)、17:30~22:00(L.O.20:30) 🈺週二(遇假日照常營業) 💴午間套餐￥3,500起,晚間套餐￥6,000起 🔗www.chez-lui.tokyo/

遠離代官山主要道路的Restaurant Chez Lui擁有優雅寧靜氣息,低調的外觀讓人彷彿造訪熟悉的友人家。建議來此享用午餐,**以超值合理的價格就能夠嚐到麵包、前菜、湯品、主菜和甜點等正統的歐式套餐。**

☕ 2-3 Cafe

📖別冊P.17,B2 📞03-3464-8023 📍渋谷區猿楽町24-1 ROOB2-1F 🕐11:45~19:00 💴ボロネーゼ(義大利肉醬麵)￥1,000 🔗nwnjq747.wixsite.com/2-3cafe

位在代官山小巷弄裡的2-3 Cafe,有著沉靜的氣氛與明亮的室內空間,少了城市的喧鬧,一個人造訪也不會感到格格不入。**值得推薦這裡的午餐,點上一份老闆特製義大利麵,配上新鮮沙拉與現調飲料**,細細品味著老闆的手藝。就這麼悠哉地坐在窗邊看著外頭行人匆匆,感受偷得浮生半日閒的輕鬆。

🎁 unico代官山

📖別冊P.17,B2 📞0120-132-151 📍渋谷區惠比寿西1-34-23 🕐11:00~19:00 🔗www.unico-fan.co.jp/shop/default.aspx

東京代官山是unico的第一家店,這有個小廣場的兩層樓,有著品牌發源的意義,**店內依生活空間類別展示各種商品,臥室、客廳、廚房等主題性劃分**,從歐美及日本各地精選生活雜貨及unico原創的家具系列,樣樣充滿了簡單自然的質感。

好多可愛的小碟子,讓雜貨迷深陷其中!

🎁 Allegory Home Tools 代官山店

📖別冊P.16,C2 📞03-3496-1516 📍渋谷區惠比寿1-32-29-102 🕐12:00~19:00 🈺年末年始,不定休 🔗www.allegory.co.jp/

代官山區域的巷弄內總能找到許多流行與高質感的小店與咖啡館,而這間以強調生活質感的「Allegory Home Tools」,**抱持著任何時何地都想使用的心情,從國內外搜集現代、復古或是知名大師製作的生活道具**,來到這裡無關實用性或是美觀,總是能找到令人愛不釋手的生活小物。

LE LABO代官山

別冊P.17,B2　03-5459-2770　渋谷區惠比壽西1-35-2　11:00~20:00　www.lelabofragrances.jp　價格會隨美元匯率而有所變動

香水製成後就像剛結成的果實，經過二~三週熟成期便會放出最宜人的芬芳。

親手調製屬於自己的風格香味，創造獨一無二的自我特色。

　LE LABO為成立於紐約的香水品牌，以「訂製香水」聞名時尚界，全面採用來自南法香水天堂Grasse的高級原料，並運送至總部由調香師透過無數次實驗後，才創出目前的12種基調，各自都有獨立、鮮明的氣味。

製作香水時，香水諮詢師會透過問題來找出客人想要的基本香調。

MR.FRIENDLY Cafe

別冊P.16,C2　03-3780-0986　渋谷區惠比壽西2-18-6　11:00~19:00(L.O.18:20)　年末年始，不定休　www.mrfriendly.jp

　店內最受歡迎的，就是友善先生形狀的一口鬆餅，有原味與巧克力口味，買來都捨不得吃了呢！MR.FRIENDLY Cafe小小的咖啡廳著重環保，內裝與建材都使用間伐材(不把樹砍死)，且做到節能，跟友善先生一起對地球更友善。

店內一角還有許多相關商品，都讓人愛不釋手。

代官山Address Dixsept

代官山アドレス・ディセ

別冊P.17,B2　0570-085-586　渋谷區代官山町17-6　1F 10:00~22:00，2~3F11:00~20:00　1/1~1/2，不定休，建物檢修日　www.17dixsept.jp

　代官山Address Dixsept在八幡通馬路交叉口的那顆大型綠色幸運草雕塑，儼然已成代官山街景的招牌，底下的超級市場推薦一逛，因為代官山住有很多外國人，所以來自海內外的高級食材和相關雜貨十分齊全。

🎁 Johnny Jump Up

🔺別冊P.16,C2 📞03-5458-1302 ⓖ
渋谷區代官山町18-3
12:00~20:00 Ⓕ不定休 ⓦwww.
johnnyjumpup.net/

　生活雜貨舖絕對是Johnny Jump Up的唯一註解,因為看來頗為雜亂的店內,卻依照飾品、文具、居家用品、個人配件等分門別類擺放,可以**找到許多色彩鮮豔、新鮮有趣的商品**。最推薦的就是純手工寵物服,還有店員現場製作的小飾品。

🎁 Cosme Kitchen代官山駅前店

🔺別冊P.17,B2 📞03-5428-2733 ⓖ渋谷區代官山町19-4 ⓣ11:00~20:30 ⓤ
cosmekitchen.jp

　Cosme Kitchen位於代官山車站正面口,是以女性為訴求的美妝店,內部裝潢也以粉嫩色系為主,**保養品、沐浴用品、芳香精油等一應俱全**,強調天然成份,搭配花草配方,店內有一處小工作台,提供指甲彩繪服務,櫃台旁也有新鮮果汁吧。

🌳 西鄉山公園

🔺別冊P.17,A2 ⓖ目黑區役所道路公園課03-5722-9775 ⓖ目黑區青葉台2-10-28 ⓣ自由參觀 ⓢ免費入園 ⓤ
www.city.meguro.tokyo.jp/
douro/shisetsu/sports/saigo.
html

　在日劇中出現多次的西鄉山公園,位在舊山手通旁,**公園裡廣大的草坪綠茵是代官山人最佳的休閒去處**,每逢假日常會見到金髮碧眼的外國人在行動咖啡車上買杯卡布奇諾,躺在草地上曬個暖洋洋的日光浴。

中目黑
なかめぐろ
Nakameguro

中 目黑地區融合豐富的生活感及質感品味，是東京最具話題性的潮流指標區，主要店家都分布在目黑川的兩旁，除了酷味十足的男性潮流店，山手通附近的巷子裡還有許多設計家具與生活雜貨店，春天盛開在目黑川沿岸的櫻花也是一絕。鄰近的目黑通，則是由獨立小店串聯成的東京首席設計家具街，沿著目黑通一路逛到東急東橫線上的祐天寺駅、学芸大学駅，是相當熟悉東京的人才知道的家居雜貨逛街聖地。

交通路線&出站資訊

電車
東京急行電鐵中目黑駅◇東急東橫線
東京Metro中目黑駅◇日比谷線
JR東日本目黑駅◇山手線
東京急行電鐵目黑駅◇東急目黑線
東京Metro目黑駅◇南北線
都營地下鐵目黑駅◇三田線

出站便利通
◎中目黑駅只有一個出口，一出站就是熱鬧的山手通。
◎從中目黑駅出站後往右徒步約70公尺就會抵達中目黑最有名的目黑川並木通，大多數的商店和餐廳都集中在山手通與並木通上。
◎從中目黑駅出口的相反方向同樣有許多小店餐廳聚集，也頗適合遊逛。
◎中目黑駅與東急東橫線上的代官山駅步行距離約500公尺，有時間且耐久走的人建議可從代官山一路逛到中目黑。
◎從目黑駅西口或中央口出站會看到一條斜坡道，稱為權之助坂，與目黑通相連，往坡道下方前進徒步約700公尺就可看到大鳥神社，大鳥神社附近有零星兩三家的家具店，沿著目黑通走，距離神社約300公尺開始才有集中的家具店，距離車站超過公里。也可選擇從目黑駅搭乘公車、計程車前往。
◎公車：可搭乘東急巴士黑01、黑02、黑06、黑07、東98，在「元競馬場前」巴士站下車。東京都內車資均一大人¥230、小孩¥120。
◎計程車：約¥700~900

目黑川
全長將近8公里的目黑川橫跨了目黑區、世田谷區和品川區，從中目黑車站出站徒步就可到達目黑川沿岸，兩旁有許多可愛的店舖頗適合悠閒遊逛，被稱為並木道的河畔種植了一整排的櫻花樹，每到賞櫻季節就會吸引許多東京人前來。

山手線一圈▼東京地下鐵▼中央總武線

東京廣域 中目黑

👁 中目黑高架下

🏠 別冊P.17,B3　📍依各店舖而異　🏠目黑區上目黑一、二、三丁目　🕐依各店舖而異　🔗touyoko-nakamegurokoukashita.jp/

因常為日劇拍攝而知名、齊聚各式流行店家和年輕人集結地中目黑，將潮流氛圍再進化，新建的熱門景點「中目黑高架下」，利用中目黑駅周邊約700公尺的高架橋下的空間，打造出新設施，來這裡可以**逛逛與咖啡店合一的蔦屋書店，及超過20間風格各異的餐廳**，滿足你逛街與品嚐美食的欲望。

📖 中目黑 蔦屋書店

☎03-6303-0940　🏠目黑區上目黑1-22-10(B區NO.6)　🕐7:00~22:00，書店10:00~22:00，星巴克咖啡7:00~22:00　🗓1/1　🔗store.tsite.jp/nakameguro/

以設計感為知名的蔦屋書店，**再次於中目黑高架下呈現出創新面貌，室內空間與星巴克結合，並以不同設計理念分為Work、Share、Talk、Meet等四大主題**，呈現截然不同的洗練空間，依舊不變的則是人與書、書香與咖啡香的雙雙結合，這次的高架下舊空間利用，再次看到蔦屋書店對於生活的全新提案。

劃分為Talk區域的雜誌區，集合旅行、美食等日常生活書籍。

最新話題書籍、雜誌就來Share區域尋找。

人氣招牌法國吐司，濃厚的布丁口感令人難以忘懷。

☕ LONCAFE STAND NAKAMEGURO

☎03-6303-0308　🏠目黑區上目黑1-22-12(B區NO.5)　🕐10:00~23:00，週六日及例假日9:00~23:00　🗓不定休　🔗loncafe.jp

有著湘南風情的江之島名店「LONCOFE STAND NAKAMEGURO」，這次進駐東京市區的第一站即選定於中目黑高架下。**藍白配色的外觀仍舊保持著湘南海洋氣氛**，呈上的即是日本最初的法國吐司，外酥內軟的新食感甜點，再現法國吐司的真實口感；入夜後，這裡則化身為大人場合，一點小酒與料理為中目黑染上微醺氛圍。

挑選好喜歡的麵包和咖啡組合，坐在窗邊享用開始美好的一天。

除了鹽味可頌，Baker's Muffin是另一項超人氣商品。

🧁 THE CITY BAKERY 中目黑駅

☎03-5725-0177　🏠目黑區上目黑3-4-15(D區NO.10)　🕐7:30~21:00　🔗www.thecitybakery.jp

紐約的人氣烘焙老舖「THE CITY BAKERY」，**在日本重現紐約在地滋味，其最知名的商品為獨創的鹽味可頌**，其他像是瑪芬、餅乾等也相當受歡迎，並為研發專屬日本的原創商品，其中Baker's Muffin是店內定番人氣商品之一，每天限定數量，也造成搶購熱潮，店內也設有座位區可以來杯咖啡配上現烤麵包。

Vase

⊙別冊P.17,B3　☎03-5458-0337　⏾目黑區上目黑1-7-7
🕐12:00~20:00　🌐vasenakameguro.com

　　純白色的小屋子由古民家改建，從格局依稀能看到往日歲月。走進低矮的建築，裡面空間只夠轉身，其他全被設計服飾與小物所包圍。店裡好像有魔力似地，**經過的人忍不住都被這獨特空間吸引，並心滿意足地找到喜愛的衣物。**

雜貨EditeD / Found STORE將生活中可以用到的、想要用到的商品以精選的方式呈現。

FRAMES 中目黑

⊙別冊P.17,B3　☎03-5724-5097　⏾目黑區上目黑1-18-6
🕐11:30~23:00(L.O.22:00)，週五~日11:30~凌晨2:00(餐點L.O.22:00、飲品L.O.凌晨1:00)　⏹12/31~1/4
🌐www.frames-tokyo.info

　　2006年夏天在**中目黑開幕的FRAMES，本店位於代官山，**是一家風格十足的咖啡館，擁有舒適的戶外平台，盎然的綠意搭配彩色的座椅，相當吸引人，遇上好天氣就可以看到許多東京人偷閒來享用午餐或一杯香醇的咖啡。

1LDK apartments.

薦 おすすめ

⊙別冊P.17,B3　☎03-5728-7140　⏾目黑區上目黑1-7-13　🕐13:00~19:00，週六日及例假日12:00~19:00；Taste AND Sense12:00~19:00(餐點L.O.18:00、飲品L.O.18:30)　⏹不定休；Taste AND Sense年末年始　🌐1ldkshop.com

以英國工廠風格為主軸的生活雜貨店。

　　1LDK是日本知名的生活精選品牌，從男裝為出發原點受到歡迎，進而衍生出更多對生活的新提案；而在**中目黑的1LDK apartments.以公寓為意象，訴求的正是以衣食住出發的日常五感。**小小的公寓隔局中，由中央的一道走廊將空間分為生活雜貨、女性時尚與咖啡廳三處，提供給消費者的全新體感。

1LDK是？
　　1LDK指的是房間的格局，1是指房間數量，L是Living客廳、D是Dining飯廳、K是kitchen廚房，1LDK指的即是一間有房間、客廳、飯廳、廚房的公寓，這也是日本人最普遍的生活格局。

JOHANN本店
ヨハン本店

別冊P.17,B3　03-3793-3503
目黑區上目黑1-18-15　4～9月
10:00~18:30，10~3月10:00~18:00
盂蘭盆節，1/1　johann-cheesecake.com

只有一個玻璃櫥窗的小店裡擠滿了顧客，**許多人不遠千里而來，只為了購買香濃實在的手工起士蛋糕**。店裡只販賣天然原味、酸奶油、藍莓與熟成4種口味。

單片起士蛋糕￥490起

開業30年來不變的濃厚起士香，風靡各個世代。

Tokyu Store 中目黑本店

別冊P.17,B3　03-3714-2456　目黑區上目黑1-21-12　9:00~24:00
www.tokyu-store.co.jp

在東京想要逛點在地人的生活超市，位於東急集團旗下的Tokyu Store是個很好的選擇，分店大多位於東急電鐵線上，**中目黑的店就與車站相連頗為方便**，屬於社區型的超市，除了生鮮蔬果也有熟食，櫻花季還可以來買個便當賞櫻去。

利用老房子原有的特性營造出個自由空間。

ハイジ

別冊P.17,A4　03-5722-3282　目黑區上目黑2-13-3 井內ビル2F　12:00~18:00　週三
www.heidi-home.com

爬上小公寓外的樓梯到達2樓，就可發現這家小小的手工雜貨店，店裡的雜貨非常可愛且具有特色，**多達50名手創職人的作品**內容有提包、零錢袋及飾品，因為不是大量生產，所以格外具有購買魅力。

TRAVELER'S FACTORY 中目黑

別冊P.17,A3　03-6412-7830　目黑區上目黑3-13-10
12:00~20:00　週二　Traveler's Notebook￥5,720、Traveler's Notebook Passport size￥4,620　www.travelers-factory.com

薦 おすすめ

讓文具控流連忘返的天堂！

來這裡放鬆坐下，互相交流對旅行心情與旅人手帳使用的心得。

推開淡藍色的門框進入室內，隨手擺放的地球儀、行李皮箱等旅行元素刺激視覺感官，而牆上、桌面擺放文具用品，**這裡是深受日本人喜愛，甚至在台灣、香港都十分搶手的旅人手帳(Traveler's Note)專賣店**。1樓店內的架上陳列著文具商品，當家招牌商品旅人手帳、內冊、周邊吊飾、小袋、紙膠帶等品項眾多，讓人挑也挑不完。

PEANUTS CAFÉ 中目黑

史努比迷必朝聖！

🔖別冊P.17,A2 ☎03-6452-5882 🏠目黑區青葉台2-16-7 ⏰10:00~20:00(L.O.19:00)，週五、六10:00~21:00(L.O.20:00) ㊡不定休 🌐www.peanutscafe.jp

優雅時尚的目黑川周邊聚集著許多特色店家，咖啡館、雜貨小店、麵包坊、餐廳等，這間以美國西海岸為風格的「PEANUTS CAFÉ」，**清爽的設計加入可愛的史努比妝點空間**，兩層樓的空間可分為1樓的木頭座位區與周邊商品販售區，2樓為用餐區，因餐廳用餐人潮較多，如欲前往建議可先至官網預約座位。

緊鄰著鐵道的2樓景色，品著咖啡看著眼前的滿員電車很是愜意。

史努比各式周邊商品，史努比迷絕不能錯過！

ONIBUS COFFEE Nakameguro

🔖別冊P.17,A4 ☎03-6412-8683 🏠目黑區上目黑2-14-1 ⏰9:00~18:00 ㊡不定休 💲咖啡￥495起 🌐www.onibuscoffee.com

鄰近中目黑駅的「ONIBUS COFFEE」是一處老屋改裝而成的咖啡店，ONIBUS為葡萄牙語的公共巴士之意，從巴士站到下個巴士站轉化為人與人之間的日常連繫；簡單樸質的木造兩層樓，**店內提供六種咖啡單品和簡單甜點**，點好後可以坐在一旁的花園或是拿到閣樓享用。

snobbish babies 中目黑

🔖別冊P.17,A2 ☎03-3461-7601 🏠目黑區青葉台2-16-8 ⏰11:00~19:00 ㊡不定休 🌐asknowas.com

來自於北海道札幌的人氣寵物咖啡snobbish babies在東京開了分店，中目黑也是其中之一，**店內有許多愛犬專屬的食品、服裝，服裝完全從狗狗的角度考量設計製作**，另外還可以和愛犬一起用餐喝杯下午茶。

山手線一圈➤東京地下鐵➤中央總武線

東京廣域 中目黑

木材與玻璃的建築設計，完美引入一旁目黑川櫻花道的綠意與幽靜。

☕ 星巴克臻選®烘焙工坊

おすすめ **薦**

STARBUCKS RESERVE® ROASTERY TOKYO

必訪咖啡夢幻殿堂！

🏠別冊P.17,A2 ☎03-6417-0202 🕐目黑區青葉台2-19-23 🕐7:00~22:00(L.O.21:30) ❌不定休 ⓤwww.starbucks.co.jp/reserve/roastery/ ❶春天人多時，需抽整理券入場

繼西雅圖、上海、米蘭和紐約之後，全球第五家星巴克烘焙工坊，2019年2月在目黑川畔盛大開幕。中目黑星巴克**邀請到知名建築師隈研吾設計出融合現代與日本傳統元素的建築空間**，一開幕就大排長龍。總共達四層樓高的內部，包含引進米蘭知名麵包烘焙Princi、茶品區及雞尾酒吧等，春天櫻花季時總是一位難求。

帶你逛一圈星巴克必看SPOT！
STARBUCKS RESERVE®@1F

一樓包納超大的咖啡吧檯、麵包坊、商品區與咖啡烘焙區，尤其中央一座巨大高達17公尺高的紅銅製咖啡儲藏槽與超大型咖啡烘焙機最是吸睛！咖啡進豆、出豆都透過空中透明管線傳輸超級神奇，一字排開的咖啡師們的工作狀況也超級吸引人。這裡使用新鮮烘焙的各式咖啡豆沖泡之外，更多不同咖啡款式與創意咖啡選擇也讓人發現全新品嘗咖啡新鮮經驗。

> 讓人不禁發出「哇！」眼睛一亮的挑高1樓開放式空間！

ARRIVIAMO™ BAR@3F

3F主要以提供各式調酒與雞尾酒為主，咖啡也絕對是相當重要的調酒主角之一，想要來點不一樣的飲品或是晚上來這裡小飲一杯，都相當適合，3F還附設有大型戶外陽台座位區，櫻花季節簡直是特等席、肯定一位難求。

TEAVANA ™@2F

宛如閣樓般空間的2樓F，可以居高觀看整個一樓外，這裡以茶飲為主打，不但可以喝到或買各式日本茶、花草茶，以特殊氣氛來均質加奶的茶飲也絕對特別。另外也跟陶器及文具合作，推出一區商品區，滿足購物需求。

AMU TOKYO@4F

4樓除了有座位區外也有舉辦活動的workshop區域，一樣有戶外區能居高俯視目黑川的周邊景致。

> 從1樓通往2樓的途中，牆壁上多達2,300個白色馬克杯的裝飾是讓人驚豔的一景。

> 目黑專屬限定商品也是注目焦點！

星巴克目黑店限定商品

目黑店的商品區宛如一間小店鋪的規模，品項相當多，值得好好的尋寶一番！品項從各式杯子類、咖啡沖泡器具、餅乾、包包、衣服等。各家店都有售的咖啡豆，這裡品項更多之外，都是當店鮮烘提供，跟一般店內是由海外烘焙後進口，風味、香氣肯定大不相同。

山手線一圈➡東京地下鐵➡中央總武線

東京廣域 中目黑

福砂屋 中目黑店

🏠別冊P.17,A2 ☎03-3793-2938 🚩目黑區青葉
台1-28-7 🕙9:00~17:30(週六日及例假日至
17:00) 🌐www.castella.co.jp

> 走在目黑川旁的行人道，就能馬上聞到噴香的蛋糕味！

要吃大名鼎鼎的福砂屋長崎蛋糕不用遠到長崎，位於目黑川畔的福砂屋工廠，**每天都有新鮮的長崎蛋糕出爐**，附設賣店有風靡350年的經典原味、灑上粗糖、巧克力胡桃等口味的長崎蛋糕，等著顧客趁鮮來享受濃郁豐厚的美味。

📖 COW BOOKS

> 還有COW BOOKS獨家的眼鏡書籤和環保書袋可選購作為紀念。

🏠別冊P.17,A2 ☎03-5459-1747
🚩目黑區青葉台1-14-11 🕙
12:00~19:00 🛑週一(遇假日照常營業)
🌐www.cowbooks.jp

COW BOOKS可以算是引發中目黑地區風格小店潮流的元老之一，店主人松浦彌太郎還曾經著書寫他開書店的歷程，從外觀就可以看到COW BOOKS的與眾不同，內景的最大空間留給了讓人可以坐下閱讀的桌椅，**在店主選書下各種系列的書籍都可以找到。**

🎁 memento

🏠別冊P.17,A2 ☎03-6904-2066 🚩目黑區青葉台1-20-4
🕙11:30~19:00 🛑週二(遇假日照常營業) 🌐memento-nakameguro.stores.jp

memento以骷髏頭為標誌設計成各種上衣、外套還有配件，龐克風格酷帥帶勁，超有男人味。還有哥德風格濃厚的聖母與天使系列服飾，可以說是金屬搖滾一族與龐克型男的必備款式。除了風格強烈的服飾，也能在店內找到輕鬆的休閒風格。

✏️🎁 Gallery和樂

🏠別冊P.17,A2 ☎03-5794-5887 🚩目黑區青葉台1-29-12 🕙14:00~19:00 🛑週三，每月第二個週二 🌐www.g-wagaku.com/

充滿和風氣氛的**和樂是以「和」為主題的小小藝廊，也販賣日本味十足的各項商品**，包括陶器、燈具、裝飾小物等，都是由日本藝術家所創作。最有趣的是商店內部還有一小個角落被劃分為算命攤，姻緣、工作、財運等都可以算喔。

目黑通家具街

從目黑駅出來穿過大鳥神社，一直到都立大學的目黑通上每隔幾步路就可以看到一間家具店。多國籍的設計作品及家飾雜貨讓人眼花撩亂。若無法將美美的沙發買回家，好歹也要抱個摩登的檯燈上飛機吧！

🎁 moody's

☎03-3793-6223 🏠目黑區目黑4-26-3
🕐12:00~17:00 🈷週三，每月第三個週四 🔗www.moody-s.net

直接從美國進口專營復古風家具的**moody's**，搶眼詼諧色彩，加上圓形、方形的幾何線條，店內收集的許多張狀況良好的老椅子，2樓則如同到了跳蚤市場予人挖寶的驚喜。

> 復古家具如同時光膠囊般，將人帶回60~70年代的美好時光。

🎁 BRUNCH
東京目黑本店

☎03-5725-5050 🏠目黑區下目黑5-3-2 🕐週六日及例假日13:00~19:00 🈷週一~五 🔗brunchone.com

BRUNCH提供家居生活中的歐風園藝情調，像是參加朋友辦在庭院中的餐聚般輕鬆悠閒的氣氛。自然的木質色調搭配小盆栽的綠意點綴，隨性搭配著手工質感的麻布桌墊以及素雅的玻璃水杯組，透漏著貼近自然的園藝生活步調。

下北澤
しもきたざわ
Shimokitazawa

下北澤位於東京大學駒場分校和明治大學兩大名校之間，走在南口或北口的購物街道，放眼望去盡是年輕的學生族群。為配合顧客特性，這裡的商店賣的主要為個性服飾、二手衣物，以及讓人愛不釋手的可愛雜貨，價錢也都相當划算。除了購物，大學生課餘時聚會的咖啡廳、便宜餐館和居酒屋，更是形形色色。此外，下北澤也是小劇場重鎮，蓬勃的藝文活動，為這方小城帶來不一樣的藝術韻味。

交通路線&出站資訊

電車
京王電鐵下北沢駅◇京王井之頭線
小田急電鐵下北沢駅◇小田原線
出站便利通
◎京王井之頭線和小田急小田原線已將鐵路地下化，原本穿梭在民宅間的鐵路景象已轉變成嶄新的各大商場。
◎南口和北口為京王井之頭線和小田急小田原線所共用，兩者轉乘可不用出站。
◎從北口出站就可看到下北澤一番街，針對女性的雜貨屋和服飾店大多位於北口區域。
◎連接下北澤與三軒茶屋的道路被命名為茶沢通，聚集許多小劇場，從南口出站往東走即可。
◎從南口出站的下北澤南口商店街為主要的購物街，有關雜貨或是流行服飾的店舖特多，當然也有不少餐飲店，因此一到週末假日常聚集眾多年輕人到此挖寶，不過小巷道複雜，當心迷路。

◎ 下北澤一番街

▲別冊P.30,A1　⊛下北澤一番街商店街振興組合03-3468-2933　⊕下北澤一番街商店街振興組合事務所 世田谷區北沢2-37-17　⊙依各店舖而異　⊛依各店舖而異　⊙www.shimokita1ban.com

一番街是下北澤居民使用度最高的商店街，多為一般市民較常使用的藥局、生活用品店或是服飾店等，當然也有不少亞洲的雜貨、家具店，與一些相當具特色的咖啡店。

藝術下北澤

下北澤除了是學生生活圈，也是劇場文化發源地。這裡聚集了不少小劇場和LIVE HOUSE等，多半位在茶沢通附近，白天寧靜無人的街道，一到了有戲劇公演的日子，就會變得熱絡起來。其中在昭和情調的鈴なり横丁上，有間由1981年營業至今的「ザ・スズナリ」劇場，為本多劇場集團的劇場第一號。

BONUS TRACK的LOGO是個造型可愛的達摩。

◉ BONUS TRACK

薦 おすすめ

ボーナストラック

🏠 別冊P.30,A3　🏠 世田谷區代田2-36-12~2-36-15　⏰ 依各店舖而異　💰 依各店舖而異　🌐 bonus-track.net

文青必訪新聚落。

　　隨小田急線鐵路地下化而誕生的全新商業設施「BONUS TRACK」，為延續下北澤充滿個性的街容，在鐵道舊址空地蓋了五棟低層建築，其中四棟為住商兼用住宅，方便小店家進駐。在空間設計上，更保留49%的余白，進行綠化，讓店主、消費者和附近居民，彼此都能輕鬆交流互動，共享商店街兼公園的環境，宛如一個充滿文青氣息的新聚落，目前有超過10間特色店家進駐。

　　正如「BONUS TRACK」其命名，單字分別拆開，「BONUS」代表土地開發後，還多了在此開店的額外好處，「TRACK」則表示鐵道舊址，合起來在英文是特別收錄或附贈歌曲的意思，通常特別收錄歌曲，多半是創作者額外自由發揮，而此商業設施的宗旨正式期許大家能將勇於挑戰創新，共同打造出更好也更有特色的地方。

🍴 發酵專賣店

発酵デパートメント

📍 BONUS TRACK內　🛍 購物
11:00~18:30，餐廳11:30~14:30(L.O.)
🈺 週二　🌐 hakko-department.com

店內陳列架上擺滿精選商品。

　　位在BONUS TRACK內的「發酵專賣店」正如其名，**店內集結了包含日本等世界各國發酵食品，從味噌、醬油我們熟悉的調味料，到漬物、酒類、茶飲，商品種類琳瑯滿目，讓人嘆為觀止**！原來在我們生活周遭，圍繞著這麼豐富的發酵製品。店家致力於推廣發酵文化，不僅召集各地「發酵家」到此互相意見交流，定期舉辦相關活動，還提供發酵餐點內用外帶服務，MENU相當有特色。

📖 本屋B&B

☎ 03-6450-8272　📍 BONUS TRACK
2F　⏰ 12:00~21:00，週六日及例假日
11:00~21:00，依店內活動而異　🈺 年末年始　🌐 bookandbeer.com

　　本屋B&B，是「Book」和「beer」的略稱，以**「邊看書邊品味啤酒」的經營理念**，在下北澤打響名號。隨著BONUS TRACK的誕生，將店面遷移至此地，每日除了邀請出版社編輯、作家，開辦講座外，早上還開設英文會話教室。集結在地書友們，可說不遺餘力，深受下北澤居民親睞。

⊙ ミカン下北　薦

▲別冊P.30,B2　⊙依各店舖而異　⊙世田谷
區北沢2-11-15　⊙依各店舖而異
mikanshimokita.jp/

脫胎換骨的全新下北澤風貌！

　由京王電鐵打造的「ミカン下北」，是位在京王井之頭線高架下的複合型商業型設施，以「ミカン」(未完)為名，象徵下北澤未來發展和變化無極限，並以「歡迎大家來到這個結合娛樂與工作的未完地帶」為設施整體的核心價值。全區共分為A到E區，設計以黑色露出鋼骨和外裝玻璃為主基調，非常帥氣，進駐了20間店家，從下北澤知名古著代表店「東洋百貨」到連鎖書店「TSUTAYA」，結合當地文創產業、多樣異國料理，都非常值得一一探索。

世田谷區在此設立「沒有書的圖書館」，持有借書證，同時也是在下北澤通勤、在住在學者，只要透過網路預約，便能在此享有借還國立圖書館兩百萬本藏書的服務。

👕 東洋百貨別館

☎03-3468-7000　⊙ミカン下北A街區1F 101
11:00~20:00　⊙bekkan.k-toyo.jp/

　下北澤知名二手古著雜貨店「東洋百貨」在當地深根18年，說是當地代表，一點也不為過，如今2號店在「未完下北」誕生，裝潢依舊承襲原店面風格，所以一進店內就能看到牆上可愛的電車塗鴉。集結了二手古著、手創雜貨小店等共七家個性商店的東洋百貨別館，也非常適合挖寶探險。

承襲原店面風格的可愛電車塗鴉。

除了二手古著外，還有耳環、戒指、項鍊等小飾品。

整片披薩被滿滿生火腿霸氣佔滿。

開放式廚房設計，可以隨時觀賞師傅做披薩的過程。

🍴 PIZZERIA8

ピッツェリアエイト下北沢

☎03-6450-7887　⊙ミカン下北A街區1F 103
11:00~24:00(料理L.O.22:30、飲品L.O.23:00)　⊙生ハムビスマルク(平日午間生火腿畢斯馬克披薩套餐)¥1,747、マルゲリータ(平日午間瑪格麗特套餐)¥1,197
⊙shimokitazawapizzeria8.owst.jp/

　位在中目黑的超人氣義大利手桿窯烤披薩店進軍世田谷區，馬上就成為當地最受注目的義大利餐廳。店內裝潢用色以紅色系作為主，非常搶眼，挑高天花板，讓整體空間更顯寬敞。餐點定價相當親民，像中午套餐價位落在2,000日幣上下，含沙拉、飲料，主餐選擇從經典瑪格麗特、生火腿畢斯馬克披薩到自家手桿義大利麵等，多達10種，項目齊全，價格划算，而且用料很實在，份量也很足。

藍莓起司和白桃丹麥麵包是下北澤才買得到的夏季限定款。

🧁 THE STANDARD BAKERS 下北沢　薦

☎03-6450-7590　⊙ミカン下北 A街區2F 201
⊙10:00~20:00　⊙年始　⊙the-sbk.jp/tokyo

主打日本食材的麵包店。

　來自栃木縣的人氣麵包店「THE STANDARD BAKERS」，近期持續在日ъ極拓點。嚴選日本國產小麥粉、北海道奶油、當季食材，以自家酵母製成麵包，每天新鮮出爐，種類多達50~60種，各有其特色，外型也非常賞心悅目。這裡除了有下北澤店限定商品，隨季節更新替換外，包裹著とちおとめ(栃乙女)草莓醬吐司更是他們家的必嚐NO.1商品，喜歡麵包的朋友，可以來試試。

SHARE LOUNGE

☎03-6778-4039　♠ミカン下北A街區2F 208 TSUTAYA BOOKSTORE下北沢　⏱9:00~22:00　◷60分大人¥1,100、小孩¥550(每延長30分大人¥550、小孩¥275)、1日大人¥3,850、小孩¥1,925　🌐tsutaya.tsite.jp/store/lounge/detail/2237

　新冠疫情為日本帶來最大的改變之一，就是遠端工作模式的普及。而WFH(Work From Home，在家工作)的趨勢也帶動「共享空間」如雨後春筍冒出，「**TSUTAYA BOOKSTORE 下北澤**」店內附設的「**SHARE LOUNGE**」便是其中之一。高速免費wifi、充電器、外接螢幕等配備一應俱全，免費飲料吧零嘴，非常多樣。不論是作為上班族的遠端工作室，還是單純想找個專心閱讀的環境，都相當適合長時間利用。即便不打算進店消費，也能免費參觀，不妨轉一圈感受一下疫情時代的產物吧！

飲料吧和零嘴加起來多達80種，選擇超豐富。

各領域各家出版社漫畫作品一網打盡！

TSUTAYA BOOKSTORE下北沢

おすすめ
薦

☎03 6778 4039　♠ミカン下北A街區2F 208、3F 301　⏱9:00~22:00　🌐store-tsutaya.tsite.jp/store/detail?storeId=2237

下北澤最大漫畫專賣區。

　日本連鎖書店「TSUTAYA BOOKSTORE」進軍下北澤啦！正如大家所熟知的每家蔦屋書店都有它專屬的特色，**下北澤店鎖定20~30代消費族群，對藝術、設計、文化、經濟的高度關注，打造了多元豐富空間，讓他們能每天泡在書堆中，享受自我提升的充實感**。店內設有「SHARE LOUNGE」，不僅可作為上班族遠端工作室，也能當閱讀自修室使用。三樓則設有這一帶最大的漫畫專賣區和「草叢BOOKS」快閃店，提供與在地文創工作者合作交流的場所。

架上擺設相關書籍、商品均為下北澤在地文創者的心血結晶。

草叢BOOKS

☎03 6778 4039　♠ミカン下北A街區3F 301 TSUTAYA BOOKSTORE下北沢　⏱9:00~22:00

　「草叢BOOKS」是由「TSUTAYA」以區域深根交流為宗旨，所打造的新型書店品牌，主要設點在名古屋等東海地區。這次在「TSUTAYA BOOKSTORE 下北澤」三樓部分空間設置「草叢BOOKS」，**透過「實驗」及「挑戰」，與在地文創工作者緊密合作，並定期在店內舉辦各式各樣快閃活動，拉近住民、讀者與商品關係，並持續發揚「下北澤」在地文化**。

◎ reload

リロード

📖 別冊P.30,B1　📍 世田谷區北沢3-19-20
🕐 依各店舖而異　🚌 依各店舖而異
reload-shimokita.com/

薦

> 從建築本體到進駐店家都極具個性。

伴隨小田急線鐵路地下化,下北澤站與東北澤站間的街容也因為全新商業設施「reload」誕生,變得不一樣了!**24棟外觀純白卻大小迥異的雙層樓建築群,以低層分棟構築而成,充分打造出「回遊」、「滯留」空間,並在開放又具設計感的戶外區,設置露天座位**,讓造訪者不僅能悠閒往返穿梭和停留,進駐店家也與上門消費者有更多接觸與互動機會。京都老字號「小川珈琲」2號店、創業100年眼鏡店「MASUNAGA1905」、100%純素麵包店「Universal Bakes Nicome」等共24間個性店家都在此設店,你可能得花個半天停留才能通通逛完。

> 因小田急線鐵路地下化,誕生全新商業設施「reload」。

> 全白空間內進駐超過20家個性小店。

> 使用全素食材製成的餐點,好看又美味!

🧁 Universal Bakes Nicome

薦

📞 03-6407-1021　📍 reload 2F Room_2-10
🕐 8:30~18:00　📅 週一、二　🌐 www.
instagram.com/universalbakes_nicome/

> 純素食主義者有口福啦!

純素食主義風潮近年也在日本吹起,「Universal Bakes Nicome」這家麵包店,**標榜使用100%植物性原料,將食材最自然道地的原味展現在自家手作麵包和炸甜甜圈上**。小小店面,新鮮出爐的麵包,各個外型亮眼又精緻,不妨挑幾個來試吧。

> 店內打造成一處「體驗型咖啡豆沙龍」。

👓 MASUNAGA1905

📞 03-6407-1905　📍 reload 1F Room_1-3
🕐 11:00~20:00　📅 每月第一、三、五個週四　🌐 www.
masunaga-opt.co.jp/

「MASUNAGA1905」是福井縣「增永眼鏡」所創品牌。這家**擁有超過100年歷史的日本國產眼鏡老舖,因其手工製作的高品質和與時俱進的設計感,不僅在海內外獲獎,還獲得全球高度關注與好評**,為「福井眼鏡」打開名揚世界的高知名度。

🍴 DESK LABO

☎ 03-6804-9270 🏠reload 2F
Room_2-6 🕐12:00～19:00 🈳週一
(遇假日順延翌日休) 🌐desklabo.
net/

　在三軒茶屋開業八年的文具店
「DESK LABO」，深受在地居民喜
愛，如今搬遷到下北澤，依舊吸引
死忠粉絲不時上門光顧。**店內販售
的文具，不僅富有特色，而且充滿
個性**，造型新穎，小小的店內空間
內，商品琳瑯滿目，是值得文具控
來探險的小基地。

☕ OGAWA COFFEE LABORATORY 下北沢

☎03-6407-0194 🏠
reload 1F Room_1-1
🕐9:00～20:00(L.
O.19:30) 🌐www.oc-ogawa.co.jp/
ocl-shimokitazawa/

咖啡迷不能錯過的深度體驗！

　由京都人氣老舖「小川珈琲」所經
營的體驗型咖啡豆專賣店「OGAWA
COFFEE LABORATORY」，2號店就
進駐在下北澤reload。本店主打為
「體驗型咖啡豆沙龍」，是為了沖出
一杯好咖啡而存在的「實驗室」。嚴
選**40種咖啡**，店內還提供13種單
品咖啡豆和9種配方咖啡豆試飲，
顧客可以從烘培咖啡豆開始逐一體
驗嘗試，推薦給咖啡愛好者來深度
之旅。

🎭 本多劇場

📍別冊P.30,B2
☎ 03-3468-0030 🏠
世田谷區北沢2-10-
15 🕐依演出劇碼
而異 🈳無公演時 🌐www.honda-geki.com

下北澤劇場龍頭，許多演藝種子正在這裡悄悄發芽。

　**本多劇場可說是下北澤的地
標**！這是1982年由日本知名劇團
新東寶的藝人本多一夫所開設，
經過努力推廣之下，現在成為東
京最出名的演劇場，此劇場提供
對演劇有興趣的日本年輕人一個
可以實現夢想的地方。

JET SET RECORDS 下北沢店

📍別冊P.30,B2 📞03-5452-2262 🏠世田谷區北沢2-33-12 柳川ビル201号 🕐12:00~20:00 ❌不定休 💻www.jetsetrecords.net

這家酷酷的唱片行，雪白的內部裝潢宛若飛機機艙，**從流行音樂、爵士、搖滾、藍調、HIPHOP等涉獵甚廣**，且可以試聽。一樓是提供給音樂入門班的愛好者，二樓則是專業升級班的音樂分類，還提供可以用來試聽的電腦及耳機設備。

かばんの家

📍別冊P.30,B1 📞03-3466-7663 🏠世田谷區北沢2-34-11 🕐10:00~18:30

昭和九年創業かばんの家是家包包專賣店，除了一般包包店內有的各知名品牌，不但有古董的行李箱，也有自家設計的獨家帆布包，防水耐用還可依顧客要求訂製尺寸和款式，最特別的是如果有心愛的包包壞了，還可修理回復原樣。

> 因為商品平價又兼具好品質，吸引年輕人前來挖寶。

NEW YORK JOE EXCHANGE下北沢店

薦 おすすめ

📍別冊P.30,B1 📞03-5738-2077 🏠世田谷區北沢3-26-4 🕐12:00~20:00 💻newyorkjoeexchange.com

下北澤二手古著大本營！

二手物、古著服飾的大本營下北澤，有一處以回收、交換為主旨的店家「NEW YORK JOE EXCHANGE」，店內物品最大特色是二手，別以為二手品質就不好，**這裡收集來的皆是品質好的服飾、鞋款、包包和飾品**，仔細逛逛還可挖到高級品牌呢！全館商品皆在¥10,000以下，平均價格約¥2,000。

R29 Nick'n roll

ニックンロール 下北沢本店

📖別冊P.30,A3　☎070-5579-9897　🏠世田谷區北沢
2-14-15　🕐12:00~22:30　⊗不定休　🌐nikkunroll.com

　R29飯糰因而特**別選用日本國產米以備長炭烘烤**，做出香Q卻不乾硬的米飯，配上來自宮崎的嫩肩豬肉，並加上起司、泡菜、海苔等配料，真材實料與歷經過多次失敗、臻近完美的調味，為每款肉捲飯糰培養出各自的支持者，R29 更從2009年開幕以來，受到許多日本電視、雜誌媒體的報導，人氣非常旺。

好吃的肉捲飯糰口味多樣。

Grindelwald

📖別冊P.30,A1　☎03-3481-9678
🏠世田谷區北沢2-24-8 下北沢アレービル2F
🕐12:00~20:00　🌐ameblo.jp/grindelwald-1987

　位在2樓的這家小店，可以找到許多會讓**女孩子愛不釋手的可愛小東西**，像是花樣及配色活潑的化妝品收納盒、髮夾盒等雜貨，或是手縫小布偶等，適合愛做夢的少女。

咖哩餐點
¥1,420起

MAGIC SPICE

📖別冊P.30,B3　☎03-6413-8898　🏠世田谷區代沢2-30-14　🕐11:30~15:00、17:30~23:00、週六日及例假日11:30~23:00　⊗週二、三　💲雞肉湯咖哩¥1,420　🌐www.magicspice.net

　在北海道札幌大紅特紅「湯咖哩」的創始店MAGIC SPICE，也在東京下北澤開店，店門口前總是排滿人潮。**MAGIC SPICE的湯咖哩重視原汁原味**，香噴噴的相當吸引人，有趣的是咖哩辣度共可分七級，而依等級不同得外加¥110~390之間的價錢。

印上音符與吉他圖騰的商品，是mona records的象徵代表。

🎤🎁 mona records

📖別冊P.30,A3　☎03-5787-3326　🏠世田谷區北沢2-13-5 伊奈ビル2~3F　🕐依表演者場次而異　💲依表演者場次而異　🌐www.mona-records.com

　在下北澤Indie音樂圈中十分活躍的mona records，原是家專門代理發行地下非主流樂團的音樂廠牌，幾年前完成轉型整修，將**2樓店面改裝為兼賣唱片、書籍、創意商品的賣店，3樓則為現場 Live表演場地**。由原本的小店至現在的大規模經營，打出品牌知名度的mona records更發展出一系列的自營商品。

東洋百貨店

🏠別冊P.30,A1　☎03-3468-7000　🚇世田谷區北沢2-25-8　🕐12:00~20:00，依各店鋪而異　🌐www.k-toyo.jp

> 充滿懷舊感和青少年次文化的流行商店街。

位在下北澤北口步行約5分鐘距離的「東洋百貨店」，從入口的可愛電車頭塗鴉已開始引人注目，入內後右手邊有座位區，左手邊則可看到各樣的古著洋裝，**店鋪裡集結超過20間的雜貨小鋪、個性商店和二手古著**，細細地逛也能花上一、兩個小時，商品物美價廉，推薦古著迷可前來尋寶。

> 每家店用不同特色和主題來詮釋「下北澤流」文化。

> 集合約22家店舖，如二手衣、生活雜貨、懷舊商品、原創T恤服飾。

WEGO下北沢店

🏠別冊P.30,A1　☎03-5790-5525　🚇世田谷區北沢2-29-3　🕐12:00~19:00，週六日及例假日11:00~20:00　🌐www.wego.jp

擁有多家分店，日本服裝雜誌經常報導，曝光度高，位於下北澤的WEGO**除了有受歡迎的二手古衣外，男生、女生的服飾新品和配件都有**。店內裝飾活潑，門口的黑板經常有店內最新商品和優惠的告示，一目瞭然。

T-FOUR

🏠別冊P.30,A1　☎03-3460-3647　🚇世田谷區北沢2-30-14　🕐11:00~20:00　🌐stacksto.com/shop/tokyo/427.html

沒有醒目的招牌，但店外滿滿又五顏六色的雜貨物品，一下子就被它吸引進去瞧一瞧。果然店內陳列商品繁多，**包括文具、季節商品、流行包包、飾品、廚房用具、可愛餐具等**，仔細逛完一圈手中很難沒有戰利品吧！

自由之丘
じゆうがおか
Jiyugaoka

位於郊區的自由之丘，完全感受不到東京市區的壓迫與繁忙，取而代之的是溫柔灑下的金黃色陽光，還有閒適愉快的氣息。穿越車站附近的店家，就能走進由住宅區和錯落小店組合成的獨特氣氛中；漫步街上，常能見到悠閒溜狗或是推著嬰兒車的年輕媽媽們，不論大街小巷，都有不少強調生活風格、溫馨可愛的雜貨店，另外知名的甜點店，更是來到自由之丘不能錯過的美味。

生活風格代名詞——自由之丘

生活氣氛與雜貨，是最能代表自由之丘的關鍵字。走在這裡悠閒的街道上，常可以看到遛狗或是推著嬰兒車、帶著小孩的媽媽們，就算是一般的咖啡廳，也有露天座位歡迎帶著寵物的當地住戶。大大小小的雜貨店，有著法式鄉村、花草、北歐式的簡潔或摩登和風等各自風格，各種杯盤器皿、擺置小物或是森林系衣著都令人愛不釋手，絕對是喜愛生活雜貨者的逛街天堂。

⛩ 熊野神社

🔺別冊P.23,B2　☎03-3717-7720　🏠目黑區自由が丘1-24-12　🕐自由參拜

> 旅人可以到此收集象徵旅途平安回家的可愛青蛙御守！

隱藏在住宅區之中的熊野神社是自由之丘居民的信仰中心，雖然平時氣氛幽靜，但**每到重要祭典節日時都會吸引許多居民們前來**，而當地人只要遇到人生重要大事，例如成年禮、生產、結婚、考試等，也都會來此參拜一番。

交通路線&出站資訊

電車
東京急行電鐵自由が丘駅◊東急東橫線、東急大手町線（日比谷線部分列車直通運轉）

出站便利通
◎正面口一出站南側是東急Plaza，車站前有一個小圓環廣場，可搭乘各路線巴士。雖然站前看起來就像一般車站有的風景，但只要在第1個大路口右轉進入カトレア通，就能開始感受到悠閒氣息。
◎生活雜貨的店家，大多聚集在カトレア通、すずかけ通和學園通一帶，遇到小巷弄儘管走入，會發現許多驚奇。
◎南口的Marie Claire通有些服裝小店和藥妝店，與其平行的九品佛川綠道街區開闊，沿途盡是綠蔭，也有不少露天咖啡座增添自由之丘的休閒風情。

自由が丘ロール屋

おすすめ 薦

🏠別冊P.23,B2　📞03-3725-3055　🔔目黑區自由が丘1-23-2　🕐11:00~18:00　⏸週三、每月第三個週二,不定休　🌐www.jiyugaoka-rollya.jp　❗只提供外帶

只能外帶的美味瑞士卷～

由日本知名的蛋糕師辻口博啟所開設的自由之丘ロール屋,是蛋糕師傅的夢想之店,**也是世界第一家專賣瑞士卷的蛋糕店**。蛋糕體選用新鮮的雞蛋和奶油做成,口味除了定番原味外,則依季節和主廚的創意,時常有限定款推出。細緻柔軟的蛋糕體、新鮮不膩的鮮奶油加上各種素材的香甜原味,堪稱絕配。

以古老桑樹建成的木造日式建築,透露著懷舊的舒適氣氛。

☕ FLIPPER'S自由が丘店

おすすめ 薦

🏠別冊P.23,B4　📞03-5731-1185　🔔目黑區自由が丘1-8-7 3F　🕐11:00~20:00(L.O.19:00),週六日及例假日10:30~20:00(L.O.19:00)　⏸不定休　💴クラシックパンケーキ(CLASSIC PANCAKES)¥1,320、奇跡のパンケーキ ストロベリー(舒芙蕾草莓)¥1,738、奇跡のパンケーキ プレーン(舒芙蕾原味)¥1,430　🌐www.flavorworks.co.jp/brand/flippers.html

享用最美味的「奇蹟鬆餅(奇跡のパンケーキ)」!

鬆餅宛如舒芙蕾般輕盈柔軟,特別的食感此生必嘗。

舒芙蕾鬆餅專賣店「FLIPPER'S」,選用**宮城縣白石藏王竹雞農場的雞蛋、北海道美瑛限量生產的牛乳、國產小麥粉**,鬆餅現點現作,加入兩倍雞蛋和蛋白霜,以發酵奶油低溫煎成,講究麵粉和蛋的比例、煎炙溫度和時間,再佐以原創楓糖奶油霜。

在榻榻米的座席上感受抹茶芬芳與日式氣氛的美好午後。

☕ 古桑庵

おすすめ 薦

🏠別冊P.23,B2　📞03-3718-4203　🔔目黑區自由が丘1-24-23　🕐10:00~18:30,週六日及例假日11:00~18:30　⏸週三　🌐kosoan.co.jp

在日式老房子中品嚐和風甜點。

相較於提供西式甜點的咖啡店,建於大正時代的老屋喫茶店「古桑庵」,可說是自由之丘最特別的風景之一。沿著石子小徑往內部走去,午後的陽光透過綠樹,搖晃出水波般的燦爛光影。**店內提供幾樣簡單的日式甜點,招牌的抹茶紅豆白玉和水果紅豆餡蜜都香甜細膩**,口感和味覺平衡得恰到好處。

Potato Cream

📖別冊P.23,B3　📞03-3725-0222　🏠目黑區自由が丘1-25-2　🕐11:30~18:00；potato creamよる17:00~24:00(餐點L.O.23:00、飲品L.O.23:30)　🚫週三；potato creamよる無休　💰馬鈴薯餐點￥550，飲料￥250起　🌐www.instagram.com/PotatoCream1214/

在自由之丘不曉得要吃什麼喝什麼，跟著人潮排隊準沒錯。從簡潔有力的店名「Potato Cream」即可知道與馬鈴薯有關，但賣的可不是整棵馬鈴薯，而且**加入許多新鮮食材作成的馬鈴薯沙拉**，店家運用當季各類野菜、蔬果，再搭配海鮮、肉類，玩出不同口感的沙拉，小小的輕食分量也適合當下午茶吃！

店內菜單依季節性推出不同配料，像是明太子馬鈴薯就是招牌之一。

不只雜貨、飾品買不完，連零食、罐頭和飲料都有！

店舖宗旨：用一杯咖啡來開啟全新一天，啜飲咖啡豆香與自由が丘的時尚氣息。

☕ Sunset Coffee

📖別冊P.23,A3　📞03-5726-9203　🏠目黑區自由が丘1-26-14　🕐10:00~17:00，週六日及例假日11:00~18:00

自由之丘巷弄內總有幾家別緻小店引人注目，這間在小巷裡的迷你露天咖啡「Sunset Coffee」，沒有室內座位，小小外帶區一旁是手繪的自由之丘地圖，**店內只有咖啡和幾樣小甜點，可能是簡約的店舖設計反向操作**，而成為日本人的熱門打卡地點。

🎁 HOTCH POTCH

ホッチポッチ 自由が丘店

📖別冊P.23,B3　📞03-3717-6911　🏠目黑區自由が丘1-26-20　🕐11:00~19:30　🚫不定休　🌐hpjiyuugaoka.jp

如果你是雜貨控或是文具控，決不能錯過自由之丘的各式小店，而**在「HOTCH POTCH」就能滿足文具雜貨控**。店裡店外陳設眾多從國內外收集來的雜貨小物，各式髮飾、手錶、布包，還有裝飾品、小盆栽、新奇小物等應有盡有，讓大人買的開心、小孩玩的開心。

山手線一圈➡東京地下鐵➡中央總武線➡

東京廣域　自由之丘

別冊P.23,B3

MONT-BLANC

別冊P.23,B3　03-3723-1181　目黑區自由が丘1-25-13　10:00~18:00　週二,不定休　mont-blanc.jp

自由之丘鼎鼎大名的蒙布朗蛋糕店。

MONT-BLANC開創於1933年,結合日本口味與西洋作法的栗子蛋糕「蒙布朗」,便是發源於此,來店裡當然一定要試試這項招牌甜品。海綿蛋糕包入產自愛媛縣的栗子,加入鮮奶油,並以黃色栗子泥奶油勾鏤出細緻線條,完美呈現蒙布朗的經典美味。

承襲70年前的做法製作出來的蛋糕,甜蜜之中還帶有淡淡的懷舊滋味。

拍照打個卡假裝自己正在威尼斯渡假中!

LA VITA

別冊P.23,A2　03-3723-1881　目黑區自由が丘2-8-3　依各店鋪而異　依各店鋪而異　免費參觀

東京的小威尼斯。

偏離自由之丘主街道,有一處十足歐洲風情的人氣攝影熱點「LA VITA」!義大利風格街道上石造建築屋棟毗鄰,裡面還特別打造一條人造河流及紅橋,複製出小型威尼斯,每個角落都充滿異國氛圍;除了不停拍照,還有入駐幾家店舖可以逛逛。

Luz自由が丘

別冊P.23,A3　依各店鋪而異　目黑區自由が丘2-9-6　約11:00~20:00,依各店鋪而異　www.luz-jiyugaoka.com

綜合商場Luz有著明亮俐落的玻璃外觀,裡頭精選約20間符合自由之丘個性的餐廳、服飾和雜貨店,餐廳如很受歡迎的豬肋排店SHUTTERS和提供健康飲食的T's Restaurant等,生活雜貨則有來自以色列的保養品牌SABON、販售麵包和鐵盤法國吐司的BREAD&EXPRESSO&自由形(パンとエスプレッソと自由形)、兒童服飾和雜貨的MARKEY'S等,可以慢逛挑選。

不知如何下手,一旁黑板上有店家推薦的人氣排行榜!

NISHIKIYA KITCHEN

ニシキヤ キッチン 自由が丘店

調理包專賣店!

別冊P.23,A2　03-6421-2560　目黑區自由が丘2-8-17　11:00~19:00　ビーフカレー(牛肉咖哩調理包)¥580　nishikiya-shop.com

「NISHIKIYA KITCHEN」秉持美味、開心、安心還有冒險的心,研發近100種口味的調理包,口味主要可分為咖哩包、湯包、洋食、印度料理、韓國料理以及米粥等,調理包用料不馬虎,吃得到大塊食材,包裝也走可愛風,送禮自用兩相宜!

FROGS

別冊P.23,A3 ☎03-5729-4399 ⊙目黑區自由が丘2-9-10 モトムラビル1～2F 11:30～19:00 ⊛週三 ⊕www.frogs-shop.com

　自由之丘巷弄內的小店家，總是讓人出乎意料之外，像是如店名「FROGS」，老闆娘**收集超多青蛙相關商品，綠油油的店內有超過2,000種青蛙相關文具、玩偶，**囊括生活中的食衣住行，是青蛙控決不能錯過的特色商店！

Popeye Camera
薦 おすすめ

ポパイカメラ 自由が丘本店

相機迷必逛卡麥拉專門店！

別冊P.23,A3 ☎03-3718-3431 ⊙目黑區自由が丘2-10-2 ⊙11:15～19:15 ⊛週三，不定休 ⊕www.popeye.jp

　位在巷口不遠處的「ポパイカメラ」相機專門店已有近80年歷史，**店裡販售品項廣泛，舉凡中古底片相機、LOMO相機、各種底片、底片盒、相本等應有盡有，**也提供沖洗底片的服務。除了攝影用器材也有許多小道具，原本是為了增加攝影時畫面的搭配性，但也讓不玩攝影的人在這裡找到樂趣。

店裡還能找到許多可愛的小模型或是相機相關的小雜貨。

パンの田島 自由が丘店

別冊P.23,B2 ☎03-6421-2015 ⊙目黑區自由が丘2-11-11 ⊙8:00～19:00 ⑤海老カツたまご(炸蝦排蛋麵包)￥360 ⊕x.com/pan_no_tajima

　熱狗麵包專賣店「パンの田島」，在2017年也拓店至自由之丘而引起排隊人潮，**店內採現點現作餐點，讓顧客可以吃到熱呼呼的熱狗麵包；**パンの田島研發超過多種口味的熱狗麵包，可分為三大類：炸麵包有牛肉咖哩等5種，甜味熱狗麵包有草莓果醬、花生、紅豆泥等9種，鹹食熱狗麵包則有玉子火腿、厚切豬排等多達16種以上。

咖哩美味依舊而在盤飾加入現代美感。

usubane

別冊P.23,A4 ☎03-6421-2353 ⊙目黑區自由が丘2-12-19 B1F ⊙11:30～23:00(咖哩L.O.21:00) ⊛週四 ⑤咖哩套餐￥1,250起 ⊕www.instagram.com/usubane_jiyugaoka/

　「咖哩」在日本人心中是永遠的美食首選，位在自由之丘的「usubane」開業於2017年，**其傳承在地老舖「ジジセラーノ」的歐風咖哩，**店內以咖哩套餐為主分有焗烤、豬肉、雞肉、可樂餅、野菜咖哩等，套餐皆有附一道沙拉前菜。

山手線一圈➡東京地下鐵➡中央總武線

東京廣域

自由之丘

patisserie Paris S'eveille

🏠別冊P.23,A4 📞03-5731-3230 🚃目黑
區自由が丘2-14-5 🕐11:00~19:00 🈳
每月6天不定休 🌐www.instagram.
com/paris_seveille/ ❶店內禁止拍照

最推薦帶著香橙風味的巧克力蛋糕「Monsieur Arnaud」。

　　甜點大師金子美明從15歲開始便**專心致志於甜點**之路，1999年赴法研修傳統法國甜點，2003年歸國後便在自由之丘開設patisserie Paris S'eveille，挾帶精湛手藝與誘人口味，讓這間店從開幕之初即擁有高度人氣。另外要注意的是，店內全面禁止拍照，若是習慣拍照記錄旅途點滴的話，建議可外帶食用。

商品大部分是歐洲進口家具和雜貨，也有日本設計精品。

🎁 TODAY'S SPECIAL Jiyugaoka

🏠別冊P.23,A3 📞03-5729-7131 🚃目黑區自由が丘2-17-8 1~2F 🕐11:00~20:00 🈳不定休 🌐www.todaysspecial.jp

　　從知名品牌CIBONE中誕生的TODAY'S SPECIAL，是一家**現代風格的生活精品店**，共有兩層樓，1樓主要是廚房餐具用品和時髦的文具、服飾等；2樓以極簡風格家具、CD、視覺設計類書籍為主。

🎁 IDÉE SHOP Jiyugaoka

🏠別冊P.23,A3 📞03-5701-7555 🚃目黑區自由が丘2-16-29 1~4F 🕐11:30~20:00，週六日及例假日11:00~20:00 🌐www.idee.co.jp

　　IDÉE SHOP旗艦店**秉持著「Laugh&Luxe」主題，將其融入商品並發揮於室內空間**；室內可分為1樓販售日常雜貨、手工藝品，2樓為家具空間展區，感受不同的居住形式，3樓提供一對一諮詢居家空間提案的服務，4樓為展覽區展示國內外藝術家的作品及相關書籍。

🧁 Mont St. Clair

🏠別冊P.23,A2 📞03-3718-5200 🚃目黑區自由が丘2-22-4 🕐11:00~18:00 🈳週三，不定休 💲モンブラン(蒙布朗)¥880、シュークロカン(泡芙)¥450 🌐www.ms-clair.co.jp ❶店內約15個座位，內用時需先登記候位

　　Mont St. Clair是由糕點師傅辻口博啟所提案的蛋糕店，開店之後一直是自由之丘最受歡迎的甜點店之一。**店內的甜點種類維持在150種以上**，主力商品蛋糕不但造型美麗、口味細緻優雅，還常使用當季新鮮水果做出創意新品。

👜 katakana

カタカナ 自由が丘店

🅜別冊P.23,B4　☎03-5731-0919　⏱

世田谷區奥沢5-20-21　🔄

11:00~19:00　㊡週二　💻katakana-net.com

katakana(日文的片假名之意)融合日本傳統及外國文化的「片假名」為其店名，店內架上擺滿日本各地的日常雜貨、食器、文具與生活小物，落花生星人、木芥子、富士山造型生活用品，結合日本特色或傳統小物齊聚一堂。

🛍 TRAINCHI JIYUGAOKA

トレインチ自由が丘

🅜別冊P.23,A4　☎03-3477-0109　⏱世田谷區奥沢5-42-3　🔄10:00~20:00(依店鋪而異)　㊡不定休　💻www.trainchi.com/

　由東急投資的自由之丘TRAINCHI就位於電車路線旁，由於這塊地原本是電車的車庫，因此取名為電車之家(TRAINCHI)，**進駐充滿個性的雜貨和餐廳**。除了咖啡廳頗受好評，可愛而有特色的各家雜貨也很受歡迎。

☕ ASANOYA

浅野屋

☎03-5731-6950　⏱

TRAINCHI JIYUGAOKA

D棟　🔄8:30~20:00　💲

Morning Set(早餐套餐)

￥700起　💻b-asanoya.com/

每天現作現烤的各式麵包，充滿香氣。

　長野縣避暑勝地輕井澤的麵包店ASANOYA(淺野屋)，創立自1933年，自由之丘店的1樓販賣正統歐式麵包、三明治，還可以點杯飲料到2樓座位區享用美味。

店內料理由以蔬菜為中心嚴選無農藥有機食材。

☕ CAFE IKANIKA PRIVE

イカニカ

🅜別冊P.23,B4　☎03-6411-6998　⏱世田谷區奥沢2-2-21　🔄12:00~18:30(週三、六至21:00)　㊡週四、五　💻www.instagram.com/cafe_ikanika_prive/

　IKANIKA PRIVE由熱愛料理的平井康二與花藝家平井かずみ夫婦共同經營，**店內提供了簡單生活的理念**，不單是咖啡廳，牆面木架上放著精選生活雜貨，每樣都是真心推薦的生活好物。

山手線一圈➡東京地下鐵➡中央總武線

東京廣域　二子玉川

二子玉川
ふたこたまがわ
Futakotamagawa

　　要説到東京近幾年新興的購物區域，非屬二子玉川不可了。二子玉川位在世田谷區的西南部，北部有平緩丘陵，南部則由多摩川貫穿，在二子玉川站下車，迎來一面無比開闊的乾淨天空與閃爍著粼粼光芒的河川美景，有著城市中少有的綠意。車站附近的兩大購物中心「玉川高島屋」、「二子玉川rise」等大型開發案陸續完工後，愈來愈多品牌商店進駐，加上當地原來的小咖啡屋、餐廳，二子玉川的購物機能愈發強大。

悠閒的二子玉川早晨生活

不妨起個大早，來到二子玉川感受您閒生活吧！多摩川沿岸瀰漫著悠閒靜謐的氛圍，遠處二玉川站交會的列車成了另一條地平線，流動的河水、跑步的人們、騎腳踏車的人們、釣魚的人們，在晨光裡，一切都顯得如此和諧優美。

二子玉川公園的星巴克是河岸的人氣地點。

👁 多摩川沿岸・二子玉川公園

📖 別冊P.27,B2　🚃 二子玉川
公園03-3700-2735　🏠 世田
谷區玉川1丁目

　　位於多摩川旁的二子玉川公園是一個新興的都市公園，綠水在側，在都市裡能享受如此遼闊的天空實屬不易。此時視線豁然開朗，一幅撫慰人心的風景躍至眼前，無比寬闊的巨大階梯上奔跑的孩子，成了湛藍天空與白色階梯上的一道彩虹，讓人頓時將惱人之事都遠拋腦後。

交通路線 & 出站資訊

電車
東京急行電鐵二子玉川駅◇田園都市線、大井町線
出站便利通
◎基本上，二子玉川駅只有一個改札口，從改札口走出來後，右手邊是東口，左手邊的是西口。
◎二子玉川駅西口即達玉川高島屋，熱鬧的市街小店集中在這一側；玉川高島數的數個別館分散，大多都沿著玉川通分布，還在徒步範圍內。
◎二子玉川駅東口即達二子玉川rise，穿過賣場一直向東走，即能到達二子玉川公園。

玉川高島屋S·C

別冊P.27,A2 ☎03-3709-2222 ♠世田谷區玉川3-17-1 ♠S·C專門店購物10:00~20:00，餐廳11:00~22:00；百貨店(玉川高島屋) 10:00~20:00 ♠1/1,不定休 ♠www.tamagawa-sc.com

> 搜羅許多海內外知名品牌。

1969年就開幕的**玉川高島屋，是日本第一個郊區SC (Shopping Center)**，從二子玉川駅西口出來，放眼望去的高樓幾乎都屬於玉川高島屋S·C的範圍。由高島屋百貨本館，與南館、東館、西館、Garden Island、Keyaki Court、Marronnier Court、Hanamizuki Court、ivy's place等多間別館共同組成。

> 白色方格拉門在日光斜照下，溫柔美好的像是一幅油畫。

KOHORO 二子玉川

別冊P.27,A2 ☎03-5717-9401 ♠世田谷區玉川3-12-11 ♠11:00~19:00 ♠週三 ♠www.kohoro.jp

KOHORO隱身在車站對面的小巷中，低矮的木桌、木架上陳列著滿滿的器皿食具，昏黃的吊燈輕輕晃著，**收集來自日本各地的藝品，及自家原創設計的皮革包包配件**，並期盼把每一樣有著獨特手感溫度的手作器具介紹給大家，讓許多獨立藝術家的優秀作品透過這個平台展示販售。

> 悉心設計的皮革背包為牆面帶來質樸溫度。

> A.P.C服飾設計以丹寧設計為主，風格優雅。

> 柳小路重現江戶至大正、明治時期玉川的路地裏風情。

> 主廚將法式料理的精髓融入個人創意，使用當季當令新鮮食材做出美味料理。

naturam

別冊P.27,B2 ☎03-3708-7723 ♠世田谷區玉川1-17-16 ♠11:30~15:00(L.O.13:30)、18:00~22:00(L.O.20:00) ♠週二、三 ♠午餐￥2,800起 ♠naturam.tokyo.jp

開業八年、在二子玉川早已小有名氣的MARKT restaurant & cafe,於2018年改名重新開幕,請來年輕的法式料理主廚,以嶄新面貌打造一間平易近人的暖心餐廳。**使用來自青森、長野、群馬、神奈川等地農家的有機與減農藥蔬果讓人能吃得安心**,在素淨餐盤上創造絕美的自然風景,強調與時俱進的動人美味。

◉ Forest Garden

♠玉川高島屋S·C 本館RF ♠10:00~20:00

位在玉川高島屋本館頂樓,在1969年開幕時便引領潮流,**開放一片綠意給民眾自由利用**。庭園裡種滿各式花草,季節對了,還有可能看到葡萄在連接南館的空中步道上結實累累,另外,玫瑰更是一大代表景色。

除了當地人，許多東京人也會特地從市中心驅車前來。

🛍 二子玉川rise S·C

二子玉川ライズ

享受高質感的日式商場。

🏠別冊P.27,A2 ☎03-3709-9109 ◎世田谷區玉川2-21-1 ◎購物10:00~20:00，餐廳11:00~23:00，東急ストア(東急商店)10:00~24:00 ⛅1/1 ⓦsc.rise.sc

2015年初全面開業的二子玉川rise，引進多項精選品牌，佔地廣大的購物中心可分為四大館，分為是Station Market、Town Front、River Front與Terrace Market。周邊賣場還有以每日新提案為主的Dogwood Plaza、只占一角的日常用品賣場OAK Mall、為當地居民生活便利而設的Birds Mall與Plaza Mall等，**不只購物品牌充實，更集結來自日本各地的知名餐廳。**

店內產品讓客人自由試用，還有舒適沙發可以坐著休息。

🎁 二子玉川 蔦屋家電

為顧客描繪家電所造出的優質生活。

☎03-5491-8550 ◎二子玉川rise S·C Terrace Market 1~2F ◎7:00~23:30，家電、書店10:00~20:00，星巴克咖啡7:00~21:00 ⓦstore.tsite.jp/futakotamagawa/

兩層樓的展場分為「人文」、「衣」、「食」、「住」、「設計」、「旅行」六大類別，裡面不只賣家電，還有與主題相關的書籍、雜貨，甚至啤酒吧和餐點，就像它的Slogan所說的：這是一個販賣生活品味的商店。在居住類商場中會看到造型時尚的吸塵器、科技先端的美容產品，以及家居相關書籍，在重度仰賴科技的時代，蔦屋家電勾勒未來家庭的預想圖，讓我們看見生活的更多可能。

🍴 Mallorca二子玉川

☎03-6432-7220 ◎二子玉川rise S·C Terrace Market 2F ◎賣店9:00~20:00，餐廳9:00~22:00(L.O.21:00) ⓦwww.pasteleria-mallorca.jp

日本初上陸的西班牙王室御用店。

只提供最新鮮的時物，堅持每樣都要手作的Mallorca，在西班牙有13間店舖，二子玉川店是赴日展店的第一站。**除了必吃的麵包甜點，店內也陳設許多西班牙小菜，不只可外帶也能在店內品嚐**；一隅也列出許多美味的食料品，讓人把西班牙好滋味帶回家。

店內一角將西班牙好滋味全部列出，方便顧客一次帶回家。

以新鮮食材分享感受大自然的健康生活方式。

🍴 Chopped Salad Days 二子玉川店

☎03-6805-7507 ◎二子玉川rise S·C Station Market 1F ◎10:00~21:00(L.O.20:30) ⓦwww.choppedsaladdays.com

主打以最新鮮的食材在店內現點現作的沙拉，發源於加州的經典美式沙拉「California Cobb」為人氣招牌，蘿蔓生菜、水煮蛋、酪梨、烤雞拌上頂級藍紋乳酪；亦有當季限定或自選配料的沙拉、墨西哥捲餅、無添加物的冷壓果汁和頂級100%阿拉比卡咖啡。

☕ ANTICO CAFFE AL AVIS 二子玉川店

☎03-6805-7841 ⚑二子玉川rise S‧C Town Front 1F
🕐8:00~22:00，週六日及例假日9:00~22:00 ✆www.anticocaffe.ne.jp

由專業咖啡師坐鎮的咖啡吧是義大利生活不可或缺的心靈綠洲，也是「ANTICO CAFFE AL AVIS」備受歡迎的原因。自家製帕尼尼三明治(パニーニ)將新鮮出爐的帕尼尼填入生菜、起司和義大利產火腿，再入烤爐將麵包烤脆，搭佐義式咖啡及巴巴蘭姆酒蛋糕、鮮奶油泡芙等手工製甜點，這可是大排長龍的人氣美味！

☕ Cinnabon/Seattle's Best Coffee
二子玉川ライズ S.C.店

☎03-6431-0955 ⚑二子玉川rise S‧C Terrace Market 2F 🕐10:00~21:00 ⑤Cinnabon Classic (經典肉桂卷) ¥540 ✆www.jrff.co.jp/cinnabon

發源於美國華盛頓的人氣肉桂捲專門店「Cinnabon」，以祕傳的印尼產馬卡拉肉桂粉裹入麵糰發酵烤製，出爐再淋上奶油起司糖霜，也有因應日本人飲食文化新創的一口大小肉桂捲及方便攜帶的杯子肉桂捲(Roll-on-the-Go)。店員在玻璃廚房內現場製作，剛出爐肉桂捲佐以附屬咖啡館Seattle's Best Coffee的咖啡。

> 有經典原味、或加焦糖堅果及巧克力碎片的肉桂捲。

🍴 SHAKE SHACK 二子玉川店

☎03-6447-9499 ⚑二子玉川rise S‧Cマロニエコート1F
🕐11:00~21:00(L.O. 20:30)，外帶11:00~21:00(L.O.20:30) ✆shakeshack.jp/

來自紐約的漢堡餐廳「SHAKE SHACK」，以「Stand For Something Good™(堅持只用好東西)」為概念，選用無生長激素的安格斯牛肉和高品質食材製作美味漢堡。經典牛肉漢堡ShackBurger、佐炸起司波特菇的牛肉漢堡ShackStack最受歡迎，加點薯條、自家品牌麥酒ShackMeister™Ale、檸檬汁或奶昔是最棒的搭配！

> 二子玉川店限定的冰淇淋甜點Tamagawa Toffee。

東京廣域

高尾山

← 高尾山

高尾山
たかおさん
Mount Takao

高尾山位於東京八王子市內，標高599公尺，被喻為神聖宗教之境，山林景致美麗更以秋季的滿山楓紅成為東京的紅葉名所；由於離東京都心只要一個小時的車程，而位在山腰的藥王院是高尾山的精神象徵，不只楓紅迷人，美麗四季景色也吸引東京人們來這裡踏青健行，成為東京近郊最受歡迎的日歸觀光名所。

京王高尾山溫泉 極樂湯

おすすめ **薦**

享受東京日歸療癒溫泉之旅！

⊙別冊P.23,A1　☎042-663-4126　⊙八王子市高尾町2229-7　⊙8:00~22:30(入館至21:45)　⊙國中生以上￥1,100、4歲~小學生￥550，週六日及例假日、繁忙期國中生以上￥1,300、4歲~小學生￥650　⊙www.takaosan-onsen.jp

在高尾山走了一天，下山後如果有熱乎乎的溫泉能泡那該多好！2015年開幕的京王高尾山溫泉極樂湯正滿足了旅客的願望！**由地下1,000公尺湧出的溫泉呈現微微的淡白色，又有美肌之湯的稱號**，玩完高尾山，搭上京王電車離開之前，不妨先預留一個小時，來到這裡洗浴一身疲勞，再繼續下一趟旅程。

博物館以高尾山的高度為名，以另一視野帶領人們進入聖山領域。

599

🏛 TAKAO 599 Museum

高尾599ミュージアム

⊙別冊P.23,A1　☎042-665-6688　⊙八王子市高尾町2435-3　⊙4~11月8:00~17:00(入館至16:30)，12~3月8:00~16:00(入館至15:30)　⊙免費參觀　⊙www.takao599museum.jp

高尾山標599公尺並不算高，但這裡是世界上最多人造訪的一座山，極簡空間中展示高尾山上的棲息生物，用樹脂保存起來的鮮花、昆蟲標本等還不夠看，最有趣的是NATURE WALL上以山毛櫸為中心，在四周綴上森林動物標本，定時的光雕投影秀帶出高尾山的四季之美，讓人嘆為觀止。

交通路線&出站資訊

電車
京王電鐵高尾山口駅◇高尾線

出站便利通
◎於新宿駅搭乘京王電車可直達高尾山口駅。抵達車站後，可選擇搭乘纜車／吊椅上山，或是以登山健行方式前往山上。
◎高尾山折扣乘車券(高尾山きっぷ)：優惠乘車券一套共有4張，分別是基本票面(此券不使用)、去程票、纜車／吊椅來回程車券、回程票，票券遺失不能補發，必需小心保存。
⊙新宿、澀谷、吉祥寺等地出發，大人￥1,450、小孩￥1,090　⊙京王線、井之頭線各站(除了高尾山口駅)的自動售票機　⊙www.keio.co.jp/chinese_t/tickets/discount.html　❶12/31~1/3無發行票券

境內「大本坊」有提供午餐時段的精進料理，可以品嚐美味素食料理。

✏ 高尾山Trick Art Museum

高尾山トリックアート美術館

📖別冊P.23,A1 ☎042-661-2333 🏠八王子市高尾町1786 🕐4~11月10:00~18:00(入館至17:30)，12~3月10:00~18:00(入館至17:30) 🈵週四 💰大人¥1,400、國高中生¥1,060、小學生¥760、4歲以上¥550 🌐www.trickart.jp

　　明明是一幅畫，但因為角度、陰影的關係，**讓畫中人物像是立體實物走出畫框般不思議，這正是Trick Art的魅力所在**。高尾山Trick Art Museum於1996年開幕至今，吸引不少人前來參觀，館中分為兩層樓，樓下以迷宮方式讓人在Trick Art的世界中穿梭，2樓則收集許多錯視畫作品。

原名為有喜寺的藥王院與成田山新勝寺、川崎大師平間寺並稱為真言宗智山派三大本山。

整個空間讓大家一起同樂，拍下有趣又搞笑的紀念照片！

おすすめ
薦

風景宜人，精進料理更是素食者的一大福音。

卍 高尾山藥王院

高尾山薬王院

📖別冊P.23,A1 ☎042-661-1115 🏠八王子市高尾町2177 🕐自由參拜 💰境內自由參拜，天狗膳¥3,300、高尾膳¥4,400 🌐www.takaosan.or.jp ❗精進料理需以電話預約(12月上旬~2月上旬不接受個人預約)

　　高尾山自古便是修驗道的靈山聖地，本尊飯繩大権現是不動明王的化身，藉由兇惡的表相來勸導世人向善；人們亦將對自然的崇敬化為天狗意象，寺前兩尊天狗更成為這裡的象徵，同時也是不動明王的隨護，傳說更具有開運除厄的能力。

👁 高尾山猴園／野草園

高尾山さる園・野草園

📖別冊P.23,A1 ☎042-661-2381 🏠八王子市高尾町2179 🕐3~4月10:00~16:30、5~11月9:30~16:30、12~2月9:30~16:00 💰國中生以上¥500、3歲以上¥250 🌐takao-monkey-park.jp

　　高尾山猴園／野草園便位在登山纜車口步行至藥王院的途中，**園內分為兩區，一區是高尾山上生息的300多種各式植物**，四季折衷風景宜人，**另一區則是大人小孩都喜歡的猴園**。半開放式的猴園讓人更能夠親近猴子們，飼育人員在猴園內與猴子們的互動逗得遊客哈哈大笑，值得一看。

🍴 うかい鳥山

📖別冊P.23,A1 ☎042-661-0739 🏠八王子市南浅川町3426 🕐11:30~14:30(L.O.)、17:00~21:30(L.O.19:00)，週六日及例假日11:00~21:00(L.O.19:00)；8~10月至21:00 🈵週二，年末年始，冬期休業日 💰いろり炭火燒 牛鶏コース(牛雞雙拼)¥11,000 🌐www.ukai.co.jp/toriyama ❗於高尾山駅有送迎巴士，10:00~19:00每小時整點、20分、40分發車

運用新鮮食材的多樣菜色，嚐到變化多頓的日式宴席料理。

　　原本鳥山專賣雞肉料理，**因顧客希望也能品嚐牛肉的美味，而在雞肉套餐中加入牛排**，讓人能一次品嚐兩種美味。套餐前菜的核桃豆腐經過燒烤而形成外硬內柔嫩的奇妙口感，肉類則以囲炉裏的炭火烤得表皮香脆、肉嫩多汁，吃得出食材的新鮮。

調布

ちょうふ
Chofu

山手線一圏➡東京地下鐵➡中央總武線
東京廣域　調布

對喜歡東京的五光十色，明快節奏的人來説，調布可能算是一個十足的鄉下地方。但是其豐富的人文歷史，放鬆的步調同時也是吸引許多生活在東京的都會人士來此觀光的最大主因。其後因電視戲劇與知名漫畫水木茂的光環加持，使得調布聲名大噪，成為鬼太郎的第二故鄉，而固有的當地信仰、文化、美景、美食，也都深具當地特色；加上神代植物公園廣大的自然生態，調布是東京人遠離都會，休閒踏青的不二選擇。

交通路線&出站資訊

電車
京王電鐵調布駅➡京王線
京王電鐵布田駅➡京王線

出站便利通
◎從調布駅北口出站後，經過PARCO向右轉，途中會經過天神通商店街的入口，再往前徒步約2分就能看到調布市觀光案內所ぬくもりステーション，建議可以在這裡拿地圖再繼續接下來的行程。

◎從調布駅要到深大寺，徒步約需30分鐘，可以在調布駅北口站(PARCO側)的公車站搭乘開往三鷹或神代公園的巴士：

・11番乘車處：搭乘開往「深大寺」的巴士，在終點站下車。

・11番乘車處：搭乘開往「吉祥寺駅」、「杏林大學病院」的巴士，在深大寺小學校前站下車。

・12番乘車處：搭乘開往「吉祥寺駅」、「三鷹駅」的巴士，在深大寺入口站下車。

◎由於調布與三鷹(P.3-47)、吉祥寺(P.3-35)有巴士直通，故可以把這兩地的行程串聯在一起。

鬼太郎

除了鳥取縣的境港之外，另一個鬼太郎之都就是調布了！由於知名漫畫家水木茂定居在此處，且2010年NHK連續小説劇場就是以這裡作為故事背景，連帶使得調布的周邊觀光再度受到重視。為了發展觀光，天神通商店街裡都可以找到可愛的妖怪商品與造景。

> 神社合併祭祀學問之神菅原道真，這裡也成為學業祈願的名所。

👁 天神通商店街

📖 別冊P.31,A3　🏠調布市布田1丁目　⏰依各店鋪而異　💰依各店鋪而異　🔗
tenjindo-ri.jp/

　天神通商店街就位在布多天神社表參道上，原本是因前往神社參拜的必經途徑而聚集商家，現在則獨自發展成地方性質的商店街。這條商店街完全是符合當地人需求而開設，所以觀光性質不大，但兩旁偶有鬼太郎與同伴的雕像，像是貓女、鼠男等，還是偶爾會見到觀光客來這裡散步拍照。

> 商店街上偶有出現鬼太郎和同伴們的雕像！

🏮 布多天神社

📖 別冊P.31,A2　☎042-489-0022
🏠調布市調布ヶ丘1-8-1　💰自由參拜
🕐自由參拜　🔗www.fudatenjin.or.jp

　布多天神社是多摩地方(古時東京武藏國)屈指可數的古社之一，相傳於1940年前創立。布多天神社原址位在多摩川畔並祭祀少彥名神，但文明年間多摩川氾濫四起，故移址至現處。現在神社裡的狛犬是市指定文化財，十分珍貴。

深大寺至今已有超過1,300年的歷史。

本堂內的阿彌陀三尊像,釋迦堂內以微笑著名的白鳳佛,還有梵鐘、山門等,都是難得一眼的歷史古物。

薦 おすすめ

卍 **深大寺**

🏠別冊P.31,B1 ☎042-486-5511 🚉調布市深大寺元町5-15-1 ⏰夏季(春分~秋分)5:00~18:00,梵鐘5:00、11:30、18:00;冬季(秋分~春分)6:00~17:00,梵鐘6:00、11:30、17:00 💰自由參拜 🌐www.jindaiji.or.jp

被綠意包圍的清幽寺廟。

深大寺是天台宗別格本山的佛教寺院,山號為浮岳山。而名稱的由來,竟是跟著唐三藏去西天取經的沙悟淨「深沙大王」!**深大寺於天平5年(733年)時創建,是東京地區僅次於淺草寺的第二古剎。**因後來遭遇火災,所以現在看到的本堂是大正年間再造之建物。

深沙堂傳說

相傳古時有一對戀人被迫分離,女孩被囚禁小島上,而傷心的男子只好向水神深沙大王祈求,希望能渡水與她再相遇,最後也如願以償,因此,許多女性都會來這裡參拜,希望也能覓得好姻緣。

深大寺三大必看

深沙堂

深沙堂原本是一座可以與大師堂匹敵的巨大的法堂,但因為神佛分離的運動而被拆遷至位在距離本堂稍遠的樹林之中,現在外觀只是一座木造小堂,小堂中擺放著被諭為「秘佛」的深沙大王像,遇到特別公開時才能一睹究竟。

青渭神社

位在深大寺東北處的青渭神社,創建年代不詳,相傳在約3,000~4,000年前,當地居名為了求水而建立,還有著祭祀著棲習在社前大池中的大蛇之傳說。其實青渭神社是古代多摩地方的神社,目前只有三處還存留著,而調布的青渭神社便是其一。

深大寺水車館

水車館的現址原本就是明治末期當地由眾人共同湊錢建造的水車所在地,現在所看到的深大寺水車館則是當地政府為了保存文化、歷史而計劃性重建。在水車小屋旁的長屋中可以看到農業的器具與資料,在小屋之中可以看到臼與杵,這也是實際上可以使用的,當地人還會事前申請來去除米或蕎麥的殼。

神代植物公園是來深大寺時會一起串聯的景點之一。

神代植物公園

神代植物公園

🅐別冊P.31,B1 🅣神代植物公園服務中心042-483-2300 🅐調布市深大寺元町5-31-10 🕘9:30~17:00(入園至16:30) 🅗週一(遇假日、補假日、都民日順延翌日休)、12/29~1/1 🅢大人¥500、65歲以上¥250、國中生¥200、小學生以下免費 🌐www.tokyo-park.or.jp/jindai

　　神代植物公園原本是培植東京都內路樹的苗圃,二次世界大戰後才開放給民眾休閒,**是東京都內唯一的植物公園**。在東京想要找到綠地,大多人會選擇都會內的公園;但神代公園雖稍稍偏遠,可是其廣大的面積裡有森林、溫室、各種花卉,四季皆能看到不同的風情。

水生植物園

🅣神代植物公園服務中心042-483-2300 🅐調布市深大寺元町2丁目 🕘9:30~16:30 🅗週一(遇假日、補假日、都民日順延翌日休),12/29~1/1 🅢免費參觀

　　神代植物公園主要的範圍在深大寺北邊,但在深大寺東南邊則還有一個免費開放的水生植物園。因為**這一帶聚積了由深大寺裏山流出的湧泉,形成了一片片濕地**,所以經由整頓,於昭和60年(1985年)開園,來到這裡可以到日本常見的水生植物,如花昌蒲等。

園內還有一部分被指定為「史跡深大寺城跡」,也可來趟歷史巡禮。

むさし野深大寺窯

🅐別冊P.31,B1 🅣042-483-7441 🅐調布市深大寺元町5-13-6 🕘10:00~17:00,陶藝體驗至16:00 🅗週四(遇假日、繁忙日照常營業) 🅢干支土鈴¥1,000 🌐jindaijigama.jp/

　　むさし野深大寺窯是當地十分著名的商店,**主要販售陶土製品與教授陶藝體驗**。其中暢銷的深大寺土鈴有各種圖案,以當年的干支(生肖)圖案最受歡迎,其他還有日用陶雜貨、樂燒(泛指不工整且顏色樸實的陶燒)器皿等,擺飾或是生活用品應用盡有。

如有預約還能在此體驗陶藝的樂趣,很受觀光客歡迎。

調布嚴選蕎麥麵店家

深大寺有著豐饒的大自然景色及甘美的水源，因而發展出名產「深大寺蕎麥麵」，來到調布除了參訪鬼太郎的足跡，更要一嚐美味的手打蕎麥麵！

> 麵條沾上簡單的醬料就能吃出蕎麥的單純美味。

湧水

薦 おすすめ

ⓐ別冊P.31,A1 ☎0424-98-1323 ⓞ調布市深大寺元町5-9-1 ⊙10:30~18:00(週六日及例假日至19:00) ⓗ週四，不定休 ⓢ湧水もりそば(招牌蕎麥麵)￥800 ⓤwww.yusui.co.jp

> 深大寺千萬不要錯過名物－蕎麥麵！

由於深大寺周邊水質清美，所以一直都是蕎麥麵的故鄉，在德川幕府時期還曾進貢給將軍家。而**湧水的蕎麥麵堅持使用國產蕎麥**，且用石臼研磨成細粉，再用深大寺的泉水手工揉製，吃在嘴中滑溜、咬勁十足。

そばごちそう門前

> 蕎麥的香氣令人食慾大開，就連文學家松本清張也大為讚嘆。

ⓐ別冊P.31,B1 ☎042-487-1815 ⓞ調布市深大寺元町5-13-5 ⊙11:00~16:00 ⓗ週一，不定休，天候不佳 ⓢ粗碾そば(粗碾蕎麥麵)￥900 ⓤwww.monzen.tokyo

蕎麥中富含芸香甘(Rutin)及槲皮素成分，對血管保建與疲勞回復十分有幫助，所以一直受到日本人的喜愛。門前為了保留蕎麥這些好的成份，**特別選擇粗碾的出雲蕎麥(島根縣產)**，與深大寺甘美的泉水一同製成風味濃厚的蕎麥麵。

深大寺鈴や

ⓐ別冊P.31,B1 ☎042-482-8904 ⓞ調布市深大寺元町5-13-4 ⊙10:30~15:00(週六、日至16:00) ⓗ週五(週假日及天候因素而異) ⓢ海老天丼セット(炸蝦天丼及蕎麥麵套餐)￥1,400 ⓤchofu.com/suzuya

鈴や就位在深大寺的山門之前，是來拜訪深大寺的人必會經過之處。店裡面溫馨的佈置，讓人覺得坐下來用餐就是一種享受。而**店裡最出名的就是深大寺蕎麥麵了**，熱熱的吃上一口十分舒服。另外像是生蕎麥麵、饅頭(甜點)等土產也是十分受歡迎的商品，常溫下都可以保存1星期以上，值得帶回家做伴手禮與親友分享。

仙川
せんがわ
Sengawa

逛 膩了東京市中心，不妨開始將路線轉往城郊，像是往高尾山方向、位於京王線上的仙川即是不錯的旅行地。來到仙川能更貼近日本在地生活、體驗日本人的日常，有種生活在當地的感受；先是沿著建築大師安藤忠雄所設計的建築道路開始半日的散策路線，遊逛到巷弄內可以看到不少在地風景和咖啡廳，商店街內有著特色小店引人駐足，黃昏時分的社區公園是小朋友的遊樂園。仙川沒有擁擠的人潮、華麗的建築或是品牌名店，卻能在此體會到最在地的氣息及悠閒的生活節奏。

交通路線＆出站資訊

電車
京王電鐵仙川駅◐京王線
出站便利通
◎仙川駅只有一個出入站口，出站後前方即是最熱鬧的仙川商店街區域，百貨、咖啡廳、連鎖餐廳、商家等都齊聚於此。
◎從仙川駅步行至實篤公園需花10至15分鐘，建議可從安藤忠雄建築群做起點，散步至桐朋學園再到公園，沿路遊逛至商店街。
◎於仙川可以轉乘公車至三鷹駅以及吉祥寺駅中央口，從車站北側穿越甲州街道至小田急巴士本社前的仙川搭乘巴士，鷹54、吉03。

日本的國民調味料

説到美乃滋，微酸的口感帶有豐厚的蛋香，是飯桌上不可或缺的成員，其中大家最熟悉的品牌，應該就是有著大眼睛嬰兒肥圓臉的可愛娃娃Q比了。Q比公司成立於1925年，老牌美乃滋事業已經深入日本家庭核心，另外也研發多款沙拉醬及調味料，網路上的料理分享及食譜是思考做菜方向的好幫手，電視上播放的「Q比三分鐘快煮食譜」是婆婆媽媽們的好朋友。

Q比的仙川工廠外觀，1樓改建成美乃滋殿堂，帶大家體驗美乃滋的美味。

Kewpie Shop裡可以買到Q比周邊商品。

◎ 美乃滋殿堂
マヨテラス

薦 おすすめ

▲別冊P.24,A3 ☎03-5384-7770 ●調布市仙川町2-5-7 ●10:00~17:00 ⑯週六、日，例假日，不定休 ⑤工場見學免費（需上網預約）
www.kewpie.co.jp/entertainment/mayoterrace

調配專屬自己的美乃滋吧！

附設咖啡廳的Q比餅乾可愛又好吃。

Kewpie為日本的老牌美乃滋，其眼睛大大、超萌的嬰兒造型人物Kewpie更是迷倒不少人；在仙川駅附近即有一處Kewpie美乃滋的體驗工場「MAYOTERRACE」，如想體驗也可上網預約；而其中不能錯過的是「**Kewpie Shop**」，可以買到各樣**Kewpie可愛的周邊商品**，食衣住行一網打盡。

仙川商店街

📖別冊P.24,B4 📞03-3822-2297 🏠調布市仙川町一帶
🕐依各店舖而異 🌐www.sengawa.com

　　自仙川駅出站開始一直串連至桐朋學園一帶皆是仙川商店街範圍，**除了主街道上購物商店、超市林立，許多連鎖店、餐廳也集聚於此**，生活機能相當便利，如果想逛商店小舖，不妨走進互相連接的小巷弄，迷走一番也相當有趣。

AOSAN 仙川店

おすすめ
薦

仙川必吃的排隊吐司專門店！

📖別冊P.24,A3 📞03-5313-0787 🏠調布市仙川町1-3-5 🕐12:00~18:00(售完為止)
🈺週日、一 🌐www.instagram.com/aosan_bakery

　　仙川的超級排隊名店「AOSAN」麵包坊以販售歐式麵包為主，食材天然、每天現作也是他們受歡迎的原因。每天一到12點開店時間外面已有排隊人龍，**大家全都是因為店內每天限量現烤的吐司(角食)而來**！其熱門的程度甚至開門不到15分鐘就完銷。

多種風味甜甜圈以原味最受歡迎。

ドーナツ工房 レポロ

Donuts Factory Reporo

📖別冊P.24,A3 📞03-6382-9120 🏠調布市仙川町1-12-2 🕐10:30~20:00 🈺週日、一 🍩プレーン(原味甜甜圈)￥180 🌐www.leporo888.jp

　　在仙川町的小巷裡逛逛總能遇見小店家。由一對夫婦合力開創的甜甜圈小店「ドーナツ工房レポロ」，溫馨可愛的小店販售當天現作的甜甜圈，**店內每天準備約12種口味，而常設口味有約6種**，口味多元像是原味、肉桂、巧克力、紅豆、起司以及三種堅果等。

手沖咖啡更顯其香味，緩緩流下的琥珀色澤令人期待。

café&bar L'ecume des jour

📖別冊P.24,B4 📞03-5313-4078 🏠調布市仙川町1-15-4水清ビル2F 200号室 🕐12:00~23:00 🈺週一(遇假日順延翌日休) 🌐www.instagram.com/lecume_hibinoawa/?hl=ja

　　鄰近桐朋學園的L'ecume des jour是一間咖啡館身兼酒吧，從外觀完全無法看出暗藏玄機的店內，利用大量古董家具以及成列眾多書籍，打造出神秘又安穩的空間；**店內菜單有深煎咖啡、紅茶、果汁，另有季節性的自製義大利麵以及起司蛋糕**。晚上7點一到，咖啡館便會化身為酒吧風格的夜晚喫茶店。

清水模建造在玻璃落地窗以及綠色植物妝點下更顯洗練活力。

Pattisserie reinette

📖別冊P.24,B4　📞03-6321-9693　📍調布市仙川町1-24-1　🕐11:00~18:00　❌週三、四　🔗www.patisserie-reinette.jp/

　位在安藤忠雄建築群中的Pattisserie reinette開業於2016年，是由仙川當地甜點名店SALON DE CHEF TAKEE出身的主廚所開設的新甜點店。店內甜點因應季節推出不同類型法式蛋糕，**經典巧克力(クラシックショコラ)、草莓蛋糕(ショートケーキ)等都是店內熱賣商品。**

KICK BACK為放鬆、休息之意，店內全面禁菸、無提供酒精飲料。

LARGO

📖別冊P.24,B3　📞03-5969-9996　📍調布市仙川町1-25-2　🕐11:00~22:00(L.O.21:00)，週日11:00~21:00(L.O.20:00)　❌週一(遇假日順延翌日休)，每月第一個週二　💲ベーコン・エッグ ベネディクト(培根班尼克蛋早午餐)¥1800　🔗take-and.co/largo

　位在安藤忠雄建築群街尾的「LARGO」，沿用幹練的清水模建築，空間分為室外陽台區、室內使用現代工業風打造簡潔舒適用餐環境，**餐點方面則有開胃小點、沙拉、義大利麵、漢堡、三明治、早午餐等超過五十種不同選擇**，咖啡、甜點更是不可或缺，在平日下午3點~6點之間有提供酒類的HAPPY HOUR時段。

KICK BACK CAFÉ

📖別冊P.24,B4　📞03-5384-1577　📍調布市若葉町2-11-1　🕐11:00~21:00，週日13:30~15:00、20:30~22:00　❌週一　💲豆乳ラーメン¥1320　🔗www.kickbackcafe.jp

　由日本知名作家以及性格諮商師石井希尚在仙川所開設的KICK BACK CAFÉ，**餐點皆使用是無農藥與有機食材**，秉持不過度烹煮吃得到食材原味。店內的豆乳拉麵(豆乳ラーメン)在百分之百的豆乳湯汁加入雞骨及蔬菜熬燉，濃厚不油膩的口感是人氣商品。

猿田彥珈琲 アトリエ仙川

SARUTAHIKO COFFEE ATELIER SENGAWA

> 東京超人氣職人咖啡！

📖別冊P.24,B3 ☎03-6909-0922 🏠調布市仙川町1-48-3 🕐8:00~21:00 💰咖啡￥450起 🌐sarutahiko.jp/

在仙川商店街上駐立一棟寶藍色建築，原來是自惠比壽發跡的猿田彥珈琲，在東京熱鬧地點皆有分店的猿田彥，**特別在仙川店2樓打造一處烘焙咖啡豆工坊，讓來客可以觀賞到焙煎過程，亦可一聞咖啡香。**除了咖啡選擇，也可單點輕食一起享用。一到店內笑臉迎人的員工馬上打招呼，讓人感受到十足的活力。

> 矗立數間大型清水模建築，展示充滿現代感的質感街道。

> 點完餐後店員會給一張和風式卡片作為號碼牌。

> 在2樓闢一處烘焙咖啡豆的空間，室內盈滿咖啡香。

TOKYO ART MUSEUM

安藤忠雄建築群

安藤忠雄ストリート

> 在日本街道感受建築設計美學。

📖別冊P.24,B3 🏠調布市仙川町1丁目 🕐依各設施而定 🏠依各設施而定

自仙川駅步行約5分鐘即可抵達建築大師安藤忠雄所設計的現代公寓建築群，在長約200公尺的街道上，矗立數間大型清水模建築，擺脫印象中死板設計，**利用大量玻璃帷幕、清水混凝土，創造出現代感十足的街道；**這些建築群中存在有調布市仙川劇場、TOKYO ART MUSEUM等公共場所，以及整合商住家用。

ヒカリモ

> 武者小路實篤紀念館收藏書籍、繪畫、原稿等美術品。

實篤公園

📖別冊P.24,A4 ☎03-3326-0648 🏠調布市若葉町1-8-30 🕐武者小路實篤紀念館9:00~17:00，閱覽室10:00~16:00；舊實篤邸(旧実篤邸)週六日及例假日11:00~15:00 🏠武者小路實篤紀念館週一(遇假日順延翌休)，12/29~1/3，閱覽室週四，每月最後一個週三；舊實篤邸(旧実篤邸)週一~五，雨天 💰武者小路實篤紀念館大人￥200、國中小學生￥100 🌐www.mushakoji.org

沿著桐朋學園旁的小徑走即可抵達實篤公園，公園原址為武者小路實篤度過晚年的地方，於園內有一舊建築「旧実篤邸」即為其居所，而在公園入口旁是武者小路實篤紀念館。除旧実篤邸、記念館外，園內可分為上之池、下之池、菖蒲園等分區，約5,000平方公尺的園內花草樹木眾多，每個季節都有不同美景。

都電荒川線

あらかわせん

Arakawa sen

還記得電影「ALWAYS~幸福三丁目」裡，奔馳在東京街頭、綠色與米色相間的復古路面電車嗎？一度曾是東京主要交通工具的路面電車，隨著汽車的普及和交通型態的改變，走下歷史的舞台，但在東京仍有兩條路面電車線難得地被保留下來，其中，最為人知也最受觀光客歡迎的，就是跨行早稻田到三之輪之間的都電荒川線。

交通路線 & 出站資訊

總站數◇30站
總長度◇12.2公里
時間◇約5:48~23:14，每5~6分一班車。7:00以前和20:00後班次較少。

票價◇均一價單程國中生以上¥170、小學生¥90；都電一日乘車券國中生以上¥400、小學生¥200
乘坐指南◇前門上車付錢，到站按鈴，後門下車。大部分車站都是無人站，一日乘車券可以在車上或是少部分站內窗口直接購買。另外SUICA和PASMO也都能使用。

PLAN！
復古電車荒川線一日遊

從早稻田的學院風景開始，荒川線一路經過有著江戶川風景的面影橋、古神社和美麗靈園圍繞的鬼母子神社前、歐巴桑的原宿庚申塚、風景優美的飛鳥山公園、帶著懷舊童年氣氛的荒川遊園地，經過的路段與東京刻板印象不同，是安靜而帶著緩慢生活氣氛。和當地的學生和老婆婆們一同乘車，望著前方陽光下閃耀的路面鐵道和兩旁的流逝的路人和建築物，每一幕，都是旅行中的小小風景。

都電一日乘車券
都電荒川線
乗り降り自由
23.11.21に限り有効
400円
23.11.15 荒川電車(営)新601

宮ノ前　東尾久三丁目　町屋二丁目
小台　熊野前
荒川遊園地前　町屋駅前
荒川車庫前　荒川七丁目
梶原　荒川二丁目
栄町　荒川区役所前
王子駅前　荒川一中前
飛鳥山　三ノ輪橋
滝野川一丁目
西ヶ原四丁目
庚申塚　新庚申塚
巣鴨新田
大塚駅前
向原
東池袋四丁目
都電雑司ヶ谷
鬼子母神前
学習院下
面影橋
早稲田

三ノ輪橋

三ノ輪橋駅

● 都電三ノ輪橋駅即達　☎03-3893-7451　⌂荒川區南千住一丁目

開業於大正4年(1913年)的三ノ輪橋駅，是關東地區的車站百選之一。由於是首站，再加上車站本身的歷史風情，這裡可說是各路攝影好手拍攝都電荒川線電車的著名景點之一。

荒川遊園地前駅
◉ 荒川遊園
あらかわ遊園

> 園內面積不太，遊樂設施也不刺激，但特有的懷舊氣氛讓人沉醉其中。

🚃都電荒川遊園地前駅徒步5分　☎03-3893-6003　🏠荒川區西尾久6-35-11　🕘9:00~17:00(夜間開園至20:00)　💤週二(遇假日順延翌日休，春假、寒暑假照常開園)，12/29~1/1，定期檢修日　💰入園門票大人￥800、65歲以上及國中生￥400、小學生￥200、3歲以下免費；遊樂設施券1張￥100；Freepass(入園門票+遊樂設施)大人￥1,800、65歲以上￥1,400、國中生￥1,000、小學生￥700、3歲以下￥500、2歲以下免費　🌐www.city.arakawa.tokyo.jp/yuuen

　充滿許多江戶子(東京土生土長的人)兒時回憶的荒川遊園創業於大正11年(1922年)，**小巧的摩天輪是這裡的象徵**。園內還有與可愛小動物親密接觸的活動，可愛的遊園小火車也是大人小孩喜愛的人氣設施。園區於2022年(令和4年)4月月重新裝修後再出發，遊樂器材、動物互動區依舊好玩有趣。

飛鳥山駅
◉ 飛鳥山公園

🚃都電飛鳥山駅徒步2分　☎03-5980-9210　🏠北區王子1-1-3　🕘自由參觀　💰自由入園

　要提到**東京都內的賞櫻名所，飛鳥山公園可是排行榜上的前幾名**。約在300年前，八代將軍德川吉宗為了建造一個賞楓名所，於是在此植上大量櫻樹，也開啟人們在樹下賞花、設宴的風氣。平常在這裡可以見到許多居民健行、休閒，到了春季賞櫻人潮更是不斷。

庚申塚駅
◉ いっぷく亭

🚃都電庚申塚駅月台上　☎03-3949-4574　🏠豐島區巢鴨2-32-10　🕘10:00~18:00(L.O.17:30)

　いっぷく亭是間**提供旅客休息的甘味茶屋**，在沒搗爛的米糰外覆上一層紅豆泥的手工おはぎ是必吃小點心，香Q可口。而香氣十足的炒麵更是用餐時的必點。

> 配上煎得極美的太陽蛋，蛋黃中和了重鹹醬味，讓人一口接一口。

庚申塚駅
卍 巢鴨庚申塚
巢鴨庚申塚

🚃都電庚申塚駅步行約3分　🏠豐島區巢鴨4-35　🕘自由參拜　💰自由參拜　🌐www.sugamokoushin.com/

　源自於庚申信仰的巢鴨庚申塚，當初就位於中山道休息站旁，不但**曾在浮世繪和歷史文本中出現，連鄰近的地名也直接以庚申塚為名**。現在庚申塚仍然留有明曆3年(1657年)的碑文，入口的狛犬由兩隻造型奇特的石猴代替，小堂裡祭祀的猿田彥大神則是道路與旅人的守護神。

庚申塚駅
巢鴨地藏通商店街

巢鴨地藏通り商店街

🚃都電庚申塚駅步行約3分　💁巢鴨地藏通商店街事務所 03-3918-2101　🏠豐島區巢鴨3丁目、4丁目　🕐依各店舖而異　🏖依各店舖而異　🌐sugamo.or.jp

　從庚申塚站出站後往南走，就可以走到熱鬧的地藏通商店街入口；**這裡可是被稱為歐巴桑的原宿的老派情調商店街**。沿路上有著廟宇、點心、便宜的衣服和日用品、超市等，還有專賣大紅內衣褲的知名品牌マルジ(maruji)等當地知名品牌。

雜司ヶ谷駅
雜司之谷手創市集

雜司ヶ谷手創り市

🚃都電雜司ヶ谷駅步行約5分　📞03-3956-2254　🏠鬼子母神社豐島區雜司ヶ谷3-15-20、大鳥神社豐島區雜司ヶ谷3-20-14　🕐每月第三個週日10:00~16:00(遇神社活動會有異動，詳見官網)　🏖雨天，2024年7月，2024年11月大鳥神社因西の市停辦　🌐tezukuriichi.com/home.html

　雜司之谷手創市集是每個月定期於鬼子母神社與大鳥神社舉辦的晴空市集。兩個會場合併有200個攤位、300名手工藝家參與。**參與的基本類型就是手作品**，包含了陶瓷、木工、玻璃、金工、皮革、飾品、布製小物等。另外也有嚴選原料素材的點心、麵包、果醬等手作家們參與。

> 將物品直接與精神連結就是手作最大的優點。

雜司ヶ谷駅
鬼子母神堂

🚃都電雜司ヶ谷駅步行約5分　📞03-3982-8347　🏠豐島區雜司ヶ谷3-15-20　🕐9:00~17:00，大黑堂10:30~16:30　💲自由參拜　🌐www.kishimojin.jp

　雜司之谷的這處鬼母子神堂，歷史可追溯到16世紀間，現在的神殿樣式，還是依據1664年時的樣式復原修復而成。殿中的鬼子母神面容慈祥，**保佑安產與養育，數百年間香火鼎盛**。

雜司ヶ谷駅
雜司之谷靈園

🚃都電雜司ヶ谷駅步行約5分　💁雜司之谷靈園管理事務所03-3971-6868　🏠豐島區南池袋4丁目　💲自由參觀　🕐自由參觀　🌐www.tokyo-park.or.jp/reien/zoshigaya/index.html

　雜司之谷靈園在19世紀以前是將軍鷹狩時的行館，作為靈園之後依然保留豐富的自然綠地；**而園中也有不少名人**：如夏目漱石、竹久夢二、小泉八雲等，不時能看見安靜朝聖的日本遊客身影。

面影橋駅
甘泉園

🚃都電鏡影駅步行約5分　☎新宿區公園課03-5273-3914
🏠新宿區西早稻田3-5　🕙3~10月7:00~19:00，11~2月
7:00~17:00　🌐www.city.shinjuku.lg.jp/seikatsu/
file15_03_00011.html

　甘泉園是建於18世紀、德川幕府時期的傳統庭園，
經過不同擁有者後在1969年正式成為新宿區的區立
公園。**池泉迴遊式的庭園雖然規模很小，卻保有古
老典雅的風情和日式庭園特徵，並免費開放給民眾
參觀**，庭院外則設置了一般的區立公園。

面影橋駅
富田染工藝

🚃都電鏡影駅徒步5分　☎03-3987-0701　🏠新宿區西早
稻田3-6-14　🕙SARAKICHI(さらきち)9:00~12:00、
13:00~16:00；染布體驗(1.5~2小時)9:00、10:00、
13:30、14:00、14:30　🗓SARAKICHI(さらきち)週六、日、
例假日　💰自由參觀；染布體驗小裂 こぎれ￥2,500，使い
袱紗 ふくさ￥4,500　🌐tomita-senkougi.com　❗體驗
需事先預約，限平日(年末年始、盂蘭盆節除外)；後續製
作需要約1個月，完成後可將成品代寄到指定住址。　📧
tomisen@mtj.biglobe.ne.jp

　過去在新宿市區的神田川一側染坊林立，各間店家
沿著清流洗布、曬布的壯觀畫面已經不復見。**工房開
放參觀之外也提供染布體驗，從雙面的小茶巾到自
行攜帶T恤加工**，都可以由江戶時代至今的龐大紙型
收藏中選擇自己喜歡的圖樣，在職人指導下親手塗
染色糊(型付け)，完成作品。

富田染工藝仍獨擁
老式木屋和工房，守
護傳統技藝與文化。

早稻田駅
早稻田大學

🚃都電早稻田駅步行約5分　🏢総長室社会連携課03-
3204-4604　🏠新宿區戶塚
町1-104　🕙8:00~22:30，週
日、例假日 8:00~18:00　🌐
www.waseda.jp

　從路中央的小站向右前
方坡道走去，經過沿路便
宜的學生街餐廳，就能
**抵達頗有名氣
的私立大學
「早稻田
大學」**。建於1920年的早大，前身
是1882年設立的東京專門學校，從
最早的政經、法律、理學、英語發
展至今已是擁有10個科系和多個校
區的大型學院，其中早稻田校區是
最早規模也最大校區。

校園內的歷史建築如
大隈講堂和坪內博士紀
念演劇博物館等，充滿
人文氣質的優雅氣度。

○早稻田大學

○早稻田大學

村上春樹圖書館

村上春樹ライブラリー

🚃都電早稻田駅步行約5分　☎03-3204-
4614；B1F橙子貓(Orange Cat)03-5286-1257　🏠新宿區
西早稻田1-6-1　🕙10:00~17:00　🗓週三　💰免費參觀　🌐
www.waseda.jp/culture/wihl/

　不管你是不是日本作家村上春樹的忠實讀者，2021
年開幕的「村上春樹圖書館」都非常值得一遊。**出身
早稻田大學的村上春樹，將私人收藏的書籍和黑膠
唱片、作品原稿、手稿及海外翻譯版本捐贈予母校，
這批文物的典藏之地選址早稻田大學的舊校舍4號
館，由建築大師隈研吾操刀**，打造成一座讓人漫步遨
遊在文學的異想世界。

以「隧道」象徵時
空的裂隙，暗示訪
客即將前往村上
文學的異想世界。

東急世田谷線
せたがやせん
Setagaya sen

世田谷線是東急電鐵唯一的一條軌道線，同時也是東京都內唯二的路面電車。連接都心西南部三軒茶屋與下高井戶的這條路面電車，其實還殘留著「玉電」的面貌；玉電是昭和年代時，連接澀谷與二子玉川的路線電車，廢線後，其中三軒茶屋至下高井戶一段被保留下，由東急電鐵接手，自1999年起引進東急300系電車，每次列車由兩輛編成，而每台列車顏色都不一樣，共有10種顏色，來世田谷線尋找心中的那抹顏色，也成了鐵道迷們造訪的課題呢！

交通路線＆出站資訊

總站數◎10站　總長度◎5.0公里
時間◎約5:15~凌晨00:38，每5~6分一班車。6:00以前和21:00以後班次減少，約8~10分一班
票價◎均一價單程大人￥160、小孩￥80。世田谷線散策乘車券(世田谷線散策きっぷ)大人￥380、小孩￥190
乘坐指南◎在最前門、最後門上車付錢，到站按鈴，兩車廂中間的門下車。大部分車站都是無人站，一日乘車券可以在車上或是少部分站內窗口直接購買。另外SUICA和PASMO也能使用。

PLAN！世田谷線散策一日遊

整條路線貫穿世田谷區的住宅區，說是一條觀光的路線，倒不如說是為了當地居民生活便利而設。與都電荒川線一樣，是東京殘存的路面電車，車速緩慢，每一站間距不超過1公里，甚至在三軒茶屋至西太子堂只有300公尺；沿線小店、咖啡廳齊聚，尤其在松陰神社前至世田谷駅一帶，因為比較少觀光客造訪，讓人有種遠離東京喧囂的靜謐感；因為站距不大，透過緩慢的車窗流動，東京最真實的生活風景才能躍然眼前。

京王線　SG10　下高井戶
小田急線　SG09　松原
　　　　　SG08　山下
　　　　　SG07　宮之坂
　　　　　SG06　上町
　　　　　SG05　世田谷
　　　　　SG04　松陰神社前
　　　　　SG03　若林
　　　　　SG02　西太子堂
田園都市線
三軒茶屋　SG01

世田谷線的鐵路就在底下，從展望台觀看列車進出站也十分有趣。

三軒茶屋駅

👁 Carrot Tower展望台
スカイキャロット展望ロビー

🚶三軒茶屋駅徒步1分　☎03-5430-1185　🏠世田谷區太子堂4-1-1 Carrot Tower 26F　🕙9:30~23:00，餐廳11:00~22:00(L.O.21:00)，Café10:00~22:00(L.O.21:00)　⊘每月第二個週三，12/31~1/1　💰免費參觀　🌐www.city.setagaya.lg.jp/mokuji/kusei/012/002/d00004091.html

位在三軒茶屋駅相通的大樓**Carrot Tower樓頂的展望室，是東京難得的免費展望台**。展望台的北東側可遠望東京都心，這裡設置了咖啡廳，可以選個靠窗的位置坐下來好好欣賞景色；而西南邊則靠向低矮的住宅區，天氣好且能見度高時，還有機會看到富士山呢！

三軒茶屋駅
Café Mame-Hico三軒茶屋店

🚶三軒茶屋駅徒步1分　☎03-5433-0545　🏠世田谷區太子堂4-20-4　🕐9:00~14:00、15:00~20:00
mamehico.com

以貓咪圖樣為LOGO設計的「Café Mame-Hico」，來自北國的咖啡豆香而不酸，店內除了**可買到知名的咖啡豆**，也可品嚐到現煮的咖啡；與咖啡館連接一起的「Mame-Hico Covivu」是後期開設的咖啡館，咖啡香氣依舊外還可品嚐人氣麵包「円パン」的滋味。

> 定期引入北海道札幌自家焙煎的咖啡名店「菊地咖啡」的咖啡豆。

三軒茶屋駅
来来来

🚶三軒茶屋駅徒步3分　☎03-3412-2918　🏠世田谷區太子堂4-27-10　🕐11:30~15:00、17:00~21:30；週六日及例假日11:30~21:00　🚫週三，每月第三個週二　🍜ちゃんぽ(長崎什錦麵)￥1,100，皿うどんど(長崎什錦麵勾芡版)￥1,100

小小的店面毫不起眼，来来来以知名的好口味征服東京饕客的味蕾，也是許多知名藝人常造訪的隱之家。**這裡最有名的便是長崎什錦麵**，一碗滿滿的料，重鹹的湯頭鮮香回甘，一吃上癮！

> 什錦麵湯汁勾芡淋在麵上的皿うどんど，吃得超級滿足！

三軒茶屋駅
東京茶寮

🚶三軒茶屋駅徒步8分　🏠世田谷區上馬1-34-15　🕐11:00~18:00(L.O.17:00)，每月不定期營業(詳見官網)　🚫週一~五、日　🍵煎茶2種飲み比べ+お茶菓子(2種煎茶+茶菓子)￥1,400　🌐www.tokyosaryo.jp

日本煎茶專門店「煎茶堂東京」於三軒茶屋開設品飲店鋪「東京茶寮」，其為**世界第一座手沖日本茶專門店**，新穎的手沖模式在開幕時引起話題，以吧檯為中心，客人圍繞吧檯而坐，茶師以品牌獨家設計的手沖茶器慢沖出茶的水色及美味，再奉與來客，享受片刻的放鬆品茗時光。

三軒茶屋駅
rain on the roof

🚶三軒茶屋駅徒步3分　☎03-3487-8811　🏠世田谷區三軒茶屋2-14-22 池田屋2F　🕐11:30~22:00　🌐renovationplanning.co.jp

改建於老房子的rain on the roof，在2樓全木的暗色內裝中，毫不宣揚的一軒。昏暗的室內空間，擺放著幾張桌椅、沙發，高高的屋頂，木樑懸於頭上，老房子的氛圍滿點。

> 品嚐美味咖啡、蛋糕外，夜間小酌也都十分適合。

松陰神社前駅
⛩ 松陰神社

🚉松陰神社前駅徒步3分　
☎03-3421-4834　🏠世田谷區
若林4-35-1　🕖7:00~17:00
💴自由參拜；勝守￥1,000　🌐www.shoinjinja.org

許多學子會來松陰神社購買勝利御守、祈求考試合格。

　　松陰神社祭祀的是吉田松陰，原址為長洲藩的別邸，明治15年(1882年)時世人感念松陰先生的偉大，建造這間神社，松陰先生也成為當地人日常的守護神，現在看到的社殿則是建於昭和2年至3年之間。因為松陰先生飽讀詩書，這裡也成為著名的學問之神社。

松陰神社前駅
☕ タビラコ

🚉松陰神社前駅下車即達　☎03-3439-5353　🏠世田谷區世田谷4-13-20　🕐13:00~20:00　休週四　🌐tabiraco.jugem.jp

最靠窗的座位是特等席，列車經過窗邊時叩隆叩隆響響充滿鐵道旅行情緒。

　　位在鐵道旁的小小咖啡店，白淨的牆面、木色桌椅，**極度日常的小咖啡廳，提供簡單餐食**，櫃台旁設置迷你雜貨區，許多可愛小物讓人愛不釋手。店內也放了不少繪本、書藉，可以隨手取閱，但可別忘了放回原位。

松陰神社前駅
🍴 松崎煎餅 松陰神社前店

🚉松陰神社前駅徒步3分　☎03-6884-3296　🏠世田谷區若林3-17-9　🕚11:30~19:00(L.O.18:30)　🌐matsuzaki-senbei.com/

　　已超過200年歷史、本店在銀座的煎餅老舖「松崎煎餅」，在**松陰神社站前開設一間全新型態的複合式餐廳**，店內除了販售煎餅，另闢一處用餐空間提供餐點及冰品，開放感的廚房簡單俐落，午餐的食材皆使用自然、有機栽培的當季野菜，因採收數量有限，午餐限量販售外，也會依每天進貨內容更動餐點內容；另也有甜點、飲料的選擇。

午餐套餐有兩種選擇，其中七種小菜定食健康又美味。

松陰神社前駅
🎁 1mm market

🚉松陰神社前駅徒步2分　☎050-3450-9515　🏠世田谷區世田谷4-13-18
🕚11:00~17:00(週二、三至16:00)，週六12:00~17:00　休週日、例假日　🌐ichi-mm.com

在透明紙上一一介紹單品的特性，手寫字更有溫度與個性。

　　位在住宅區裡的小小文具雜貨舖，**精選來自北歐、東歐以及日本的優質文具、玩具**，為平淡生活注入多彩多姿的能量。特地選在這裡開店便是喜歡這裡悠閒的生活感，每年店主人會赴歐遊走，將看到的美好事物帶回日本，也帶回新的生活提案。

山下駅
玉電咖啡山下

たまでんカフェ山下

📍山下駅出站即達 ☎03-5426-3737 🏠世田谷區豪德寺1-44-5 🕐11:00~17:00 🈺週二、三,不定休

由世田谷區域活化組織所經營的玉電咖啡,訴説著世田谷線曾經的身世,同時也肩負起地域活化、文化交流的使命,小小的空間除了當作咖啡廳提供簡易餐點,更置放世田谷區的活動傳單,想要了解世田谷區來到這裡準沒錯!

宮の坂駅
卍 豪德寺

📍宮の坂駅徒步5分 ☎03-3426-1437 🏠世田谷區豪德寺2-24-7 🕐6:00~17:00,寺務所8:00~15:00 🈺自由參拜 🌐gotokuji.jp/

豪德寺是世田谷區曹洞宗的寺院,也是井伊直弼墓

的所在地。會漸漸有名起來,則是**傳聞這裡是招財貓的發祥地**。傳説當時井伊直孝看見有對他招手的貓,進來到豪德寺因而避開身後的劈雷,也因為這個傳説,現在境內可以看到祭祀招猫観音的招猫殿外,在招猫殿一旁供奉上千尊招財貓,更是奇觀。

> 另外店內一隅設置玉電相關資料及產品,鐵道迷必遊!

> 三重塔上可以找到招財貓的浮雕!

⟩ 豪德寺找招財貓 ⟨

① 獅子香爐
一進入豪德寺會先看到這座大香爐,可以供奉香火來淨化神心,是與佛對話的一種途徑。

② 三重塔
於平成18年(2006年)才落成的三重塔,處處藏著招財貓與十二生肖的木雕,另外還有幾隻可愛的貓咪趴著,等你來尋找。

③ 招福貓兒
參拜者來此祈願後將招福貓兒帶回家,願望成真後再帶回來供奉,當成還願儀式。每年1至2月招財貓的數量最多,想看到壯觀的景色就選冬天來吧。

④ 招財貓繪馬
來此參拜的人也會在繪馬寫上願望,懸掛著祈求實現。

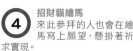

⑤ 招財貓御守
社務販售各種尺寸的招財貓,若怕無法回來還願的話也有小御守可留作紀念。

東京旅遊情報

日本概要
◎國名 日本。
◎正式國名 日本國。
◎首都 東京。
◎語言 日語。
◎宗教 以信神道教者占最多數，其次為佛教、基督教、天主教等。
◎地理環境 位於東北亞的島國，由四大島：北海道、本州、四國、九州及許多小島組成，西濱日本海、朝鮮海峽、中國東海，東臨太平洋，主島多陡峭山脈和火山，本州是最大主島，沿海為狹窄平原。

時差
日本比台灣快一個時區，也就是台北時間加一小時。

氣候
◎春天（3、4、5月）
氣溫已開始回升，但仍頗有寒意，有時仍在攝氏10度以下，早晚溫差大，需注意保暖。4月初是東京的賞櫻季節，許多熱門的賞櫻景點在夜間還有賞夜櫻的活動。
◎夏天（6、7、8月）
夏天甚為悶熱，攝氏30度以上的日子不少，7月下旬～8月初旬，甚至可能超過35度。
◎秋天（9、10、11月）
氣候涼爽怡人，套一件薄外套、針織毛衣即可應付。
◎冬天（12、1、2月）
冬天的氣溫跟台灣北部一樣嚴寒，但是偏乾冷，寒流來時甚至會在攝氏零度左右，保暖防風的衣物不可少，但市區內極少飄雪。

習慣
日本的一般商店街和百貨公司，除了特賣期間，通常都從早上10～11點左右營業至晚間8～9點之間。行人行走的方向是靠左行走，車輛行駛的方向也跟台灣相反。

貨幣及匯率
◎匯率 台幣1元約兌換日幣4円
◎通貨 日幣¥。紙鈔有1萬円、5千円、2千円及1千円，硬幣則有500円、100円、50円、10円、5円及1円。

兌換
出發前要記得在國內先兌換好日幣，雖然各大百貨公司及店家、餐廳等都可使用信用卡，但是像購買電車票、吃拉麵、買路邊攤、住民宿等，都還是要用到現金。國內各家有提供外匯服務的銀行都有日幣兌換的服務，桃園國際機場內也有多家銀行櫃台可快速完成兌換外幣。

消費稅
日本的消費稅已在2014年4月1日從5%調漲為8%，並在2019年10月調漲至10%。現行策略分為8%及10%的消費稅，8%範圍涵蓋在餐廳外帶服務、便利商店、超市或藥妝店購買的餐飲食品(不含酒類及醫藥物品)；10%則適用提供「內用」服務的餐廳、超商及美食街等。

小費
在日本當地消費，無論是用餐、搭乘計程車還是住宿，都不用特別地額外給小費，服務費已內含在標價中。

購物
日本的大打折季是在1月和7月，每次約進行1個半月的時間，跟台灣一樣會折扣愈打愈低，但貨色會愈來愈不齊全。1月因逢過年，各家百貨公司和商店都會推出超值的福袋。

電源
電壓100伏特，插頭為雙平腳插座。

郵政
郵筒分紅、綠兩色，紅色寄當地郵件，綠色寄外國郵件(有些地區只有一個紅色郵筒兼收)。市區主要郵局開放時間，週一～五為9:00～19:00，週六為9:00～17:00。
航空明信片(定形郵便物，非不規則狀)郵資¥100，航空郵件(定形郵便物：長邊14～23.5cm、短邊9～12cm、厚度1cm內)50g以下郵資¥120～190。

當地旅遊資訊
◎TIC東京
可索取地圖、住宿及觀光交通等資料及預約旅遊行程。

📍JR東京駅日本橋口徒步1分；或東京Metro各線大手町駅B9b出口徒步1分 📞03-5220-7055 🏠東京都千代田區丸の內1-8-1 丸の內TRUST TOWER N館1F 🕐10:00~19:00 🚫年末年始，TRUST TOWER大樓休館日 🌐www.tictokyo.jp/

◎台北駐日經濟文化代表處

遭遇到任何問題與麻煩，如護照遺失、人身安全等，皆可與辦事處連絡。

📍JR山手線目黑駅徒步10分；或東京Metro南北線、都營地下鐵三田線白金台駅1號出口徒步5分 📞03-3280-7811，新冠肺炎確診協助0570-550571(每天9:00~22:00，可中文對應) 🏠東京都港區白金台5-20-2 🕐週一～週五9:00~12:00、13:00~18:00；領務申辦(護照、簽證、文件證明、商務驗證、國籍案件、入出境許可等)9:00~11:30、13:00~16:00 🚫週六、日、例假日 🌐www.roc-taiwan.org/jp/index.html ❗領務申辦週一～四為現場排

◎Covid-19諮詢熱線

若疑似感染或在日病毒檢測結果為陽性時，可利用厚生勞動省(MHLW)提供的多語言熱線諮詢服務，提供中、英、韓、泰、西、越等多國語言。📞0120-565653 🕐9:00~21:00

◎日本醫療機構

可至日本觀光廳運營的「身體不適之時」網站，查詢在日醫療服務的線上指南，其提供中英韓及日語的醫療機構搜索功能、如何訪問醫療機構，以及解答可能遇到的其他問題。🌐www.jnto.go.jp/emergency/chc/mi_guide.html

◎電話醫療諮詢及翻譯服務

由亞洲醫師協會醫療資訊中心(AMDA)提供中、英、韓等8國語言醫療諮詢服務專線，另也提供電話翻譯服務。📞03-6233-9266 🌐www.amdamedicalcenter.com/welcome/english

◎更多日本安全旅遊問題協助

➡️國定假日

1月1日	元旦
1月第二個週一	成人之日
2月11日	建國紀念日
2月23日	天皇誕辰
3月21日	春分之日
4月29日	昭和之日
5月3日	憲法紀念日
5月4日	綠之日
5月5日	兒童之日
7月第三個週一	海洋之日
8月11日	山之日
9月第三個週一	敬老之日
9月23日	秋分之日
10月第二個週一	體育之日
11月3日	文化之日
11月23日	勤勞感謝之日
12月29~31日	年末休假

日本入境手續

所有入境日本的外國人都需填寫入出境表格和行李申報單，如果自由行觀光客在出發前沒有拿到旅行社所發送的表格，請在飛機航班上主動向機組人員詢問索取，並盡可能在飛機上填寫完成，每一個空格都需填寫，以免耽誤出關時間。另外，部分日本機場施行可網路預填入境申報，也可善加利用。

入境審查手續

自2007年11月20日開始，為了預防恐怖事件發生，所有入境日本的外國旅客都必須經過按指紋與臉部照相過程才可入境。

↓

❶ 抵達後請準備好已經填寫完成的入境表格，於外國人的櫃檯依指示排隊。

↓

❷ 向櫃檯入境審查官提交護照、填寫好之入境表格。

↓

❸ 在海關人員的引導指示下讀取指紋。請將兩隻手的食指放上指紋機，等候電腦讀取指紋資訊。

請參照 🌐 www.moj.go.jp/content/000001945.pdf

↓

❹ ⋯⋯ 請將臉部正對著指紋機上的攝影

隨指標抵達證照檢查處後，請在標示為「外國人入境」的窗口前依序排隊，並準備1.護照2.填寫好的出入境表格3.機票存根，在輪到你時交給窗口的入境審查官。檢查完資料後，審查官貼上入境許可，並請你在指紋登記系統留下紀錄，完成入國手續。

填寫入國紀錄

❶ 姓(填寫護照上的英文姓氏)
❷ 名(填寫護照上的英文名字)
❸ 出生日期(依序為日期、月份、西元年)
❹ 現居國家名
❺ 現居都市名
❻ 入境目的(勾選第一個選項「觀光」，若非觀光需持有簽證)
❼ 搭乘班機編號
❽ 預定停留期間
❾ 在日本的聯絡處(填入飯店名稱、電話號碼即可)
❿ 在日本有無被強制遣返和拒絕入境的經歷(勾選右方格：沒有)
⓫ 有無被判決有罪的紀錄(不限於日本) (勾選右方格：沒有)
⋯⋯藥物、槍砲、刀劍類、火藥類(勾選右方格：

(A面) **(B面)**

税関様式C第5360号

携帯品・別送品　申告書

下記及び裏面の事項について記入し、税関職員へ提出してください。

1 乗機（船舶）名・出発地　BR2198　（出発地）2 Taipei

入国日　2　0　1　4　年　1　0　月　2　1　日

フリガナ

氏　名　4 Wang Da Ming

〒

住　所
5 （滞在先）　tel　0　3　3　3　4　4　1　1　1　1

職　業　6 Student

7 生年月日　1　9　8　0　年　0　1　月　0　1　日

8 旅券番号　1　2　3　4　5　6　7　8　9

9 同伴家族　20歳以上　　6歳以上20歳未満　　6歳未満

※ 以下の質問について、該当する口に✔でチェックしてください。

1. 下記に掲げるものを持っていますか？　はい　いいえ

10 日本への持込が禁止又は制限されている物（B面を参照）　□　✔

11 免税範囲（B面を参照）を超える購入品・お土産品・贈答品など　□　✔

12 商業貨物・商品サンプル　□　✔

13 他人から預かった荷物　□　✔

※ 上記のいずれかで「はい」を選択した方は、B面に入国時に携帯して持込むものを記入します。

2. 100万円相当額を超える現金又は有価証券などを持っていますか？　はい　いいえ
14　□　✔

※「はい」を選択した方は、別途「支払手段等の携帯輸入届出書」の提出が必要です。

3. 別送品　入国の際に携帯せず、郵送などの方法により別に送った荷物（引越荷物を含む。）がありますか？

15　　□ はい（　　個）　✔ いいえ

※「はい」を選択した方は、入国時に携帯して持込むものをB面に記載したこの申告書を2部、税関に提出して、税関の確認を受けてください。（入国後6ヶ月以内に輸入するものに限る。）

税関で確認を受けた申告書は、別送品を通関する際に免税範囲の確認に必要となりますので大切に保管してください。

《注意事項》

海外で購入したもの、預かってきたものなど、本邦に持込む携帯品・別送品については、税関に申告し、必要な検査を受ける必要があります。税関検査にご協力ください。

また、申告漏れ、偽りの申告などの不正な行為がありますと、処罰されることがありますのでご注意ください。

ご協力ありがとうございました。

A面より、記入してください。《申告は正確に!》
（ご不明な点がございましたら税関職員へお尋ねください。）

※ 入国時に携帯して持ち込むものについて、下記の表に記入してください。

（注）個人的使用に供する購入品等に限り、1品目毎の海外市価の合計額が1万円以下のものは記入不要です。また、別送した荷物の詳細についても記入不要です。

	酒　類		本	＊税関記入欄
たばこ	紙巻		本	
	葉巻		本	
	その他		グラム	
香　水			オンス	
その他の品名	数　量	価　格		

＊税関記入欄　　　　　　　　　円

16 **日本への持込が禁止されているもの**

① 麻薬、向精神薬、大麻、あへん、覚せい剤、MDMAなど
② けん銃等の銃砲、これらの銃砲弾やけん銃部品
③ ダイナマイトなどの爆発物や火薬、化学兵器の原材料
④ 紙幣、貨幣、有価証券、クレジットカードなどの偽造品
⑤ わいせつ雑誌、わいせつDVD、児童ポルノなど
⑥ 偽ブランド品、海賊版などの知的財産侵害物品

17 **日本への持込が制限されているもの**

① 猟銃、空気銃及び日本刀などの刀剣類
② ワシントン条約により輸入が制限されている動植物及びその製品（ワニ・ヘビ・リクガメ・象牙・じゃ香・サボテンなど）
③ 事前に検疫確認が必要な生きた動植物、肉製品（ソーセージ・ジャーキー類を含む。）、野菜、果物、米など
＊事前に動植物検疫カウンターでの確認が必要です。

18 **免税範囲**

・酒類3本（760ml／本）
・外国製紙巻たばこ200本
＊20歳未満の方の酒類とたばこの免税範囲はありません。
・香水2オンス（1オンスは約28ml）
・海外市価の合計額が20万円の範囲に納まる品物（入国者の個人的使用に供するものに限る。）
＊6歳未満のお子様は、おもちゃなど子供本人が使用するもの以外は免税になりません。
＊海外市価とは、外国における通常の小売価格（購入価格）です。

在行李旋轉台上找到行李後，還必須通過最後一關行李檢查，才能正式進入日本。如果有需要特別申報的物品的話，必須走紅色通道，如果沒有的話可由綠色通道通關。在這裡請準備：

① 行李申報單
② 護照

以上物件備齊交給海關人員查驗。

填寫行李申報單

① 搭乘航班編號
② 出發地點
③ 入境日期
④ 姓名(註：填寫護照上英文姓名)
⑤ 日本的聯絡處(請填寫入住之飯店名稱、電話)
⑥ 職業
⑦ 出生年月日(註：填寫西元年號)
⑧ 護照號碼
⑨ 同行家屬(請勾選)
⑩ 是否攜帶以下申請單B面之禁止入境物品？(填寫右方格：沒有)
⑪ 是否攜帶超過B面免稅範圍的商品、土產或禮品？(填寫右方格：沒有)
⑫ 是否攜帶商業貨物、樣品？(填寫右方格：沒有)
⑬ 是否攜帶別人寄放物品？(填寫右方格：沒有)
⑭ 是否攜帶超過折合100萬日幣的現金或有價證券？(填寫右方格：沒有)
⑮ 除隨身行李之外是否有郵寄送達日本的物品？(填寫右方格：沒有)
註：以上10-15項如果填寫「是」則必須在B面的清單正確填寫物品名稱與數量。
⑯ 日本禁止入境物品
(1)麻藥、類精神藥、大麻、鴉片、興奮劑、搖頭丸等各級法定毒品。
(2)手槍等槍枝與槍枝的彈藥及零件。
(3)炸藥等爆炸物品、火藥、化學武器的原料。
(4)紙幣、貨幣、有價證券及信用卡等的偽造物品。
(5)色情書報雜誌、光碟及兒童色情物品。
(6)仿冒名牌商品、盜版等損害智慧財產權的物品。
⑰ 日本限制入境物品
(1)獵槍、空氣槍及日本刀等刀劍類。
(2)根據華盛頓公約限制進口的動植物及其製品(鱷魚、蛇、龜、象牙、麝香及仙人掌等)。
(3)需事前檢疫的動植物、肉產品(包括香腸、牛肉乾、豬肉乾等)、蔬菜、水果及稻米。
⑱ 入境日本免稅範圍
・酒類3瓶(1瓶760ml)
・外國香菸400支
・香水2盎司(1盎司約28ml)
・境外市價總額不超過20萬日幣的物品
(只限入境者的自用品)

訪日前可網路預填「入境審查單」及「海關申報單」

從2024年1月25日起，以往在「Visit Japan Web」預填申報單，原本會生成「入境審查單」及「海關申報單」2組QR Code，重新簡化後，現在只會有1組QR Code，不論是入境審查或是最後出海關前，都是使用同一組QR Code，真的是便利多了，當然也可選擇到日本下機後再填傳統紙本，一樣可以入境。

◎相關使用及填寫方式：

第一次使用的人，需註冊帳號、email等資訊，註冊完成後，要開始登錄前，最好手邊要有護照

資料、機票資料、住宿資料等在手，等一切齊備，就可以在出國前，先進行登錄囉。但須注意你飛抵的機場，必須是有Visit Japan Web對應系統的機場，目前日本有7個。

想進一步了解使用方式，在Visit Japan Web上，有中文詳細說明使用手冊。

❶目前僅7個主要機場（東京-成田機場、東京-羽田機場、關西機場、中部機場、福岡機場、新千歲機場、那霸機場）可以使用Visit Japan Web辦理入境和海關手續

港澳入境日本&旅遊資訊

➡日本基本資訊
請參考P.B1-B2。

➡簽證及護照規定
持香港特區護照(HK SAR)、澳門特區(MACAU SAR)、英國(海外)公民(BNO)，只要是90日內短期赴日者，皆可享有免簽證待遇。

◎免簽證實施注意事項

對象：持有效持香港特區護照(HK SAR)、澳門特區(MACAU SAR)、英國(海外)公民(BNO)者

停留期間：不超過90日期間

赴日目的：以觀光、商務、探親等短期停留目的之赴日(如為其他目的，需另外申請簽證)

◎在香港日本國總領事館
🏠香港中環康樂廣場8號(交易廣場第一座46樓及47樓)
📞+852-2522-1184
🕐09:15-12:00、13:30-16:45
🈺六日
🌐www.hk.emb-japan.go.jp/itprtop_zh/index.html
❶領館轄區：香港特別行政區、澳門特別行政區

➡貨幣及匯率
匯率：港幣1元約兌換日幣20.43圓(2024年7月)。
匯率：澳幣1元約兌換日幣19.84圓(2024年7月)。

通貨：日幣￥。紙鈔有1萬圓、5千圓、2千圓及1千圓，硬幣則有500圓、100圓、50圓、10圓、5圓及1圓。

❶2024年7月3日，日幣紙鈔全面更新，詳細資訊見B-1

➡電話
港澳行動電話和雖日本系統不同，但目前4G、5G手機已可漫遊日本地區。投幣話機可使用10圓、100圓。能打國際電話的公用電話越來越少，請特別注意。

❶以市話撥打國際電話方式，請參照B-2。香港國際區號(852)、澳門國際區號(853)

➡中國駐日本國大使館
港澳居民在日本遭遇到任何問題與麻煩，如護照遺失、人身安全等，皆可與辦事處連絡。

🚇東京Metro日比谷線、都營地下鐵大江戶線六本木駅下車，往TV朝日通路方向徒步約10分　📞03-3403-3388，領事部03-6450-2196　🏠港區元麻布3-4-33，領事部 品川區東五反田4-6-6　🕐週一~五9:00~12:30　🈺週六、日，例假日　🌐jp.china-embassy.gov.cn/jpn/

➡港澳居民入境日本手續
請參考B3-B4。港澳居民入境日本，除了以往紙本入境申報單及海關申報單外，一樣適用「Visit Japan Web」，可提供出境前預辦入境手續的「入境審查」、「海關申報」和「免稅購買」的網上服務。

使用TIPS
想要出國不卡卡，請注意下兩個事項
① 用手機填寫：以手機進入網站頁面，預先填寫「入境審查單」及「海關申報單」後會取得1組QRCode，以供入境日本時使用，建議用手機在網路直接填寫，就會在手機網頁上取得的QRCode，由於是透過網路連線後出現，但在下機當下，可能上網不那麼便利或是網路卡卡，除了可以離線使用外，建議也可在手機上，直接將QRCode截圖存下，一樣可以使用，以免因臨時找不到網站或被登出帳號而慌張。
② 截圖使用：在出國前填完資料取得的QRCode，由於是透過網路連線後出現，但在下機當下，可能上網不那麼便利或是網路卡卡，除了可以離線使用外，建議也可在手機上，直接將QRCode截圖存下，一樣可以使用，以免因臨時找不到網站或被登出帳號而慌張。

日本行動上網

在旅程中，使用Google Map、交通APP、美食APP、社群網路，或臨時查詢店家資訊時都需要網路連線，這時旅人們就會發現，少了網路，智慧型手機的功能馬上減弱一半。以下介紹四種上網的方法：WIFI分享機、上網SIM卡、國際漫遊與公眾WIFI，旅人可以依自己的需求做選擇。

➡Wfi分享機

在台灣租借Wifi分享機應該可算是在日本最方便的上網方式。由於一台分享機可同時讓3~5台行動裝置上網，因此一群朋友共同分享十分划算。日本4G上網速度快，在城市中一般通訊都不會太差，但要注意上網總流量可能會有限制。現在許多店家提供在機場取還的服務，對準備出國的旅客來說十分便利。

◎翔翼通訊
☎02-7730-3111
🏢取還處：桃園機場第一、二航廈3F出境大廳櫃台
🕐取件時間5:30~22:50(當日15:00前下單，可於當日18:00取機)；還機時間24小時，若非營業時間，可將機器及完整包裝投入還機箱
💲Softbank上網分享器(JP-5M)，4G上網吃到飽：設定費99元+日租金99元，可分享5台裝置，另有販售網卡及e-SIM卡
🌐is.gd/Fzec8j
❗台北、新竹、台中均設有直營門市，另基隆、桃園、台南、高雄亦設有代銷點，相關資訊以官網最新公告為主。

➡上網SIM卡

除了租借Wifi分享機以外，也可以選擇上網SIM卡。較不方便的地方在於，要使用上網SIM卡必須把手機內原本的SIM卡取出，換上專用SIM卡，雖然這樣一來便無法使用台灣的號碼，但因為有通訊軟體，還是可以與親友保持聯繫。因為只有換SIM卡，所以無須攜帶額外裝置，在超商與機場取貨便利，有些SIM卡甚至不用歸還，使用完後直接丟棄即可。

有鑑於將SIM卡換掉可能會因此漏接原本門號的訊息，有業者推出了eSIM卡，只要掃描寄到信箱的QRcode就能輕鬆安裝，直接省去現場領取的步驟，但購買前須特別注意自己的手機機型是否適用。

➡國際漫遊

電信業者	費率
中華電信emome	日租吃到飽1日(連續24小時)298元，1GB輕量型7天(連續168小時)149元，2GB輕量型7天(連續168小時)249元，5GB超值型8天(連續192小時)488元，8G超值型8天(連續192小時)688元
台灣大哥大	日租吃到飽1日(連續24小時)399元，4日以上每日199元；1GB計量型15天199元，2GB計量型15天349元，5GB計量型15天 499元；另有漫遊上網同遊共享包及漫遊上網三合一方案
遠傳電信	日租吃到飽1日(連續24小時)199元，限最少申辦天數為4天最高30天；5GB加購1GB定量包(暑假促銷方案)至多連續10日(240小時)489元，5GB定量包至多連續10日(240小時)488元

※以上費率為2024年8月時之資訊，詳細費率請洽電信業者

➡免費公眾WIFI

業者	熱點	使用方式	網址
Starbucks Wi2	全日本的星巴克	免費，申請帳號密碼，不限時數使用	starbucks.wi2.co.jp/
LAWSON Wi-Fi	全日本的LAWSON便利商店可使用	免費，登入e-mail即可使用	www.lawson.co.jp/service/others/wifi/
FREESPOT	約一萬兩千處	免費，有的飯店提供的FREESPOT為住宿旅客專用	www.freespot.com/
TOKYO FREE Wi-Fi	東京都提供的車站、景點、公園等公共設施免費wifi，還可直接連接大眾運輸工具或各區域wifi	以SNS帳號或電子郵件免費申請，不限時間及次數，可於兩週內任意使用，超過兩週需重新註冊	www.wifi-tokyo.jp/ja/

退稅手續

在 日本購物後要怎麼退稅？日本從2014年4月起將原本5%的消費稅調漲至8%後，陸續施行了一系列退稅制度修改，伴隨著對外國人的免稅新政策施行，原本只有電器、服飾能夠退稅，如今連食品、藥妝也列入免費範圍，2018年7月起更是將一般品及消耗品合併計算，退稅制度更為優惠。2019年10月起再調漲至10%，想搞懂新的退稅機制，只要把握以下幾個原則就沒有錯：

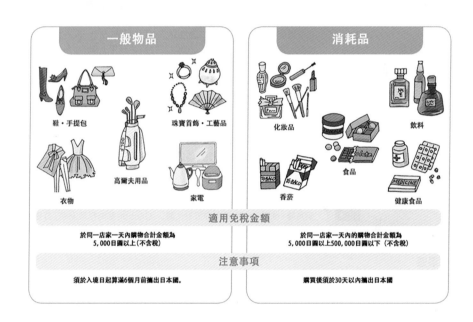

一般物品

鞋・手提包　　珠寶首飾・工藝品

高爾夫用品

衣物　　　家電

消耗品

化妝品　　　　飲料

食品

香菸　　　健康食品

適用免稅金額

於同一店家一天內購物合計金額為
5,000日圓以上(不含稅)

於同一店家一天內的購物合計金額為
5,000日圓以上500,000日圓以下(不含稅)

注意事項

須於入境日起算滿6個月前攜出日本國。

購買後須於30天以內攜出日本國

➡️退稅門檻降低

以前的退稅制度將商品分為兩大類，其一為百貨服飾、家電用品等「一般品」，另一種則為食品、飲料、化妝品、藥品、菸酒等「消耗品」，退稅標準為：同一天在同一間店、購買同一種類商品達日幣5,000以上方可享受退稅。2018年7月以後再次降低門檻，不分一般品、消耗品，只要同一天在同一間店裡消費達日幣5,000以上、50萬以下，就可以享受退稅。

➡️不可在日本境內拆封

在日本使用(食用)為。為防止退稅過後的物品在日本被打開，購物退稅後物品會裝入專用袋或箱子中，直到出境後才能打開。若是在日本就打開，出境時會被追加回稅金，需特別注意。(原舊制的家電、服飾等「一般品」不在此限)

➡️液體要放託運

原則上所有免稅商品都需要在出境時帶在身邊讓海關檢查，但如果買了酒、飲料等液態食品，或是化妝水、乳液等保養品不能帶入機艙，必需要放入託運行李中時，可在結帳退稅時請店員分開包裝，但切記裝入行李箱時一樣不可打開包裝袋或箱子，以免稅金被追討。

➡️認明退稅標章

舊制的百貨、電器等在各大商場、百貨可於退稅櫃台辦理；而新制則是在付款時便出示護照辦理。可以退稅的店家會張貼退稅標章，若不確定可口頭詢問是否有退稅服務。

有關新制稅詳細規定可洽JAPAN TAX FREE SHOP官網：

www.mlit.go.jp/
kankocho/tax-
free/about.html

Japan. Tax-free Shop